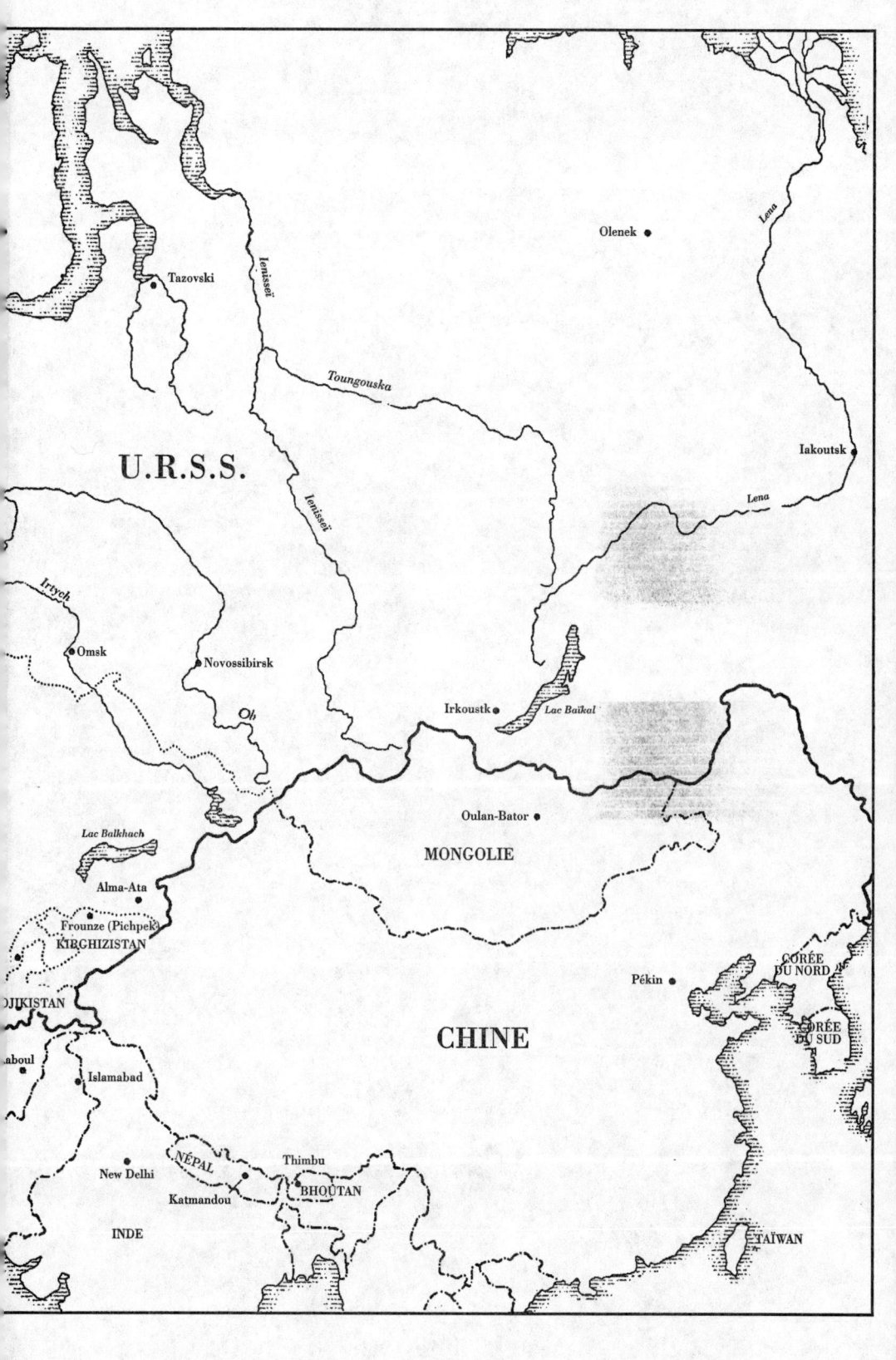

à François Duriaud

LA GUERRE
QUI N'A PAS EU LIEU

*L'étrange agonie de l'empire soviétique
1985-1991*

*avec les hommages respectueux
de l'auteur
David Pryce-Jones*

DAVID PRYCE-JONES

LA GUERRE QUI N'A PAS EU LIEU

L'*étrange agonie de l'empire soviétique 1985-1991*

*traduit de l'anglais
par*
Marc Saporta et Michèle Truchan-Saporta

BERNARD GRASSET
PARIS

L'édition originale de cet ouvrage a été publiée par Weidenfeld & Nicolson, à Londres, en 1995, sous le titre :

THE WAR THAT NEVER WAS
The Fall of the Soviet Empire 1985-1991

© 1995, David Pryce-Jones.
© 1996, Grasset & Fasquelle, pour la traduction française.

Préface

Pendant toutes ces années au cours desquelles la crise du communisme n'a cessé de s'aggraver, pour atteindre son paroxysme en 1991, j'ai été convaincu de l'imminence d'une répression organisée sur une très grande échelle. A la lumière du marxisme-léninisme et de la façon dont les Soviétiques avaient appliqué cette doctrine dans le passé, on ne pouvait s'attendre à rien d'autre. Pourquoi les choses ont-elles tourné autrement ? Je me suis mis en devoir d'interroger ceux des participants qui pouvaient m'apporter une réponse à cette question. J'éprouve une profonde gratitude pour chacune des personnes qui ont bien voulu me répondre.

Interviewer quelqu'un suppose que l'on commence par nouer avec cet interlocuteur des relations purement instinctives, puis se produit la découverte imprévue d'informations nouvelles qui entraîne des réactions spontanées. Tous les entretiens ont été enregistrés mais, pour les besoins de la narration, j'ai souvent modifié l'ordre dans lequel se présentaient les éléments utilisés. Tout ce qui se trouve entre guillemets est évidemment textuel. Les partis communistes des divers pays concernés avaient un secrétaire général désigné de diverses façons mais auquel je donne systématiquement le titre de « premier secrétaire » pour réserver celui de « secrétaire général » à Gorbatchev ou à ceux qui avaient occupé précédemment son poste à Moscou.

Je voudrais remercier tout particulièrement, pour l'aide ou les encouragements qu'ils m'ont fournis, Mark Almond, Shlomo Avineri, George Bailey, Natalie Benckendorff, Janusz Bugajski, Jessica Douglas-Home, Ian Elliott de Radio Free Europe à Munich, Beth Elon, Leonid Finkelstein, Gerald Frost, Paul Goble, Vartan Gregorian, Philip Hanson, Rikke Helms de l'Institut danois à Riga, Alexandra Henderson, Tanya Illingworth, Taras Kuzio, Walter Laqueur, Richard Layard, Nikita Lobanov, Katya Mitova, Bohdan Nayahlo, Herbert Pundik, Alexander Rahr, James Sherr, Nils Taube, Françoise Thom, Vera Tolz, George Urban, Philip Uzzielli, Sonia Westerholt, Dieter Wild et Frank Wisner.

Du fond du cœur, je souhaite manifester ma reconnaissance à Ben Barkow et à Chris Charlesworth pour avoir retranscrit les enregistrements allemands ; à Steven Daley pour avoir traduit les textes tchèques ; à Helen

Szamuely pour avoir traduit les textes hongrois; à Judy Mooney, à Emma Rogers et à Katie Sutton pour la conscience professionnelle dont elles ont fait preuve dans le domaine du traitement de texte.

J'ai tout particulièrement bénéficié du concours de Filip Dimitrov, Aglika Markova, Miroslav Nankov, Elena Poptodorova, Miroslav Sevlievski et Ivan Stancioff en Bulgarie; de James de Candole et Martin Weiss en Tchécoslovaquie; d'Endel Lippmaa, de Hagi Sein et Henig von Wistinghausen en Estonie; de Brigitta Leitner et Michael Naumann en Allemagne; de Miklós Németh et Johnathan Sunley en Hongrie; d'Imants Berzins, de Dace Bula et d'Alexeï Grigorievs en Lettonie; de Luba Chornay, Vilius Kavaliauskas, Audra Sabaliuskiené et Regina Stadalnikaité en Lituanie; de Jakub Borowski et de son épouse Tessa Capponi, de Marek Matraszek et Piotr Mrozovsky en Pologne; de Sergiu Celac, Virginia Gheorghiu, André Pippidi et Christina Trepta en Roumanie; de Lucy Ash, Mark Frankland, Micha Smetnik, Arkadi Vaksberg en Russie; et surtout de Rachel Osorio qui s'est montrée incomparable dans son rôle de guide et de complice.

Introduction

Ce que le monde entier avait pris l'habitude d'appeler l'Union soviétique est mort en 1991 ; du même coup, les craintes et les espoirs du genre humain en ont été ébranlés. L'Union soviétique était la Russie en marche ; c'était le dernier grand empire qui maintenait encore sous son hégémonie des centaines de nations et une douzaine d'Etats naguère indépendants. C'était aussi une dictature, un Etat policier où les services secrets jouaient un rôle prépondérant ; c'était enfin une construction idéologique imbue de sa vérité à l'égal d'une religion. Le communisme, dans l'esprit de ses porte-drapeaux, était destiné par l'Histoire – pas rien – à remodeler la société humaine, en tous lieux, à son image.

A partir de là, maints absolus moraux entraient en conflit. Toute conciliation était impossible entre les fidèles du nouvel ordre idéologique et ceux qui le rejetaient. Comment expliquer pourtant l'affreuse réalité de la pratique communiste, sur place et à l'étranger, à la lumière de cette doctrine messianique ? Cette question mettait en cause la nature humaine, ses idéaux et ses limitations. L'histoire du XXe siècle se ramène, pour une large part, aux réponses que les gouvernements et les individus lui ont données, partout dans le monde.

La force et la volonté s'étaient combinées ici sur une échelle sans précédent. Jusqu'au dernier moment, l'Union soviétique a été une superpuissance dont l'armée comptait plus de quatre millions d'hommes sous les armes, d'importantes garnisons réparties entre l'Allemagne de l'Est et la frontière chinoise, une armada de quelque mille navires de guerre ; jamais n'avait été rassemblé un arsenal aussi vaste et aussi meurtrier dont la puissance était dix fois supérieure à celle qui aurait suffi pour détruire la planète. Au moment crucial, cet immense potentiel militaire fut pourtant impuissant à protéger l'édifice idéologique du communisme ou même à faire dévier le cours des péripéties historiques auxquelles nous avons assisté – des changements comparables à ceux qui résultent généralement d'une guerre. Les événements qui se sont déroulés en Union soviétique de 1985 à 1991 équivalent à « une guerre qui n'a pas eu lieu ».

C'est ainsi que la Russie a retrouvé son identité nationale et que chacun des pays conquis par elle en Europe de l'Est en a fait autant. Les républiques baltes ont repris leur indépendance – qui leur avait été volée à la suite de la Seconde Guerre mondiale. La partition de l'Allemagne en deux Etats distincts, cette autre anomalie de l'après-guerre, a cessé d'exister et ceux qui ont participé à la réunification allemande crient au « miracle ». Les relations russo-germaniques ont réintégré leur place dans le cadre de la politique européenne et, évidemment, dans la politique mondiale.

La Géorgie et l'Arménie, jadis conquises au nom de l'impérialisme tsariste, puis une seconde fois par Lénine, ont émergé du naufrage soviétique avec le rang d'Etats de plein droit. Il en va de même pour l'Ukraine dont la population de plus de cinquante millions d'habitants détenait le peu enviable privilège d'être la plus vaste nation du monde à ne pas posséder son propre Etat. Il aura fallu annihiler plusieurs siècles d'oppression pour que cette indépendance devienne une réalité. Les Biélorusses, traditionnellement tenus avec mépris pour une variété inférieure de Russes, n'avaient jamais connu l'indépendance ni formé un Etat – pas plus que les Moldaves. Les populations musulmanes de l'Asie centrale ont encore du mal à se constituer en Etats nationaux mais l'Azerbaïdjan, l'Ouzbékistan, le Tadjikistan, le Kazakhstan, le Kirghizistan et le Turkménistan ont d'un seul coup rejoint les membres de l'Organisation des Nations Unies avec tous les attributs d'usage. Comme il est naturel après une explosion qui revêt quasiment l'ampleur d'une guerre, il y a également des territoires dont nul ne sait que faire : c'est le cas de l'ancienne Prusse-Orientale, aujourd'hui désignée sous le nom de Kaliningrad, qui forme une enclave coupée de la Russie proprement dite.

Il peut paraître incroyable – pour ne pas dire « miraculeux » – que des événements d'une telle portée historique se soient produits si pacifiquement ; tout s'est passé comme si le genre humain avait enfin compris combien les voies de la politique sont préférables à l'usage de la force quand il s'agit de parvenir à certaines fins souhaitées ; comme si l'homme avait appris à renoncer à la violence qui avait été son recours le plus naturel au fil des siècles. Ce résultat n'était pas acquis d'avance. Bien que le parti communiste ait été détruit par un processus politique, en même temps que la dictature et l'Etat policier qu'il avait mis en place, les modes d'agression de type traditionnel n'en ont pas moins subsisté. Des manifestations violentes n'ont pas tardé à faire leur apparition. Au moment où le parti communiste entraînait l'empire dans sa chute, ses parties constituantes – pays, Etats, groupes ethniques jusque-là abolis – cherchaient les moyens de s'exprimer. Les Soviétiques désignaient avec condescendance par une expression caractéristique les « petits peuples » tels que les Chouvaches, les Oudmourtes, les Ostyaks, les Ingriens, les Mordves, les Bouriates et des dizaines et des dizaines d'autres qui, pour le reste, faisaient les délices des ethnologues. Dans la seule Fédération de Russie, on compta alors plus de trois cents déclarations d'indépendance, parfois au nom d'un peuple, mais parfois aussi pour le compte d'un district ou même d'une ville. Ce désir de liberté repose parfois mais pas toujours sur une légitimité politique. Peut-être l'Organisation des Nations Unies recevra-t-elle les demandes d'admission du Tatarstan, de la Bachkortistan, de la Tchétchénie, de la Yakoutie (cinq fois plus grande que la France avec ses deux cent mille Yakoutes). Cependant, l'Arménie et l'Azerbaïdjan se disputent le territoire du Nagorny-Karabakh. Les Géorgiens chrétiens tentent d'établir leur autorité sur la minorité musulmane des Abkhazes. Et les divers clans tadjiks en font autant les uns vis-à-vis des autres. Le général commandant en Moldavie a eu recours aux méthodes traditionnelles les plus violentes pour rétablir l'ordre au sein de la population roumaine. Nul ne peut prévoir l'avenir ultime des relations entre une Russie dotée de l'arme nucléaire et une Ukraine qui en est dépourvue.

Par le nombre de ses victimes, son mélange spécifique de brutalité et de raffinement dans la cruauté, de sentimentalité et d'hypocrisie, le monde soviétique était une tyrannie d'une espèce inédite. Son ombre ne se dissipera pas de sitôt. Il est bien difficile de tracer une ligne de démarcation entre la libération et les périls, entre l'espoir et la confusion.

L'Union soviétique aurait dû être capable de garantir une vie de prospérité exemplaire à ses habitants. Outre les fameuses «terres noires» de la ceinture agricole et les ressources hydrauliques abondantes dans le pays, il y avait d'immenses forêts exploitables; le sol recelait des diamants, de l'or, et autres métaux, à foison, avec un quart des réserves énergétiques du globe, y compris près de la moitié du gaz naturel. Et pourtant dans les années 1970 le taux de croissance et le niveau de vie soviétiques dégringolaient à qui mieux mieux, entraînant un appauvrissement pour la masse de la population.

La planification centralisée, noyau de l'économie soviétique, était supposée engendrer un système rationnel de production et de distribution. La perte de la liberté pour les citoyens, alléguait-on souvent, était un bien faible prix à payer pour satisfaire aux aspirations élémentaires de ceux qui voulaient mener une existence décente. Mais la planification centralisée entraînait, en réalité, un monopole du producteur avec, pour conséquence, la multiplication des pénuries et la formation des files d'attente dans les magasins. Les obstacles opposés à toute innovation étaient pratiquement insurmontables. Il n'existait aucune incitation à la maintenance des installations. Plus destructeur encore était le fait que chaque processus de production – de la matière première au produit fini – se trouvait à la merci de quiconque possédait assez d'autorité pour s'en mêler. Loin d'être rationnelle, la planification centralisée était subjective et imprévisible, livrée à un mélange d'ambitions et d'appétits, de la part de ceux qui exerçaient une certaine puissance et détenaient le pouvoir de prendre des décisions. L'incompétence et le gaspillage, tout comme l'action des profiteurs, étaient devenus les caractéristiques essentielles de l'économie; partant, de l'Etat lui-même.

Les statistiques étant truquées ou carrément censurées, il n'en existait pas de fiables. Officiellement, le revenu national avait été multiplié par 90 entre 1928 et 1985 – période au cours de laquelle avaient été appliqués les fameux plans quinquennaux; mais, plus vraisemblablement, il n'avait que sextuplé. L'URSS ne participait au commerce mondial que dans une proportion de 2 pour cent, moins que la Russie de 1914. Seuls quelque 7 ou 8 pour cent de sa production industrielle satisfaisaient aux critères mondiaux en matière de qualité. Pour extraire un rouble de minerai – qui fournissait l'essentiel du revenu national – il fallait deux roubles d'investissement dans les années 1960 et jusqu'à sept roubles dans les années 1980, selon les calculs de certains économistes. Des statistiques qui auraient pu paraître impressionnantes dans le domaine de la production se traduisaient par un simple gaspillage. Vingt-quatre mille entreprises, soit 15 pour cent du total, travaillaient à perte, comme le reconnaissait le Premier ministre, Nikolaï Ryjkov, en janvier 1989, et il était certainement au-dessous de la vérité. Nul ne connaissait l'ampleur exacte du déficit.

Dans les années 1980, la consommation par habitant, en URSS, restait un peu inférieure à la moitié de ce qu'elle était en Europe occidentale. A la fin de cette même décennie, le sucre était rationné dans tout le pays; la viande, les charcuteries et les graisses animales étaient limitées dans un cinquième des 445 villes tenues en observation par les autorités du Plan. Trois cents grandes villes étaient dépourvues de système centralisé d'égouts; même dans une cité comme Odessa, les chasses d'eau ne pouvaient fonctionner entre minuit et cinq heures du matin, car l'alimentation en eau était coupée pendant ce laps de temps. Le parc ferroviaire national ne répondait qu'à la moitié des besoins, environ. Un cinquième seulement du réseau routier était praticable par tous les temps car les intempéries en usaient l'asphalte plus vite qu'on ne le réparait. La santé publique s'était détériorée à tel point qu'en septembre 1989 le ministre de la Santé de Russie I.A. Potopov pouvait conseiller sans rire: «Pour vivre plus longtemps, il vous faut respirer moins.» En Asie centrale, il était interdit aux mères d'allaiter leurs bébés en raison des pesticides présents dans leurs propres corps. En 1988, plus de cinquante millions de personnes vivaient encore dans des appartements communautaires (partagés entre plusieurs familles) et cent millions d'autres Soviétiques disposaient de moins de 9 m² par personne.

Peu avant de disparaître, l'URSS présentait le curieux spectacle d'un pays doté d'une richesse potentielle colossale, mais délibérément géré de telle façon qu'il n'en paraissait rien. Ainsi allait le communisme.

Au début des années 1980, quelques observateurs de la scène soviétique avaient commencé à commenter les faits et gestes d'un homme nouveau, en pleine ascension: Mikhaïl Sergueïevitch Gorbatchev. Avec une confiance en soi peu commune, celui-ci prenait ses dispositions pour revendiquer le pouvoir suprême, se montrait sur les photos à la droite du secrétaire général en exercice, se faisait désigner pour prononcer des discours d'inauguration, voyageait souvent à l'étranger et passait par conséquent pour une personnalité importante sur la scène mondiale.

Du point de vue du parti, son curriculum vitae était presque parfait. Né en 1930 dans le village de Privolnoïé, près de Stavropol, à quelque 800 kilomètres de Moscou, il était d'origine paysanne. Elève consciencieux, il s'était hissé de la façon la plus orthodoxe dans les rangs du Komsomol (l'organisation des jeunesses communistes) puis avait adhéré au parti lui-même en 1952, pour grimper les échelons un à un, avant de devenir premier secrétaire du district de Stavropol. Jamais, depuis la collectivisation des terres, l'URSS n'avait été capable de se nourrir. Spécialisé dans l'agronomie, Gorbatchev connaissait bien ce secteur sinistré. Il avait été élu membre du Politburo à un âge où il était bien plus jeune que ses collègues. La présence de ces vieux dirigeants était considérée comme la preuve de la rigidité du système mais c'était également une assurance contre l'ascension d'un homme qui, par inexpérience ou excès de confiance, pourrait être tenté de chercher à prendre le pouvoir sans se trouver prêt à l'assumer.

Au temps où le secrétaire général Konstantin Tchernenko mourut au début de mars 1985, la dévolution de l'héritage à Gorbatchev n'était plus qu'une simple formalité. Plein de santé, actif, industrieux, présentant bien, marié à une femme séduisante, il n'avait que cinquante-cinq ans. La direction du parti voyait d'un bon œil la promotion de cet homme aux qualités de vedette. Son principal partisan Andreï Gromyko, un stalinien fervent de longue date ministre des Affaires étrangères, aurait dit de son protégé : « Il a un sourire aimable mais des dents d'acier. » Nul ne doutait du fait que, comme ses six prédécesseurs, le nouveau secrétaire général utiliserait la force si la persuasion ne suffisait pas. Or ce septième secrétaire général allait être le dernier, mais nul ne pouvait imaginer une chose pareille.

Tout au long des six années où il gouverna, Gorbatchev insista pour dire qu'il était communiste et que l'Union soviétique devait rester fidèle à sa nature idéologique. Pour lui, Lénine était toujours le père fondateur qu'il fallait admirer et imiter. La raison d'être du parti était de bâtir une « société nouvelle ». Le principe de la propriété privée était inacceptable pour lui : « Faites de moi ce que vous voudrez, mais je n'accepterai pas ça ! » A ses yeux, le communisme était également une réalité internationale. « Toute tentative pour le miner de l'extérieur ou pour arracher un pays à la communauté socialiste constitue non seulement une violation de la volonté du peuple, mais aussi une infraction à tous les arrangements de l'après-guerre et en définitive une atteinte à la paix. » En rentrant à Moscou, après le coup d'Etat manqué d'août 1991 qui allait mettre véritablement fin à son pouvoir, il proclamait au cours d'une conférence de presse : «Je lutterai jusqu'au bout pour la rénovation de ce parti. Je reste un socialiste convaincu jusqu'au fond de mon âme.»

Cette rénovation était inscrite dans la «perestroïka» et la «glasnost», accouplées comme des sœurs siamoises. Le premier de ces termes désignait la restructuration et le second la transparence dans les affaires publiques. Jour après jour, Gorbatchev martelait ces mots et toute la hiérarchie – des grands maréchaux aux petits secrétaires locaux du parti et aux journalistes les plus obscurs – les répétait et les applaudissait avec l'unanimité à laquelle on pouvait s'attendre. Les deux notions contredisaient pourtant les bases mêmes sur lesquelles était assise l'autorité du parti. Au bout du compte, avec sa tentative de rénovation, Gorbatchev a fini par déstabiliser le parti, le pays, le bloc des satellites et finalement tout l'édifice soviétique.

Après coup, en réfléchissant à ce que Gorbatchev reconnaît avoir été ses erreurs, on voit comment il s'est fabriqué un personnage d'homme d'Etat qui ne cadre pas avec le communiste orthodoxe dans la peau duquel il est demeuré jusqu'au dénouement cruel de l'histoire. Ce qu'il a fait naguère ne colle pas avec les explications qu'il en donne aujourd'hui. En devenant secrétaire général, comme il l'a écrit un an après avoir été contraint de démissionner, il savait «qu'un immense travail de transformation [l'] attendait. Engagé dans une course aux armements épuisante, le pays était de toute évidence à bout de force. Les mécanismes économiques fonctionnaient de plus en plus mal. Le volume de la production diminuait. Les conclusions des scientifiques et des techniciens étaient écartées par la bureaucratie qui avait mis la main sur toute l'économie. Le niveau de vie de la population baissait de façon visible. La corruption gagnait du terrain... La décomposition affectait aussi l'état d'esprit général : le monolithe idéologique qui coiffait apparemment toute la société était de plus en plus incapable d'empêcher les mensonges officiels, l'hypocrisie et le cynisme de s'infiltrer partout».

Quand j'ai demandé à Gorbatchev si – à l'époque – il savait où ses décisions conduisaient le parti et lui-même, je me suis attiré la réponse suivante que j'ai notée au fur et à mesure qu'il la formulait : «Nous voulions introduire des réformes grâce à la mise en œuvre d'un processus démocratique. De même que pour les tentatives de réforme antérieures. En 1988 nous avons clairement compris que le système ne pouvait pas être réformé et nous avons dû admettre que le modèle économique imposé en 1917 et fondé sur le monopole du parti, un système que l'on pouvait faire fonctionner par la force en cas de besoin, n'avait pas résisté à l'épreuve de l'Histoire. Nous avons constaté qu'un pays, une nation, dotée d'un potentiel aussi important que le nôtre se trouvait dans une impasse historique.»

S'il avait la possibilité de tout recommencer, dit-il, il adopterait «la même voie et la même stratégie mais en faisant bien des choses dans un ordre différent».

Il est tout naturel que chacun cherche à se justifier. Aucun être humain n'aime à reconnaître que ses efforts ont produit le résultat inverse de celui qu'il recherchait. Dans le cas de Gorbatchev, c'est aussi un vrai croyant qui s'est trouvé douloureusement déçu. En décembre 1990 au moment où le parti connaissait les affres de l'agonie, la *Pravda* citait encore une déclaration de Gorbatchev à ses «chers camarades». La voici : «Si Gorbatchev était un homme avide de pouvoir absolu, pourquoi y aurait-il renoncé quand il le détenait? Car je l'avais. En ce temps-là, le secrétaire général était un dictateur dont les pouvoirs n'avaient pas d'équivalents dans le monde. Personne n'avait plus de pouvoir que lui. Comprenez-vous? Personne.» On peut déceler la fureur et l'étonnement dans les paroles de Gorbatchev. C'est comme si lui-même ne pouvait croire tout à fait que ses décisions et ses actes ont mis sens dessus dessous tout ce à quoi il croyait, tout ce qu'il défendait.

Si la perestroïka et la glasnost étaient vraiment aussi indispensables que le prétendait Gorbatchev qu'est-ce que cela signifiait, sinon que soixante-dix ans de pouvoir soviétique avaient conduit à cette sombre impasse de gaspillages et de vains sacrifices? A qui la faute, sinon au parti et à ses dirigeants? Une fois libres de s'exprimer, des critiques de ce genre ne pouvaient plus être étouffées par les méthodes répressives d'antan.

Selon la définition qu'en donnent les classiques, le héros tragique est celui qui cause sa propre perte au moment où il atteint le sommet de sa puissance. Faute de posséder certaines informations, de pouvoir juger la réalité comme elle est, de nourrir des convictions bien fondées, le héros potentiel risque de se muer en idiot. Gorbatchev n'a pas compris les événements qu'il avait déclenchés. Etait-ce l'aimable sourire ou les dents d'acier qui n'avaient pas rempli leur office?

En octobre 1987, lors d'un discours prononcé pour le soixante-dixième anniversaire de la Révolution, Gorbatchev en dénonçant Staline publiquement était allé plus loin encore que ne l'avait fait Khrouchtchev en 1956. C'était à propos de la campagne, alors à ses débuts, en faveur de la glasnost ou de la transparence. «Par des mesures de répression massives et le recours à l'illégalité, Staline et son entourage ont péché devant le parti et la nation. Leur culpabilité est immense et impardonnable.» Dans ce que l'on allait bientôt tenir pour une manœuvre habituelle chez lui, il ôta une bonne part de sa vigueur à cette affirmation en ajoutant : «Du point de vue de la vérité historique, il est indéniable que Staline a participé à la lutte pour le socialisme et à sa défense dans l'affrontement idéologique.» Quelques semaines plus tard avait lieu la fondation de la Société du Souvenir, dont le rôle était de constituer des dossiers historiques sur le stalinisme et ses victimes, de dresser des listes, d'étaler au grand jour dans sa totalité cette expérience terrifiante, après l'avoir soustraite au domaine de la peur et du mensonge. Des bureaux de la société avaient été établis à Karaganda, à Potma, à Vorkouta, à Kolyma et ailleurs. Nul ne sait combien le communisme a fait de victimes. Comme l'avait dit Khrouchtchev, « personne n'en avait tenu le compte ». Dix millions de personnes étaient tombées pendant la guerre civile. Cinq millions à cause de la famine survenue en 1921 et 1922. Trois millions de victimes avaient été exécutées sous la Grande Terreur et trois millions de plus étaient mortes au goulag. Un dixième environ de la population se trouvait enfermée dans des camps de concentration en 1939. De source soviétique, dix millions de militaires ont trouvé la mort pendant la Seconde Guerre mondiale, avec dix millions de civils. En 1990 le journal *Izvestia* calculait que cinquante millions de Russes avaient péri sous Staline. Cela correspond aux estimations – tenues pour modérées – établies par Robert Conquest, l'un des historiens les plus éminents de l'ère soviétique ; celui-ci évalue à vingt ou trente millions le nombre des victimes des années 1930. On estime parfois que cent millions de Soviétiques ont été tués entre 1917 et l'époque actuelle.

Tous ne perdirent pas la vie mais tous étaient frappés. Le propre grand-père de Gorbatchev avait été arrêté. Boris Eltsine a écrit dans son premier livre, *Jusqu'au bout !* : « Je ne me rappelle que trop bien comment mon père a été emmené au milieu de la nuit, même si je n'avais alors que six ans. » Un adversaire d'Eltsine, Iegor Ligatchev, allié équivoque de Gorbatchev, est issu du moule soviétique le plus typique mais son beau-père, un général, a été fusillé. « Un jour, mon père a disparu, écrit pour sa part Edouard Chevardnadzé dans ses mémoires. Ma mère se replia sur elle-même et refusa de répondre à nos questions angoissées... Ce fut comme si l'étiquette "fils d'un ennemi du peuple" était déjà imprimée sur ma poitrine. » Le père d'Elena Bonner, l'épouse d'Andreï Sakharov, fut victime d'une purge. L'un des intellectuels les plus distingués de Russie, l'académicien Dimitri Likhatchev, avait été désigné pour être exécuté avec trois cents autres déportés, une certaine nuit, à Solovky, célèbre camp du cercle arctique. Il a décrit comment il s'est dissimulé derrière des tas de bûches alors que les fusillades battaient leur plein. « Ils ne me trouvèrent pas... aussi prirent-ils quelqu'un d'autre à ma place et quand je sortis de ma cachette le lendemain matin, j'étais un autre homme. Tant d'années ont passé... et je ne peux toujours pas oublier. » Il ajoute que le responsable des exécutions est toujours en vie.

Dieter Knötzsch était un enseignant allemand plein de perspicacité, qui travaillait à Moscou au temps de Gorbatchev. Il a noté dans son journal que la « semaine de la conscience » a commencé pour lui par une visite à la Société du Souvenir, le 25 novembre 1988. Cela se passait à la Dom Kulturi, la maison de la culture. Il y était allé avec son amie Valia ; celle-ci venait de découvrir que son père avait été abattu par le KGB ; elle avait été mise au courant par un journaliste qui faisait des recherches dans les archives de cet organisme. Devant l'entrée, il y avait une file d'attente de 200 mètres de long. Les visiteurs parlaient entre eux, évoquaient les camps, les morts et les disparus qu'ils avaient connus parmi leurs amis ou leurs relations, les possibilités de réhabilitation. Chacun avait son mot à dire. Au bout d'une petite heure Knötzsch et son amie Valia purent pénétrer dans les lieux. Ils virent une immense carte de l'Union soviétique où étaient indiqués les prisons et les camps les plus importants. Parmi les articles exposés, il y avait des photos et des documents de toutes sortes. Des objets retrouvés dans les camps et les geôles, des extraits d'interrogatoires, des listes de noms, des avis de recherche. Le local était plein à craquer mais au lieu d'un brouhaha il y avait un silence de mort.

Dans le célèbre magazine russe *Ogonyok*, la journaliste Olga Nemirovskaïa rapporte quelques détails de cette même exposition. « Ivan Mikhaïlovitch Martemyanov, paysan pauvre, père de neuf enfants, dans le village de Blagovechtchensk. Arrêté en 1937. Destination inconnue. » Il y avait une photo de cet homme et de sa famille. Une autre photo était accompagnée d'une note signée K.A. Doudinskaïa : « Aucune personne de ma famille n'est revenue. » Cet article mentionnait des familles entières qui avaient été anéanties à cette époque. Les treize membres de la famille Kiryanen. Les dix membres de la famille Pyrstonen.

Ce pays a été édifié sur des cadavres. Aleksandr Miltchakov préside une filiale de la Société du Souvenir : la Fondation pour la recherche des cimetières clandestins, où sont enterrées les victimes des purges de Staline. Il en a retrouvé sur des sites proches de Moscou, à Boutovo et dans le village collectif de Kommunarka. Certains de ces cimetières contiennent de 200 000 à 300 000 cadavres. « On leur donnait l'ordre de se tourner vers les fosses et on les abattait par-derrière », selon Miltchakov qui a interrogé quelques membres survivants des équipes de tueurs. Les deux sites macabres ont été abandonnés pendant les années 1950 et l'on y a construit des maisons pour les bourreaux ou leurs descendants. Vingt-quatre généraux du KGB y ont leurs datchas et cent quarante personnes, parmi les résidents, ont reçu la leur en récompense ou en souvenir pour la part que leurs parents ont prise dans la tuerie. Cinq immenses fosses communes ont déjà été repérées dans les seuls environs de Moscou. Dix corps ont été découverts au zoo.

Aleksandr Miltchakov a guidé le journaliste américain David Remnick vers l'une de ces fosses où reposent des masses de suppliciés, au monastère de Donskoï ; on y voit une stèle érigée pour honorer « la tombe des cadavres non identifiés ». Dans un autre de ces effroyables lieux de sépulture, le cimetière de Kalitnikovski, Miltchakov raconte que, durant les purges, « tous les chiens de la ville se trouvaient là. Cette odeur que vous sentez maintenant était trois fois pire. Il y avait du sang dans l'air. Les gens vomissaient toute la nuit par les fenêtres. Les chiens hurlaient jusqu'à l'aube. Parfois on trouvait un chien traînant un bras ou une jambe dans le cimetière ».

En Sibérie, il est un lieu appelé Boutoutchigag où des prisonniers réduits en esclavage extrayaient de l'uranium. Leurs os tapissent toute une vallée. Selon une dépêche de Reuter : « Tant de prisonniers sont morts dans ce camp que les squelettes semblent avoir jailli du sol... Personne n'y va plus... Certains des corps ont juste été jetés dans des puits de mine désaffectés, d'autres ont été abandonnés dans des tombes à fleur de terre que le blizzard a dénudées. Pour sortir de l'hélicoptère il faut marcher sur des ossements blêmes, d'une blancheur extraordinaire. » Comment rendre la justice dans ce pays transformé en un immense camp de concentration et un gigantesque charnier ? L'horreur jaillit du paysage. Un jour, Leonid Taniouk, l'auteur dramatique, se promenait en forêt dans les environs de Kiev quand il trouva des enfants qui jouaient au football avec une tête de mort. C'est ainsi que furent découvertes les fosses communes de la forêt de Bikivnya, où étaient enfouis 200 000 morts de plus. Chacun des vingt-cinq districts de l'Ukraine possède, croit-on, au moins une de ces immenses fosses. « Kourapati, le chemin de la mort », tel était le titre d'un article signé par trois intellectuels connus et paru dans une revue biélorusse appelée *Art et Littérature*. Selon les auteurs du texte, quelques travaux de terrassement avaient permis de découvrir, en mai 1988, plusieurs centaines de fosses communes dans la forêt de Kourapati avec des milliers et des milliers de cadavres. Des affaissements de terrain et le travail du temps avaient fini par révéler ces charniers. On découvre aujourd'hui que dans toute l'Union soviétique les populations locales étaient au courant de ces massacres et que les viols de sépultures étaient fréquents. Les journaux de province ont raconté que des équipes, dont faisaient partie des dentistes, allaient nuitamment récupérer les dents en or sur les victimes des exécutions massives.

Pilar Bolet, correspondante d'un journal espagnol à Moscou, a raconté comment, au printemps de 1979, des corps étaient sortis de terre à Kolpachevo, dans la province sibérienne de Tomsk. La fonte des neiges et des glaces sur l'Ob avait fini par éroder l'une des berges, mettant à nu une fosse commune dont le contenu avait été emporté par le courant. Le capitaine d'une péniche avait reçu l'ordre de hacher les corps avec son hélice et de garder le silence. A l'époque, le premier secrétaire du parti pour la ville de Tomsk n'était autre que Ligatchev qui évoque ce macabre incident dans ses mémoires. Selon lui, « deux dragueurs remontèrent rapidement le cours de l'Ob, détruisirent toute trace de la fosse et noyèrent le cimetière clandestin, avec les derniers restes visibles des victimes de Staline, dans le fleuve. La décision de passer toute l'affaire sous silence, écrit-il, répondait à l'état d'esprit de la société ». Une phrase aussi désinvolte peut en dire long sur les raisons profondes de l'échec imputable au parti communiste.

Ce peuple infortuné a profondément enfoui dans sa mémoire collective les brutalités qu'il a subies. Refuser d'en parler ne signifie pas qu'on les oublie. La grande cantatrice Galina Vichnevskaïa, l'épouse du violoncelliste Rostropovitch, a raconté comment une fille de sa classe lui avait dérobé sa carte de rationnement pendant le siège de Leningrad : « La faim

Introduction

animale l'avait emporté sur la raison.» Cette fille avait survécu parce qu'elle avait «mangé de la chair humaine». Nikita Khrouchtchev lui-même, dans ses mémoires, cite une lettre que lui avait envoyée un de ses subordonnés, A.I. Kiritchenko, premier secrétaire du parti pour la région d'Odessa, après une visite dans un kolkhoze, une ferme collective, au cours de l'hiver 1946. «J'y ai vu une scène d'horreur. Une femme avait devant elle le corps de son propre enfant sur la table, et le découpait. Elle bavardait tout en accomplissant son travail. "Nous avons déjà mangé Manetchka. Maintenant nous allons saler Vanetchka. Cela nous permettra de survivre un bout de temps." Pouvez-vous imaginer cela? Cette femme, rendue folle par la faim, avait transformé ses propres enfants en viande de boucherie.»

Parmi les millions de personnes dont la vie a été ruinée figure Evgenia Ginzburg dont le livre *Dans la tourmente* n'est pas seulement un classique mais un monument érigé à l'inhumanité des Soviétiques. Au camp de Belitchie, près de la mine d'or de Bourkhala, dans la Kolyma, elle s'est trouvée face à face avec trois bandits «dont le long traîneau iakoute était chargé de morceaux de viande humaine. Des mains bleues, congelées, sortaient du tas comme pour faire des gestes obscènes. Des bras coupés traînaient dans la neige. De temps à autre, des morceaux d'entrailles tombaient sur le sol. Les sacs dans lesquels les corps des prisonniers étaient censés être enterrés avaient été judicieusement utilisés par ces "disséqueurs" de fortune en vue de trocs divers. C'est ainsi que j'observai les lois funéraires de Belitchie dans toute leur brutale splendeur». Evgenia Ginzburg raconte aussi comment une de ses amies Polina Melikova se pendit dans le camp en laissant une simple note avec ces quelques mots en gros caractères : «J'en ai assez.»

Le fait que les persécutions semblaient n'avoir ni terme, ni rime, ni raison, leur confère un caractère d'horreur particulièrement effroyable qui sera, en fin de compte, le seul héritage durable laissé par le communisme. Les communistes survivront dans le souvenir populaire comme de sauvages massacreurs au même titre que les Vandales ou les Mongols de jadis. Tout se passe comme si les Russes s'étaient dévorés mutuellement au cours d'une crise de cannibalisme politique. Aucune autre nation ne s'est jamais infligé pareils maux et n'a tué un si grand nombre de ses propres citoyens tout en causant de tels dommages à de si nombreux pays.

Pourtant la terreur avait sa logique et ses règles inhérentes à la théorie et à la pratique du communisme. Voilà une doctrine qui prétendait avoir découvert les clefs du devenir historique, avoir établi sans le moindre doute possible les moyens par lesquels la société humaine avançait vers ses objectifs prédestinés pour établir la justice et l'égalité les plus parfaites. Séculière, certes, dans sa forme, la doctrine présentait tout l'attrait d'une foi religieuse au nom de laquelle les individus se sacrifieraient volontairement – comme cela fut manifestement le cas de beaucoup – pour faire la révolution qui présiderait à l'avènement de la nouvelle Jérusalem. Les méthodes grâce auxquelles s'accompliraient l'égalité et la justice étaient simples. Il suffirait aux masses, aux pauvres, au « prolétariat » – dans le langage des communistes – d'arracher aux mains des riches, des « capitalistes », tous les moyens de production : terres, usines et banques. Comme les capitalistes ne manqueraient pas de défendre leurs intérêts, une guerre des classes était inévitable. Il fallait donc la livrer avec la certitude de la victoire. Comme les communistes savaient mieux que personne où était l'intérêt d'autrui, ce que l'on aurait pu prendre pour des spoliations et des coups de force serait en réalité autant de gestes utopiques inspirés par l'amour du prochain. Ainsi obsédé par l'édification du paradis sur terre, le parti émettait des théories éthérées sur les mises sous séquestre et prenait les mesures d'application adéquates. A partir de la révolution de 1917, il confia à la police secrète le « sale boulot » qui consistait à faire tourner la machine.

Nul ne nourrissait aucun doute sur les activités de la police secrète que l'on décrivait pourtant par euphémisme comme « le glaive vengeur du prolétariat » ou « le bouclier de la révolution ». La recherche de la justice et de l'égalité, telles que le parti les avait déjà définies, rendait superflue toute justification juridique. Aux yeux du parti, en tout cas, la loi n'avait rien à voir avec l'existence d'un code objectif ni avec un ensemble de règles civiques résultant d'un accord entre les gouvernants et les gouvernés. La loi se ramenait à la seule expression d'une volonté : celle de quiconque était en mesure de l'appliquer. C'était là une déduction élémentaire pour des gens convaincus que la société était entièrement déterminée par les rapports de production. Aussi la police secrète était-elle encouragée par la doctrine et autorisée par la pratique à faire la loi par elle-même. Dès le début, le parti et sa police secrète avaient été des corps interactifs où les conflits d'intérêts temporaires passaient après une communauté essentielle de propos : imposer la soumission de tous aux diktats du communisme.

Le secret a été récemment levé sur certaines instructions données par Lénine en août 1918; elles sont ainsi rédigées : « Camarades ! La rébellion des koulaks dans cinq régions doit aboutir à leur anéantissement impitoyable. Nous devons donc leur donner une leçon. 1) Pendez publiquement cent koulaks invétérés. 2) Publiez leurs noms. 3) Confisquez tout leur pain. 4) Prenez des otages. Faites en sorte que tout le monde le voie, le sache, hurle et tremble sur des kilomètres à la ronde. » Après un entretien avec Lénine, le philosophe Bertrand Russell commentait : « En le voyant pouffer de rire, à la pensée des personnes massacrées, j'ai senti mon sang se glacer dans mes veines... »

Sous Staline, la terreur et le communisme se révélèrent être synonymes. Rien, dans les actes ou les paroles du tyran, ne donne à penser qu'il ait eu le moindre doute ou le moindre scrupule quant à l'usage de la terreur comme moyen d'appliquer le communisme. La pipe à la bouche, il gribouillait au crayon rouge «Exécuter» ou «Exécuter immédiatement», dans les marges des innombrables listes déposées sur son bureau. Par caprice, il était parfois plus cruel envers ceux dont il connaissait les noms bien qu'il pût en épargner un ou deux à l'occasion. Une conception instrumentale de la terreur ne s'est jamais exprimée de façon plus inhumaine.

Avec le recul, il est incompréhensible que des gens aient jamais pu croire à des simplifications telles que «les prolétaires» ou «les capitalistes». Les doctrines messianiques exigent une division nette entre le bien et le mal, l'ami et l'ennemi, les élus et les damnés. De toute évidence, les êtres humains sont trop divers pour être réduits à ces catégories attrape-tout. Le mot «classe» est trop vague pour trouver une application en dehors des départements de sociologie et des fabriques de slogans; il n'a aucune signification fonctionnelle. Pourtant ce genre de réductionnisme a permis à la police secrète et au parti d'éliminer par tous les moyens de son choix quiconque figurait sur les longues listes d'ennemis dont la lecture coupe le souffle: «bourgeois», koulaks ou autres paysans qui n'avaient pas l'heur de plaire, déviationnistes, trotskistes, fascistes, propriétaires fonciers, impérialistes; ou sur les listes tout aussi longues et suffocantes de communistes qui, pour une raison ou une autre, n'avaient pas subi victorieusement quelque épreuve: «naufrageurs», «saboteurs», «ennemis du peuple», «titistes», «parasites», sionistes, partisans du «culte de la personnalité» et tant d'autres à l'avenant.

On estime que le KGB, pour l'appeler par le sigle qui désignait la police secrète à la fin de son existence, employait quelque 400 000 hommes et officiers, outre 200 000 gardes-frontières. Responsables de la sécurité, ils menaient également à bien des missions d'espionnage à l'intérieur comme à l'extérieur du pays. Cet organisme possédait des bureaux dans toutes les villes, petites ou grandes, de l'URSS, des délégations provinciales qui lui étaient propres, et des réseaux à lui dans presque tous les pays du monde. On a décelé l'influence du KGB dans des endroits où l'URSS ne pouvait avoir aucun intérêt à défendre, par exemple dans les îles Fidji, de Vanuatu et de la Grenade. Selon un spécialiste, John Barron, plus de 250 000 agents du KGB travaillaient à l'étranger. Nul ne peut savoir combien d'indicateurs, volontaires ou recrutés grâce à quelque forme de pression, étaient également employés par ce service, mais ils se comptaient probablement par million, tout compris. Le KGB pouvait aussi faire appel à des troupes d'infanterie et à des divisions blindées théoriquement placées sous l'autorité du ministère de l'Intérieur. Il avait ses propres forces spéciales désignées sous le nom de division Dzerjinski pour la protection des élites communistes ainsi que nombre d'unités spécialisées comme les OMON et les Alpha qui devaient devenir célèbres par la suite. Les officiers du KGB avaient des seconds, choisis dans l'armée et le parti, qui veillaient sans cesse sur leur loyalisme.

Les relations entre le secrétaire général du parti et le président du KGB ont toujours revêtu une importance critique. On disait que les deux hommes se consultaient au moins une demi-douzaine de fois par jour. S'ils ne se soutenaient pas mutuellement, les incertitudes qui en résultaient se faisaient sentir du haut en bas de l'échelle sociale. S'ils étaient en désaccord, le spectre d'une lutte pour le pouvoir faisait son apparition. Iouri Andropov avait été le chef du KGB de 1967 à 1982 quand il fut élu secrétaire général. Cette nomination rappelait une réalité évidente à savoir que le KGB dirigeait en fait le pays. On ne sait si Gorbatchev était le candidat secret du KGB quand il fut élu secrétaire général en 1985. Tout ce que l'on peut dire c'est qu'au moment où il a entrepris de réformer de fond en comble la vie politique et économique de l'Union soviétique, il a laissé le KGB intact, comme il l'avait trouvé. Il doit avoir pensé, comme tout un chacun, que le KGB était l'ultime garant de la stabilité, une institution protégée contre toute faille, capable de garder la haute main sur tout quand il le fallait, dans la rue, dans les mines et les usines ainsi que dans les exploitations collectives, sans aucune considération pour tout ce que pourrait dire n'importe qui en Union soviétique. Avec ou sans les réformes, la Sibérie était toujours aussi glacée, les camps n'avaient pas été démantelés, les trains roulaient et l'appareil répressif n'avait besoin que d'un ordre pour se mettre en branle.

Etait-ce l'arrogance inhérente au pouvoir? Le KGB avait exercé une autorité absolue pendant si longtemps, il avait manipulé, dirigé, terrifié chacun, sur le territoire national ou à l'étranger, de façon si systématique, que ses dirigeants ne pouvaient pas imaginer qu'il pût en être autrement, ni qu'ils pouvaient être vulnérables, voire – plus exactement – exécrés. Ou peut-être avaient-ils voulu mettre en train un processus de réformes qui ne devait pas être authentique mais était censé fournir une sorte de légitimité à la police secrète et au parti?

Les réformes de Gorbatchev tendaient à instaurer la légalité et le sens des responsabilités. Mesuré à cette aune, le KGB allait se révéler ouvertement pour ce qu'il était, à savoir une organisation criminelle, non seulement à cause de ses activités terroristes d'autrefois, mais aussi parce qu'il continuait à se situer au-dessus des lois. Notons que le dernier président du KGB, Vladimir Krioutchkov, se joignit aux conjurés, en août 1991, lors du coup d'Etat dont l'objet était de restaurer le pouvoir absolu du parti et de la police secrète.

Il fallut une guerre mondiale pour anéantir le nazisme, l'autre système totalitaire du siècle. A Nuremberg, les chefs nazis survivants furent traduits devant un tribunal; ceux que l'on déclara coupables furent pendus. Douze procès accessoires suivirent, ainsi que de nombreuses poursuites devant des juges militaires ou autres tribunaux spéciaux. Rares furent les *Hauptschuldige* – les criminels de guerre de premier rang – qui échappèrent à la justice. Les membres du parti nazi durent remplir des questionnaires – quelque treize millions en tout – qui furent examinés un par un. A la date du 1er janvier 1947, il y avait eu 64 500 arrestations de nazis dans le secteur d'occupation britannique, 92 250 dans le secteur américain, 18 963 dans le secteur français, 67 179 dans le secteur soviétique. D'après les recherches effectuées par Wolfgang Benz, dans les trois zones occupées par les Occidentaux, 5 025 nazis accusés de génocide se virent condamner, dont 806 à la peine capitale; 406 d'entre eux furent effectivement exécutés. Quiconque avait été membre du parti nazi avant le mois de mai 1937 se trouva exclu de la vie publique. En 1948, dans la République démocratique allemande (RDA) plus d'un demi-million de personnes avaient été écartées de toute activité politique et professionnelle. Il y a eu des exceptions dans les deux Allemagnes où certains nazis ont réussi à se faufiler à travers les mailles du filet sans parler de ceux qui ont reçu diverses promotions en raison même de leur passé. Les Allemands de l'Est furent ravis de découvrir un ancien nazi dans l'entourage du chancelier Adenauer, tout en oubliant qu'eux-mêmes utilisaient les services d'un expert nazi en matière de racisme, le professeur Hans Günther, pour rédiger des diatribes antisionistes. Otto John, l'agent secret qui fut victime d'un spectaculaire enlèvement en RDA, a raconté comment trois anciens officiers SS, Heinz Felfe, Hans Clemens et Erwin Tiebel, avaient reçu la promesse d'une amnistie pour leurs crimes nazis s'ils acceptaient de se mettre au service du KGB.

Aucune épuration du même genre n'a été entreprise pour traîner les communistes devant la justice. Des dizaines de milliers de criminels – commandants de camp, tortionnaires, gardes-chiourme, enquêteurs, tueurs bien entraînés – vivent de leurs pensions après avoir pris leur retraite. Pas un seul agent de la police secrète n'a encore été jugé en Russie et aucun membre du KGB ne doit se sentir sérieusement menacé par les rigueurs de la loi. L'un des pires assassinats de masse commis de sang-froid a été le massacre d'au moins quinze mille Polonais à Katyn – sans parler d'innombrables autres disparitions. Le crime avait pour objet de priver la Pologne de ce qui devait être son élite dans l'après-guerre. L'homme qui avait dirigé cette boucherie était Dimitri Tokariev qui s'est présenté devant les caméras de la télévision pour se justifier en alléguant que ces Polonais étaient des ennemis de classe. Dans tout autre pays il aurait fort bien pu être arrêté à la sortie du studio. Il a déclaré à l'écrivain Nicholas Bethell: «Je suis fier du travail que j'ai effectué pour la défense de notre Révolution. Je regrette seulement que notre pays semble avoir été jeté aux orties.» Parmi les hommes de ce genre qui sont encore en liberté, Bethell mentionne un certain juge Zoubiets qui avait naguère condamné la poétesse dissidente Irina Ratouchinskaïa pour ses vers et pour sa foi religieuse. «Les temps étaient autres, dit Zoubiets. J'ai fait mon devoir.» Il est aujourd'hui président de la cour suprême de Kiev. Krioutchov, lui, a certes été jugé mais seulement pour son rôle dans le coup d'Etat du mois d'août. Après la suspension du procès, il a été relâché et a multiplié les interviews pour se justifier d'avoir bafoué la loi. En Allemagne, le procès d'Erich Honecker a tourné court et celui d'Erich Mielke, le chef de la Stasi, a sombré dans le ridicule. Quelques autres – Hans Modrow, le dernier Premier ministre communiste de la RDA, un maître espion comme le général Markus Wolf, Willi Stoph, Harry Tisch, Werner Krolikowski – sont bien passés en jugement mais on n'a mis en prison qu'un ou deux d'entre eux. En Roumanie, Emil Bobu, le général Iulian Vlad, le général Tudor Postelnicu, Manea Manescu et Stefan Andreï figurent parmi les dirigeants communistes emprisonnés pour leurs crimes. Il en est allé de même pour le fils du dictateur, Nicu Ceausescu, mais ce play-boy a été remis en liberté pour raisons de santé. En Lettonie, le dernier des premiers secrétaires du parti, Alfreds Roubiks, a fait de la prison en attendant son jugement. La veuve du dictateur albanais, Enver Hodjda, a été condamnée à neuf ans de prison pour escroquerie et elle purge actuellement sa peine. Todor Zivkov, en Bulgarie, à l'issue de son procès a été condamné à rester aux arrêts chez lui. Sans même parler de châtiment, la simple justice n'est manifestement pas à l'ordre du jour. En Tchécoslovaquie, avant la séparation de cet Etat en deux nations, un processus connu sous le nom de « lustration » (purification) écartait progressivement de leurs fonctions les agents de la police secrète et les dignitaires du parti les plus compromis. En somme, les crimes des communistes, pour énormes qu'ils soient, ne semblent pas devoir tomber sous le coup de la loi comme ceux des nazis.

Il existe aujourd'hui un vacuum; le pouvoir gît dans la rue, à la merci de n'importe qui, comme c'était le cas en 1917. Aussi quiconque en a l'ambition peut tenter de s'en saisir. La fin de l'Etat-parti n'a pas coïncidé avec la proclamation du règne du droit. En 1917, V.V. Rozanov, témoin pensif et terrifié de la Révolution, avait écrit que la Russie s'était fanée en deux jours, trois tout au plus. « Il est étonnant de voir comment elle s'est effondrée soudainement, tout entière, pour tomber en pièces et en morceaux. » Qu'en est-il resté? « Rien. Pour étrange que ce soit. Un peuple vil. » Rozanov avait écrit également: « Un rideau de fer est descendu sur l'histoire de Russie. Le spectacle est terminé. Les spectateurs se sont levés de leurs sièges, il est temps pour eux de mettre leur manteau et de rentrer à la maison. Ils regardent autour d'eux. Il n'y a plus de manteaux et plus de maisons. »

Au moment où l'on remet les pendules à zéro, il n'est pas moins stupéfiant de constater qu'une fois encore il n'y a personne sur qui rejeter la faute car on ne peut demander des comptes ni au parti ni au KGB.

Qui est coupable? A qui s'en prendre? L'enchaînement des effets et des causes est-il suspendu? Est-ce Gorbatchev qui a tout fait? Ou les présidents Reagan et Bush, la « guerre des étoiles », l'OTAN, la CIA? C'est alors que resurgit la vieille énigme: qui influe sur quoi et quel est le rôle de l'individu dans le déroulement de l'Histoire? Peut-être la télévision et la radio occidentales ont-elles joué un grand rôle en semant l'insatisfaction et les grandes espérances? Peut-être y eut-il assez d'ordinateurs pour briser le carcan que le parti imposait à l'information et à sa propagation? Le pays ne pouvait-il plus s'offrir le luxe de continuer comme devant et est-ce sa banqueroute qui l'a fait imploser? Le pape Jean-Paul II a-t-il apporté aux communistes une morale de rechange, celle de la religion traditionnelle, au moins dans sa Pologne natale – ce que le KGB avait peut-être admis en lui faisant l'honneur de chercher à l'assassiner? Peut-être les pays baltes, avec leur refus de se laisser avaler, ont-ils été l'os qui s'est bloqué en travers de la gorge pour étouffer le grand corps soviétique. Peut-être faut-il souligner le rôle joué par les Israéliens, quand ils ont semé la consternation au Kremlin dès 1982, en prouvant dans le ciel de la Syrie que les défenses antiaériennes soviétiques pouvaient être pénétrées et détruites de sorte que l'URSS perdrait la Troisième Guerre mondiale. Ou encore doit-on attribuer l'échec à l'expansionnisme impérialiste excessif d'un pays qui a envahi la Hongrie en 1956, la Tchécoslovaquie en 1968, l'Afghanistan en 1979, versé annuellement 500 millions de dollars au Nicaragua, 4 ou 5 milliards à Cuba, autant au Vietnam? Peut-on parler d'une reddition du peuple soviétique devant la supériorité des démocraties occidentales exprimée sous la forme de symboles aussi vulgaires que le blue-jean et la musique pop? Ou encore faut-il dénoncer un je ne sais quoi dans la *Zeitgeist*, qui a détruit toute conviction morale ou toute notion d'une autorité suprême, qui a ridiculisé le policier secret soucieux de maintenir l'obéissance et dont l'allure comme le vocabulaire ne suscitent plus la peur mais la pitié?

C'est alors que surgit une procession spectrale; elle parcourt les ruines des rues et des villes soviétiques, comme surgie de ce siècle ensanglanté. En tête marche Lénine, archétype du maître d'école, chauve et barbu; puis vient Staline, pour qui chaque meurtre était une fête comme l'a écrit Mandelstam dans un texte qui lui a coûté la vie; et les autres, Iagoda et Iejov, et Beria, Boukharine, Lounatcharski, Castro et Guevara, Ulbricht, Thorez, Gramsci, le bedonnant Khrouchtchev, le flegmatique Brejnev, Kim Philby et Guy Burgess, le procureur Vychinski, Jdanov, et tant d'autres marchands de mort, créateurs de cauchemars, d'illusions et d'épouvantes dont ils ont pourvu notre siècle. Et tout cela en vain.

En ces temps-là, il était impossible d'avoir des rapports autres qu'officiels avec des Russes. Chacun, derrière le «rideau de fer», était contraint par le KGB à vivre dans un univers d'exclusion, de gel et d'abrutissement. Tout étranger qui était autorisé à passer une partie de la journée avec des Russes, à manger ou boire avec eux, à leur lancer peut-être une prudente plaisanterie, pouvait être sûr de se trouver en présence d'indicateurs ou de membres de la police secrète. Tout ce qui se disait ou se faisait alors trouvait son chemin jusqu'aux dossiers de ces policiers. La plus brève rencontre avec un étranger était donc dangereuse pour le Russe moyen ; toute amitié avec lui était inconcevable. Un sourire, après tout, peut conduire à un échange d'informations susceptibles d'entraîner des questions et de fil en aiguille le doute puis finalement l'imprudence coupable. L'un des traits les plus troublants de l'ex-Union soviétique était la façon dont les passants refusaient soigneusement de regarder un étranger dans les yeux, au coin des rues. La peur et la honte se lisaient sur leur visage. Cela rappelait l'observation faite par le poète polonais Adam Mickiewicz sur la brutalité des Russes de son temps : « Chaque visage reflète celui de toute la nation. » Je ne peux oublier la première soirée que j'ai passée en compagnie de quelques Russes aux temps lugubres du gouvernement Brejnev. En ma qualité de journaliste accrédité, j'avais une escorte de trois ou quatre « guides » théoriquement fournis par l'Intourist pour rencontrer une « famille typique » logée dans une tour d'habitation. La tuyauterie était installée de telle façon que la vidange des toilettes de l'appartement du dessus rugissait juste derrière le mur du salon. Ce fut une soirée de silences pénibles coupés par des échanges de platitudes et de mensonges ou par le bruit envahissant de cette chasse d'eau.

Le système complexe et lent qui régissait la délivrance des visas et des bons d'hôtel ou de restaurant (payés d'avance) permettait de s'assurer qu'aucun étranger ne resterait jamais sans surveillance. Tous les déplacements étaient réglementés. Le KGB dirigeait ou manipulait chaque personne avec qui un étranger pourrait entrer en contact y compris les chauffeurs de taxi, les trafiquants du marché noir et les femmes de moralité douteuse qui hantaient les salons des hôtels – c'est-à-dire, en fait, quiconque semblait avoir quelque chose à vendre ou à acheter. Impossible de se procurer aucun plan des villes. Pas de répertoires téléphoniques. Pas d'annuaires à « pages jaunes ». Pas de gazettes des petites annonces. Aucun moyen de trouver une adresse, aucune possibilité de prendre l'initiative la plus innocente, de visiter quoi que ce soit, de se lier avec qui que ce soit. Tout geste qui n'était pas prévu par avance, pour vous, par les autorités, revêtait aussitôt un aspect d'illégalité, de bravade déjà proche de la subversion et de l'espionnage.

Certains de ces obstacles techniques demeurent ; il n'y a toujours pas de répertoires téléphoniques, de sorte que le succès d'une affaire dépend parfois de l'astuce avec laquelle on se procure les numéros des personnalités influentes, pour les joindre à leurs bureaux ou en tout autre lieu. Dans bien des cas, la perspective d'un entretien avec un Occidental provoque chez un Russe un sentiment d'intrusion et une demande d'interview risque souvent de se heurter à un refus catégorique. Il faut apprendre les coutumes du pays et n'approcher les gens qu'à travers une série d'intermédiaires et de courtiers d'influence qui agissent parfois dans l'exercice fidèle de leurs fonctions ou parfois parce qu'ils ont une faveur à demander en échange. Des négociations s'ensuivent. «Et maintenant venons-en à la délicate question des honoraires», m'a déclaré l'une de ces personnes arrangeantes. Les hommes les plus puissants du pays n'ont aucun scrupule à demander un cachet pour une interview. Dans nombre de cas, pendant que je préparais le présent ouvrage, je n'avais pas le choix et je dus verser une certaine somme – généralement cent dollars. Dans mon esprit, cela représentait une taxe de transit qui marquait le passage du communisme à l'économie de marché. Vous pouvez aussi essuyer des échecs pour vouloir aller à l'encontre des habitudes nationales. Iegor Ligatchev, par exemple, avait accepté de me rencontrer mais s'empressa de me faire savoir qu'il s'absentait pour des vacances dont il ne pouvait prévoir la durée. Après m'avoir accordé un autre rendez-vous, il me dit de lui téléphoner en arrivant à Moscou. Je fis le voyage mais j'appris alors que les circonstances avaient changé et que mon interlocuteur n'était plus disponible.

Parmi les «arrangeurs» se trouvent des conducteurs pourvus d'une voiture – généralement une vieille Moskvitch au pare-brise craquelé qui se fond dans le paysage et n'attire guère les voleurs. La plupart du temps, ces chauffeurs sont épuisés parce qu'ils ont veillé la moitié de la nuit pour se procurer de l'essence, en l'obtenant souvent par le moyen de trocs ou d'autres modes de paiements spéciaux. Vous partez donc au petit matin, en route vers quelque immeuble de brique réservé à des privilégiés. Ces derniers ont conservé leurs appartements malgré l'effondrement du communisme auquel ils doivent tout, sauf de la gratitude. Vous prenez place dans des pièces étonnamment semblables les unes aux autres, sur des canapés plus ou moins identiques, tapissés dans un matériau dur et brun, avec, pour tout décor, une coupe en verre ou en porcelaine, des rayons de bibliothèque croulant sous le poids des classiques soviétiques, et peut-être un masque africain ou un tapis afghan rapporté d'une mission officielle. Le signe le plus recherché qui dénote l'importance du maître de céans est la présence d'un labrador ou d'un terrier anglais. Dans le bureau, le meuble le plus marquant est généralement un coffre-fort désuet avec un système de fermeture à plusieurs roues, où mettre à l'abri secrets et butin. Les anciens dignitaires soviétiques appartiennent curieusement à un même type physique. Ils ont les épaules larges, un certain embonpoint sinon une véritable lourdeur, des cous épais, serrés dans leurs cols. Ils donnent l'impression de tenir pour acquis que personne ne se mettra en travers de leur route. Ils ont des visages aussi épanouis que des assiettes creuses. Ils s'expriment avec une politesse neutre et menaçante, d'une voix qui s'élève rarement. Parfois ils racontent une anecdote à l'appui d'un témoignage sur une vilenie ou une trahison, dont la conclusion peut receler quelque humour, ce qui déclenche un rire satisfait du narrateur; celui-ci semble apprécier la façon dont il vient lui-même d'exposer ou de démonter la mauvaise action. Tous possèdent en commun l'habitude de pointer le doigt comme ils brandiraient un bâton; ils font mine de fendre l'air avec le plat de la main en guise de hache; ou encore ils penchent énergiquement les épaules en avant, comme le fait Gorbatchev, pour mettre chacun au défi de les contredire. Les années qu'ils ont passées à imposer leur volonté aux autres leur ont servi de moule.

Et vous vous rendez aussi dans des instituts universitaires, ces réceptacles de la pensée, si prisés par les Soviétiques, vous vous hissez tout en haut d'escaliers désolés, parcourus de courants d'air, vous vous engagez dans des corridors qui semblent à moitié abandonnés, avec parfois un panneau d'affichage ou une affiche gondolée. Vous y avez rendez-vous, dans des pièces froides et nues, avec des spécialistes réputés dans tout le pays voire dans le monde entier. La secrétaire ou réceptionniste aura sans doute devant elle une plante qui s'étiole dans son pot plutôt qu'une machine à écrire, pour ne pas parler d'un terminal électronique.

C'est dans ces instituts que se trouvent les quelques centaines d'hommes dont semble être faite l'opinion publique. Ils détiennent le privilège de s'exprimer librement, en vertu de quelque licence spéciale qui leur a été conférée par la société ou qu'ils se sont octroyée mutuellement. Iouri Afanasiev, l'académicien Bogomolov, Abalkine, Aganbegyan, Nikolaï Chmelyev, Galina Staravoïtova, Sergueï Stankevitch, Gyorgi Chakhnazarov, et les autres. Ils sont au cœur du cœur de Moscou et leurs noms figurent virtuellement dans tous les livres ou les articles occidentaux où ils tracent une ligne aussi ferme que celle dont naguère les dirigeants du parti étaient les auteurs. Nul ne leur en impose, la chose est sûre, et les entretiens qu'ils multiplient avec affabilité sont accordés à titre privé; ces conversations révèlent toute une gamme de sentiments qui va de l'idéalisme au cynisme. Encore une seule interview de ce genre, pense-t-on chaque fois, et la vérité se manifestera dans toute son évidence, sur la raison pour laquelle le communisme s'est effondré.

Et vous vous mettez aussi en quête des non-initiés, de certaines gens qui ne rabâcheront pas les truismes des milieux informés. A deux kilomètres à peine du centre de Moscou, les routes peuvent se révéler presque impraticables. La Moskvitch commence à vibrer comme un petit tram, cahotante sur les nids-de-poule et les ornières, les dalles et les pavés déplacés, les ordures et les détritus; elle finit par s'arrêter quand la route se perd sous la boue, les flaques, les carcasses de voitures. Vous voyez ici des ivrognes solitaires qui titubent ou que des amis charitables aident à rentrer chez eux. Les adresses semblent mobiles. Un immeuble ou *Dom* peut avoir une sous-unité ou *Korpus*, parfois même une douzaine d'entre elles. Chaque Korpus peut avoir des douzaines d'entrées, certaines impénétrables, d'autres semblables à des latrines publiques, dans tous les sens du terme. Pressez le bouton d'un ascenseur russe et il s'arrêtera en émettant un bruit semblable à un coup de revolver. Comment, vous demandez-vous pour la énième fois, des gens peuvent-ils vivre ainsi? Et pourtant vous sortez de l'entretien impressionné par l'inflexible détermination de ces gens désireux de découvrir le monde dans lequel ils n'ont jamais pénétré et la masse des idées de l'humanité qu'ils n'ont jamais été autorisés à explorer officiellement. Où ont-ils trouvé le courage de s'informer par eux-mêmes et comment ont-ils pu persévérer dans cette voie ?

« Tout est négociable », déclare le chauffeur. Pour illustrer son propos, il sort du parking en faisant rugir son moteur et sans payer ; le préposé se contente de hausser les épaules. Comme tout le monde il dissimule dans ses vêtements des dollars et un paquet de roubles dévalués ; une feuille de papier journal pliée avec art lui sert de portefeuille.

C'est ici un pays où l'acheteur est censé apporter son propre emballage pour ses emplettes. Il existe une façon de donner à une page de journal la forme d'un cornet pour que les vendeurs ambulants y déversent les myrtilles, airelles et autres produits similaires. Au Caire, dans le bazar, il m'est arrivé de rencontrer un revendeur de petites cuillers en plastique de seconde main et j'avais pensé ne jamais revoir ailleurs une telle image de la pauvreté. A Moscou il y a des gens qui subsistent en revendant des sacs en plastique usagés. D'autres, par centaines, s'alignent sur les trottoirs en une file sinueuse pour proposer au passant un vêtement usé, un œuf unique, un bloc de papier, des objets ménagers comme un robinet. Devant les églises des vieillards, hommes et femmes, mendient avec une patience qui dissimule une vraie férocité. Je me suis senti plongé dans un roman russe d'un autre âge le jour où j'ai fait l'aumône à une aveugle devant le monastère de Danilevski car j'ai vu des mendiants plus vigoureux lui arracher la pièce dès que je me suis trouvé trop loin pour intervenir – si toutefois je m'y étais hasardé.

C'est un pays où les conducteurs de voiture retirent leurs essuie-glaces et déconnectent leurs batteries quand ils garent leur véhicule. Lorsque j'habitais la tour stalinienne qui domine la station de métro désignée sous le nom de Barricade, il me fallait contourner une tranchée creusée par des employés municipaux et abandonnée depuis longtemps. Aucune précaution n'avait été prise pour éviter des accidents, pas de signalisation d'aucune sorte. Jeunes et vieux, cyclistes et livreurs venus du marché voisin chutaient sans cesse dans cette tranchée. Il en va de même pour les longues grilles qui encombrent les passages souterrains et les couloirs du métro. Ces barres de fer apparemment massives ont été tordues ou brisées comme autant de petits pièges tendus en enfilade à l'intention des passants.

C'est un pays où la surveillante de la piscine vous demande vos papiers d'identité, par exemple votre passeport, qu'elle conservera et ne vous rendra que si vous avez respecté les règlements par votre façon de nager et votre comportement. Elle vous délivre en échange un bout de papier sur lequel elle inscrit un numéro. La piscine a été construite pour les Jeux olympiques de 1980 mais on y voit nombre de ces grilles de fer vandalisées ; les carreaux de céramique tombent des murs ; le béton est sale et détrempé ; des fils électriques trop nombreux pendent lamentablement. D'une façon ou d'une autre, un oiseau est entré par le toit ; pris de panique, il vole en battant désespérément des ailes jusqu'au moment où il tombe mort. Vous rendez le bout de papier pour retrouver votre passeport. C'est la même surveillante mais, cette fois, elle s'écrie : « *Straf* » (amende). Son visage s'empourpre. *Straf* est un mot emprunté à l'allemand, comme *Lager* (camp) qui a fait son chemin dans le goulag. « *Straf* » confirment deux de ses collègues qui surgissent soudain à ses côtés. Les reçus de papier n'ont aucune valeur et elle nie farouchement vous avoir délivré celui-là. D'ailleurs ce n'est pas son écriture. Où est la rondelle en fer-blanc numérotée qui doit être échangée contre un papier d'identité, carte ou passeport ? Si vous n'avez pas ce petit jeton c'est « *Straf* » et elle appellera la police. Sa main fait un geste vers le téléphone. En fait, vous devez payer une amende pour avoir perdu cette rondelle que vous n'avez jamais eue ; vous lui donnez quelques sous et autant à ses deux collègues. Tout est négociable. Cette petite comédie a pris un bon quart d'heure au cours duquel une longue file de Russes rouspéteurs s'est constituée et les remarques pleuvent sur ces Occidentaux qui trichent et abusent autrui, des gens auxquels on ne peut se fier et qui feraient mieux de rester chez eux plutôt que de venir encombrer nos belles piscines.

Ici et là quelques critiques avaient coutume de dire que le communisme ne pourrait subsister à la longue, mais ils étaient peu nombreux et très isolés. On les considérait comme des optimistes incorrigibles, des êtres qui se plaisaient à s'abuser eux-mêmes. Après avoir passé un certain temps à Moscou comme correspondant de presse, à l'époque où Staline s'en donnait à cœur joie, Malcolm Muggeridge entreprit d'aller à contre-courant. Ce fut une manifestation spectaculaire de liberté intellectuelle et de clairvoyance morale quand il écrivit : « La force de destruction inhérente au communisme ne pourra se perpétuer jusqu'au bout. » Et il poursuivait en ces termes : « Aucune société ne peut, dans son intégralité, haïr au point de se détruire elle-même. Or l'autodestruction est la seule fin concevable pour le bolchevisme. » Ainsi en a-t-il été. Mais le monde s'était contenté pendant longtemps d'assimiler le pessimisme plus familier de George Orwell avec son image d'un futur représenté sous la forme d'une botte piétinant à jamais le visage de l'humanité.

Sous le règne de Brejnev, l'Union soviétique obtint la parité avec les Etats-Unis dans le domaine de la puissance nucléaire et se dota d'une grande supériorité en matière d'armes conventionnelles. Les agressions dont l'URSS s'était rendue coupable avant la Seconde Guerre mondiale (par exemple une tentative de révolution au Brésil, des attaques contre la Finlande et les républiques baltes) ressemblaient à des exercices d'amateurs comparées aux entreprises menées avec des moyens techniques modernes où se mêlaient une extrême brutalité et des mensonges très élaborés, dont on trouve de parfaits exemples dans des atrocités telles que l'invasion de la Tchécoslovaquie en 1968. En Europe orientale avaient été établies, une fois pour toutes, « des relations internationales d'un type nouveau » comme se plaisait à le dire Andreï Gromyko qui a occupé si longtemps le poste de ministre des Affaires étrangères en URSS... Sous Brejnev, les manœuvres communistes au Portugal et au Chili menacent l'équilibre des puissances. Les *sandinistas* du Nicaragua déstabilisent l'Amérique centrale à partir de 1979. La même année, Brejnev, par suite de ce qui paraît avoir été un mouvement d'humeur, envoie des troupes en Afghanistan. Dans ce pays, le dirigeant communiste Hafizullah Amin venait juste d'assassiner son prédécesseur que Brejnev trouvait trop prétentieux. On déclara alors que Hafizullah Amin avait appelé les Russes (inutile de dire que ce n'était pas le cas) et quelques heures plus tard il était abattu à son tour par ceux qui prétendaient voler à sa rescousse. On le remplaça par un suppôt de Brejnev, Babrak Karmal. Des siècles d'affrontements féodaux avaient ainsi reçu une conclusion expéditive avec pour seule conséquence de faire pousser des lamentations au président Carter qui prétendit en avoir appris davantage sur le communisme en cette occasion que pendant toute son existence passée. En Afrique, un processus historique d'accession à l'indépendance dans les anciennes colonies se trouva inversé quand la république populaire du Congo, le Bénin, l'Ethiopie, le Mozambique et l'Angola se firent les clients de l'Union soviétique. Le Laos, le Cambodge des Khmers rouges et le Vietnam annoncèrent à leur tour l'instauration de « dictatures du prolétariat ».

On comptait alors à travers le monde quelque trente ou quarante régimes rangés dans le camp marxiste-léniniste ; en d'autres termes, ils étaient tributaires de l'Union soviétique. Financés par Moscou, une vingtaine de « mouvements de libération nationale » formaient les embryons d'une nouvelle génération de régimes marxistes-léninistes plus nombreux encore. L'un d'eux était l'ANC, le Congrès national africain ; un autre était l'OLP, l'Organisation de libération de la Palestine. Certains documents saisis auprès de l'OLP donnent une idée de ce qu'était un patronage de ce genre. Le résumé des conversations tenues à Moscou en novembre 1979 entre Arafat, le ministre des Affaires étrangères Andreï Gromyko et l'adjoint de celui-ci, Boris Ponomarev, est ainsi rédigé : « Nous avons récemment établi un comité pour la solidarité et l'amitié avec le peuple palestinien. Quand le peuple vietnamien était en lutte contre les USA, nous avions établi un comité de solidarité similaire », déclare Ponomarev qui ajoute : « Le Vietnam, comme nous le savons, a fini par gagner et nous espérons que [votre] victoire viendra elle aussi. » La réponse d'Arafat est typique : « Pour notre part, nous avons aussi établi un comité de solidarité avec vous. » L'OLP était déjà disposée à faire tout ce qu'on lui demanderait. Au cœur du « camp socialiste » il y avait des institutions comme le Conseil d'assistance économique mutuelle (connu sous le nom de Comecon) ou l'Organisation du traité de Varsovie, signé en 1955, toutes deux conçues pour protéger l'Union soviétique et ses satellites y compris la Mongolie, le Vietnam et même Cuba. Pour soutenir l'ensemble, il y avait aussi un réseau de quelque cent partis communistes installés en plein dans le camp ennemi, celui des «capitalistes», avec un total de 80 millions de membres. Ces partis et leurs affiliés préparaient également la nouvelle génération de marxistes-léninistes destinée à s'élargir dans un avenir qui assurerait la pérennité des forces dites progressistes.

En 1973, Alexandre Soljenitsyne fit, sembla-t-il, un saut dans les ténèbres en publiant un appel aux dirigeants soviétiques. Le parti conserverait son monopole politique, supposait l'écrivain, mais son idéologie totalitaire étant déjà vide de sens il pourrait, dès lors, virer au nationalisme pour justifier ses aspirations à la légitimité. Quatre ans plus tard, Andreï Amalrik publiait pour sa part un livre au titre étonnant : *L'URSS survivra-t-elle en 1984 ?* Dans un commentaire sur le livre d'Amalrik, l'historien français Alain Besançon notait que le régime soviétique sous sa forme léniniste était incapable d'évoluer. Il ajoutait que si ce régime faisait un seul pas au-delà de lui-même, il exploserait, se volatiliserait, disparaîtrait. Un autre écrivain français, Emmanuel Todd, parvenait à des conclusions similaires au même moment. Selon lui, les tensions inhérentes au système soviétique approchaient du point de rupture. Il annonçait que dans dix, vingt ou trente ans, un monde stupéfait assisterait au dépérissement ou à l'effondrement des systèmes communistes. Il concluait en affirmant que si le régime soviétique était haïssable il manquait de stabilité. A Londres, en août 1976, le journaliste Bernard Levin écrivait dans le *Times* qu'il croyait inévitable une nouvelle révolution russe. D'après lui, la soif de liberté et d'honnêteté ne pouvait rester plus longtemps inassouvie. Il prédisait avec une assez grande précision : «Il n'y aura pas de fusillades dans les rues, pas de barricades, pas de grève générale, on ne pendra pas les oppresseurs aux lanternes, on ne saccagera pas, on ne brûlera pas les bâtiments publics, on ne saisira pas les émetteurs de radio, les militaires ne déserteront pas en masse.» On verrait bien plutôt apparaître de nouveaux visages au Politburo. Il ajoutait avec un clin d'œil en direction d'une révolution précédente que tout cela se passerait le 14 juillet 1989.

Des opinions de ce genre commençaient à filtrer dans les cercles universitaires. Ainsi, un économiste comme Peter Wiles écrivait en 1982 à propos des pays de l'Europe orientale qu'on y éprouvait un sentiment de «fin de siècle». Les déceptions exerçaient un effet cumulatif. «Ce n'est pas seulement l'économie mais tout le système théocratique qui ne vaut plus rien. Il ne se perpétue que par sa propre inertie.» Il concluait qu'il faudrait entreprendre de sérieuses réformes en faveur de la liberté de marché et de la décentralisation.

Le doyen des spécialistes de l'histoire russe, Richard Pipes, écrivait en

1984 : « Une connaissance plus approfondie des conditions internes auxquelles sont soumis les pays communistes, y compris l'Union soviétique, donne à penser qu'ils se trouvent en proie à une grave crise systémique laquelle exigera tôt ou tard une action de nature décisive. »

De telles voix avaient peu d'influence sur le public. Les présidents et les hommes politiques de partout, les professeurs et les journalistes, presque tous ceux qui se vantaient d'orienter l'opinion pensaient que l'URSS était là pour toujours et y resterait sinon de plein droit, du moins de vive force. Selon ces détenteurs de la sagesse la plus conventionnelle, rien ne pouvait venir modifier ce que l'on appelait les réalités de la vie. On était en plein dans la «Realpolitik». Au mieux serait-il possible de contenir dans certaines limites la rivalité entre les USA et l'URSS grâce à des accords contractuels, en particulier sur la réduction et le contrôle des armements. Nul ne semblait objecter apparemment qu'il n'y aurait aucun moyen de faire respecter par l'URSS les accords que celle-ci pourrait signer. L'Europe resterait divisée, il y aurait toujours deux Allemagnes. Et deux Corées. De temps à autre, un nouveau Front de libération nationale parviendrait à agrandir le «camp socialiste». Les pays viendraient à manquer dans le monde, comme disait Soljenitsyne, mais l'Union soviétique imposerait ses façons d'agir aussi longtemps qu'elle le voudrait.

Rien, dans les intuitions des Russes soviétiques ou des Occidentaux, ne les avait préparés aux événements qui allaient conduire à la fin du communisme. Le 1er mai 1989, le défilé traditionnel se déroula devant le Kremlin, sous la grande tribune où les dignitaires entouraient Gorbatchev pour contempler la revue. Un an plus tard, exactement, les huées de la foule chassaient celui-ci de cette même tribune d'où il s'enfuit honteusement. Un an plus tard encore, il n'y avait plus de défilé, plus de président Gorbatchev, plus de parti communiste et plus d'Union soviétique. La faucille et le marteau avaient disparu. D'aucuns proposaient que Lénine soit arraché à son monument, transporté à Saint-Pétersbourg et enterré correctement auprès de sa mère. A l'inverse, le tsar serait sanctifié comme un martyr et la cathédrale de Moscou – détruite par Staline – serait rebâtie.

En l'espace d'un bref laps de temps, le monde communiste qui nous était devenu familier avait été mis sens dessus dessous. Et tout soudain, l'Armée rouge, qui avait causé tant d'effroi, était convertie en un dépôt d'insignes et de bonnets de fourrure bradés un peu partout dans les lugubres alignements de vendeurs ambulants. Soudain, les innombrables livres marxistes-léninistes, publiés sur commande et destinés à mobiliser le prolétariat pour augmenter la production sur tous les fronts, faisaient figure d'objets kitsch. Soudain ce qui avait passé pour un pouvoir sans mélange se révélait pitoyable ; loin d'effrayer quiconque il suscitait la tristesse et la perte de vieilles illusions. Dans tout l'empire, la restitution de leurs anciens noms à des lieux divers conférait au symbole un aspect spectaculaire. Des villes destinées à perpétuer la mémoire de Kirov,

Kouïbychev, Zagorsk, ou de l'ineffable dirigeant communiste italien Togliatti, retrouvaient leurs noms de Guenja, Samara, Sergueïev Possad et Stavropol. Le mont Staline disparut des cartes du Tadjikistan. En Hongrie, Leninvaros retrouva son nom de Tizaujvaros. En Tchécoslovaquie, Gottwaldov s'appela de nouveau Zlin. Au Monténégro, Titograd devint Podgorica. Des étoiles du firmament communiste comme Gheorghiu-Dej, Ulbricht, Jdanov, Souslov, Kalinine, s'effacèrent de la géographie dans ce qui n'était plus le camp communiste. Même la rue Gorki, au centre de Moscou, retrouva son ancien nom de Tverskaïa. Les statues de Marx et de Lénine disparurent par milliers. Dans tout l'empire, de l'Estonie au Pamir, il ne reste que des trous sur d'innombrables places publiques, avec parfois quelques rivets ou des étais, pour rappeler l'endroit où les fondateurs du marxisme-léninisme dressaient naguère leur stature héroïque, plus grande que nature. Au centre de Moscou une tête gigantesque de Karl Marx, en pierre, qui doit peser plusieurs tonnes, a servi de support publicitaire à une carte de crédit annoncée par un ballon. A Varsovie, le siège du parti communiste a été attribué à une banque occidentale qui y a installé ses services commerciaux et boursiers. Un monstre de l'architecture stalinienne comme le Scinteia de Bucarest abrite aujourd'hui la Bourse roumaine. Le plus frappant de tout, peut-être, c'est que devant la Loubianka – la plus célèbre des prisons soviétiques – on a fait disparaître la statue de Felix Dzerjinski, fondateur et monstrueuse incarnation de la police secrète. Sur le piédestal qui est resté là, on a tracé une croix avec ces mots écrits en slavon d'église : «Nous avons gagné.»

L'Homo sovieticus était une notion effrayante qui remontait à Brejnev. Elle reposait sur la prétention émise par les communistes d'avoir changé la nature humaine. Or ils y étaient effectivement parvenus en Russie et peut-être même dans les pays satellites. Tout est question de conditionnement. De même que le chien de Pavlov, les êtres humains peuvent être dressés à agir comme des numéros, comme les rouages d'une machine, plutôt que comme des individus, s'ils sont soumis à un système idéologique dont l'application est sanctionnée par des punitions et des récompenses soigneusement dosées. Quelque mécanicien supérieur n'a plus qu'à lancer des ordres pour faire fonctionner le tout à sa guise. Au plus profond de cette conception, il y a la peur, la peur animale la plus primitive qui oblige chacun de nous, devant un geôlier ou un tortionnaire totalitaire, à sacrifier toutes ses valeurs, tous ses principes moraux, pour sauver sa peau. C'est une leçon que la littérature du XXe siècle n'a jamais exprimée de façon plus lucide et plus dévastatrice que dans le roman de George Orwell *1984*. Le héros de ce livre, Winston Smith, est un archétype de la personne terrorisée au point de renoncer à être soi-même. Big Brother, le dictateur, ne fait rien de moins que lui voler sa personnalité, après quoi, les joues baignées de larmes, Winston découvre qu'il «aime Big Brother».

Cela peut-il arriver? La nature humaine est-elle malléable à ce point? Dans les années 1960, alors que Brejnev et le parti avaient réussi à étouffer leur propre peuple et à faire progresser le communisme à l'étranger, un certain nombre de Russes ont commencé à se poser ces questions. Les dissidents, comme on finit par les appeler, allaient procurer de gros titres aux journaux pendant les vingt années suivantes. Jusqu'à présent, aucun livre ne leur a pleinement rendu justice, de sorte qu'il est difficile de jauger leurs succès à leur juste valeur. A l'époque, il n'était pas possible de savoir s'ils étaient les derniers représentants d'une espèce en voie d'extinction ou, au contraire, les premiers à affirmer que la nature humaine est – voire demeure toujours – triomphalement fidèle à elle-même.

A la fin des années 1960, écrit l'historien russe Alexandre Ianev, qui réside aujourd'hui en Occident, « ce fut comme si, "de dessous les décombres" de l'idéologie officielle, déjà recouverts de mousse, des voix nouvelles, toutes fraîches, commençaient soudain à se frayer un chemin pour proclamer le besoin de faire "renaître la nation". Ce nouvel esprit surgissait des profondeurs et se propageait comme un tourbillon ». D'après Ianev, Soljenitsyne (qui n'avait pas encore fini d'écrire *L'Archipel du Goulag*) avait bien résumé le nouvel état d'esprit quand il décrivait les Russes, non pas comme une nouvelle classe dirigeante, mais comme les esclaves de l'Etat. Des gens qui coulaient. « Un peuple émacié, biologiquement dégénéré, dont la conscience nationale était humiliée sinon anéantie. »

Les dissidents, dans leur ensemble, approuvaient ce jugement émis par Soljenitsyne. Parmi eux, Alexandre Zinoviev et Vladimir Boukovski se distinguaient par la portée, l'éclat et le courage de leurs opinions. Tous deux furent bientôt éjectés de l'Union soviétique et catapultés en Occident. Ces deux écrivains prolifiques n'étaient pas toujours cohérents dans leurs observations ni dans leurs conclusions mais, en tout cas, leur propre exemple prouvait que la progression de l'idéologie communiste ne triomphait pas implacablement de toute volonté humaine comme le prétendait le parti.

Bien qu'il eût considérablement dispersé ses coups, Zinoviev a sans doute démontré avec plus de force que tout le monde comment l'Homo sovieticus était né et comment il avait atteint l'âge adulte. De toute évidence, Zinoviev croyait, au moins en partie, que les Russes avaient dégénéré irrémédiablement sur le plan intellectuel. La vérité leur avait été dissimulée si habilement que ce peuple ne pouvait tout bonnement plus y accéder. Aussi serait-il à jamais incapable de mesurer sa déchéance. « Notre norme, écrivait Zinoviev, comprend les traits les plus répugnants de la nature humaine sans lesquels il est impossible de survivre dans les conditions actuelles de la société soviétique. Et toute cette abjection se drape dans la plus grandiose et la plus mensongère des idéologies. » Le fait de vivre à la frontière des possibilités sociales « engendre une vermine sociale, des vers sociaux, des rats sociaux, des serpents, des lézards, des scorpions sociaux » et ces espèces ont « plus de chances de survivre chez nous que dans les conditions sociales favorables de la civilisation occidentale ». Le système social national, concluait Zinoviev, était ainsi devenu « essentiellement impossible à secouer ». L'Homo sovieticus était dans sa phase ascendante. « L'Union soviétique, prise dans son ensemble, se comporte comme le citoyen soviétique moyen. Elle n'est pas fiable; elle est mensongère et hypocrite; elle est grossière quand elle est en situation de force, obséquieuse devant une autorité supérieure et, de surcroît, absolument sincère. »

Boukovski était consterné de constater que tout le monde ne partageait pas sa merveilleuse combativité. « On a dit que pendant vingt ans un Anglais excentrique avait coupé la queue des rats dans l'espoir de voir ceux-ci donner naissance à une descendance dépourvue de queue, mais que, devant l'échec de ses efforts, il finit par y renoncer. Que peut-on attendre d'un Anglais? Non, ce n'est pas ainsi que l'on construit le socialisme. Il n'avait pas assez de passion en lui, pas assez de foi solide dans un avenir radieux. Tout était très différent dans notre pays. Nous avons décapité des gens pendant des dizaines d'années et nous avons finalement vu naître un nouveau type d'hommes sans tête. » Il pouvait aller plus loin encore dans ses attaques ravageuses : « Notre conception de l'existence, en Union soviétique, n'est rien d'autre que la vision imaginaire d'un monde engendré par la schizophrénie, peuplé de personnages communistes inventés, occupés à construire un communisme mythique. Ne vivons-nous pas une double ou une triple vie, tous tant que nous sommes? »

D'autres commentateurs ou observateurs ont souvent souligné que ce phénomène de double nature était au cœur de la société soviétique. Un autre des premiers dissidents, Konstantin Simis (également réfugié en Occident), l'a fort bien exprimé dans un livre paru en 1982 quand il écrit : « L'Homo sovieticus a tout bonnement deux systèmes de moralité distincts. Quand il viole la loi, il ne se tient pas pour immoral. Le fait de mentir aux représentants de l'autorité et du parti est compatible avec le respect de la véracité envers les amis. »

Dans ce cas, l'Homo sovieticus n'inspirait pas autant de craintes qu'il y paraissait. Chacun prenait ses précautions envers le monde extérieur tout en sauvegardant intérieurement ses propres règles de conduite dans les domaines où de tels critères conservaient leur importance. Vivre une double ou une triple vie était un moyen de se mettre en sûreté plutôt qu'un signe de dégénérescence.

Les Occidentaux avaient peu d'indices auxquels se fier et nul ne peut guère les blâmer d'avoir pris pour argent comptant les affirmations des Soviétiques. Peu d'ouvrages parus à l'Ouest ont contribué autant que *The Russians* de Hedrick Smith (1976) à former les attitudes des Occidentaux. L'auteur avait été le correspondant du *New York Times* à Moscou. Or, en un endroit du livre, il notait que l'idéologie communiste était en proie à un « pourrissement sec » mais écrivait quelques pages plus loin que « les Russes conservent fondamentalement une grande confiance dans leur mode de vie sans se poser de questions ». On sait aujourd'hui que ce jugement n'était pas fondé.

On peut considérer David Satter, du *Financial Times*, comme celui qui a le mieux résumé l'opinion collective des correspondants bien placés pour observer Moscou sur le terrain. Il écrivait en 1982 : « L'Union soviétique se vante d'avoir créé un homme nouveau et je crois, malheureusement, qu'il y a quelque vérité dans ce propos. » Cet homme nouveau, selon Satter, croit dans la valeur de ses propres souffrances spirituelles et dans ses capacités d'endurance ; il y apporte son respect instinctif de l'autorité et une peur profondément ancrée. Des journalistes et des correspondants comme ces deux-là se contentaient de retransmettre ce que leur disaient les Russes eux-mêmes.

Mais voici ce qu'en disait en mai 1987 Anatoli Koryaguine, un médecin qui avait protesté contre l'emprisonnement des dissidents dans des hôpitaux psychiatriques, ce pour quoi il avait été lui-même arrêté : « Oh oui, il y a indubitablement un type psychologique que nous appelons l'Homo sovieticus. Quand j'étais au goulag, le commandant du camp m'a dit un jour : "Allons, Koryaguine, après tout, nous sommes tous deux des personnes. Vous êtes un homme et je suis un homme. Allons, essayons de trouver un terrain d'entente. Essayons de faire quelques compromis." Ce qu'il avait en tête, c'était que je devais accepter la moitié de ses exigences. Aussi lui ai-je répondu : "Oui, nous sommes tous deux des êtres humains, mais je suis un Homo sapiens alors que vous êtes un Homo sovieticus. Vous et moi ne pouvons parler le même langage." » Pour Koryaguine, ce nouvel homme avait déjà accepté intérieurement les stéréotypes que l'on cherchait à lui inculquer ; et, dans une certaine mesure, il consentait à être manipulé par en haut. « C'était un être programmé, un robot psychologique, de la pâte à modeler entre les mains des idéologues soviétiques. »

Des descriptions aussi dures étaient vraies, même si elles allaient très loin. Mais les mécanismes de défense de la nature humaine sont trop vigoureux pour que de telles observations revêtent une signification durable. Après l'effondrement de l'Union soviétique, il est devenu évident que les dissidents eux-mêmes et les Occidentaux bien informés avaient intériorisé l'autoportrait diffusé par les communistes. Cette image de l'Homo sovieticus avait fini par leur faire croire à la vérité de ce que les communistes voulaient leur faire croire. Leur pessimisme même était une célébration du communisme et de ses conséquences, un hommage flatteur. Ils en étaient réduits à des attitudes évasives par peur de tomber entre les griffes ou à la merci de ces maîtres. En outre, ils devaient s'arranger pour vivre avec leur famille, au milieu de leurs voisins. A ces fins ils avaient le choix entre plusieurs stratégies, les unes offensives, les autres défensives.

L'histoire de la Russie avec sa succession ininterrompue de despotes avait mis en place beaucoup de ces mécanismes, elle en avait parfois fait des œuvres d'art. Iouri Afanasiev a décrit une attitude immémoriale qui subsiste dans la masse des Russes et ne peut être tenue ni pour communiste ni pour anticommuniste. « Ils sont tout bonnement indifférents à ce qui se passe. Dans les villages et les petites villes lointaines, les gens boivent et laissent aller le monde. Ils travaillent un peu, de temps en temps, pour rester en forme, ils volent régulièrement tout ce qui appartient à la collectivité », mais pas trop et pas assez pour se faire prendre. Afanasiev confirme aussi que tout est négociable et que nul n'est puni pour autant. « Vous utilisez les transports publics ou les tracteurs du kolkhoze pour aller acheter de la vodka au village voisin. »

Selon Ronald Hingley, un trait de caractère des Russes est « la passion de se mettre en scène ». Son étude sur la mentalité russe *(The Russian Mind)* explore soigneusement le caractère national bien que le sujet soit trop fluide pour être proprement défini. Hingley cite un auteur prérévolutionnaire, Leonid Andreïev, pour qui « le Russe est incapable de dire de vrais mensonges mais il semble également incapable de dire la vérité. Le stade intermédiaire qu'il affectionne et apprécie particulièrement... est celui du *vranyo* ».

Le *vranyo*, selon la définition de Hingley, est une notion clef, « une forme nationale très particulière de blague, de farce, de boniment ». Il ne s'agit pas de se livrer à des falsifications intégrales, on se contente de répandre des contrevérités, souvent pour se protéger, pour se dissimuler. Tel a été, depuis la mort de Staline, selon Hingley, l'essentiel de l'attitude adoptée par le peuple sous le totalitarisme soviétique. Les auteurs de *vranyo* peuvent croire ou ne pas croire un mot de ce qu'ils disent. L'objectif consiste seulement à faire partager par l'interlocuteur des attitudes ou des opinions que l'intéressé trouve essentiellement saines et correctes. La conséquence sera d'épargner au coupable tout châtiment pour ce qu'il a fait. Quand Khrouchtchev tape sur la table avec son soulier devant l'Organisation des Nations Unies, ou quand des milliers de membres du Soviet suprême lèvent la main lors d'un vote à l'unanimité, ou quand passe le défilé du 1er mai avec des centaines de milliers d'hommes en uniforme accompagnés de leurs blindés et de leurs missiles, ou encore quand Gorbatchev annonce la « démocratisation », voilà autant d'exemples de *vranyo* dramatique, de mise en scène de soi-même, engendrée par le communisme. Sur les ruines d'aujourd'hui, le communisme lui-même commence à ressembler à quelque gigantesque exemple de *vranyo* que les Russes adressent à un monde sans méfiance.

Dans son livre : *Témoignages : les mémoires de Dimitri Chostakovitch*, Solomon Volkov donne un autre exemple des attitudes héritées qui ont survécu chez les Russes pour leur permettre de détourner ou de contrecarrer les exigences de l'idéologie communiste. Comme pratiquement tout le monde, le compositeur n'avait pas la moindre envie d'entrer en conflit avec les autorités. Il avait choisi de devenir un *iourodivi*, autre terme intraduisible qui désigne l'individu décidé à faire l'idiot pour mieux attirer l'attention sur les injustices et les maux qui l'obligent justement à faire l'idiot. Le *iourodivi* adopte un comportement qui se situe à l'intérieur des limites qu'on lui impose, mais son attitude constitue un écran de moquerie, de sarcasme et de fausse stupidité. Conscient des limites qu'il ne peut dépasser, il fait en sorte que les autres s'interrogent sur lui-même. La triste masse immense et piétinée avec un tel mépris par les autorités communistes, désignée par l'expression Homo sovieticus, était composée par des millions d'individus, *iourodivi* et maîtres du *vranyo*, qui négociaient leur survie face aux commissaires, grâce à une infinie variété de parades, d'esquives et de stratagèmes, exhumés de leur passé culturel, comme leurs ancêtres l'avaient toujours fait, face aux khans, aux tsars et autres despotes.

1
« Personne n'était heureux »

« Si vous aimez tellement l'Union soviétique, pourquoi n'allez-vous pas vivre là-bas ? » Les discussions sur le communisme et le capitalisme s'achevaient souvent sur cette réplique. L'argument n'était pas d'un niveau intellectuel très élevé mais il contenait néanmoins une part de vérité. En effet, sur tout le territoire de l'URSS le communisme avait métamorphosé ce qui aurait dû être les questions les plus simples et les plus naturelles de la vie quotidienne en une multitudes d'épreuves et d'obstacles. La pénurie était délibérée, orchestrée par une bureaucratie sadique, dont l'objectif était de dominer toute la population. Natalia Perova, qui aime la littérature, est aujourd'hui éditrice. L'appartement collectif dans lequel elle a grandi à Moscou avec sa famille était habité par bien d'autres personnes encore. Sa surface avait été attribuée à tout le monde, en communauté, et les espaces autrefois dégagés y avaient été morcelés par des cloisons qui les divisaient en chambres. Par voie de conséquence, chaque pas y faisait craquer le sol. Tout le monde partageait la même cuisine et un unique WC. L'un des habitants était exhibitionniste, par nature, et il aimait se montrer assis sur la cuvette des WC après avoir mis bas la culotte. Un autre conviait dans sa chambre plusieurs prostituées en même temps. Il y avait une vieille femme qui, pour empoisonner la vie des autres, s'amusait à démantibuler la corde à linge, à augmenter la consommation de kérosène, voire à jeter un rat dans la soupe. Les gens cuisinaient pour deux ou trois jours d'avance, lorsque leur tour était arrivé d'utiliser le fourneau. On allait une fois par semaine aux bains municipaux. En se mariant, Natalia Perova obtint un avantage d'une valeur inestimable : elle emménagea dans un autre appartement collectif où elle n'aurait qu'un seul voisin.

On finissait par s'habituer à l'atmosphère sociale générale qui régnait dans le pays, dit-elle. Comme il était difficile d'accéder à l'université sans payer un pot-de-vin, elle s'était inscrite aux cours du soir, ce qui ne l'empêchait pas de fréquenter les amphithéâtres dans la journée comme tout le monde. En effet, si elle n'avait pas les moyens de s'offrir autre chose que les conférences nocturnes, où les étudiants étaient nettement moins motivés, des professeurs sympathiques l'avaient remarquée et la laissaient assister à leurs cours normaux. Pendant sa première année à l'université, elle avait vu débarquer un groupe d'Américains, tout frais émoulus du département de russe de Yale; par chance, les étudiants soviétiques reçurent le droit de pratiquer l'anglais avec eux. Ces Américains chantaient des chansons russes; ils avaient projeté d'aller dans le Sud, à Yalta, et engagèrent les jeunes Soviétiques à les accompagner. Le voyage eut lieu. Il fut tout à fait innocent. Un bateau promena tout le groupe entre la côte de la Crimée et celle du Caucase. Le fait de rencontrer des Américains était en soi quelque chose d'exaltant. De retour à Moscou, le KGB convoqua Natalia et lui expliqua qu'on avait gardé l'œil sur cette escapade. Au bout de deux jours d'interrogatoire, un fonctionnaire du KGB lui demanda : «Comment avez-vous pu, vous, membre du Komsomol, vous lier avec ces ennemis de notre pays?» Quand elle eut son diplôme d'anglais en poche, elle obtint un poste dans une agence de traduction qui s'appelait Progrès. Cette fois encore, elle fut convoquée au KGB où on lui annonça que, compte tenu de son aptitude à travailler avec des étrangers, elle aurait à rendre compte de leurs activités. A ses yeux, il était évident que quelqu'un avait renseigné la police. Elle soupçonna un membre de l'équipe et mit les gens de son bureau en garde contre cette personne. Ultérieurement, lorsqu'elle entra à l'Intourist, l'agence qui s'occupait de tous les touristes en déplacement sur le territoire de l'Union soviétique, on exigeait régulièrement d'elle la rédaction de rapports sur les étrangers, pour qu'elle signale en particulier leurs réactions hostiles à l'Union soviétique. Devenue adulte, sa fille travailla de la même manière avec les mêmes personnes dans la même pièce; c'est là un exemple frappant de cette notion envahissante de fatalité que le parti avait réussi à inculquer aux citoyens ordinaires, à savoir qu'ils ne pouvaient rien y faire pour prendre en main leur propre destinée.

Pour Iouri Mitiounov, le désenchantement ne fut pas moins pénible quand il découvrit la nature de la société dans laquelle il était destiné à vivre. Il était né dans une famille stalinienne. Son père était garde-frontière et sa mère membre du parti depuis trente-cinq ans. Ils vivaient à Arkhangelsk, dans la région des camps de concentration. Les prisonniers faisaient partie du paysage; ils étaient à peine considérés comme des êtres humains. Dans son enfance, Iouri s'était donné pour but dans la vie d'étudier la théorie marxiste-léniniste afin de la faire rayonner tout autour du globe et pour que le monde entier la comprenne. Alors qu'il étudiait les langues de l'Amérique latine dans un institut spécialisé, il fit la connaissance d'étrangers. Le doyen des professeurs le convoqua dans son bureau un beau jour, en 1974. Un inconnu qui s'y trouvait sortit alors sa carte du KGB et lui proposa de travailler pour cette organisation. Iouri

Mitiounov eut l'impression que son rêve devenait réalité et il se vit déjà en mystérieux paladin du parti. Certes, on lui avait dit que le personnel du KGB jouissait de privilèges spéciaux et avait accès à des biens et services refusés aux autres citoyens, mais il avait pensé que c'était là une calomnie répandue par les Occidentaux. Or, il constata que les agents du KGB lui offraient de coûteux repas au restaurant. Ce fut le premier coup porté à ses convictions. Puis le KGB lui trouva un travail au département d'analyse et de statistiques du Conseil des Religions. Le voile se déchira alors un peu plus quand il observa comment la loi était bafouée, non par des dévots mais par l'Etat. L'institut, comme il s'en aperçut, était une émanation du KGB, un organisme chargé de faire échec à toute volonté de libre expression en matière de culte.

L'incident décisif concerna son appartement. Des personnalités importantes, liées au théâtre Bolchoï, cherchaient à l'obtenir et se mirent à le harceler. Lorsqu'il s'en plaignit au conseil municipal de Moscou, l'un des fonctionnaires lui envoya son poing dans la figure. Ce comportement était inhabituel, même au cours des années Brejnev, de sorte qu'il traîna l'individu devant les tribunaux. Des amis commencèrent à lui expliquer qu'il allait prêter le flanc à des accusations et passer pour un dissident. Une longue histoire s'ensuivit, au cours de laquelle il fit l'objet de toutes sortes de pressions. Si ses patrons du KGB ne se sentaient pas le cœur de l'abandonner, il découvrit aussi qu'on le faisait surveiller. Mis en congé pour une durée indéterminée, il fut menacé d'être envoyé dans un asile psychiatrique. En compagnie d'un groupe d'amis, il occupa le bureau du Conseil des Religions et exigea de se faire entendre. L'officier du KGB qui dirigeait le Conseil était un certain colonel Valentin Timochev ; il admit qu'il y aurait une enquête, que la question de l'appartement serait résolue et que l'occupation du bureau n'aurait aucune répercussion. Trois jours plus tard, il retrouvait son appartement. Néanmoins l'homme qui l'avait frappé au visage reçut une promotion. Selon lui, Andropov lui-même aurait entendu parler de l'affaire et se serait arrangé en 1982 pour le faire travailler comme traducteur à Gosteleradio, la station de radio officielle.

Pour Mitiounov et ses amis, l'élection de Gorbatchev en 1985 ne revêtait pas une grande signification. Ils ne disposaient d'aucun renseignement sur sa personne. Ses premiers slogans, qui prônaient l'accélération de la lutte contre la corruption, avaient le même écho que les campagnes du même ordre lancées sous Andropov en faveur de la discipline. Mais en mars 1986, vint le moment de la rupture pour Mitiounov. Il venait de tomber malade. Au lieu d'un médecin, il vit une commission de psychiatres se présenter à son chevet pour le déclarer déséquilibré. Il préféra alors passer pour antisoviétique plutôt que pour un dément. Il démissionna donc du parti, ce que fit également sa mère. Il fut immédiatement renvoyé de Gosteleradio. Ensuite de quoi, il adhéra au Groupe d'Helsinki pour la défense des droits de l'homme et ne tarda pas à devenir correspondant de Radio Liberty pour Moscou. Du point de vue des autorités, Radio Liberty faisait entendre la voix de l'ennemi. C'était donc l'affrontement direct. Telles étaient les circonstances dans lesquelles les yeux de quelques vrais croyants commençaient à se dessiller.

«En 1987 on ne pouvait pas encore voir ce qui allait venir», déclare Mitiounov, et il fallut attendre deux ans pour que les gens commencent à croire aux réformes de Gorbatchev. La perestroïka – comme Gorbatchev avait décidé de nommer son effort de restructuration – avait fait franchir un pas nouveau à l'improductivité de l'économie. Le communisme s'était révélé aussi néfaste que parasitaire, et tout le monde savait qu'il n'y avait plus rien à voler. L'effondrement du communisme fut un processus qui obéissait à sa propre dynamique, pense Mitiounov. Ce ne fut pas l'œuvre d'un individu en particulier. Le phénomène gagna tout le monde, emportant chacun sur son passage, du plus grand au plus petit. Rien ne sert de chercher à distinguer l'apport de Boris Eltsine, de Sakharov, d'Afanasiev, ou de tout autre. En tant que journaliste, Mitiounov assistait souvent aux séances du Congrès des députés du peuple, ce parlement créé par Gorbatchev en 1989. Gorbatchev et Eltsine ont exploité tous deux le désir qu'avaient les masses de faire appliquer la loi et de voir instaurer un système plus juste; à cet égard, déclare Mitiounov, «la symétrie entre leurs mentalités respectives est frappante. Eltsine ne comprend vraiment pas ce qu'est la démocratie. L'essentiel, pour lui, est son besoin de puissance. Le plaisir qu'il a pris à humilier publiquement Gorbatchev prouve son absence de délicatesse. Dans ce pays, la moindre des priorités est celle que l'on accorde aux droits de l'homme. Inutile de chercher des hommes politiques honorables chez nous. Même ceux qui ont peut-être des idéaux sincères quand ils débutent dans la politique finissent par nous mentir à longueur de journée. Vous voyez bien que la Russie est le grand malade de la planète, elle ne peut arriver à s'en sortir».

Peu d'intellectuels moscovites jouissent d'une plus haute réputation qu'Alla Latynina. Que quelqu'un comme elle ait survécu à tout, en manifestant une telle liberté d'expression et une aussi grande indépendance d'esprit, cela semble illustrer le triomphe de la volonté humaine. Elle se souvient d'un jour où, sous le gouvernement Andropov, des gens s'étaient réunis dans son appartement de Moscou pour y discuter des différentes issues possibles qu'offrait l'avenir. Ils avaient abouti à la conclusion qu'il n'y avait aucun moyen d'échapper au totalitarisme de type communiste : celui-ci étant impossible à détruire de l'intérieur, il faudrait une intervention d'éléments extérieurs pour le renverser, mais l'Union soviétique était trop forte, trop puissante pour que cela puisse se produire. L'unique conclusion envisageable c'était que la situation allait se perpétuer dans le futur, sans espoir. En fait, l'Histoire a bel et bien trouvé un moyen irrationnel de sortir de l'impasse.

Le communisme, en tant que tel, n'était pas susceptible d'amélioration. Aussi toute tentative de réforme ne pouvait être que destructrice. Si l'on enlevait une seule brique à l'édifice, celui-ci s'effondrerait. Les historiens et politologues occidentaux ont eu beaucoup de mal à concevoir cela. « Le parti communiste, depuis très longtemps, n'avait plus grand-chose à voir – sans doute, rien du tout – avec son idéologie ; il était devenu le parti qui gérait l'Etat. La grande majorité des gens qui y adhéraient souhaitaient seulement faire carrière au sein de l'administration. Dans tout autre pays, ils n'auraient été que de simples fonctionnaires. En réalité, si ces bureaucrates avaient été capables de maintenir en place l'édifice du pouvoir sans conserver ses fondations idéologiques, ils l'auraient fait de bon cœur. Certes, nous savons encore peu de chose sur la vie, les idées et les coutumes de cette classe dirigeante, mais chaque fois que l'on en découvre un aspect, il est évident que les oripeaux idéologiques ne servaient tout bonnement qu'à justifier son pouvoir. » Au cours de la période Brejnev, il était bien vu, voire élégant, dans n'importe quel cercle fréquenté par les bureaucrates du parti, d'échanger des plaisanteries antisoviétiques et anticommunistes. « J'étais un peu en contact avec ces individus malgré leur double langage et, de toute évidence, ils se permettaient de commenter les événements tout à fait librement entre eux. Ils faisaient penser au Grand Inquisiteur de Dostoïevski par le fait qu'ils croyaient à l'empire mais qu'on ne pouvait pas les dire pleins de foi dans le communisme. »

Rétrospectivement, quel fut l'effet du mouvement dissident ?

« Les dissidents jouissaient d'une sympathie très forte mais tout à fait silencieuse dans presque toute l'intelligentsia du pays. » Ils bénéficiaient d'un réseau de soutiens ; même si les gens ne voulaient pas participer activement à leur mouvement, on se sentait obligé de lui fournir quelque argent et de l'aide. Nombre d'intellectuels ne souhaitaient pas se transformer en dissidents – non pas par lâcheté mais parce qu'ils trouvaient plus utile de consacrer leurs forces à quelque chose de plus positif, par exemple modifier progressivement la société au lieu de la détruire. « J'étais de ceux qui estimaient plus constructif de ne pas entrer en dissidence mais de participer à la vie politique aussi honnêtement que possible. Par exemple, il était absolument capital de trouver des formes d'activités acceptables dans le cadre légal, de publier des articles dans la presse officielle où des millions de gens pourraient les lire. Il était vital de trouver le moyen de tromper les idéologues officiels et de ruser avec eux. »

Des efforts considérables étaient faits dans ce sens et Alla Latynina est convaincue que les actions entreprises par les voies légales ont contribué à changer la société, à partir des années 1960, plus que les affrontements recherchés par les dissidents. Le régime s'était énormément adouci. En outre, il y avait une importante pression de l'intérieur, grâce aux milliers d'intellectuels et aux millions de citoyens ordinaires qui avaient complètement perdu la foi dans l'idéologie communiste. Ceci explique pourquoi tout s'est écroulé si rapidement et pourquoi les masses y sont restées si indifférentes.

La vie soviétique était donc un gouffre de dégradation sans fond, ce qui donnait à chaque individu le sentiment de sa propre impuissance. Chez les étrangers, le défaut d'expérience personnelle dans ce domaine explique beaucoup l'ahurissement qu'a provoqué en eux la fin brutale du système. Ce qui a caractérisé l'attitude des Occidentaux et surtout des soviétologues, dans leur appréhension de la réalité soviétique, a été un manque d'imagination; ils ne parvenaient pas à voir comment, sous la surface idéologique, la vie réelle était entièrement différente de tout ce que l'on connaissait en Occident, combien l'existence était d'une nature et d'une qualité autres. Dans les appartements collectifs, écrivait Vladimir Boukovski, chacun livrait une lutte quotidienne pour avoir un endroit où respirer. Vivre, c'était déjà agresser autrui. «Comment se montrer cultivé et poli quand on se trouve en face d'une force grossière, ignoble et brutale? Comment résister à ce genre de choses? En ayant recours aux mêmes méthodes? Or, à partir du moment où les deux parties adoptent une conduite indifférenciée, l'avilissement spirituel vous guette. Faut-il rester impassible? Alors on risque l'anéantissement physique.»

Fortement révolté par le communisme, Anatoli Martchenko, après avoir choisi la dissidence, s'est rendu célèbre en se mutilant soi-même pour protester contre ce qu'on lui faisait subir. Il vivait à Barabinsk, petite ville perdue au fin fond de la province. «Nous habitions une sorte de caserne en bois, à deux étages, dont les vingt-quatre pièces abritaient vingt-quatre familles. Il y avait une cuisine pour trois familles. Dieu merci nous n'étions que quatre. Certains de nos voisins disposaient d'une pièce de seize mètres carrés pour sept ou huit personnes. Il arrivait que mon père rentre de voyage au moment où nous avions un visiteur, quelque voisin ou un parent de la campagne. Il fallait que mon père fasse sa toilette là, au beau milieu de la pièce, près du poêle. Et quand il devait se changer, maman enlevait une couverture du lit et se tenait debout devant lui afin de le cacher à la vue du visiteur.» Lorsque Martchenko quitta la maison, ce fut pour trouver du travail dans une briqueterie à Koursk. Il s'estima heureux de disposer d'un lit dans une pièce qu'il partageait avec d'autres ouvriers. Nombre d'entre eux semblaient vivre à l'usine, au-dessus des fours à briques. Au début Martchenko croyait qu'on le faisait marcher, mais pendant une pause il alla fumer une cigarette au-dessus des fours et découvrit effectivement leur logement, jonché de boîtes de conserve vides, de détritus alimentaires, de bouteilles de vodka et de vin. Au bout du compte Martchenko trouva une fin tragique, car il périt dans un camp de concentration. Auparavant, néanmoins, il était retourné à Barabinsk et voici comment il a décrit ce qui était arrivé à ses amis d'enfance. «Nikolaï, le frère aîné de Vasili, avait été une fois encore envoyé dans un camp. Romka Vodopianov, Nikolaï Katiouchine,

Petro Pervoukhine, Churka Tsigankov, Vitka Tchernov, Jenka Glinski et celui qui tenait lieu de chef à notre bande, Iourka Akimov, se trouvaient aussi dans des camps. Ivan Sorokine, qui y avait été expédié pour vol... y est mort de la tuberculose. »

En fait, la petite ville de Barabinsk n'avait rien de particulier. Tchouna, la colonie sibérienne où Martchenko vécut par la suite, se caractérisait par une criminalité à faire dresser les cheveux sur la tête... « Il y avait des assassinats : un homme a tué son fils adulte à coups de fusil de chasse et la mère de la victime a témoigné pour la défense ; dans une autre famille, un adolescent a abattu son père alcoolique ; une femme, aidée par sa mère et son beau-frère, après avoir blessé son mari à coups de couteau, l'a laissé près de la clôture des voisins où il est mort de froid ; un couple a tué sa petite fille de deux ans (parce qu'elle leur rendait la vie difficile) ; une mère célibataire a plongé son nouveau-né dans de la diméthylamine avant de brûler le corps (ou, peut-être, l'enfant vivant) dans un poêle ; un homme d'Odessa a tué pour de l'argent ; un soldat appartenant à un bataillon du génie a violé et assassiné une femme âgée ; un autre soldat a violé une fillette de six ans. » Tout cela reflétait, selon Martchenko, « les particularités de notre époque » en même temps que le niveau de développement du genre humain. Et pas la peine de se demander pourquoi les administrations n'osaient pas publier les statistiques criminelles.

Marat Aktcharine, écrivain délicat, qui a parcouru l'Union soviétique en mai et juin 1990, alors que le pays traversait les dernières phases de sa désintégration, a publié son récit sous le titre *L'Odyssée rouge*. Originaire du Tatarstan, il est musulman. Au début de son voyage, il se trouvait à Tchevoksari où, à l'entrée du Palais de la Culture, il tomba sur un gang dont les chefs, appelés Vitiok et Liokha, s'étaient donné pour mission de faire en sorte que toutes les filles enlèvent leurs pantalons avant d'entrer dans le bâtiment. De dégoût, Marat Aktcharine frappa Liokha avec un coup de poing américain. Quelqu'un répondant au nom d'Igoriocha lui offrit alors « une fille au petit visage rond qui avait des boutons sur le menton ». La gamine s'apprêtait à se soumettre docilement, mais Marat Aktcharine frappa Igoriocha à son tour... Sur quoi l'adolescente contempla le garçon sur le sol, se tint debout au-dessus de lui, une jambe de chaque côté de son corps, et l'aspergea d'urine. Puis, sur le pont de la Volga, Aktcharine prit dans sa voiture un ivrogne qui avait joué sa femme aux cartes et l'avait perdue. Dans un train qui s'acheminait vers la mer d'Aral un étudiant faillit être tabassé par quatre Kazakhs soûls. Dans un taxi qui le conduisait de Tchimkent à Alma-Ata, le chauffeur raconta à Aktcharine que des clients l'avaient menacé d'une arme à feu et lui avaient tiré dessus à deux reprises, avaient volé sa voiture et s'étaient finalement tués dans une collision avec un camion. A Pichpek, la capitale du Kirghizistan (ville qui avait reçu le nom de Frounze, en l'honneur d'un général soviétique), Aktcharine fut agressé par des Kirghizes qui faisaient la chasse aux Ouzbeks pour les tuer. Durant toute une semaine, Aktcharine a parcouru Douchanbe pour rencontrer des gens et les interroger sur la vie qu'ils menaient pendant la perestroïka et la glasnost. «Parmi tous les gens [qu'il a] rencontrés, personne n'était heureux de la vie qu'il menait.» Tout ce qu'il a observé, entendu et appris en Azerbaïdjan lui pèse lourd sur le cœur. «Je pense que la responsabilité de cette explosion d'intolérance nationaliste incombe principalement au Kremlin d'avant la débâcle.» Une vision de désespoir le hante lorsqu'il évoque un marché de Moscou où, dit-il, «j'ai aperçu un homme ivre et sans bras, une cigarette aux lèvres, qui cherchait à faire flamber une allumette avec ses moignons, dans le vent». A ce moment de son récit, Aktcharine en fut réduit à s'asseoir sur le lit «pour pleurer sur ce misérable pays et ses citoyens humiliés».

Aktcharine n'est ni un névrosé ni un marginal; loin de là, c'est un homme énergique et créateur qui refuse d'admettre les conditions auxquelles le communisme a réduit tout le monde. Son livre, déclare-t-il, est le masque mortuaire de l'ancienne Union soviétique. Evidemment, il y avait aussi en elle un désir de mort...

2

« J'aimerais mieux pas »

En période dangereuse, les gens cherchent à se mettre à l'abri; les exilés et les réfugiés ont quitté l'Union soviétique par millions. Le régime communiste a délibérément privé le pays d'un extraordinaire assortiment d'hommes et de femmes talentueux et de toutes conditions sociales. Stravinski, Chaliapine, Diaghilev et toutes les vedettes du ballet russe, Berdiaïev, Bounine, Vladimir Nabokov ont précédé de quelques années Rudolf Noureïev, Joseph Brodsky, Soljenitsyne, Vladimir Boukovski, Vladimir Voïnovitch, Rostropovitch, de sorte que la contribution apportée par ces hommes et par des milliers d'autres à la culture occidentale est inestimable. Mais a-t-on jamais vu, comme ce fut le cas en Union soviétique, un pays inventer des techniques pour priver de leur citoyenneté ses ressortissants et les pousser à partir à l'étranger?

Cet acharnement dont étaient victimes les gens de talent avait pour unique objectif d'atteindre à une prétendue unité telle que l'avait postulée la doctrine communiste. *Bartleby* est un récit de Herman Melville dans lequel le héros, employé de bureau, répond à son employeur, «J'aimerais mieux pas» quand on lui demande de faire quelque chose. Contester le monopole de la vérité que s'attribuait le parti équivalait à un défi dont les autorités devaient absolument faire disparaître l'auteur. Nul n'avait le droit de vouloir se conduire comme son propre maître. La façade monolithique présentée par l'Union soviétique était une de ses caractéristiques les plus terrifiantes.

Or cette façade était complètement mensongère. Une suite ininterrompue de dissensions, de grèves, d'émeutes et de révoltes armées furent impitoyablement dissimulées au reste de l'humanité sous le prétexte qu'il fallait préserver l'unité et la solidarité du monde communiste. Tout au long des années 1920, et bien après la période de la collectivisation forcée, mise en œuvre à partir de 1929, les paysans de Russie, de Biélorussie et d'Ukraine se sont opposés par la force à la déportation des leurs et à la suppression de leur mode de vie ancestral. Dans les républiques musulmanes, les *basmatchis* ou rebelles luttaient pour l'indépendance. Au cours d'une insurrection populaire qui prit place en Géorgie pendant l'année 1924, 4 000 personnes furent exécutées. Les révoltes des Iakoutes en 1928 et des Bouriates l'année suivante ont fait, selon Soljenitsyne, quelque 35 000 morts. Un soulèvement kazakh fut écrasé en 1930. L'invasion allemande de 1941 a suscité chez les Ukrainiens, les habitants des républiques baltes, les Géorgiens, les Cosaques et chez bien des Russes ordinaires, l'idée de leur libération : ils allaient payer très cher par la suite leur erreur sur les intentions des nazis. Après 1945, les Ukrainiens se lancèrent dans une résistance armée pour lutter contre le surcroît d'asservissement auquel les soumettaient les Russes et restèrent en contact avec les organisations d'émigrés ukrainiens qui s'étaient créées en Allemagne et au Canada. Dans les républiques baltes, à la fin de la guerre, surgit une organisation appelée la «Confrérie de la forêt», composée d'environ 30 000 hommes armés en Lituanie, sous un commandement unifié, et de 10 000 recrues supplémentaires voire davantage en Lettonie et en Estonie. La guérilla resta active dans ces républiques jusqu'en 1952 ou 1953. Des soulèvements éclatèrent à Tbilissi en 1956 ainsi qu'à Temirtaou, ville du Kazakhstan, en 1959, puis à Novotcherkassk, cité du sud de la Russie, en 1962, tandis que les émeutes de décembre 1970 à Gdansk démontraient une fois de plus que la soumission des Polonais à l'empire soviétique n'était pas un fait acquis. Nul n'a pris la mesure de la résistance et des révoltes qui se sont produites dans les camps de concentration.

Nous en trouvons quelques exemples dans *L'Archipel du Goulag* de Soljenitsyne ainsi que dans les mémoires d'autres survivants. Dans son livre, *Mon témoignage*, Anatoli Martchenko décrit une évasion typique. A l'époque, il était employé à la centrale électrique de Boukhtarma, proche d'un camp tout entouré de barbelés et de miradors. «Un jour d'été, les sentinelles postées sur l'une de ces tours se mirent à faire feu dans la direction de la rivière Irtych toute proche.» Martchenko aperçut un nageur qui avait déjà atteint le milieu du courant, poursuivi par une barque chargée de gardiens où se trouvait un officier, le pistolet à la main. Quand le nageur atteignit la berge opposée, cet officier visa et tua le fuyard devant la foule qui assistait à la scène. Andreï Sakharov, le célèbre savant, raconte l'histoire d'un endroit simplement appelé « l'installation » où on l'avait affecté en 1949. C'était un camp qui abritait un petit groupe de forçats, prisonniers politiques et criminels de droit commun, sans distinction, chargés de creuser une fosse. Ces prisonniers mirent la main sur une mitraillette arrachée à leur gardien, se saisirent d'un camion et abattirent les autres gardes du camp. Quelque cinquante détenus s'évadèrent. La police secrète interdit l'accès de la région et prit les fuyards sous un tir d'artillerie et de mortiers jusqu'à ce que tous eussent été massacrés sans exception. Sakharov ajoute que probablement l'on exécuta aussi nombre de ceux qui n'avaient pas suivi les fugitifs. Les *Contes de la Kolyma,* de Varlam Chalamov, est un des plus grands livres inspirés par la période soviétique. Chalamov lui-même a écrit que ces nouvelles se basent sur ce qu'il a vécu dans les camps de concentration. Une des plus dramatiques d'entre elles, « La dernière bataille du chef de bataillon Pougatchov », raconte comment une dizaine d'hommes se sont évadés de leur camp et se sont terrés dans une cave pour livrer bataille à la police secrète. Avant de se tuer pour éviter d'être repris, le chef de bataillon Pougatchov adresse sa dernière pensée à « ces hommes morts au combat... les meilleurs hommes qu'il ait connus au cours de sa vie ».

Lorsque le général Grigorenko a publiquement accusé le gouvernement Brejnev de ne pas respecter les droits de l'homme, il savait que la police secrète allait lui réserver un châtiment exemplaire. Il était inimaginable qu'un général soviétique dont les états de service pendant la guerre avaient été admirables puisse se muer en dissident. Il fut enfermé dans un asile psychiatrique où on lui administra des injections dangereuses. Mais dans ses écrits il a bien montré qu'il n'était pas prêt à faire la moindre concession. Parmi les gens qui partageaient le même état d'esprit et dont il a dressé la liste, figurait un autre idéaliste, Sergueï Pisariev. C'était quelqu'un qui avait été exclu huit fois du parti, toujours en raison de son « manque de confiance dans les organes dirigeants ». Au cours de sa première détention, Pisariev avait dû subir quarante-trois interrogatoires, dont trente-huit séances de torture. Les ligaments de sa colonne vertébrale avait été déchirés. Et pourtant il trouva encore le courage d'écrire en 1953 à Staline que le scandaleux « complot des blouses blanches » était une absurdité évidente.

Le dissident ukrainien Leonid Plioutch nous raconte une autre histoire sur ce que l'on pourrait appeler la résistance de la population civile. En 1967, semble-t-il, les ouvriers se révoltèrent à Prilouka, une ville manufacturière de 60 000 habitants peu éloignée de Kiev. Dans un bal, un jeune homme avait essayé de protéger des filles harcelées par une bande d'adolescents ivres. Arrêté par la milice, il avait été traîné dans une voiture au poste de police et tabassé jusqu'à ce que mort s'ensuive. Le médecin de la police attribua sa mort à une crise cardiaque dans son rapport. Tout le personnel de son usine cessa le travail pendant l'enterrement du jeune homme. Or, quand le cortège funèbre passa devant l'endroit où le garçon avait été battu à mort, le capitaine de la police fit son apparition. Une femme hurla « A bas les SS soviétiques ! » La foule mit alors à sac le poste de police et les ouvriers de toutes les usines de la ville débrayèrent. Il fallut envoyer un général de Moscou pour rétablir l'ordre.

Aux yeux du monde entier, Alexandre Soljenitsyne est avant tout un homme qui a su s'affirmer dans toute sa personnalité individuelle, à la façon du héros de Melville, au lieu de se soumettre à ce qu'on lui disait de faire. Sans doute aucun document littéraire n'a-t-il jamais eu autant d'influence que son *Archipel du Goulag*. La publication de ce livre a fait voler en éclats l'apparence d'unité donnée par la façade communiste. Les Occidentaux les plus naïfs ont été obligés de tenir compte de sa minutieuse enquête sur les atrocités commises au cours de toute la période soviétique. La société soviétique n'a pu faire autrement que de le rejeter à l'Ouest en 1974, tout comme elle l'avait fait pour Trotski plus de trente ans auparavant. Trois ans plus tard, Vladimir Boukovski fut non moins bizarrement échangé contre le chef du parti communiste chilien. Tandis que Soljenitsyne était d'abord et par-dessus tout un écrivain, Boukovski avait la trempe d'un homme politique tout désigné pour siéger dans un gouvernement russe social-démocrate, le moment venu, si ce genre de régime pouvait jamais voir le jour. Il se trouve que j'ai fait sa connaissance en 1980, peu après son arrivée en Angleterre. A cette époque, son pronostic semblait trop beau pour être vrai. Selon lui, il existait désormais dans la législation de son pays, si imparfaite et mal appliquée qu'elle fût, de quoi porter la contestation au cœur de l'Union soviétique. Cette contestation légale et non-violente, croyait-il, allait mener l'Union soviétique à sa perte, et il était persuadé qu'en 1990, au plus tard, toute la machine répressive aurait cessé de fonctionner pour faire place à une démocratie. Depuis lors, il a été l'un des tenants les plus irréductibles et les mieux informés de cette thèse. Il a représenté à lui seul toute une frange de l'opposition depuis son domicile, à Cambridge, où je l'ai interviewé.

« Le régime traversait manifestement une crise dès le début des années 80. Vous pouvez bien imaginer que la chose était évidente pour les membres du Politburo, inondés de rapports sur la situation politique et économique. Ils savaient que tout le pays les méprisait, ils savaient qu'ils étaient en difficulté. Mais ils continuaient à recevoir des rapports, pour falsifiés qu'ils fussent, conformément à cette habitude, appelée en Russie *pripiska*, qui consiste à tripatouiller les statistiques pour les améliorer. Pour employer le langage de la cybernétique, on peut dire que le système était organisé d'une manière tout à fait idiote car il n'y avait pas de "rétroaction". Un unique instrument, le parti, était chargé tout à la fois de l'exécution et de la vérification. Etant donné que les éléments de rétroaction qu'ils détenaient étaient inadéquats, on a attendu trop longtemps, jusqu'au moment où aucun remède n'était plus possible. » Selon Boukovski, le mal n'a pas été diagnostiqué à temps. S'il en était allé différemment, Gorbatchev aurait pu trouver les moyens de redresser la productivité dans le domaine du pétrole et du gaz ou d'autres produits essentiels. Mais de toute manière, toute l'entreprise était dénuée de sens, vouée à l'échec à cause de son absence inhérente de productivité. Aucun effort n'était rentable. Au lieu de mettre en place un budget, on se contentait d'organiser la distribution de ressources dérobées, aussi le travail lui-même présentait-il quelque peu l'apparence d'un vol plutôt que d'une richesse productrice. Boukovski est convaincu que si les dissidents comme Soljenitsyne ou lui-même ont eu quelque influence réelle, c'est parce qu'ils ont contribué à ôter toute légitimité au parti, à dépouiller celui-ci de toute la séduction que l'idéologie du communisme continuait encore à exercer en Occident. Les derniers feux de cette séduction ont brillé en 1983, au cours de manifestations fortes d'un quart de million de personnes qui se sont déroulées en Allemagne de l'Ouest et en Grande-Bretagne, contre les missiles de croisière et les fusées Pershing dont s'était doté l'OTAN. En l'occurrence, Boukovski avait démontré comment ces manifestations avaient été fomentées à partir de Moscou. Rétrospectivement, ces événements ne semblent pas avoir été aussi néfastes qu'on ne l'avait craint. En partie parce qu'à force de les montrer chaque jour, la télévision soviétique provoqua à l'intérieur de la Russie un mouvement pacifiste indépendant où se fondit aussi le mouvement pacifiste occidental.

En façade, tout le mécanisme de l'Union soviétique était très reluisant ; on le disait « sans équivalent dans l'Histoire ». Du point de vue de Boukovski, c'était vrai : la vitalité de cette machine à conquérir n'avait pas eu d'équivalent dans toute l'histoire de l'humanité. Pourtant, sur le plan intérieur, la machine obéissait déjà aux lois de la nature qui régissent la vieillesse et la sénilité ; elle entamait même sa phase terminale, celle du décès. Toute l'idée du communisme reposait sur la violence. Le communisme s'appuyait sur de fausses prémisses selon lesquelles les êtres humains pourraient être améliorés par les conditions sociales et travailleraient mieux s'ils s'attelaient collectivement à leurs tâches plutôt qu'à titre individuel. Ces convictions sont erronées du point de vue de la biologie, et dépourvues de tout fondement scientifique. En détruisant la nation russe, le communisme a laissé le pays sans aucune ressource spirituelle, ce qui explique pourquoi la transition vers une société plus moderne est si lourde de difficultés.

« Gorbatchev et les membres de son Politburo n'étaient pas des penseurs ni des philosophes, rien qu'un groupe d'apparatchiks parvenus tout en haut de l'échelle hiérarchique du parti. » Au début des années 1920, Lénine avait déjà eu un avant-goût de l'échec du communisme et institué ce qu'il avait appelé sa Nouvelle Politique Economique, la NEP. Gorbatchev avait l'intention de s'inspirer de cet exemple. Cela présentait un avantage supplémentaire en lui permettant de clamer que toute l'expérience de Staline et du stalinisme avait été une déviation, une erreur historique, et que le régime retournait maintenant vers une voie qu'il n'aurait jamais dû quitter. Des réformes inscrites dans le droit fil de la NEP avaient été tentées en Hongrie, en Yougoslavie et même en Chine. Puisque ces réformes semblaient donner de bons résultats, se disait Gorbatchev, la Russie devrait suivre le même chemin. Or c'était faire l'impasse sur une différence capitale, à savoir que ces pays avaient connu le communisme depuis beaucoup moins de temps et que, par conséquent, ils comptaient parmi leurs citoyens une génération de gens plus âgés qui se rappelaient comment faire pour mener une vie productive. En Russie, cette génération avait disparu; elle avait laissé derrière elle des gens qui avaient subi le traumatisme de la collectivisation, l'écrasement de tous les modèles de production connus dans le passé. A partir du moment où l'individu ne pourrait plus compter que sur lui-même et serait réduit à exploiter ses propres talents et sa productivité, sans plus s'appuyer sur son appartenance au parti, ce parti lui-même devait perdre son prestige et sa puissance. Et dans un système communiste, la chute du parti entraîne tout le reste avec lui.

«Les ennuis de Gorbatchev ont commencé quand il a démoli son propre système. Le seul instrument de sa puissance était le parti communiste, mais ses réformes ont précisément affaibli celui-ci. Gorbatchev s'est conduit comme le personnage proverbial qui avait scié la branche sur laquelle il était assis. Il n'y avait plus dès lors d'autre dénouement que celui dont nous avons été témoins. J'ai connu Ligatchev: ce qu'il y a d'intéressant avec lui c'est qu'au moins il est honnête; il croit vraiment au socialisme. Gorbatchev n'excellait qu'aux abus de confiance, il savait tromper les gens, c'était tout. Ligatchev n'était pas opposé aux réformes mais il se préoccupait toujours de ne faire aucun tort au parti. Comme il n'était pas très intelligent, il ne parvenait pas à comprendre que ces deux propositions étaient inconciliables. D'un côté, il était prêt à voter une réforme chaque fois que la question était mise à l'ordre du jour ou examinée par le Politburo, mais de l'autre il prônait toujours la prudence pour qu'on n'aille ni trop vite ni trop loin au point d'ébranler le parti. Il avait tout à fait raison sauf sur un point, à savoir qu'il n'aurait pas dû voter du tout pour les réformes. Mais tel était le dilemme de tous ces gens, un dilemme très dialectique, et ils n'avaient aucun moyen de sortir de ce piège ni par la logique ni par la théorie.» Dès qu'une réforme du type de la NEP eut pris place, le parti commença à se désintégrer et à perdre toute autorité.

Cela nous amène à examiner une question insoluble sur ce que l'on avait l'habitude d'appeler l'«empire intérieur». En se prévalant des idées léninistes, Gorbatchev avait formé des Fronts populaires dans les diverses républiques. Conscient du fait qu'il était en train d'élargir l'assise sociale des autorités dirigeantes, il espérait pouvoir maîtriser ces nouvelles forces grâce au KGB, en négligeant le principe selon lequel on peut fort bien ne pas être en mesure de maîtriser les forces que l'on a soi-même créées. Dans cette position fâcheuse, Gorbatchev a tenté de manipuler les exilés ou les groupes minoritaires pour lutter contre la majorité qu'il avait lui-même déchaînée et c'est alors qu'il a fini par se trouver en butte à des difficultés brûlantes sous la forme de conflits ethniques. Or, il en était lui-même responsable, quoi qu'il ait pu en dire. Le paradoxe a été que, loin de lui procurer le salut, ce jeu où l'on divise pour régner a été l'un des instruments de sa chute. En effet il s'est trouvé avoir libéré un génie qu'il ne pouvait plus remettre dans sa bouteille. Il est parvenu au même résultat chaque fois que, pour essayer de légitimer le rôle du parti, il a changé le mode de désignation des responsables à tous les niveaux pour qu'ils fussent désormais élus.

Lorsqu'il a fondé son nouveau Congrès des députés du peuple, il a cru, de la même manière, qu'il serait en mesure de le garder sous sa coupe. Certes, il a fait preuve d'une grande habileté en s'arrangeant pour que 80 pour cent des députés soient membres du parti communiste alors même que l'ancien Soviet suprême n'en comptait que 75 pour cent. Mais les temps avaient changé, les gens étaient différents et Gorbatchev commit une autre erreur en faisant téléviser les débats de ce Congrès nouvellement élu. En effet, alors même qu'il était conscient du pouvoir destructeur de la télévision, il se trouva dans l'impossibilité d'empêcher les députés de jouer leur propre jeu pour le public devant les caméras. Pendant plusieurs semaines, presque tout le monde dans le pays cessa de travailler pour regarder la télé, et plus les gens la regardaient, plus ils étaient scandalisés par les images de leurs chefs, par leur incompétence et leur malhonnêteté. Pour la première fois dans l'histoire du parti communiste, la population pouvait voir ses dirigeants tels qu'ils étaient. Après avoir constaté à quel point le pouvoir central était affaibli, les foules ont pensé qu'il n'y avait plus guère de risques à réclamer de leurs gouvernants davantage de conscience et d'honnêteté.

Mais telle était la méthode de Gorbatchev. Sentant qu'il perdait son pouvoir sur le pays, il s'obstina avec acharnement à susciter de nouvelles forces. La glasnost avait été inventée pour maintenir le parti dans l'obéissance en déclenchant à son encontre une contestation venue de l'extérieur. De même, la création du Congrès des députés du peuple était destinée à fournir une sorte de contrepoids au parti. Gorbatchev n'a pas cessé de vouloir créer des forces à manipuler mais cette tactique n'a fait que montrer les limites de son esprit : il ne sut trouver aucun moyen terme. Ou bien il lui fallait maintenir un régime centralisé dirigé par le parti ou bien il mettait en place une démocratie.

Ne lui reconnaissez-vous aucun mérite personnel pour ce qu'il a fait ?

« Son action n'avait pas pour objectif l'introduction d'une réforme mais la conservation du pouvoir et le sauvetage du socialisme ainsi que du parti communiste. Il a été l'habile commandant d'une armée en retraite. Il savait depuis le début qu'il lui fallait trouver une façon de se replier en bon ordre, le mieux possible. Il faut avouer qu'il s'est montré ingénieux mais aussi qu'il était foncièrement malhonnête. On avait besoin de crédits occidentaux et on ne pouvait espérer les obtenir sans avoir arrêté la course aux armements. Une nouvelle période de détente était par conséquent indispensable. Si Gorbatchev faisait seulement mine de mettre en place une démocratie, cela suffirait à tromper complètement l'Occident et à lui faire croire qu'il ne s'agissait pas d'une simple répétition de la NEP. Aussi le nouveau secrétaire général a-t-il remporté bien plus de succès en dehors de son pays qu'à l'intérieur. Les objectifs qu'il visait n'avaient rien à voir avec ceux que poursuivait le peuple russe. »

3

« Des ruses puériles »

Le mensonge et la corruption existent à l'état endémique dans toutes les sociétés. La manière dont chaque groupe parvient à contenir ces comportements égoïstes de l'homme dans des limites acceptables est la mesure de sa réussite. Les régimes despotiques pâtissent à cet égard d'un désavantage inhérent à leur système. Les prétentions du despote à gouverner légitimement malgré l'absence de consentement populaire ne peuvent que sonner creux et paraître artificielles.

Les érudits qui aiment couper les cheveux en quatre évoquent à plaisir certaines formes exceptionnelles de gestion et de propriété collectives dont on a relevé l'existence de tout temps en Russie. La triste réalité est que, au fil des siècles, le pouvoir unipersonnel y est resté la norme. Jamais de véritables institutions représentatives n'y ont vu le jour. Les tsars justifiaient leur pouvoir en se fondant sur des aspirations religieuses et en se réclamant d'un droit divin, ou encore en invoquant les besoins d'une expansion impériale et nationale. Quand ces arguments se révélaient insuffisants, on avait recours au knout, au peloton d'exécution et à la déportation en Sibérie. Jusqu'ici, la Russie s'est distinguée des autres pays d'Europe en étant le seul Etat dont le chef n'ait jamais eu de comptes à rendre à aucune institution parlementaire ou populaire. En fait, seule la peur de la révolution a incité quelques tsars à tenter, l'un après l'autre, la mise en place de telles institutions. Mais, faute d'une véritable volonté de réforme, ils ont tergiversé jusqu'à ce qu'il fût trop tard pour faire volontairement de leurs sujets des citoyens et accepter d'organiser l'élection de représentants du peuple. Par définition, les tyrans ne sont pas portés à adopter des mesures qui rognent leur pouvoir absolu.

Le fait que le despote est seul maître ou possesseur de tous les biens qui appartiennent à la nation engendre le vice endémique de la corruption. A la question qu'on lui posait sur la situation de son pays, le grand historien Nikolaï Karamzine, au début du XIXe siècle, répondit qu'un mot permettait de la résumer : « Vol ». Non pas que les Russes soient affligés d'une déficience morale innée ; ils ont toujours réagi en fonction du système sous lequel ils étaient contraints de vivre. Un des premiers journalistes américains qui aient visité la Russie, J.A. Mac-Gahern, au milieu du XIXe siècle, se faisait le porte-parole de presque tous les observateurs étrangers en déclarant que les « classes inférieures de la population russe » étaient sans doute ignorantes et superstitieuses au dernier degré, mais « non point, par nature, cruelles ni brutales ». La corruption pour elles consistait à mettre la main, par n'importe quel moyen, sur des biens en quantité suffisante pour que chacun puisse subvenir à ses besoins et à ceux de sa famille... Le vol, dont parlait Karamzine, était affaire de circonstances.

Il en allait de même pour le mensonge. Lorsque l'individu se trouve dans une situation qui ne lui permet pas de compter sur le secours de la loi dans ses transactions avec autrui, surtout avec ses supérieurs, il ne lui reste plus qu'à dissimuler prudemment la vérité, par crainte de provoquer des réactions contre lesquelles il serait sans défense. Les mensonges proférés verbalement s'accompagnent de toutes sortes de manifestations corporelles destinées à l'interlocuteur : l'absence d'expression sur le visage, une mimique empreinte d'ironie et de résignation, l'adoption d'une attitude obséquieuse, et ainsi de suite. Celui qui n'userait pas de ces mensonges et de ces comportements prudents ne tarderait pas à se trouver désavantagé par rapport à ceux qui ont pris l'habitude de ces procédés subtils.

Le « village Potemkine » fournit peut-être la métaphore la plus durable que l'on utilise pour désigner les duperies et les mensonges engendrés par le despotisme russe – en tout cas c'est celle qui a le plus fortement frappé les imaginations tout autour du globe. Le comte Potemkine avait fait ériger de simples façades le long des rives de la Volga que remontait la Grande Catherine en bateau, afin que la souveraine ait l'impression de traverser une campagne prospère et peuplée. Informée de la situation véritable du pays, la Grande Catherine comprit, en fait, qu'un régime constitutionnel était nécessaire à la Russie pour que ce pays puisse occuper dans le monde le rang qui lui revenait. A cet effet, elle fit appel aux philosophes français, Voltaire et Diderot, tout comme Gorbatchev et Eltsine sont allés de nos jours consulter les professeurs de Harvard. Il n'en résulta rien. Dans les années 1830 Mikhaïl Speranski, le plus clairvoyant des réformateurs russes, entreprit de codifier la législation, de définir les droits et les devoirs tels qu'ils existaient à l'époque, et d'y introduire quelques notions sur le contrat et la propriété privée. Speranski espérait pouvoir établir ainsi une société de droit, ce qui permettrait d'échapper au despotisme traditionnel ; si cette ambition s'était réalisée, la Russie se serait peut-être épargné les horreurs à venir.

En 1839, un Français, le marquis de Custine, se rendit en Russie. Quelques semaines lui suffirent pour y rassembler des observations et des opinions qui demeurent valables aujourd'hui encore. Custine observa que la Russie possédait sa civilisation propre, pleine de caractéristiques admirables mais mortellement affectée par le despotisme. La fourberie était le trait dominant de la vie quotidienne. « Les Russes font preuve d'un talent inné pour le mensonge qu'ils manient avec dextérité. » Le comportement quotidien des Russes, selon Custine, se ramenait à « des ruses puériles ». Que l'on puisse tuer des gens sans haine fut ce qui le bouleversa. Il constate que, dans ce pays, un meurtre prémédité s'accomplit comme un exercice. Il raconte comment des policiers sont capables de prétendre ignorer le sort d'une femme alors qu'ils ont eux-mêmes découvert le cadavre et l'ont vendu pour servir à une dissection anatomique. On cache au public qu'un bateau a coulé avec tous ses passagers dans la baie de Saint-Pétersbourg par crainte de gâcher une fête donnée en l'honneur du tsar. Custine est en avance sur son temps quand il conclut que des incidents de ce genre découlent essentiellement du despotisme. Mieux encore, il met le doigt sur un point capital quand il révèle que tout le monde ici pense ce que personne ne dit. Néanmoins, il a tort quand il reproche aux Russes d'être tout à la fois complices et victimes. En réalité que pouvaient-ils faire? Il n'existait aucun moyen de protestation. L'idée même de protester était impensable parce qu'elle était suicidaire. Aussi laissa-t-on aller les choses telles qu'elles étaient.

Si Custine avait pu parvenir à des conclusions aussi sombres, c'était peut-être à cause de ce qu'il avait vécu sous la Révolution française. Ce genre de despotisme doit s'étendre sous peine de s'effondrer. C'est pourquoi, selon Custine, l'idée de conquête imprégnait la vie secrète de la Russie. Aussi se risqua-t-il à prophétiser que, au cours des cinquante années suivantes, le monde civilisé passerait une fois de plus sous le joug des barbares, sauf si la Russie subissait une révolution plus terrible encore. Une telle révolution verrait les villages se changer en forteresses et le crime organisé surgir des chaumières, les armes à la main.

La prédiction de Custine devint article de foi. Pendant tout le XIXe siècle, l'absolutisme russe ne cessa de susciter la haine chez ceux qui se trouvaient en contact direct avec lui, exactement comme cela allait être le cas pour le communisme à notre époque. La révolution paraissait inévitable à tous ceux qui réfléchissaient aux problèmes politiques, mais l'effondrement soudain et total du despotisme survint pourtant par surprise. Selon une phrase célèbre, Lénine et les bolcheviks ont « ramassé le pouvoir dans la rue » en 1917. Un événement d'une telle portée historique peut évidemment être examiné selon plusieurs perspectives. S'agissait-il d'un coup d'Etat ou d'une révolution? Etait-ce le sursaut d'un pays qui se sentait à la remorque de la révolution industrielle, et éprouvait le besoin de se moderniser, de se hisser au niveau de l'esprit d'invention occidental? Ces questions, qui ont fait couler énormément d'encre, allaient se poser à nouveau lorsque l'Histoire sembla se répéter au temps de Gorbatchev.

Un régime constitutionnel encore imparfait, certes, et approximatif avait été mis sur pied en février 1917 ; il cessa d'exister le 5 janvier 1918, quand les bolcheviks tournèrent leurs mitrailleuses contre la foule qui arrivait au palais Tauride où siégeait l'assemblée. Aux premières heures le lendemain matin, des soldats écœurés poussèrent les députés dans la rue en leur disant de rentrer chez eux. Un « parti d'un type nouveau », voilà comment Lénine décrivait les bolcheviks. Il n'en fut rien ; on vit seulement resurgir la plus ancienne forme d'association politique connue de l'homme, un parti prédateur désireux de faire main basse sur les dépouilles de ses adversaires. Dès le premier instant, Lénine employa la terreur pour parvenir à ses fins. Quiconque n'était pas avec lui était contre lui, et se trouvait par conséquent éliminé. Comme n'importe quel tsar, Lénine et ses successeurs ne pouvaient pas concevoir un partage du pouvoir, ce qui aurait rendu leur despotisme moins absolu. Les despotes avaient changé, mais la réalité fondamentale du despotisme se perpétuait.

4

Main basse sur les dépouilles

L'article six de la Constitution soviétique stipulait que le parti était « la force dirigeante et le guide de la société soviétique ainsi que le noyau de son système politique, de toutes les institutions étatiques et publiques ». Globalement et astucieusement, le parti avait entrepris de mettre en œuvre cette volonté de prépondérance. Un gigantesque appareil fut édifié pour tenir entre ses griffes un pays qui était le deuxième du monde par la taille, après la Chine, un pays immensément varié pour le climat et la géographie, la population et la culture. D'après Eltsine, le parti coiffait à la fin de son existence 1 115 000 organisations, dénombrées aussi bien à l'échelon de la fédération dite de l'Union soviétique, au centre, que dans le cadre de la Russie et des quatorze autres républiques fédérées, des républiques autonomes, des provinces, des grandes cités et des petites agglomérations, et ainsi de suite jusqu'au niveau des districts. Tout cela formait un ensemble de courroies de transmission qui communiquaient du haut en bas de la chaîne les ordres ou les décrets ; les mêmes voies permettaient d'acheminer, en sens inverse, les informations concernant les réalisations et le moral.

Au sommet, se trouvait le secrétaire général du parti ; puis venaient la douzaine de membres du Bureau politique (Politburo) qui se réunissaient avec lui chaque jeudi dans une salle aux murs couverts de boiseries, au Kremlin, pour rendre publiques des décisions prises à l'avance ; les centaines de membres du Comité central du parti, parmi lesquels le Bureau politique et le secrétaire général avaient été choisis ; les milliers de membres du secrétariat permanent du Comité central avec le département des relations étrangères, le département des questions intérieures au parti, le département du personnel et celui de l'idéologie, œuvrant de concert pour faire appliquer les décisions dans la réalité ; venaient ensuite les cent ministères fédéraux installés au niveau de toute l'Union et les huit cents ministères des différentes républiques ; le Soviet suprême où 2 250 représentants dûment désignés se réunissaient cinq jours par an pour lever simultanément la main droite, lors d'inoubliables manifestations de discipline; le procureur général et son équipe; le KGB et l'armée; les syndicats de « créateurs » ou d'intellectuels; tout cela se trouvait imbriqué au sein d'un Etat-parti, entité hybride créée par et pour le communisme tel que l'avaient défini, longtemps auparavant, Marx et Lénine.

« Les dépouilles appartiennent au vainqueur ! » Jamais auparavant ce cri de guerre, connu depuis des temps immémoriaux, n'avait été traduit dans la réalité sur une aussi grande échelle. On aurait pu croire que les institutions bureaucratiques de l'Etat-parti, dont le nombre et les ramifications étaient déconcertants, avaient été conçues à des fins variées, mais il n'y avait là que des faux-semblants à la Potemkine. L'Etat-parti avait le monopole du pouvoir et de l'organisation, de la monnaie et des finances, de la terre et de l'agriculture, voire – ce qui était encore moins négligeable – de l'information. Gigantesque machine administrative, l'Etat-parti embrassait le législatif, l'exécutif et le judiciaire. La notion d'équilibre des pouvoirs n'y avait pas cours. Les droits civiques ou les droits de l'homme se ramenaient pour l'Etat-parti à d'intolérables obstacles. « Qui est le patron : c'est nous ou c'est la loi ? » s'exclama une fois Khrouchtchev en face du procureur général, qui s'opposait à l'exécution de quelques prétendus « spéculateurs », désignation dont on affublait ceux qui avaient essayé de gagner de l'argent pour leur propre compte. « Nous sommes les maîtres et c'est de nous que dépend la loi; nous devons faire en sorte qu'il *soit* possible d'exécuter ces spéculateurs ! » Qu'était un procureur général, sinon un préposé réduit à remplir ses obligations comme membre du parti ?

L'Etat-parti qui veillait sur tout, sur le bien-être et le comportement de chacun, avait éliminé tout esprit de compétition, et principalement toutes les valeurs ou caractéristiques associées à l'économie de marché ou issues de là. L'« économie dirigée », qui supposait une surveillance et une planification générales, était censée assurer une prospérité économique dont n'auraient pas osé rêver les capitalistes aveugles, voués au chaos de la libre entreprise. L'Etat-parti, pour s'assurer que les choses suivraient le chemin indiqué par lui, s'appuyait sur le KGB et la terreur. Et l'Etat-parti, pour bien définir cette voie, la seule à suivre, recourait au Gosplan, administration spécialisée dans la planification qui assumait la tâche herculéenne d'édicter, année après année, les normes ou quotas de production imposés à l'ensemble de l'industrie par les fameux plans quinquennaux qu'il était chargé d'élaborer. Ainsi, le Gosplan devait déterminer chaque détail de la production, pour un catalogue de 25 millions d'articles au moins – une liste qui s'étendait des fusées intercontinentales et des avions Mig, aux épingles à cheveux et aux aiguilles à coudre. Cette administration devait pourvoir à l'extraction des matières premières, à l'acheminement et à la distribution de n'importe quel produit ou denrée sans exception, à la capacité des usines, à la disponibilité de la main-d'œuvre et ainsi de suite. Le calcul des coûts et toute forme d'analyse de rentabilité étaient ignorés au même titre que l'étaient, en politique, la séparation et l'équilibre des pouvoirs. S'il existait en Union soviétique quelque chose qui avait valeur de loi, c'était les prévisions annuelles du Gosplan quant à ce qui allait être extrait, fabriqué et fini. Ce qui n'avait pas été prévu par le plan ne pouvait pas exister – au moins en théorie. Tout ce que la population produisait et consommait dépendait de cette unique administration sur laquelle les citoyens ne pouvaient avoir aucune influence, pas plus qu'ils n'en avaient sur le KGB.

Il n'y avait donc aucune banque de dépôts, pas de comptes bancaires privés, aucun carnet de chèques, aucune police d'assurance, ni crédit, ni hypothèques ni agences immobilières, aucun bureau de placement, pas davantage de cabinets comptables ni d'études de gestion, aucun sondage d'opinion ni même rien qui puisse y ressembler, aucun critère permettant de calculer les profits ou les pertes, aucune définition claire de la propriété ni aucune sorte de contrat reconnu par la loi, aucun commerce de gros ou de détail, aucune petite boutique, pas de publicité ni de promotion ni d'exposition en vitrine, pas de remises ni de conditions spéciales, pas de banlieues mais seulement des « installations destinées au regroupement de la main-d'œuvre » (selon la phrase de Jillian Becker), aucun club privé, pas d'association caritative, pas de centre d'accueil pour les animaux errants, pas de presse populaire, aucun concours de beauté, nulle part où jouer au golf ou au polo ou pratiquer d'autres sports tenus pour antiprolétariens, aucun écrit philosophique ou historique répondant aux critères de la recherche scientifique plutôt qu'aux injonctions de l'Etat-parti.

En revanche, il y avait des congrès du parti, des conférences, des présidiums, des plénums et toutes sortes de réunions et d'activités proposées à la collectivité en rapport avec son économie dirigée, telles que des manifestations et défilés obligatoires, l'inscription inévitable des enfants dans des organisations de jeunesse, en particulier le Komsomol, des normes de rendement à remplir mois après mois, assorties de primes pour ceux qui y parvenaient ; il y avait aussi des titres et des décorations spéciaux notamment la médaille de Héros du travail soviétique et les ordres de Lénine ou de Staline ; le logement et le chauffage étaient à bas prix, on avait de l'argent à dépenser mais peu de choses à acheter, la nourriture et la plupart des marchandises étaient vendues pour des sommes inférieures à leur prix de revient grâce aux subventions, mais il y avait des pénuries de produits alimentaires ou de biens de consommation pour la même raison voire à cause de quelque erreur du Gosplan, et une absence totale de ce qui n'était pas prévu par les planificateurs ; les livres sélectionnés par les autorités étaient publiés à d'énormes tirages et ne coûtaient que quelques kopecks ; les communications téléphoniques locales étaient gratuites (mais il fallait que la ligne fonctionne) ; il y avait aussi des centaines de publications périodiques tout à fait semblables les unes aux autres.

Il était vain et absurde de chercher à se procurer autre chose que cela. Le comportement de chacun dans la vie de tous les jours devait se conformer aux exigences de l'Etat-parti et de l'économie dirigée ; chacun devait au moins faire semblant de s'y plier. Alexandre Ginsburg, un des dissidents expulsés de Russie au temps de Brejnev, claironna dès son arrivée à New York une vérité démoralisante, à savoir que le monopole de l'Etat-parti refusait définitivement toute chance de succès à la démocratie voire toute possibilité d'accès au système pour des démocrates : « Aucun de nous n'est capable de diriger le pays ni même de participer à son gouvernement. Il n'y a personne à élire. »

A l'instar de toutes les sociétés, l'Etat-parti avait besoin de gestionnaires. Des tas de gens avaient rapidement compris que le monopole du pouvoir et l'économie dirigée offraient des perspectives d'avancement à ceux qui faisaient preuve du tempérament adéquat. La voie qui menait au sommet était libre. Dans l'élan de la révolution, une élite s'était constituée de toutes pièces, en fonction du dévouement manifesté par chacun envers les idéaux communistes. Dès 1931, Staline avait décrété que l'égalité n'était pas en soi un objectif à atteindre ; puisque la terreur était le principal instrument de l'administration, les bourreaux devaient être récompensés pour leur efficacité.

Milovan Djilas, qui fut, à un moment donné, le principal laudateur de Tito et son dauphin apparent, avait été un fervent partisan de la terreur et de son institutionnalisation, jusqu'au jour où il en observa les conséquences dans sa Yougoslavie natale. A la fin des années 1950 il publiait un livre décisif, *La Nouvelle Classe*, qui pour la première fois expliquait comment les cadres de l'Etat-parti s'étaient constitués en nouvelle classe dirigeante. Le pouvoir et les privilèges étaient donnés à celui qui savait se hisser aux fonctions d'administrateur du monopole.

Grâce au phénomène darwinien qui favorise la survie des plus aptes, on vit apparaître un vaste groupe de ces administrateurs, que l'on a désigné par une expression latino-slave, la « nomenklatura ». Mikhaïl Voslenski, autre dissident passé à l'Ouest, a publié sous ce titre *(La Nomenklatura)* en 1984 un livre pionnier où il estimait que le groupe était fort de quelque 750 000 individus. A la suite de Voslenski, un spécialiste occidental, Gordon B. Smith, a calculé qu'il y avait 300 000 postes de membres de la nomenklatura à la disposition du Comité central à Moscou, outre 260 000 dans les républiques, et 76 000 de plus à l'échelon régional. La nomenklatura était le propriétaire collectif des « biens de l'Etat ». Son unique activité, de nature parasitaire, consistait à répartir parmi ses membres une richesse qu'elle n'avait pas produite, autrement dit les « dépouilles ». Dans les faits, la fonction du domaine public consistait à réserver la jouissance privée de celui-ci à ses propres administrateurs. Aux yeux d'Arkadi Vaksberg, écrivain et commentateur respecté, attaché à la *Literaturnaïa Gazeta*, la nomenklatura était l'équivalent d'une mafia. Le désir de pouvoir et de richesse qui habitait ses membres ne se camouflait pas vraiment sous un assaisonnement idéologique. D'après cet auteur, la nomenklatura se composait presque entièrement de « personnes peu instruites, totalement dépourvues de culture et, le plus souvent, tout bonnement ignorantes, issues des milieux les plus humbles, étriqués et bornés : des nouveaux riches au sens littéral du terme ».

Arkadi Chevtchenko, diplomate soviétique, est passé à l'Ouest au moment où il était en poste aux Nations Unies, à New York, et il a publié ses mémoires : *Rupture avec Moscou*. Quand il était devenu conseiller d'Andreï Gromyko, au temps où celui-ci était ministre des Affaires étrangères, il avait découvert que sa nouvelle fonction lui valait d'appartenir désormais à la nomenklatura. C'était un système de caste, a-t-il écrit, qui, aux nombreux échelons de la hiérarchie, s'accompagnait de privilèges divers correspondant au rang de chaque personne. Au sommet, pour les membres du Politburo, il n'y avait aucune limite. Le Comité central fixait la hiérarchie de ceux admis sur la liste. Contrairement aux citoyens ordinaires, poursuit Chevtchenko, les membres de la nomenklatura avaient droit à des « salaires élevés, de bons appartements, des datchas, des voitures de fonction avec chauffeur, des hôtels et des wagons de chemin de fer spéciaux, un traitement de VIP dans les aéroports, des vacances dans des lieux de villégiature et des soins d'hôpitaux interdits au tout-venant, des écoles spéciales pour leurs enfants, des magasins où les biens de consommation et l'alimentation pouvaient être achetés à des prix réduits et en grande quantité ». Cette élite, qui formait la « colonne vertébrale du statu quo », s'employait à interdire tout ce qui aurait pu affecter ses privilèges.

Tout prouvait l'existence de ce traitement de faveur. Dans les rues, il y avait des boutiques spéciales réservées aux membres de la nomenklatura où l'on était obligé de payer en devises étrangères qu'eux seuls pouvaient se procurer. A l'extérieur, de l'autre côté de la vitrine, il y avait habituellement des foules de gens occupés à contempler des produits hors de leur portée. Il fallait faire preuve d'opiniâtreté et d'une bonne dose d'égoïsme pour acquérir à n'importe quel prix le droit de fréquenter ce genre de boutique, mais il y fallait aussi une volonté d'entreprendre, une ardeur à se libérer, complètement perverties. Georgi Markov, remarquable écrivain bulgare, assassiné à Londres par le KGB, avait autrefois travaillé dans une usine. Le récit bien documenté qu'il en a laissé nous révèle comment un monteur-électricien était arrivé un beau jour en annonçant qu'il avait adhéré au parti et désirait à présent accomplir d'autres tâches. « Si je suis devenu membre du parti, ce n'est pas pour travailler comme avant. Trouvez-moi un emploi dans un bureau. Je veux, moi aussi, pouvoir me promener dans l'usine en faisant tournoyer ma chaîne de montre... Quand on est au parti, on est au pouvoir. Si on est au pouvoir, on n'est pas obligé de se donner tellement de mal ! C'est bon pour les autres ! »

Galina Vichnevskaïa a raconté comment son titre d'Artiste du Peuple de l'URSS lui avait valu un bon appartement gratuit, l'autorisation de faire des voyages à l'étranger et de prendre des vacances dans des établissements publics. Les malades de sa catégorie sociale étaient soignés dans des chambres privées à l'hôpital du Kremlin ; de l'autre côté de la rue, se tenait une officine discrète qui proposait tous les remèdes occidentaux à cette poignée de privilégiés. Les enfants de la nomenklatura, ainsi que les recrues en puissance, recevaient une instruction et une formation spéciales dans des établissements réservés comme l'Ecole des hautes études du parti, l'Ecole diplomatique, l'Ecole du ministère des Affaires étrangères, et les Ecoles supérieures du KGB, l'Institut des Relations internationales, l'Institut du Commerce extérieur. Toute personne dotée d'ambition et d'aptitudes était tentée de chercher à s'y faire admettre. S'en abstenir exigeait une force morale supérieure, parce c'était se faire un tort immense à soi-même sans bénéfice pour personne.

Quasiment tous ceux qui ont été contraints de vivre sous un régime communiste se sont plaints de l'effet abrutissant qu'avait l'existence de la nomenklatura, ont observé les modes de comportement pesants et déplaisants qu'elle engendrait. L'historienne polonaise Krystyna Kirsten en a fait une critique justifiée et réfléchie en écrivant que la nomenklatura étouffait l'initiative et l'esprit d'entreprise en accordant la « priorité à la médiocrité, au conformisme, et à l'incompétence la plus abjecte ». Prendre une initiative, exprimer une idée créatrice ou originale, n'était récompensé que si l'on était *également* capable d'écarter tous les obstacles, avec le risque de voir cette action exploitée par d'autres individus avides de grimper les échelons aux dépens du créateur. Mieux valait par conséquent rester tranquille.

On peut dire, à propos de la nature humaine, que chaque individu a lutté pour améliorer son propre sort, sous le communisme, avec une fureur et un égoïsme totalement étrangers à l'esprit de sacrifice théoriquement inhérent à la pensée collectiviste. Seul un romancier génial pourrait rendre justice aux calculs et aux intrigues intéressés qui jouaient un rôle sous-jacent dans toutes les transactions au sein du système soviétique, jusqu'aux échanges et aux rencontres les plus fugitifs. Boukovski en a donné un témoignage émouvant : « Chaque fois que vous rencontrez une personne pour la première fois, vous vous la représentez immanquablement debout à la barre des témoins lors de votre procès futur. » Par conséquent il ne fallait pas mettre votre voisin dans une situation qui, par la suite, susciterait en lui un remords de conscience. C'était comme si chacun devait négocier avec soi-même la meilleure façon de traverser un marais sans savoir d'avance où poser le pied ; on avait le choix entre le risque de se noyer et la chance de se sauver en poussant d'abord les autres dans l'eau.

Vous deviez mener votre barque en prenant garde de ne jamais rien dire ou faire susceptible d'être utilisé contre vous ; assister aux innombrables réunions, plénums et comités du parti, approuver et singer les paroles et attitudes des chefs, tout en s'informant pour savoir si ces chefs n'allaient pas du jour au lendemain être victimes d'une purge; ne jamais reculer mais ne jamais non plus se mettre en avant; cultiver des amis influents tout en sachant que ceux-ci pouvaient eux aussi tomber brusquement en disgrâce; rester, par conséquent, aux aguets pour savoir qui pourrait être à l'origine de cette disgrâce ou en bénéficier; calculer alors s'il était préférable de garder ces amis influents en réserve pour vous protéger contre autrui; ou, au contraire, de s'en servir pour obtenir de l'avancement; dissimuler ses intentions même à ses amis intimes et collègues, voire spécialement à eux; se méfier des rivaux possibles tout en faisant mine de ne nourrir aucune méfiance mais en trouvant des moyens pour contourner les obstacles semés devant chacun par des rivaux; oser à peine se confier à son conjoint ou à ses enfants – utiliser des « ruses puériles » en sachant que le plus minuscule faux pas ou accident pouvait entraîner un interrogatoire du KGB, la ruine d'une carrière ou pire encore.

A condition d'en avoir le courage, il y avait des chances pour qu'une « provocation » soit le plus payant des stratagèmes. Dans le langage soviétique, se livrer à une « provocation » c'était amener quelqu'un avec qui on était en conflit à faire un mouvement que cette personne estimerait approprié, mais dont on avait prévu qu'il lui serait fatal. Khrouchtchev en a donné la définition suivante : « Un des tours favoris de Staline consistait à vous amener à faire une déclaration – voire à approuver une déclaration – qui révélait vos sentiments véritables à l'égard de quelqu'un. » Il s'agissait donc de poser une question insidieuse, de prononcer un jugement délibérément mensonger pour louer un ennemi ou condamner un allié, afin de provoquer une prise de position qui permettrait de condamner son auteur. Lorsque les enjeux s'élevaient et que les conflits d'intérêts devenaient des questions de vie et de mort, on pouvait espérer mettre un rival en demeure de manifester prématurément son ambition, pour le tenir en échec, ou mieux encore, lui faire carrément supporter la pleine responsabilité de sa propre perte.

Selon Zinoviev, ingénieur de formation, pour obtenir qu'un travail soit fait, il fallait des mois et des années de tension, « des réunions de sections, de départements, d'administrations, de groupes, de sous-groupes, d'équipes; il fallait réunir les bureaux des diverses sections du parti, du département, et de l'Institut...; il fallait tant de réunions, de discours, de notes, de rapports, de comptes rendus, de projets, d'engagements individuels et collectifs, de dénonciations, de lettres anonymes... ajoutons à tout ceci les modifications introduites dans la politique étrangère et intérieure, les changements de direction, les séances du Secrétariat et du Politburo, les plénums du Comité central, les réunions à l'intérieur de ce même Comité central, au Conseil municipal, dans le cadre du département, au sein du Présidium... »

Cette myriade de figures imposées, de détours et de volte-face n'étaient que de misérables substituts destinés à compenser l'absence des freins et contrepoids couramment utilisés dans une société constitutionnelle. Aucune loi sur la propriété et les contrats ne définissait les obligations ou les responsabilités des parties, de sorte que personne ne savait jusqu'où il pouvait aller sauf à pousser son pion le plus loin possible. Chacun, partout, était continuellement engagé dans une épreuve de force avec tous les autres. Quant à savoir à quel moment et comment quelqu'un allait vous pousser à l'épreuve de force, la chose demeurait tout à fait imprévisible, c'était une question de hasard. Pour survivre dans une incertitude aussi permanente, toute l'astuce consistait à savoir déterminer correctement si l'on était le plus fort, pour se procurer un avantage, et quand on était le plus faible, pour lâcher prise en subissant le moins de dommage possible. D'un côté, la grossièreté était de mise, en tout cas à l'égard des subordonnés; de l'autre côté, la servilité était de rigueur, au moins envers les supérieurs. La confiance était exclue. Le communisme détruisait les liens, les habitudes et tout ce qui d'ordinaire unit les gens entre eux. Au nom même de la collectivité, la population soviétique était « désocialisée ».

Toute personne qui se trouvait en mesure d'offrir des biens et des services en abusait dans ses transactions avec quiconque en avait besoin. Ce qui aurait dû se ramener à de simples relations commerciales comme la vente de saucisses, l'installation du téléphone, l'application d'un traitement médical, l'achat d'une paire de chaussures correctes pour les enfants, la réparation de n'importe quoi dans un logement, tout se transformait en épreuve de force. Même dans les boutiques qu'un inspecteur pouvait venir contrôler, les prix affichés n'étaient pas respectés; certains produits disponibles étaient retirés des rayons par des vendeurs soucieux de réserver à des acheteurs privilégiés la possibilité d'une bonne affaire, fructueuse pour eux et pour le commis. Plus un produit ou un service était rare, plus le montant du pot-de-vin à payer était élevé pour quiconque en avait besoin. Quitte pour l'acquéreur à trouver l'argent ou à offrir quelque chose en échange. La vie quotidienne en Union soviétique ressemblait à un tourbillon vertigineux de corruption et de troc, dans lequel chacun se trouvait emporté sans répit. Pour effectuer ses achats et son travail il fallait, dans la pratique, faire litière de tous les scrupules moraux qu'aurait dû susciter une conduite douteuse.

Ceux qui avaient le pouvoir de délivrer des autorisations et des passe-droit ne se privaient pas de fixer leur prix. Entre autres documents personnels, chacun était obligé d'avoir un passeport interne sans lequel il était interdit de voyager à l'intérieur du pays, et une série de papiers attestant notamment du domicile, à quoi s'ajoutait un livret de travail où étaient consignés tous les emplois occupés par l'intéressé durant sa vie entière. Il fallait pouvoir établir la superficie de son logement, prouver que l'on avait assisté aux réunions du parti, montrer que l'on avait obtenu des résultats satisfaisants dans une sphère ou une autre, car cela permettait de déterminer qui avait droit aux dépouilles et dans quelles proportions. *Spravka*, tel était le mot qui désignait ces certificats et papiers divers, dont l'obtention était pour chacun une préoccupation quotidienne. D'énormes quantités de gens étaient incapables de satisfaire aux conditions de délivrance de *spravka* ou en étaient démunis pour toutes sortes de raisons ; par conséquent ils falsifiaient leurs papiers et graissaient la patte des fonctionnaires pour se soustraire aux files d'attente et aux chinoiseries administratives. Se retrouver prioritaire sur une liste était une question d'argent. Pour leur part, les bureaucrates avaient tout intérêt à se montrer aussi tatillons que possible pour faire monter les enchères. Une réglementation excessive atteignait son paroxysme dans cette sombre parodie du marché libre, grâce à quoi ceux qui avaient de l'argent écartaient ceux qui n'en avaient pas.

De temps à autre, quelqu'un de particulièrement corrompu était arrêté ; ou bien, des ordres venus d'en haut poussaient le KGB à lancer une campagne contre les «racketteurs» ou «spéculateurs» ; cela se terminait par des condamnations à mort destinées à servir d'exemple mais, en fait, l'Etat-parti ne pouvait pas faire grand-chose pour endiguer un fléau inhérent au régime. La corruption, si dommageable fût-elle, rendait peut-être même supportables et humaines les épreuves de force qui, sans ce genre d'exutoire, n'auraient eu aucun frein.

Pendant qu'il était le correspondant du *Washington Post* à Moscou, David Remnick employait Irina pour garder ses enfants. Un jour Irina dut s'occuper de l'enterrement de sa mère. Les gardiens de la morgue, les croque-morts, les fossoyeurs étaient tous des fonctionnaires rémunérés par l'Etat mais tous inventèrent de bonnes excuses pour ne pas faire leur travail. Compte tenu du caractère indispensable du service qu'ils avaient à offrir, ces hommes se trouvaient en position de force ; ils savaient qu'Irina ne pouvait éviter de leur payer des pots-de-vin.

Dans le récit de Maurice Friedberg, *Comment les choses se passaient à Odessa*, un ouvrier métallurgiste décrit le favoritisme et la corruption qui sévissaient dans cette ville. Pour être admis à l'Institut de la métallurgie il était courant d'acheter un diplôme de fin d'études secondaires délivré à un tiers et d'y inscrire son propre nom. Des diplômes falsifiés étaient même vendus par les employés du bureau des admissions. En outre, les membres du jury de l'examen d'entrée acceptaient de donner des leçons particulières payantes à des élèves qu'ils déclaraient admis, au moment voulu, après un simple examen oral. Comme un professeur ne pouvait faire partie du jury tous les ans, chacun devait parfois faire admettre ses étudiants particuliers par un collègue, ce qui élargissait encore le cercle de la corruption. Un élève pouvait être accepté après être passé devant un seul examinateur sans autre témoin. «La corruption sévissait largement en matière d'admission dans les universités.»

L'extorsion de fonds, les inculpations dépourvues de fondement, les dénonciations abusives, l'usage de faux étaient les procédés quotidiens sur lesquels reposait la hiérarchie des plus forts. Une femme qui dirigeait un restaurant (encore un exemple typique tiré du livre de Jeffrey Klugmann, *The New Soviet Elite*) entretenait de bonnes relations avec le premier secrétaire du parti mais elle était en mauvais termes avec le premier secrétaire du Komsomol. Personne ne savait qui était le plus fort des deux. Le secrétaire du Komsomol chercha à trancher la question en se plaignant au secrétaire du parti que la restauratrice avait refusé d'embaucher des gens qu'il avait recommandés et qu'elle avait exclu de son cabaret un autre membre du comité du Komsomol sous prétexte qu'il n'y avait plus de place. La restauratrice, rappelée à l'ordre, découvrit que le secrétaire du Komsomol était en fait le plus fort ; elle dut se résoudre par la suite à le laisser entrer gratuitement lui et ses amis dans son cabaret. Le secrétaire du parti lui avait tout bonnement refusé son appui.

Tout ce que l'on a écrit sur l'Union soviétique contient un nombre accablant d'incidents de ce genre. Personne ni rien n'était en sûreté chaque fois que les vainqueurs sortaient de leurs trous pour réclamer un supplément de butin. Le général Grigorenko se trouva un jour en compagnie d'un autre général dans le sanatorium militaire d'Arkhangelskoïe. Ce général raconta à Grigorenko qu'un colonel logé dans leur chambrée était le fils d'un fonctionnaire haut placé. Le colonel avait violé une fillette de neuf ans, crime sanctionné par la peine capitale. Au lieu de subir ce châtiment, il avait été soumis à un traitement psychiatrique qui le « guérit » en l'espace de quelques mois.

Pendant qu'il vivait l'expérience d'un prisonnier politique, Boukovski avait touché du doigt l'aspect tragi-comique des réalités soviétiques. Il a décrit par la suite ce qu'il a appelé « les affaires fantastiques » dont il avait eu connaissance. Il y avait notamment l'histoire de tout le personnel d'une usine qui avait été arrêté par suite d'un vol de diamants. Il y avait aussi le cas d'un certain Iosif Lvovitch Klempert, directeur d'une teinturerie, qui avait été laissé tranquille tant qu'il s'était contenté de se remplir les poches à grand renfort de corruption. Un jour il décida, par pur altruisme, de faire construire un ensemble d'appartements pour ses ouvriers. Cette initiative entraîna une enquête et il fut finalement exécuté à cause de ce qu'il avait fait pour le bien de ses employés. Boukovski ajoute : « Des entreprises entières travaillaient d'arrache-pied – sous la férule des comités du parti et l'aiguillon de la concurrence socialiste – tandis que les profits étaient détournés pour aller dans les poches des vice-ministres et des administrateurs. Le contraire se produisait aussi. Des complexes industriels n'existaient que sur le papier, figuraient dans les plans quinquennaux et recevaient des subventions de l'Etat – mieux encore, ils faisaient figurer dans leur budget le travail de la section chargée de la prévention du détournement de la propriété socialiste – alors qu'en réalité le site qu'ils étaient censés occuper restait le domaine de la forêt profonde ou de la steppe russe. » Et de conclure : « Khrouchtchev n'était pas très éloigné de la vérité lorsqu'il disait dans un de ses discours : "Si la population de notre pays s'arrêtait de voler pendant un seul jour, le communisme aurait été édifié depuis longtemps." » Mais revenons une fois de plus à ce que déclarait Karamzine : sans ces vols, l'économie n'aurait pas fonctionné du tout.

« Vous ne savez pas ce qu'est la vie. Personne ne vit que de son salaire », disait Brejnev. Il ajoutait : « Je me rappelle que dans ma jeunesse nous gagnions de l'argent en déchargeant les wagons de marchandises. Et que faisions-nous ? Après avoir transporté trois caisses ou sacs, nous gardions le quatrième pour nous. C'est comme cela que tout le monde vit. » Eltsine avait fait, lui aussi, le même genre d'observation : « Chaque vendeur était obligé de surfacturer le client et de remettre chaque jour une certaine somme à son supérieur qui en conservait une partie par-devers lui et donnait le reste au directeur général du magasin. L'argent était donc réparti entre tous les membres de la direction, du haut en bas de l'échelle. »

Les trafics pouvaient s'étendre horizontalement à travers toute une république, ou verticalement pour remonter les filières des ministères et du parti. Dans les républiques musulmanes, les villes sont isolées et les communications médiocres. Les fonctionnaires accaparaient par conséquent la vente des billets d'autocar et escroquaient les voyageurs tout en percevant des subsides pour des masses d'individus qui ne voyageaient pas du tout. En Azerbaïdjan le caviar donnait lieu à un trafic spécial ; en Géorgie c'était les vins et les pierres précieuses ; dans les républiques baltes, la flottille des marins-pêcheurs. Le ministère de la Pêche vendait le poisson dans ses propres boutiques mais parfois tout le stock disparaissait pour être écoulé au marché noir avec la complicité des ministres. Le complexe militaro-industriel, par l'intermédiaire d'un institut appelé Aftomatika-Nauka-Tekhnicka, vendait des wagons de chemin de fer pleins d'équipements militaires soviétiques aux pays de l'OTAN contre des versements en dollars. Les Kirghizes excellaient dans la contrebande de la viande.

Dinmoukhamad Kounaïev, ancien premier secrétaire du Kazakhstan, envoyait à Brejnev « des wagons entiers de cadeaux », d'après ce qu'en a observé le général Liatchenko. Le fils de Brejnev et son gendre avaient accumulé illégalement des fortunes d'une telle ampleur qu'il leur a été impossible d'échapper aux poursuites. Au moment du décès de Brejnev, les premiers secrétaires du Kazakhstan, de l'Ouzbékistan, du Tadjikistan et du Kirghizistan occupaient leurs fonctions depuis plus de vingt ans, et la plupart des autres premiers secrétaires depuis plus de dix ans. Tous détournaient les fonds fournis par Moscou. Comme il n'était pas nécessaire de tenir des comptes, personne ne savait avec certitude où allait tout cet argent. Charif Rachidov, le premier secrétaire ouzbek, se rendit légendaire en promettant de livrer cinq millions de tonnes de coton produits dans sa république. « Disons six millions, mon petit Charif ! » s'exclama Brejnev, à quoi Rachidov répondit : « Comme vous voudrez,

Leonid Ilitch. » Aucun d'eux n'y croyait. C'était du *vranyo*. Les fonds versés sous forme de primes par l'Etat, les sommes investies dans l'agriculture et l'irrigation, les subventions, l'argent des salaires, tous ces crédits affluent en Ouzbékistan où le coton n'existait pas en aussi grandes quantités et où les ouvriers n'étaient que des noms sur des listes ; les roubles s'en allaient dans les poches de Rachidov et de ses copains. Quand ce Rachidov mourut subitement en 1983, son corps fut exposé sur un lit de parade à l'intérieur d'un mausolée à dôme doré dans la ville de Tachkent.

Nikolaï Schchelokov, quand il était ministre de l'Intérieur, a volé 700 000 roubles dans les fonds publics, et mis la main sur ce que l'Etat possédait de plus luxueux pour son propre compte et celui de sa famille. Lorsque son ministère eut pris livraison de neuf voitures allemandes, il s'en appropria cinq pour son usage personnel, celui de sa femme, de son fils, de sa fille et de sa bru. En Géorgie, le premier secrétaire Vassili Mjavanadzé mettait certains postes aux enchères et empochait l'argent. Son épouse Tamara était renommée pour ses bijoux et ses collections d'antiquités.

On aurait pu croire que l'incompétence et la corruption étaient le fait de certaines personnalités dévoyées, mais généralement elles découlaient de la situation précaire dans laquelle se trouvait tout le monde face aux épreuves de force qui s'engageaient quotidiennement. Quelqu'un pouvait être un agent du KGB ou avoir des partisans imperméables à l'appât du gain, mais il pouvait aussi se montrer si cupide et si arrogant qu'il s'attirait sa propre ruine lorsqu'il faisait l'objet d'une dénonciation ou d'une plainte déposée contre lui auprès de ses supérieurs. Un terme était alors mis à ses activités, mais il n'était pas exclu que surviennent des attaques et des contre-attaques aux conséquences imprévisibles.

Il est arrivé à Konstantin Simis, par exemple, de se rendre à Salekhad, petite localité située dans le cercle polaire, pour enquêter sur le dossier d'un certain Berline qui y dirigeait le bureau du télégraphe. Le procureur de l'endroit avait mis en prison ce Berline sur qui pesait l'accusation d'avoir abusé de sa charge. Ce qui s'était produit en réalité c'était que le premier secrétaire du parti local avait ordonné à Berline de fournir de la main-d'œuvre et des matériaux pour lui construire une maison. Berline s'était trouvé placé devant un dilemme. Ou bien il s'exécutait, devenait complice d'un vol commis aux dépens de l'Etat voire de recel de biens publics, et réclamait peut-être même au passage un pot-de-vin approprié, ou bien il refusait d'obéir ; dans ce dernier cas, il lui fallait être sûr que les gens dont il demanderait l'aide avaient plus de pouvoir que le premier secrétaire, les protecteurs de celui-ci et toute sa clique. Par suite d'un mauvais calcul, ou par entêtement ou même par orgueil, Berline refusa. En guise de représailles, le premier secrétaire concocta un rapport contre lui. Le juge, le procureur et les experts comptables avaient tous envie de se concilier le premier secrétaire, de sorte que chacun mentit à qui mieux mieux. Berline avait donc été sacrifié et emprisonné.

Tout en haut de la hiérarchie, une épreuve de force pouvait avoir un effet décisif sur une carrière, voire sur un destin. Ligatchev raconte dans son autobiographie ce qui s'est passé lorsqu'il était premier secrétaire du comité du parti pour la province de Tomsk. Un commandant qui relevait du ministère des Machines-Outils était chargé de s'occuper de la région et Ligatchev avait demandé au supérieur hiérarchique de cet officier un appui pour la construction de routes. Le général répondit : « La mère patrie nous a assigné des tâches différentes. » Ligatchev menaça de convoquer une réunion du comité qui avait le pouvoir d'enlever au général sa carte du parti, de sorte qu'il perdrait ainsi son commandement. Or le général – toujours selon Ligatchev – « se révéla coriace ». Il sauta en l'air et aboya : « Ce n'est pas toi qui m'as donné ma carte du parti et tu n'as pas le droit de me la faire enlever ! » Le général n'avait pas prévu que sa réaction attirerait les foudres de l'enfer sur lui, et il n'était pas en mesure de détourner l'attaque dont il allait faire l'objet. Ligatchev recourut à une autorité plus élevée dans la hiérarchie ; en l'occurrence, c'était un certain Iefim Slavski, le ministre soviétique chargé de la construction des Machines-Outils. « Slavski soupesa apparemment toutes les circonstances », écrit sournoisement Ligatchev pour faire comprendre au lecteur comment Slavski avait conclu que Ligatchev était dans une situation de force supérieure à celle du général et devait remporter l'épreuve. Le général fut remplacé par quelqu'un d'autre qui accepta de construire tout ce que Ligatchev voulait, qu'il s'agît de fermes pour l'élevage de la volaille ou d'un centre scientifique. « Il en résulta un investissement de plusieurs centaines de millions de roubles », se vante Ligatchev. Que ces travaux aient été justifiés ou non, toujours est-il que l'incident montre combien il est néfaste pour un pays de répondre à toute initiative de l'administration par une épreuve de force : il en résulte des abus d'autorité, une absence de tout sentiment des responsabilités, le détournement de ressources et de fonds, ainsi que l'application d'un traitement injuste à un général qui avait le sens du devoir.

Le secrétaire général du parti, personnification du despotisme, était l'arbitre suprême en toute chose ; dans l'exercice de ses fonctions rien, pas le moindre détail, n'échappait à son attention. Cela explique l'omniprésence du KGB et aussi le fait que chacun était vivement encouragé à écrire au secrétaire général. Du fin fond du pays, des gens lui adressaient d'humbles pétitions pour qu'il répare quelque injustice commise à leur égard. Dans les hautes sphères du parti, son intervention personnelle comptait beaucoup et la possibilité d'accéder à lui avait une grande importance. De même que Ligatchev a décrit comment il s'était imposé grâce à l'aide d'un ministre, une ribambelle de collègues du Comité central et du Politburo, de médiateurs et d'affairistes venaient frapper à la porte du secrétaire général, l'appelaient sur les lignes téléphoniques secrètes du Kremlin et sollicitaient de sa part une entrevue privée, même après minuit et aux petites heures de la matinée. Une grande endurance était de rigueur chez le titulaire.

Un secrétaire général qui s'engraissait d'une manière ou d'une autre se faisait autant d'amis que d'ennemis. Aussi devait-il faire preuve de qualités bien particulières, de capacités d'atermoiement et de talents pour les faux-fuyants, de l'aptitude à susciter des avis partagés qui pouvaient entraîner des épreuves de force. Sous une apparente incompétence, une sorte de balourdise russe innée, se cachait généralement l'intention délibérée d'éluder un dangereux affrontement en paralysant toutes les initiatives qu'auraient pu prendre les adversaires. L'attribution des postes au sein de l'Etat-parti exigeait un grand sens de l'équilibre. On neutralisait un carriériste entreprenant en l'affectant à un poste difficile, tandis qu'on attribuait une tâche facile à un crétin dont l'incompétence aurait justifié qu'on se débarrasse de lui. La direction et la gestion se ramenaient à des exercices d'équilibre artistiques. C'était en fait l'équivalent d'une séparation des pouvoirs, sans rien d'officiel, et le tout était à la merci d'un caprice ou d'un accident.

Dans les sphères où les problèmes revêtaient une signification très considérable, la corruption – à partir d'un certain point difficile à déterminer – perdait son efficacité en matière d'influence : les membres du Bureau politique et du Comité central détenaient déjà suffisamment de privilèges pour satisfaire chacun de leur désir. L'usage de la violence ne différait pas, par nature, du recours à la corruption, mais il montrait que l'enjeu avait atteint un degré d'importance qui obligeait les protagonistes à tout faire, dans la mesure de leurs possibilités, pour avoir le dessus.

L'exemple le plus outrancier de ce phénomène nous est fourni par les extrémités auxquelles se porta Staline pour tuer Trotski et tous ses partisans, réels ou imaginaires. Des millions d'individus allaient périr avant que Staline soit assuré de sa victoire. Après la mort de celui-ci, une épreuve de force du même ordre opposa les deux prétendants à la succession : Beria et Khrouchtchev. Le récit que ce dernier en a fait dans ses mémoires, quant à la manière dont il s'y est pris pour l'emporter sur son rival, est un classique du genre. Beria, avec sa longue expérience à la direction du KGB, se trouvait en mesure de créer de toutes pièces des situations qui lui permettraient d'arrêter n'importe quel adversaire, y compris Khrouchtchev. Celui-ci devait donc tout mettre en œuvre pour isoler Beria, sans en avoir l'air, sans éveiller les soupçons, et pour entraîner ses collègues du Politburo dans une conspiration à condition de les convaincre un par un, prudemment, pour le cas où ils estimeraient plus avantageux de passer dans le camp adverse. Pour empêcher Beria de frapper le premier, il fallait le mettre brusquement devant le *fait accompli*, à savoir que tout le Bureau politique était contre lui. Khrouchtchev s'assura donc le concours de ses collègues, individuellement, non sans connaître des revers. Un être borné comme Vorochilov comprit tout de travers ce qu'on lui disait et répondit aux ouvertures qui lui étaient faites : «Quel homme remarquable nous avons en Lavrenti Pavlovitch, camarade Khrouchtchev!» s'exclama-t-il en utilisant le prénom et le patronyme de Beria. Ce à quoi Khrouchtchev dut se contenter de répondre. « Peut-être pas. Peut-être le surestimes-tu. » Doté d'un tempérament plutôt froid, Molotov demanda à juste titre : « Où tout cela nous mène-t-il ? » Il répondit d'ailleurs lui-même à cette question avec encore plus d'à-propos : « Nous devons, en somme, recourir à des mesures extrêmes. »

Lorsque ce fut le tour de Lazar Kaganovitch, celui-ci demanda astucieusement qui Khrouchtchev entendait par « nous », pour couvrir aussitôt ses arrières en disant : « Bien entendu, je suis avec toi, ce n'était qu'une question. » Et Khrouchtchev d'avouer dans son récit : « Mais je savais ce qu'il pensait et il savait ce que je pensais. » En s'assurant l'appui de onze maréchaux et généraux, Khrouchtchev s'était donné un certain poids face au KGB, pour le cas où la nécessité s'en ferait sentir. Ces rivalités, où il était question de vie ou de mort, contenaient le germe d'une guerre civile. Un Beria mortellement sûr de lui allait se rendre sans hésitation à la réunion du Bureau politique où le maréchal Joukov, le plus célèbre des chefs militaires soviétiques pendant la Seconde Guerre mondiale, allait lui hurler : « Haut les mains ! » Son arrestation et son exécution ne furent plus que de simples formalités.

Nombre de personnages publics, comme l'ami et éventuel rival de Staline, Sergueï Kirov, ou Jan Masaryk, ministre des Affaires étrangères de Tchécoslovaquie au moment où les communistes prirent le pouvoir en 1948, furent victimes d'accidents ou de « suicides » organisés. Pendant tout ce temps-là, les millions de personnes assassinées au goulag s'étaient, elles aussi, trouvées entraînées par malchance dans des épreuves de force qui se déroulaient au-dessus de leurs têtes. Pour elles, une fois l'incident clos, l'Etat-parti avait inventé une mesure administrative des plus bizarres, désignée sous le nom de « réhabilitation ». Les morts ne pouvaient bien entendu pas être ressuscités et il ne fut jamais question d'indemniser les membres survivants de leurs familles. Un certificat de réhabilitation attestait simplement qu'un tel ou un tel avait été mis à mort sans raison valable. Cela revenait à reconnaître officiellement les conséquences perverses des épreuves de force dans lesquelles s'était forgée toute l'histoire mouvementée de l'Union soviétique.

« Dans aucun autre Etat, écrit Speranski, réformateur malheureux du despotisme tsariste, le langage politique ne contraste avec la réalité autant qu'en Russie. » Soljenitsyne a formulé la même opinion de nos jours sans mâcher ses mots : « Il a toujours été impossible de savoir la vérité sur quoi que ce soit dans notre pays – aujourd'hui, et toujours, et depuis le début. »

La population ne tardait pas à connaître les décisions prises contre elle, comme ce fut le cas pour la collectivisation et l'industrialisation imposées par la terreur, mais d'une manière générale tout le processus relatif aux prises de décisions était irrationnel et invisible. Personne n'a jamais raconté de façon satisfaisante comment les heureux carriéristes du parti étaient choisis pour siéger au Comité central et au Bureau politique. Personne ne sait vraiment comment les épreuves de force à l'intérieur du parti et de ses administrations étaient résolues d'une façon plutôt que d'une autre. Dans ses mémoires, Ligatchev apporte quelques éclaircissements sur la manière dont cela se passait. « Il y avait des fois où faute de pouvoir dire les choses tout haut, on les couchait sur des bouts de papier que l'on se passait de la main à la main. » Selon lui, les séances du Politburo se déroulaient dans le calme et la politesse car, à ce stade, il s'agissait seulement de ratifier ce qui avait déjà été arrêté derrière des portes closes, à force de petits complots successifs.

Un dirigeant qui se montrait prêt à faire usage de la violence pouvait s'attendre non seulement à être craint mais aussi admiré pour sa force de caractère. Si l'on voulait neutraliser chez autrui une envie de recourir à la force il fallait brandir la menace émanant d'une force supérieure. « Nous leur défoncerons le crâne », clamait Kaganovitch en se référant aux ennemis de classe. « Dans une révolution, la victoire appartient à celui qui fend le crâne de son adversaire », reprenait Boukharine sous une autre forme. Chevtchenko rapporte les paroles furieuses lancées par Khrouchtchev contre Dag Hammarskjöld, le secrétaire général des Nations Unies : « Il s'est arrogé des droits qu'il n'avait pas. Il nous le paiera. Il faut se débarrasser de lui par tous les moyens. On va lui en faire baver. » (Hammarskjöld fut victime d'un mystérieux accident d'avion.) Sakharov raconte une anecdote révélatrice de l'inimitié qui opposait des rivaux plus ou moins similaires, le maréchal Joukov et Viatcheslav Malichev : « Gabrilov m'a confié qu'il avait assisté à une réunion au cours de laquelle ils se sont accrochés en public : en s'injuriant bruyamment, ils menaçaient de se tirer dessus. Pendant cette joute leurs subordonnés se tenaient pétrifiés sur leur siège. »

L'Etat-parti avait le plus grand mal à empêcher le public de connaître ces conflits d'intérêts, ces divergences d'opinions et ces luttes pour le pouvoir personnel, qui survenaient inévitablement de façon régulière. La censure était totale. La liste des sujets que les journalistes avaient interdiction d'aborder couvrait cinq pages imprimées. Toute information sur la nomenklatura relevait du secret d'Etat. Les statistiques ne constituaient pas un outil objectif de mesure mais un instrument utilisé par les carriéristes pour les besoins de leur avancement ; les chiffres étaient supprimés ou inventés en fonction des circonstances. Chaque année, immanquablement, le budget soviétique, tel qu'on le montrait, était en équilibre au rouble près, ce qui aurait dû suffire à discréditer ses auteurs. Personne ne savait quelle était la masse monétaire en circulation. Puisque le rouble n'était pas convertible, nul n'avait la moindre idée de sa valeur réelle. Personne n'était au courant des dépenses véritablement engagées pour la défense ou le KGB.

Comme l'a dit une universitaire bien connue, Tatiana Zaslavski : « Les données ne sont pas publiées quant à la criminalité, la fréquence des suicides, l'alcoolisme et la consommation de drogue, ou la situation écologique dans diverses villes et régions. » Pas plus que les statistiques sur les déplacements de la population ou la répartition des maladies. Elle ajoute qu'il était difficile de désigner une seule décision administrative touchant des intérêts vitaux qui ait été fondée sur une étude sérieuse.

Tout le pays, pas seulement la société, s'était transformé en une arène de gladiateurs où des épreuves de force en tous genres se déroulaient sans que nul se soucie de leurs conséquences. Au fil des années l'armée s'était implantée dans quelque 2 500 sites qui constituaient les noyaux du complexe militaro-industriel. Ces villes et leurs environs, soit près de la moitié du pays, étaient interdits aux étrangers, considérés comme des espions en puissance intéressés par les usines d'armement. Aucune limite n'était fixée à la production de ces usines ou des autres – dont on disait qu'elles devaient toutes « produire pour produire ». De même que Rachidov avec son coton, un directeur d'usine ne tenait compte de rien. La pollution de l'air et de l'eau était pire en Union soviétique que n'importe où dans le monde – de dix à vingt-cinq fois supérieure aux niveaux autorisés. Selon Gueorgui Golitsine, vice-président de l'Académie russe des sciences et spécialiste de l'environnement, les techniques agricoles ont entraîné la déforestation, la désertification, l'érosion et l'empoisonnement des sols. Sur une superficie cultivée de 600 millions d'hectares, près de la moitié des terres se trouvent aujourd'hui gravement endommagées. Le plus grand désastre écologique mondial est l'assèchement de la mer d'Aral, vidée de son eau pour l'irrigation de champs de coton qui se solda en fait par une vaste escroquerie ; cela a réduit également le débit des fleuves Amou-Daria et Syr-Daria et met en péril le climat de l'Asie centrale. Murray Feshbach fut le premier expert américain à attirer l'attention sur la destruction de la campagne soviétique, et à en dresser le constat dans un livre écrit en collaboration avec Alfred Friendly, *Ecocide in the USSR* : « Aucune autre grande puissance industrielle n'a aussi systématiquement et pendant si longtemps empoisonné son sol, son atmosphère, son eau et son peuple. Aucune n'a claironné si bruyamment les efforts qu'elle déployait pour améliorer la santé publique et protéger la nature, tout en dégradant l'une et l'autre dans de telles proportions... ce faisant elle s'est ruinée elle-même non sans mettre également en danger la santé de sa population. »

En d'autres termes, l'absence d'objectifs et de responsabilités juridiques à tous les niveaux signifiait que le régime communiste pratiquait le pillage et la destruction sans aucune retenue ; l'Etat-parti encourageait l'action des profiteurs. Si jamais les choses venaient à être prouvées publiquement, s'il fallait avouer tous ces mensonges, ces tromperies et cette corruption, l'Etat-parti devrait renoncer à son rôle de dirigeant et de guide de la société soviétique. C'est pourquoi, depuis l'époque de Lénine, chaque dirigeant insistait sur la nécessité de maintenir à tout prix l'unité du parti, quelles que fussent les mystifications et les falsifications pour y parvenir. Faute de quoi la dissension s'installerait. Tel était le langage communiste à propos d'une épreuve de force si implacable que rien n'arrêtait les participants. C'était, les dirigeants l'avaient toujours su, le seul danger qui menaçait de faire voler en éclats le monopole de l'Etat-parti.

5

L'homme autorisé à sortir

Au temps de Gorbatchev, Gennadi Zotaïev fut porté à la tête de la délégation soviétique auprès de la Commission économique européenne dont le siège se trouve à Genève. « Une semaine par an, nous nous réunissions pour expliquer ce qui se passait dans nos pays respectifs, déclare-t-il. J'étais l'homme qui avait été autorisé à sortir – expression très soviétique –, ce qui signifiait que j'étais la personne à qui le système faisait confiance. » Des fantasmes ou plutôt ce qu'il appelle « des idées diaboliques » commencèrent à lui trotter par la tête sans qu'il le veuille : à savoir qu'avec sa femme et ses filles il allait, sans crier gare, disparaître pour toujours de l'Union soviétique. C'est ainsi qu'il prit conscience d'avoir finalement compris comment fonctionnait le système. Il avait pu observer de près, jusque-là, ceux qui l'incarnaient, il avait pris la mesure de leur cynisme, et il n'en voulait plus.

L'Union soviétique, au cours des années 1950, se trouvait à un niveau de développement identique à celui que connaît la Chine aujourd'hui; le moment était venu pour elle de réformer ses structures. Mais l'existence d'un immense complexe militaro-industriel empêchait alors l'Etat-parti de suivre la voie adoptée par les Chinois dans les années 1990. La course aux armements interdit en fin de compte toute évolution progressive des normes en vigueur. Un peu plus tôt ou un peu plus tard le système créé par Staline allait être obligé de s'effondrer, mais on avait encore la possibilité de le prolonger. « Nous possédons des ressources immenses et une population obéissante. Le système avait aussi sa logique interne qui nous obligeait à jouer tous au même jeu. »

Zotaïev était entré au Gosplan en 1982, la veille des funérailles de Brejnev. Rétrospectivement, il trouve étonnant que nombre de fonctionnaires du Gosplan, du Comité central, des ministères, n'aient pas compris la réalité de la société soviétique et de l'économie dirigée. Certains fonctionnaires du Gosplan voyaient bien que l'économie n'était pas compétitive par rapport à celle des pays développés et que des changements devaient intervenir. « En même temps, nous n'avions aucune idée de la manière dont il faudrait s'y prendre. » Le cynisme général, un cynisme de type communiste, se manifestait chaque fois que le vice-président du Gosplan désignait l'Occident par l'expression : « Capitalisme pourri ».

« J'aimerais souligner que les gens impliqués dans ce mécanisme bien huilé jouaient le rôle de pièces et de pions. Je ne faisais preuve d'activité que si on me le demandait expressément. Je ne me mettais à penser que si quelqu'un me disait de le faire, ou lorsque je sentais peser une menace sur mon bien-être et ma situation personnelle. Chacun pensait une chose et faisait en réalité tout le contraire. Cela explique le cynisme généralisé. »

En tant qu'employé du Gosplan, Zotaïev avait accès à ce que l'on appelait le « berceau », une boutique spéciale de la rue Granovski qui vendait des produits de qualité et notamment du caviar ainsi que de la bonne viande. « On avait la possibilité d'avoir sur la table une grande variété de choses. Ma famille s'y est très vite habituée. » Les gens n'en haïssaient pas pour autant sa famille mais il se sentait troublé. Un jour qu'il faisait la queue derrière un maréchal à trois étoiles, portant le titre de Héros de l'Union soviétique, il avait vu ce dernier remplir son filet à provisions comme il le faisait lui-même. « J'ai eu honte de lui. Je ne comprenais pas pourquoi un militaire aussi éminent était obligé de faire paisiblement la queue dans une arrière-cour pour rapporter en secret toutes ces choses à sa famille. » Il lui vint tout d'un coup à l'esprit que c'était un système de type féodal et qu'il avait été admis dans le cercle de la noblesse en servant le monarque ou le chef. A cet égard, il se trouvait sur un pied d'égalité avec le maréchal. Cette idée rendait logique l'existence des privilèges.

Les départements les plus puissants, au sein du Gosplan, chargés de ce que l'on appelait les « branches industrielles », avaient des homologues dans les départements correspondants, au sein du Comité central et du Conseil des ministres. L'Etat-parti respectait les priorités qu'il avait établies : en premier lieu le complexe militaro-industriel, puis le complexe de la production d'énergie, ensuite l'agriculture, et ainsi de suite. Des épreuves de force se produisaient entre ces secteurs. En cas de dispute avec le Premier ministre, le président du Gosplan en appelait au secrétaire général du parti. Mais pour l'essentiel le Gosplan se conformait aux priorités fixées antérieurement en d'autres lieux. Le Comité central et le Conseil des ministres possédaient leurs propres banques de statistiques, sur lesquelles se basait leur planification. Les chiffres de la production étaient gonflés tout comme les taux de croissance généraux et les données macro-économiques. Entre les priorités politiques prédéterminées, les données sans valeur et les épreuves de force engendrées par une organisation hiérarchique rigide, la planification ne reposait sur presque rien de scientifique ou de rationnel. L'Union soviétique ne s'est maintenue en vie pendant si longtemps que grâce à ses ressources naturelles et à ses réserves minières.

A Moscou, au sein du Comité central et à l'intérieur de sa sphère, on se mouvait dans un monde fictif où l'on rédigeait des plans, où des rapports circulaient, où des chiffres étaient approuvés et des épreuves de force réglées. Un homme en pleine ascension dans la nomenklatura, comme c'était le cas pour Zotaïev, voyait s'ouvrir devant lui des perspectives alléchantes dans l'Etat-parti, avec des possibilités de carrière voire de fonctions proconsulaires. Dans tout l'empire, chaque situation exigeait la même combinaison d'éléments – à savoir quelques traits de caractère et quelques manœuvres politiques. On ne trouvait pas en URSS l'ahurissante variété de fonctions civiles et militaires, les gouverneurs et les services coloniaux à l'aide desquels les Français et les Britanniques avaient dirigé leur empire. En théorie, la centralisation de l'Etat-parti rendait toutes les pièces de la machine interchangeables. Contrairement à l'attitude adoptée par les Français et les Britanniques dans leurs colonies, l'administration soviétique ne tenait aucun compte des différences régionales et culturelles.

Les yeux de Zotaïev se dessillèrent à la faveur des missions officielles qu'il avait accomplies dans l'empire en dehors de Moscou. Pendant trois mois, il avait fait partie d'une petite équipe envoyée par le président du Gosplan pour élaborer un plan décennal en Ethiopie, pays qui avait été introduit dans l'empire en 1974 à la suite du coup d'Etat du colonel communiste Mengistu. Le régime éthiopien avait demandé qu'on l'aide à élever le taux de la croissance économique de 3 à 6,5 pour cent. Il était manifeste que l'Union soviétique n'avait pas assez d'argent pour faire face aux exigences éthiopiennes. Installés devant des bouteilles de vodka, les collègues de Zotaïev conclurent qu'il ne leur appartenait pas de montrer à l'Ethiopie pourquoi l'économie dirigée n'avait rien de bon. Ils se contentèrent tout bonnement d'acheter des cadeaux dans le pays pour leurs familles, de rentrer à Moscou et de laisser les événements suivre leur cours. Zotaïev eut aussi la possibilité de se rendre en Pologne, en Allemagne de l'Est, et au Tadjikistan en qualité de propagandiste et de conseiller. «Nous comprîmes ultérieurement que le véritable objet de notre voyage au Tadjikistan était de préparer un rapport aux termes duquel le premier secrétaire de cette république serait considéré comme inapte.» Une personnalité haut placée tirait les ficelles de cette délégation du Gosplan pour en faire son instrument dans le cadre d'une épreuve de force cachée à tous les regards.

Dès 1988, Zotaïev avait compris que l'effondrement était imminent. Au commencement, il avait été un ardent partisan de Gorbatchev. Mais entre-temps «Gorbatchev était devenu extrêmement effrayé par ce qu'il avait fait lui-même». De sorte que Zotaïev ne pouvait plus lui accorder ni soutien ni confiance.

84   *La guerre qui n'a pas eu lieu*

Gorbatchev s'y connaissait-il en économie ?

« Absolument pas », mais Gorbatchev aurait pu continuer à « penser en communiste ». Au contraire, il a éliminé l'élément de peur, ce qui a permis aux ambitions personnelles de se donner libre cours. Il n'y avait aucune législation ni système fiscal ni rien pour les tenir en lisière. Les prises de décisions au temps de Staline avaient été tellement « concrètes » qu'il ne fallait pas longtemps pour détecter l'incompétence. Sous le gouvernement de Khrouchtchev, le sentiment de peur avait commencé à s'estomper et, avec lui, le besoin de compétence. Dans cette optique, à la place de la crainte il ne pouvait plus y avoir que l'anarchie et le chaos.

6

« Demain le monde entier »

Les empires européens ont invoqué bien des arguments abstraits pour justifier leur expansion; ils ont ainsi glorifié le «fardeau de l'homme blanc» ou leur propre *« mission civilisatrice »*. Une estimation réaliste des profits et pertes s'est soldée, au cours de ce siècle, par la décolonisation et la fin des empires. Quant à savoir si aucun pays a jamais tiré de son impérialisme des bénéfices matériels, stratégiques ou d'une autre nature, la question reste ouverte.

Si la révolution de 1917 n'avait pas eu lieu, l'impérialisme russe aurait sans aucun doute été contraint de se livrer à une estimation semblable de ses profits et de ses pertes. Tel qu'il fut, le communisme a renouvelé la dynamique impérialiste grâce à sa doctrine fondamentale, à savoir l'idée de la «révolution mondiale»; il y avait là un concept tout aussi abstrait, commode et irrésistible que les notions inventées par les Britanniques ou les Français. Cela nous offre un autre exemple de *vranyo* car, en vérité, des gens qui avaient toutes les raisons du monde pour refuser d'être conquis par l'armée russe étaient obligés d'applaudir à leur «libération» par les soldats soviétiques. S'ils faisaient mine de protester, des hommes d'Etat, des partis politiques, voire des populations tout entières risquaient d'être rangés parmi les contre-révolutionnaires, les ennemis de classe, et voués par conséquent à une destruction légitime. L'absence de contraintes institutionnelles auxquelles d'ordinaire le pouvoir est subordonné donna à l'Union soviétique un grand avantage en matière de relations extérieures. Si, à l'intérieur des frontières soviétiques, le processus grâce auquel le plus fort s'assurait une suprématie, aux dépens de tous, engendrait des rivalités criminelles et vaines, ce même phénomène, lorsqu'il fut transposé au-delà des frontières, permit une formidable expansion nationale et l'édification délibérée d'un empire. De son propre point de vue, ce genre d'absolutisme était tout à fait logique.

A partir du moment où le régime se fixait un objectif, en matière de politique étrangère soviétique, tous les moyens de l'atteindre étaient bons, sans qu'il fût besoin de respecter la morale, les conventions diplomatiques ou la législation. Pour l'Union soviétique, les relations extérieures étaient autant d'épreuves de force à l'échelon international. La démarche était généralement grossière en soi mais elle nécessitait une évaluation raffinée de l'équilibre des forces en présence. La terreur devait être minutieusement dosée, de crainte qu'elle ne soit démasquée et provoque un retour de bâton. Les techniques appliquées étaient celles que l'on avait déjà expérimentées dans les affaires courantes du parti ; à présent elles étaient étendues au monde entier : c'était la corruption et l'espionnage, la dénonciation et le chantage, la subversion par l'intermédiaire d'agents secrets et des partis communistes locaux, les faux appels au secours lancés au nom d'une solidarité parfois «internationale» et parfois «prolétarienne», avec, en fin de compte, le recours à la violence pure et simple par le biais d'une invasion et d'une occupation.

«Nous n'éprouvons aucun intérêt pour votre Etat capitaliste, nous aurions honte d'en manifester... Nous sommes le parti du prolétariat tchèque et notre grand état-major révolutionnaire se trouve à Moscou. Et nous allons à Moscou pour apprendre, vous savez quoi ? Pour nous faire expliquer par les bolcheviks russes comment nous y prendre pour vous tordre le cou. Et comme vous le savez, les bolcheviks russes sont des maîtres en la matière.» Le discours que prononça Klement Gottwald devant le parlement tchèque en 1929 reflétait exactement le ton de violence sarcastique qu'adoptaient les porte-parole soviétiques dans les arènes internationales et les membres des partis communistes dans chacun des pays occidentaux. Tout aussi fréquemment, Khrouchtchev lançait une formule plus concise mais également pleine de menaces contre tout l'Occident : «Nous vous enterrerons.» Comme s'il s'agissait d'une véritable doctrine, Brejnev proclamait que la victoire communiste dans n'importe quel pays était irréversible. Les discours de Gorbatchev présentaient également une vision schématique du monde dont leur auteur avait hérité. Au congrès du parti en 1986, il avait même décrit «l'aggravation des problèmes sociaux du capitalisme» et vilipendé le militarisme occidental qui, prétendait-il, servait à cacher ces problèmes. Simultanément, il avait balayé les objections soulevées contre le stalinisme qu'il présentait comme une «notion mise en avant par les ennemis du communisme et utilisée à tout bout de champ pour discréditer l'Union soviétique».

Lorsque les démocraties se sont rendu compte que l'Union soviétique avait traité la Seconde Guerre mondiale comme une colossale épreuve de force – dans le genre de celles que Staline connaissait si bien –, Moscou avait remporté cette épreuve et il était trop tard pour y remédier. Peut-être les Alliés occidentaux s'étaient-ils montrés trop négligents, ou bien s'étaient-ils abusés eux-mêmes sur la dynamique du communisme. Les engagements souscrits par les Soviétiques lors des conférences au sommet, à Téhéran, à Yalta et à Potsdam, pour mettre en place et respecter un partage de la puissance, restèrent lettre morte ou furent balayés sous prétexte de *force majeure*. L'Armée rouge campa sur les positions qu'elle avait occupées en 1945, tandis que les Alliés démobilisaient leurs forces.

La Bulgarie et la Roumanie étaient des monarchies installées au cours du siècle précédent. Dans les républiques baltes et en Pologne, les Soviets réaffirmaient une présence impérialiste qui remontait au temps des tsars. La Hongrie, la Tchécoslovaquie, la Yougoslavie et l'Albanie formaient elles aussi des Etats issus du règlement de la Première Guerre mondiale. Dans ces pays les traditions démocratiques étaient encore embryonnaires. Leurs populations, y compris leurs nombreuses minorités, faisaient assaut de nationalisme dans le domaine de la culture, de la langue et de la religion. Sous prétexte que la doctrine communiste était incompatible avec des sentiments ou croyances aussi rétrogrades, les troupes et autorités soviétiques nouvellement arrivées s'évertuèrent à s'arroger le pouvoir absolu sur ces territoires. Par la même occasion elles procédaient à un immense élargissement de leur empire. Une fois de plus, l'acquisition d'un tel pouvoir se traduisit par des pillages. D'après des estimations fiables, l'Union soviétique a transféré sur son propre territoire, à partir des pays qu'elle occupait, diverses formes de richesses pour une valeur d'environ 14 milliards de dollars, ce qui correspond à l'ampleur de l'aide que les Etats-Unis octroyaient alors à l'Europe occidentale en application du plan Marshall.

A l'époque, l'Union soviétique ne trouva un appui qu'en Tchécoslovaquie. En septembre 1945, le parti communiste tchèque était fort de 700 000 membres. C'était le seul et unique mouvement de masse de ce genre dans la région. Les autres pays dans leur ensemble ne comptaient probablement pas même 50 000 communistes. Le parti polonais, noyauté par les espions et agents russes, avait été quasiment anéanti par Staline. La Bulgarie comptait environ 15 000 communistes, la Hongrie 3 000, la Roumanie 800, et l'Allemagne de l'Est encore moins. Pendant toute la guerre, des dirigeants communistes locaux avaient été gardés en réserve à Moscou pour le jour où l'Armée rouge pourrait les porter à la tête de leur propre pays – par exemple, Mátyás Rakosi et Imre Nagy en Hongrie ; Vasile Luca et Valter Roman et la jadis fameuse Anna Pauker en Roumanie ; Walter Ulbricht, Wilhelm Pieck et Otto Grotewohl en Allemagne de l'Est. Les années de persécutions qu'ils avaient vécues dans leur propre pays, puis leur émigration dans une Russie marquée par la terreur des années 1930, avaient inculqué à ces gens une soumission aux exigences du parti qui leur faisait renier tout esprit d'indépendance. Les Allemands avaient expédié Lénine vers l'Est en 1917 dans un wagon plombé, en vue de faire saborder la Russie par la révolution ; à présent les Russes expédiaient à l'Ouest ces conspirateurs pour rééditer l'exploit.

Les partis démocratiques n'avaient aucune chance de pouvoir résister face à ces conjurés bien armés. Les dirigeants démocrates comme Stanislaw Mikolajczyk en Pologne, Iuliu Maniu en Roumanie, Nikola Petkov en Bulgarie, le président tchèque Edouard Benes, le colonel yougoslave Mihailovic, avaient mis leurs espoirs dans le soutien des Occidentaux mais ceux-ci les abandonnèrent à la mort ou à l'exil qui leur étaient destinés. Une prise de pouvoir communiste paraissait également possible en Grèce mais l'Occident fit une exception en y intervenant militairement et de façon décisive. Une atrocité révélatrice fut l'enlèvement de milliers d'enfants grecs – peut-être 40 000 – qui furent contraints de franchir les montagnes, à marches forcées, pour arriver en Bulgarie et être acheminés vers l'Union soviétique où ils devaient subir un endoctrinement. Les sections clandestines des partis communistes locaux préparaient des révolutions en Italie et en France. Les archives soviétiques n'ont pas encore révélé quelle était la véritable attitude de Staline à l'égard de ces projets.

En Hongrie, entre 1948 et 1954, plus de 300 000 familles de commerçants, de fermiers et de membres des professions libérales furent privées de leurs biens et de leur travail. L'historien Rudolf Tökes écrit que «le régime a délibérément détruit toute chance dans la vie pour quelque 750 000 Hongrois de la classe moyenne, au bas mot». Jusqu'à 200 000 Tchèques ont été condamnés, pour des motifs politiques, à travailler dans les mines d'uranium ou de charbon, et il y a eu peut-être 500 victimes de meurtres judiciaires, parmi lesquelles se trouvait le député socialiste Milada Horáková que rejoignirent finalement les dirigeants du parti eux-mêmes, comme Rudolf Slánsky. En Bulgarie, selon les calculs effectués par un expert occidental, R.J. Crampton, le bain de sang et la purge communistes d'après la guerre «avaient fait proportionnellement au nombre d'habitants plus de victimes que dans n'importe quel autre pays en Europe de l'Est». D'après les chiffres officiels, on a compté 11 667 procès après l'arrivée de l'Armée rouge; selon des chiffres officieux le nombre de ceux-ci a sans doute atteint 100 000. Pour une population de quelque 8 millions de personnes, il existait une centaine de camps de concentration. En 1952, le camp de Belene, sur une île du Danube, abritait à lui seul 7 000 prisonniers. Dans son livre, *Romania in Turmoil*, Martyn Rady écrit que 60 000 Roumains furent exécutés en 1946 et 1947. L'Association des anciens prisonniers politiques roumains estime que 300 000 personnes de plus sont mortes dans des camps de travail sous le régime de Gheorghe Gheorghiu-Dej. Outre les camps de Lugoj, Dumbraveni et Vaslui, un immense centre sortit de terre le long du canal du Danube qui fut creusé par une main-d'œuvre esclave dans le plus pur style stalinien. En 1992, 300 cadavres ont été découverts à Caciulata, à une quarantaine de kilomètres de Bucarest: on croit qu'il s'agit des toutes premières victimes sacrifiées au cours de la prise du pouvoir par les communistes.

Le fait qu'un ennemi nazi ait été converti par la force en satellite communiste place l'Allemagne de l'Est dans une catégorie à part.

L'historien Hermann Weber cite un document soviétique émanant du ministère de l'Intérieur à propos des dix camps qui existaient dans la zone occupée par les Soviétiques et dont certains avaient été repris directement aux nazis. Buchenwald, Sachsenhausen et Bautzen, par exemple, continuèrent de fonctionner ainsi jusqu'en 1950. Cette source soviétique révèle qu'entre 1945 et 1950, sur 122 671 Allemands détenus, 45 262 seulement furent libérés en bonne et due forme, 14 202 livrés aux autorités d'Allemagne de l'Est, 12 770 « déportés » en Union soviétique (le mot n'est sans doute pas assez fort) et 6 680 considérés comme des prisonniers de guerre; il y eut 212 évasions et 42 889 décès pour une raison quelconque; 756 prisonniers furent condamnés à mort par un tribunal militaire. Les fosses communes renfermant les victimes des communistes ont été découvertes à proximité des charniers où avaient été enterrées les victimes des nazis.

Fritz Löwenthal est un communiste allemand qui rentra de Moscou pour être placé à la tête du département de l'administration judiciaire en 1946 dans la zone soviétique. Il ne fut pas long à découvrir combien il avait été berné par ses convictions. Son livre, *News from Soviet Germany*, publié quelques années plus tard, était, espérait-il, « une protestation passionnée contre les injustices et les actes d'oppression dont se rendent aujourd'hui coupables ceux-là mêmes qui, lorsqu'ils n'étaient pas au pouvoir, s'élevaient si bruyamment contre l'injustice et l'oppression ». Il y dénonçait le pillage de rues et de villes entières, le chantage, les pressions exercées sur d'honnêtes fonctionnaires, toutes les astuces, les complicités et les coups bas qu'engendre le despotisme. « De temps en temps, en particulier lorsque la garnison se retirait pour être relevée par d'autres troupes, il y avait un surcroît de brutalités, de vols, de meurtres et de viols. Une vague de suicides témoignait alors du désespoir et de la fureur des populations locales. Dans la seule ville de Rostock il y eut 400 suicides, et 300 encore dans une petite agglomération comme Waren. »

Le livre de Lali Horstmann (*Plus rien sur quoi pleurer*) est un petit chef-d'œuvre sur cette sinistre période. Son mari Freddy, magnat de la presse et propriétaire foncier, avait refusé de quitter sa maison de Kerzendorf, près de Berlin. « Les femmes racontaient avec force détails et à satiété la manière dont elles avaient été violées, et quand et combien de fois », écrit-elle. La dernière des séries d'épreuves qu'elle a vécues fut l'arrestation de Freddy par la police secrète. Il lui fallut dix-huit mois pour découvrir qu'il était mort de faim et avait été enterré en même temps que d'autres victimes dans un camp de concentration.

Wolfgang Leonhard faisait lui aussi partie de ceux qui revinrent de Moscou où il avait été formé pour occuper une position dominante dans la nomenklatura. Lui non plus, il n'a pas réussi à étouffer la voix de sa conscience et il s'est donc enfui, mais non sans avoir auparavant entendu Walter Ulbricht, le premier secrétaire général du parti communiste d'Allemagne de l'Est, lancer un mot d'ordre : «C'est bien clair – il faut avoir l'air d'être démocratique, mais nous devons tout garder en main.» Potemkine lui-même n'aurait pu se montrer plus pertinent.

Les démocraties populaires, comme on avait mensongèrement nommé ces territoires occupés, étaient des dépendances placées sous l'autorité soviétique. On y trouvait les mêmes structures que celles du parti soviétique, à savoir un secrétaire général, un Bureau politique, un Comité central avec son secrétariat, un Conseil des ministres, un parlement non représentatif, un Komsomol ou organisation de jeunesse; tout cela répondait à un double objectif : centraliser le pouvoir dans chaque pays et le placer sur orbite autour du centre soviétique. La vie politique était calquée sur le modèle soviétique quant à la solution des problèmes et des conflits d'intérêts en faveur des plus puissants. Les personnages clefs dans chacun de ces pays satellites avaient leurs homologues ou correspondants soviétiques, situés au même niveau dans la hiérarchie du parti, qu'ils consultaient et allaient voir régulièrement pour demander des instructions et un soutien. Dans chaque démocratie populaire, l'homme le plus puissant était le représentant local du KGB; celui-ci ne rendait compte qu'à ses supérieurs hiérarchiques de Moscou, où ses dires avaient plus de poids que tout ce dont les autres pouvaient faire état. Les généraux soviétiques en garnison, les ambassadeurs, les attachés commerciaux, les dignitaires et délégations en visite, pouvaient aussi être appelés à prêter main forte dans un cas d'urgence. Dans toute épreuve de force sérieuse, notamment quand se trouvait en jeu la promotion ou le limogeage d'un dirigeant haut placé, les parties intéressées ainsi que leurs rivaux et partisans s'envolaient directement pour Moscou, où les décisions se prenaient à huis clos.

Les projets économiques et militaires, les opérations d'espionnage contre l'Occident, la propagande, la répression des dissidents, tout était mis au point par avance à Moscou avant d'être répercuté à l'extérieur. Ce qui aurait pu passer pour une orientation politique locale, les discours prononcés dans le pays et les articles des journaux, les livres et les films, l'architecture, voire le ravitaillement alimentaire, tout faisait d'abord l'objet de projets établis à Moscou. Causer un effet de surprise, même insignifiant, aux autorités soviétiques entraînait des conséquences imprévisibles et donc dangereuses. La police secrète, dans chaque démocratie populaire, avait pour mission de prévoir et d'éliminer n'importe quelle éventualité de ce genre; tout être humain quel qu'il fût et toutes les ressources matérielles disponibles étaient à sa disposition. En Allemagne de l'Est et en Roumanie, la Stasi et la Securitate – la police secrète respective de ces deux pays – n'ont pas cessé d'être, comme le KGB, responsables devant la seule personne du secrétaire général. Au cours des dernières années du régime, la police secrète des autres pays était encore placée sous la tutelle du ministre de l'Intérieur. Il ne s'agissait pas d'épargner à la population des mesures totalitaires, mais de rajouter un chaînon à ceux qui reliaient la police secrète locale au quartier général du KGB à Moscou.

Tout de suite après le début de la colonisation soviétique, les démocraties populaires furent le théâtre d'une vague de procès truqués. Environ mille personnalités de premier plan tombèrent sous le coup des purges et nombre d'entre elles furent l'objet d'assassinats judiciaires. Toutes étaient des communistes de la première heure. Le Bulgare Traitcho Kostov avait bénéficié de la grâce du roi Boris, avant la guerre : cette fois, il fut pendu. Wladyslaw Gomulka, premier secrétaire du parti polonais, fut jeté en prison. Le ministre hongrois de l'Intérieur, László Rajk, avait l'habitude de dire à ses collègues : « On ne peut avancer sans boussole et la mienne c'est l'Union soviétique » ; sous la torture il avoua être « déviationniste » et fut pendu. En Tchécoslovaquie, Rudolf Slánsky fut exécuté en même temps que dix autres dirigeants du parti. Tout comme en Union soviétique, la terreur administrée sous cette forme avait une valeur d'exemple et d'avertissement.

Jusque-là, les pays annexés avaient été majoritairement des sociétés rurales. Seule la Tchécoslovaquie disposait d'une industrie moderne. Comme cela avait été le cas en Union soviétique, la collectivisation de l'agriculture fut introduite pour satisfaire les exigences doctrinaires des autorités en matière de centralisation du pouvoir, avec pour conséquence secondaire la rupture des vieilles et vigoureuses traditions sur lesquelles reposaient la subsistance et la survie des populations. Seule la Pologne refusa d'emblée cette collectivisation. Moscou, conscient du fait que les Polonais entretenaient depuis des siècles la volonté de résister à l'oppression russe, n'insista pas, mais ne tarda pas à regretter cette concession faite à la paysannerie. Autre caractéristique inhabituelle que connut la Pologne : ses propriétaires terriens, désormais dépossédés, eurent tendance à rester dans leur pays, bien qu'en butte à certaines persécutions du fait de leurs origines familiales. On ne peut pas reprocher aux aristocrates tchèques, hongrois et roumains d'avoir préféré l'exil. Les nantis bulgares quittèrent aussi leur pays. L'émigration nivela l'Allemagne de l'Est. Entre le mois d'août 1949 et le mois d'août 1961, où fut érigé le mur de Berlin, 2,7 millions d'Allemands de l'Est, soit 15 pour cent de la population, s'enfuirent à l'Ouest. Dans les campagnes, des milliers de maisons, de style médiéval, baroque ou néoclassique étaient abandonnées ou annexées au patrimoine collectif. Partout ces vestiges, avec leurs parcs en friche, témoignaient d'une déshérence arbitrairement suscitée.

La religion, qui présentait le danger de rallier les anticommunistes et les nationalistes, devait être éradiquée. Dans le sillage de l'Armée rouge en 1944, commença la persécution de toutes les congrégations religieuses. L'église uniate ou catholique d'Ukraine fut contrainte de fusionner avec la religion orthodoxe russe, et son chef, le cardinal Josif Slipyi, jeté en prison pendant dix-sept ans avant d'être exilé à Rome. En

Lituanie, l'évêque Vincentas Borisevicius fut exécuté ; l'évêque Julijonas Steponavicius de Vilnius et le cardinal Vincentas Sladkevicius furent tous deux exilés pendant plus de vingt ans ; un tiers du clergé connut la déportation. Le père Tiso, qui avait dirigé la Slovaquie pendant la guerre et collaboré avec les nazis, fut pendu ; les prêtres slovaques furent déportés *en masse*. Des centaines de prêtres croates accusés d'avoir été les collaborateurs de l'occupant allemand furent tués dans la Yougoslavie de Tito. Le cardinal Aloysius Stepinac, jugé pour des accusations similaires, fut condamné aux travaux forcés. Le cardinal Jozsef Mindszenty en Hongrie, accusé d'espionnage, fut emprisonné ; le cardinal Joseph Beran de Prague passa seize ans dans une geôle. Deux archevêques albanais furent assassinés en prison et quatre évêques fusillés. Des évêques polonais étaient mis en cellule. Le cardinal Stefan Wyszynski, primat de Pologne, fut arrêté. La liste des livres qu'il demanda à son geôlier donne la mesure de ce qu'était cet homme : Dobraczynski, *Les Lettres de Nicodème* ; Manzoni, *les Fiancés* ; *Guerre et Paix* en russe ; Thomas a Kempis, *Imitation de Jésus-Christ*.

Une partie du clergé ne désirait pas être persécuté et encore moins voué au martyr. « Nous ne souhaitons pas être une Eglise qui se conduirait en compagne de route du socialisme, ni une Eglise opposée au socialisme : nous souhaitons être une Eglise à l'intérieur du socialisme. » Quand l'évêque luthérien Albrecht Schönherr de Berlin fit cette déclaration, en 1971, il montra à quel point le parti avait réussi à museler l'opposition de nature morale ou religieuse. Près des maisons de campagne en ruine, se dressaient dans le paysage les églises cadenassées, laissées elles aussi à l'abandon, avec leurs pinacles gothiques ou leurs dômes à bulbes dorés.

Jan Sejna, membre du Comité central tchèque et chef du personnel au ministère de la Défense jusqu'en 1968, fut un des communistes les plus haut placés qui soient passés à l'Ouest. Dans son livre *Nous vous enterrerons*, il a décrit comment au cours d'une nuit de 1949, deux policiers étaient allés voir un officier de l'état-major, le colonel Vasek. Le destin qui attendait ce dernier ressemble à ceux que connurent une multitude d'autres hommes durant cette période de la soviétisation. Les deux policiers l'accusèrent d'être un espion, le tabassèrent jusqu'à ce qu'il perde connaissance et le précipitèrent dans un puits d'aération avant d'aller faire incinérer son cadavre. Ils annoncèrent ensuite à sa femme qu'il avait fui à l'Ouest. Ce qu'elle déclara dans sa détresse servit de preuve contre Vasek devant un tribunal réuni l'après-midi même. L'officier fut donc déclaré coupable de trahison et condamné à mort alors qu'il était déjà décédé. Sejna conclut : « L'assassinat avait été rendu légal en l'espace de dix-huit heures. »

Lorsque les Soviétiques confièrent leur zone d'occupation au parti communiste d'Allemagne de l'Est en 1949, pour que ce parti-frère dirige la nouvelle République démocratique allemande, ils détenaient quelque chose comme 3 500 personnes en attente de jugement. Moins de la moitié de celles-ci étaient des nazis ou des criminels de guerre, même si toutes étaient accusées de l'être. Transportées dans un camp à Waldheim, elles passèrent en jugement par fournées. Selon Hans Eisert, l'historien qui a étudié cet épisode, il y avait parmi elles 90 éditeurs et rédacteurs en chef, 130 magistrats et avocats, et 160 personnes poursuivies pour avoir commis de soi-disant actes de sabotage, comme d'avoir lacéré des affiches. Se trouvait là également Margaret Bechler, dont la seule présence en ce lieu mettait dans l'embarras son mari, déjà ministre de l'Intérieur de la province de Brandebourg et destiné à occuper des fonctions encore plus hautes dans la nomenklatura. Celui-ci déclara qu'elle était morte en septembre 1946 et, comme il fallait la soustraire aux regards, Margaret Bechler fut condamnée à la détention perpétuelle. Le docteur H. Brandt, du ministère de la Justice, qui était allé visiter Waldheim en 1950 émit des critiques à l'égard de ces tribunaux, ce qui lui valut d'être arrêté et emprisonné à son tour jusqu'en 1964.

Une fois installé au pouvoir, le parti communiste est-allemand, comme les autres partis communistes des démocraties populaires, organisa de grands procès. La purge des dirigeants se poursuivit sans rémission : Paul Merkur et son groupe y succombèrent en 1949 ; deux membres du Bureau politique, Zaisser et Herrnstadt, en 1953 ; Franz Dahlem, principal prétendant au poste d'Ulbricht, la même année ; George Dertinger et Max Fechner, ministre de la Justice, en 1954 ; Wollweber parmi d'autres en 1956 ; Wolfgang Harich et consorts en 1957 ; Schirdewan l'année suivante. Un tiers des principaux fonctionnaires du parti en poste dans diverses localités furent remplacés en 1958. Aucun autre parti n'adhéra avec autant de foi au système soviétique quant à l'absence de toute loi. Il y fit apparemment preuve d'une complaisance et d'une efficacité toutes spéciales.

A partir de la mer Baltique et tout le long de la frontière occidentale de l'empire soviétique courait un rideau de fer avec ses hautes barrières de barbelés, ses miradors équipés de projecteurs et de mitrailleuses, ses champs de mines. Le seul point de passage se trouvait à Berlin, jusqu'au jour où cette issue fut à son tour interdite par la construction du « mur de la honte » – appelé par Ulbricht, cet élève zélé dans l'art du *vranyo*, « le mur de protection antifasciste ». A partir de ce moment-là et jusqu'en 1989, des êtres désespérés tentèrent de s'échapper en passant sous le mur ou par-dessus, et quelque 600 d'entre eux furent abattus en cherchant à le faire. Tout garde-frontière qui tuait un candidat à l'évasion recevait une prime et une décoration.

L'empire présentait l'aspect d'un vaste camp de concentration, où la terreur avait avili tout le monde jusqu'aux gardiens eux-mêmes et tout nivelé de sorte que rien ne valait plus la peine d'y être fait par personne. La ligne de démarcation qui sépare le despotisme absolu d'une société de droit se trouvait tristement symbolisée par le rideau de fer et le mur de

Berlin. L'incompatibilité de ces deux mondes est aussi ancienne que la civilisation. Les sociétés de droit connaissent le désavantage de ne pouvoir se mobiliser, pour assurer leur défense, qu'avec le consentement de la majorité ; et cette acceptation risque de ne prendre corps qu'au dernier moment quand le danger est imminent. Dans le cas où ils auraient souhaité faire franchir le rideau de fer par des troupes d'invasion, Staline et ses successeurs pouvaient, sur le plan logistique, espérer occuper le reste de l'Europe en quelques jours.

Sans doute les archives révéleront-elles un jour jusqu'à quel point les dirigeants soviétiques ont envisagé de se livrer à des agressions préventives pour étendre leur empire. Le discours soviétique courant au sujet des fronts et des fossés, des blocs et des menaces d'hégémonie, des « cercles dirigeants de l'OTAN », et des « sinistres hérauts du camp de la guerre et de la mort », révélait une préférence pour la propagande belliciste et la paranoïa. En 1983 encore, apparemment, le Kremlin cherchait à se convaincre de l'imminence d'une attaque nucléaire contre l'Union soviétique. Des agents s'affairaient à collecter des indications imaginaires dans ce sens et allaient jusqu'à compter le nombre des ampoules qui restaient allumées pendant la nuit dans les ministères de la Défense des pays occidentaux. L'armée d'Allemagne de l'Est avait reçu mission de se diriger vers Brest et la côte atlantique de la France au premier signal. Après 1989, on découvrit en République démocratique allemande des entrepôts bourrés de panneaux indicateurs destinés à guider ses colonnes à travers la France, de même que des liasses de monnaie d'occupation.

Le développement des armes nucléaires, après 1945, maintint l'affrontement dans une impasse, à savoir une Guerre froide, longue de quarante ans. Pour les communistes, cette situation conflictuelle n'était pas due à un quelconque expansionnisme russe ni au défi lancé par l'absolutisme aux sociétés de droit. Si l'on en croyait l'idéologie, la Guerre froide se ramenait à l'inéluctable épreuve de force entre le communisme et le capitalisme.

La construction et l'installation d'engins nucléaires sur le terrain imposèrent la stabilité d'une paix armée. Dès que l'Union soviétique comprit qu'une tentative de percée à travers le rideau de fer serait suicidaire, le Kremlin imagina une stratégie de remplacement. Il lui fallait détacher l'Allemagne de l'Alliance atlantique. Cela devint l'objectif à long terme, pour ne pas dire l'obsession, de la politique étrangère soviétique qui le poursuivit par tous les moyens, ouvertement ou clandestinement. La réunification de l'Allemagne était subordonnée à sa neutralisation, de sorte que le pays deviendrait une seconde Autriche, inoffensive pour l'Union soviétique. Dans cette perspective, il fallait que les bases américaines équipées d'un arsenal nucléaire en Allemagne soient fermées et que l'OTAN se désintègre. La façon dont les chefs du gouvernement allemand, d'Adenauer à Kohl, en passant par Brandt, réagirent devant cette tentation soviétique permet aujourd'hui de mesurer quelles furent leur fibre morale et leurs capacités politiques. Si un seul chancelier germanique avait gobé l'appât de la réunification dans les conditions proposées par les Soviétiques, le reste de l'Europe se serait dûment trouvé ligoté et soviétisé à coup sûr. Inversement, l'Union soviétique soulignait que l'incorporation de l'Allemagne de l'Est dans l'Allemagne de l'Ouest, aux conditions prévues par l'OTAN, conduirait à un affrontement nucléaire. «*Il n'est que le provisoire qui dure.*» La phrase de Voltaire s'appliquait parfaitement au statu quo particulier de l'Allemagne.

La Guerre froide, selon les termes employés par le dramaturge Julius Hay, qui était rentré de Moscou en 1945 pour perdre, lui aussi, ses illusions sur le communisme dans sa Budapest natale, offrait «une terrifiante et interminable» réplique du spectacle de marionnettes, Punch and Judy, grossi à une dimension internationale. Pour sa part, Paul Warnke, conseiller du président Carter en matière de désarmement, parlait de «deux singes accrochés à un marteau-piqueur». Cette comparaison entre les deux camps avait fini par prendre valeur de truisme, mais elle était trompeuse. Si l'on admettait que «les deux faisaient la paire», cela donnait en soi la preuve de la manière dont la vision communiste du monde avait été assimilée par les Occidentaux.

L'apparition des «compagnons de route», au cours des années 1930, avait révélé une réaction psychologique complexe devant l'Union soviétique et son accession au rang de puissance. Certains compagnons de route avaient été trompés; un bien plus grand nombre d'entre eux s'étaient leurrés eux-mêmes. Tous, tant qu'ils étaient, cherchaient à apaiser un despote absolu dont l'ombre portée les menaçait, eux et les sociétés de droit au sein desquelles ils vivaient. A cet égard, ils ne se différenciaient nullement de ceux qui tentaient d'apaiser le despote nazi au cours de la même période.

Le succès des armées nazies lors des premières campagnes militaires de la Seconde Guerre mondiale sembla mettre un terme à toute possibilité de résistance face à Hitler, du moins dans l'immédiat. Par conséquent ceux qui penchaient en faveur de l'apaisement préférèrent alors franchir le pas suivant, celui de la collaboration avec l'ennemi. Un peu partout, les collaborateurs se justifiaient en prétendant qu'ils essayaient de tirer le meilleur parti possible d'une situation désastreuse. S'ils bafouaient leur conscience, soutenaient-ils, c'était pour le bien de l'intérêt national. Dans chaque pays qu'ils occupèrent, les nazis mobilisèrent des «collabos» qui avaient pour fonction de faire ce qu'on leur demandait avec une sincérité dont on espérait qu'elle produirait des émules. L'Italie et la France furent les pays les plus remarquablement collaborationnistes. L'Italie sous la férule de Mussolini était un cas à part. Après la débâcle de l'armée française, le maréchal Pétain rencontra Hitler en octobre 1940 pour déclarer: «... j'entre aujourd'hui dans la voie de la collaboration».

Une vague de soulagement balaya la France. Peut-être André Gide s'exprimait-il au nom de tous les Français en disant qu'une entente avec l'ennemi d'hier n'est pas une preuve de lâcheté mais de bon sens. L'écrivain, qui avait été l'un des compagnons de route les plus en vue, avait visité l'Union soviétique en 1936 et sa dénonciation inattendue de ce qu'il y avait observé à cette occasion avait constitué un événement intellectuel en son temps. Mais nous sommes ici en présence d'un homme qui s'exprime merveilleusement bien, au nom d'une grande masse de gens dont l'esprit pouvait, en l'espace réduit de quelques années, admettre une collaboration avec le despotisme, soviétique ou nazi, au nom d'une certaine sagesse.

Les succès militaires soviétiques offrirent après 1945 un choix du même ordre entre la résistance et une collaboration tenue pour de la lâcheté ou de la sagesse. Dépendant des forces armées soviétiques qui les appuyaient inconditionnellement, les nouveaux régimes communistes locaux collaborèrent à leur tour. De même que de nombreux intellectuels français, italiens et tant d'autres avaient justifié l'occupation nazi, annonciatrice d'un ordre nouveau, à présent la génération suivante – parfois, c'était exactement les mêmes personnes – saluait l'occupation soviétique de l'Europe, considérée comme un autre « ordre nouveau » auquel on pouvait souhaiter la bienvenue. Le phénomène des compagnons de route atteignit alors ce que l'on pourrait appeler son âge mûr avec la dénaturation totale d'une réalité mise sens dessus dessous. Il est encore difficile de dire si ce fut la cause ou l'effet d'une dégénérescence morale et intellectuelle.

Pour certains, la puissance impérialiste soviétique était de toute évidence séduisante. Par exemple, Kim Philby, l'archétype de l'espion, a expliqué qu'au moment où les Soviétiques lui ont demandé de mettre ses dons à leur service, il n'avait « pas hésité [car] on ne fait pas la fine bouche quand on vous offre de vous engager dans une troupe d'élite ». Pour lui, le transfert de ses allégeances semblait tout à fait naturel. Le crépuscule de l'Empire britannique n'offrait plus aucun emploi à des soldats d'élite. Mais que dire des autres, des gens tels que Bertolt Brecht, Pablo Neruda, Jean-Paul Sartre ou Graham Greene, il s'agissait pour eux de figurer au côté des vainqueurs et de s'en flatter. Louis Aragon, Paul Eluard, Sean O'Casey, l'historien A.J.P. Taylor pour qui « au bout du compte, Staline était un personnage assez attachant », Louis Althusser, Michel Foucault, Ernst Bloch, György Lukacs, Herbert Marcuse et des milliers d'hommes de lettres, de savants et de maîtres à penser qui façonnaient l'opinion publique ? De ceux-là, on peut dire que leur caractère présentait une faille, un fond brutal et dépressif qui trouvait à s'exprimer dans cette collaboration avec des sadiques de même acabit. La haine de la patrie et sa sœur jumelle, la haine de l'Amérique, engendraient aussi des pulsions puissantes. En France, on s'abritait derrière une entité imaginaire mais prétendument méprisable, « *les Anglo-Saxons* », pour cultiver l'illusion selon laquelle l'Union soviétique avait toujours raison. Après 1966, les gouvernements français prirent leurs distances par rapport à l'OTAN. Si les bases américaines avaient été retirées d'Europe, la collaboration française avec les Soviétiques victorieux n'aurait fait que répéter la collaboration du maréchal Pétain avec les nazis. Des slogans comme «US Go Home!» et des inscriptions sur lesquelles le mot «Nixon» était écrit avec un x central en forme de croix gammée alimentaient une déformation de la réalité surgie de l'aliénation. Un ennemi qui promettait de mettre un terme à cette aliénation méritait l'admiration. Des absurdités étaient fabriquées pour justifier l'ennemi, comme le slogan «L'Amérique est un pays cancéreux» signé Susan Sontag; ou la déclaration faite par Mary McCarthy selon laquelle les produits de substitution proposés par le capitalisme pour remplacer le communisme étaient «tous hideux, chacun à sa façon, et de plus en plus hideux»; ou la justification des massacres commis par Fidel Castro, assassinats que le sociologue C. Wright Mills estimait «justes et nécessaires».

L'intellectuel polonais Alexandre Wat avait une perspicacité aiguisée par ce qu'il savait du communisme; aussi a-t-il écrit : «Il est impossible de surestimer la part du dandysme parmi les motifs qui poussent certains à embrasser le communisme.» Pour l'écrivain, l'artiste, le journaliste ou le cinéaste sans talent, le fait de se rallier à la cause des Soviets et de célébrer les conquêtes soviétiques dans les démocraties populaires constituait souvent une façon irréfléchie d'être chic, une attitude adaptée à la brillante personnalité que chacun espérait se tailler dans le monde.

Des théories comme celles du «réalisme socialiste» et de l'«engagement» de l'artiste faisaient écho aux attitudes politiques de certains gouvernements occidentaux désireux d'intégrer la menace de la Guerre froide dans leur propre dispositif de planification centralisée. Si l'Etat providence était destiné à prévenir le communisme, une bonne partie de cette notion et de ses applications s'inspirait du marxisme-léninisme, tel que l'avaient interprété et assimilé des gouvernements occidentaux fort éloignés du socialisme. Pour les démocraties et les démocrates il était aussi malvenu que déroutant de se trouver embringués dans cette épreuve de force sempiternelle que leur avait ainsi imposée la puissance soviétique. En conséquence on vidait de leur sens ou on éliminait les valeurs et les méthodes qui semblaient considérées comme des provocations par l'Union soviétique. Ceux qui les défendaient – Raymond Aron, Arthur Koestler, George Orwell – étaient traités de «bellicistes» ou de «fauteurs de Guerre froide».

Plus l'Union soviétique se montrait inflexible, plus on faisait assaut d'imagination pour tenter d'éluder l'épreuve de force, en faisant semblant de croire, à la manière de l'autruche, qu'elle allait s'évaporer de son propre chef. La détente; «l'esprit de Camp David» (l'endroit où le président Eisenhower avait rencontré Khrouchtchev); la campagne pour le désarmement nucléaire qui prônait la capitulation avec son slogan infantile, hypersimpliste : « Mieux vaut être rouge que mort » ; la coexistence pacifique ; la théologie de la libération répandue par certains prêtres ; l'eurocommunisme ; l'Ostpolitik ; SALT I ; la doctrine dite de Sonnenfeldt selon laquelle les Etats-Unis devaient accepter la mainmise soviétique sur l'Europe centrale et orientale ; toutes ces initiatives ont jalonné la route de la collaboration volontairement acceptée. Au bout de cette route, nous étions censés arriver à un point de « convergence », ce qui signifierait que la société de droit et le despotisme absolu fusionneraient d'une façon ou d'une autre, et que leur équivalence morale s'avérerait être une réalité, après tout.

Au cours de la dernière phase de son expansion, sous Brejnev, l'Union soviétique a réussi à tirer parti de la collaboration avec un succès qui a surpassé son attente. A Helsinki, le 1er août 1975, l'Union soviétique, les Etats-Unis et trente-trois Etats européens ont signé ce que l'on a appelé, d'un nom assez macabre, l'« Acte final ». Les frontières de l'Europe, « l'intégrité territoriale des Etats » s'y trouvaient garanties. Un acte de droit international entérinait l'invasion et l'occupation des pays d'Europe centrale et orientale par l'Union soviétique. Pour cette puissance, l'Acte final d'Helsinki signifiait à peu près ce qu'avaient représenté pour l'Allemagne de Hitler les accords de Munich en 1938. En l'occurrence, l'Union soviétique avait remporté cette phase de la Guerre Froide et se tenait prête à établir son hégémonie totale sur les démocraties européennes subsistantes.

Le général Grigorenko fut de ceux qui avaient compris où menait la collaboration. Ligoté, comme l'étaient tous les citoyens russes, il a cru qu'un absolutisme désormais admis par les sociétés de droit ne pourrait plus jamais être amendé. C'était là une formidable victoire remportée par la diplomatie soviétique, écrivit-il, et inversement c'était « la page la plus honteuse de toute l'histoire de la diplomatie occidentale ».

Pourtant, dans ce que l'on appelait le « troisième panier » de l'Acte final, l'Union soviétique avait consenti à garantir le respect des droits de l'homme. Cela revêtait peu de signification. L'Occident n'avait aucun moyen de contraindre les Soviétiques à opérer la distinction entre le fait d'enfreindre leurs lois et le fait de se livrer à des activités politiques qu'ils réprouvaient : en URSS, ces deux comportements étaient des crimes d'égale importance que définissait le parti et punissait le KGB.

Pour les « Laval » et les « Quisling » des pays satellites, désormais absorbés définitivement par l'empire soviétique, ce fut un moment de triomphe. Pour Erich Honecker, secrétaire général du parti est-allemand, l'Acte final d'Helsinki marquait l'apogée de sa carrière, selon Egon Krenz, qui allait lui succéder quatorze ans plus tard. Aux yeux de Honecker, l'Allemagne de l'Est n'était plus une zone soviétique qui se faisait passer pour indépendante, mais un Etat reconnu. Si la réunification avec l'Allemagne de l'Ouest devait se produire un jour, cela ne pourrait désormais avoir lieu qu'aux conditions posées par les Soviétiques. Le général Jaruzelski, en Pologne, était du même avis. Devant l'Occident affaibli, il allait écrire dans ses mémoires : « La communauté socialiste semblait être à l'apogée de sa puissance et de sa cohésion. » La reconnaissance de « l'intangibilité des frontières en Europe » signifiait que des hommes comme lui pouvaient se reposer sur leurs lauriers, ravis de voir que leur décision de collaborer était désormais exempte de tout risque.

L'Acte final d'Helsinki conforta beaucoup d'Occidentaux, sinon presque tous, dans des attitudes que l'on cesserait désormais de tenir pour des faits de collaboration ou des gestes d'apaisement envers l'URSS... Une fois de plus, d'aucuns étaient abusés, d'autres voulaient s'abuser eux-mêmes. Un économiste réputé comme Paul Samuelson écrivait en 1976 que c'était « une erreur grossière de croire qu'une grande partie de la population en Europe de l'Est était misérable ». J.K. Galbraith, économiste lui aussi et pontife de grande renommée, pouvait écrire en 1984 que l'Union soviétique avait accompli de grands progrès matériels, ces dernières années, et que cela sautait aux yeux dans les statistiques et la vie urbaine en général. « Il suffit d'observer l'air de bien-être robuste que revêt la population dans les rues... et l'aspect général des restaurants, des théâtres et des magasins... Le système russe réussit en partie parce que, à l'inverse de ce qui se passe dans les économies occidentales et industrialisées, il utilise à fond sa main-d'œuvre. »

Laissons aux psychologues le soin d'expliquer une telle perte du sens critique. Des facultés d'observation normales auraient dû dissiper des chimères de ce genre. Dans les milieux intellectuels et politiques occidentaux on s'accordait pour croire que les réussites soviétiques étaient authentiques et devaient, en tant que telles, être respectées. Gorbatchev fut élu au Bureau politique en 1981. Lui et ses collègues étaient complètement engagés dans ce qui se révéla être un « boulevard des illusions » où la circulation se faisait à double sens : tout ce qu'ils accomplissaient et disaient était pris pour monnaie de bon aloi en Occident, tandis que les attitudes d'apaisement et de collaboration des Occidentaux étaient considérées elles aussi comme allant de soi par les dirigeants de l'URSS...

Quand, en 1983, le président Reagan avança brusquement que l'Union soviétique était « l'Empire du Mal », il pouvait se faire traiter de passéiste, de monstre politique, de marchand américain de *vranyo*, par le Kremlin; ou bien s'entendre dire à l'Ouest qu'il se conduisait en « combattant de la Guerre froide », en « cow-boy » ou, pire encore, en cabotin. Mais il avait dit vrai et les victimes de cet empire le savaient bien.

7

« Ça ne peut pas continuer comme ça »

Le Bureau politique avait convoqué une réunion extraordinaire le 10 mars 1985 à dix heures du soir. Gorbatchev rentra chez lui très tard et il emmena sa femme Raïssa faire un tour dans le jardin. Même des gens comme eux devaient se tenir à l'écart des micros du KGB. Gorbatchev raconta à Raïssa, d'après les mémoires de celle-ci, que l'on avait parlé de lui confier la direction du parti. Le lendemain matin il allait être nommé secrétaire général. Mais ajouta-t-il : « Il est impossible de faire des choses importantes, sur une large échelle, les choses que le pays attend. » Et elle cite alors sa lugubre remarque : « Tout bonnement, ça ne peut pas continuer comme ça. » Pour lui, cette phrase était devenue et allait rester un refrain. Qu'est-ce que le pays attendait au juste ? L'imprécision était désinvolte : on pouvait y voir l'annonce d'un retour à l'orthodoxie communiste ou, au contraire, la promesse d'une réforme.

Un secrétaire général, dès son entrée en fonction, éprouvait avant tout le besoin de s'assurer un pouvoir absolu. Le reste pouvait attendre. En priorité, il fallait procéder au limogeage des rivaux et des hommes que ceux-ci avaient mis en place, pour des raisons de népotisme ou pour tout autre motif ; en URSS, ce bouleversement équivalait aux changements exigés par le remplacement d'un gouvernement élu dans une démocratie. D'emblée, Gorbatchev élimina du Politburo ceux qui lui étaient hostiles ou dont il ne pouvait rien attendre – par chance, ces gens n'avaient guère de poids et ils étaient notoirement corrompus. Gromyko, qui aurait pu souhaiter être récompensé pour avoir soutenu la candidature du nouveau secrétaire général, vit son protégé se débarrasser de lui en le catapultant à un poste plus élevé. On congédia environ un fonctionnaire sur cinq dans l'organisation du parti ; 500 communistes dans le seul Kazakhstan ; 50 en Moldavie sous prétexte de leur « mode de vie déréglé, de leurs dépenses extravagantes et des abus de pouvoir qu'ils avaient commis à leur seul profit ». Au début de 1986, Gorbatchev avait purgé près de la moitié des effectifs de la nomenklatura. A ce moment, sur les 307 membres du Comité central, 172 seulement avaient exercé leurs fonctions depuis plus de cinq ans. Manifestement Gorbatchev souhaitait modeler le parti à sa propre image.

Détecter et choisir des hommes de confiance était un talent indispensable à un secrétaire général. Il lui fallait savoir évaluer correctement la personnalité de chacun sans pouvoir jamais être sûr de ce qui se passait vraiment au-dessous de lui, parmi les cadres du parti. Réduit à se fier aux avis et aux dossiers du KGB, il était à la merci de toute personne autorisée à s'approcher de lui et capable de prêcher éloquemment pour sa paroisse, ou pour le compte d'un tiers, lequel pouvait se révéler être un parent, un client ou un escroc, ou tout cela simultanément.

Edouard Chevardnadzé, Boris Eltsine et Iegor Ligatchev avaient été respectivement premier secrétaire de la Géorgie, premier secrétaire du district de Sverdlovsk, et secrétaire du Comité central pour les affaires intérieures du parti. Comme Gorbatchev, ils avaient tous les trois la réputation d'être d'âpres meneurs d'hommes, pleins d'initiatives et de ressources. Eltsine, désigné dans un premier temps pour prendre la tête du parti de la ville de Moscou, puis nommé membre du Politburo, entreprit, comme tous ceux qui accédaient au pouvoir, d'établir son autorité absolue dans son domaine. Il commença par limoger 20 000 membres du parti et 30 000 assistants chargés de recherches avant de faire arrêter 800 personnes coupables de corruption. «On creuse de plus en plus profondément, disait Eltsine, sans jamais atteindre le fond de ce cloaque.» Gorbatchev porta également au Politburo Viktor Tchebrikov, président du KGB, et Nikolaï Ryjkov. Au début de 1986, Alexandre Iakovlev devint le secrétaire du Comité central chargé de l'activité du parti, et il accéda lui aussi, peu après, au Politburo. Anatoli Loukianov prit la tête du département général du Comité central, ce qui faisait de lui le haut fonctionnaire le plus important de l'Etat-parti. Parmi les conseillers personnels qui avaient accès plus ou moins facilement à Gorbatchev, se trouvaient Anatoli Tchernïaïev, Gyorgi Chakhnazarov, Nikolaï Petrakov, Vadim Zagladine et son *chef de cabinet* Valery Boldine.

Dans un régime despotique, le loyalisme n'existe pas, sauf de la part de ceux dont la servilité lui enlève toute valeur. Dans les démocraties, les hommes politiques représentent des partis, et les partis défendent des intérêts bien déterminés. Les électeurs et la presse ont la possibilité de veiller à ce que les politiciens ne s'écartent pas trop de leur programme, tant dans leurs actes que dans leurs déclarations. Ryjkov avait administré l'industrie lourde et Tchebrikov avait le KGB derrière lui ; dans un certain sens, ils pouvaient compter, pour défendre leurs propres intérêts, sur les gens de leur « suite ». De la même manière, Chevardnadzé, Eltsine et Ligatchev pouvaient s'appuyer chacun sur une « suite » dans leurs régions d'origine. Mais, en fin de compte, chacun d'eux ne représentait personne ni rien, sauf lui-même. Le seule chose certaine était que les uns et les autres avaient envie d'agir pour se pousser en avant comme ils l'entendaient. Comment, dans ces conditions, Gorbatchev allait-il faire un choix raisonnable au moment de nommer ses collègues et ses conseillers? Comment pourrait-il se fier à ceux qu'il désignait pour que ceux-ci n'entament pas des épreuves de force contre lui? Des hommes comme eux avaient passé leur vie à garder sans tache leur «casier» au KGB. Mais ils avaient tous peur. Ils rabâchaient du bout des lèvres la doctrine du parti. Iakovlev et Loukianov avaient la réputation d'être de solides adversaires de l'Occident et du capitalisme. En accomplissant son devoir pour le compte de l'Etat-parti, Gorbatchev avait rencontré ces hommes sur sa route et il leur donnait à présent des promotions en se basant sur des on-dit, ou en se fiant à son instinct quant à la confiance qu'il pouvait leur accorder. Tout était négociable; mais devoir donner de l'avancement aux hommes mêmes que le système poussait à vous détruire rendait aussi un son de tragédie classique.

En arrivant au pouvoir, un secrétaire général devait avoir quelque slogan facile à comprendre et à imposer en guise de politique. En brandissant des slogans comme «Prolétaires de tous les pays, unissez-vous!» ou «Le socialisme c'est l'ordre», les troupes soviétiques avaient envahi des pays étrangers où les camps s'étaient remplis de prisonniers. Les mots «glasnost» et «perestroïka» étaient des termes de *vranyo* qui attendaient dans les dictionnaires le moment où l'on s'en servirait – l'histoire du premier remontait à 1861; cette année-là, le tsar l'avait utilisé à propos de la mesure qu'il se proposait de prendre pour abolir le servage. De toute façon l'intention était de restaurer la discipline dans le parti; voilà ce que le nouveau secrétaire général voulait apporter au pays, que celui-ci le veuille ou non.

Une campagne classique de répression s'ensuivit. Quasiment tous ceux qui disposaient d'un lopin de terre ou d'un jardin, voire d'une simple jardinière sur leur fenêtre, avaient l'habitude d'y faire pousser des légumes frais et des fruits par ailleurs introuvables. On estime parfois que cette production, vendue sur le marché noir, représentait entre un cinquième et un quart de tous les approvisionnements alimentaires de l'URSS. En mai 1986 fut votée une «loi contre les revenus non obtenus par le travail» qui visait à mettre un terme à cette activité proche de la libre entreprise – le titre donné à la loi constituait une inversion caractéristique de la vérité, car ces revenus étaient obtenus par un dur travail. Dans tout le pays, la police s'employa à démolir les serres, les châssis de jardin et tout ce qui y ressemblait, non sans confisquer les fleurs et les légumes. Un article publié dans la *Literaturnaïa Gazeta* du 12 août 1987 sous le titre «La tomate criminelle» décrivait la destruction de serres près de Volgograd, conduite par une «commission pour la lutte contre les phénomènes négatifs». La commission était composée de juges et de miliciens qui avaient recruté des truands et des étudiants pour mener à bien ces actes de violence. Un écrivain a résumé cette campagne dans la revue *Novyï Mir*:

« Le pays était noyé sous une avalanche de persécutions contre des citoyens qui, au lieu de s'asseoir autour d'une table pour jouer aux dominos après l'heure où retentit la sirène de l'usine, avaient cherché à travailler encore davantage de leur propre initiative et à leurs propres risques. »

Une campagne de même ordre fut lancée contre la médiocrité des produits industriels : des inspecteurs furent chargés de réexpédier les articles défectueux aux usines, ce qui privait les ouvriers des primes correspondantes. Françoise Thom, qui fait autorité en la matière, avance le chiffre de dix millions de prétendus « inspecteurs populaires ». Ce fut ensuite une campagne contre la corruption. Des dizaines de milliers de personnes furent condamnées pour avoir abusé de la propriété de l'Etat. Dans les domaines du commerce et de la restauration, le bureau du procureur constata : « Le vol et la corruption, l'incompétence en matière de gestion, et le gonflement des statistiques, les extorsions et les dissimulations de biens sont des phénomènes aussi répandus dans l'industrie que par le passé. En particulier, les vols sur une grande échelle connaissent une progression. » Ceux qui étaient chargés d'y porter remède étaient également atteints de ces maux.

« Aux yeux du Russe, la vodka est le principal fondement de la civilisation. » Cette raillerie bien connue dont Hitler était l'auteur néglige le rôle tenu par l'alcool chez celui qui veut échapper à la misère. Pour beaucoup de gens il n'y avait pas d'autre palliatif. Dans ses mémoires, Raïssa Gorbatchev raconte qu'en 1985 son mari a reçu 412 500 lettres adressées à son nom personnel, sans compter celles qui lui étaient transmises par le Comité central. En 1986, leur volume était déjà passé à 60 000 missives par mois. Ces humbles pétitions, que personne ne lisait et auxquelles personne ne répondait, étaient le signe sous-jacent de la frustration du public, de même que l'ivrognerie de masse révélait un besoin de compensations. Le pays comptait 40 millions d'alcooliques officiellement recensés. Au cours des cent premiers jours qui suivirent son arrivée au pouvoir, Gorbatchev augmenta le prix de la vodka de 200 pour cent et en réduisit la production de 60 pour cent. En l'espace de dix-huit mois, la milice supprima 900 000 distilleries. Des vignobles célèbres de Géorgie furent arrachés.

Pendant que la répression battait son plein, la nomenklatura et le reste du parti purent mesurer l'importance des déclarations publiques de Gorbatchev, d'une manière à laquelle le passé les avait déjà accoutumés. Tandis que les serres et distilleries étaient saccagées, Gorbatchev se vantait d'avoir « fait disparaître une fois pour toutes l'oppression et les inégalités nationales de tous types et de toutes formes. L'amitié indissoluble entre les nations ainsi que le respect des cultures nationales et de la dignité individuelle se sont imposés et enracinés dans les esprits de dizaines de millions de personnes. Le peuple soviétique constitue une communauté sociale et internationale qualitativement nouvelle, cimentée par les mêmes intérêts économiques, les mêmes objectifs idéologiques et politiques». Gorbatchev ne voyait aucune contradiction entre ce qu'il disait et ce qu'il faisait. Evidemment il croyait à la fiction de l'Homo sovieticus.

Les mesures disciplinaires gagnèrent tout le pays à travers les organisations de l'Etat-parti sur l'ensemble du territoire, du haut en bas de l'échelle hiérarchique; elles aboutirent à consolider des pouvoirs et privilèges qu'elles visaient à détruire. Les membres du parti et la milice ainsi que le KGB se virent autorisés à exercer un pouvoir arbitraire qui leur permit en l'occurrence de chaparder les fruits et légumes, de confisquer la vodka pour la boire eux-mêmes ou la vendre sur le marché noir, et d'accepter des pots-de-vin pour fermer les yeux sur les produits manufacturés dont il n'était pas raisonnable de vouloir améliorer la qualité, compte tenu des restrictions imposées par le Gosplan.

Il aurait fallu à Gorbatchev, comme à tous ceux qu'il venait de mettre en place, un formidable effort d'intelligence et d'imagination pour être en mesure de faire la distinction entre les effets et les causes dans une situation comme celle-ci. Tout ce qu'ils avaient appris au cours de leur formation, tout ce qu'ils avaient vécu dans la pratique, les confirmait dans une conviction inébranlable : si les résultats étaient fâcheux il n'y avait qu'à incriminer les défaillances humaines et non la structure de l'Etat-parti. La recherche de gens immunisés contre de telles défaillances ne faisait que relancer les purges selon un mouvement perpétuel.

L'astuce pouvait remplacer la violence. Si l'on voulait faire dénoncer publiquement la corruption et la négligence, cela signifiait que l'élargissement de la glasnost destinée à renforcer l'autorité des nouveaux gouvernants nécessitait la collaboration de la presse et des journalistes. Vers la fin de 1986, Gorbatchev organisa des assemblées de rédacteurs en chef et de chroniqueurs pour s'adresser à eux, comme s'ils étaient ses compagnons naturels embarqués avec lui dans une belle aventure. Ils allaient être libres, leur dit-il, d'écrire sur les abus du pouvoir. La crainte et la honte d'être démasqué allaient permettre de restaurer la discipline. Certes, les instructions de ce genre n'avaient rien d'inhabituel. La presse et la propagande se confondaient. Pourtant, le secrétaire général annonçait en cette occurrence, de sa propre bouche, que pour une fois les sujets tabous devaient être abordés au grand jour et non plus passés sous silence; que ces thèmes allaient être éliminés de la liste qui énumérait les domaines interdits par la censure – une liste longue de cinq pages. Gorbatchev déclara qu'il ne devait plus y avoir aucun «trou noir» dans l'histoire soviétique. Invités à se conduire comme le faisaient les inspecteurs, les surveillants et les miliciens, les journalistes avaient un rôle spécial à tenir leur dit-il. Ils s'en montrèrent flattés.

Rien n'indique que Gorbatchev ou ses conseillers aient soupçonné que cela pouvait aboutir aux résultats inverses. Une révélation imprimée exerce plus d'effet sur la mémoire collective que n'importe quelle rumeur transmise de bouche à oreille. De plus, les journalistes ne sauraient jusqu'où ils pouvaient aller qu'en montrant de plus en plus d'audace et cela les conduirait en toute certitude à affronter les autorités. La glasnost, écrivit Alexandre Zinoviev dans son livre *Katastroïka : histoire de la perestroïka à Partgrad*, fut « un moyen improvisé de désinformation et de manipulation de l'opinion publique » de la part d'un secrétaire général à l'ambition ordinaire. Selon James Billington, directeur de la Bibliothèque du Congrès à Washington et historien de la Russie, Gorbatchev était un pur produit de l'élite du parti, « l'équivalent russe d'un supervigile de Palm Springs ». Au cours d'un dîner officiel en 1987, il avait demandé à Gorbatchev quel mot il aimerait faire inscrire sur sa tombe en guise d'épitaphe : « Dynamisme », répondit Gorbatchev. C'était la qualité prisée par-dessus toutes les autres dans le parti. Cultiver le dynamisme signifiait que si la glasnost ne remplissait pas son office en tant qu'instrument de répression, il serait facile de l'arrêter sur sa trajectoire, sans laisser plus de traces dans le public que n'importe quel autre slogan mobilisateur utilisé dans le passé.

Argumenti y Fakti était une revue spécialisée qui s'adressait aux planificateurs et aux statisticiens. Elle avait été créée au temps de Brejnev. Le rédacteur en chef, Vladimir Starkov, a réussi à faire passer son tirage de 10 000 exemplaires en 1979 à 33 millions d'exemplaires en 1990. En soi, un tel succès est un hommage à la glasnost. Selon Starkov, le parti avait toujours fonctionné comme une organisation militaire soumise à une discipline extrêmement sévère. Mais l'Histoire commençait à démontrer que, dans la pratique, les slogans dont les fonctionnaires du parti se gargarisaient toujours ne présentaient aucune chance de devenir une réalité. Un processus objectif d'effondrement s'était mis en branle. Il ne faudrait pas exagérer l'importance de Gorbatchev : il était « entièrement une créature du parti ». Le parti souhaitait conserver le pouvoir et voyait en Gorbatchev son tout dernier espoir d'y parvenir. Gromyko et Ligatchev, parmi tant d'autres, l'avaient soutenu parce qu'ils le croyaient capable de mettre en œuvre une évolution progressive, mais à l'intérieur du communisme. « J'avais l'habitude de lui demander quand je le voyais, Mikhaïl Sergueïevitch, pourquoi ne vous alliez-vous pas solidement aux démocrates et aux forces démocratiques ? Mais il n'avait pas en lui ce qu'il fallait pour ça. »

La presse soviétique n'avait jamais tenu compte de l'intérêt des lecteurs. Tout le monde se mouvait dans le monde réel mais les journalistes, eux, vivaient dans un univers mental qu'ils avaient eux-mêmes imaginé. Si la télévision bénéficiait d'une popularité tellement plus grande que celle de la presse écrite en Union soviétique, c'était parce que les images présentaient une sorte d'objectivité.

« La discipline et la violence s'étaient déjà avérées inutiles » : d'où la glasnost. Au cours de la décennie précédente, les autorités avaient écrasé les dissidents avoués mais n'avaient pas réussi à éliminer les publications clandestines ou *samizdats*. Mus par leur envie d'obtenir la liberté d'expression, les journalistes sautèrent sur la glasnost de Gorbatchev et s'en emparèrent. Pendant le gouvernement de Gorbatchev, la diffusion des *Argumenti y Fakti* fit mieux que tripler chaque année.

« Nous n'avions aucun protecteur influent. Notre croissance passa inaperçue chez les hommes politiques. On me demandait toujours qui nous avait laissés écrire tel et tel article, était-ce Iakovlev ou qui ? Il n'y avait absolument rien de ce genre. » La mise en page était sobre et démodée. Le journal atteignit une popularité extravagante parce qu'il imprimait des articles dignes de foi sur des problèmes quotidiens. Rien de ce genre n'avait jamais paru pendant toute l'histoire de l'Union soviétique.

« Je n'ai aucune ambition messianique. Notre publication avait pour seul critère le bon sens; *Argumenti y Fakti* n'a jamais brandi le slogan "A bas le communisme". Nous l'avons fait d'une manière différente. Nous avons publié des tableaux de données statistiques – par exemple en comparant les réalisations de l'Union soviétique avec celles des autres pays. Si le gros de la propagande soviétique disait : "Notre pays est le meilleur", notre journal montrait que nous arrivions en réalité au trente-troisième rang. Bien entendu cela nous valut quelques ennuis de la part des autorités. Nous avons fouillé dans l'histoire de Staline et de Trotski et de Boukharine, et ceci influençait l'opinion publique, qui n'avait pratiquement pas d'existence quand nous avons commencé. Au début, je n'étais pas totalement ignare mais je ne savais rien de mon propre pays. Il y avait plein de gens comme Sakharov et Boukovski qui étaient capables de voir comment une bande de vieillards incompétents avaient mis le pays à sac ; mais la création d'une tribune publique où l'on pouvait le dire tout haut remonte aux toutes dernières années. Jusque-là, une totale unanimité était de rigueur. Par exemple, Gorbatchev et Ligatchev avaient laissé dire qu'ils étaient les meilleurs amis du monde. Or, tout dernièrement dans une interview qu'il nous a donnée, Ligatchev a révélé ses conflits personnels avec Gorbatchev. Je lui ai demandé pourquoi il avait toujours vanté leur merveilleuse entente, et il m'a répondu : "C'était la discipline du parti qui voulait ça ; je n'aurais pas pu faire autrement." » Aux yeux de Starkov, Gorbatchev semblait heureux d'être secrétaire général et jouissait de tout ce qu'il y a de bon dans la vie. « Ils vivaient dans les nuages, en ce qui concernait la force du système auquel ils appartenaient. Ils étaient mal renseignés. Je ne pense pas que Gorbatchev ait vraiment compris quelles seraient les conséquences de ses actes. Si cela avait été le cas, il aurait appuyé sur les freins. »

Hantés par le spectre de la dissension, les délégués qui participaient aux réunions de masse organisées par les communistes faisaient et disaient tous les mêmes choses, comme s'ils prenaient part à une manifestation sacerdotale. Si le parti s'était mis à parler avec plusieurs voix, il n'aurait évidemment plus été le dépositaire de la vérité. Il fallait d'abord venir à bout des divergences à huis clos, avant qu'un orateur ait le droit de monter à la tribune pour s'adresser à une assistance de plusieurs centaines voire plusieurs milliers de personnes, dont l'unique fonction était d'applaudir au moment voulu. L'organisation, terne en apparence mais parcourue par de sinistres courants invisibles, était sans faille. Les révélations partielles faites par Khrouchtchev, quant aux crimes de Staline, au cours du Vingtième congrès, ont eu lieu en séance secrète. L'événement fut d'ailleurs exceptionnel. Probablement avait-on l'intention de faire connaître au reste du monde l'apparition d'une nouvelle ligne politique en organisant une mise en scène délibérément destinée à favoriser des « fuites ».

Gorbatchev allait présider trois de ces manifestations rituelles ou semi-druidiques : le Vingt-septième congrès du parti en février 1986, la Dix-neuvième conférence (ainsi nommée à la différence d'un congrès) convoquée spécialement en juin 1988, et le Vingt-huitième congrès du parti en juillet 1990. Ces cérémonies lui permirent de faire savoir au parti, avec un effet cumulatif, qu'il n'était pas satisfait de ses réalisations. Les secrétaires généraux avaient l'habitude de reprocher ainsi aux membres leurs défaillances humaines. Grâce au microphone, ils n'étaient pas obligés d'élever la voix, mais c'était trompeur. La langue du parti, avec son vocabulaire polysyllabique et jargonnant, torturée au point d'en perdre toute signification, dissimulait en fait un instrument tranchant qui taillait dans le vif, pour sélectionner celui qui devait tomber et celui qui survivrait.

La nécessité se faisait sentir d'un système politique plus efficace, avait dit Gorbatchev au Vingt-septième congrès du parti, et la perestroïka s'en chargerait. Personne ne devait se soustraire à ses devoirs envers le parti. Pendant des années, déclara Gorbatchev : « L'action pratique du parti et des administrations étatiques avait pris du retard sur les exigences de notre époque et sur la vie elle-même. Dans le domaine du développement national, les problèmes se multipliaient plus vite qu'ils n'étaient résolus. La léthargie, la sclérose de toutes les formes de gestion, la diminution du dynamisme sur le lieu de travail, l'hypertrophie de la bureaucratie – toutes ces choses font un tort considérable à la cause. » Tchebrikov confirma l'appui apporté par le KGB à la perestroïka, parce que celle-ci visait à « nettoyer la société de tous ses phénomènes négatifs ».

Tous, dans la grande salle du Kremlin, avaient entendu tirer des salves de ce genre depuis toujours. Le visage impassible, chacun écoutait en s'efforçant de calculer si ses propres chances étaient améliorées ou diminuées par cette diatribe, en fonction des épreuves de force et des conflits d'intérêts qui l'attendaient. Les pratiques et les slogans demeuraient ce qu'ils étaient d'ordinaire : « En avant pour accélérer le rythme ! » ou « Au travail – autrement ! »

Le 26 avril 1986 le réacteur nucléaire de Tchernobyl explosa par suite d'un vice de fabrication et d'une erreur humaine. Glasnost ou non, la censure donna ordre de limiter la diffusion de nouvelles sur la catastrophe : « Il est interdit de publier rien d'autre que le bulletin de l'agence Tass. » (Tass était l'agence de presse officielle du parti.) Les cérémonies du 1er mai furent autorisées dans la ville de Kiev, relativement proche de la zone contaminée, sans aucune considération pour les retombées radioactives. On laissa les habitants d'Ukraine et de Biélorussie subir les radiations. Il fallut attendre le 14 mai pour que Gorbatchev apparaisse à la télévision. Sa déclaration fut réservée et probablement n'aurait-il jamais fait cette intervention si des niveaux de radiation anormaux n'avaient déjà été enregistrés en Occident.

Lors de la conférence de Reykjavik, en Islande, Gorbatchev avait cherché par tous les moyens à obtenir de Reagan le maintien de l'équilibre entre l'Union soviétique et l'Amérique en poussant le président américain à renoncer à la « Guerre des étoiles ». En Afghanistan, l'armée soviétique avait été renforcée en vue de vastes offensives. Un journaliste américain avait été expulsé des rues de Moscou par le KGB. Anatoli Martchenko était mort au cachot dans un camp de concentration, après une grève de la faim.

Pourtant Gorbatchev ne cessait de répéter sur tous les tons et à chaque occasion que la perestroïka était urgente, « concernait tout le monde et toute chose ». On ne devait pas se permettre le plus léger relâchement à cet égard. En 1987 il la définissait comme « une victoire résolue sur la stagnation, la destruction des mécanismes de freinage ». L'année 1988 fut une année critique pour la perestroïka. « La tâche essentielle, déclara Gorbatchev au cours de la conférence spéciale qui eut lieu en juin, non seulement ne sapera *pas* la discipline et l'ordre » mais au contraire s'effectuera sur la base d'une « prise de conscience. C'est ainsi que nous corrigerons nos lacunes ». En langage courant, non oblitéré par le parti, il fallait que les gens obéissent sans que l'on fût obligé de le leur enjoindre. Tel avait d'ailleurs été l'idéal des pères fondateurs du communisme.

Richard Kosolapov figure parmi les victimes de la purge qu'entraîna la perestroïka. Depuis 1978 il avait été membre de la rédaction, puis adjoint au rédacteur en chef de *Kommunist*, la principale revue du parti dans le domaine de la théorie communiste ; c'était aussi la publication la plus influente après le quotidien *Pravda*. Le Comité central exerçait sa mainmise sur tous les médias, et *Kommunist* était pour lui un morceau de choix. Selon Kosolapov, seul un tout petit nombre d'articles paraissaient dans le journal sans consultation préalable avec les responsables, en particulier les discours prononcés par le secrétaire général et les textes émanant de la direction du parti. Les documents de ce type ne pouvaient faire l'objet d'aucune retouche.

Dans les années 1970, déclare Kosolapov, il était un journaliste qui publiait beaucoup d'articles. Mais après 1985 on interdit la parution de ses écrits dans les journaux destinés aux masses. A la suite du Vingt-septième congrès du parti, il fut éjecté de *Kommunist* et nommé professeur à l'université de Moscou. Son limogeage se déroula «d'une manière subtile». Les communistes orthodoxes, comme lui, estiment qu'ils ont été des victimes de Gorbatchev, et ils lui en veulent.

«Je ne me sens aucunement responsable de ce qu'on appelle la perestroïka et j'en suis très heureux. Ce n'était qu'un aphorisme pour désigner ce qui s'est passé et qu'on devrait appeler la déstructuration. Examinez les slogans que Gorbatchev lançait, des clichés destinés à rassembler les gens, des maximes emblématiques dont le secrétaire général et ses plus proches conseillers étaient incapables d'expliquer la signification. En tant qu'universitaire, je comprenais assez clairement la situation de l'économie et je savais qu'aucune des mesures proposées n'accélérerait quoi que ce soit. Dès les toutes premières années, j'ai laissé entendre que la voie où s'engageait Gorbatchev ne déboucherait sur rien. Tous ces slogans indiquaient qu'il se livrait à des jeux politiques, par exemple, l'idée de revenir aux véritables formes léninistes du socialisme. L'un de ceux-ci était "Davantage de démocratie, davantage de socialisme", comme si ce genre de chose pouvait se mesurer en kilogrammes.»

Les dirigeants ne s'étaient jamais encombrés de marxisme-léninisme. «C'est simplement par dérision que l'on traitait de marxistes des gens tels que Brejnev ou certains de ses conseillers comme Arbatov et Petrakov. La bureaucratie était le cancer qui tuait le système. La nomenklatura, une fois installée, ne travaillait que dans son propre intérêt.»

En janvier 1986, Kosolapov écrivit une lettre à Gorbatchev. Dans cette missive, dit-il, «j'anticipais sur le déroulement des événements à venir et, en y mettant des formes, je disais que d'après moi Gorbatchev était un "communiste dont la formation se révélait défectueuse". Je ne pouvais pas le présenter comme un anticommuniste, faute d'avoir deviné qu'il était sur le point de démanteler son propre Etat. Mais j'avais des idées claires quant au genre de gigantesque remaniement qui était nécessaire à une restauration de la structure sociale. Il est erroné, mais désormais fort prisé, de dire qu'il n'y avait aucune solution de rechange. En écartant un homme comme moi d'une situation qui lui permettait d'exercer son influence, Gorbatchev pouvait impunément nier l'existence de toute solution de rechange».

Pourquoi les manifestations favorables à la perestroïka prenaient-elles tant d'ampleur ?

«Les immenses manifestations prétendument populaires étaient organisées par le parti. Vous ne devez pas vous bercer de l'illusion que les rugissements et les divagations d'un Iouri Afanasiev ou de quelque autre réformateur sur la place du Manège trouvaient un écho. Les gens ne savaient pas qui ils étaient. Comme chef officiel du parti, Gorbatchev exploitait les structures en place pour renforcer sa position personnelle. »

8

Des élections

Les mémoires de Boris Eltsine, comme beaucoup d'ouvrages qui portent la signature de dirigeants politiques, ont été rédigés par certains de ses conseillers pour répondre à des objectifs à court terme. Pourtant, tel qu'il est, ce livre paraît sincère. Né en 1931, presque au même moment que Gorbatchev, Eltsine évoque son enfance qui fut assez dépourvue de joie. La famille vivait dans un bâtiment communautaire où survivre était la préoccupation essentielle de tous. «La lanière de cuir était le principal instrument dont se servait mon père pour nous donner une bonne éducation.» Un jour, alors que son père cherchait son fouet, l'adolescent qu'était Eltsine l'agrippa par le bras et déclara : «Ça suffit!» Bien qu'il se dise optimiste et plutôt extroverti, il avoue avoir un caractère difficile, maladroit, obstiné, irritable. Il ne cesse, dit-il, de se disputer avec quelqu'un.

«J'ai été élevé dans le système; tout ceux qui, comme moi, ont été en butte aux méthodes du système "dirigiste" agissaient en conséquence» et il ajoute, avec cette rudesse dont il est coutumier, que personne n'aime parler du fonctionnement de ce système. Par son style, sa façon de s'habiller, son langage, voire son apparence physique, tout montre qu'il fut un cadre supérieur très apprécié dans un système dominé par une administration dirigiste. Devant une personne qui l'interviewait en 1990, il a déclaré : «Je suis avant tout un homme issu du secteur de la production. Je comprends le peuple et l'homme du commun.» Rien n'indique qu'il ait réfléchi aux aspects idéologiques, intellectuels ou même sociaux du système.

Lorsqu'ils dirigeaient tous deux quelque instance du parti avec le titre de «premier secrétaire», dit-il, lui et Gorbatchev avaient coutume de se donner mutuellement un coup de main. On rend un service, on en demande un autre en retour. Même si Eltsine s'est souvent interrogé sur les raisons qui ont poussé Gorbatchev à le choisir, il savait devoir rendre d'autres services en échange. Au nom de la perestroïka et de la glasnost, Eltsine allait consacrer toutes ses forces à «balayer les vieux débris, combattre la mafia», selon ses propres termes, et Gorbatchev en retirerait tout le bénéfice. Après avoir entendu un rapport sur les progrès réalisés, Gorbatchev félicita Eltsine en février 1986 : «Tu as introduit dans la place une forte bouffée d'air frais bien nécessaire.» Tout comme l'eût fait un calife ou un tsar, Eltsine avait entrepris d'inspecter les usines et les magasins pour y distribuer éloges et reproches. Il prenait le métro de Moscou. En octobre de la même année, l'instituteur allemand Dieter Knötzsch l'aperçut par hasard qui sortait d'une boutique et montait dans une voiture dépourvue de tous les attributs habituels attachés à son rang. «D'allure impressionnante, grand et large, avec ses cheveux blancs et son air énergique», selon Knötzsch, il avait tout d'un tribun du peuple.

L'année suivante, Gorbatchev allait priver Eltsine de ses fonctions à la tête du parti de la ville de Moscou et l'écarter du Politburo. C'était un conflit de personnalités. Eltsine a raconté comment, au cours d'une réunion du Politburo, il avait suggéré quelques changements dans la rédaction d'un discours de Gorbatchev. Celui-ci, fou de rage, était sorti de la pièce en claquant la porte et pendant les trente minutes suivantes les membres du Bureau politique ainsi que les secrétaires étaient restés sur leurs sièges sans savoir ce qu'ils devaient faire ou comment réagir. A son retour, Gorbatchev s'en était pris à Eltsine personnellement en lui assenant tous les reproches et les rancœurs qu'il avait accumulés contre celui-ci.

Peu après cet incident, devant ses collègues du Politburo et du Comité central, Eltsine reprit cette tactique pour affirmer que la perestroïka ne marchait pas. Selon lui, le parti, et Ligatchev en particulier, y faisaient obstacle. L'usage voulait que l'on prévienne toujours d'avance quand on allait formuler des critiques, afin de réduire au minimum les affrontements personnels qui auraient pu provoquer des déraillements et diviser les voix, conduire à des impasses et inciter à la formation de factions. Sans doute Gorbatchev y vit-il l'occasion de faire taire un tribun du peuple de plus en plus turbulent. Mais Eltsine avait peut-être cru dire ce que Gorbatchev voulait entendre, ou bien s'était-il laissé entraîner dans une provocation classique. Ce fut «une mystérieuse affaire», d'après la victime, et bien des choses demeurent dans l'ombre quant aux origines de cette épreuve de force.

Le fait est que Boris Eltsine fut donc brutalement évincé du Politburo et de son poste à la tête du parti de Moscou. Il y avait de quoi être effrayé par cette double destitution. En outre, l'humiliation ressentie à l'époque fit naître en lui l'idée d'une revanche. Alors qu'il était hospitalisé avec de la fièvre, il avait été convoqué au Kremlin, comme au temps de Staline lui-même, pour être fixé sur son sort. Il fut contraint de se présenter, à peine conscient, dit-il, devant le Bureau politique et le Comité de la ville de Moscou dont les membres se tenaient alignés comme des mannequins en cire. C'était inhumain et immoral, c'était une exécution civile, « comme un meurtre véritable... Je sens encore dans mon cœur la présence de ce clou rouillé que je n'ai pas enlevé ». De sources russes, on a su que Gorbatchev aurait dit à Eltsine : « Je ne te laisserai jamais revenir dans la politique ! » Peut-être les paroles réellement prononcées ont-elles été dramatisées par ceux qui les ont rapportées mais le sentiment qu'elles expriment s'inscrit dans la logique du système.

Compte tenu de la position qu'il occupait, Gorbatchev aurait dû avoir la prudence d'abattre Eltsine une bonne fois pour toutes ; ses prédécesseurs auraient organisé un procès spectaculaire ou un accident mortel. L'alternative astucieuse consistait à lui offrir un os à ronger, quelque poste assorti des privilèges de la nomenklatura pour faire passer l'amertume de la potion, mais en lui enlevant la possibilité de rentrer en scène. Ce qui montre bien le tempérament de Gorbatchev, c'est qu'il s'est contenté de nommer Eltsine premier commissaire adjoint à la commission nationale de la Construction. Il ne l'exilait même pas en province. Ou bien Gorbatchev se sentait pleinement sûr de soi, ou bien il avait sous-estimé celui qui ne pouvait plus être désormais que son ennemi implacable. Cette clémence donnait à Eltsine tout le loisir de préparer la bataille décisive de sa vie. Avec obstination, il se renforça là où il le put et prit des risques chaque fois qu'il n'y avait pas autre chose à faire ; il tira parti des initiatives de Gorbatchev qu'il poussa à commettre des erreurs ; inexorablement, efficacement, il accula son rival, le dos au mur.

Cinquante ans plus tôt, Staline et Trotski, tous deux déterminés à comploter et à tuer, avaient eux aussi entamé une lutte inégale, mais à cette époque le pays risquait de se diviser en deux camps ennemis. La reprise du combat entre Gorbatchev et Eltsine contenait, certes, elle aussi les germes d'une guerre civile. Mais le processus politique en cours était déjà assez avancé pour maintenir leur affrontement en deçà de cette extrémité. Pourtant, comme Lénine l'avait prévu, l'établissement de factions était un phénomène mortel. Le prix à payer serait la destruction du parti et de l'Union soviétique.

En formulant une politique de renouveau, Gorbatchev a forgé étourdiment les armes que d'autres s'approprieraient et retourneraient contre lui. Tacitement d'abord, puis du haut de chaque tribune publique, il admettait que le passé avait été pernicieux. C'était proclamer que le parti avait été l'instigateur intéressé des mensonges et de la corruption. Mais le parti l'avait choisi *lui* pour chef. Jamais il ne réussit à tracer de façon convaincante une frontière entre les défaillances avouées du parti et les qualités de son propre gouvernement.

Les Soviétiques qui réfléchissaient savaient depuis longtemps que les critiques émises par Gorbatchev étaient fondées en général, mais ses formules incantatoires péchaient par leur imprécision et ne laissaient pas entrevoir de changements concrets. Les réformes que ces personnes préconisaient tendaient à instaurer le respect des droits de l'homme et des droits civiques mais les discussions sur ce point avaient été réprimées ou réduites à la clandestinité pour cause de dissidence à l'époque où Gorbatchev était arrivé au pouvoir. Andreï Sakharov tenait lieu de porte-parole à ceux qui espéraient voir la restructuration commencer par quelque reconnaissance de droits garantis. Sakharov, savant respecté et très honoré pour sa contribution à la fabrication de la bombe à hydrogène soviétique, avait commencé dans les années 1960 à réfléchir sur la nature de cet Etat totalitaire qu'il avait tant contribué à rendre invulnérable. De son propre aveu, il avait fermé les yeux sur l'utilisation d'une main-d'œuvre réduite en esclavage pour réaliser ses projets de bombe; il avait préféré ne rien savoir des crimes commis sous le règne de Staline. Pour commencer, et conformément à l'usage, il s'était mis à écrire des lettres aux dirigeants avant de publier ses réflexions en Occident, ce qui avait fait de lui un dissident aussi célèbre en son genre que Soljenitsyne. De ce fait, il fut dépouillé de ses privilèges et exilé en province pendant près de sept ans, période au cours de laquelle il se livra à deux grèves de la faim et refusa fermement de se rétracter. Personne n'a autant que lui contribué à introduire dans le débat soviétique la notion d'un Etat fondé sur le droit où le parti devait être tenu pour responsable de ses actes.

En février 1986, dans une interview donnée au quotidien communiste français *L'Humanité*, Gorbatchev avait traité Sakharov de criminel. Deux mois plus tard un appareil téléphonique fut installé sur les lieux où Sakharov avait été exilé et Gorbatchev en personne téléphona pour lui annoncer qu'il était autorisé à rentrer chez lui à Moscou. Par ce geste de clémence habituel chez un despote, Gorbatchev mettait dans son jeu une personnalité de renommée mondiale et espérait du même coup se concilier toute l'intelligentsia. Ce qui ne se révéla pas difficile.

Pendant l'année 1987, grâce au limogeage habile des opposants et à la promotion des journalistes fidèles, toute la presse fit peau neuve pour correspondre à l'image que Gorbatchev voulait donner. Les journaux, pour aborder la phase suivante de la glasnost, encouragèrent la formation d'associations bénévoles ou d'organisations capables de mettre en discussion sur la place publique certains sujets liés à la culture, à l'instruction et à l'écologie. Ces groupes passèrent de quelques centaines en septembre à trente mille au milieu de l'année 1988. Les gens qui se rassemblaient ainsi dans une salle de réunion ou un cinéma pour s'exprimer spontanément sur ce qui les intéressait échappaient à la direction du parti. Gorbatchev apparemment approuvait cet état de choses. Il affectionnait aussi les bains de foule télévisés qui lui permettaient d'expliquer ses intentions et les objectifs de la perestroïka. Lors d'une visite en Sibérie, au mois d'août 1988, il fut soumis à un tir de barrage fort âpre de la part de l'assistance et réagit en disant : « Vous devriez bien secouer les puces à vos chefs ! » Ainsi s'exprimait le Tsar bienveillant ; il ne se comptait pas parmi ces chefs. Un contestataire le prit à partie. « Ça ne sert à rien ! Jetez seulement un coup d'œil à ces maisons toutes neuves là-bas, Mikhaïl Sergueïevitch, il est impossible d'y vivre. Il y a d'énormes fissures dans le sol et les portes ne ferment pas... et ce n'est pas tout. »

Peut-être Gorbatchev, grâce à ses talents d'illusionniste, aurait-il pu parvenir à jongler avec toutes les balles : parmi elles, il y avait Eltsine et sa rancœur maléfique, Ligatchev et le Comité central froissés par ce qu'ils considéraient comme d'injustes critiques venues d'en haut, l'honnête Sakharov parfois un peu lourdaud, les groupes de discussion officieux. Le premier institut de sondages d'opinion (intitulé Institut pour l'étude de l'opinion publique) fut inauguré en 1988, et neuf sur dix des personnes interrogées dans cent vingt entreprises se prononcèrent en faveur de la perestroïka.

Mais Gorbatchev préféra prendre une mesure d'urgence et convoquer la Dix-neuvième conférence du parti. Il y déclara – dans le langage de Sakharov – qu'il était nécessaire de rendre chacun responsable de ses actes par le recours au secret des urnes, à la multiplicité des candidatures et à la limitation des mandats. Soumis en apparence, Ligatchev et ses hommes, c'est-à-dire l'appareil du parti, arrivèrent à la conclusion que malgré le nombre de ceux qui avaient déjà été victimes de la purge, le secrétaire général n'était toujours pas satisfait de son parti. Eltsine avait trouvé le moyen de se rendre à cette conférence comme délégué, et quand il prit la parole, sa voix tremblait d'émotion. Il y répéta tout ce qui lui avait déjà causé tant d'ennuis, à savoir que la perestroïka progresserait plus vite et mieux sans les obstacles semés par Ligatchev et les siens. Mais il termina son intervention publique en sollicitant servilement sa réhabilitation. Celle-ci n'allait pas de soi. Gorbatchev, en proie à une crise d'arrogance, clôtura la conférence en réclamant la création d'un nouveau Congrès de députés du peuple. L'ancienne assemblée potiche soviétique devait être remaniée à cet effet, de manière à donner à Gorbatchev la majorité dont il avait besoin pour mettre en œuvre la perestroïka et rendre toute sa vitalité à l'Etat-parti pour le siècle à venir.

Nul ne sait vraiment d'où venait l'idée d'un Congrès des députés du peuple. On a dit que la chose avait été imaginée par Gorbatchev en personne, ou par Loukianov qui s'était montré très actif dans le cadre de l'ancien Soviet suprême. On a aussi évoqué le nom d'Alexandre Iakovlev. De tous les hommes influents qui hantaient l'entourage de Gorbatchev, c'est le plus insondable. Ses paroles et ses actes ne permettent pas de déchiffrer sa vraie personnalité, car leurs mécanismes aux rouages compliqués sont profondément impénétrables. Plus âgé que ses collègues, il a été blessé pendant la guerre et marche avec une jambe raide. Ce prototype parfaitement orthodoxe de la nomenklatura avait été mis sur la touche pendant les années 1970 et expédié comme ambassadeur au Canada. La propagande du parti est sa spécialité. C'est un polémiste de grande réputation. Elevé par Gorbatchev au Bureau politique où il devait s'occuper de l'agitation et de la presse, il est entré en conflit avec Ligatchev qui occupait des fonctions similaires au secrétariat du Comité central. Comme la répartition de leurs pouvoirs n'avait jamais été clairement définie, un affrontement entre les deux hommes était presque inévitable. L'épisode le plus saillant de leur empoignade se produisit le jour où Ligatchev réussit à faire publier dans la presse un interminable article signé par une enseignante, une certaine Nina Andreïeva. Il s'agissait d'un virulent plaidoyer contre la perestroïka et la glasnost, et pour le retour aux valeurs communistes. Cette épreuve de force particulière se prolongea pendant trois semaines cruciales et se termina par la victoire de Iakovlev, avec la publication d'un article écrit par lui mais signé d'un pseudonyme qui rejetait de bout en bout les allégations de Nina Andreïeva.

De temps à autre, en dépit de son passé communiste, Iakovlev allait user de son influence, furtivement et sournoisement, pour donner à la réforme un coup de pouce décisif. Habile aux conversations en tête à tête, il exerçait son influence dans les coulisses du pouvoir et préférait ne pas se montrer. Très occupé à voyager dans les républiques et les pays satellites en Europe centrale et orientale, il profitait de ses entretiens privés avec les premiers secrétaires pour leur transmettre confidentiellement les instructions les plus récentes dont personne ne savait si elles émanaient vraiment de Gorbatchev ou tout bonnement de lui-même. Le système politique des pays satellites était, selon ses propres termes, «un socialisme parasite». Celui de l'Union soviétique n'était nullement meilleur, et ceux qui souhaitaient le réformer pouvaient être certains, en s'adressant à Iakovlev, d'avoir son appui. En 1987, il se faisait l'écho des thèmes de Sakharov quant à la nécessité d'introduire la moralité et le sens des responsabilités dans la vie publique : il misait de plus en plus gros sur l'idée de marché, ne ratait aucune occasion de critiquer l'absence de lois et le KGB. C'était à lui qu'allait échoir le rôle de fossoyeur. Pour Eltsine, Iakovlev était «un homme politique particulièrement intelligent, sensé et clairvoyant», dont l'unique tort était de ménager Ligatchev, leur ennemi commun. Selon Sakharov, Iakovlev était intelligent et très versé en politique intérieure et étrangère. Mais il sentait chez ce personnage énigmatique «une trace indélébile du dogme léniniste». Quand un tribunal constitutionnel fut finalement mis sur pied après l'effondrement de 1991 pour enquêter sur le parti communiste et ses activités, l'avocat chargé de défendre le communisme commença son contre-interrogatoire de Iakovlev en lui demandant : «S'il vous plaît expliquez-nous ce que vous avez fait pour détruire l'Union soviétique.» C'était une flèche tirée dans la bonne direction.

Certes, il est tout à l'honneur de Gorbatchev d'avoir cherché à créer son nouveau parti en mettant sur pied une institution inédite comme le Congrès des députés du peuple, au lieu d'ordonner l'assassinat de tous ceux qui demeuraient étroitement liés à l'ancien parti et à ses organisations, pour les neutraliser comme l'aurait fait Staline ou Mao Zedong.

Grâce à ce Congrès, on allait pouvoir court-circuiter les vieux routiers de la nomenklatura, avec leurs habitudes de corruption et d'obstruction ; ainsi les partisans de Gorbatchev se serviraient d'une autre manière du pouvoir.

Le secret résidait dans la nomination des députés. Un tiers des 2 250 députés devaient être désignés directement par les organisations du parti et les deux autres tiers devaient se répartir en fonction de la superficie et de la population des républiques et régions de l'Union soviétique. Le dispositif avantageait les minorités comme celle des Baltes, mais il semblait, à ce stade, dicté par la raison et l'esprit de conciliation. Un processus compliqué avait été mis au point pour la présélection des candidats ; de toute façon, le premier secrétaire aurait le dernier mot, à tous les niveaux. Sur le papier, cette façon de faire était censée opposer dans l'arène les communistes de l'ancien régime et les nouveaux hommes de Gorbatchev. Sur le papier encore, personne ne pourrait siéger au nouveau Congrès sans l'aval du parti. De plus, une fois nommés, les députés ne seraient pas chargés de légiférer ; ils devraient se borner, comme avant, à approuver des programmes venus d'en haut. Certes, en apparence, le Congrès allait assumer ses responsabilités comme le réclamait Sakharov, mais pas en réalité. Dans les faits, il n'y aurait pas de législateurs à élire, pas de spécialistes de la Constitution à consulter, pas de débats à entamer sur la séparation des pouvoirs ou les limites imparties à l'Etat-parti. Cette improvisation à la Potemkine, imaginée par Gorbatchev, allait permettre le même absolutisme que par le passé mais avec un autre mode de direction.

Les élections ont un parfum insupportable pour le despotisme, tout comme l'odeur de l'ail, dit-on, permet d'écarter les vampires. Toute forme de représentation porte atteinte au front monolithique. Gorbatchev avait annoncé pendant la Dix-neuvième conférence du parti, en juin 1988, que des élections auraient lieu le 25 mars 1989. Ni lui ni personne d'autre n'aurait pu imaginer, même à la fin de 1988, que Boris Eltsine allait habilement manigancer son élection au siège de député ; ni que Sakharov en ferait autant ; ni que bien d'autres élus, entre 250 et 400, seraient prêts à se joindre à eux pour former un bloc. Subitement Eltsine avait trouvé une tribune où tirer parti du clou rouillé planté dans son cœur. Gorbatchev, d'une manière tout à fait involontaire – suicidaire, comme ce fut le cas –, l'avait laissé effectuer son retour sur la scène politique.

Le vocabulaire dont nous disposons pour rendre justice à l'ambition de tels hommes politiques est inapproprié. Les observateurs occidentaux, et surtout les soviétologues de métier, avaient pris l'habitude d'écouter attentivement les interminables débats qui avaient lieu à l'occasion des conférences et congrès, d'analyser minutieusement les préséances respectivement accordées aux différents orateurs ou de disséquer les articles de presse. Malgré toute leur compétence ils se fourvoyaient fréquemment, faute surtout de percevoir le jeu des ambitions qui sous-tendait ces procédures et les épreuves de force aux strates multiples qui les animaient. En fait, la politique soviétique était jugée conformément aux principes directeurs de la démocratie, de sorte que les réactionnaires étaient censés s'opposer aux réformateurs voire, par une simplification encore plus enfantine, les faucons s'en prendre aux colombes. En fait, il était absurde de vouloir retrouver en Union soviétique des catégories politiques telles que la gauche et la droite, les conservateurs ou les progressistes. Il était difficile d'éviter en outre d'interpréter le sens de formules creuses comme «certaines forces» ou «des éléments au sein du parti» ou «les cercles dirigeants» ou encore «les mesures nécessaires» voire «les cadres montants». En effet, cette façon de s'exprimer permettait de poser une façade sur le système et camouflait les rivalités bien réelles entre des personnalités qui s'affrontaient en sous-main. La manie occidentale de tout ranger dans des catégories ajoutait à la confusion et tournait au ridicule chaque fois que l'on pouvait observer des épreuves de force, en public, au sein du Congrès des députés du peuple. Ceux qui s'employaient à sauver leurs privilèges utilisaient les mêmes méthodes que leurs ennemis acharnés à les en dépouiller. Les soi-disant conservateurs et les prétendus réformateurs se valaient bien, en fait de démolisseurs.

Gorbatchev, Eltsine, Iakovlev, Ligatchev et Loukianov étaient tous taillés dans la même étoffe et tous menaient un combat identique pour s'arroger le maximum de pouvoir en éliminant leurs concurrents. Les manœuvres auxquelles ils se livraient les uns contre les autres étaient d'une même veine et faisaient miroiter un semblant de progrès en faveur des secteurs où ils estimaient pouvoir trouver un appui, étant bien entendu que chacun s'était ménagé une porte de sortie pour le cas où il lui faudrait battre en retraite. En théorie Gorbatchev détenait un avantage décisif sur ses adversaires grâce à l'armée et au KGB. S'il le souhaitait, il pouvait du jour au lendemain ordonner des mesures de répression, des arrestations massives, voire un retour au stalinisme et à la barbarie; dans son for intérieur chacun envisageait cette possibilité. Mais dans cette hypothèse, il fallait qu'il puisse compter sur le soutien du parti. Or il se l'était aliéné par ses constantes critiques et le grignotage systématique des privilèges de la nomenklatura. Pourquoi faire preuve de loyalisme envers un secrétaire général qui passait son temps à vous agonir d'insultes et à pointer sur vous un doigt accusateur? Qu'il se sorte donc tout seul du pétrin! A force d'affaiblir la base naturelle de son pouvoir, Gorbatchev s'était isolé et exposé à bien des dangers. La perestroïka ne pouvait pas tenir la route longtemps contre l'aveu du parti lui-même et elle se mit à péricliter. Le public finissait par se lasser de Gorbatchev et de ses harangues sempiternelles au bout desquelles il n'y avait jamais qu'une austérité et un rationnement sans précédent en temps de paix. Vint le moment où Gorbatchev n'eut plus personne vers qui se tourner sauf le monde extérieur, les chefs d'Etat étrangers et les foules amassées dans les rues d'Allemagne ou de France, qui scandaient sottement le diminutif de son nom «Gorbi! Gorbi!» sans même savoir à quel point cette popularité lui était nécessaire pour remporter dans son pays les épreuves de force qu'il avait fait surgir. En diffusant à la télévision ces scènes de «gorbimanie», on invitait les Russes à constater que Gorbatchev était un homme d'Etat d'envergure mondiale et qu'il fallait le laisser libre d'agir comme il l'entendait. Pendant ce temps-là Ligatchev se propulsait dans l'espace laissé vacant au centre d'un parti démoralisé. En rassemblant les croyants il pouvait espérer s'emparer du pouvoir.

Sakharov mourut brusquement en 1989. Dans son dernier livre, *Moscou et au-delà*, écrit au cours de cette année-là, il avouait ne pas idolâtrer Gorbatchev et ne pas croire non plus que celui-ci faisait tout le nécessaire, mais penser pourtant que le secrétaire général avait changé le pays et modifié la psychologie de la population. Quant à Eltsine, selon Sakharov, il avait une personnalité d'un calibre différent, dont la popularité dépendait dans une certaine mesure de l'impopularité de Gorbatchev.

Pourtant, là où Eltsine avait su se montrer étonnamment perspicace et profondément original, c'était en comprenant qu'il pouvait prendre le relais de Sakharov pour réclamer à son tour le règne de la loi et la mise en cause des responsables. Il pouvait en toute sincérité affirmer démagogiquement que la qualité de la vie ne s'améliorait pas mais au contraire se détériorait et qu'il fallait ranimer une perestroïka en perte de vitesse. Plus Gorbatchev critiquait le parti et menaçait celui-ci d'une restructuration, plus il faisait le jeu d'un Eltsine. Gorbatchev se trouva ainsi prisonnier d'un cercle vicieux qu'il avait lui-même tracé. Chaque fois que Gorbatchev mobilisait les Occidentaux, Eltsine avait, pour sa part, la possibilité de faire descendre les Russes dans la rue pour leur dire ce qu'ils avaient envie d'entendre.

Ce que ces deux adversaires faisaient et disaient n'avait rien à voir avec l'idéologie, comme ils auraient pu le donner à penser, mais avec le pouvoir.

9

Le pacte germano-soviétique de 1939

Lev Besimenski, historien spécialiste de l'Allemagne nazie, travaille pour le journal *Novoïe Vremya*. Dans son bureau se trouve une photographie où il pose au milieu d'officiers soviétiques qui font cercle autour du maréchal von Paulus le jour de la capitulation allemande à Stalingrad. En 1988, au nom de la glasnost et de la perestroïka, une commission, dont Besimenski faisait partie, a été créée sous la présidence d'Alexandre Iakovlev pour enquêter sur le pacte germano-soviétique signé par Ribbentrop et Molotov en 1939. Ce pacte destiné à servir les intérêts de Hitler et de Staline eut, entre autres conséquences, le démembrement de la Pologne, ce qui déclencha la Seconde Guerre mondiale, et le rattachement des républiques baltes à la sphère d'influence soviétique, conformément aux dispositions de certains protocoles secrets. A l'époque, puis inlassablement par la suite, la doctrine officielle en matière de politique soviétique consista à maintenir que les républiques baltes n'avaient pas été occupées mais libérées, que l'instauration du communisme sur leur territoire loin de leur être imposée par la force des armes résultait de leur libre choix. Ce fut là, avec le massacre des prisonniers polonais à Katyn, l'une des « zones d'ombre » les plus pernicieuses de l'Histoire.

« La glasnost révéla beaucoup de choses nouvelles sur la période soviétique et la façon dont les choses se passaient alors, déclare Besimenski. Quand on vit à l'intérieur d'un système comme celui-là, certaines de ses données semblent avoir une existence naturelle propre. Beaucoup de choses paraissaient normales qui ne l'étaient pas; les idéaux du communisme servaient à justifier tout un ensemble de mesures politiques et d'initiatives, en particulier le pacte Ribbentrop-Molotov. Dans les années 1930, nous pensions tous que la répression était justifiée et inévitable. Grâce à la glasnost, les bases morales sur lesquelles se fondaient les convictions antérieures cessèrent d'avoir cours. Ceci m'a forcé à examiner des questions sur lesquelles je ne m'étais pas attardé jusque-là. Dans mes livres, j'avais consciencieusement écarté la question du pacte de 1939 car je pensais bien qu'il existait des protocoles secrets; je préférais ne pas aborder le sujet pour éviter tout bonnement de mentir. N'oubliez pas quelle était la psychologie soviétique. Si à présent des tas de gens prétendent avoir protesté contre le système, ne les croyez pas.»

En sa qualité d'historien, Besimenski avait accès à bien plus d'informations que l'homme de la rue. Pourtant il n'ajoutait pas foi aux historiens occidentaux qui avaient depuis longtemps publié la vérité sur le pacte de 1939. «On m'avait appris à me méfier. Dans ce pays on a coupé l'herbe sous les pieds des historiens. Tout à coup il nous a fallu admettre que les jugements portés par les Occidentaux sur notre société étaient plus exacts que les nôtres.»

La glasnost ouvrit les archives concernant le parti, ainsi que les dossiers relatifs à la politique étrangère jusqu'au milieu des années 50. Celles du KGB restent en grande partie interdites. Il en va de même pour les archives présidentielles qui constituent en fait celles du Kremlin et plus particulièrement le «sixième secteur» relatif aux affaires générales du parti communiste de l'Union soviétique, où figurent tous les documents concernant les secrétaires généraux, le Politburo, le Comité central et son secrétariat. Valeri Boldine a été le dernier des responsables chargés de veiller sur cette documentation. En 1989, alors qu'il était *chef de cabinet* de Gorbatchev, il fit transférer tout le «sixième secteur» au Kremlin, ce qui rendit ces documents inaccessibles. «Boldine faisait partie des experts qui siégeaient à la commission Iakovlev et on n'a rien pu lui soutirer. Aussi ai-je des raisons de penser que les originaux des protocoles secrets se trouvent là-bas.» Ce que l'on a appelé les «classeurs spéciaux du Politburo» étaient ultra-secrets, et leur existence n'était connue que d'un petit nombre d'initiés. Ces classeurs spéciaux restent fermés.

Nul ne sait exactement depuis quand et jusqu'à quel point Gorbatchev, puis Eltsine ont été mis au courant du massacre de Katyn ou de l'existence des protocoles secrets annexés au pacte de 1939. «Je n'arrive pas à croire que Boldine aurait pris connaissance du dossier de Katyn sans en parler à Gorbatchev. Les gens proches de Gorbatchev prétendent que celui-ci n'aimait pas se plonger dans l'étude de vieux documents, qu'il cherchait toujours à remettre au lendemain les choses déplaisantes jusqu'à ce qu'il soit trop tard; telle était la mentalité de Gorbatchev. Tchernïaïev soutient que Gorbatchev avait presque une aversion allergique pour les documents, et que ceci eut une incidence sur la perestroïka.»

Le témoignage qu'apporte Besimenski sur les travaux et les procédures de la commission Iakovlev révèle comment des questions capitales pour l'avenir de l'Union soviétique étaient tranchées, non pas en fonction de l'intérêt intrinsèque de la solution adoptée, mais à partir des subterfuges qu'imposaient certaines épreuves de force personnelles dont une politique plus rationnelle aurait fait litière. La glasnost et la perestroïka avaient peut-être bien été conçues selon une certaine logique, mais elles ne pouvaient être mises en œuvre que dans le contexte existant; en fait, elles fournissaient aux intéressés des raisons supplémentaires de se mesurer les uns aux autres dans des conditions où le désespoir débouchait finalement sur le chaos.

Pendant une réunion du Politburo à la fin de 1988, raconte Besimenski, Iakovlev, Chevardnadzé et Vadim Medvedev (alors responsable de l'idéologie) proposèrent de condamner le pacte de 1939. Ligatchev, Tchebrikov et le maréchal Iazov étaient d'un avis contraire. En effet, s'il était établi, par là même, que les républiques baltes avaient été incorporées de force et contre leur volonté, à l'URSS, il faudrait selon toute logique envisager favorablement de leur donner l'indépendance qu'elles réclamaient. Gorbatchev mit un point final à la discussion.

« Si le pacte a finalement été condamné, on ne peut pas dire que c'est grâce à la glasnost ou aux historiens. Seule la pression externe des Baltes l'a emporté. » Lors de la première séance du Congrès des députés du peuple, Gorbatchev s'arrangea pour éluder la question. Les Baltes réclamèrent alors la création d'une commission. « Au début, Gorbatchev essaya de les en dissuader. Puis il agit avec ruse : il accepta l'idée mais en rejetant la responsabilité de toute cette *démarche* sur Iakovlev qu'il mit à la tête de la commission. Un nombre disproportionné de commissaires provenaient des Etats baltes, de sorte qu'au lieu de mener une enquête en règle, ils se bornèrent à plaider en faveur de l'indépendance. Les Baltes avaient l'appui de gens comme Iouri Afanasiev, alors que d'autres, rangés autour de Valentin Faline (membre du département international du Comité central), ne voulaient absolument pas entendre parler de leurs revendications. »

Ils tombèrent d'accord pour admettre l'existence des protocoles secrets. Quant à condamner ces protocoles, les avis étaient si partagés que la commission ne put continuer à fonctionner. Pour sa part, Iakovlev déclarait que les protocoles secrets existaient bien, mais qu'il ne pouvait les condamner sans l'autorisation de ses collègues du Bureau politique. Le cinquantième anniversaire de la signature du pacte germano-soviétique tombait le 23 août 1989. A l'approche de cette date, des manifestations de masse commencèrent à se produire dans les républiques baltes. Les membres de la commission pensèrent donc qu'il serait préférable de régler la question en avouant l'existence des protocoles secrets et en reconnaissant leur caractère criminel. Mais Iakovlev ne parvint pas à persuader le Politburo de se ranger à cet avis; Gorbatchev hésitait; aussi la commission ne put-elle présenter son rapport...

« Astucieusement, Iakovlev annonça aux membres de la commission qu'il avait l'intention de faire comme si rien ne s'était passé et d'en référer, à titre personnel, au Congrès des députés du peuple. La grande majorité des députés décréta alors que l'existence des protocoles secrets était un bobard bourgeois et que le pacte avait été une nécessité. Quand on passa au vote, Iakovlev ne réussit pas à réunir une majorité. Ce refus du Congrès d'admettre une vérité établie avec preuves à l'appui mettait en péril tous les fondements de la glasnost et de la perestroïka.»

Or les députés ignoraient qu'un document était sorti de l'ombre. En 1946 un employé de bureau avait reçu l'ordre de déplacer certains des papiers de Molotov qui devaient être transférés d'un dossier à un autre. Consciencieusement, cet homme avait noté tout ce qu'il avait fait et recopié par la même occasion l'original des protocoles secrets. Cette copie avait été transmise à Chevardnadzé, qui la communiqua à Iakovlev. La nuit même, la commission se réunit et décida de rendre ce document public. Iakovlev s'exécuta le lendemain au Congrès des députés.

Comme président du Congrès, c'était Loukianov qui veillait au bon déroulement des procédures. «Loukianov fit de son mieux pour tout bloquer. Gorbatchev affichait un visage de pierre. On passa de nouveau au vote et Iakovlev obtint la majorité. Toute cette affaire montre à quel point les gens ne voulaient pas croire les faits qu'ils avaient devant eux. Homo sovieticus. Nous avons toujours sous-estimé nos problèmes psychologiques.»

10

Les premières étapes de la réforme

Otto Latsis, letton de culture russe, est un commentateur économique et politique de premier plan. Il était devenu conseiller de Iakovlev, dont il estime que le rôle a été « absolument décisif ». Plusieurs batailles pour le pouvoir se livraient simultanément autour de Iakovlev. Lui et Vadim Medvedev échangeaient mutuellement leurs postes; quand l'un devenait secrétaire pour les affaires idéologiques, l'autre était nommé secrétaire pour les affaires étrangères, et vice versa. Gorbatchev éprouvait « une admiration sans bornes pour Medvedev qui était un personnage plutôt ennuyeux et médiocre, bien plus réservé et prudent que Iakovlev ».

Ligatchev, chargé du secrétariat du Comité central, était considéré comme le numéro deux du parti après le secrétaire général. Latsis raconte : « Même les gens qui y travaillaient ne comprenaient pas très clairement la manière dont se répartissaient les responsabilités entre Iakovlev et Ligatchev. Aussi les deux hommes se trouvaient-ils entraînés dans un conflit d'autant plus âpre. Iakovlev était bien plus proche de Gorbatchev sur le plan personnel. Notamment à l'occasion d'une question importante comme la lettre de Nina Andreïeva. Ce texte avait été publié à l'initiative de Ligatchev, quoi qu'il ait été tenté de dire. Alors que Gorbatchev et Iakovlev étaient tous deux en déplacement à l'étranger, Ligatchev avait fait pression à trois reprises sur le comité de rédaction pour en recommander la publication. Après quoi le Comité central avait émis une circulaire pour donner instructions aux journaux régionaux de reproduire la lettre en question. Pendant plusieurs jours, on avait même constaté une confusion idéologique aussi grande que s'il y avait eu un coup d'Etat. Personne n'avait une idée claire de la direction que prendrait le pays. Gorbatchev était horrifié.

« Après avoir fait paraître sous un pseudonyme son article qui réfutait la lettre de Nina Andreïeva, Iakovlev fut nommé à la tête du comité pour la réhabilitation des victimes de Staline. Puis il devint responsable d'une commission chargée d'écrire la nouvelle édition de l'histoire du parti, sous la présidence théorique de Gorbatchev. C'était là une tâche canonique. »

Entre autres événements saillants, l'année 1988 vit la formation de Fronts populaires dans chaque république. Cette formule évoquait une phase de durcissement du communisme. D'emblée, les Fronts populaires furent soupçonnés d'avoir été organisés par le KGB en vue de canaliser et de neutraliser les nationalismes locaux.

« Iakovlev joua un grand rôle en soutenant publiquement les Fronts populaires, notamment dans les républiques baltes. J'ai voyagé en sa compagnie lorsqu'il a visité la Lituanie et la Lettonie en 1988, à un moment où les Fronts populaires prenaient de l'ampleur. On se demandait alors s'il fallait les freiner ou les laisser accomplir leur œuvre. Iakovlev prit la décision capitale d'interdire à l'administration toute activité répressive envers eux. Or, peu de temps après, les Fronts populaires commencèrent à s'épanouir sous la forme de mouvements indépendantistes. A ce moment-là certaines personnes commencèrent à se retourner furieusement contre Iakovlev à cause de l'attitude qu'il avait adoptée, notamment au cours du Vingt-septième congrès du parti. Gorbatchev, qui trouvait ces attaques indésirables, manœuvra pour se débarrasser de Iakovlev en le mettant à la tête de la commission chargée de porter un jugement sur le pacte germano-soviétique. Or l'action des commissaires devint la principale planche de salut pour ceux qui souhaitaient l'indépendance des républiques baltes. En outre, pendant le laps de temps très bref où Iakovlev assuma le secrétariat des affaires internationales, lui et Chevardnadzé exaspérèrent l'armée en proposant d'opérer un retrait tactique en Europe de l'Est. Dans un débat portant sur les dispositions à prendre au sujet du parti, Iakovlev une fois de plus mena la danse. Un schisme se profilait à l'horizon et Gorbatchev chercha désespérément à l'éviter jusqu'au tout dernier moment. A partir du Vingt-huitième congrès du parti, Iakovlev prit résolument la tête de la faction qui réclamait avec insistance un schisme officiel à l'intérieur du parti. Gorbatchev aurait pu s'y résigner, emboîter le pas à Iakovlev et prendre vraiment ses distances par rapport à Ligatchev. Mais il avait de plus en plus tendance à se rapprocher des durs. »

Cela dit, le fait que Gorbatchev avait écarté Iakovlev n'impliquait nullement la victoire de Ligatchev. « Gorbatchev s'est bien gardé d'agir avec stupidité en ôtant son poste à Ligatchev. Il a effectué une manœuvre tactique tout à fait brillante. Sous le prétexte de réorganiser le parti, il a démantelé le plus gros de sa structure. En lieu et place du secrétariat, il n'y aurait plus qu'un certain nombre de commissions distinctes qui échapperaient à la domination des apparatchiks. Brusquement Ligatchev découvrit que, tout en conservant son poste, sa grosse voiture et son titre ronflant, il n'était plus responsable de tout l'appareil comme par le passé. »

Au cours des deux années qui séparèrent la Dix-neuvième conférence du parti, réunie en 1988, et le Vingt-huitième congrès, en 1990, tout l'appareil de l'Etat-parti fut démantelé. Ce fut seulement vers le milieu de 1989 que les hauts fonctionnaires de l'Etat-parti prirent conscience du fait que la perestroïka et la restructuration n'étaient pas des mots creux destinés à endormir le public pour lui arracher son consentement. Habitués à la discipline du parti, ils s'étaient continuellement fiés à ce que disait et faisait le secrétaire général. Lorsqu'ils cherchèrent à récupérer toute leur puissance, ils s'aperçurent que l'appareil du parti, unique moyen d'accès à l'autorité, n'était plus en état de fonctionner.

Gorbatchev faisait lui-même ses classes tout en gouvernant. Il avait fini par découvrir les insuffisances du système d'administration dirigiste mais ne disposait cependant d'aucun modèle de rechange. Ses convictions politiques le paralysaient. Il considérait qu'il devait réunir un consensus. Après les élections de 1989, il fut tout aussi lent que les autres apparatchiks à comprendre que le principal siège du pouvoir n'était plus au sein du parti mais s'était déplacé vers le Congrès, ce soviet ressuscité.

Ce qui s'est passé dans le domaine de la politique économique illustre la manière erronée dont ce consensus a été recherché. Au cours de l'été 1987, par exemple, deux équipes parallèles et complètement indépendantes furent formées pour travailler dans une datcha située aux environs de Moscou et qui avait appartenu à Andreï Jdanov, l'exécuteur des basses œuvres dans le domaine de l'idéologie, au temps de Staline. Ces deux groupes de travail étaient censés mettre sur pied un projet de politique économique. Celui du Comité central, dirigé par Iakovlev, comprenait Abalkine, Abel Aganbegyan, Valentin Pavlov, Latsis lui-même et quelques autres. Le second, placé sous l'autorité du Premier ministre, Nikolaï Ryjkov, émanait du Conseil des ministres. Les documents auxquels ils aboutirent, lorsqu'on les compara, n'avaient absolument aucun point commun.

«A partir de 1988, le programme de réforme prétendument fondé sur ces documents fut adopté sous sa forme définitive, avec toutes ses contradictions, par Ryjkov. Celui-ci se mit au travail sur l'hypothèse d'un déficit budgétaire prévisionnel de 100 milliards de roubles, somme fantastique qui laissait craindre une inflation catastrophique. Nous sommes le seul pays dont la banque d'Etat est directement placée sous l'autorité du ministre des Finances et peut octroyer autant de crédit qu'on lui en demande, sans aucune couverture. En 1989, pour la première fois, on avait reconnu l'existence d'un déficit budgétaire de 36 milliards de roubles. L'économiste Iegor Gaidar (qui devint par la suite le Premier ministre de Boris Eltsine) et moi-même nous soulignâmes dans un article qu'un déficit de cette ampleur allait conduire à la faillite. Personne ne nous opposa de démenti. Mais Iouri Maslioukov, le directeur du Gosplan, se livra à un astucieux tour de passe-passe en annonçant que le déficit prévu avait été de 127 milliards de roubles pour l'année en cours; aussi la "réduction" de celui-ci à 100 milliards représentait-elle une amélioration. C'était pourtant l'équivalent de 12 % du PNB. Ryjkov n'avait pas envie de tenir tête au puissant groupe de pression militaro-industriel ni de procéder à des coupes sombres dans les dépenses de prestige de l'Etat telles que les projets de grands travaux ferroviaires et hydrauliques. Il savait diriger une usine mais n'avait jamais eu à s'occuper de l'offre et de la demande, pas plus qu'il n'avait jamais été obligé de combler un déficit. Son savoir économique n'allait pas jusque-là. En 1990, l'économie aurait encore pu être sauvée. Après il fut trop tard. »

En 1990 Gorbatchev continua d'employer deux équipes rivales d'économistes. L'une recommandait un virage radical vers l'économie de marché. L'autre, toujours sous la férule de Ryjkov, rejetait la notion de privatisation et prônait le renforcement de la centralisation. Ces contradictions furent toutes incorporées dans le plan Chataline, qui porte le nom d'un des spécialistes favorables à la notion de marché. Ce plan devait être appliqué en l'espace de 400 jours – mais le chiffre fut arrondi de sorte que le délai se trouva étendu à 500 jours. Dans ces circonstances, le consensus équivalait à la faillite. En retardant un choix difficile au profit d'une réconciliation artificielle, Gorbatchev avait bloqué l'économie et, avec elle, l'avenir du parti et de l'Union soviétique, pour leur imposer des épreuves de force qui ne pouvaient avoir aucune autre issue que la contradiction et la paralysie.

Gorbatchev n'avait-il pas prévu qu'avec le Congrès des députés du peuple le pouvoir pourrait lui échapper des mains ?

« Peut-être bien que oui, peut-être bien que non. Sa façon de créer le Congrès faisait partie des manœuvres internes par lesquelles Gorbatchev essayait de prendre ses distances face à Boris Eltsine. Les tenants de la ligne dure partaient du principe que tous ces discours sur les élections n'étaient que de belles paroles et qu'ils allaient s'assurer le pouvoir, ce qu'ils firent dans près de la moitié du territoire de la Russie. Mais ils comprirent trop tard qu'ils pourraient perdre dans les grandes villes. C'est alors que les comités régionaux du parti hurlèrent à la trahison de Moscou. En vain, car grâce à cette élection Eltsine s'était propulsé à la tête du mouvement démocratique. Il est extrêmement difficile de savoir ce qu'il entendait par "démocratie", et peu importe d'ailleurs. Son expulsion du Politburo avait fait de lui un héros. Il incarnait une contestation opportune et élémentaire.

« J'ai été le directeur de campagne de l'académicien Bogomolov, qui se présentait contre un directeur d'usine, un ancien apparatchik répondant au nom de Briantchine. Celui-ci menait une campagne très terne en se contentant de dire qu'il fallait faire confiance au parti. Mais la partie était quand même serrée jusqu'au jour où, quarante-huit heures avant les élections, Bogomolov prit violemment position contre les attaques injustes dont Eltsine était l'objet. Il l'emporta avec plus de 50 pour cent des suffrages. Il était désormais devenu possible pour l'électeur de se renseigner et de se faire une opinion personnelle, d'éliminer un ponte du parti et d'élire un candidat inconnu. »

Selon le professeur Jerry Hough, soviétologue américain et écrivain prolifique, il fallait un optimisme extravagant en 1988 pour imaginer que le système soviétique allait s'écrouler au cours des cinq ou dix prochaines années. Deux ans plus tard, il estimait que Gorbatchev « avait su manœuvrer pour faire aboutir la situation précisément là où il voulait en arriver », ce qui lui donnait la certitude de garder le pouvoir au moins jusqu'en 1995. La CIA, avec une imagination tout aussi fantaisiste, avait énormément surestimé les taux de croissance soviétiques pour conclure que l'économie de l'URSS se situait dans un ordre de grandeur assez semblable à celui de l'économie américaine. Certes, grâce à l'augmentation des prix du pétrole et à ses seules exportations pétrolières, dans les années 1970, l'Union soviétique avait enregistré un gain de plus de 170 milliards de dollars. Mais cette richesse avait été gaspillée, personne ne sait très bien comment. En réalité, dans le classement des pays selon le niveau de vie de la population, l'Union soviétique arrivait au soixantième rang.

Vassili Seliounine fut, de tous les économistes soviétiques, celui qui chercha le plus ardemment à établir ce qu'était la véritable situation. Il travaillait pour une revue spécialisée. En 1979, lui et son collègue, Gregori Khanine, sans se fonder sur les statistiques officielles truquées, mirent au point une méthode prospective pour dessiner l'avenir du modèle économique soviétique; cela leur permit de conclure que, faute d'un changement, l'économie s'écroulerait vers le milieu des années 1990. Grâce à la glasnost, un exposé saisissant de l'échec industriel et économique des Soviétiques put être publié en 1987, dans *Novyï Mir*; il confirmait nettement leurs prévisions, dès cette époque, et condamnait les vues trop favorables exprimées par les administrations soviétique et américaine. D'après Seliounine, un autre que Gorbatchev aurait pu tenter d'éviter l'effondrement en employant la force, mais cela aurait entraîné des conséquences véritablement terrifiantes.

En 1986, Seliounine avait fait paraître le premier d'une longue série d'articles qui préconisaient l'adoption d'un programme tout à fait opposé à celui de Gorbatchev. « Reconnaissons à Gorbatchev le mérite de ne pas en avoir pris ombrage. Il me déclara quelque chose d'assez incompréhensible à savoir que j'étais un extrémiste mais que j'avais néanmoins raison.

« Ses réformes devaient lui donner les moyens d'atteindre un but. Le pays avait toute une génération de retard sur l'Occident dans les domaines scientifiques et techniques, comme on pouvait principalement l'observer dans l'industrie de la machine-outil. Notre équipement était extrêmement médiocre, ce qui expliquait cette arriération. Gorbatchev soutenait que les cinq années du Douzième plan – de 1986 à 1990 – devaient essentiellement être consacrées à la production de machines modernes. Les Treizième, Quatorzième et Quinzième plans quinquennaux permettraient d'envisager une hausse du niveau de vie généralisée. Cela signifiait qu'on allait garder intacte la planification centralisée. La population devrait se serrer la ceinture et une fois de plus chercher à combler son retard par rapport aux Occidentaux. Gorbatchev proposa même une mesure qui était tombée en désuétude depuis l'époque de Staline; il s'agissait d'augmenter les investissements dans la construction de machines aux dépens de la consommation. Mais au temps de Staline, l'Etat-parti imposait par la force à la population, par l'envoi des gens au goulag et par la répression, une dégradation des conditions de vie sans que cela eût jamais permis d'atteindre les objectifs d'un plan quinquennal – ni même les buts fixés pour une seule année. Or le recours à la force n'était plus de saison. En d'autres termes, le système administratif dirigiste arrivait à son point de rupture et toute politique qui cherchait par la construction de machines-outils à accélérer le progrès était vouée à l'échec depuis le début. » Les quatre cinquièmes de l'industrie de la machine-outil produisaient du matériel de guerre et les équipements nécessaires à cette production. La moitié de la main-d'œuvre industrielle était employée dans le secteur des machines-outils. Aucune autre économie n'avait jamais été aussi militarisée. En restructurant cette branche, sans réduire son importance, on se condamnait seulement à produire davantage d'équipements pour l'armement.

Le complexe militaro-industriel était peut-être encore plus efficace qu'en Occident et produisait une variété d'armes, de tanks, de missiles et de sous-marins nucléaires en plus grandes quantités que tous les pays de l'OTAN réunis. « Mais nous étions hautement retardataires en ce qui concernait les armes les plus sophistiquées. La mise en chantier du programme américain relatif à la "Guerre des étoiles" avait créé chez nous une grande panique, car l'industrie soviétique était incapable de produire rien de ce genre. Le programme de réforme conçu par Gorbatchev pour les machines-outils signifiait surtout que nous allions être en mesure de retrouver notre suprématie militaire antérieure, et par conséquent de militariser davantage l'économie soviétique. En fait, il aurait fallu renoncer à nos rêves de superpuissance pour privilégier le bien-être des citoyens, et ceci ne pouvait se faire qu'en introduisant l'économie de marché. Or, afin d'opérer cette transition, le système administratif dirigiste aurait dû être complètement démantelé. » Seliounine donne en exemple les deux Allemagnes, les deux Corées et les trois Chines (compte tenu de Taïwan et de Hong Kong) où, pour des raisons historiques, le même peuple disposait de systèmes différents. Les comparaisons entre les diverses entités économiques opposées se passaient de commentaires.

« Gorbatchev n'a jamais admis que pour avoir une économie de marché, il fallait d'abord privatiser la propriété. L'essence du communisme est l'élimination de la propriété privée. En 1988, au cours d'un congrès d'étudiants qui se tenait à Moscou, Gorbatchev fut interrogé sur son attitude à l'égard de la propriété privée. Ma position est celle du *Manifeste communiste*, répondit-il. Cela laissa tout le monde perplexe, mais je suis sûr qu'il le pensait. Il n'a jamais changé d'opinion.»

La loi sur les entreprises étatiques entra en vigueur le 1er janvier 1988. Les gigantesques monopoles industriels devaient subsister comme par le passé, mais disposaient d'une certaine liberté pour gérer leurs affaires. «Il est rare que l'on puisse dater une erreur avec autant de précision. L'indépendance n'aurait jamais dû être accordée aux entreprises étatiques. Celles-ci bénéficiaient alors de tous les droits d'un propriétaire sans en assumer les responsabilités. Elles ne couraient pas le risque de faire faillite. Elles augmentèrent les salaires sans tenir compte de la production ou des coûts. Notre groupe d'économistes avait fait savoir que cette loi aurait un effet désastreux mais Gorbatchev et son équipe ne voulaient rien entendre. Cela porta le plus grand préjudice à notre économie. Nos magasins se vidèrent. Le commerce se faisait seulement dans les rues, au marché noir. Entre 1988 et 1991 la production chuta de plus de 25 pour cent. La planche à billets fonctionnait. Chez nous, l'investissement incombe à l'Etat et à lui seul, par l'intermédiaire du budget. Les dépenses militaires aussi. C'est la raison pour laquelle nous avions un déficit budgétaire supérieur à 20 pour cent. Si vous étudiez les circonstances dans lesquelles les coups d'Etat militaires se produisent en Amérique latine, vous observerez qu'ils surviennent généralement quand le déficit budgétaire atteint 20 pour cent. C'est à partir de là qu'un pays devient ingouvernable.

«En juin 1990 je fus invité, en compagnie d'autres économistes, à rencontrer Gorbatchev. Il entama la réunion en disant qu'il avait reçu un coup de téléphone du général Jaruzelski au sujet du chômage et de la hausse des prix en Pologne. Comment faire pour éviter cela chez nous si nous voulions réformer, demanda Gorbatchev. L'économiste Larisa Piyaseva et moi-même venions juste de rentrer de Pologne et nous étions en mesure de lui affirmer qu'il ne s'y passait rien de terrible. Il se montra très attentif et hocha la tête. La conversation dura environ cinq heures. Au moment de notre départ, il faillit presque nous embrasser et déclara qu'il allait finalement se décider pour un traitement de choc. C'est du moins ce que nous avons cru comprendre de lui. Deux jours plus tard, il prononça un discours à Odessa, devant les militaires, et annonça exactement l'inverse. Sans donner de noms, il déclara que "certains éléments" cherchaient à nous infliger un "traitement de choc" et que nous n'avions pas l'intention d'accepter ça. Il n'était pas homme à le faire.»

Pendant presque toute l'année 1990, Nikolaï Petrakov fut le principal conseiller économique de Gorbatchev. Comme Seliounine, il a une bonne connaissance des théories économiques occidentales qu'il a étudiées dans son institut universitaire. Tôt ou tard, croyait-il, le communisme allait inéluctablement s'effondrer. Si cela s'est produit si rapidement, c'est à cause de Gorbatchev. D'autres que lui n'auraient peut-être pas pris des mesures aussi propices à l'accélération de ce processus. Une reprise, voire le simple maintien de la continuité s'avéraient impossibles pour la bonne raison que le système communiste ne produisait aucune motivation interne. En l'absence de tout stimulant capable de provoquer une amélioration de la production dans l'industrie, les gens n'agissaient que dans la mesure où ils y étaient contraints. Les profits qu'avaient tirés l'Union soviétique des crises pétrolières organisées par l'OPEP avaient seulement prolongé les dernières illusions quant à la capacité de fonctionnement de l'économie.

Gorbatchev et les autres dirigeants comprenaient bien qu'en se lançant dans une course effrénée aux armements pour maintenir la parité avec les Etats-Unis on adoptait une attitude suicidaire, mais ils croyaient que les investissements supplémentaires consacrés à la technologie et à l'industrie allaient écarter la crise sans qu'il soit nécessaire de remodeler l'économie. Tel était l'avis d'Aganbegyan au début. « Je ne pense pas que la situation de 1990 était plus critique que celle de cinq ans auparavant. La volonté de Gorbatchev de conserver intacte l'Union soviétique, avec son complexe militaro-industriel hypertrophié, engloutissait toutes les ressources. Une des questions essentielles qui se posaient était la restauration de la propriété privée. Maints pays totalitaires – l'Allemagne, le Japon, l'Espagne – avaient été capables de restaurer des conditions et des modes de vie démocratiques, après la disparition du dictateur. Seul le dogme de la dictature du prolétariat avait bloqué l'économie soviétique. »

Gorbatchev établissait-il un lien entre la propriété privée et la liberté ?

« J'ai passé toute une année à essayer de le lui expliquer, et j'ai été contraint de démissionner après y avoir notoirement échoué. Je lui en avais parlé pour la première fois neuf ans plus tôt. Dernièrement j'ai de nouveau abordé cette question avec lui, et je suis persuadé qu'il continue à penser que la privatisation de la propriété n'est pas le moteur essentiel du changement social. Il reste un réformateur qui croit dans le système socialiste. »

Le plan Chataline fut élaboré deux mois après que Petrakov eut été nommé conseiller économique. Ce plan avait-il une chance de réussir ? Aux yeux de Iakovlev, c'était la dernière chance et Gorbatchev en le rejetant a commis la pire des erreurs.

« Incidemment, sachez que le nom de Chataline ne fut donné au plan que par opportunisme politique. Pendant tout le temps de sa préparation, Chataline était hospitalisé et n'en écrivit pas une seule ligne. C'est essentiellement Iavlinski et moi qui l'avons rédigé. A l'époque, ce programme avait une chance de réussir. Au moment de sa discussion, Gorbatchev fut soumis à de lourdes pressions de la part des bureaucrates du parti qui ne pouvaient pas me supporter. Il capitula. C'est là un aspect intéressant des manœuvres politiques qui se déroulaient à une époque où l'on cherchait à éviter un affrontement direct entre Gorbatchev et Eltsine. Ce dernier n'avait encore qu'une faible assise politique et désirait ardemment collaborer avec Gorbatchev, lequel, par manque d'audace, manifesta une impuissance politique qui permit aux partisans de la ligne dure de détruire son initiative. Mais je trouve que le rôle personnel de Gorbatchev ne devrait pas être sous-estimé. Lorsque l'on discute sur le point de savoir si son action fut fortuite ou volontaire, je fais la comparaison avec Christophe Colomb qui découvrit l'Amérique mais crut jusqu'à la fin de ses jours qu'il s'agissait de l'Inde. Tout comme Colomb, Gorbatchev a fait quelque chose de merveilleux mais n'a pas découvert pendant longtemps ce que c'était. »

Anders Aslund, de l'Institut des études économiques internationales de Stockholm, a mieux que tout autre spécialiste occidental résumé le désastre économique engendré par tant de négligence. Son livre, *Le Combat de Gorbatchev pour la réforme économique*, illustre l'ignorance et les illusions dans lesquelles pataugeait l'Union soviétique. Après 1991, Aslund allait devenir conseiller économique de Boris Eltsine.

Pour Aslund, le facteur essentiel était que la dictature de la nomenklatura s'exerçait au seul profit de ses membres. L'intérêt national était subordonné aux privilèges dont elle jouissait. Or, la nomenklatura, incapable de fournir un dynamisme à l'économie, ne pouvait manquer de se retrouver un jour irrémédiablement dépossédée.

« Une partie imposante de la classe dirigeante devinait que cette société n'était pas viable à long terme. En même temps, personne n'imaginait de solutions. On appuyait Gorbatchev sans enthousiasme, uniquement parce que lui, au moins, cherchait à faire quelque chose. Quant aux autres, ils désiraient conserver l'ancien système aussi longtemps que possible. »

Entre 1985 et 1991, les principaux membres du Bureau politique soviétique présentèrent au moins cinq programmes économiques différents. La poussée en faveur de l'économie de marché et de la libre entreprise fut freinée par le système de dirigisme administratif. Gorbatchev, incapable de servir d'arbitre suprême, se trouvait réduit à l'impuissance, ballotté en tous sens par ces épreuves de force auxquelles se livrait son entourage, penchant tour à tour d'un côté ou de l'autre. Des décrets, des règlements, des lois et des mots d'ordre contradictoires et autodestructeurs jaillissaient de son cabinet par saccades. Personne au sommet de l'Etat ne semblait avoir réfléchi à la nécessité de jeter les fondements des infrastructures constitutionnelles et juridiques sans lesquelles l'économie de marché ne pouvait exister : il fallait des lois régissant les relations contractuelles, des définitions quant aux droits de propriété et à la possession des biens, un code civil, avec la formation d'un pouvoir judiciaire indépendant capable de les interpréter et de les faire appliquer. Le concept de marché ressemblait à une sorte de fétiche, qu'on pouvait emprunter à l'Occident où son pouvoir magique avait fait ses preuves.

« L'improvisation que vous constatez dans la politique russe provient de cette lutte permanente et du fait que, pour l'emporter, vous devez prendre vos adversaires par surprise; car, pour pouvoir y parvenir, il faut que vous soyez capable d'improviser.

« En outre, pour changer le système économique, il convient d'observer une procédure archaïque et périmée mais ce faisant vous ne parviendrez jamais à trouver le moyen de réformer quoi que ce soit. La contradiction politique qui s'ensuit offre un moyen idéal de changer tout le système économique. Mais je dirais que pratiquement aucun des économistes soviétiques n'avait de bonnes connaissances en matière de macro-économie. Il y avait des spécialistes plus jeunes auxquels Gorbatchev aurait pu s'adresser, et il est frappant qu'il s'en soit abstenu. Le plan Chataline n'avait vraiment aucune chance de pouvoir s'appliquer mais c'était le premier programme raisonnable qui visait à stabiliser l'économie et à étendre largement la privatisation. C'était un élément important car il représentait une grande étape qualitative à franchir, pour tous les secteurs, et parce que Gorbatchev le soutenait, ou semblait le soutenir alors que lui-même se trouvait politiquement affaibli. Quelques jours après l'avoir rejeté, il a expliqué que ce programme avait l'air d'un horaire de chemin de fer. Mais c'était ainsi que Gorbatchev progressait. Il n'aurait jamais atteint la place qu'il occupait sans son goût pour le compromis. De même, on pourrait dire que Boris Eltsine ne se serait jamais haussé à ce niveau s'il n'avait pas été le contraire, c'est-à-dire un homme qui campe sur ses positions. Pour casser le système, il fallait absolument une personnalité capable de trouver des compromis mais désireuse de changer les choses, de les rendre différentes. L'avantage de Gorbatchev fut d'avoir réussi à briser le système rapidement et d'une manière assez ordonnée avec un coût humain relativement faible, étant donné l'énormité de la tâche accomplie. Le seul ennui est qu'il a confondu la construction et la destruction. S'il n'avait pas cru qu'il serait possible de réformer le socialisme, il n'aurait jamais été capable de le détruire. C'est toute l'ironie de la chose. Gorbatchev ne pouvait réussir à détruire le socialisme qu'en voulant éviter de faire une chose pareille. »

11

La guerre, comme forme de la lutte des classes

Les deux camps de la Guerre froide étaient en désaccord au sujet de la détente. Pour l'Occident, la détente supposait un relâchement de la tension qui conduirait à une réduction des armements. Si l'Union soviétique était prête à entretenir avec l'Ouest des relations commerciales, culturelles et militaires normales, selon l'argument répandu pendant de nombreuses années par les capitales occidentales, elle n'aurait plus besoin d'infliger au reste du monde des épreuves de force terrifiantes, pour ne pas dire apocalyptiques. Pendant plus de quatre cents ans la Russie impériale puis l'Union soviétique n'avaient cessé d'étendre leur espace territorial mais des hommes d'Etat occidentaux parmi les plus conscients de leurs responsabilités avaient pris l'habitude de plaider à la décharge de ces annexionnistes la peur de l'encerclement. Par le jeu de cette illusion, on a cru qu'en collaborant avec l'Union soviétique on s'épargnerait le coût d'une résistance contre ses tentatives d'hégémonie. Pour l'Union soviétique, selon la définition qu'en a donnée Brejnev en 1976, « la détente n'annule en aucun cas, ne peut annuler ni modifier les lois de la lutte des classes. Nous ne cachons pas que nous voyons dans la détente un moyen de permettre la création de conditions plus favorables à la construction pacifique du socialisme et du communisme ».

Sous le couvert de la détente et de sa sœur jumelle, la coexistence pacifique, l'Union soviétique a obtenu la parité avec les Etats-Unis et l'OTAN dans le domaine militaire. Arkadi Chevtchenko, secrétaire général adjoint des Nations Unies, a déclaré après être passé à l'Ouest : « L'Union soviétique n'a jamais envisagé d'accepter des accords qui pouvaient d'une manière ou d'une autre lui lier les mains quant à la poursuite de ce qu'elle voulait obtenir. »

Quant au désarmement, les pourparlers obscurs, fastidieusement détaillés, formulés dans un horrible jargon où il n'était question que de « capacité de première frappe » et de « ratio de mortalité » distillaient l'ennui et l'épouvante dans d'égales proportions. Les chefs d'Etat paraissaient souvent désireux de laisser ces questions complexes aux mains des experts et des états-majors, comme s'ils n'étaient pas eux-mêmes capables de comprendre les aspects techniques de la question ni d'exercer leur pleine autorité sur les décisions à prendre en dernier ressort. Brejnev et ses successeurs avaient provoqué la dernière crise grave de la Guerre froide en mettant en place le SS-20, missile qui pour la première fois tenait l'ensemble de l'Europe occidentale à sa merci. Toute agression couronnée de succès conduisait à une autre initiative menaçante : l'invasion de l'Afghanistan, la mise au pas du mouvement Solidarité qui avait mobilisé les masses en Pologne, l'intervention soviétique en Amérique centrale, s'étaient succédé. En réaction, l'Occident déploya les fusées Pershing II et les missiles de croisière, les Cruise. Sous le prétexte que l'Allemagne pourrait être à la fois le champ de tir et la cible de futurs échanges de missiles, les sociaux-démocrates allemands votèrent contre les projets de l'OTAN. « Je pensais qu'il y avait une voie plus rapide pour parvenir à la réduction et à la maîtrise des armements », devait déclarer l'ancien chancelier, Willy Brandt. La question n'était pas là. Entre la signature de l'Acte final d'Helsinki et l'arrivée au pouvoir de Gorbatchev, le sentiment de crainte éprouvé par les Allemands encouragea l'Union soviétique à espérer qu'elle avait déjà entre les mains le prix de ses efforts, à savoir la neutralisation de l'Allemagne.

Quatre des quatorze conférences au sommet américano-soviétiques de l'après-guerre réunirent Gorbatchev et Reagan. Au mois de décembre 1989, Gorbatchev allait rencontrer le président Bush sur l'île de Malte fouettée par une mer déchaînée, puis de nouveau à Washington six mois plus tard, en pleine canicule. Reagan n'avait jamais caché son aversion pour les armes nucléaires. Les scientifiques avaient beau débattre des mérites ou des autres aspects de la « Guerre des étoiles », Reagan s'entêtait à croire que son programme spatial allait diminuer et peut-être faire disparaître la menace nucléaire, tout bonnement parce qu'il était capable de détruire les missiles à têtes nucléaires avant que ceux-ci n'atteignent leur cible. En outre, l'idée commençait à s'imposer que les Etats-Unis pourraient entraîner l'Union soviétique dans une course aux armements dont l'économie soviétique ne pouvait supporter les frais.

Comme ses prédécesseurs, Gorbatchev espérait amener l'Occident à limiter volontairement ses forces de résistance et de défense, tout en acceptant aussi les traités grâce auxquels la doctrine Brejnev se perpétuait. La perestroïka, cette version de la détente que Gorbatchev appliquait à l'intérieur de son pays, semblait être le genre de normalisation que l'Occident avait espéré pendant si longtemps. A l'Ouest, la réputation de Gorbatchev montait en flèche : il fut l'homme politique de l'année en Allemagne, l'homme de la décennie pour le magazine *Time*, le destinataire de nombreux honneurs et notamment du prix Nobel de la Paix.

Limitée à l'Union soviétique, la perestroïka aurait pu, à la longue, conduire au genre de renouveau que Gorbatchev préconisait, tout en préservant les fondements d'une activité ultérieure digne d'une superpuissance. Il eût suffi que Gorbatchev prît prétexte du discours sur « l'Empire du mal » prononcé par Reagan pour geler les rencontres au sommet et réduire les dépenses militaires jusqu'au moment où des ressources supplémentaires auraient été disponibles. Personne à l'Ouest ne pouvait véritablement percer les secrets des Soviétiques. La moindre désinformation selon laquelle les dépenses militaires continuaient d'augmenter en URSS avait toute chance d'être efficace. Personne n'a encore expliqué pourquoi Gorbatchev a préféré s'entêter à étendre simultanément la perestroïka à sa politique étrangère.

La suprématie soviétique avait toujours reposé sur la volonté indubitable de recourir à la force comme instrument ultime et déterminant de la politique menée par le Kremlin. La lutte des classes imaginaire que se livraient à l'échelle mondiale le communisme et le capitalisme avait servi à plaquer le masque de l'idéologie sur une attitude faite de brutalité pure et simple. A présent la politique étrangère soviétique, dans la foulée de la perestroïka menée à l'intérieur du pays, était obligée de faire face à des craintes et à des espoirs bien réels et identifiables. Des conséquences énormes en découlèrent. La nature de la Guerre froide était remise en question. La division de l'Allemagne, l'occupation des démocraties populaires et des républiques baltes avaient été justifiées par une idéologie qui se trouvait désormais en voie de redéfinition. Maints conflits d'intérêts nationaux à l'intérieur de l'Union soviétique avaient été réprimés par le recours à la force au nom de l'idéologie. En jetant le moindre doute sur les justifications idéologiques des conquêtes communistes on allait de toute évidence ouvrir les vannes à des récriminations voire à de véritables haines issues du passé. Les populations des nations soumises savaient qu'elles avaient été soviétisées à main armée et contre leur volonté. Elles allaient manifestement chercher à voir jusqu'où leurs divers nationalismes pouvaient à présent rebondir. Répudier l'usage de la force c'était méconnaître complètement le caractère fondamental du communisme.

Gorbatchev, certes, ne devait jamais aller jusque-là. Au contraire, les troupes soviétiques allaient faire feu sur la foule et tuer des manifestants dans presque tout l'empire, à Tbilissi, dans la région du Nagorny-Karabakh, à Bakou, dans le bassin de Ferghana en Ouzbékistan, à Riga et à Vilnius. Pour horribles que de telles scènes aient été, elles ne pouvaient se comparer aux atrocités commises au cours des soixante-dix années précédentes. La différence des intentions était frappante. Les anciens dirigeants soviétiques s'étaient glorifiés d'avoir ordonné les bains de sang nécessaires à une louable expansion du monopole exercé par le pouvoir communiste. Gorbatchev, lui, en était gêné au point de se chercher parfois des faux-fuyants; il aimait nier toute responsabilité à cet égard non sans traiter de voyous les nationalistes et autres manifestants qu'il menaçait de réactions brutales s'ils descendaient dans les rues.

Mais plus il insistait sur les vertus thérapeutiques de la perestroïka en tout lieu, plus il affaiblissait le lien qui seul perpétuait par la force la situation de son empire voire sa situation personnelle. Ce paradoxe était bien son œuvre à lui.

Dans les conférences au sommet comme partout ailleurs, Gorbatchev faisait des propositions spectaculaires quant à la réduction des forces armées soviétiques et à l'avenir des armements. L'année 1987 marqua un tournant lorsqu'il souleva un nouveau lièvre en parlant d'une « maison commune européenne » ; cette formule répondait aux intérêts du nationalisme plus qu'à ceux de l'idéologie. Dans un discours prononcé aux Nations Unies le 7 décembre 1988, il fit une déclaration qui produisit un effet retentissant dans le monde entier et contribua peut-être plus que toute autre chose à consolider son image d'homme d'Etat. « La force et la menace de la force ne peuvent plus être, et ne devraient pas être les instruments d'une politique étrangère. Ceci s'applique en priorité aux armes nucléaires mais va encore plus loin. Tout le monde, et surtout celui qui est le plus fort, a l'obligation de se retenir, et d'exclure totalement le recours à la force extérieure. » Ce message, il l'a répété avec persévérance. Dix mois plus tard, par exemple, prononçant un discours à Helsinki, capitale où le mot « finlandisation » avait pris tout son sens et désigné une collaboration avec l'Union soviétique, il déclarait : « Il ne peut y avoir aucune justification au recours à la force – que celle-ci soit employée par une alliance militaro-politique contre une autre alliance, ou contre un membre de l'alliance, ou contre des pays neutres par rapport à l'un des camps. »

Pour le poste de ministre des Affaires étrangères chargé de prendre la tête des changements à venir, il choisit Edouard Chevardnadzé. Celui-ci, né en 1928 dans un village de Géorgie, avait fait une carrière orthodoxe, d'abord au sein du Komsomol, puis à l'intérieur du parti. Il s'était élevé dans la hiérarchie grâce à ses relations avec les forces de police du ministère de l'Intérieur et peut-être avec le KGB. En 1976, lors d'une conférence du parti géorgien, il avait déclamé dans le style de rigueur : « La Géorgie est appelée le pays du soleil. Or pour nous le vrai soleil se lève non pas à l'Est mais au Nord, en Russie – le soleil des idées de Lénine. »

La corruption en Géorgie était entrée dans les mœurs. Konstantin Simis a décrit comment Chevardnadzé s'est employé à en mesurer l'étendue, dans le but de faire pression sur les personnes corrompues soit pour que celles-ci lui obtiennent de l'avancement soit pour qu'elles s'écartent de sa route. Personne n'était aussi corrompu que Vassili Mjavanadzé, le premier secrétaire de la Géorgie depuis des temps immémoriaux. « Il se montrait exceptionnellement modéré et confiant », écrit innocemment Chevardnadzé à propos de son protecteur local. « Mais je ne pouvais pas fermer les yeux sur certains traits de son caractère... chaque fois que j'avais l'occasion de lui en parler, je le faisais. Ensuite de quoi, peu de temps après, on m'offrit le poste de premier vice-ministre de l'Ordre public en Géorgie. » Seuls ceux qui ont participé à cette épreuve de force particulière pourraient donner leur juste valeur au chantage implicite et aux menaces de dénonciation proférées par l'une des parties, tandis que la partie adverse était en proie à la peur et à toutes sortes de spéculations sur la meilleure manière d'acheter le silence d'un rival dangereux. Chevardnadzé ne tarda pas à devenir le premier secrétaire de la Géorgie à la place de Mjavanadzé. Comme l'exprima modestement Chevardnadzé : « Je n'avais pas le choix, il me fallait jouer le jeu. »

Devenu ministre des Affaires étrangères, il se hâta de limoger sept de ses neuf vice-ministres et sept de ses dix ambassadeurs extraordinaires, la moitié des seize directeurs placés à la tête des directions régionales, et soixante-huit ambassadeurs. Peu d'hommes ont été autant que lui dévoués à Gorbatchev, ont avec autant de persévérance apporté leur appui à la politique suivie par le secrétaire général tout au long de son évolution. Chevardnadzé, à l'occasion du soixantième anniversaire de Gorbatchev, lui a écrit une lettre que Raïssa Gorbatchev cite dans ses mémoires : « Pendant une grande partie de ma vie j'ai moi aussi servi la cause du parti aussi bien que je l'ai pu... Mes doutes... ont toujours été atténués par ma conviction que l'heure décisive et critique allait sonner pour notre mère-patrie. Maintenant qu'elle a sonné je sens pour la première fois que ma vie est en accord parfait avec celle du parti et du peuple. »

En février 1987, alors qu'il se trouvait en visite officielle à Berlin-Est, il répéta la doctrine de l'Acte final d'Helsinki. « Nous croyons que la stabilité et l'inviolabilité des frontières existantes, qui ont surgi de la Seconde Guerre mondiale et sont consacrées par le droit international, fournissent la garantie la plus valable pour le développement de l'Europe dans la paix et la tranquillité. » L'existence des deux Etats allemands en apportait la preuve. Il était impossible d'entrevoir le grand spectacle de la réunification pourtant imminente.

L'année suivante, répondant à Gorbatchev, au cours de la Dix-neuvième conférence du parti, Chevardnadzé annonça pour la première fois publiquement aux membres de la nomenklatura que toute la base idéologique sur laquelle reposaient leur pouvoir et leur monopole allait leur être ôtée sous les pieds. La politique étrangère, déclara-t-il, ne serait plus conduite comme un prolongement de la lutte des classes. « Nous sommes en train de mettre en œuvre une politique étrangère qui supprimera pour toujours toute divergence entre nos idéaux et notre comportement... L'hostilité entre les deux systèmes adverses ne constitue plus l'élément déterminant de l'Histoire contemporaine. »

Ligatchev, pour sa part, comprit vite que ce virage signifiait la fin du parti et de l'Union soviétique. A partir de là, il annonça à intervalles réguliers que la réunification de l'Allemagne pointait à l'horizon, ce qui, si cela se produisait, allait faire perdre à l'Union soviétique le principal avantage qu'elle avait tiré de la Seconde Guerre mondiale. Il passa même à la contre-attaque : selon lui, la lutte des classes et la politique étrangère restaient identiques à elles-mêmes. Dans ses mémoires, il écrit sur un ton méprisant : « Je fus étonné par l'élasticité des opinions politiques de Chevardnadzé, son empressement permanent à approuver les dirigeants en tout. »

« Si nous devions avoir recours à la force, déclara Chevardnadzé au secrétaire d'Etat américain, James Baker, en juillet 1989, cela signifierait la fin de la perestroïka. Nous aurions échoué. Ce serait la fin de tout espoir dans l'avenir, la fin de tout ce que nous essayons de faire, du nouveau système que nous cherchons à créer en nous fondant sur les valeurs humanistes. Nous ne vaudrions pas mieux que nos prédécesseurs. Nous ne pouvons pas faire marche arrière. »

Peut-être parce qu'il était géorgien a-t-il compris plus nettement que Gorbatchev comment le communisme s'était imposé par la force et n'avait jamais été volontairement choisi. Il se savait incapable de répliquer à Ligatchev et aux autres, sauf à brandir le spectre d'options bien plus graves. Piètre orateur, il avait toujours l'air de se lamenter à la tribune. Au moment du Vingt-huitième congrès du parti, en juillet 1990, les démocraties populaires avaient déjà repris leur destin en main et l'Allemagne allait, dans les trois mois, accéder à sa réunification finale. On demanda à Chevardnadzé si lui et Gorbatchev avaient pu penser que leurs activités allaient amener la fin du communisme et de l'empire soviétique. « L'effondrement du socialisme en Europe de l'Est représente-t-il un échec pour la diplomatie soviétique ? rétorqua-t-il. Ce serait le cas si notre diplomatie avait cherché à empêcher les changements qui se sont produits dans les pays voisins. La diplomatie soviétique n'a pas voulu et ne pouvait pas tenter de résister à la liquidation de ces régimes totalitaires, imposés par l'étranger. » La *Pravda* reproduisit cette déclaration qu'il fit à cette époque : « Par principe, nous l'avions pressenti, nous le savions. Nous sentions que si des changements sérieux ne survenaient pas, il en résulterait des événements tragiques. »

Les communistes partisans de la ligne dure dans son propre ministère allaient le critiquer en 1990, quelques mois avant sa démission. L'Union soviétique avait perdu le respect du monde. C'était un grand pays, répliqua Chevardnadzé devant cette accusation, « mais grand en quoi ? Par son territoire ? Sa population ? Ses stocks d'armements ? Ou les ennuis de sa population ? L'absence de droits individuels ? La débauche ? De quoi pouvons-nous être fiers, nous qui avons quasiment le plus fort taux de mortalité infantile de la planète ? Il n'est pas facile de répondre à ces questions : que sommes-nous et que souhaitons-nous être ? Un pays redouté ou un pays respecté ? »

Jeune d'allure, voire même fringant, au moment de sa nomination, Chevardnadzé prit rapidement de l'âge en exerçant ses hautes fonctions ;

ses traits s'empâtèrent et ses cheveux blanchirent. L'expression de son visage fut bientôt celle d'un homme traqué. L'étiquette de l'Etat-parti ne faisait pas grand cas du ministre des Affaires étrangères ; ce n'était qu'un sous-fifre chapeauté par le département international du Comité central qui empiétait en coulisses sur ses responsabilités. Chargé de faire face au nom de Gorbatchev, il sut habilement tirer le meilleur parti d'un poste de plus en plus désespérant, présenter un visage souriant sur les photos qui immortalisaient les réunions d'hommes d'Etat du monde entier, jeter aux orties l'armure de dogmes qui lui avait servi à réaliser ses ambitions.

Viatcheslav Dachitchev s'est acquis une réputation internationale grâce à sa perspicacité politique, son réalisme et sa clairvoyance. De 1982 à 1990 il avait dirigé un département dans l'une des cellules de réflexion les plus influentes de Moscou où l'on étudiait le système socialiste mondial. Il dirigeait aussi une commission d'universitaires pour le compte du ministère des Affaires étrangères.

Selon lui, le traité d'Helsinki a déclenché toute une série d'événements. L'Union soviétique a obtenu le droit de s'étendre dans le tiers-monde ; cela pouvait donner une impression de force mais compromettait en réalité l'isolement sans lequel le système ne pouvait prospérer. En accroissant son influence dans des pays comme l'Angola et l'Ethiopie, l'URSS remettait en cause la détente et persuadait l'Occident que les dirigeants soviétiques n'avaient aucune intention de relâcher la tension. Certains, comme Mikhaïl Souslov, l'ancien responsable du département de l'idéologie, avaient voulu mettre un terme à la détente qui leur paraissait néfaste. Non seulement la position des dirigeants soviétiques s'en était ressentie, mais le gouvernement américain du président Reagan réagit en adoptant le projet relatif à la « Guerre des étoiles » qui alourdissait le fardeau des dépenses d'armements imposées à l'Union soviétique et se traduisait ainsi par une stratégie visant à épuiser l'adversaire. Dès le début des années 80, Dachitchev et d'autres avec lui en étaient venus à conclure que cette politique d'expansion stalino-brejnevienne conduisait le pays dans une impasse. C'est alors qu'il se mit à préparer des notes pour faire connaître ce point de vue.

Il prit notamment position dans un texte écrit en novembre 1987 sous le titre : *Certains aspects de la question allemande*. « C'était la première fois depuis les années 1950 que la possibilité d'une réunification allemande était envisagée. Il y eut une réaction très négative au ministère de la Défense, à celui des Affaires étrangères et au sein de sa propre commission universitaire ainsi que dans d'autres institutions du parti. J'avais préparé ces notes sur notre politique allemande pour le compte de Chevardnadzé et les avais fait transmettre à Gorbatchev. Chevardnadzé déclare que dès 1986 il en était arrivé à penser que la question allemande ferait partie de l'ordre du jour de la constitution européenne. Il s'agissait d'un sujet tabou que l'on ne pouvait pas aborder au grand jour. La division de l'Allemagne nous avait permis de maintenir notre hégémonie sur l'Europe de l'Est. C'était, de notre part, une politique vraiment hitlérienne en ce sens qu'elle donnait la priorité aux objectifs politiques par rapport aux questions économiques et spirituelles. Pourtant la nomenklatura et l'armée avaient bonne conscience dans ce domaine. Mais tant que l'occupation se prolongeait nous ne pouvions pas espérer réformer quoi que ce soit.»

Tout comme le département international du Comité central sous la direction de Valentin Faline, les militaires critiquèrent durement ces notes de Dachitchev. En juin 1988, à l'ambassade soviétique de Bonn, ce dernier déclara pourtant que le mur de Berlin était un vestige de la Guerre froide et devait disparaître. Cela fit sensation. Le lendemain, le journal du parti communiste est-allemand, *Neues Deutschland*, entamait une polémique contre lui et contre l'impérialisme allemand pour faire bonne mesure; Honecker avait en personne ordonné la publication de cet article.

Selon Dachitchev, «nous nous sommes dit que la politique du régime de Honecker allait entraîner une crise politique et économique dans le proche avenir. D'une façon générale, la division de l'Allemagne ne présentait plus aucun avantage».

Le recours à la force, ajoute-t-il, «pose toujours une question délicate». Si la force avait été utilisée en République démocratique allemande en octobre 1989, cela aurait entraîné la chute de Gorbatchev. Chaque fois que l'on avait cherché à réprimer les révoltes européennes, par exemple en 1956 et en 1968, on avait du même coup renforcé la position des réformateurs présents dans le Politburo et au Comité central. La force aurait pu exploser au visage de Gorbatchev, fournir aux militaires et aux irréductibles la possibilité de prétendre qu'il détruisait le socialisme en provoquant un bain de sang. «Une des principales raisons pour lesquelles Gorbatchev n'était pas enclin à utiliser la force c'était sa crainte de jouer le jeu du maréchal Iazov, d'Oustinov, de Ligatchev et de Tchebrikov. Ils réclamaient, eux et leurs semblables, que l'on intervienne pour restaurer le Mur. Nous, au contraire, nous proposions d'abandonner la doctrine Brejnev parce qu'il en coûtait trop de conserver l'empire et aussi parce que les peuples qui dominent les autres ne sont pas libres eux-mêmes. A ma grande consternation, très peu de gens pensaient comme moi.»

Nommé ministre des Affaires étrangères en avril 1985, Chevardnadzé rencontra aussitôt le secrétaire d'Etat George Shultz à Helsinki où il se fit accompagner par Sergueï Tarasenko. Celui-ci, sous différents titres – adjoint, conseiller, chef du personnel, directeur de la planification politique –, restait le bras droit de Chevardnadzé. Né en 1937 à Lipetsk, Tarasenko est ukrainien d'origine. Alors qu'il conduisait dans sa jeunesse une machine à vapeur, il entendit dire par un secrétaire du Komsomol, ami de sa mère, que le ministère des Affaires étrangères finançait un établissement d'études supérieures dont l'existence était tenue hautement secrète et où il recrutait les quatre cinquièmes de son personnel. En 1956 ce collège avait décidé de diversifier les effectifs de ses étudiants. Grâce à son passé d'ouvrier, il put y faire ses études et se spécialiser dans la connaissance de l'Amérique. Anatoli Dobrinine, ambassadeur soviétique à Washington pendant de nombreuses années, le distingua et à l'époque où Chevardnadzé devint ministre, il était le numéro deux du bureau américain.

« Nous nous inscrivions tous dans un cadre précis », fait remarquer Tarasenko. La carrière passait avant tout. Seuls ceux qui étaient payés pour veiller sur l'idéologie se souciaient du marxisme-léninisme. C'était purement rituel. « Il était politiquement correct d'avoir Lénine dans votre bibliothèque. Si vous deviez enseigner le marxisme ou écrire un discours, vous vous empressiez de citer Lénine, et il existait un livre de citations, deux volumes, à propos de ce que Lénine avait dit sur la politique étrangère ; il vous suffisait de vous reporter à l'index. Sur le plan humain, permettez-moi d'évoquer mon père qui avait dix ans en 1917, participa à la collectivisation et a assisté à l'effondrement du système. Tout cela en l'espace d'une seule vie. »

Chevardnadzé n'était pas vraiment un policier de formation, d'après Tarasenko. La règle en vigueur dans la nomenklatura voulait que chacun fût affecté à tel ou tel poste, en fonction de la situation dans laquelle se trouvait le parti et du propre rang de l'intéressé. Chevardnadzé, doté d'un tempérament d'homme politique et de diplomate, réussit en Géorgie à entretenir de bonnes relations avec Moscou tout en prenant des positions qui n'étaient pas claires du point de vue idéologique. « Il devait accumuler un certain nombre de jetons qui lui seraient remboursés à Moscou. Il courtisait Brejnev et les autres dirigeants. Vous n'aviez pas une chance de survivre plus d'une semaine si vous vous permettiez de dire quoi que ce soit contre Moscou. La capitale était le centre du monde. Mais tout le monde allait faire un tour en Géorgie pour y être reçu en grande pompe, à grand renfort de dîners bien arrosés de vin ; et Chevardnadzé s'en tirait à merveille, se montrait plein d'attentions pour les épouses et les membres de la famille, offrait des cadeaux, de sorte qu'ils se disaient entre eux, voilà un type malin. Lorsqu'il s'agissait d'obtenir du pétrole ou quelque autre fourniture essentielle à la république, il était courant que le représentant de la Géorgie emporte à Moscou des caisses de vieux cognac pour les donner à la personne qui avait le pouvoir de vous accorder ce dont vous aviez besoin. On était bien obligés de vivre dans ce système. Il engendrait de bons diplomates. Moi, je savais qu'il me fallait faire quelque chose pour mon patron, rien que pour avoir l'esprit tranquille. Et tout le monde agissait ainsi. Ça devenait acceptable et on n'allait pas chercher plus loin. Telle était la coutume, la façon soviétique de faire les choses. » L'idée de Chevardnadzé, qu'il essayait de mettre en pratique avec Gorbatchev, c'était que le parti devait ouvrir la voie en introduisant la démocratie dans ses rangs. Sinon le parti serait le grand perdant. Le rêve serait de faire en sorte que l'Union soviétique devienne une société industrielle moderne intégrée à l'économie mondiale. « Nous n'étions pas des théoriciens, nous constations seulement que les choses allaient mal et nous aurions voulu les améliorer. Que signifiait le retard de l'URSS ? Pourquoi n'avions-nous pas de biens de consommation ? Pourquoi ne pouvions-nous pas voyager dans le monde comme le faisaient tous les autres ? » D'une certaine manière, Chevardnadzé avait surmonté les préjugés inhérents à son héritage totalitaire, pense Tarasenko, et donné libre cours à ses instincts démocratiques innés. « Il est chaleureux et prévenant. Peut-être était-ce à cause de sa culture, cela vient du milieu familial. »

Chevardnadzé avait l'habitude de se réunir en tête à tête avec Gorbatchev, pendant une ou deux heures, deux fois par semaine. Au cours des premières années de la perestroïka, Gorbatchev lui demandait des commentaires précis sur les affaires intérieures, les questions constitutionnelles et les problèmes du parti. La tactique de Chevardnadzé consistait à prendre les devants pour persuader Gorbatchev. Pendant leurs réunions en petit comité il ne parlait pas beaucoup. Lorsqu'il voyageait à l'étranger, Gorbatchev aimait réunir toute son équipe autour de lui, et tout le monde faisait assaut de compliments tandis que Chevardnadzé restait assis à siroter son thé. L'un de ses traits de caractère était de ne jamais faire étalage des bonnes idées qu'il avait eues.

« Il avait l'esprit vif, une mémoire extraordinaire et la faculté de comprendre les choses, il lui fallut deux mois tout au plus pour prendre les affaires en main. Il savait lier les questions de relations extérieures aux problèmes de politique intérieure. Pour lui, la politique étrangère servait à influer sur l'évolution intérieure du pays. Par le passé, la relation entre l'une et l'autre avait subi des distorsions. A l'Ouest, la politique étrangère est déterminée par les possibilités de financement, par les ressources disponibles et les intérêts en jeu. Nous faisions le calcul inverse. Le pays pouvait être au bord de la ruine mais le gouvernement prétendait trouver l'argent pour parvenir à ses fins dans le domaine international. »

Dès le premier mois de décembre qui avait suivi son entrée en fonction, Chevardnadzé présenta un rapport sur sa politique pendant une conférence du parti organisée au sein du ministère des Affaires étrangères. Ce texte fut publié mais en vue d'une diffusion limitée. Au mois de mai suivant, il s'arrangea pour persuader Gorbatchev de donner une conférence dans son ministère, de façon à légitimer ce qu'il avait personnellement entrepris de faire. Le laïus de Gorbatchev, en apportant sa bénédiction à Chevardnadzé, ouvrait davantage encore la voie du changement. La Dix-neuvième conférence du parti entérina la mise au rancart de la notion selon laquelle la lutte des classes était le fondement de la politique étrangère. En décembre 1986 Chevardnadzé avait convoqué la première de ce qui était censé devenir des réunions annuelles pour les fonctionnaires et ambassadeurs du ministère, lesquels devaient y préparer les changements à venir ; mais Gorbatchev l'ajourna en refusant de prononcer une autre allocution au ministère des Affaires étrangères. « Personne ne savait ce que les décisions prises lors de ces conférences et congrès signifiaient réellement. Il y avait une grande latitude à ce sujet. Seul un membre du Bureau politique avait le droit d'interpréter les principales décisions du parti et celui qui s'y livrait le premier était aussi celui qui faisait désormais autorité là-dessus. Les individus de rang inférieur ne se risquaient pas à provoquer la foudre. Il fallait beaucoup de courage pour s'opposer à un membre du Politburo. Le secrétaire général pouvait en dernier ressort décider de le limoger. Mais si un membre du Bureau politique disait ce qu'était la ligne, sans que cela entraîne son limogeage, alors telle *était* bien la ligne. Il existait un accord tacite quant aux prérogatives de chacun. Un membre du Politburo ne cherchait pas à empiéter sur les responsabilités d'un collègue. Tous signaient tout simplement une note "en faveur" d'une thèse sans la lire. Si quelqu'un manifestait l'envie d'y faire obstacle, on le lui ferait payer plus tard. Si vous vous mêliez des affaires de la Défense ou du KGB, à la prochaine occasion les intéressés s'immisceraient à leur tour dans votre domaine.

« Le lendemain du jour où Chevardnadzé a aboli la notion de lutte des classes [en politique étrangère] nous avons appris par une réaction de Ligatchev, agissant au nom du Comité central, que Chevardnadzé avait outrepassé les bornes. Son discours, tel qu'il l'avait prononcé, était bien plus explicite qu'il n'y paraissait dans la version publiée. Nous nous sommes efforcés de minimiser les dégâts. Tchernïaïev, l'assistant de Gorbatchev, me téléphona pour me dire : Dieu merci, enfin cela a été dit, la voie est ouverte pour que les autres soulèvent l'argument à leur tour. Mais Ligatchev ne pouvait passer l'éponge. Deux semaines plus tard, Gorbatchev partait en vacances, ce qui fournit à Ligatchev l'occasion de mettre les choses au point sur le plan idéologique. Prenant la parole dans la ville d'Elektrostal, près de Moscou, il s'en prit ouvertement à ceux qui jetaient la confusion dans les esprits en soutenant qu'il n'y avait plus de lutte des classes dans l'arène internationale. A l'époque nous nous trouvions à Kaboul, et c'est là-bas que nous avons publié une interview dans un journal pour réfuter la déclaration de Ligatchev ; nous avons même utilisé son propre langage en l'accusant d'être à l'origine de la confusion introduite dans l'esprit des gens. C'était un jeu, mais un jeu dangereux. Au ministère, il subsistait une faction non négligeable d'irréductibles et nous étions en butte à une hostilité considérable. Les gens formés à l'ancienne école affirmaient qu'avant de parler à quelqu'un mieux valait commencer par le rouer de coups, pour qu'il comprenne bien votre point de vue. Nous tenions des tas de réunions avec le corps consulaire, les ministres des républiques fédérées, la communauté scientifique, afin que Chevardnadzé puisse enfoncer le clou pour faire admettre les nouvelles idées. »

Connaissait-il bien le détail des négociations sur les armements ?

« Incroyablement bien. Personne n'était assez calé pour le conseiller ou le corriger. En écoutant le secrétaire d'Etat américain, Shultz ou Baker, il lui arrivait de buter sur une phrase mal traduite mais il comprenait le sens général, relevait le passage douteux et le commentait ultérieurement pour le clarifier. Techniquement, il faisait des prouesses.

« Les accords allaient dans le sens des intérêts de l'Union soviétique. Rien ne servait de couper les cheveux en quatre et de compter les missiles. Nous ne pouvions pas nous permettre de continuer à porter le fardeau. Les militaires ont perdu la partie parce que pendant très longtemps ils n'ont pas été capables de croire que l'on pourrait arriver à un accord. Ils pensaient pouvoir l'empêcher. Leur attention n'a pas été attirée par le fait qu'à un moment donné nous avions franchi une étape et que l'accord était devenu inévitable. Personne, sauf le ministère des Affaires étrangères, n'était favorable au désarmement. L'armée faisait pression pour que nous nous lancions dans la "Guerre des étoiles". Nous soutenions que le programme ne pourrait jamais se réaliser et que si nous nous entêtions à chanter toujours les mêmes rengaines nous finirions par nous faire du tort en prêtant le flanc à la critique et en suscitant de nouvelles pressions intérieures. »

Chevardnadzé semble avoir décidé très tôt d'abandonner les satellites de l'Union soviétique.

« Lorsqu'un des pays satellites avait envie de faire quelque chose sur le plan international, l'usage était qu'il nous demande notre avis. Nos experts s'occupaient d'y répondre pour dire, par exemple, que l'idée était bonne mais qu'il fallait attendre le moment opportun, ou encore que l'idée devait être abandonnée. Peu après être devenu ministre, Chevardnadzé fut donc prié de donner un avis de ce genre et il répondit qu'il ne lui appartenait pas de conseiller les pays intéressés lesquels étaient des Etats souverains et avaient le droit de faire ce qu'ils croyaient nécessaire. Il s'échauffa même à ce propos et je me rappelle qu'il déclara : Il faut mettre fin à cette pratique. »

Chevardnadzé se faisait accompagner par Tarasenko aux réunions du Comité central. Celles-ci étaient encore bien orchestrées jusqu'en 1986 ; quand Gorbatchev faisait un discours, les orateurs lui apportaient leur appui et le félicitaient, sous des tonnerres d'applaudissements. « Puis ce fut le déclin. L'auditoire commença à se montrer plus froid. Quel que fût le sujet abordé par Gorbatchev, la salle restait sans réaction. Rien qu'un silence de glace. Les gens partaient ou le critiquaient à demi-mots. Il craignait de mettre une question aux voix parce qu'il risquait d'essuyer une défaite ; il se dérobait en renvoyant l'affaire devant le Bureau politique. Il manœuvrait sans cesse ; il était bien plus vif et plus intelligent que la moyenne des hommes rassemblés dans la salle – certains d'entre eux savaient à peine écrire. En tout, il y avait là quelque 700 personnes, à savoir les membres permanents, les membres de passage, les candidats membres, et peut-être quelque 200 invités, des représentants de la presse et des militaires très voyants dans leurs uniformes. Au fur et à mesure que les attaques contre lui se faisaient plus hostiles, Gorbatchev commença à se désintéresser de ces séances.

«En fait, ces membres du Comité central estimaient que le secrétaire général les conduisait à la ruine. Ils allaient perdre leur emploi. Pour avoir voulu conserver à ces gens leur situation, on avait sacrifié les intérêts supérieurs du parti et de la société et c'était une politique extrêmement préjudiciable. A la veille des élections, ils continuaient à discuter et à marchander pour savoir s'ils resteraient encore en fonctions pendant dix ou quinze ans, sans comprendre que leurs jours étaient comptés. Gorbatchev a fait la même erreur, en croyant jusqu'au dernier moment que le parti le soutiendrait. Pendant la Dix-neuvième conférence du parti, Eltsine a essayé de rentrer dans le rang en demandant son pardon. Il serait volontiers redevenu un fonctionnaire du parti et aurait collaboré avec Gorbatchev, mais quand cela lui a été refusé, il s'est résigné à en appeler au peuple et à se dire démocrate. On ne peut pas le comparer à Chevardnadzé.»

Au ministère des Affaires étrangères, dit Tarasenko, l'opinion générale était hostile à l'usage de la force. Mais personne ne pouvait être sûr que l'armée ne bougerait pas. Les réactions possibles de l'Occident ne comptaient en aucune façon. Les inconvénients de l'intervention militaire en Hongrie, en 1956, avaient été supportables, et l'invasion de la Tchécoslovaquie en 1968 s'était avérée payante. Dans l'hypothèse où l'on aurait tenté de liquider le mouvement Solidarité en Pologne, Chevardnadzé avait la certitude qu'un bain de sang de grande envergure aurait lieu et se traduirait par un échec politique. L'impossibilité de soumettre l'Afghanistan montrait bien qu'il était plus rentable de ne pas utiliser la force dans certaines circonstances. Dès son entrée en fonction, Chevardnadzé fit de ce raisonnement la pièce maîtresse de sa politique.

Annoncer à l'avance que l'on exclut l'usage de la force c'est se lier les mains soi-même.

«Certaines personnes critiquaient Gorbatchev sur ce point. Mais la situation dans laquelle se trouvait le pays signifiait que tout recours à la force aurait pu précipiter un effondrement violent. Au lieu de préserver l'empire, cela se serait terminé dans le sang.»

Gorbatchev avait-il confié à Chevardnadzé le soin de régler la question de la réunification allemande?

«Je dirais plutôt que Chevardnadzé a sauté sur l'occasion. Une des choses qui l'y aidèrent fut la rapidité avec laquelle se produisit l'évolution. Le département international du Comité central avait l'habitude des discussions longues et lentes. Chevardnadzé a agi rapidement. Il a été assez malin pour voir que l'événement allait se produire de toute façon. Pour nous, l'alternative était de nous retrouver hors du coup ou de faire accélérer un règlement dans lequel nous aurions quelque chose à gagner. Doucement, nous nous sommes dégagés d'une situation qui, en puissance, était dangereuse, coûteuse et conduisait à un cul-de-sac. Nous sommes mieux lotis avec une zone tampon entre nous et l'OTAN. Nos alliés, en Europe de l'Est, n'étaient pas dignes de confiance, ils auraient pu nous tirer dans le dos. »

S'il existe un homme qui a vraiment été l'artisan de la politique soviétique en Afrique et dans le tiers-monde, c'est bien Vassili Solodovnikov. Fonctionnaire au ministère de la Défense, il a profité du poste qu'il a longtemps occupé aux Nations Unies, à New York, pour soutenir les mouvements de libération nationale. Nommé ambassadeur en Zambie, il a été le principal diplomate soviétique en Afrique. Pour lui, la Guerre froide, sous l'éclairage de l'Histoire, était une conséquence naturelle de la rivalité entre les grandes puissances, et ne présentait pas que des aspects négatifs.

L'appui qu'elle accordait aux mouvements de libération et au terrorisme permettait à l'Union soviétique de prendre pied dans plusieurs régions du monde. Son intérêt sous-jacent n'était pas matériel mais idéologique. « Nous étions sûrs d'affaiblir les riches pays de l'Ouest dont les systèmes économiques étaient fondés sur le colonialisme et sur l'abaissement du prix des ressources naturelles. Il nous en coûtait moins que l'on aurait pu croire. Ça ne représentait pas beaucoup d'argent. Les équipements militaires n'étaient pas de bonne qualité et bien des citoyens de ces pays ont désormais fait leurs études dans nos institutions. »

D'après Solodovnikov, la Guerre froide a été livrée par l'intermédiaire d'autres peuples – par Africains, Arabes, Afghans, Vietnamiens et Cambodgiens interposés. Dans un sens ils en ont été les victimes. Solodovnikov admet aisément que l'Ethiopie, le Mozambique ou l'Afghanistan sont devenus des pays de cauchemar ou qu'ils ont même cessé de fonctionner comme des pays normaux. Mais le tribalisme, l'intolérance religieuse, la présence locale de seigneurs de la guerre conduisaient de toute façon ces pays à des conflits armés. Les ingérences extérieures n'en ont été que les effets et non les causes. L'affrontement entre les superpuissances apportait, pour sa part, une sorte de stabilité générale tout en favorisant une concurrence qui transformait souvent les victimes en vainqueurs. Les autorités locales pouvaient jouer sur les deux tableaux pour obtenir de l'aide et des armes. Tout ce qui pouvait arriver dans des coins reculés du monde avait beaucoup moins d'importance que le maintien d'un équilibre – sans doute fort peu agréable mais pacifique – en Europe.

« Quand j'étais directeur du département de l'Afrique occidentale, dans les années 1960, je recevais pratiquement les dirigeants de tous les pays africains. Nombreux étaient ceux qui venaient dans l'intention d'imposer le socialisme chez eux et je leur disais que c'était impossible. Il fallait d'abord que leur évolution économique engendre une classe ouvrière. » C'était parfois un choc pour les Soviétiques quand ces régimes se proclamaient communistes. Pour des raisons idéologiques, il leur était impossible de refuser assistance au Mozambique ou à l'Afghanistan même si ces pays ne réunissaient pas les conditions d'une aide efficace.

« Quand nous avons cessé de proclamer que la lutte des classes était le fondement de notre politique étrangère, j'ai été très hostile à cette attitude et j'ai écrit deux ou trois lettres à Chevardnadzé. Les divisions sociales étaient une réalité en Afrique où il y avait des pauvres et des riches. Chevardnadzé a orienté notre politique vers l'Occident et ignoré, pratiquement, les pays en voie de développement. Dans mes lettres je lui disais que c'était une erreur et que nous devions continuer à les soutenir. » L'idée de séparer la politique étrangère de l'idéologie était venue de Gorbatchev et de son équipe, notamment de Iakovlev, dit Solodovnikov. Or celui-ci précise qu'il s'était vu offrir un poste par ce même Iakovlev en 1984 dans un institut spécialisé dont l'autre était directeur; et, à cette époque encore, notre interlocuteur tenait Iakovlev pour un communiste orthodoxe. Le changement d'esprit qui s'est produit chez un tel homme est « très surprenant », dit-il.

12

« Un homme avec qui on peut traiter »

Les communistes impénitents se plaisent à attribuer l'effondrement de leur Etat-parti aux infernales machinations de la CIA et de Wall Street. D'aucuns sont prompts à accuser leurs anciens dirigeants qu'ils taxent de vénalité voire de trahison pure et simple et dont ils dénoncent les comptes en banque à l'étranger, où les coupables auraient amassé leurs gains illicites et le produit de leur corruption. Or, pendant toute la période au cours de laquelle Gorbatchev était au pouvoir, le service de contre-espionnage antisoviétique au sein de la CIA était entre les mains d'Aldrich Ames, démasqué par la suite et condamné à la prison perpétuelle pour ses activités d'agent double au profit du KGB. S'il y avait eu subversion de la part de la CIA, les Soviétiques l'auraient appris longtemps à l'avance par cet homme. Une telle ironie du sort ne permet pourtant pas de démentir la théorie de la conspiration.

Le président Reagan et Mme Thatcher se distinguaient des autres dirigeants mondiaux par leur haine sincère du communisme. C'était pour eux une affaire d'éthique qui opposait le Bien et le Mal. Cette attitude moralisatrice ne troublait ni les présidents français ni les chanceliers allemands de l'après-guerre. Ceux-ci préféraient considérer l'Union soviétique – pour maladroite ou barbare qu'elle fût – comme un élément de l'équilibre des puissances plutôt que comme un adversaire radical et irréductible des valeurs défendues par les sociétés fondées sur le droit. L'ancien chancelier allemand Helmut Schmidt exprimait l'opinion de la majorité des autres dirigeants politiques européens quand il déclarait en 1985 qu'il ne croyait pas à l'efficacité des pressions exercées sur l'URSS.

Le rôle de la politique américaine, avouée ou clandestine, dans la défaite de l'Etat-parti, ne peut encore être établi. Sur le territoire des « démocraties populaires », les ambassadeurs des Etats-Unis avaient fréquenté de plus en plus ouvertement les dissidents et avaient parfois financé leurs voyages à Washington quand ces opposants voulaient y plaider leur cause. Mais on peut trouver plus symbolique que significatif le fait, pour Mme Thatcher, de faire un détour en vue de rencontrer Lech Walesa en Pologne et János Kádár en Hongrie. De même, le président Mitterrand au cours de fréquents voyages en Europe de l'Est avait manifesté sa sympathie pour les nouveaux émules de la démocratie. Sans plus.

Au cours de son second mandat présidentiel, de 1984 à 1988, Reagan avait modifié de façon ostentatoire le ton de ses déclarations sur l'Union soviétique. Après avoir réalisé son ambition de faire reculer ce qu'il appelait « l'Empire du Mal », en obtenant des concessions dans le domaine de la réduction et de la maîtrise des armements, Reagan avait réussi à renverser l'opinion publique américaine en faveur de Gorbatchev. Un sondage réalisé par l'institut Louis Harris vers le milieu de l'année 1986 montrait que plus de la moitié des avis exprimés étaient favorables au dirigeant soviétique. Deux ans plus tard, la même attitude se manifestait dans les trois quarts des réponses. Cette année-là, l'URSS n'était plus considérée comme un pays ennemi que par un tiers des Américains. Reagan et ses homologues européens s'efforçaient activement d'améliorer la réputation de Gorbatchev en multipliant les rencontres avec celui-ci, après quoi ils publiaient des déclarations favorables à la perestroïka dans des termes que n'auraient pas reniés les porte-parole soviétiques.

Le démantèlement d'un empire suppose des éclairs de violence et, dès le milieu de 1988, plusieurs guerres civiles se trouvaient déjà en gestation à l'intérieur des frontières de l'URSS. Aussi le besoin de stabilité semblait-il exiger que l'on soutînt Gorbatchev, ce que celui-ci ne manquait pas de souligner lui-même. Tout risque de réunification de l'Allemagne, répétait-il à l'encan, ne pourrait que faire accéder un général au pouvoir en Union soviétique. Selon Mme Thatcher, le problème allemand était trop délicat pour être soulevé par des hommes politiques bien élevés. En fait, aucun dirigeant, pas même le chancelier Kohl, n'avait prévu la dislocation de l'empire soviétique ou la réunification de l'Allemagne avant que ces événements ne fussent presque consommés. Répondant à l'attente de Gorbatchev, chacun avait écarté ou condamné toute spéculation à ce sujet. En effet, trois cent mille soldats soviétiques tenaient garnison dans la RDA et leur présence témoignait depuis 1945 de ce qui avait été une entreprise inachevée. Cette armée semblait opposer à tout espoir de réunification un obstacle infranchissable, d'une importance incalculable.

Le président Bush, qui était par instinct le défenseur obstiné d'un statu quo général, fit donc litière d'une ultime hostilité morale au communisme, dans la mesure où les derniers vestiges de ce sentiment subsistaient encore à la fin du gouvernement Reagan. Par tempérament ou par prudence – pour autant qu'en valût l'aune – il adopta une attitude de conciliation peu propice à la moindre initiative. Presque rien dans les actes ou dans les paroles du Président n'indiqua plus que les Etats-Unis portaient un intérêt vital à la destruction d'un ennemi idéologique aussi implacable et aussi fortement militarisé.

La première rencontre entre Bush et Gorbatchev se déroula sur deux navires de guerre ancrés au large de Malte en décembre 1989. Un journaliste bien placé, Don Oberdorfer, a raconté comment Bush avait ouvert la séance par un éloge inconditionnel de la perestroïka. « Vous avez affaire à un gouvernement qui souhaite voir le succès de votre entreprise », avait-il déclaré. Gorbatchev, ravi, répondit que l'Union soviétique ne tenait plus les Etats-Unis pour leur ennemi.

Or, au moment où avait lieu la rencontre de Malte, les démocraties populaires, à l'exception de la Roumanie, avaient déjà recouvré leur indépendance. Le Mur de Berlin était tombé depuis un mois et des manifestations en faveur de la réunification de l'Allemagne se multipliaient en RDA. Apparemment, Gorbatchev n'avait pas encore compris que l'éviction des anciens chefs du parti dans les démocraties populaires ne conduisait pas au succès de la perestroïka mais vidait celle-ci de son contenu. A la conférence de Malte, il soulignait encore que si les pays de l'Europe centrale et orientale étaient devenus démocratiques, cela ne signifiait pas qu'ils se rangeraient dans le camp politique de l'Occident. Selon lui, l'Histoire avait décrété l'existence de deux Allemagnes aux frontières désormais intangibles. En quittant Malte, Gorbatchev prit l'avion pour se rendre à une conférence des pays du Pacte de Varsovie – la dernière du genre. Il y avait quelque chose de surréaliste dans la déclaration qu'il fit devant cette assemblée composée en grande partie de nouveaux dirigeants : selon lui, l'OTAN et le Pacte de Varsovie demeuraient également indispensables à la sécurité de l'Europe.

Les tenants de la théorie de la conspiration se plaisent à dire que, durant la rencontre de Malte, Bush a manœuvré Gorbatchev ; qu'il a mis en pièces l'ordre mondial dont on était convenu à Yalta ; qu'il en a pris le contre-pied. Un jeu de mots facile permet de transformer Yalta en Malta. Mais le fait est que, au lendemain de leurs entretiens, Bush est allé encore plus loin dans sa volonté de favoriser et de renforcer Gorbatchev, au risque de se voir – conjointement avec lui – démenti sèchement par l'Histoire. Les Etats-Unis avaient toujours refusé d'admettre l'annexion des républiques baltes à l'Union soviétique. Alors que l'action des mouvements indépendantistes locaux précipitait le début de la crise pour Gorbatchev, Bush déclarait en mars 1990 : « Je n'ai pas l'intention d'être un président qui donne aux sujets d'un pays l'impression fallacieuse qu'ils obtiendront notre aide s'ils se soulèvent. » Un mois plus tard, Gorbatchev organisait un blocus de ces républiques et Bush fermait les yeux là-dessus. Dans un discours important qu'il prononça à l'occasion d'un voyage à Kiev, au moment où, en ce mois d'août 1991, Gorbatchev n'avait manifestement plus grand crédit, Bush allait déclarer à un public d'Ukrainiens acquis de tout cœur à l'indépendance, que certains nationalismes « n'aidaient en rien »... Avec une unanimité qu'un Gorbatchev imprégné par l'esprit de la glasnost aurait pu envier, les hommes politiques et les commentateurs américains adoptèrent jusqu'au bout un ton plein de contrition vis-à-vis de l'Union soviétique. Dans un sondage effectué parmi les historiens américains, près des deux tiers d'entre eux classaient Reagan au-dessous de la moyenne ou estimaient même qu'il avait failli à sa tâche de président. Refusant de condamner Gorbatchev, même après les mesures de répression prises par celui-ci dans les républiques baltes, le sénateur Lee Hamilton ne faisait qu'exprimer l'opinion dominante à Washington, lorsqu'il déclarait : « Il faut que nous les aidions à sortir de la crise actuelle. » A ses yeux, l'Amérique n'avait pas intérêt à voir craquer les coutures de l'Union soviétique. Ronald Steel, chroniqueur renommé qui, depuis de nombreuses années, écrivait dans les journaux les plus influents, a pu estimer que l'effondrement du pouvoir soviétique avait fait disparaître un élément d'ordre dans le monde. Le communisme, d'après lui, avait tenu en échec les nationalismes violents de l'Europe de l'Est et des républiques soviétiques. L'inverse était bien plus proche de la vérité. Le communisme avait renforcé et favorisé l'essor du nationalisme qui passait pour être le seul remède contre le régime.

Avec le recul, tous ceux qui, à l'instar du président Bush, avaient encore du haut en bas de l'échelle la possibilité d'influencer la politique et l'opinion publique américaines semblent avoir été entraînés dans le sillage de Gorbatchev sans rien comprendre à ce qui se passait. Leur absence de toute participation à l'effondrement soviétique a eu au moins le grand mérite d'empêcher que naissent des légendes sur le thème du « coup de poignard dans le dos », grâce auxquelles les communistes auraient pu attribuer leurs propres revers aux capitalistes bellicistes. La politique américaine a, au contraire, prolongé l'existence politique de Gorbatchev et de l'Etat-parti jusqu'au moment où l'un comme l'autre ont implosé par une malchance qu'ils avaient tout fait pour provoquer. L'impression d'étonnement ressentie par les vainqueurs de la Guerre froide était due à leur esprit de clocher et à leur ignorance. Seule l'évolution naturelle des événements avait conduit à cette glorieuse issue ; cela avait été une question de chance et non d'entendement.

Au cours d'une interview, j'ai demandé à James Baker, secrétaire d'Etat du président Bush, si un éventuel succès de la perestroïka n'aurait pu rendre l'Union soviétique plus agressive.

Les Soviétiques avaient commencé à mettre en pratique les principes que les Etats-Unis leur recommandaient d'adopter depuis longtemps, répondit-il. Si ces principes avaient été appliqués, l'Union soviétique aurait très bien pu en être renforcée, sans pour autant se montrer belliqueuse. Lorsqu'un projet ne marchait pas Gorbatchev en sortait un autre de sa poche-revolver. On était passé de la confrontation à la coopération, puis au partenariat. « Je pense qu'ils avaient fini par comprendre qu'ils ne pouvaient pas rivaliser avec nous. Ce que l'on a appelé l'Initiative de défense stratégique (SDI) ou la "Guerre des étoiles" c'est-à-dire la mise à l'étude d'un système spatial de protection contre les missiles nucléaires a joué un rôle important à cet égard ; en outre les engagements ou les convictions des Soviétiques quant aux accords sur la maîtrise des armements ont contribué à leur montrer comment réduire la ponction subie par leurs ressources. Chevardnadzé professait des vues de ce genre. » Baker attribue à Gorbatchev et à Chevardnadzé le mérite d'avoir eu un grand courage politique, tout en faisant remarquer qu'ils avaient pris des risques faute d'avoir le choix.

« Nous disions sans cesse : Les pays baltes vous posent un problème, pourquoi ne pas les laisser tomber ? Mais ils s'obstinaient à répondre : Nous ne pouvons pas faire ça parce que ce serait la fin de l'Union. » Rétrospectivement, on voit que si les Soviétiques avaient négocié l'autonomie plus tôt, les Baltes auraient pu accepter une solution moins radicale que leur mise en liberté totale et absolue. A divers moments, le gouvernement américain a craint que le Kremlin ne recoure à la force pour arrêter le processus du changement. Mais, après être arrivés eux-mêmes à la conclusion qu'ils ne pouvaient pas gagner la Guerre froide, les Soviétiques voulaient y mettre un terme d'une manière qui les sortirait de leur condition de proscrits. « A propos de l'unification de l'Allemagne, je me souviens d'avoir entendu Chevardnadzé me dire dans l'avion qui nous emmenait au Wyoming qu'ils n'emploieraient jamais la force. Je lui ai répondu : Ce n'est pas ce que croient les gens. Ça n'arrivera pas, a-t-il dit. Sans Chevardnadzé nous n'aurions pas vu l'unification de l'Allemagne à l'intérieur de l'OTAN. »

La réunification de l'Allemagne avait été un cheval de bataille pour la politique des Etats-Unis. A la fin de 1989, Chevardnadzé prononça une allocution sur la paix et l'unification. Lui et Gorbatchev aimaient envelopper la question dans de nobles discours mais ce qui, au bout du compte, les avait convaincus c'était l'argent. « Vous pourriez sans doute dire qu'ils s'en sont débarrassés à trop bas prix. » Pourtant personne n'avait pu prévoir entièrement ce qui s'est passé. « Si vous trouvez des gens, chez nous ou chez eux, pour vous raconter qu'ils savaient ce qui allait arriver, je pense que ces personnes vous mènent en bateau. »

Richard Perle a été secrétaire adjoint à la Défense, pour la politique de sécurité internationale, depuis le début du gouvernement Reagan jusqu'à la fin de celui-ci, en décembre 1989 ; à ce titre il s'est trouvé en plein cœur des tractations relatives à la maîtrise des armements.

La qualité des armements soviétiques était élevée, à son avis. Il y a même eu une période où le missile balistique le plus précis du monde était le SS-18 soviétique. Là où les Soviétiques se montraient plus faibles, quant à la qualité de leur équipement terrestre, ils compensaient par la quantité – des quantités incroyables de n'importe quoi. Ils pillaient aussi constamment et prodigieusement la technologie occidentale. L'économie du pays était subordonnée aux besoins des militaires à un degré que les estimations des services de renseignement n'ont jamais pu évaluer. Les économistes dissidents qui le soutenaient étaient tournés en dérision par les gens des services secrets. La proportion du produit intérieur brut consacrée aux forces armées était au moins deux fois plus élevée que nous ne le pensions. Les mensonges des Soviétiques à cet égard n'étaient égalés que par la crédulité d'une grande partie de nos agents de renseignement. Aujourd'hui encore, nul n'a jamais pleinement révélé l'ampleur ni la profondeur de leurs vastes complexes souterrains qui pouvaient abriter de 30 000 à 40 000 personnes, et servir de refuge aux dirigeants en cas de guerre. Certains de ces bunkers disposaient de réseaux de chemin de fer souterrains. C'était un exemple des dépenses exorbitantes engagées sans vérification comptable.

« Nous savons aujourd'hui de source russe que nous avions gravement sous-estimé le nombre total des armes nucléaires déployées dans le pays », déclare Perle. Ceux qui prônaient le désarmement, partiel ou total, cherchaient à geler la situation en se fondant sur une information si imparfaite que l'Occident aurait été placé en situation d'infériorité. Il est facile de dire que le processus de la maîtrise des armements s'est déroulé correctement au bout du compte, mais il n'en faisait pas moins peser sur l'Occident une menace réelle à cause de la pression constante qui poussait les dirigeants occidentaux à conclure des accords dont les effets étaient de légitimer la taille et le taux de croissance de l'arsenal soviétique. Il conduisait aussi à faire mettre sur le tapis d'autres questions d'ordre idéologique, telles que les droits de l'homme. « Les visiteurs naïfs qui se rendaient à Moscou découvraient que la plomberie était défectueuse et concluaient que l'Union soviétique était un pays du tiers-monde voué à l'effondrement, poursuit Perle. Quand on regarde de près ce que ces gens étaient capables de faire sur le plan militaire, c'est plutôt impressionnant. Et si la plomberie ne marchait pas c'était en partie parce que tous les plombiers compétents étaient occupés à équiper des sous-marins nucléaires.

« Il y avait un point de vue que nombre de personnes parmi lesquelles je me trouvais soutenaient, à savoir que le principal avantage de certains programmes était le prix que devaient payer les Soviétiques pour les neutraliser. Je trouvais que c'était une très bonne idée de faire des investissements capables de produire des effets aussi importants. Le déploiement d'une flotte de bombardiers de taille relativement modeste de notre côté, par exemple, obligeait les Soviétiques à dépenser des sommes énormes pour leur défense antiaérienne, des sommes bien plus importantes que le prix de ces mêmes bombardiers. Même si nous ne parvenions jamais à lancer une seule bombe, le programme aurait rapporté plusieurs fois la mise car il détournait des ressources qui auraient pu être consacrées à accroître les capacités offensives du côté russe. »

Quant à la SDI, appelée plus familièrement la Guerre des étoiles, elle a eu l'avantage de priver les Soviétiques de leur force de missiles stratégiques, le joyau de la couronne dans leur système de défense. «L'ogive du SS-18 était si imposante qu'il aurait été absurde de s'en servir pour des représailles contre des cibles "molles" telles que des villes. On aurait dit une arme destinée à détruire nos arsenaux lors d'une frappe préventive. Mais la SDI les obligeait à construire davantage de missiles pour déborder nos défenses, si elle ne finissait pas par leur faire penser qu'il était vain de construire ces missiles parce que nous allions mettre en place les défenses adéquates pour les neutraliser. Par conséquent tout reposait sur quelque chose qu'on appelle le ratio du coût d'échange – en d'autres termes le rapport entre ce que nous coûtait une augmentation de nos dispositifs de défense et ce que leur coûtait une augmentation correspondante de leurs dispositifs offensifs. Tous les calculs ont montré qu'on pouvait se procurer une bonne défense à moindres frais, par rapport à ce qu'il fallait dépenser pour la détruire. Nous avions aussi la possibilité de les défier dans le domaine technologique où notre supériorité s'exerçait sur le plan informatique, surtout en matière de traitement des données – il n'y a aucun moyen d'échapper au fait qu'une bonne défense dans le domaine des missiles balistiques exige la capacité d'acquérir, de gérer et de transmettre de vastes quantités de renseignements en temps réel. Il n'existait aucun moyen pour eux de surmonter leurs faiblesses à cet égard. A partir de là, leurs efforts pour dérober nos secrets technologiques se sont accélérés.»

Selon Perle, il y a quelque raison d'admettre que la SDI a obligé les Soviétiques à se demander s'ils pouvaient espérer se cramponner à la prépondérance de leurs capacités militaires offensives. Plus réaliste que Brejnev, Gorbatchev était prêt à pousser dans leurs retranchements les généraux dont les arguments ne lui paraissaient guère convaincants. Il avait compris que ces militaires n'avaient plus d'autre solution que d'accroître davantage encore leurs capacités offensives pourtant déjà développées au maximum. C'était là une course impossible à gagner. Aux yeux de l'armée soviétique, les conférences au sommet organisées à Reykjavik et à Genève étaient des défis lancés à ses dons de diplomate chargé de négocier avec les Etats-Unis l'abandon de leur programme.

«La SDI signifiait pour les Soviétiques que nous n'avions pas l'intention de les laisser entretenir une capacité offensive de missiles balistiques si formidable que nous serions vraiment inquiets de l'usage qu'ils pourraient en faire. Le rôle de la SDI était de neutraliser cette capacité non par un bouclage hermétique des Etats-Unis, mais par la mise en place de défenses assez bonnes pour que toutes considérations de l'adversaire sur la possibilité de lancer une attaque préventive ne soient pas convaincantes. A cet égard, les moyens de défense de caractère stratégique pouvaient s'ajouter aux instruments de la dissuasion sans se substituer à eux.»

Certes, Reagan utilisa une arme qui produisit un effet dévastateur en attaquant les Soviétiques au défaut de la cuirasse, quand il évoqua l'absence de légitimité du régime. Mais il avait également compris, mieux que presque tout le monde, combien le fardeau des dépenses militaires était écrasant pour les Russes. A propos du désarmement, il était totalement sincère, même s'il soutenait un point de vue utopique à savoir que les armes nucléaires pouvaient être éliminées d'un commun accord. « Reagan était un négociateur coriace ; vous pouviez lui faire admettre que nous avions raison d'insister sur la conclusion d'un accord qui privait vraiment [les Soviétiques] d'armes dont ils voulaient se doter, au lieu de continuer à signer le genre d'accords que nous avions conclus jusque-là et qui légitimaient pour l'essentiel leurs projets de fabrication. Mais il était plus sensible encore à l'opinion selon laquelle le monde se porterait bien mieux s'il n'y avait plus d'armes nucléaires, et s'il existait une technologie capable d'en débarrasser la planète en nous fournissant un moyen de défense contre de telles armes. On était sur le fil du rasoir à Reykjavik. Si Gorbatchev avait obtenu un accord qui obligeait les Américains à renoncer à leur Guerre des étoiles il aurait remporté un triomphe colossal. »

La SDI a joué un grand rôle politique car elle a amené Gorbatchev et son entourage à se demander s'il était dans l'intérêt des Soviétiques de poursuivre la compétition militaire avec les Etats-Unis. Celle-ci révélait au pays l'infériorité de la technologie soviétique. En dépit ou à cause d'un pillage permanent, quasiment tous les ordinateurs soviétiques étaient des copies médiocres des ordinateurs d'IBM. Selon Perle, Gorbatchev découvrit avec stupéfaction, en même temps que des millions de Russes, l'énormité de leur retard par rapport à l'Occident.

Dans ses mémoires, Mme Thatcher rend hommage à Charles Powell « tout bonnement remarquable à tous égards ». Dans les fonctions de secrétaire particulier qu'il assuma auprès d'elle de 1984 à 1991, il se trouva au premier rang au cours des rencontres avec Gorbatchev.

Au début de l'année 1984, trois personnalités soviétiques, toutes susceptibles de devenir les futurs dirigeants du pays, furent invitées en Grande-Bretagne ; seul Gorbatchev accepta. En ce mois de décembre, alors qu'il se présentait au Chequers, la maison de campagne du Premier ministre, il fit immédiatement impression. « Il y avait une sorte de grand salon avec un immense feu et dès qu'il entra, on s'est rendu compte qu'il était plein de vie, que ce n'était pas un mort-vivant comme Brejnev, ni un être au visage impassible comme Gromyko, mais un individu plein d'entrain, avec de la conversation et de l'humour. Il respirait le pouvoir. Jamais immobiles, ses regards exploraient la pièce en tous sens. Je pense que Mme Thatcher s'est sentie immédiatement séduite ; elle a vu en lui quelqu'un de fort, et un bon adversaire. Rien de tel qu'une bonne discussion pour lui donner vraiment du nerf. »

Au cours du déjeuner, ce jour-là, Gorbatchev développa des idées sur la décentralisation de l'économie soviétique. Il s'ensuivit une discussion qui dura plus de quatre heures dans le salon Hawtrey. «Gorbatchev disposait de quelques notes écrites de sa main à l'encre verte dans un petit carnet, auxquelles il se référait de temps à autre. Ce n'était pas des déclarations préparées à l'avance. Il ne manifesta jamais le moindre intérêt à ses conseillers et ne leur prêta aucune attention. Il cherchait constamment à connaître l'opinion de Margaret Thatcher sur les Américains. Sans se préoccuper des personnes présentes, elle lui dit qu'à son avis le communisme était un système infect et que plus tôt il s'en débarrasserait mieux ce serait. Elle dit aussi que Tchernenko, secrétaire général à l'époque, ne représentait absolument rien du tout, et que l'Union soviétique était la cause de la plupart des problèmes du monde; elle ajouta que l'URSS devrait prendre l'initiative du désarmement. Beaucoup de gens se seraient fâchés ou seraient rentrés dans leur coquille, ou auraient mis un terme à la conversation, mais ce qu'il y avait de bien avec Gorbatchev, c'est qu'il n'a rien fait de tel – il lui a répliqué sur le même ton.»

Dans une phrase qui contribua beaucoup à lancer la «gorbimanie», Mme Thatcher annonça qu'il était un homme avec qui on pouvait traiter. C'est elle qui la toute première avait découvert Gorbatchev; d'après elle c'était un coup de chance, et leur relation pourrait être constructive. Pour sa visite en Union soviétique, en mars 1987, elle lui fit savoir qu'elle voulait quelque chose d'inhabituel, par exemple, la possibilité de voir les rues et les boutiques par elle-même, de faire une apparition en direct à la télévision, et de se rendre en Géorgie. Il accepta tout ce qu'elle désirait. Sa présence allait produire l'effet d'un électrochoc, surtout au cours d'un entretien télévisé célèbre où elle mit en déroute trois journalistes russes bien décidés à l'attaquer. Les citoyens soviétiques apprirent de sa bouche que leur pays possédait plus d'armes que n'importe quelle autre nation, et que l'information dont on les abreuvait n'avait aucune valeur.

«Avec Gorbatchev, les discussions furent âpres. Elle parla des dommages que le communisme avait causés à l'Union soviétique et au reste du monde. Il répliqua en parlant de l'Irlande du Nord. Elle alla si loin que je me suis mis à ranger mon porte-documents, en me disant que nous ferions mieux de sortir de là pendant que nous étions encore en vie. Une fois de plus, et c'est à son honneur, Gorbatchev a toujours été capable de rompre la tension; il repoussait brusquement sa chaise, se rejetait en arrière et lançait une blague ou un éclat de rire à propos de quelque chose; ou bien il sortait pour un petit moment, de sorte qu'ils repartaient sur un autre sujet. Je pense que c'était la première fois qu'il entendait proclamer à la face du monde, sous une forme brutale et vigoureuse, la plus grande partie des choses qu'elle était en train d'exprimer. Mais il y avait entre eux cet étrange phénomène d'attraction et de répulsion qui les maintint l'un en face de l'autre pendant treize heures d'affilée. Reagan n'était pas capable de mener des discussions à ce degré d'intensité.»

Mme Thatcher dévorait goulûment chaque discours de Gorbatchev. Ils contenaient la preuve visible du fait qu'il savait écouter et évoluer. Rétrospectivement elle finirait par juger qu'il s'était abstenu de prendre les décisions difficiles qu'il aurait fallu prendre. Malgré son enthousiasme pour la perestroïka, elle considérait que c'était une étape de transition, un premier pas vers le remplacement du communisme par l'économie de marché et le règne de la loi. Il fallait mettre en place une dynamique. Elle lui disait qu'elle avait vécu la même épreuve en essayant de changer la Grande-Bretagne ; mais ses problèmes à lui étaient bien plus graves.

Il en résulta, dit Powell, qu'elle misa fortement sur Gorbatchev et sur la réussite de celui-ci. Quelle qu'ait pu être sa réprobation devant certaines de ses initiatives, comme les efforts qu'il fit pour supprimer les républiques baltes, elle ne cessa jamais de croire en lui. Au cours de réunions privées, de déjeuners ou de dîners, dans la résidence du ministère des Affaires étrangères où elle séjournait à Moscou, par exemple, ils parlaient de tout ce qui leur passait par la tête ; des débuts de Gorbatchev, par exemple, ou de la nature des classes sociales. Elle était impressionnée d'être la première personne qui entretenait ce genre de relations avec un dirigeant soviétique. Lorsqu'il se rendait à Londres, dans l'atmosphère de la petite salle à manger de Downing Street, il s'exprimait encore plus librement. Dans une certaine mesure, elle se laissait utiliser pour porter le message de Gorbatchev au reste du monde ; et lui, en contrepartie, exploitait avec talent cette nouvelle situation.

« Il accordait de l'importance à ce qu'elle lui disait sur les Américains. Loyale envers Reagan, elle aimait dire qu'il était un homme convenable et honnête sur qui on pouvait compter. On pouvait négocier avec lui et il respecterait l'accord conclu. Bien entendu le principal sujet des conversations était la SDI. On se rendait compte, d'après le temps passé à en discuter avec Gorbatchev, que c'était là une préoccupation essentielle. »

« La première rencontre de Mme Thatcher avec les militaires soviétiques eut lieu au cours de sa visite en 1987. Nous nous rendîmes au ministère de la Défense et nous retrouvâmes assis d'un côté de la table en face de tout l'état-major soviétique qui flanquait l'épaisse silhouette du vieux Iazov. Elle leur vola dans les plumes sans mâcher ses mots comme elle en avait l'habitude et ils en restèrent époustouflés. Jamais jusque-là on ne leur avait parlé de cette manière. La deuxième réunion se tint en septembre 1989 dans la même salle d'état-major. La discussion fut passionnante et elle eut de l'influence à l'intérieur comme à l'extérieur du pays. »

La perspective de la réunification allemande jeta une ombre tardive sur les relations de Mme Thatcher avec Gorbatchev. Powell fut expédié à plusieurs reprises auprès de Horst Teltschik, son homologue dans le cabinet du chancelier Kohl, pour discuter de cette question. En décembre

1989 encore la réunification était toujours considérée comme improbable avant quatre ou cinq ans. « La réunion de septembre 1989 avec Gorbatchev est restée gravée dans mon esprit car ils eurent une discussion très franche sur la date de la réunification. Elle croyait que Gorbatchev partageait son avis sur le danger que présentait la réunification allemande et qu'il contribuerait à y mettre un frein, voire s'y opposerait, de sorte qu'elle fut profondément déçue lorsqu'il l'accepta au début de 1990.

« A l'époque Mme Thatcher eut une autre conversation décisive avec Mitterrand. Celui-ci se disait alarmé par la question de l'Allemagne ; dans ses conversations privées, il tenait sur ce pays des propos encore plus excessifs que ceux de Mme Thatcher, et ce n'est pas peu dire. En 1990 Mitterrand eut deux conversations personnelles avec Mme Thatcher au cours desquelles il réitéra ses craintes et se demanda comment on pourrait ralentir le processus de réunification voire même l'éviter. Bien entendu il adopta publiquement une position entièrement différente, de sorte que Mme Thatcher, en exprimant clairement le fond de sa pensée, se retrouva honteusement à découvert. »

Marquée par ce qu'avait vécu sa génération pendant la guerre, Mme Thatcher craignait que la puissance retrouvée de l'Allemagne ne lui rende sa prépondérance et ne précipite éventuellement un conflit. « J'ai l'impression que les Soviétiques l'écoutaient sérieusement. Mais ils ont perdu pied devant la rapidité des événements. Il était manifeste qu'ils ne pouvaient pas et ne voulaient pas – ou ne voulaient pas et ne pouvaient pas, ce qui revient au même – arrêter ce qui se produisait. Incontestablement Gorbatchev n'a jamais été disposé à utiliser la force en Europe de l'Est. Ce détail peut paraître insignifiant, mais il était extrêmement fier de sa formation de juriste. Il voulait qu'on le mette sur un pied d'égalité avec les dirigeants occidentaux en tout ce qui concernait leurs attitudes. Il avait compris, me semble-t-il, que le succès des réformes entreprises par lui allait lui coûter sa carrière politique. Il ne s'attendait pas à ce que les choses se produisent de la façon dont ça s'est passé ni au moment où c'est arrivé ; mais à mon avis il savait que cela ne manquerait pas de se produire. Il voulait laisser de lui l'image d'un dirigeant civilisé à la tête d'un pays civilisé et il savait que ce ne serait pas possible tant que se prolongerait la situation en Europe de l'Est. »

13

National dans la forme

La prison des nations – cette formule appliquée à la Russie était l'une des expressions inoubliables inventées par le marquis de Custine. La doctrine de l'autodétermination, au moment où Lénine l'adopta, avait conquis le monde. C'était la clef qui rendait leur liberté aux prisonniers des empires. Les peuples convaincus qu'ils formaient une nation en raison de leur race ou de leur culture ou de leur histoire avaient le droit de se constituer en Etat. Chaque langue aurait une armée; chaque armée parlerait sa propre langue.

L'autodétermination n'est pas la démocratie bien que l'une et l'autre comportent un élément commun, à savoir le choix populaire. Dans le cas de l'Union soviétique, les quatre cents peuples qui la composaient – dont certains étaient très nombreux mais d'autres numériquement insignifiants – possédaient une gamme correspondante de langages et de religions. Héritiers de rivalités traditionnelles, ils étaient impatients de revendiquer leur identité nationale et non moins impatients de rejeter toute prétention concurrente de leurs voisins. La pureté doctrinale de l'autodétermination ne tarda pas à alimenter un regain d'hostilité. Marx et ses enseignements n'étaient d'aucune utilité à ceux qui auraient voulu trouver la solution de cet imbroglio... Une loi d'airain de l'Histoire justifiait le fait que les nations les plus fortes et les plus avancées prenaient le pas sur les plus faibles. Pour Marx un génocide n'avait rien de choquant; c'était une preuve de progrès. Au bout du compte la dictature du prolétariat devait mettre fin aux races et nations. Verser un pleur sur l'inévitable était imbécile et complaisant.

Pour avoir essayé de concilier les aspirations bien réelles que recouvrait l'autodétermination et les vues cruellement extravagantes de Marx, le régime soviétique se trouva en permanence enfermé dans une impasse. L'exercice parallèle de la violence et du discours-*vranyo* faisait perdre de vue le problème de l'empire mais ne l'ôtait pas pour autant des esprits. A partir de son siège, dans le centre de Moscou, le parti cherchait à faire croire qu'il n'exerçait pas une autorité absolue sur l'ensemble, sous prétexte qu'il perpétuait l'existence de quinze républiques constitutives et de vingt républiques prétendument autonomes, agrémentées chacune d'un parti local avec son premier secrétaire, son Comité central et son Conseil des ministres. Sous des airs d'indépendance locale, tout cet appareil n'était en fait qu'un reflet et un prolongement de l'autorité centrale. L'article 72 de la Constitution soviétique accordait même aux républiques le droit de faire sécession. Ce genre de bonne parole équivalait à un leurre pur et simple destiné à dissimuler l'emprise du centre. A Moscou, les administrations adéquates de l'Etat-parti formaient le noyau du système soviétique où se décidait l'essentiel, c'est-à-dire les moyens financiers, le service militaire, les subventions, les contributions au budget soviétique, la politique d'investissements. Les républiques n'étaient censées détenir aucun droit de propriété sur leurs propres ressources ou leurs capacités de production. Un décret émis à Moscou ordonnait que les postes de télévision en couleurs devaient être fabriqués en Lituanie, ou les pneus de tracteurs en Arménie – et nulle part ailleurs. L'exemple est bien connu des biscuits estoniens dont la fabrication faisait l'objet de règlements adoptés à Moscou. L'échange continuel de pressions entre le centre et les républiques, dans le domaine des finances et des investissements, se substituait, de façon primitive et corrompue, aux forces du marché.

Le système était en outre criblé d'anomalies. La Russie elle-même, la république la plus vaste dont les 135 millions de citoyens représentaient près de la moitié de la population de toute l'Union, avait un Conseil des ministres mais pas de parti communiste ou de premier secrétaire ni de Comité central. Cette particularité permettait tout bonnement à l'autorité centrale de puiser directement dans les richesses de la Russie. Cette appropriation était la véritable base du pouvoir exercé par le parti. Autre phénomène non moins significatif, l'autorité du centre semblait émaner de l'administration soviétique et non d'organismes russes – ce qu'elle était néanmoins. Ce système permettait de jeter de la poudre aux yeux des peuples lointains installés dans les républiques.

Seuls les caprices de l'Histoire avaient déterminé quel pays aurait le rang de nation. L'Ukraine par conséquent se trouvait dans la même situation que chacune des minuscules républiques baltes. Certaines frontières étaient dictées par la nationalité ou le caractère ethnique de la population, d'autres par la géographie ou le territoire. Les peuples qui manifestaient un vigoureux sentiment d'identité nationale étaient persécutés. Les Tchétchènes, les Ingouches, les Balkars, les Tatars de Crimée et d'autres ont été déportés lors des opérations de génocide perpétrées par Staline. Lorsque les trains à bestiaux arrivaient enfin à leurs destinations, il fallait en extraire les cadavres de la moitié des déportés. Les Soviétiques s'étaient fixé comme plus petit dénominateur commun l'assimilation de tous ceux dont le sentiment d'identité nationale était le plus faible. Par principe, les Allemands de la Volga étaient suspects d'association ethnique coupable avec les nazis. Au moins la moitié d'entre eux furent massacrés et les autres déracinés, de sorte qu'aujourd'hui ils sont peu nombreux à posséder une culture germanique ou à parler encore l'allemand. Seuls leurs noms de famille rappellent leurs origines. Les Juifs s'étaient singularisés en se ralliant en grand nombre à l'idéal communiste dans l'espoir que celui-ci les libérerait de l'univers des ghettos et des pogromes. Le parti et la police secrète comprenaient un nombre disproportionné de Juifs, dont certains continuèrent à s'accrocher aux illusions émancipatrices bien longtemps après que celles-ci se furent révélées creuses. Soit pour se débarrasser d'une minorité mal tolérée soit pour redorer son image aux Etats-Unis, le gouvernement Brejnev décida d'autoriser les Juifs à émigrer en Israël. Cette concession, absolument exceptionnelle dans l'histoire soviétique, donna aux Juifs un statut particulier, mais suscita en échange bien de l'envie et du ressentiment. Les nations les plus vastes et les plus éminentes pouvaient toutes soutenir à juste titre qu'elles avaient subi les pires persécutions.

Chaque foi religieuse avait été réduite à un quasi-anéantissement. L'Eglise russe orthodoxe avait été brisée, sa hiérarchie enrôlée dans la police secrète. Le KGB dirigeait une Société pour la promotion de l'athéisme, qui convertissait les cathédrales et autres lieux de culte en musées où l'on exposait l'inexistence de Dieu. Des églises et des monastères anciens avaient été fermés. Vladimir Soloukhine fait partie des nombreux écrivains qui expriment leur nostalgie pour tout ce qui a été saccagé et perdu. Dans ses souvenirs, il a raconté ce qui s'est passé le jour où est parvenu dans son village d'Alepino le décret concernant le démontage des cloches d'église. Des femmes hurlantes avaient obstrué, mais en vain, le passage qui menait au clocher. Les cloches ne furent pas, en fait, fondues pour fabriquer des canons comme on l'avait promis, mais fracassées et mises au rebut. Tout cela dans l'unique but d'humilier les villageois. «La chose qui comptait était de briser leur moral une fois de plus, cette fois en cassant les cloches.» Alors qu'il était jeune ingénieur en 1934, le général Grigorenko avait reçu l'ordre de faire sauter la cathédrale de Vitebsk. Les passagers des bateaux fluviaux qui naviguaient sur la Dvina avaient l'habitude de se signer à la vue de ses cinq immenses coupoles. Cela agaçait les autorités. «Il n'y eut aucune explosion au sens réel du terme, écrit Grigorenko. L'église fut simplement secouée, émit une longue plainte et se transforma en un tas de briques.» Les synagogues n'ont survécu que dans des villes comme Moscou, Kharkov et Kiev. Sur les 24 000 mosquées utilisées pour le culte en 1913, environ 300 ont survécu jusqu'à nos jours.

Parallèlement se déroulait une attaque contre le sentiment d'identité nationale; on s'en prenait au langage. Le russe étant devenu la langue officielle obligatoire, on relégua toutes les autres langues au second rang.

Dans les jardins d'enfants il n'y avait plus d'enseignement dans la langue locale ; en Ukraine ou en Biélorussie et dans les Etats baltes il était rare de trouver une école secondaire qui enseignait encore la langue de ces nations. Un livre publié en 1971 expose la doctrine officielle : «L'étude du russe favorise l'acquisition de vues scientifiques sur le monde, contribue à la formation de l'idéologie communiste, et élargit l'horizon ainsi que la culture générale. A l'époque de la construction du communisme sur une grande échelle, l'usage du russe accentue le rapprochement des nations et réalise leur complète unité – l'unité de l'Etat, de l'économie, de l'idéologie et de la culture.»

Une longue campagne a systématiquement coupé les musulmans de leurs traditions. Pour commencer, l'alphabet arabe inséparable de leur littérature et de leur religion a été latinisé de force. Conformément à la même absurdité linguistique, cet alphabet latin s'est trouvé ultérieurement transcrit en cyrillique.

Les Russes étaient encouragés à coloniser d'autres républiques pour travailler dans des fermes ou des usines collectives, et ils furent 25 millions à suivre le mouvement. Au Kazakhstan il y a presque autant de Russes que de Kazakhs. En Lettonie, les Russes étaient plus nombreux que les Lettons. La stratégie à long terme du pouvoir central consistait à diviser pour régner. En 1925 Moscou enleva le bassin du Don et la région du Kouban à l'Ukraine ; mais en 1954 il lui attribua la Crimée. Le Kremlin avait annexé un morceau de l'Estonie, de la Lettonie, de la Finlande, ainsi que la Ruthénie d'avant-guerre ; de même, il avait, sur la rive gauche du Dniestr, soustrait la Moldavie à l'Ukraine et pris la Bessarabie du Sud à la Roumanie. Il avait offert l'ancienne ville polonaise de Vilnius à la Lituanie. Le Nagorny-Karabakh, région habitée par des Arméniens chrétiens et transformée en république autonome, avait été donné à l'Azerbaïdjan dont les habitants étaient des musulmans chiites. La région ouzbek d'Osh avait été attribuée au Kirghizistan ; Samarkand ainsi que ses environs avec leur population majoritairement tadjik avaient été accordés à l'Ouzbékistan. Gorbatchev lui-même devait déclarer que trente pour cent seulement des frontières intérieures avaient été établies par des moyens légaux. Ces stratagèmes, qui attisaient la haine et annonçaient les revanches à venir, étaient destinés à renforcer la suprématie de l'autorité centrale.

Selon l'un des slogans les plus éculés, l'Union qui en résultait était «nationale dans sa forme et socialiste dans son contenu». Mais plus rien n'avait la possibilité d'être national dans sa forme, sauf les troupes de danse folklorique, et encore celles-ci étaient-elles standardisées. On soupçonnait certains airs et instruments de musique de manifester un nationalisme persistant. Rares furent les costumes ancestraux qui survécurent ; le *khalat* ouzbek aux couleurs vives était fabriqué dans des tissus synthétiques à l'usage des masses. Les artistes et les artisans locaux ont disparu.

Avant la guerre, Beatrice et Sidney Webb se sont ridiculisés aux yeux de la postérité par leurs écrits où ils acceptaient littéralement tout ce que les Soviétiques leur faisaient avaler. Le refus d'analyser ou seulement d'admettre l'existence du *vranyo* était une attitude caractéristique des intellectuels occidentaux. Selon les Webb, aucune autre partie du monde où coexistaient tant de races et de nationalités si diverses ne pouvait se targuer d'une absence aussi complète de discrimination. Emettre une opinion si catégorique, si condescendante, était déjà en soi faire preuve d'une arrogance remarquable. Or, ce tissu d'inepties sur l'harmonie raciale et nationale allait être répété d'année en année par les compagnons de route et les collaborateurs, au point qu'il devint la plus belle excuse de l'Union soviétique. Peut-être bien que les dirigeants soviétiques ont fini par croire ce qu'ils entendaient dire de tous les côtés. Brejnev citait même une page des Webb : « Nous avons toutes les raisons d'affirmer que la question des nationalités, telle qu'elle nous a été léguée par le passé, est complètement résolue. » Les Russes, considérés comme les premiers dans ce monde d'égaux, ont aidé « les nations arriérées tenues à l'écart », ce qui en d'autres termes constituait leur glorieuse contribution à l'internationalisme. Gorbatchev se trouvait dans le même état d'esprit : « Dans la conscience et le cœur de chacun se trouve profondément ancré le sentiment d'appartenir à une seule famille – le peuple soviétique, une nouvelle communauté sociale et internationale qui n'a pas de précédent dans l'histoire. » A Chevardnadzé il allait dire : « Oui, vous êtes géorgien, mais vous êtes un citoyen soviétique après tout. » A ses yeux, son pays était la « Grande Union de peuples fraternels ». Dans son livre paru en 1987, *Perestroïka*, en écho à Brejnev et aux Webb, Gorbatchev écrivait que la question des nationalités avait été « en principe » résolue. L'Union, devait-il encore soutenir l'année suivante, était « une des plus grandes réussites du socialisme ».

Il fallut attendre le mois de septembre 1989 pour que le Comité central, sur les instructions de Gorbatchev, envisage de restructurer l'Union en tenant compte des nationalismes naissants. Les républiques étaient déjà en effervescence et les nationalistes exigeaient que leurs relations avec le pouvoir central prennent une forme nouvelle, mais Gorbatchev réagit en proposant de changer la Constitution pour y introduire l'article 72 qui allait faire de la sécession une entreprise épouvantablement lourde. Avec son amour habituel pour les mots, Gorbatchev répéta que le parti était « une force qui consolidait et orientait le développement social ». Au cours d'une réunion du Comité central, il déclara que toute la rigueur de la loi serait mise en œuvre pour le maintien de l'Union. On aurait dit qu'il révoquait la condamnation de la violence qu'il avait prononcée à titre officiel dans les pays occidentaux.

Il faut faire preuve d'une rare imagination pour se voir tel que les autres nous voient. Pour les populations assujetties, la citoyenneté soviétique signifiait uniquement leur soumission forcée aux décrets de

Moscou, et rien d'autre. La nationalité soviétique n'avait aucune consistance. Les peuples concernés étaient d'autant plus attachés à leur propre identité raciale et religieuse. Le seul membre reconnu de la famille soviétique, telle que se plaisait à l'évoquer sentimentalement le pouvoir central, était Big Brother, le Grand Frère russe, considéré comme un tyran détestable prêt à tuer pour répandre après coup des larmes de crocodile sur ce qu'il avait fait. La glasnost et la perestroïka offraient des moyens commodes pour dénoncer ouvertement cette hypocrisie. Toutes les républiques et chacune d'entre elles pouvaient y aller de leur revendication. Exprimer son mécontentement dans la presse locale et dans les réunions publiques fut l'acte initial de la mobilisation. Personne parmi les dirigeants ne semble avoir compris que la formation d'une opinion publique toute neuve allait être une arme à double tranchant.

Au cours des années 1987 et 1988, le grand développement des associations de bénévoles, au niveau des individus, amplifia immédiatement le nationalisme qui est une forme d'association volontaire au niveau de la collectivité. La *Pravda* estimait qu'en 1989 il existait 60 000 groupes et mouvements officieux, parmi lesquels figuraient les Fronts populaires, qui étaient de loin les associations les plus importantes. Ceux-ci s'étaient épanouis soudainement dans les républiques, les républiques autonomes et les provinces, voire dans les villes. Dans la seule république de Russie, on a prétendu qu'il existait 140 Fronts populaires.

Personne aujourd'hui ne revendique la paternité de ces Fronts populaires. Pourtant, sans le consentement des autorités, ceux-ci n'auraient jamais pu prendre corps. L'idée qui, selon toute probabilité, avait présidé à leur création était que l'on allait disposer ainsi d'organisations à l'intérieur desquelles l'expression du nationalisme pourrait être confinée dans des limites très strictes, adaptée aux besoins et étouffée en cas de danger. Les Fronts populaires devaient fonctionner comme des soupapes d'échappement par mesure de sécurité. Plus précisément ils étaient conçus dès l'origine comme autant de groupes destinés à soutenir la perestroïka. Mais la perestroïka avait pour objet de renforcer l'union des républiques soviétiques, tandis que le nationalisme tendait à fragmenter cette union. Ni Gorbatchev ni personne n'avait pris le temps de comprendre cette incompatibilité entre des objectifs aussi différents.

L'incident qui mit le feu aux poudres survint en Arménie. Depuis quelque temps cette république s'agitait et se divisait à propos de la récupération de la république autonome du Nagorny-Karabakh. Le Soviet local du Nagorny-Karabakh avait voté le 20 février 1988 pour son rattachement à l'Arménie. En l'espace de quelques jours les manifestations firent descendre dans les rues d'Erevan, la capitale arménienne, les trois quarts d'un million de personnes. La réaction des Azéris fut de s'en prendre aux Arméniens. Le 1er mars, dans la ville de Sumgaït, trente-deux Arméniens furent massacrés et plus d'une centaine blessés. Ces chiffres officiels sont probablement trop faibles par rapport à la réalité.

Les espoirs qu'avaient fait naître la perestroïka et la glasnost ne pouvaient être exaucés. Dans cet affrontement, il devait y avoir des perdants et ce serait les Arméniens ou les Azéris. Une commission fut chargée d'enquêter et de proposer une solution. Son rapport nous donne des indications sur la sournoiserie avec laquelle opérait le système : « La population doit être apaisée par des concessions faites dans le domaine culturel et social, ainsi que sur le plan de la vie quotidienne, si besoin est par le sacrifice d'une partie des dirigeants en place, et bien entendu par la découverte de coupables à un niveau moins élevé. Cela dit, le Nagorny-Karabakh ne devrait pas être rattaché à l'Arménie. Il faudrait créer l'impression d'une glasnost [transparence] totale, à l'inverse de ce qui se passait antérieurement, pour ensuite monter en épingle le moindre conflit afin d'en rendre les Arméniens responsables. A cet effet, il faudrait infiltrer le plus possible la société arménienne, notamment en se servant des Kurdes qui, parmi tous ceux qui vivent sur le territoire arménien, sont les plus étroitement liés aux Arméniens, tout en essayant dans le même temps de détruire ces relations amicales. »

En accordant l'enclave contestée à l'Azerbaïdjan en ce mois de juillet, le pouvoir central a hâté la guerre civile. Or, comme les Arméniens avaient l'intention de se battre pour ce qu'ils estimaient être la réparation d'un préjudice, tous les autres peuples de l'Union soviétique ont pu en conclure qu'ils n'avaient plus qu'à suivre cet exemple.

Les revendications de l'Estonie, de la Lettonie et de la Lituanie s'adressaient uniquement aux Russes. Au cours du siècle dernier ces républiques avaient acquis un fort sentiment national – semblable à celui qui avait cours à la même époque en Occident – grâce à des écrivains comme Friedrich Kreuzwald en Estonie et Jonas Basanavicius en Lituanie, ou à des musicologues comme Kristianis Barons qui avait rassemblé et publié des chants du folklore letton en une douzaine de volumes. Aucune des puissances occidentales n'avait reconnu l'incorporation des pays baltes à l'Union soviétique, une annexion par la force consécutive au pacte germano-soviétique et à leur invasion. Des centaines de milliers d'émigrés baltes qui s'étaient réfugiés en Occident empêchaient que la question tombe dans l'oubli grâce à une publicité et une pression permanentes. A l'intérieur du pays tout comme à l'étranger, un secteur de l'opinion publique de plus en plus vaste et bruyant réclamait que les pendules de l'Histoire soient remises à l'heure de 1939 pour que la souveraineté et l'indépendance soient rendues à ces républiques.

Une des options qui s'offraient à Gorbatchev était de régler les « questions délicates » les plus embarrassantes, en allant au-delà d'une dénonciation de Staline et en défaisant toute l'œuvre de celui-ci. S'il s'y était résolu à temps, l'abandon de la Moldavie, des républiques baltes et des îles Sakhaline prises au Japon aurait pu alléger le fardeau que l'Histoire faisait peser sur lui. Il aurait pu, dès lors, se retrancher derrière les positions qui étaient celles de 1917. Mais, craignant que la moindre concession ne déclenche une réaction en chaîne, il semble n'avoir jamais vraiment envisagé cette solution. Du coup se trouvait perpétué le scandale des républiques baltes, toujours coincées comme un os dans le gosier des Soviétiques. Ces peuples apparemment démunis et longtemps réduits à l'état de victimes jouèrent un rôle disproportionné dans la destruction de l'empire.

Les communistes purs et durs accouraient en grand désarroi à Moscou pour recommander à qui voulait bien les entendre de revenir aux anciennes méthodes, à l'état d'urgence, à la loi martiale, à la justice expéditive, aux exécutions. Les partisans de la perestroïka se sentaient fort embarrassés. Une rupture franche avec les tenants de l'orthodoxie conduirait à la création de factions. Les Fronts populaires, pour leur part, tournaient le dos à l'idéologie du parti et poussaient les gorbatchéviens dans la direction du nationalisme. Au cours de l'été 1988, des communistes intelligents et ambitieux, dans les diverses républiques, comprirent qu'ils ne pouvaient plus s'engager sincèrement envers le parti d'une part et les Fronts populaires d'autre part. Le temps était venu de faire un choix. Pour savoir de quel côté se ranger, il leur fallait interpréter les signes venus de Moscou. A tour de rôle, d'une république à l'autre, Gorbatchev éliminait les communistes irréductibles et les remplaçait par des hommes qui lui ressemblaient, qui réclamaient des compromis plutôt qu'un recours à la force. Iakovlev parcourait les républiques en distribuant approbation et encouragement aux Fronts populaires. De plus en plus, Eltsine entraînait derrière lui la Russie elle-même comme une sorte d'énorme Front populaire informe qui rassemblait les masses. A la fin de 1989, ceux qui prédisaient le succès des Fronts populaires avaient remporté une victoire à laquelle leurs prophéties n'avaient pas peu contribué. C'est à Roukh, en Ukraine, que se constitua le dernier Front populaire, sous l'impulsion d'anciens dissidents et prisonniers politiques. Les émigrés ukrainiens en Allemagne, au Canada et en Australie encouragèrent Roukh à réclamer l'indépendance. Ceux qui avaient imaginé les Fronts populaires, quels qu'ils aient été, n'avaient laissé au parti aucun moyen terme entre la répression et l'autodétermination des nationalités au sein des diverses républiques.

Quand j'ai interviewé Petrou Lucinschi, il continuait d'écrire son nom à la manière russe et non comme il le fait désormais, à la mode roumaine, en Moldavie, d'où il est originaire. C'était naguère l'un des plus jeunes membres de l'ancien Comité central et il avait exercé les fonctions de second secrétaire du parti au Tadjikistan. Depuis qu'il préside le parlement de Moldavie, il est devenu l'homme politique le plus en vue de son pays. Algirdas Brazauskas et Leonid Kravtchouk, originaires respectivement de Lituanie et d'Ukraine, nous offrent eux aussi des exemples d'évolutions similaires en passant, dans leur cas, du poste de premier secrétaire à celui de président national. La Moldavie se compose de provinces détachées de la Roumanie, dont elles ont conservé la langue et la culture. Comme c'était le cas en Allemagne, une réunification pourrait paraître naturelle, s'il n'existait pas des obstacles locaux insurmontables. Environ un demi-million d'habitants, sur une population de 4 millions d'individus, sont des colons russes, concentrés dans la ville de Tiraspol, laquelle est toujours défendue par une garnison russe, vestige de l'empire. Le désir d'indépendance pour cette république avait provoqué un affrontement entre le Front populaire moldavien et les colons russes d'abord, puis avec les Gagaouzes, petite minorité nationale, ensuite. Ces derniers prétendaient qu'ils méritaient de voir reconnaître leur souveraineté et leur indépendance tout autant que les Moldaves.

D'un point de vue pratique, pensait Lucinschi, le système soviétique avait plus ou moins bien fonctionné, même si dernièrement les antagonismes régionaux avaient proliféré. Les républiques qui se plaignaient d'avoir été brimées sur le plan économique par le pouvoir central profitaient vicieusement de tous les avantages de la situation. Dans les républiques indépendantes les réseaux mafieux avaient de tout temps ourdi des intrigues et des machinations de leur propre cru. Les seconds secrétaires désignés par le centre devaient toujours garder présente à l'esprit l'idée que leur nomination avait un caractère éphémère, et ils étaient enclins à laisser faire. Généralement d'origine russe, le second secrétaire avait la mission délicate d'expliquer la politique du pouvoir central au parti local et de faciliter les contacts avec le centre. L'autorité totalitaire s'était imposée, de l'extérieur, en maintenant un certain équilibre entre toutes les parties. Dès que les républiques recouvrèrent leur indépendance, cet équilibre fut détruit. Dans le cas du Tadjikistan, le Comité central avait toujours su qu'il existait des possibilités d'affrontements entre les différents clans.

« Une fois que vous aviez franchi les différents échelons de la hiérarchie jusqu'à un certain niveau dans votre région ou dans votre république, vous accédiez automatiquement au Comité central fédéral. A une ou deux exceptions près, les premier et second secrétaires, le président du Soviet suprême local et le président du Conseil des ministres local devenaient de plein droit membres du Comité central. Vous étiez obligés d'avoir une position correspondante à votre statut dans la hiérarchie de l'Etat-parti. Si vous n'apparteniez pas au parti tout en étant socialement actif, à un certain moment il vous fallait rentrer dans le rang et faire ce que tous les autres faisaient. »

Les apparatchiks du parti n'ont pas mis longtemps pour se transformer en nationalistes.

« Vous ne pouvez juger la génération actuelle de communistes à travers le prisme de 1917. Nous sommes capables d'analyser la situation avec bon sens et pas seulement à travers le prisme de l'idéologie. La question n'est pas tant que l'on perde ou non la foi dans l'idéologie mais que l'on arrive au pouvoir. Je suis entré au Comité central trente ans après la mort de Staline, à un moment où nous ne professions pas une foi politique vigoureuse mais où nous unissait le désir de faire progresser la société. Pour l'essentiel, les vues de Gorbatchev consistaient à vouloir saisir toutes les occasions qu'il avait de pousser cet immense pays sur la voie de la démocratie, même si la conception qu'il se faisait de la démocratie se fondait sur des idées brumeuses très répandues ici. Il agissait en partant du principe que les problèmes d'une république auraient dû se régler au niveau de cette république, alors que celle-ci, de son côté, estimait qu'il appartenait au centre de le faire. La communication était désastreuse chez nous. »

Du point de vue de Lucinschi, la plus grave erreur commise par le centre, au sujet des républiques, a été la russification. C'était en fait une politique d'oppression nationale. Interdire l'usage de la langue roumaine ainsi que l'importation de livres de Roumanie faisait partie des aspects déplorables de la bataille idéologique qui opposait le centre et Nicolae Ceausescu, le premier secrétaire du parti roumain. La langue moldave était considérée comme un patois paysan et les affaires se traitaient en russe. Aujourd'hui les habitants russes de la Moldavie sont obligés d'utiliser le moldave pour leurs démarches officielles, ce qui les étonne et les agace, mais on peut difficilement prétendre qu'il s'agit d'une violation des droits de l'homme. Ils ont rédigé des motions furibondes. La réaction défensive du centre a eu pour conséquence la lutte armée et la guerre civile. Les observateurs occidentaux, dit Lucinschi, ont décerné à Gorbatchev « l'auréole d'un saint mais en fait il a une toute petite stature ». Dès 1987 au plus tard, Gorbatchev aurait dû commencer à tout mettre en œuvre pour parvenir à une véritable fédération des républiques.

14

L'héritage musulman

Douchanbe, Alma-Ata, Tachkent, Achkhabad et bien d'autres grandes villes d'Asie centrale ont toutes un aspect soviétique avec leurs gigantesques places centrales où se déroulent les défilés officiels, leurs boulevards qui se coupent à angle droit et le bloc de béton décoloré dont les multiples étages abritent le siège du Comité central; on trouve à proximité un opéra et les bureaux locaux de la *Pravda*, des logements destinés aux masses et tout prêts à se transformer en taudis. Je m'y suis rendu pour la première fois au début des années 1970, à une époque où les agents du KGB prenaient la peine de s'assurer qu'il était impossible d'obtenir le moindre renseignement sur la vie locale.

A Tachkent j'avais été reçu par le mufti d'Asie centrale. C'était un homme jeune, d'une trentaine d'années et très vif d'esprit, qui avait fait ses études en Egypte et effectué récemment le *hadj* à La Mecque avec vingt autres pèlerins. Lorsque l'ancienne génération aurait disparu, m'avait-il fait comprendre, l'Islam ferait l'objet d'études érudites. Mais un vendredi, peu avant les prières de midi, alors que l'imam était déjà en train de préparer son sermon, mes gardiens du KGB m'accompagnèrent à la mosquée Shahr-i-Sabz, où Timur Lang (Tamerlan), qui se déclara au XIVe siècle l'héritier et le continuateur de Gengis Khan, avait prié. Les gens nous fusillaient du regard, mais les Russes étaient indifférents à cette hostilité.

Quand on sort de ces villes, on se trouve en face d'un paysage qui s'étend sur des milliers d'hectares, sous des ciels qui semblent les plus lumineux et les plus imposants; il y a les sables noirs du Karakoum, la mer d'Aral aujourd'hui dévastée, les glaciers du Pamir, des lieux chargés d'histoire comme Khiva, Samarkand et Boukhara, le lac Issyk-Koul. C'est là que les nomades et les bergers de la Horde d'Or sont venus s'installer. Après la révolution d'Octobre, Gustav Krist, cet aventurier, autrichien de naissance, a assisté, du haut des monts Alaï au Kirghizistan, à ce qu'il a appelé la mort de la liberté du peuple kirghiz. Les Kirghiz fuyaient le recensement soviétique. « Sur une énorme distance je pouvais voir des caravanes de chameaux se profiler l'une derrière l'autre ; toute la tribu était en route, fuyait devant les fonctionnaires soviétiques. » Au Turkménistan, il a décrit comment les communistes « ont inondé le pays de réglementations, proclamations et cris de ralliement. Ils y avaient formé une bande d'agitateurs professionnels. Puis, des usines, des coopératives, des organisations paysannes et des ateliers ont dû être créés dans les déserts et les oasis... afin de faire naître une conscience de classe là où il n'y en avait jamais eu auparavant ».

Le Kazakhstan est à lui seul aussi grand que l'Inde. Nombre de Kazakhs ont suivi les Kirghiz dans leur fuite jusqu'en Chine. Sous Staline, la terreur, la collectivisation et la famine ont tué un Kazakh sur trois. « L'holocauste des Kazakhs, par rapport à la dimension de la population, a surpassé celui qu'ont subi tous les autres peuples », ont écrit Bohdan Nahaylo et Victor Swoboda, auteurs d'une histoire récente des nationalités soviétiques qui s'intitule : *La Désunion soviétique*. Deux atrocités particulières ont été infligées aux Kazakhs : les camps du goulag à Karaganda, et la série d'essais nucléaires effectués à Semipalatinsk.

Parmi les millions de lettres adressées à Gorbatchev, il y en avait une signée L. Boikova. Née dans le village de Beskaragaï, l'auteur de la missive habitait à trois cents kilomètres environ de la zone où se déroulaient les essais nucléaires. Quelque cinq cents essais y ont eu lieu. Le jour où on procédait à ces essais, écrivait-elle : « On nous regroupait dans un ravin profond et on nous demandait de nous étendre sur le sol, face contre terre, la bouche grande ouverte (ce qui était censé empêcher nos tympans d'exploser). » Ils voyaient l'avion exécuter une boucle et lâcher la bombe puis ils assistaient à l'explosion de celle-ci. La direction dans laquelle se déplaçait le champignon atomique dépendait du vent. « Parfois, il soufflait vers la région d'Abolsk, parfois de notre côté. Il y avait aussi l'onde de choc. Celle-ci se produisait plus ou moins rapidement, soulevait les gens du sol... Pendant l'un des exercices, le dernier étage (de notre école) a été coupé du bas comme avec un couteau. Beaucoup de maisons s'écroulaient... Il n'y a jamais eu de contrôles médicaux, malgré les radiations auxquelles nous étions exposés. Dans notre village, les gens ont commencé à mourir de leucémie mais pour certaines raisons il ne fallait pas le dire. »

L'Institut kazakh des radiations à Semipalatinsk a conservé quelques-uns des milliers de fœtus difformes mort-nés ou avortés. Max Easterman a évoqué, dans le reportage qu'il a écrit sur cet institut, les milliers d'autres enfants qui ont vu le jour avec de terribles malformations et ont survécu, « preuves vivantes d'une politique de défense fondée sur le profond mépris du pouvoir envers la vie humaine ». Pour nombre de Kazakhs, ce que leur a fait subir l'impérialisme russe est un génocide. Selon le recensement de 1989, les deux tiers des Kazakhs étaient bilingues mais moins d'un pour cent des Russes parlaient kazakh.

D'autres incidents, moins horrifiants, témoignent de préjugés manifestés par les Russes et ont engendré le ressentiment nationaliste des minorités musulmanes ou autres. Quatre-vingt-neuf malades, de nationalité kalmouk et essentiellement des mères célibataires, ont été victimes d'une mystérieuse infection dans un hôpital d'Elista, la capitale de la Kalmoukie. Ce fut l'occasion de lancer une campagne raciste contre les Kalmouks, selon un article de journal. «"A l'époque les Kalmouks furent jetés à la porte des hôtels et expulsés des foyers; les autocars d'ici étaient lapidés lorsqu'ils traversaient les régions voisines. A lire la presse, on a l'impression que les Kalmouks ne se lavaient jamais", déclare le Dr Badma Tatchiev, actuellement médecin-chef de l'hôpital. L'enquête sur l'affaire est close. Mais il n'a jamais vu une seringue jetable.»

Grâce à la perestroïka, il est devenu possible de parler aux gens de la vieille génération sans être espionné par le KGB. Les plus âgés de la tribu, qui portent un bonnet tadjik ou ouzbek, ou un chapeau kirghiz bordé de fourrure, sont les gardiens de la conscience publique; on les retrouve dans les maisons de thé, les *tchai-khanas*, assis sous les treillis des vignes et des bougainvillées. Certes leur attitude envers les Russes exprime la haine et la peur, mais ces sentiments sont tempérés par la lassitude et l'humour tragi-comique hérité de la longue lutte qu'ils ont livrée pour survivre au despotisme.

Certains des peuples d'Asie centrale sont turcs et se tournent du côté de la Turquie, d'autres sont iraniens et se tournent du côté de l'Iran. Le djaghataï a cessé depuis longtemps d'être la *lingua franca* de la région et presque tous les peuples ont leur propre langage. Les sunnites dépassent en nombre les chiites. La littérature, en particulier la poésie, remonte dans certains cas aux premiers siècles de l'Islam mais elle a aussi ses innovateurs. Ce que tous ces peuples ont en commun c'est une histoire ininterrompue d'oppression sous la férule d'un despote, ce qui leur a permis de conserver leur identité mais les a empêchés de former des Etats-nations au sens où nous l'entendons en Occident. Ils ont en commun leur conception du clan ou de la tribu, et ils ne doivent principalement respecter leurs obligations qu'envers les membres du groupe auquel ils appartiennent. Le pluralisme et le partage de l'autorité sont des notions dépourvues de toute signification dans l'idée qu'ils se font du monde. Aussi les concepts d'Etat, de citoyenneté, de droits ou de devoirs n'existent-ils pas pour eux. La tolérance repose strictement sur une règle élémentaire «agis comme on agirait envers toi».

Au temps de leur gloire, Gengis Khan et Timur Lang ont laissé une telle empreinte de cruauté et de despotisme que le souvenir en est encore vivace. Leurs successeurs, des émirs ou des khans locaux, ne se sont guère distingués les uns des autres par leurs attitudes mais par leur puissance et leur envergure. Incapables de monter des expéditions pour s'enrichir, ils ont finalement échoué à défendre leur propre peuple et se sont laissé dominer par les Russes.

Pour les peuples d'Asie centrale, le despotisme russe fait partie de leur héritage. Il est normal que le fort s'empare du butin; pour sa part, le faible ne peut que songer aux moyens de prendre sa revanche. Mais des siècles de christianisme orthodoxe ont jeté les fondations de quelque chose de nouveau, une identité nationale au nom de laquelle les Russes ont combattu les musulmans et l'ont emporté. A l'inverse, l'Islam, en tant que communauté religieuse plutôt que nationale, n'a pas réussi à sortir du cadre de la structure tribale. La spécificité tribale et ethnique des musulmans, comme l'ont découvert les penseurs de cette confession, a empêché la naissance d'un sentiment national qui les aurait rendus capables de tenir tête à la Russie. Bakou, au XIXe siècle, était au moins l'égale du Caire quand elle se livrait à des tentatives intellectuelles pour définir comment on pouvait être à la fois un bon musulman et un homme moderne. Sans le communisme, les musulmans d'Asie centrale auraient très bien pu se doter d'Etats-nations laïcs sur le modèle de ceux que l'on trouve aujourd'hui au Moyen-Orient, malgré tous les tourments que leur cause la quête de leur identité.

Les peuples d'Asie centrale, envahis et dominés, ont eu recours à des remèdes qui dans le passé les avaient aidés à mitiger le despotisme dont ils étaient les victimes. Une humilité et une servilité de façade dissimulaient leur véritable nature. De temps à autre un imam ou un mollah était arrêté alors qu'il parcourait incognito ces républiques, et l'on apprenait généralement qu'il s'agissait d'un adepte d'une société soufie comme la Naqchbandiyya. Les Soviétiques se targuaient d'avoir, par la vertu de leurs méthodes à poigne, réussi à contenir un fondamentalisme islamique explosif qui leur servait probablement d'épouvantail.

Un despote trop puissant pour qu'on lui résiste par les armes doit être traité par la ruse et la flatterie, bercé d'illusions et couvert d'offrandes, berné par un simulacre de coopération qui n'est rien de tel en réalité. Les Russes, que leur propre histoire avait rendus experts dans ces domaines proches de la magie noire, avaient rencontré des partenaires à leur taille en Asie centrale. La première parade du clan et de la tribu consistait à choisir dans ses rangs la personne qui lui servirait de représentant au sein du parti, qui s'appliquerait à en parler le langage et gravirait les échelons jusqu'au sommet, se montrerait aux petits soins pour l'autorité centrale afin d'obtenir en faveur de son clan et de sa tribu des fonds et des emplois. La plupart du temps, les dirigeants du parti, dans les républiques musulmanes, n'étaient que des notables du clan sous un déguisement. Soviétisés en apparence, ces notables avaient brillamment réussi à faire du parti une source d'argent et de pouvoir. Les premiers secrétaires n'étaient autres que des khans et des émirs, qui avaient échangé leurs costumes traditionnels brodés de pierres précieuses contre des vestons ornés de médailles soviétiques. Leur peuple, loin de voir en eux de misérables tyrans corrompus, les admirait pour ce qu'ils parvenaient à soutirer aux Soviétiques, pour les fraudes magnifiques et presque héroïques qu'ils menaient à bien. Tel était le cas de Charif Rachidov, premier secrétaire ouzbek, ou de Dinmoukhamad Kounaïev qui dirigea le Kazakhstan presque sans interruption de 1954 à 1986, ou de Haidar Aliev en Azerbaïdjan, ou de Jaber Rasoulov, premier secrétaire tadjik de 1961 à 1983, ou de Souparmourad Nizaïev capable de se faire créditer de 99 pour cent des suffrages au Turkménistan.

L'ayatollah Khomeyni, lorsqu'il renversa le chah en 1979, ne fut que le dernier d'une longue lignée de voisins persans ou iraniens vus d'un mauvais œil par Moscou. Au temps du tsar, ce genre d'incident aurait servi de prétexte pour déclencher une autre guerre de conquête. Cette fois les Soviétiques envahirent l'Afghanistan où ils espéraient se trouver en mesure de faire pression sur Khomeyni. Si cette invasion avait réussi, les musulmans auraient pu se mettre à redouter que le despote soviétique ne leur fasse bien du mal. L'échec des Soviétiques couvrit ces derniers de honte et exacerba un sentiment d'orgueil et de jubilation dans les républiques d'Asie centrale. Apparemment semblable à n'importe quel Russe attaché à ses préjugés racistes et à la bouteille de vodka destinée à le réconforter, Gorbatchev pestait contre ce qu'il appelait «les républiques parasites», lesquelles réclamaient de l'argent sans en rapporter, et il mettait en garde tous ceux qui voulaient bien l'écouter contre les dangers de l'intégrisme islamique «qui montrait ses dents pointues», sans même comprendre qu'en fait il apportait de l'eau au moulin des fondamentalistes.

Toujours victime de la même myopie qui le poussait à prendre les effets pour les causes, Gorbatchev chercha à mettre de l'ordre dans les partis communistes des républiques musulmanes. Tourdakun Ousbaliev, le premier secrétaire kirghiz, fut limogé en 1985, et Kounaïev, le premier secrétaire kazakh, l'année suivante. Un article publié dans les *Izvestia* affirma que parmi les biens dont il disposait Kounaïev comptait 247 hôtels, 414 appartements réservés à des hôtes de passage, 84 villas, 22 pavillons de chasse et 350 lits d'hôpitaux. Un tel butin n'était pas invraisemblable.

Des milliers de personnes furent limogées et mises en prison. La réaction nationaliste fut brutale. Sadiqjan Yigitaliev, président de la Cour suprême de l'Ouzbékistan, par exemple, accusa des fonctionnaires russes de fausser la balance de la justice en incarcérant des personnes innocentes et en faisant pression sur les tribunaux pour qu'elles soient condamnées. Il fit ressortir que trois Russes gouvernaient en réalité l'Ouzbékistan : le second secrétaire du parti local, Vladimir Anichtchev, et deux de ses collègues. Ce qui, du point de vue des Russes, avait commencé par être une mesure de justice devint aux yeux des Ouzbeks de la persécution. Le centre fut semble-t-il surpris de voir éclater aussitôt des émeutes locales d'une grande ampleur.

Faire carrière dans la politique, comme chef tribal ou comme chef communiste, cela revenait au même ; en d'autres termes, on s'élevait dans la hiérarchie pour autant que l'on s'imposait aux autres. Tous les modes d'attaque et de défense étaient de mise. Ce que l'on dit ou fait peut n'avoir aucun rapport avec ce que l'on pense ; c'est seulement lorsque l'on a atteint le sommet que l'on est en mesure de concilier ces divergences et de prétendre ne représenter que les siens. Les intellectuels, qui cherchent à exprimer leurs pensées honnêtement ou en tout cas à se mesurer avec les réalités, sont des parias pour les professionnels de la politique.

Les intellectuels désenchantés eurent tôt fait de comprendre quelles possibilités leur offrait un Front populaire, ce nouvel organe politique qui commençait à gagner les républiques européennes aux frontières occidentales de l'empire. Certains d'entre eux firent le voyage pour aller voir de leurs yeux comment cela fonctionnait ; les nationalistes baltes parvinrent aussi à passer le mot en Asie centrale. Sajoudis, le Front populaire lituanien, servit de modèle. Ce fut le signal d'une occidentalisation immédiate qui reposait sur un certain mimétisme, comme cela avait souvent été le cas dans le tiers-monde, encore qu'un tel emprunt ait probablement favorisé la confusion plus qu'un effort constructif.

Dix-huit écrivains et professeurs ouzbeks fondèrent sous le nom de Birlik (« unité ») leur Front populaire, au cours d'une réunion privée organisée à Tachkent en novembre 1988. Les poètes Mouhammad Salih et Erkine Wahidov ainsi qu'un universitaire, Abdoulrahman Poulatov, en prirent la tête. Le Rastakhiz au Tadjikistan, l'Agzybirlik au Turkménistan, l'Adilet au Kazakhstan, l'Achar au Kirghizistan et des groupes du même genre chez d'autres peuples, vinrent s'ajouter à la chaîne des Fronts populaires en Asie centrale. Seule une poignée de personnalités connues y participèrent, sans qu'aucune d'entre elles ou presque puisse prétendre représenter quelque chose ou quelqu'un en dehors de soi-même.

Attaquer l'impérialisme soviétique était un moyen qui permettait de donner à l'édifice tribal une dimension nationale. Oljas Souleïmenov, écrivain connu, était premier secrétaire de l'Union des écrivains kazakhs. Elu au premier Congrès des députés du peuple, Souleïmenov déclara du haut de la tribune aux Russes qui l'écoutaient à contrecœur : « Le principal aspect de la perestroïka à mes yeux est la poursuite du processus de décolonisation qui s'est trouvé suspendu pendant les années 1920. » L'Islam et sa renaissance permettaient aussi de donner corps au concept de nation. Au début de 1989 la revue hebdomadaire de l'Union des écrivains ouzbeks et du ministère de la Culture publia un article dans lequel la religion était encore sauvagement accusée « d'empoisonner culturellement le prolétariat et tous les travailleurs ». A peine une semaine plus tard, l'ancien mufti du KGB pour l'Asie centrale était limogé et son remplaçant, Mouhammad Sadiq Mouhammad Yousouf, faisait paraître un article dans la même publication à la gloire de la famille musulmane traditionnelle.

L'unique programme sur lequel tout le monde arrivait à se mettre d'accord était celui qui prônait le retour à la suprématie de la langue nationale dans chaque république. Avec une bonne volonté inattendue, les premiers secrétaires des partis communistes locaux cédèrent aux sollicitations et votèrent une loi à cet effet. Une fois ce but atteint, les Fronts populaires et les mouvements nationaux embryonnaires se divisèrent. Ceux qui réclamaient un peu plus de démocratie et un partage de l'autorité, ou un regain de l'Islam, entrèrent en conflit avec ceux qui en voulaient moins. Tout comme c'est le cas dans les autres pays arabes ou musulmans indépendants, on ne put parvenir à formuler aucun programme unifié pour l'avenir. Il n'existait aucun mécanisme qui eût permis d'introduire le pluralisme, seul facteur favorable au maintien de la paix. Les premiers secrétaires mobilisèrent leurs tribus et leurs groupes ethniques pour s'empresser d'écarter, d'arrêter et de jeter en prison les intellectuels de bonne volonté, favorables à une occidentalisation. L'estime que l'on accordait à ces intellectuels en tant qu'individus ne leur valait pas le soutien de leur tribu. Les guerres civiles locales qui se mirent à proliférer dans les républiques d'Asie centrale prirent l'allure d'affrontements entre le communisme, le nationalisme et l'intégrisme islamique, mais ces abstractions avaient peu de réalité ; elles ne recouvraient que la quête d'une identité tribale et ethnique plus profonde. Il ne s'agissait pas de remplacer le communisme par une anarchie digne du tiers-monde mais de revenir à la tradition du passé. Chacun ne voyait plus la politique que comme un moyen de défendre les siens contre le reste du monde ; et cette attitude semblait une fois encore jaillir de terre dans toute sa vitalité destructrice, comme si l'occupation soviétique n'avait été qu'un bref intermède de l'Histoire, enfui sans laisser aucune empreinte dans la société, rien sauf quelques bâtiments de béton bon marché déjà en voie de détérioration.

Emil Pein est un éminent ethnologue moscovite qui a étudié les républiques musulmanes. Il n'hésite pas à soutenir que l'impérialisme soviétique ou le communisme a permis d'assurer, en réalité, la sauvegarde des anciennes coutumes. Toute idée de se constituer en Etat-nation leur étant interdite, les peuples d'Asie centrale ne pouvaient pas se moderniser. Au Tadjikistan et au Turkménistan les clans continuent de gouverner tout comportement social et tout loyalisme. Le nationalisme, dans le cas de la montagne kirghize, a surgi d'une hostilité ressentie envers les groupes ethniques installés dans les riches plaines et vallées. Malgré leur appartenance ethnique turque et leur foi chiite, les Azéris n'éprouvaient aucun sentiment d'identité nationale jusqu'au jour où celui-ci a été attisé par le conflit avec l'Arménie à propos du Nagorny-Karabakh.

Le fait d'imposer le communisme à ces peuples, soutient Pein, ne soulevait qu'une nouvelle question de vocabulaire. Le langage soviétique n'avait pas modifié la réalité. Au Tadjikistan, le clan septentrional avait exercé sa suprématie pendant des siècles, aussi son émir s'était-il mué en premier secrétaire. La structure sociale restait intacte. Un kolkhoze ouzbek qu'il avait eu l'occasion de bien connaître au cours de son travail universitaire comportait jusqu'à 15 000 membres. Le président ne pouvait pas être au courant de tout au sujet de ceux qui venaient se plaindre à lui; pour prendre ses décisions en connaissance de cause il allait se procurer des renseignements auprès du *makhalya* ou ancien conseil tribal. Dans la pratique, ceux qui dirigeaient la vie des autres gens étaient les notables. Seule la corruption avait fait naître un nouveau type de relation, à tendance mafieuse. Les coutumes locales traditionnelles et le totalitarisme soviétique avaient beaucoup de choses en commun. «Parfois de nouvelles appellations étaient données à d'anciens rôles, parfois on continuait de jouer les anciens rôles comme par le passé sous des noms nouveaux.»

Une grande partie de l'élite était culturellement russifiée grâce à l'éducation, et par conséquent occidentalisée. Dans les villes et cités, certains Tadjiks et Ouzbeks rencontraient de ce fait des problèmes d'identité. Cette nomenklatura entretenait des liens étroits avec les Russes du pouvoir central, dans le but d'obtenir davantage de privilèges notamment quand il s'agissait de l'instruction de leurs enfants. L'organisation socio-économique soviétique n'avait introduit qu'une modernisation très limitée.

Anwar Ousmanov est un intellectuel occidentalisé, un Ouzbek qui a joué un rôle actif au sein du Front populaire, Birlik, dès le début, dans sa ville natale de Tachkent. Son programme initial, déclare-t-il, était boiteux et modeste; il proposait une coopération avec l'Union soviétique dans l'avenir sans un mot pour l'indépendance. «Nous étions sous l'influence de l'Europe de l'Est. Des groupes avaient soutenu la perestroïka mais ils avaient disparu. La question de la langue nationale qu'ils avaient soulevée leur avait valu une grande popularité. D'après la Constitution de 1977 il n'y avait pas de langue étatique. En conséquence, la langue ouzbek avait été reléguée au rang de jargon domestique. Cela faisait grandement l'affaire de la nomenklatura, car il fallait connaître le russe pour en faire partie. Les autorités avaient réagi avec hostilité devant le Birlik. Le Comité central du parti ouzbek prétendit être de toute manière en train d'opérer des réformes et ne voyait donc pas pourquoi le Birlik essayait de s'en mêler.»

Pour que l'ouzbek soit considéré comme la langue officielle de l'Etat, le Birlik avait organisé une manifestation à laquelle étaient accourues 10 000 personnes à Tachkent le 19 mars 1989. Cet événement avait ébranlé toute la république. Le 1er mai, 2 000 délégués envoyés par huit des douze régions de la république assistèrent à une conférence du Birlik à Tachkent. Ils élurent un conseil d'administration présidé par Abdoulrahman Poulatov. La spécialité de celui-ci est l'intelligence artificielle et la robotique. « C'était l'homme qui convenait pour ce poste, à mi-chemin entre les écrivains et les techniciens. »

Le nouveau programme du Birlik se donnait pour principal objectif « d'éveiller la conscience politique endormie du peuple ouzbek. Nous étions bien moins politisés que les Russes ou les Ukrainiens. Le second point concernait la formation d'une société laïque démocratique. A ce stade il n'existait aucun activiste islamique. D'autres personnes vinrent grossir les rangs du Birlik qui avait l'ambition de représenter toutes les nationalités de l'Ouzbékistan. Le parti communiste participait à ces activités depuis le début et cherchait à prendre la direction du mouvement. Aussi le gouvernement promit-il d'examiner la question de la langue. Par l'intermédiaire du Comité central, le Soviet suprême approuva une mesure qui proclamait la suprématie de la langue ouzbek ». Mais au cours du mois de juin des Ouzbeks agressèrent et massacrèrent des Turkmènes, autre population musulmane, dans la vallée du Ferghana. La raison et les circonstances de cette tuerie demeurent obscures. Ousmanov est convaincu du fait que le massacre a été provoqué par des groupes placés sous les ordres de Moscou. « A l'époque, nous pensions devoir personnellement prouver que l'affaire avait été organisée par Gorbatchev, tout comme le massacre des Arméniens à Soumgaït. Cela faisait partie d'une campagne orchestrée, destinée à prouver que les Ouzbeks n'avaient aucune aptitude à se doter d'une organisation sociale propre. Cela réveilla les Ouzbeks de leur apathie et sema les graines d'une conscience nationale. » Certains Ouzbeks auraient pu, par conséquent, avoir intérêt à attaquer les Turkmènes mais Ousmanov écarte cette possibilité.

« Pendant l'automne de l'année 1989, il y eut une très importante manifestation à Tachkent. Le Comité central se mit à manœuvrer pour entraîner une scission au sein du Birlik. Mouhammad Salih et d'autres écrivains commencèrent à proclamer que le moment était venu de suspendre les manifestations des activistes pour chercher à conclure un compromis avec le gouvernement. Salih et son groupe quittèrent le Birlik et créèrent l'Erk (" Volonté "). Le Birlik voulait la démocratie d'abord et l'indépendance après; l'Erk réclamait l'indépendance d'abord puis la démocratie. Le premier secrétaire du parti ouzbek, Islam Karimov, tenta d'en profiter pour organiser la répression. L'année 1990 fut difficile, parce que le Birlik luttait pour sa survie. »

La région d'Osh est peuplée d'Ouzbeks mais elle avait été arbitrairement attribuée par Staline au Kirghizistan. Le 5 juin 1990 15 000 Kirghiz en armes dévalèrent des montagnes pour massacrer les Ouzbeks qui habitaient la ville d'Osh elle-même et la cité voisine d'Ouzgen. Ousmanov se trouvait par hasard à Ouzgen à ce moment-là et il fut témoin de l'affaire. Trente mille Ouzbeks vivaient à Ouzgen aux côtés de quatre mille Russes et de trois mille Kirghiz. En enquêtant sur les causes du massacre, Ousmanov apprit que Karimov avait été alerté la veille du carnage et avait téléphoné à Gorbatchev pour demander les pleins pouvoirs. Il avait même offert d'appeler des troupes sous sa propre responsabilité. Gorbatchev, dit Ousmanov, avait hésité avant de téléphoner au maréchal Iazov qui effectivement envoya la division d'élite de Pskov à Ouzgen, mais seulement quand le carnage battait déjà son plein.

Porté par toute cette série d'événements, Karimov fut en mesure de consolider sa position de premier secrétaire ouzbek en s'affirmant nationaliste. Le point de savoir s'il préférait se dire communiste ou nationaliste importait moins que le maintien de son despotisme personnel sur l'Ouzbékistan. Il a dûment renforcé sa suprématie en se proclamant président. Le Birlik l'appelait le khan bolchevique d'Asie centrale. Il ne lui resta plus qu'à dissoudre à la fois le Birlik et l'Erk, puis à persécuter leurs principaux dirigeants. Poulatov et Mouhammad Salih ont été roués de coups et jetés en prison. La maison d'Anwar Ousmanov à Tachkent a été réduite en cendres.

15

Les républiques baltes

> Je me tiens seul au bord de la route
> Là où il y avait autrefois un village
> Et j'écris avec un morceau de charbon de bois
> Sur les pierres tombales des cheminées d'usine
> Une chanson sur les fours froids depuis longtemps
> Et les feux de charbon qui se sont éteints il y a longtemps,
> Une chanson sur les chats qui n'ont plus de foyer
> Et les enfants qui n'arrêtent pas de pleurer
> Près des cadavres de leurs mères mortes.

Le ton de ce poème, écrit en 1964 par Imants Ziedonis, imprègne les républiques baltes, l'Estonie, la Lettonie et la Lituanie; l'élégie est authentique. Des voisins puissants et assoiffés de sang ont presque réussi à rayer de la carte ces trois peuples; chacun d'eux chérit avec passion son identité, a une profonde conscience de ce qu'il a perdu et de ce qu'il lui faut sauver du naufrage. Ziedonis lui-même, avec ses cheveux blancs, son visage séduisant et fin, incarne l'image même du poète, du barde national. En l'écoutant parler de sa Lettonie natale, comme nul autre ne sait le faire, je lui ai demandé si Shelley avait débité des absurdités en décrivant le poète comme un citoyen du monde. Ziedonis, après avoir quêté le soutien des autres Lettons assis autour de la table, répondit que ceux qui sont nés dans de vastes pays ne pourront jamais comprendre ceux qui sont venus au monde dans de petites nations.

De minces routes toutes droites traversent le paysage balte qui est plat et sans relief, à part des forêts spectrales de bouleaux et de pins indigènes dont l'écorce rougeoyante vire au gris tout en haut du tronc. Des lacs surgissent un peu partout, éparpillés au milieu des fermes aux murs couverts de bardeaux ou des carcasses pourrissantes de kolkhozes soviétiques. Le bois flotte le long de la berge sablonneuse, en convois maritimes légers; l'hiver venu, la glace enrobe la côte. Klaipeda, Liepaja, Ventspils étaient jadis des ports hanséatiques aux noms allemands. Les vieilles églises contiennent des monuments aux armoiries extravagantes de l'aristocratie allemande balte : Horn, Toll, Krusenstern, Üxküll, Pahlen. Le prince Biron a régné sur ce qui était au temps de la Grande Catherine le grand-duché de Courland, et il avait commandé à Rastrelli, l'architecte de Saint-Pétersbourg, la construction du palais de Rundale. Aujourd'hui ce splendide château, vide, ravagé et rafistolé, se dresse dans un lieu écarté, tout comme le Sphinx.

Les églises, les palais et les riches habitations bourgeoises des temps anciens sont enserrés dans les lugubres banlieues soviétiques de Tallin et de Riga. Ils sont délabrés et mal entretenus, mais depuis l'indépendance des échafaudages érigés un peu partout indiquent que l'on y fait des travaux pour la première fois depuis des dizaines d'années. Près de Siauliai, dans le nord de la Lituanie, se trouve un tertre où se dressent en rangs serrés des croix de toutes tailles, en métal ou en bois, enveloppées de rosaires et de messages pieux comme dans des toiles d'araignée. Chaque fois qu'elles en avaient l'occasion, les autorités soviétiques rasaient cet espèce de Golgotha, mais les pèlerins catholiques revenaient subrepticement y replanter leurs crucifix. Le pape Jean-Paul II fut l'un d'entre eux. Vilnius, la capitale lituanienne, avec ses perspectives architecturales baroques, son université fondée par les jésuites, et son ancien quartier juif, avait autrefois une renommée intellectuelle et culturelle dans toute l'Europe. En plein centre-ville, ce qui s'appelait la rue Lénine a retrouvé son vrai nom de Gediminas. Dans la vitrine du grand magasin le plus important il y avait une bicyclette d'enfant, de fabrication soviétique, piquée de rouille avant même d'être vendue. Ici, en tous lieux, quantité de signes et d'indices évoquent la peur ou la honte. On ne parvient pas à oublier que l'on est sur les lieux d'un épouvantable crime.

« Il est difficile aujourd'hui d'imaginer ce qu'était simplement le mode de vie à cette époque-là dans ce petit coin d'Europe », écrit Tania Alexander dans *Une Enfance estonienne*, un livre de souvenirs sur les premières années qu'elle a vécues avant la guerre, à la campagne, dans le village de Kallijärv, avec la cueillette des fruits et les promenades dans les bois et les soirées où l'on faisait de la musique. Elle est la fille de la baronne Moura Boudberg, grande dame cosmopolite, qui fut la maîtresse de H.G. Wells et de Maxime Gorki; elle fut aussi un agent du KGB, sa vie durant. Moura Boudberg se débrouilla pour que Wells puisse interviewer Staline en 1934. Wells était alors au sommet de sa gloire en tant que penseur et écrivain. Il était impatient de féliciter Staline. « De nos jours, les capitalistes doivent apprendre grâce à vous, à comprendre l'esprit du socialisme. » A peine quelques semaines plus tard Staline allait faire assassiner son collègue Kirov et déclencher une nouvelle vague de terreur; Staline répondit qu'il y avait beaucoup d'hommes mauvais dans le monde : « Je ne crois pas à la bonté de la bourgeoisie. » De retour à Kallijärv, auprès de Moura Boudberg, après son scoop au Kremlin, Wells se baigna dans les lacs de la région, sans se rendre compte du fait que les crimes de Staline étaient facilités par la légèreté de gens comme lui pour qui il y avait deux poids et deux mesures.

Après la signature du pacte germano-soviétique entre Ribbentrop et Molotov, les Allemands de la Baltique furent souvent exhortés à s'en aller. A se soumettre au régime nazi plutôt qu'au pouvoir soviétique, comme ils furent 60 000 à le faire. Les invasions successives des nazis et des Soviétiques firent disparaître au moins un tiers des populations baltes. Les nazis déportèrent environ 150 000 Baltes et mirent les Juifs à part pour les assassiner presque jusqu'au dernier. La férocité prit une forme exceptionnelle en Lituanie où l'antisémitisme fut encore plus vicieux qu'en Pologne ou en Ukraine. «La participation intense de la population locale», comme l'exprime Dina Porat, historienne du génocide des Juifs lituaniens, s'est ajoutée à la minutie et à l'esprit d'organisation des Allemands. Une journaliste américaine, Genevieve Abel, a publié dans un journal appelé *l'Observateur balte* un récit sur le trajet qu'elle a fait en tramway, un jour de l'automne 1992, pour aller du centre de Vilnius aux confins de la ville. Un fermier du coin l'a emmenée dans un bois, celui de Ponari ou Paneriai en lituanien, un des lieux de carnage les plus horribles. Les Juifs y avaient été abattus dans des fosses, et enterrés là où ils étaient tombés. A présent, des os et des dents sortaient de terre un peu partout. «La forêt s'est refermée sur moi», écrivit-elle. Aucun effort n'avait été fait pour donner à ces victimes une sépulture convenable; il n'y avait même pas une stèle commémorative.

Des parallèles monstrueux existent entre les versions nazie et soviétique du totalitarisme. Au moment même où l'armée allemande entrait dans Paris le 14 juin 1940, l'Armée rouge occupait les républiques baltes. Le président lituanien, Antanas Smetona, s'enfuit aux Etats-Unis mais son Premier ministre et remplaçant, Antanas Merkys, fut déporté. A Moscou, au même moment, le ministre lituanien des Affaires étrangères, Jouzas Urbsys, était tout simplement placé en détention. Karlis Ulmanis et Konstantin Päts, respectivement président de la Lettonie et de l'Estonie, furent déportés et moururent en exil. Romuald Misiunas et Rein Taagepera sont les auteurs de l'histoire définitive de ces républiques sous l'occupation, et pour reprendre leurs termes mesurés, l'arrestation et la déportation des dirigeants d'un pays sur les ordres d'un autre fut «peut-être un événement sans précédent» dans les annales des relations internationales modernes.

Piotr Iakir était le fils d'un éminent général soviétique, l'un de ceux, et ils furent nombreux, qui ont été abattus du jour au lendemain sur l'ordre de Staline en 1937 pendant la vague de terreur déchaînée après l'assassinat de Kirov. Parce qu'il était le fils de son père, Iakir s'est retrouvé en 1941 au goulag, dans le camp 7 d'un complexe appelé Severallag. Il y a vu arriver les Baltes, soixante par wagon, dans douze trains partis de Riga et en nombre à peu près identique de Tallin et de Vilnius. Les familles avaient été séparées. Les hommes et les femmes étaient déportés séparément. Leurs noms figuraient sur des listes établies d'avance par la police secrète. Quand les trains furent déchargés, écrivit Iakir, les gens pouvaient à peine sortir des wagons. Ils se précipitèrent sur les poubelles pour chercher quelque chose à manger parmi les ordures. «Je me souviens du secrétaire du président de la Lituanie qui était si faible qu'il n'arrivait pas à sortir de la poubelle dans laquelle il s'était péniblement hissé pour y prendre des têtes de poisson pourries.» Certes ils n'étaient pas les seuls à connaître pareille misère. Soljenitsyne décrit par le menu comment, après l'arrivée à Solikamsk d'un train venu de Leningrad à la même époque, le quai était couvert de cadavres. Au cours des hivers qui suivirent celui de 1944, écrit-il, les trains de prisonniers de la Baltique, de Pologne et d'Allemagne, arrivaient généralement à la principale gare de triage dans le Nord avec un ou deux wagons de cadavres attachés à l'arrière. Les Baltes étaient les premiers à mourir, comme l'a signalé Varlam Chalamov dans une de ces remarques qui se gravent dans la mémoire, parce qu'ils étaient physiquement plus grands que les Russes.

De 1945 à 1955, 80 000 Estoniens, 100 000 Lettons et 260 000 Lituaniens furent déportés à leur tour. Lagle Parek qui venait d'Estonie était «une femme joyeuse aux cheveux blonds», selon Irina Ratouchinskaïa qui a partagé sa hutte-prison. Lagle Parek avait été condamnée à six ans d'internement dans un camp et à trois années supplémentaires d'exil pour avoir publié un journal *samizdat*. «Son père avait été fusillé, sa mère envoyée dans un camp, Lagle, sa grand-mère et sa sœur déportées en Sibérie. Sa grand-mère s'était arrangée pour que ses deux petites-filles arrivent vivantes en Sibérie, où des Estoniens enfoncés jusqu'aux genoux dans la neige les prévinrent qu'elles étaient destinées à rester éternellement en exil.» Lagle Parek n'avait appris la mort de son père qu'en voyant l'ordre concernant l'exécution de celui-ci à l'intérieur de son propre dossier, lors de son arrestation. Elle est actuellement ministre dans le gouvernement estonien.

Grâce à leur détermination et à leur art du secret, une poignée de dissidents avaient pu survivre à l'époque Brejnev. D'autres, comme le mathématicien estonien Johannes Hint, sont morts en prison. On prédisait de plus en plus que l'identité historique des Baltes était sur le point de disparaître à jamais. *Cogito Ergo Sum* est le titre d'un documentaire estonien, un émouvant court métrage qui met en scène un très vieil homme oublié par les siens alors que dans son village tout le monde a été embrigadé dans une exploitation collective ou déporté. Il avait autrefois enseigné la philosophie et la théologie à l'Université de Tartou; désormais il a décidé de vivre seul dans le village abandonné. Au fil des années l'endroit est quasiment redevenu sauvage, mais il se donne la satisfaction d'incarner un défi vivant. Lorsqu'il s'adresse à la caméra à la fin du film, ce personnage indomptable déclare que chacun de nous a le pouvoir de réfléchir à ce qu'il est, et ce pouvoir, utilisé à bon escient, donne du prix à la vie. Un poète bien connu, Mara Zalite, a exprimé en juin 1988, devant une assemblée d'intellectuels lettons au début du mouvement de libération nationale, l'anxiété générale : «Les Lettons sont menacés de disparition.»

Le russe était la langue officielle pour les affaires du parti, l'administration et le commerce. Le Letton Boriss Pougo, général du KGB, figurait parmi les nombreux dirigeants du parti; il était si russifié qu'il ne savait plus parler sa langue natale. «Exprimez-vous dans une langue civilisée!» voilà comment les vendeurs russes dans les magasins avaient la réputation de s'adresser à leurs clients estoniens.

Les intellectuels et les étudiants ont été les premiers à sentir l'ambiguïté de la perestroïka et à agir en conséquence : les fonctionnaires du parti qui poussaient à la renaissance et à la restructuration ne pouvaient guère demander aux Baltes de se contenter de «faire semblant» à ce sujet. On pouvait difficilement leur reprocher de chanter les louanges de Gorbatchev pour mieux le détruire. Et si les Baltes voulaient découvrir jusqu'où ils pouvaient aller, il leur fallait essayer de le faire. Il eût été difficile de trouver un meilleur moyen de se préparer à une épreuve de force. Une chronique, une conférence ou une déclaration enflammée à la télévision, tombées à point nommé pour exacerber la nervosité et l'affreux sentiment de frustration accumulés depuis des dizaines d'années, ouvraient aussitôt la voie au nationalisme. Le mécontentement personnel faisait tache d'huile dans l'opinion publique à chaque occasion. L'individu qui savait trouver des mots, parfois involontairement, pour l'exprimer se trouvait aussitôt propulsé au rang de porte-parole et on lui tendait un micro pour qu'il puisse s'adresser à une foule enthousiaste dans un parc ou sur un stade.

Les premières manifestations se déroulèrent au printemps 1988. En l'espace de quelques jours, cette année-là, vers la fin du mois de mai et le début de juin, des intellectuels et des personnalités en vue tinrent des réunions qui allaient conduire à la convocation de congrès où seraient fondés des Fronts populaires dans chacune des trois républiques. Jusque-là le simple fait de posséder un drapeau national était sanctionné par une peine d'emprisonnement; désormais, les drapeaux flottaient un peu partout; ils devinrent des symboles chargés d'émotion, de même que les hymnes et les chants.

Karl Vaino, Boriss Pougo et Ringaudas Songaila étaient respectivement les premiers secrétaires du parti en Estonie, en Lettonie et en Lituanie. Etant donné leur formation et leurs longues années de service, ils n'étaient pas bien préparés pour traiter avec des organisations très difficiles à dominer en raison de leur spontanéité et de leur popularité. D'une part, Gorbatchev avait la réputation de condamner tout recours à la force et par conséquent ne manquerait vraisemblablement pas de les désavouer, voire de les punir, s'ils adoptaient des mesures répressives; d'autre part, ni les promesses ni les bonnes paroles ne parvenaient à convaincre les manifestants de rentrer chez eux ou de ranger leurs drapeaux. C'était un défi ouvertement lancé au parti. Dans ces circonstances délicates, les premiers secrétaires optèrent pour un moyen terme, ils envoyèrent sur les lieux des forces insuffisantes pour disperser les manifestations mais assez voyantes pour exaspérer la majorité de la population. Presque tout le monde, indigné par ce procédé, se rallia aux Fronts populaires. Une telle maladresse provoqua la chute des premiers secrétaires. Mais Gorbatchev montra qu'il ne désapprouvait pas nécessairement les coupables ni leur conduite, en accordant à Boriss Pougo une promotion qui l'introduisit dans l'entourage personnel du secrétaire général à Moscou. Les nouveaux premiers secrétaires désignés pour remplacer les démissionnaires en Estonie, en Lettonie et en Lituanie furent respectivement Vaino Valyas, Janis Vagris et Algirdas Brazauskas. Réputés favorables à la perestroïka et désignés par Gorbatchev, ils avaient pour instructions de collaborer avec les Fronts populaires.

Ces derniers avaient commencé par être des rassemblements hétéroclites et improvisés d'individus partageant les mêmes idées. Les organisateurs étaient de tempérament bohème, pour la plupart d'entre eux, et dépourvus de toute compétence administrative ; ils ne disposaient pas de bureaux, ni du personnel ou des équipements nécessaires pour pouvoir rivaliser avec le parti. Le journal du Front populaire letton, *Atmoda*, était à l'origine tiré à 20 000 exemplaires ; *Atgimimas*, le journal du Sajoudis en Lituanie, à 100 000 exemplaires. Pour le 23 août 1989, jour anniversaire du pacte germano-soviétique sur lequel reposaient toutes les revendications des indépendantistes, les Fronts populaires furent en mesure de mobiliser presque tous les habitants de Vilnius, de Riga et de Tallin pour leur faire former, en se tenant par la main, une chaîne sur les centaines de kilomètres qui séparent ces trois villes. Ce fut mieux qu'un exploit, une rébellion populaire de gens qui demandaient justice, mais une rébellion de nature presque pastorale dans sa douceur. En procédant à une sélection à l'intérieur de leurs rangs, les Fronts populaires se donnèrent pour présidents Dainis Ivans, Vytautas Landsbergis et Edgar Savisaar en Lettonie, en Lituanie et en Estonie respectivement. D'une manière générale, le Front populaire letton avait tendance à suivre l'exemple des deux autres. Anatolijs Gorbounovs, le président du Soviet suprême letton, et d'autres notables communistes de sa région, des renégats pour ainsi dire, se montrèrent très malins en utilisant le Front populaire pour accroître leur popularité, en lui accordant certaines faveurs pour mieux le contenir, et en faisant mine d'approuver son action pour finir par mettre la main dessus.

Landsbergis et Savisaar étaient des hommes de la même espèce, tous deux d'un esprit étriqué, peu enclins aux compromis même avec leurs amis et collègues, si obnubilés l'un comme l'autre par leur propre logique et leur foi dans la valeur de leur opinion qu'ils en étaient presque insupportables ; en bref, ils étaient exactement le type d'hommes qui se rangeraient du côté russe au moment critique. Des tas de signes indiquaient qu'ils étaient tous deux prêts à laisser noyer leurs nations dans un bain de sang sous les chenilles des tanks soviétiques.

Les Fronts populaires et le parti firent un bout de chemin ensemble pendant quelque temps. Brazauskas devint premier secrétaire en Lituanie le 22 octobre 1988, et deux jours plus tard le Sajoudis tint son premier congrès à Vilnius. Dans le discours qu'il y prononça, Brazauskas prévint que les Soviétiques pourraient faire usage de la force armée mais ses propos furent bien accueillis. Quand vint le nouvel an, cet équilibre bizarre se trouva rompu. Les Fronts populaires avaient déclenché une réaction en chaîne. De même que dans les républiques musulmanes, ils obligèrent les premiers secrétaires à admettre la suprématie de la langue nationale. La culture fait elle aussi partie de la politique : au cours de leur campagne en faveur du nationalisme, les Fronts populaires suscitèrent des aspirations nationalistes encore plus grandes. De nouvelles revendications, notamment quant à la souveraineté nationale, suscitaient de plus en plus d'adeptes et élargissaient la base du mouvement nationaliste. La force du Front populaire contraignit le parti local à choisir son attitude. Les ambitieux s'efforçaient de se retrouver du côté du vainqueur. Le parti se divisa. Le Front populaire était devenu entre-temps assez puissant pour s'emparer du gouvernement. Le parti se trouva réduit à jouer le rôle d'une opposition hargneuse et affaiblie. *Quod erat demonstrandum :* c'était aussi net qu'une proposition euclidienne.

En dernière analyse les armes qui portèrent le coup de grâce au communisme furent les élections de 1989 à ce qui avait été le Soviet suprême de l'Union, puis les élections correspondantes aux Soviets suprêmes des républiques en mars 1990. Dans un cas comme dans l'autre, l'appel lancé pour la première fois à l'opinion publique donna la victoire aux réformateurs et aux Fronts populaires. On peut en voir un symbole parfait dans la défaite que le professeur Viktor Palms, extrémiste et nationaliste de l'Université de Tartou, a infligée au président du KGB estonien, le général Karl Kortelainen. Persuadé que les garde-fous habituels suffiraient à maintenir les électeurs dans le giron du parti, Gorbatchev et l'autorité centrale n'avaient pas prévu que d'autres pourraient remporter ces élections. Les Fronts populaires en pleine expansion dans les républiques baltes réitérèrent le défi que Boris Eltsine avait lancé à Gorbatchev et au pouvoir.

A la fin de l'année 1988, la question de la souveraineté était l'unique terrain imaginable sur lequel Gorbatchev aurait pu se battre pour interrompre la réaction en chaîne et stabiliser les pays baltes par la recherche d'un compromis. Les lignes de démarcation entre souveraineté, autonomie, confédération et indépendance étaient floues. En l'absence de toute limitation imposée par la théorie ou la pratique du droit constitutionnel, Gorbatchev et le centre auraient pu inventer une définition quelconque ou un expédient, afin de désamorcer la crise grandissante. En tout cas, une proposition sérieuse portant sur la reconnaissance d'une identité balte distincte, à l'intérieur de l'Union soviétique, aurait pu permettre à Gorbatchev de gagner du temps.

L'absence d'imagination se traduisit par un surcroît d'indécision. Des émissaires envoyés par Moscou arrivèrent dans les pays baltes avec des points de vue contradictoires. Un jour c'était Iakovlev qui lâchait l'une de ses remarques énigmatiques : « Nous avons laissé s'échapper le génie qui était enfermé dans la bouteille. » Un autre jour c'était l'intimidant Tchebrikov, l'ancien chef du KGB. Brazauskas fut convoqué à Moscou, en novembre 1989, pour assister à une réunion. Un congrès spécial du parti lituanien avait été prévu au début du mois de décembre et Gorbatchev cherchait à le faire retarder. Il eut lieu, et les délégués y votèrent par 855 voix contre 160 une résolution selon laquelle ils voulaient désormais se séparer totalement du parti communiste soviétique. Les 160 minoritaires fidèles à Moscou firent sécession. L'un d'entre eux déclara aux journalistes : « Je n'ai jamais entendu dire que la Lituanie était occupée. » Voilà que prenait corps le cauchemar du parti quant aux factions. Mais Brazauskas et la majorité avaient à présent la possibilité de se considérer, au sein du Sajoudis, comme des Lituaniens et non plus comme des collaborateurs.

« Vous avez quitté le parti communiste de l'Union soviétique », devait dire Gorbatchev à Brazauskas au cours d'une réunion fort embarrassante du Comité central à Moscou le jour de Noël. « D'autres vont en faire autant. Réfléchissons en toute logique – que reste-t-il ? » Ligatchev fut brutal. « Le dernier obstacle est levé sur la voie de la sécession. A quoi sert la perestroïka, camarade Brazauskas, si vous annoncez que le principal objectif de votre parti est de proclamer l'indépendance de votre Etat ? » En effet, la question était là.

La dernière carte de Gorbatchev consistait en un de ces tours spectaculaires dont il avait le secret. Il arriva à Vilnius le 11 janvier 1990 en compagnie du premier secrétaire ouzbek Islam Karimov, choisi entre tous. Sur la place Gediminas où se dresse la ravissante cathédrale néoclassique, Gorbatchev fut accueilli par 300 000 manifestants. Sur l'une de leurs pancartes on pouvait lire : « Gorbatchev, rentre chez toi et remporte l'Armée rouge avec toi. » Aucun secrétaire général n'avait par le passé rien connu de ce genre. Gorbatchev déposa une couronne devant le monument élevé en l'honneur de Lénine et il s'adressa à la foule : « Nous avons été liés pendant ces cinquante années, que nous le voulions ou non ; de plus, nous n'avons pas vécu dans une fédération. Nous avons vécu dans un Etat unitaire qui avait ses propres réalités. » Tenter ainsi d'en appeler à la solidarité soviétique, en passant par-dessus la tête du Sajoudis, ne manquait pas de bravoure mais c'était franchement malvenu. De toute évidence il n'avait pas non plus entendu dire que les républiques baltes étaient occupées. Le trait d'esprit d'un journaliste controversé, Algimantas Cekuolis, résume l'attitude lituanienne : «Vous ne pouvez obtenir le divorce que si vous êtes mariés. Nous n'avons jamais été mariés, nous avons été violés.»

Victorieux après les élections organisées dans la république et porté à la présidence du Soviet suprême lituanien (désigné sous le nouveau nom de Conseil suprême) Landsbergis présenta, le 11 mars, une motion pour déclarer la «restauration de l'exercice des pouvoirs souverains». Elle fut adoptée à l'unanimité. La Constitution soviétique n'avait plus aucune valeur en Lituanie. Landsbergis, en nommant Mme Kazimiera Prunskiené Premier ministre, se conduisait en chef d'Etat incontesté. Pointilleux, comme il savait l'être, il écarta tout ce qui aurait pu porter atteinte en esprit à la souveraineté de l'Etat. L'Estonie et la Lettonie lancèrent des proclamations de souveraineté identiques, mais assorties de réserves. Les résultats des élections lettones n'avaient pas été aussi nets. Gorbounovs, président du Soviet suprême letton, joua donc la carte de la temporisation. C'était une attitude opportuniste mais la tactique lui était en partie dictée par la présence à Riga du général Fiodor Kouzmine, commandant d'un corps d'armée soviétique affecté à la région de la Baltique; ce militaire ne faisait pas mystère de ses convictions selon lesquelles les tanks étaient le fin du fin en politique. Dans les trois républiques le KGB avait formé de prétendus Interfronts destinés à représenter les résidents russes et leurs intérêts contre les Fronts populaires.

Sovietskaïa Rossiïa fut un des nombreux journaux soviétiques qui annoncèrent la perpétration d'un coup d'Etat en Lituanie. «Les forces réactionnaires se sont emparées du pouvoir dans le but principal d'abolir le socialisme.» Le maréchal Sergueï Akhromeïev brandissait ouvertement la menace de la force. Le Congrès soviétique des députés du peuple vota une résolution qui refusait toute validité à la déclaration de souveraineté de la Lituanie. «Cela signifie la guerre!» commenta un député russe. Gorbatchev se disait «inquiet». Il ordonna aux troupes du KGB d'occuper divers bâtiments, et notamment les imprimeries, à Vilnius. Il y eut un ultimatum : la Lituanie disposait de trois jours pour reconnaître que l'autoproclamation de sa souveraineté était illégale. Après l'expiration du délai fixé par l'ultimatum, Gorbatchev ordonna le blocus. Ce qui ne tarda pas à rendre la vie dure aux habitants.

Contre toute attente, aucun gouvernement occidental n'avait reconnu les déclarations de souveraineté des Etats baltes. Ils protestèrent du bout des lèvres contre le blocus. Pendant près d'un demi-siècle la politique américaine avait visé à faire reculer l'impérialisme soviétique et à libérer les peuples conquis. Au moment même où, pour la première fois, cet idéal avait quelque chance de prendre corps, le gouvernement Bush se contentait d'appeler à «des négociations constructives immédiates». Cette réaction avilissante de fuite jeta le discrédit sur la victoire que Bush prétendit par la suite avoir gagnée dans la Guerre froide; ce fut l'une des raisons qui expliquent pourquoi celui-ci n'a pas été réélu à la présidence. Landsbergis n'hésita pas à tenir cette trahison pour ce qu'elle était. «C'est Munich. Nous avons craint que l'Amérique ne nous vende.» Ce fut son heure faste. Il y avait en lui un écho du général de Gaulle tel qu'il se dressait en 1940 pour représenter son peuple. Il demanda s'il était possible d'échanger la liberté d'un groupe de gens contre la liberté d'un autre. «S'il en est ainsi, alors quelle valeur attacher à l'idée de la liberté elle-même?» Ni le blocus de la Lituanie ni, en janvier 1991, l'assaut donné par le KGB aux studios de télévision de Vilnius où quatorze personnes trouvèrent la mort, ne purent mettre Landsbergis, le Sajoudis ou les Lituaniens à genoux. Mais les Baltes sans défense vivaient encore sous la botte de la plus vaste armée jamais connue. La force qui, à elle seule, allait se trouver en mesure de mettre fin à cet affrontement inégal devait se manifester dans une direction inattendue, sous la forme du coup d'Etat d'août 1991.

16

Le désir de la majorité des Estoniens

En plusieurs occasions, la violence a failli prendre le dessus en Estonie. Le 2 février est férié dans le calendrier estonien car c'est le jour où, en 1920, Lénine a reconnu l'indépendance que le pays avait conquise à la fin de la Première Guerre mondiale. Le 2 février 1988 la milice utilisa ses chiens-loups pour faire cesser une cérémonie commémorative à Tartou. Le choix des délégués qui allaient participer à la Dix-neuvième conférence du parti provoqua une nouvelle crise, au mois de juin, quand une autre manifestation eut lieu à Tallin pour protester contre le fait que les délégués déjà choisis pour aller à Moscou ne représentaient pas l'opinion publique. Karl Vaino, le premier secrétaire, proposa de disperser cette manifestation par la force. Gorbatchev préféra le limoger. La colline Toompea, qui se trouve au centre de Tallin et au sommet de laquelle s'élève une tour médiévale chargée d'histoire, donne aussi son nom à l'édifice parlementaire du XVIIIe siècle qui est bâti à proximité, avec sa façade couleur de fraise écrasée. Les partisans de l'Interfront, le groupe créé par les Russes pour contrebalancer le Front populaire, enfoncèrent les portes du parlement qui fut quasiment pris d'assaut, le 15 mai 1990. Finalement, des colonnes de blindés soviétiques sont entrées dans la ville pendant le coup d'Etat d'août 1991.

La souveraineté avait été proclamée le 16 novembre 1988, puis l'indépendance le 2 février 1990, pour être confirmée à la fin de cette année-là. Le mouvement de va-et-vient entre les proclamations des nationalistes d'une part et les actes de violence émanant du parti ou des Soviétiques d'autre part s'accentuait de plus en plus et chaque fois le danger s'aggravait.

Juhan Aare est l'un de ceux qui peuvent se vanter d'avoir déclenché la contestation nationaliste. Prototype parfait du jeune homme médiatique, sûr de soi, il avait en septembre 1986 profité de la glasnost pour créer une émission télévisée appelée *Panda*. A Moscou, en février de l'année suivante, il avait interviewé Iouri Iampol, du ministère des Engrais, lequel eut la mauvaise fortune de révéler des projets d'extraction de phosphates dans un site particulièrement superbe et encore intact, en Estonie. C'était un scoop. Les Estoniens ne devaient pas avoir leur mot à dire quant à cet exemple flagrant d'abus commis à leurs dépens par les services de la planification centrale. «J'ai reçu un tas de lettres à propos de cette affaire. Au cours d'une conférence de presse, le Premier ministre de l'époque, Bruno Saul, m'a violemment accusé de calomnie. Un autre communiste endurci, Rein Ristlaan, a suggéré que l'on ouvre une enquête sur mon passé. J'aurais probablement été arrêté si je n'avais pu compter sur le soutien de l'Académie des sciences et du public en général.»

Aare avait fondé et dirigeait le parti des Verts. En mars 1989 il fut élu au Congrès des députés du peuple. A Moscou où l'appelait son mandat de parlementaire, il comprit que des notions telles que la démocratisation ou l'économie de marché n'étaient pas comprises par les scientifiques ni par les généraux, et encore moins par le commun des mortels. Gorbatchev, lui, cultivé à la mode du système, se faisait au moins une idée partielle de ce dont il s'agissait. Les députés baltes abordaient souvent avec lui la question de l'indépendance. «Il avait l'habitude de nous répondre : Mais quand? Si je cède à votre sujet, tout le monde réclamera aussi son indépendance, et cela nous conduira à une situation de guerre civile généralisée.» Gorbatchev écoutait et discutait. Iakovlev, déclare Aare, ne pouvait pas dire tout haut ce qu'il pensait. Dans les discussions, Iakovlev expliquait que le Congrès soviétique ne voterait jamais en faveur de l'indépendance des Baltes. Pour l'obtenir, il faudrait passer par un autre organe politique, par exemple, le nouveau Conseil d'Etat qu'avait institué Gorbatchev. Le maréchal Akhromeïev, quant à lui, se montrait en tout cas honnête quand il disait à Aare : «Je n'aime pas votre position, vous êtes mon ennemi.» Le remplacement de Karl Vaino en juin 1988 se produisit lorsque deux membres du Politburo estonien s'envolèrent pour Moscou afin d'expliquer à Gorbatchev et à Ligatchev que l'on risquait à tout moment une effusion de sang. «Certains des dirigeants du parti étaient disposés, par principe, à envoyer des tanks contre la population. L'armée soviétique avait été mise en état d'alerte. Les conditions se trouvaient réunies pour que nous assistions à une tragédie comme celle de Bakou ou de Tbilissi.»

Marjou Lauristine est la fille de celui qui fut le premier président du Conseil des commissaires du peuple dans l'Estonie récemment soviétisée de 1940, l'un de ceux qui aidèrent Staline à s'emparer du pays. Il avait été assassiné peu de temps après. Sa mère épousa alors un autre de ces rares Estoniens qui avaient été communistes avant la guerre. Mais par la suite, le beau-père de Marjou s'était fait envoyer en Sibérie et sa mère avait été exclue du parti. Bizarrement pour quelqu'un qui était né et qui avait été élevé dans le sérail de l'aristocratie communiste, Marjou avait été obligée de se considérer comme l'enfant d'un «ennemi du peuple». L'Université de Tartou occupait une place exceptionnelle en Union soviétique pour le travail de pionnier qu'elle effectuait dans le domaine de la sociologie entre 1966 et 1975, et c'est là que Marjou a entamé sa carrière universitaire. Le Front populaire allait faire d'elle une oratrice et un personnage public renommés. Energique, habile à se débarrasser rapidement des imbéciles, elle allait devenir ministre dans le gouvernement constitué après l'indépendance.

Marjou Lauristine avait une longue expérience des manifestations et se trouvait sur place lorsque les chiens policiers furent utilisés par la milice à Tartou. «Vaino était vraiment haï, déclare-t-elle, il sentait la terre trembler sous ses pieds.» Gorbatchev passait à ses yeux pour le Khrouchtchev de sa génération. Il n'avait jamais aucun but précis et son seul talent était celui de funambule. «Il était parti du principe que nous le soutenions et fulmina en découvrant que ce n'était pas le cas. Nous manquions de gratitude à son égard.» Et, ajoute-t-elle dans une phrase percutante, tel un artiste qui prend conscience de ce qui se dissimule dans son œuvre, Gorbatchev a découvert ce qui se cachait dans l'Histoire. S'il avait accordé aux Baltes une sorte d'autonomie plus tôt, les choses se seraient un peu calmées, pense-t-elle, mais pas pour longtemps. «Nous voulions l'IME, acronyme qui signifie "autogouvernement" mais en estonien ce mot veut dire aussi "miracle". J'avais inscrit ces lettres sur le tableau noir lors d'un séminaire à l'Université de Tartou et l'assistance s'en était aussitôt emparé.»

Le Front populaire a pris naissance à la télévision. Hagi Sein (qui devint par la suite directeur de la télévision estonienne) était le présentateur-réalisateur de l'émission *Pensons-y*, qui consistait en dialogues téléphoniques avec les téléspectateurs. Le sujet du 13 avril 1988 était «Comment construire une démocratie». Edgar Savisaar devait mener le débat et il avait invité Marjou Lauristine à lui servir de conseiller. «En préparant cette émission, nous nous sommes demandé si le moment était venu de faire quelque chose de plus sérieux que des rassemblements et des réunions spontanés. Les mouvements populaires étaient censés avoir un caractère démocratique. De temps à autre, pendant l'émission, Savisaar fit allusion à la formation de quelque chose qui ressemblerait à un front populaire. Les appels téléphoniques furent extraordinaires. Tout le monde était d'accord. C'était un véritable événement public. Ceux qui se trouvaient dans le studio restèrent après la fin du programme pour rédiger un manifeste.

«Viktor Palms, professeur de chimie à Tartou, en faisait partie. Le lendemain matin il retourna à Tartou pour assister à la réunion d'une société qui se désignait sous le nom de "Héritage"; c'était un mouvement populaire consacré à la restauration de souvenirs historiques dont le rappel était interdit. Tout le monde était descendu dans les rues. Chacun se connaît à Tartou. Je me souviens d'avoir vu Viktor Palms arriver, ouvrir la portière de la voiture et agiter un papier, en disant : "J'ai des copies de l'appel que nous avons écrit la nuit dernière au studio." Il les distribua autour de lui. Nous entrâmes dans l'université et constituâmes le groupe de soutien de Tartou pour le Front populaire. Savisaar était en train de faire la même chose à Tallin. Il était partisan de quelque chose de hiérarchique, qui ressemblerait à un parti politique tandis que nous autres, les universitaires, nous tenions à créer un mouvement véritablement populaire, sans liste de membres, sans direction structurée. Notre point de vue a prévalu. Les gens avaient peur de s'impliquer dans quoi que ce soit qui pourrait attirer sur eux l'attention du KGB. Il était plus sûr d'appartenir anonymement à un mouvement. Toute personne qui voulait la démocratie était invitée à mettre sur pied un groupe de soutien sur son lieu de travail ou parmi ses amis et sa famille. Le groupe devait se faire enregistrer auprès de la personne à contacter pour ceux qui souhaitaient y adhérer. »

Les syndicats de créateurs, dans lesquels les intellectuels étaient regroupés par le parti, se réunirent à Tallin le 1er et le 2 avril. C'est là que fut formulé le premier appel en faveur de la souveraineté de l'Estonie publiquement lancé à Gorbatchev en passant par-dessus la tête du parti. Marjou Lauristine et Savisaar prirent la parole à l'occasion du rassemblement organisé au mois de juin pour protester contre le choix des délégués envoyés à la Dix-neuvième conférence du parti. Les préliminaires montraient clairement aux dirigeants du parti que leur inaction allait transformer l'événement en une manifestation populaire dirigée contre eux. Ils trouvèrent malin de virer Vaino à ce stade. Mais il était néanmoins étrange, fait-elle remarquer, de protester et de se tenir par la main au cours de cette première manifestation qui montrait toute la vigueur du mouvement nationaliste, en une occasion où il s'agissait de savoir qui serait envoyé au plénum communiste de Moscou.

A peine moins étrange fut le congrès fondateur du Front populaire, qui se tint à Tallin en octobre. Valyas y assistait. Un télégramme de vœux fut envoyé à Gorbatchev. L'apport du Front populaire consistait en premier lieu à intégrer le grand public dans le processus politique et, en second lieu, à créer une opposition au sein du parti. L'indifférence des Occidentaux au destin des républiques baltes faisait du tort à celles-ci, et Marjou Lauristine leur en tient encore rigueur. « Le jour où je suis arrivée pour la première fois en Amérique, le *New York Times* publiait un éditorial qui accusait les Baltes de déstabiliser le navire. J'étais furieuse. Mes amis firent en sorte que je rencontre les gens du journal et je me suis disputée avec eux. Ils nous reprochaient de faire courir un danger à Gorbatchev et à tout l'Occident ; l'un d'eux déclara : "Vous n'obtiendrez jamais votre indépendance." »

Elle avait gardé du passé l'idée que Valyas était un « dur oppresseur idéologique » qui avait fermé le département de sociologie auquel elle appartenait dans le courant des années 1970. A l'issue de sa défaite dans une épreuve de force qui l'avait opposé à Vaino, il avait été nommé à un poste d'ambassadeur en Amérique latine; il en était revenu complètement changé. « Sur le plan moral, il avait au-dedans de lui une espèce de dévotion religieuse; il s'était fabriqué son propre code en matière d'honnêteté, et je pense que c'est la raison pour laquelle il n'a pas cherché à utiliser la force. » Arnold Rüütel, le président du Soviet suprême, se tenait à l'écart des autres dirigeants du parti, jouait le rôle d'un innocent dirigeant patriote, en quelque sorte apolitique, alors que Valyas était, et demeure, un communiste.

Küllo Arjakas est un historien bien connu de la nouvelle génération. Il a travaillé à Moscou pour la commission d'enquête Iakovlev sur le pacte germano-soviétique. Il y avait diverses formules pour lutter contre le régime soviétique, fait-il remarquer : la guérilla, la dissidence, la formation de groupes clandestins, les organisations religieuses, mais ce fut le Front populaire qui parvint au résultat escompté. La question nationale se révéla avoir une priorité sur toutes les autres. On peut aussi dire d'une autre manière que l'Homo sovieticus avait bien moins de réalité qu'on ne l'avait imaginé.

Le parti avait été pris au piège, lors de l'apparition de Savisaar à la télévision le 13 avril. Grâce à la glasnost, on ne pouvait plus l'arrêter. Un autre grand moment s'offrit à Savisaar le jour où l'Interfront essaya de prendre d'assaut le Toompea en mai 1990. La milice et les troupes du ministère de l'Intérieur se trouvaient là. Les membres de l'Interfront forcèrent les grandes portes en fer et s'engouffrèrent dans la cour intérieure d'où ils auraient pu occuper le parlement et les bureaux du gouvernement. De l'intérieur du Toompea, Savisaar téléphona à la station de radio et resta en ligne pour diffuser son appel à l'aide contre ce qu'il appelait une tentative de coup d'Etat. En l'espace de quelques minutes, des milliers de personnes accoururent au Toompea, y compris des ménagères encore en pantoufles. A la vue de cette immense foule qui se rassemblait, les gens de l'Interfront battirent en retraite le long d'un couloir humain que les Estoniens démocrates avaient ouvert dans leurs rangs à leur intention.

Le Congrès de l'Estonie fut un autre mouvement populaire qui parfois se joignit au Front populaire et parfois s'opposa à lui. La ligne de démarcation entre les deux mouvements n'était pas bien nette. Au bout du compte il semble que le Congrès de l'Estonie correspondait mieux au sentiment du public. C'est sa politique qui fut adoptée officiellement et dans l'Estonie indépendante ses dirigeants ont acquis plus d'influence que Savisaar ou d'autres personnalités du Front populaire. Pour le Congrès de l'Estonie qui la considérait avec suspicion la perestroïka était à peine plus qu'un slogan lancé par Gorbatchev. L'octroi d'un statut d'autonomie à l'Estonie, dans le cadre d'une Union soviétique réformée, semblait devoir être son aboutissement le plus vraisemblable; mais on pouvait craindre de le voir conférer un regain de légitimité à la prolongation d'une nouvelle forme d'occupation soviétique. Si le vent devait tourner en faveur des perestroïkistes, ceux-ci pourraient proclamer une nouvelle république pour jeter un voile de légalité sur une poursuite de l'occupation soviétique pendant des années. Le Congrès de l'Estonie souhaitait établir une continuité légale entre l'Estonie de l'avant-guerre et celle du temps présent. Pour mieux préparer l'avenir il convenait de présenter l'invasion soviétique pour ce qu'elle était. A partir de février 1989, le Congrès de l'Estonie organisa des comités de citoyens auxquels s'inscrivirent 900 000 personnes parmi lesquelles fut élu un corps représentatif qui n'était rien d'autre qu'un parlement de substitution.

Tunne Kelam en était l'une des personnalités clefs, tout comme c'est encore le cas aujourd'hui au sein du parti parlementaire qui en est résulté. Il m'a reçu dans son bureau de Toompea. C'est un homme qui a cette touche de rudesse et d'humour commune aux dissidents endurcis. Dans le passé, il faisait des conférences sur les affaires internationales qu'il commentait également à la télévision. Bien qu'il ait toujours su ce que contenait le pacte germano-soviétique, il n'a vu les documents pour la première fois qu'au moment de leur parution en 1968 dans un hebdomadaire culturel slovaque.

Lui-même et d'autres dissidents se réunissaient clandestinement. En 1972 son groupe avait réussi à faire parvenir en fraude aux Nations Unies un mémoire en anglais qui dénonçait les violations des droits de l'homme et réclamait le retrait des troupes soviétiques ainsi que l'organisation d'élections libres. « Bien entendu nous n'avons pas eu de réponse mais ce texte a circulé dans la presse occidentale et des réfugiés estoniens m'ont dit par la suite qu'il avait joué un rôle crucial pour eux. Jusque-là les pourparlers concernaient uniquement la coexistence pacifique, l'amélioration des relations et le désarmement. Sur le plan pratique on considérait que les pays baltes faisaient partie de l'Union soviétique. »

Cinq personnes de son groupe furent arrêtées et condamnées à des peines de prison de cinq à six ans pour avoir « calomnié l'Union soviétique ». Kelam, qui subit lui-même un interrogatoire et dont la maison fut fouillée pendant six mois, réussit à s'en sortir. « L'officier du KGB me parlait dans un langage de sportif; il affirmait que j'avais gagné ce round, qu'ils avaient la certitude que j'en savais plus que j'avais bien voulu le dire mais qu'ils ne pouvaient pas m'épingler. Je fus congédié et on m'envoya travailler comme gardien de nuit dans un élevage de poulets près de Tallin. J'y suis resté dix ans. C'était l'endroit idéal pour quelqu'un comme moi, car j'avais plein de temps libre pour me livrer à des activités clandestines. J'avais l'habitude de rentrer du quartier général du KGB dans la soirée et de me rendre dans un appartement secret pour préparer un autre mémoire. Il était moralement important de pouvoir préparer quelque chose de nouveau pendant qu'ils enquêtaient sur votre passé. »

L'objectif avoué du Congrès de l'Estonie était de réunir un groupe de citoyens estoniens légalement constitués en une assemblée représentative et non soviétique. Une percée politique et psychologique s'effectua instantanément dès que les gens comprirent qu'ils n'étaient pas réduits à être des citoyens soviétiques mais avaient le droit de se dire Estoniens. L'assemblée représentative et élue était censée avoir un caractère temporaire et coopérer avec le parlement officiel, c'est-à-dire le Soviet suprême. L'appartenance au parti ne constituait pas un obstacle. « Nous parcourions le pays dans tous les sens pour créer ces comités sans l'aide de la presse et en distribuant notre propre documentation. Nous partions aussi du principe que les réfugiés vivant à l'étranger continuaient d'être des citoyens estoniens. Notre exemple fut suivit ultérieurement en Lettonie, puis en Géorgie, mais c'était la première fois que l'on parvenait à utiliser des moyens d'action autres que soviétiques. »

Savisaar et le Front populaire, d'après l'opinion de Kelam, continuaient d'agir en passant par les institutions soviétiques. A leur tour, ils accusèrent le Congrès estonien de mettre en péril la perestroïka. « C'était aussi le message que nous recevions de l'Occident. Il ne fallait pas miner la position de Gorbatchev. » Mais le Front populaire, finalement, présenta des candidats aux élections pour le Congrès de l'Estonie et il remporta environ un quart des sièges. La concurrence entre les deux courants populaires se compliquait encore davantage à cause de la réaction du Soviet suprême et de son président Arnold Rüütel. « Nous avons cherché à convaincre Rüütel d'être candidat au Congrès et il s'efforçait, semble-t-il, de nous comprendre, déclare Tunne Kelam ; en tout cas il n'essayait pas de nous anéantir. Mais en mars 1990, une semaine avant la première séance du Congrès, nous avons publié les premiers documents que nous avions rédigés pour souligner que toutes les institutions créées par les Soviétiques étaient foncièrement illégales. Ce fut un choc pour Rüütel. Il nous convoqua et entra dans une grande colère ; il hurlait, le visage rouge de fureur, que nous étions des menteurs qui l'avaient trahi. Nous étions capables de faire la distinction entre les institutions et les personnes, lui avons-nous répondu, et nous le respections pour ce qu'il avait essayé de faire en faveur de l'Estonie dans un cadre de travail différent. Mais manifestement il se sentait insulté de se voir considéré comme le représentant d'une institution illégale, comme un collabo. » L'élection des membres du Congrès de l'Estonie eut lieu en février 1990, et celle des membres du Soviet suprême un mois plus tard. Les gens étaient plongés dans une confusion presque comique ; ils savaient à peine qui ou quoi choisir, et plusieurs candidats furent élus aux deux assemblées, au Congrès et au Soviet suprême.

Un compromis intervint avec Savisaar lorsqu'il forma un gouvernement dominé par le Front populaire après avoir gagné les élections au Soviet suprême. Ce compromis ne dura pas. Le coup d'Etat qui se produisit à Moscou le 19 août 1991 mit fin promptement à ces rivalités. L'occupation des édifices publics ou de la station de télévision par des troupes russes aurait rencontré une résistance unanime. Le 20 août, une quinzaine d'hommes politiques se réunirent dans le bureau de Tunne Kelam et se mirent d'accord sur les principes d'une nouvelle Constitution qui proclamerait la continuité de l'Estonie en tant qu'Etat. Dans les autres républiques, notamment en Lituanie, les dirigeants du parti se convertirent en nationalistes et restèrent au pouvoir en adaptant à la situation les méthodes autoritaires qui avaient toujours été les leurs. Tunne Kelam est convaincu que l'existence du Congrès de l'Estonie a évité cette épreuve à son pays.

Arnold Rüütel a un visage bien découpé, des cheveux gris dont on peut encore voir qu'ils ont été blonds, et il s'habille avec élégance. Je me suis retrouvé assis en face de lui, de l'autre côté d'une table circulaire entourée d'à peu près trente sièges, et il s'est adressé à moi comme si j'étais toute une assemblée. Sans doute sa capacité à ne laisser personne placer un mot l'a-t-elle aidé à se maintenir en place. Vétérinaire et chercheur de formation, il a été recteur de l'Académie agricole estonienne de 1969 à 1977. Selon ses dires, il a toujours été un pragmatique et un nationaliste qui a adhéré au parti faute de pouvoir faire autrement, étant donné sa situation. L'autorité et l'influence dont il a bénéficié au cours des dernières années du communisme estonien résultaient du fait qu'en sa qualité de président du Soviet suprême il devait apposer sa signature sur toutes les lois. Il siégeait aussi au Congrès soviétique des députés du peuple.

Il s'attribue le mérite de toute une série de mesures qui ont progressivement affaibli le parti. C'est ainsi qu'il se serait opposé à l'adoption d'un projet de loi présenté en janvier 1988 et destiné à introduire dans le pays certaines forces spéciales du ministère de l'Intérieur appelées OMON. Le KGB sentait venir l'agitation. Jusque-là, toutes les lois adoptées par le Soviet suprême de l'Union soviétique devaient être votées sous une forme identique dans les républiques. Rüütel déclare avec fierté : « Ils exigeaient catégoriquement que j'adopte cette loi mais j'ai refusé. » De sorte qu'au moment où Karl Vaino approuva l'intervention de la milice accompagnée de ses chiens, il n'avait pas de troupes de l'OMON à sa disposition... De la même manière il a légalisé l'usage du drapeau national ; et la déclaration de souveraineté du 16 novembre 1988, dont une clause stipulait que les matières premières et les ressources naturelles du pays sont la propriété de la nation ; de même il a fait donner à la loi estonienne une prééminence sur la loi soviétique. « En janvier 1989 nous avons interdit les activités du parti communiste dans tous les organes juridiques, ainsi que dans le KGB et la milice. Le parti continuait d'exister mais il lui était interdit d'opérer au travers des ministères ou des organes gouvernementaux. Ceci signifiait que le parti ne pouvait plus dicter ses volontés au Présidium ou au Conseil des ministres. »

Je lui ai alors demandé si, tout en étant communiste, il avait ainsi travaillé à détruire la base du pouvoir du parti. Avait-il donc été plus responsable que Savisaar ou tout autre de l'effondrement du communisme?

En guise de réponse, Rüütel me fit une courte conférence sur l'histoire du parti estonien. Pour la déclaration d'indépendance du 2 février 1990, déclare-t-il, une réunion de 4 500 délégués de tous niveaux avait été organisée en secret six mois plus tôt. «Pour discuter de ces questions-là, nous évitions de rester dans les bureaux et sortions dehors. Oulo Nougis, le président du Soviet suprême, avait apporté sa contribution à ces préparatifs mais Savisaar n'y avait pas participé et n'en avait pas eu connaissance. Lorsque nous avons réuni les chefs des gouvernements régionaux pour préparer les événements du 2 février, Moscou n'a pas su comment réagir. Dans le passé, les membres du Présidium voire ceux du Soviet suprême auraient couru le risque d'être exterminés, mais de nos jours il n'est pas si facile d'anéantir 4 500 délégués.»

Certes, les réunions et les manifestations ne détruisaient pas le parti. Mais celui-ci se trouvait paralysé par la manière dont ses activités étaient systématiquement sabotées, et c'est à cette tâche que se consacrait Rüütel. Il brosse de lui-même le portrait d'un homme qui recevait de plein fouet les reproches officiels des Soviétiques. Après la première déclaration de souveraineté du 16 novembre 1988, par exemple, il a dû se défendre pendant quatre heures et vingt-cinq minutes devant le Présidium soviétique. On lui a ordonné de présenter des excuses à tout le Soviet suprême. «Ils tapaient du poing sur la table. Bien sûr, je me voyais déjà à la Loubianka.» Le jour où la commission Iakovlev fut battue, lors du vote, il rencontra Gorbatchev cinq ou six fois, et celui-ci essaya encore à minuit de le persuader de remettre la question aux voix le lendemain.

«Devant le Présidium et au cours d'autres réunions conjointes, Gorbatchev m'attaquait vicieusement. Mais lorsque nous discutions en privé, il se montrait très raisonnable – en tout cas il comprenait ce qui se passait même s'il ne disait jamais franchement qu'il approuvait notre lutte pour ce que nous nous efforcions d'obtenir. Par tempérament, il était capable de se mettre à la portée de toutes sortes de gens différents et peut-être ce trait de caractère l'empêcha-t-il de recourir à la force malgré les complications dans lesquelles il se débattait.»

Les relations entre Rüütel et Gorbatchev atteignirent leur point critique le 12 juin 1990. «L'idée était d'unir les trois républiques baltes dans leur lutte contre le centre. Nous avions demandé à être reçus en tant que délégation balte commune, mais ni Moscou ni Gorbatchev n'avaient accepté. A midi, la veille, j'avais téléphoné à Landsbergis et à Gorbounovs pour organiser cette rencontre et finalement nous obtînmes l'accord de Gorbatchev pour une réunion du Conseil d'Etat où lui-même, Ryjkov et Iakovlev seraient présents. Au cours de cette séance, chacun de nous plaida son dossier en expliquant pourquoi notre Etat respectif devait recouvrer son indépendance et comment il lui fallait régler ses relations à

Le désir de la majorité des Estoniens 199

venir avec l'Union soviétique. Quand Gorbatchev me donna la parole, je déclarai que l'Estonie et l'Union soviétique devaient se trouver sur un pied d'égalité. Comme nous n'avions jamais accepté depuis le début de faire partie de l'Union soviétique, nous ne pouvions pas nous en séparer mais seulement revenir au statu quo. A la fin de cette séance du Conseil d'Etat, nous reprîmes la conversation avec Gorbatchev en insistant sur le fait que nos pays avaient été occupés. Oui, déclara-t-il, il nous avait entendus, mais s'il se mettait à admettre ce point de vue, il devrait subir les pressions des révolutionnaires de toutes les autres républiques. »

Le pétillement de ses yeux donne à Vaino Valyas un visage légèrement espiègle. Il aime dire qu'il est né dans l'île d'Hiiumaa et peut reconstituer son arbre généalogique sur sept générations grâce aux archives qu'y tient l'église. Il a appris à naviguer et à pêcher avant de connaître son alphabet. La plupart des habitants d'Hiiumaa ont fui devant les Soviétiques en 1944, et on dit que Valyas lui aussi aurait fui si sa mère ne l'avait pas envoyé faire une course juste à ce moment-là. A la fin de notre entretien, en descendant les marches de l'immeuble où il vit à Tallin, il a cité une remarque faite il y a longtemps par Johannes Käbine, qui fut le premier secrétaire du PC estonien pendant un quart de siècle : « Valyas, la seule chose que tu sais bien faire c'est pêcher. »

C'est dans le cadre du Komsomol qu'il a rencontré Gorbatchev et Chevardnadzé en 1956. Ils avaient l'habitude de discuter avec une confiance et une sincérité mutuelles. Ambassadeur soviétique au Venezuela, il a été en poste au Nicaragua en 1986. Son ambassade organisa une réception au cours de laquelle Graham Greene se vit décerner la plus haute décoration sandiniste et fit l'éloge de la politique moscovite dans son discours de remerciement.

Le prédécesseur de Valyas, Karl Vaino, subordonnait les intérêts estoniens à ceux de Moscou. L'action de la police en février 1988 servit de prétexte au pouvoir pour nommer à son poste un partisan de la perestroïka. Après avoir passé ses vacances sous les tropiques, en 1988, Vaino Valyas rentra en Estonie le 13 juin pour découvrir que Gorbatchev le convoquait de toute urgence. Le lendemain on l'emmena directement de l'aéroport de Moscou au bureau de Gorbatchev, sans qu'il ait la moindre idée de ce qui l'attendait. Leur conversation dura trois heures. « Gorbatchev annonça qu'il voulait me faire accepter le poste de premier secrétaire du PC estonien. J'avais passé huit ans à l'étranger et ne connaissais pas la situation. Après avoir commencé par refuser, je déclarai que j'allais d'abord rentrer en Estonie et que si le Comité central du parti approuvait ma nomination, j'accepterais. A condition, ai-je insisté, d'être l'unique décideur en matière de politique. Il ne fit aucune objection. »

Valyas découvrit que la cause de l'indépendance nationale estonienne avait été nettement formulée à la conférence des syndicats de créateurs en avril. La volonté politique du peuple estonien s'incarnait dans le Front populaire et elle était « irrésistible ». En septembre, Valyas organisa une séance plénière du Comité central à laquelle participèrent les membres du Front populaire; il cite une phrase extraite du compte rendu de cette séance : « Compte tenu du désir exprimé par la majorité des Estoniens, nous estimons que l'avenir repose dans l'indépendance de la nation estonienne. »

En tant que premier secrétaire du parti vous passiez pour être un obstacle à l'indépendance.

« Bien sûr. C'était difficile. Le soutien que l'immense majorité accordait à l'indépendance nous obligeait à faire cause commune avec le Front populaire et non à nous opposer à lui. La question n'était pas de détruire le parti communiste mais de trouver la façon de changer sa physionomie, son activité, son idéologie. Les communistes purs et durs n'acceptaient pas cette analyse. Ils voulaient supprimer le Front populaire et restaurer l'ordre ancien. Nous avions des bagarres au sens le plus strict du terme. Aucun compromis n'était possible. Il en résulta un schisme officiel. A l'occasion du Vingtième congrès du parti, au début de février 1990, la faction pro-soviétique fit sécession. La situation ainsi créée était unique en son genre, dans la mesure où il y avait deux partis communistes et où, au Politburo, il y avait deux premiers secrétaires. C'était comme pour la scission du parti lituanien en décembre 1989. Brazauskas et moi, nous avons pris nos fonctions de premiers secrétaires à peu près au même moment, de la même manière, pour les mêmes fins.

« Dans les expressions les plus mesurées qu'ils employaient à mon égard, les irréductibles me traitaient de traître, de suppôt du capitalisme, de fossoyeur de l'Union soviétique. La bataille était tout aussi violente à Moscou. Si nous n'avions pas eu avec Gorbatchev, Chevardnadzé, Iakovlev et les autres, des relations intimes, ils nous auraient réduit en bouillie. Nous ne pouvions pas faire confiance à l'armée ou au KGB, qui informaient Moscou de ce qui se passait en noircissant le tableau. Les Fronts populaires n'avaient pas été inventés par Moscou pour les besoins de sa politique étrangère, mais cela n'avait rien à voir avec le fait qu'ils aient été pénétrés par le KGB de façon tout à fait naturelle; c'était simplement un réflexe opérationnel. Le Congrès de l'Estonie avait adopté une attitude politique extrémiste en insistant sur la continuité de l'Etat estonien depuis 1938. Le Front populaire soutenait au contraire que cinquante ans avaient passé et qu'il y avait eu une transition. Nous faisions partie de cette faction du parti qui avait pris le risque de lier notre sort à celui du Front populaire et du peuple. »

Votre vieil ami du Komsomol a dû dire, Stop! aux déclarations de plus en plus insistantes concernant la souveraineté.

« Naturellement. J'ai eu nombre de conversations avec Gorbatchev à Moscou. Rüütel et moi étions obligés de siéger ensemble au présidium du

Soviet suprême, d'écouter et de prendre acte. J'ai répété l'expérience en face du Politburo et je ne souhaiterais à personne de vivre cette épreuve. Si je peux me permettre de faire des remarques subjectives, je dirai que l'attitude humaniste de Gorbatchev nous a été utile. Il ne menaçait pas directement d'utiliser la force mais je pense qu'il y faisait allusion, si vous lisez entre les lignes. Pour juger Gorbatchev, n'oublions jamais que si j'avais mes "durs", il avait également les siens, et qu'il les a toujours combattus.»

Quelles conclusions supposez-vous que Gorbatchev en tire aujourd'hui?

«Pas les mêmes qu'en 1985 et 1986. Il est lui aussi le produit de son temps. Il voulait rendre l'Union soviétique plus efficace et il a fait disparaître l'Union soviétique. C'est là son drame.»

17

« Vous avez tué la Lettonie soviétique »

Le général Kouzmine avait son état-major à Riga, d'où il commandait quelque 150 000 hommes cantonnés sur la Baltique. Pendant un demi-siècle d'occupation, l'Armée rouge s'était dotée de centaines de casernes et installations, y compris des aéroports et des ports. La station d'observation spatiale la plus perfectionnée se trouve à Skrounda. L'existence de logements militaires construits sur une grande échelle a poussé beaucoup d'officiers de tous rangs, aussi bien que des soldats de carrière, à prendre leur retraite en Lettonie. Cette république était plus russifiée que n'importe quelle autre. Dans la tradition bolchevique, les fusiliers lettons ont joué un rôle décisif en 1917. A courte distance de la cathédrale, à Riga, est érigée une statue de granit rouge foncé en l'honneur de ces fusiliers; c'est un monument aussi gigantesque et indestructible qu'il est embarrassant.

Le Soviet suprême de Lettonie a proclamé la souveraineté du pays le 28 juillet 1989. L'objectif suivant devait manifestement être l'indépendance totale. En réponse le Comité central à Moscou émit le 26 août un avertissement maladroit qui remettait en question la survie même des trois républiques baltes si celles-ci persistaient dans cette voie. Boriss Pougo, qui était déjà le conseiller de Gorbatchev, se déclarait opposé à toute proclamation de l'indépendance lettone. Cette attitude était partagée par Alfreds Roubiks, chef du parti à Riga; c'était une sorte de Ligatchev local, qui voulait inciter le Front populaire à aller trop loin. En coordination avec l'assaut donné au Toompea de Tallin le 15 mai 1990, les officiers et cadets de l'armée soviétique à Riga organisèrent leur propre manifestation de solidarité envers l'Union soviétique. En ce mois de septembre des bombes explosèrent dans diverses bases soviétiques. L'atmosphère était chargée de provocations et de contre-provocations obscures qui subsistèrent jusqu'au bout. Les parachutistes du général Kouzmine occupèrent le centre de presse et d'autres bâtiments à Riga le

2 janvier 1991, et de nombreuses personnes furent blessées au cours des échauffourées. Quelques jours plus tard, des forces spéciales soviétiques attaquèrent la télévision de Vilnius. Quatorze personnes furent tuées. Pendant le coup d'Etat d'août 1991, Kouzmine proclama qu'il était investi de l'autorité suprême et il fit venir les tanks, en menaçant d'arrêter les dirigeants lettons. Des fusillades éparses éclatèrent au cours desquelles il y eut plusieurs blessés – les divers récits qui en sont faits contiennent des contradictions. Les Lettons montrent encore à Riga des bâtiments dont les façades sont criblées de balles. Dans l'élégant hôtel Ridzene l'escalier de marbre a été endommagé par la fusillade et on y a laissé les trous de balles comme souvenirs.

Edvards Berklavs interprétait l'avertissement du Comité central comme une préparation psychologique à la violente répression qui allait s'abattre sur le mouvement démocratique. Le patriarche de la politique lettone est capable d'une pugnacité et d'une obstination d'abord nourries par le communisme puis par la résistance au communisme. Eduqué sous le règne de Staline à l'Ecole du parti, à Moscou, il avait été spécialement choisi entre tous pour devenir un futur premier secrétaire. Mais au moment d'obtenir son diplôme, dit-il, il avait découvert que les fins poursuivies par le parti étaient criminelles et non pas politiques. Il lui fallait choisir entre deux possibilités : ou bien il démissionnait, ce qui revenait à se faire expédier en Sibérie, ou bien il se servait de sa situation pour faire obstacle à l'occupation et à la russification. Il se décida pour la deuxième solution.

Les révoltes nationalistes en Allemagne de l'Est et en Hongrie avaient inquiété Khrouchtchev qui, en 1959, avait résolu d'écraser le nationalisme letton à la Berklavs. Quelque 1 000 personnes furent déportées et bien d'autres expulsées du parti. Pendant neuf ans Berklavs vécut en exil à Vladimir, où il exerçait le métier de loueur de films. Lui et Khrouchtchev avaient été amis dans le passé. Quand le banni demandait à pouvoir retourner dans son pays, Khrouchtchev lui faisait répondre qu'à moins de confesser entièrement ses erreurs, il serait balayé. On le considère parfois encore comme le Dubcek letton et il admet que pendant un bon bout de temps il a pensé que le socialisme pouvait avoir un visage humain. Mais à son retour d'exil il avait perdu toute illusion et tout espoir de faire carrière dans le parti.

« Tandis que Gorbatchev parlait de démocratisation et de glasnost, j'étais convoqué une fois tous les quinze jours par le KGB à Riga, tout comme mes amis des années 1950. On perquisitionnait dans nos bureaux et dans nos appartements. C'était Pougo qui en assumait la responsabilité en tant que chef du KGB. J'avais connu son père mieux que je ne le connaissais. S'il est possible de trouver quelque chose qui ressemble à un communiste honnête, c'était bien le père de Pougo. Je ne peux pas en dire autant de son fils. »

Le mouvement pour l'indépendance nationale lettone, le MINL, était pour la Lettonie ce que le Congrès de l'Estonie représentait dans ce pays. Berklavs en fut l'un des trois fondateurs. Le 10 juillet 1988, 4 000 manifestants se rassemblèrent dans un parc et adoptèrent un programme en faveur de l'introduction de la démocratie en Lettonie. En six mois, le mouvement s'était propagé dans tout le pays. «Le parti prenait ses instructions à Moscou et, conformément à la glasnost, il n'avait pas le droit de recourir à la violence pure et simple. Aussi ne parvenait-il pas à trouver un moyen légal de nous étouffer.» Berklavs accuse pourtant Gorbounovs, alors membre du Politburo et président du Soviet suprême lettons, d'avoir fait tout ce qui était en son pouvoir contre le mouvement, dans le but de maintenir la Lettonie à l'intérieur de l'Union soviétique.

«Le Front populaire fut fondé à l'automne, peu après le MINL. J'étais membre du Front populaire et même de son bureau. Nous étions les adversaires du parti, les autres avaient le soutien du parti. C'était la grande différence. Le Front populaire était organisé par Janis Peters, à l'époque membre du Comité central, et Janis Skapars, communiste militant et rédacteur en chef d'un journal. Peters recommandait la désignation de Dainis Ivans comme premier président, mais ce dernier était lui aussi communiste. Il s'agissait d'une ruse pour museler la contestation. Je puis vous affirmer que Gorbounovs et d'autres ont claironné jusqu'en 1992 que nous ne devrions pas quitter l'Union soviétique. Ils prônaient la transformation de l'Union soviétique en une communauté d'Etats indépendants. Nous avions adhéré au Front populaire afin d'empêcher le parti de s'en emparer complètement mais nous n'étions pas arrivés à inscrire dans son programme que la Lettonie devrait sortir de l'Union soviétique à la première occasion. Des Fronts populaires avaient été organisés dans tous les pays baltes au cours de la même période par Moscou, de même qu'en 1940 les trois pays avaient été occupés simultanément. Gorbatchev avait promulgué la glasnost, et les dirigeants des républiques s'y étaient engouffrés. Mais pour l'essentiel rien n'avait changé. L'armée restait en place de même que les colons et les kolkhozes. La démocratie et l'économie de marché n'étaient que des paroles creuses.»

Gorbatchev, dans sa perspective à lui, n'avait jamais envisagé de changement radical. Après les élections de 1989, les Baltes devinrent l'aire de lancement des forces démocratiques en Russie et propulsèrent celles-ci dans la direction de l'indépendance. Les événements allèrent alors plus vite que ne l'avait envisagé Gorbatchev. «L'idéologie de tout le système se révélait être un échec complet, là était le point de départ. A cause de cette idéologie, personne n'était disposé à travailler, la corruption se généralisait. La corruption institutionnalisée détruisait les travailleurs ainsi que l'intelligentsia. Il faudrait des années pour remettre sur pied l'élément humain. La perte de toute confiance en soi était le pire des legs qui nous ont été transmis.»

Mavriks Voulfsons a été témoin de tout. Quand je l'ai interrogé sur sa fuite en Union soviétique lorsque les nazis ont envahi Riga en 1941, il a levé ses sourcils. «J'ai battu en retraite. J'avais un fusil dans les mains.» Pendant près de cinquante ans il a appartenu au parti; il s'est conduit, de son propre aveu, comme un fanatique en exerçant le métier de journaliste et de commentateur. Il avait rejoint Berklavs en 1959 en prenant position contre la russification et en demandant l'instauration d'un communisme à visage humain. Il s'était laissé influencer par l'eurocommunisme que certains préconisaient en France et en Italie. Ce qui manquait c'était une formule capable de restaurer l'indépendance totale du pays. Elle surgit après l'organisation d'élections plus ou moins libres. On vit même une partie de la population russe voter pour le Front populaire.

Grâce à deux discours Voulfsons a laissé sa marque sur les événements. Sept cents membres des syndicats de créateurs se sont rassemblés le 1er juin 1988 dans la salle du Congrès à Riga; parmi eux se trouvaient Pougo et Gorbounovs ainsi que d'autres membres du Politburo. Il avait étudié les documents du pacte Ribbentrop-Molotov, notamment les protocoles secrets. «J'étais décidé à tout dire», déclare-t-il. Les Soviétiques n'avaient pas libéré les pays baltes mais les avaient occupés. Personne n'avait osé dire une chose pareille auparavant. Dans le tumulte qui suivit, Pougo l'interpella et lui dit : «Vous avez tué la Lettonie soviétique.» Le lendemain matin son discours était publié.

Nommé membre de la commission Iakovlev chargée d'examiner le pacte, Voulfsons fut invité à prendre la parole devant le Soviet suprême le jour où les conclusions de la commission furent mises aux voix et rejetées. Il répéta qu'une occupation n'était pas une libération. Anatoli Loukianov, le président, lui intima l'ordre de sortir; Gorbatchev le rappela. Ce discours influença nombre de députés qui changèrent d'opinion au moment du second vote le lendemain matin.

Sandra Kalniete, jeune artiste pleine de succès, a participé au lancement du Front populaire. Ses parents avaient été déportés pendant quinze ans en Sibérie, où elle est née. La cause de l'indépendance a balayé sa conviction antérieure selon laquelle la politique ne pouvait engendrer que le mal.

Le véritable point de départ du mouvement de libération nationale, admet-elle, fut la réunion des syndicats de créateurs, le 1er juin, où Voulfsons avait pris la parole. Quelqu'un avait rédigé une note qui suggérait la création d'un Front populaire. Elle demanda au délégué qui lisait cette proposition à voix haute d'en clarifier le contenu, mais il en fut incapable. «A une réunion plénière du parti ils ont parlé de faire rétablir l'ordre par l'armée. C'est alors que nous avons compris qu'il nous fallait former un Front populaire. Mais personne ne savait exactement comment s'y prendre. Nous avons suivi l'exemple de l'Estonie. Deux problèmes subsistaient : savoir expliquer de quoi il s'agissait et l'absence de chef.

Nous nous sommes adressés à l'un des Lettons les plus respectés, Janis Peters. De longues négociations secrètes se déroulèrent d'abord entre six personnes seulement, dont je faisais partie. Janis Peters hésitait parce qu'il était membre du Comité central. L'avenir de notre mouvement était imprévisible. Je crois que la faction libérale du Comité central, à laquelle appartenait Gorbounovs, le poussait à ces négociations. »

Le congrès fondateur se tint en octobre 1988, dans l'immeuble du Syndicat des artistes. Sandra Kalniete s'arrangea pour trouver des bureaux, s'occupa de faire légaliser le mouvement, dressa les listes de membres et organisa la collecte des fonds. « Par la suite seulement, en regardant en arrière, j'ai compris que nous avions travaillé sous l'étroite surveillance du KGB et du Comité central, mais leur arrogance les empêchait de mesurer le vrai pouvoir que représentait le peuple. Un mois avant le congrès fondateur, des signes avant-coureurs leur avaient fait entrevoir que le mouvement ne se laisserait pas si facilement manipuler, et c'est la raison pour laquelle ils avaient lancé leur Interfront ou Intermouvement. Nous avions fixé une date limite pour les inscriptions, car il fallait que nous sachions combien de personnes seraient représentées au congrès. Trois jours avant cette échéance, une centaine de télégrammes vinrent nous confirmer que des groupes de soutien en faveur du Front populaire s'étaient constitués dans tous les districts militaires ainsi que dans la marine et ailleurs. Mais ils n'avaient pas le temps de recevoir des instructions. A quelques heures près, ils auraient été représentés au congrès fondateur et auraient pu le mettre en pièces. »

Que se serait-il passé si vous aviez tous été arrêtés à ce stade-là ?

« Peut-être que cela aurait paralysé le mouvement pendant un bout de temps. Mais voyez ce qui s'est passé en Ukraine. J'étais présente à la première réunion publique de Kiev, où il y avait 3 000 personnes et où le Front populaire, le Roukh, a été interdit. Ce ne fut qu'une question de temps, et probablement fallut-il attendre qu'il y ait eu assez de victimes. Nous avions conscience des risques que nous encourions. La nuit qui a suivi le congrès fondateur, je me suis mise au lit complètement épuisée pour me réveiller brusquement en tremblant à la pensée de ce que nous avions mis en branle. Il n'y avait plus moyen de faire marche arrière ni pour moi ni pour les autres. »

Sous la direction de Roubiks, les communistes partisans de la ligne dure s'employèrent, à partir de mars 1989, à préparer une répression sur le modèle de celle de 1959. Des fonctionnaires du parti comme Vagris, et bien d'autres qui se trouvaient placés plus bas dans la hiérarchie, devaient être limogés. Le secrétaire chargé de l'idéologie, Ivars Kezbers, avait même écrit sa lettre de démission. On fit savoir au Front populaire qu'il lui fallait organiser une vaste manifestation en vue de soutenir et de protéger les personnes désignées pour être victimes de la purge. « Nous avons orchestré un rassemblement populaire vraiment impressionnant pour le 12 mars. Nous étions prêts au pire. J'avais rédigé des instructions pour que les gens se rassemblent par groupes de quinze personnes connues les unes des autres, afin d'éviter toute provocation. Nous avions même réussi à faire dire à la radio que personne ne devait crier des slogans ni rien faire que le parti pourrait exploiter. J'admire vraiment la manière dont la population lettone s'est conduite. Pas un seul blessé. Quand tout a été fini, je me suis adressée à la foule pour la remercier et dire à ceux qui se tenaient à ma droite de rentrer chez eux par un chemin et à ceux qui se tenaient à ma gauche de prendre l'autre direction. En vingt minutes, tout le monde s'était dispersé. Une si grande discipline était inquiétante pour le parti. »

Pougo, le premier secrétaire, réagit calmement, sans jamais donner son accord aux propositions de recourir à la force. Son successeur Vagris se conduisit correctement au bon moment, en proclamant «Nous devons prendre des mesures énergiques», mais sans rien faire. Si le premier secrétaire s'était joint ouvertement aux libéraux, cela aurait poussé les orthodoxes à agir contre lui et contre le Front populaire. Grâce à l'appui de Gorbatchev, Vagris «se faufilait entre les plénums». S'il y avait eu un type comme Kezbers, à sa place, sa présence aurait pu compromettre l'équilibre entre les alliances tacites et les attitudes opportunistes. Quant à Gorbounovs, son élection à la présidence du Soviet suprême n'avait aucune signification à l'époque; c'était pour lui comme une sorte d'exil. «Après que les réformes ont eu lieu, il a su s'y prendre pour attacher à son poste de nouveaux pouvoirs. C'était un homme habitué à la réussite, doté d'un véritable sens qui lui dictait la manière d'agir et de garder le pouvoir. Il ne s'est jamais laissé aller à s'associer à quoi que ce soit qui lui fasse du tort, il n'a jamais fait un geste qui puisse le compromettre mais paraissait toujours s'attribuer le mérite des choses qui tournaient bien. Lorsque notre victoire fut devenue inévitable, il se tourna vers nous et veilla à ce que la loi sur les élections soit adoptée avec tous les amendements réclamés par le Front populaire sauf en ce qui concernait les restrictions mise au droit de vote des militaires soviétiques. »

En attirant l'aile libérale du parti vers lui, le Front populaire avait adopté une tactique qui allait diviser les communistes une bonne fois pour toutes. La victoire remportée aux élections de mars 1990 légitima le mouvement national et marqua le retour à un parlement représentatif. Le reste, comme le dit Sandra Kalniete, n'était plus qu'une formalité. Mais Gorbounovs et ses collègues qui pensaient comme lui eurent le dernier mot. Leurs talents politiques étaient bien supérieurs à ceux de leurs adversaires. En se prétendant nationalistes, démocrates, partisans du marché libre et de tas d'autres choses encore, ils divisèrent à leur tour le Front populaire, le rendirent superflu et conservèrent la haute main sur le pouvoir à peu près comme avant.

Trois semaines à peine après que la Lettonie proclama son indépendance le 4 mai 1990, Janis Jurkans devint ministre des Affaires étrangères, poste qu'il conserva jusqu'en octobre 1992. Il avait été le spécialiste des affaires étrangères au sein du Front populaire. Au début de sa carrière de professeur de littérature anglaise, il avait publié un livre sur James Joyce.

Il va plus loin que Sandra Kalniete; selon lui, si le Front populaire a réussi c'est parce qu'il avait été lancé par le parti et le KGB. «Ils étaient au courant de la véritable situation, ils savaient que l'Etat désigné sous le nom d'Union soviétique courait à sa perte. Ils ont décidé d'ouvrir la porte et de laisser un peu d'air frais entrer dans la pièce, sans prévoir le courant d'air qui allait se produire et jeter bas toute la maison. Ils ont accordé la liberté de dire la vérité, ce qui était le principal, et ils ont été assez intelligents pour pousser des innocents à la dire tandis qu'ils restaient eux-mêmes à l'arrière-plan, dans les coulisses. Leurs agents se trouvaient parmi nous. Or ils ont ainsi forgé l'instrument qui les a détruits. C'est peut-être inhabituel mais cela montrait qu'ils avaient correctement évalué la situation, au moins dans la mesure où cela les concernait eux-mêmes. Nous nous attendions à ce qu'ils utilisent la force. Ils n'en ont rien fait parce que nous avions des tas de sympathisants à l'intérieur de l'Union soviétique. Au moment où l'armée a compris que quelque chose avait mal tourné, nous avions contaminé notre peuple et le leur.»

La déclaration d'indépendance fut rédigée par des avocats en Lettonie et à l'étranger, d'après l'exemple estonien. Pourtant, ce n'était pas le point de non-retour. La déclaration était une provocation. Gorbatchev n'en prit pas la juste mesure. D'abord il était évidemment dans une situation de dépendance vis-à-vis de l'Occident où la Lettonie jouissait elle aussi d'une grande sympathie, et puis il ne disposait plus sur place d'une base où asseoir son pouvoir. Il ne pouvait pas prendre le risque d'utiliser la force de façon assez brutale pour anéantir le chantier où un Etat était en train de s'édifier. «Par le biais de Iakovlev et de Chevardnadzé nous pouvions sentir que nous allions obtenir tout ce que nous voulions.»

Avec ses yeux écarquillés et ses cheveux frisés, ses jeans et son sweater, Dainis Ivans a l'air d'un perpétuel étudiant. Journaliste, il a publié un article, en 1986, avec un de ses confrères, Arturs Snips, pour protester contre la construction d'un barrage hydroélectrique sur le fleuve Daugava. Dans la mythologie, la littérature et l'art, dit-il, le Daugava passe pour être la mère de la nation lettone. «Cet article appuya sur le bon bouton au moment voulu.» Le Comité central reçut des milliers de lettres qui apportaient leur soutien aux deux auteurs. Dix-huit mois plus tard, le projet de barrage était abandonné. Le mouvement nationaliste est né de cette contestation écologique. Condamné par le parti local, Ivans s'arrangea pour se faire publier à Moscou. Pour un homme comme lui, la glasnost était une brèche dans la muraille de l'ennemi. Prêcher l'ouverture à seule fin de réprimer celle-ci n'avait aucun sens.

« Le 7 octobre 1989, dans le parc Meza, se tint la première manifestation vraiment libre que la Lettonie ait connue depuis la guerre. Elle fut retransmise par la télévision. En fait, nous nous sommes sentis libres à partir de ce jour-là. C'était comme un jour de fête. J'avais écrit mon discours le matin même, c'était un essai sur la Lettonie et le pouvoir de son esprit. Je m'exprimais surtout par métaphores mais je pense que ce discours fut la principale raison pour laquelle, au cours du congrès fondateur, dans les deux jours qui suivirent, je fus élu président du Front populaire.

« L'idée venait d'Edgar Savisaar. Il était devenu un ami personnel pour moi. C'est lui qui a eu l'idée de nous faire obtenir une existence légale et d'utiliser la perestroïka pour libérer nos nations. Seule la voie parlementaire nous conduirait pas à pas jusqu'à l'indépendance. Au moment de la fondation du Front populaire, nous avons décidé de participer aux élection du Soviet suprême pour détruire le système de l'intérieur. Des Russes, des Ukrainiens, des Moldaves, des gens de la Transcaucasie sont venus tirer la leçon de notre expérience. Les conseillers juridiques de notre Front populaire sont allés en Géorgie pour aider les Géorgiens à rédiger leurs programmes. Je me rappelle comment, au cours d'une réunion du Congrès des députés du peuple, Gorbatchev déclara que les pays baltes étaient contagieux, qu'ils exportaient la révolution. Il avait raison. »

Si le Comité central letton détenait officiellement le pouvoir, ses cachotteries jouaient contre lui. La transparence donnait au Front populaire le pouvoir de fait. Les gens pouvaient écouter et participer. Pour les autorités, l'arrestation d'un membre de la direction collective n'avait plus aucun sens. « Pendant nos conversations téléphoniques nous nous arrêtions pour nous adresser au KGB en disant : Colonel, s'il vous plaît, prêtez attention à nos projets. Ce qui paralysait le KGB c'était que, quelques minutes après ce genre de conversation téléphonique entre nous, nous apparaissions en public pour dire exactement les mêmes choses bien haut. Ils ne parvenaient pas à nous mettre la main dessus. Un ancien officier du KGB m'a raconté qu'ils s'étaient décidés à me supporter pour éviter que quelqu'un de plus extrémiste que moi vienne à me remplacer. »

Les sociaux-démocrates suédois donnèrent un cours sur l'organisation des élections. Des émigrés lettons firent don de voitures, de minibus et d'ordinateurs. La diffusion du journal *Atmoda* atteignit 100 000 exemplaires après le congrès fondateur. Le paradoxe c'était de savoir que les candidats du Front populaire cherchaient à détruire le Congrès des députés du peuple auquel ils s'efforçaient de se faire élire à tout prix.

Avant la première séance de ce Congrès, Ivans avait eu une prise de bec avec Gorbatchev dans l'entrée du bâtiment. La délégation lettone se proposait de demander au Congrès d'observer une minute de silence à la mémoire des victimes récemment tuées par l'armée à Tbilissi. Dainis Ivans avait donc exposé la chose mais s'était fait répondre vertement par

Gorbatchev qu'il y avait des questions plus graves. Lorsque les débats eurent commencé, un membre de la délégation, Vilen Tolpeznikov, un Russe de Lettonie, profita d'une courte pause pour monter à la tribune et proposer la minute de silence. « Vous auriez dû voir les visages des gens du Politburo, dit Ivans. Ils furent tous obligés de se lever. C'est à ce moment-là que pour la première fois les démocrates changèrent d'attitude et entreprirent de détruire le Congrès des députés du peuple. »

La première séance sérieuse avec Gorbatchev eut lieu le 14 mars 1990. Trois jours plus tôt Landsbergis et le Sajoudis, vainqueurs des élections dans leur république, avaient adopté la déclaration d'indépendance de la Lituanie. Les élections lettones devaient se tenir le 18 mars et Ivans, en compagnie de Gorbounovs, se préparait à expliquer à Gorbatchev que le peuple letton espérait bien pouvoir se constituer en Etat. En fait, la déclaration d'indépendance de la Lettonie fut votée peu de temps après, le 4 mai. « Gorbatchev répliqua que le peuple préférait vivre à l'intérieur de Union soviétique et que nous étions des hommes politiques à l'esprit négatif. Je pense qu'il le croyait sincèrement. Il refusa de nous écouter, il éleva la voix et ne laissa personne s'exprimer. "Vous voyez ce qui arrive en Lituanie, poursuivit-il, et si vous aussi vous proclamez l'indépendance – il utilisait des expressions très vulgaires – nous boucherons également tous les trous de la Lettonie." Il craignait de voir les régions russes faire sécession et organiser leur autonomie pour leur propre compte ; à mon avis il avait déjà préparé des mesures de rétorsion. Il poursuivit en ces termes : "Vous découvrirez que la Lettonie est très petite et très impuissante, face au libre choix de ses habitants russes, parce que vous n'êtes pas des démocrates et ne faites aucun cas des intérêts des Russes", et ainsi de suite.

« Nous n'avions pas mentionné Eltsine mais Gorbatchev le fit on ne sait trop pourquoi, en précisant que lui-même, personnellement, recherchait une solution pacifique, mais que si le pouvoir tombait entre les mains d'Eltsine, celui-ci nous briserait le cou. C'était une contrevérité. Iakovlev se trouvait là et tenta de modérer ce genre d'affirmations, je crois. Ryjkov était présent lui aussi, et il utilisa une ravissante expression russe pour dire qu'il pourrait harponner la Lituanie. Le journaliste que j'étais trouvait intéressant de pouvoir comparer à cette occasion le langage de Gorbatchev et celui de Boris Eltsine. Gorbatchev parlait un langage bureaucratique, soviétique, dont certaines phrases sans contenu n'étaient faites que de paroles creuses. Eltsine maniait la langue avec éloquence, sans la vulgarité et l'artifice dont faisait preuve Gorbatchev. »

Pendant ces débats officiels, Ivans siégeait avec la délégation lettone en face de Gorbatchev. Celui-ci lui déclara finalement : « Je sais tout sur vos activités, y compris sur ce que vous avez fait dans les pays occidentaux. Vous êtes un homme jeune et avez la possibilité de faire une bonne carrière mais je n'aime pas le chemin que vous avez choisi, vous êtes en train de vous engager sur une mauvaise voie. » Ivans avait effectivement voyagé à l'étranger et donné des interviews à des correspondants de presse étrangers mais cette menace personnelle le prit néanmoins au dépourvu. Il ne put pas non plus s'empêcher de remarquer à quel point Gorbatchev était petit, avec une tête de moins que lui.

En effet Gorbatchev était en train de dire que les Lettons se trouvaient devant une simple alternative : être avec ou contre l'Union soviétique. La violence semblait sur le point d'éclater au cours de l'année 1990. La partie russe de la population était appelée à manifester contre les gouvernements nationalistes. « Nous avons demandé à Gorbatchev ce que cela signifiait. Vous voyez le résultat d'une législation erronée, répliqua-t-il, la population lettone est contre vous. » Gorbatchev détenait une véritable puissance économique et militaire, mais en fait il ne pouvait pas influer sur les Lettons par des voies légales. Les pouvoirs législatif et judiciaire étaient entre les mains des autorités nationalistes. Un système rival de celui des communistes s'était mis en place.

Les OMON, c'est-à-dire les forces spéciales dont disposait Gorbatchev, préparèrent une série d'interventions militaires. Le 12 janvier Gorbounovs et Ivars Godmanis, le Premier ministre, rencontrèrent Gorbatchev à Moscou et évoquèrent la question des OMON. Gorbatchev déclara qu'il n'y avait, à sa connaissance, aucune raison de s'inquiéter. A environ onze heures du soir le 13, Gorbounovs et Godmanis rentrèrent à Riga où les attendait le présidium du Conseil suprême letton. Ils rendirent compte de ce que Gorbatchev avait déclaré, ainsi que des protestations d'innocence émises par Pougo et Krioutchkov dans le même esprit.

« J'étais alors le premier adjoint de Gorbounovs. Mes collègues et moi-même lui avons fait savoir que nous n'avions aucune confiance dans Gorbatchev ; que, selon nous, une attaque soviétique contre le parlement ou le gouvernement était imminente ; et qu'il était temps pour nous d'organiser la résistance. Il fallut nous contenter d'enregistrer ce désaccord. Je rentrai me coucher et aux alentours de minuit un collègue me téléphona pour m'apprendre qu'une fusillade venait d'éclater aux abords du parlement à Vilnius. Je téléphonai à mes collègues du Conseil suprême ; ceux-ci étaient en train d'écouter la radio qui annonçait l'agression soviétique. Il ne fut pas possible de joindre Gorbounovs ou Godmanis, mais à trois heures du matin nous décidâmes d'aller au parlement pour lancer un appel au peuple en lui demandant de s'y rassembler. A 4 h 15 j'intervins à la radio.

« Une demi-heure plus tard les gens commencèrent d'arriver ; à huit heures du matin la place Doma était pleine de monde. Je pris la parole à la radio et à la télévision en letton et en russe. A onze heures nous eûmes une réunion du Présidium et des membres du gouvernement. Gorbounovs arriva à midi ; pourquoi celui-ci est-il resté absent jusque-là, la raison en est encore obscure. Je ne puis toujours pas l'expliquer.

« J'étais en rapport avec des correspondants de presse occidentaux et me tenais en liaison de façon quasiment permanente avec Radio Free Europe. Nous avons aussi téléphoné à Pougo mais il ne répondait pas. Quelques jours plus tôt j'avais été informé que le Conseil suprême avait pris un décret pour me charger de représenter le gouvernement letton en Occident, et si nécessaire de former un gouvernement en exil. Je disposais de visas suédois et finlandais. Il y avait quelque 270 000 personnes rassemblées pour manifester entre une et deux heures de l'après-midi près du Daugava et certains députés organisaient la construction de barricades autour de Riga. C'est alors que je suis parti pour Tallin. » Pour mobiliser des appuis, Ivans s'en fut à Stockholm, Washington et Montréal, et finalement participa à une réunion d'émigrés à Hanovre. Il rend un hommage particulier à James Baker et à Robert Gates, haut fonctionnaire de la CIA qui avait été nommé conseiller adjoint à la sécurité nationale, pour leurs attitudes constructives. Il a l'impression qu'à la Maison-Blanche, ceux qui ne faisaient plus confiance à Gorbatchev l'avaient alors emporté sur ceux qui le soutenaient.

Après l'extrême tension de ce mois de janvier, le coup d'Etat qui survint six mois plus tard fit presque figure de contrepoint. Pourtant, alors qu'il présidait une réunion où l'on débattait le texte d'une nouvelle déclaration qui réclamait avec insistance l'indépendance, on put entendre le bruit des bottes sur la place Doma. Les détachements des OMON y faisaient pleuvoir des grenades de gaz lacrymogène et tiraient en l'air à l'arme automatique. Ivans alla demander au général Kouzmine le retrait de ces troupes. Dans la soirée, celles-ci étaient parties. C'est alors que l'on a démoli la statue de Lénine.

Ivars Kezbers fut le dernier secrétaire à l'idéologie que connut le PC letton. Entre les élections de mars 1990 et la déclaration d'indépendance du 4 mai, le parti s'était divisé, et ce schisme fut consommé au cours d'un congrès orageux, le 7 mai très précisément. Au nom des durs Roubiks avait pris le pouvoir et limogé Vagris, son prédécesseur, de même que Kezbers. En théorie, le secrétaire à l'idéologie aurait dû fournir une justification marxiste pour pouvoir conserver le pouvoir au nom du prolétariat. Kezbers, qui est un personnage plein de vie et qui parle l'anglais couramment, se présente comme un des plus jeunes perestroïkistes d'alors, bien informé, trop moderne pour employer des méthodes primitives. Il est aujourd'hui homme d'affaires à Riga.

Après avoir bénéficié de la protection de Pougo, Kezbers avait été affecté à Moscou pour y occuper un poste de vice-ministre de la Télévision et de la Radio. Son bureau se trouvait au centre d'émission d'Ostankino, qui avait des filiales à Berlin et à La Havane. Il était responsable de tous les programmes soviétiques destinés à l'étranger, ainsi que du brouillage des émissions des stations de radio occidentales. La glasnost avait mis fin à tout cela et il dépendait directement de Iakovlev. Tout comme Valentin Faline et Vitali Korotitch, le rédacteur en chef du magazine *Ogonyok*, il appartenait lui aussi au cercle de Ligatchev. Il réceptionnait les copies des émissions interceptées dans le monde entier ainsi que des renseignements confidentiels, mais n'avait pas accès aux écoutes téléphoniques du KGB. Chaque matin, sa première tâche consistait à préparer une analyse des nouvelles pour Gorbatchev, Chevardnadzé et Iakovlev.

Gorbatchev accordait une attention particulière à la radio et la télévision; il avait l'habitude de téléphoner à Kezbers sur une ligne privée, quatre ou cinq fois par mois. Tout prêt à accepter des commentaires critiques sur ses discours ou sa politique, il perdait son sang-froid quand les reproches prenaient une tournure personnelle. La moindre critique émise contre Raïssa le mettait en rage. Par exemple, après avoir appris qu'elle avait téléphoné à Eltsine pour lui demander de faire nettoyer les rues de Moscou en vue de la visite d'une personnalité importante, Gorbatchev monta au créneau pour se plaindre à Eltsine de la saleté de la ville.

Gorbatchev voyait bien que les pays démocratiques fonctionnaient mieux, dit Kezbers. « Nous avions compris que nous avions perdu la bataille. La question était de savoir comment battre en retraite. La chose présentait des difficultés. Notre sort personnel se trouvait en jeu. Tout renversement de politique aurait exigé une discussion franche et un face-à-face avec le KGB et l'armée, c'est-à-dire avec "un Etat à l'intérieur de l'Etat". Au cours de l'automne 1987 nous avons abordé sérieusement la possibilité de transformer l'Union soviétique en une confédération calquée sur le Commonwealth britannique. L'effondrement de l'Europe de l'Est ne fut pas du tout une surprise pour nous. Je commençais à avoir des doutes très graves sur le genre d'avenir qui nous attendait et sur la manière de nous comporter dans le futur. Dans les villages situés à mille kilomètres de Moscou, personne n'avait probablement jamais entendu parler de Gorbatchev. Ce fut une des raisons pour lesquelles je m'étais dit que la réforme du communisme n'était pas possible. »

Lorsque Gorbatchev convoqua Pougo à Moscou, Kezbers fut réexpédié en Lettonie où il était censé être l'un des quatre hommes chargés d'empêcher la désintégration du pays. Les autres étaient le nouveau premier secrétaire, Janis Vagris, le président du Soviet suprême, Anatolijs Gorbounovs, et le Premier ministre, Vilnis Bresis.

« La situation était terrible. Nous savions que les pays baltes allaient recouvrer la liberté mais nous avions pensé que cela prendrait dix ans. Nous ne pouvions pas faire appel au KGB ou à l'armée, nous ne pouvions compter que sur une poignée de militants et les vestiges du parti pour nous aider. On avait l'habitude de s'asseoir ensemble pour boire du café avec une petite vodka et essayer de préparer notre travail. Vagris passait son temps à dire franchement qu'il se sentait vieux et pas très brillant, mais qu'il aimerait rester premier secrétaire pendant quelques années. "Anatolijs, disait-il à Gorbounovs, vous serez président" – ce qui dans ce temps-là ne correspondait pas à une véritable fonction. "Bresis, vous êtes Premier ministre, et Ivars, chef du personnel, vous organisez le programme." C'est comme ça que j'ai fini par devenir secrétaire à l'idéologie. Laissez-moi vous répéter que dès le premier jour, nous savions, tous les quatre, que nous serions les perdants.

« Nous avons participé à ce que l'on a appelé le Front populaire. Nombre des personnalités marquantes, au sein du Front, discutaient de leurs projets avec moi, même si à présent elles ne vous l'avoueront sans doute pas. Elles étaient venues me voir à Moscou et m'avaient demandé de découvrir ce que Gorbatchev et Iakovlev avaient dans la tête. Par Iakovlev j'ai appris qu'il avait parlé de la question avec Gorbatchev et il m'a été confirmé que l'on pouvait poursuivre les préparatifs pour la constitution des Fronts populaires. Gorbatchev croyait que cela conduirait à une nouvelle version de la République démocratique allemande ou de la Tchécoslovaquie où le parti avait absorbé une demi-douzaine de factions ou d'organisations dûment assagies. En tout cas, Vagris, Gorbounovs, Bresis et moi-même avons autorisé le Front populaire. J'ai été élu délégué au congrès fondateur du Front. Seulement j'étais assis au vingtième rang dans la salle, vous comprenez. Après cette assemblée constituante, nous avons compris que le Front populaire représentait une véritable force avec laquelle nous devrions coordonner nos activités. Etant donné la nature de la politique il est normal qu'après deux ou trois mois les organisateurs du Front populaire aient commencé à nous combattre. Ce fut une erreur. Ensemble nous aurions progressé plus vite.

« Nous avons essayé de tenir bon entre l'armée et ses énormes effectifs, y compris les unités spéciales, et le Front populaire. Nous commencions et terminions chacune de nos journées de travail par le slogan "Pas de bain de sang en Lettonie". Vagris me laissa décider de ce qu'il fallait faire du renseignement fourni par le KGB et selon lequel certaines personnes appartenant au noyau interne du Front populaire travaillaient en fait pour le KGB. Elles l'avaient infiltré et y opéraient plus ou moins efficacement. Elles pouvaient surveiller certaines organisations ou factions, mais pas tout le monde. Gorbatchev et ses conseillers n'avaient pas compris qu'ils gouvernaient des gens tout à fait différents de ce qu'ils avaient été auparavant. Après la glasnost, c'était un autre pays. »

L'armée soviétique voulait-elle utiliser la force ?

« Oui, oui ! J'ai travaillé avec les deux commandants, les généraux Kouzmine et Grichine. Il n'y avait pas de rapports personnels entre nous, rien que des discussions officielles et politiques. Nous nous téléphonions peut-être deux fois par jour, en aboyant de part et d'autre comme des chiens furieux. Beaucoup d'officiers que j'avais connus personnellement ici avaient suivi un entraînement spécial pour attaquer la Scandinavie. Ils auraient été capables d'assiéger le palais royal du Danemark à Copenhague mais n'avaient aucune idée de l'endroit où trouver Gorbounovs à Riga. Une ou deux semaines avant le coup d'Etat du mois d'août, Kouzmine demandait encore à Moscou d'envoyer des mortiers sur la Baltique comme s'il avait l'intention d'attaquer Paris. »

L'armée aurait-elle été capable d'empêcher la déclaration d'indépendance ?

« Vagris, Gorbounovs, Bresis et moi, nous étions tous pour l'indépendance. Roubiks, lui, y était opposé ; il tenait Gorbatchev pour un traître et il avait l'armée de son côté, ainsi que la moitié du KGB, les forces de l'ordre et le parti. Je pense qu'il avait aussi l'appui de Pougo. En décembre 1990 à Moscou nous avons eu des conversations à plusieurs niveaux sur l'avenir des pays baltes. Gorbatchev nous disait : "Oui, vous serez libres, mais par des liens économiques et autres, vous resterez rattachés à l'Union soviétique avec le même statut que la Russie." Il a cherché à recruter ici des gens qui s'opposeraient à Roubiks. La tension est parvenue à son apogée le 2 avril au cours d'une réunion très âpre du Politburo à Moscou. Gorbounovs était malade de sorte que Vagris et moi y étions allés tous les deux. Je me disais que cela serait mon dernier voyage à Moscou tellement la situation s'était détériorée. Nous avons fait le trajet dans un avion militaire en nous demandant si on ne nous appliquait pas le traitement Dubcek. Un aller sans retour. J'ai proposé à Gorbatchev de nous muter Roubiks et moi ailleurs qu'en Lettonie, mais il n'a pas accepté. Cinq jours plus tard Roubiks était élu premier secrétaire et moi, en compagnie de 300 communistes progressistes, je fus expulsé du parti.

« Personnellement je pense que Gorbatchev était averti du fait que l'on avait décidé d'utiliser la force en janvier 1991. Il croyait qu'il faudrait accepter de verser un peu de sang à Vilnius et à Riga pour montrer à quoi ressemblerait une véritable occupation et ce qu'était le vrai rapport des forces. Il commettait l'erreur de penser que des mesures brutales pourraient servir à étayer les réformes. Ils envisageaient de cerner le ministère des Affaires intérieures, de démontrer que toute garantie de notre liberté n'était rien d'autre qu'un chiffon de papier. Mais la situation leur a échappé des mains. Les neuf hommes du détachement d'Alpha Delta chargé d'opérer ici étaient des provocateurs venus de Moscou. Ils ont tué quelques personnes. Ils avaient des instructions précises et ils les ont appliquées.

« Gorbatchev est un individu intéressant et rusé qui a une façon de penser très personnelle ; il a déjà sa place dans l'Histoire, mais les conseillers qui l'entouraient étaient des gens de deuxième ou troisième ordre. Il a réitéré son erreur en août. Il connaissait le scénario par cœur et voulait que ses collègues se démasquent à cette occasion, mais il a perdu la maîtrise de la situation. »

Lors d'un voyage en Lettonie en 1988, Gorbatchev avait inspecté le kolkhoze Adazi. Son président Alberts Kauls est un homme jovial au visage rougeaud, qui ne cesse de s'agiter comme ont coutume de se comporter les administrateurs soviétiques. Gorbatchev semble avoir envisagé de le nommer ultérieurement premier secrétaire, ce qui lui aurait permis de faire d'une pierre deux coups en éliminant ainsi Vagris de même que le coriace Roubiks. En 1990, alors qu'il cherchait une façon de court-circuiter Eltsine et le Congrès des députés du peuple, Gorbatchev avait créé un Conseil présidentiel. Cet organisme, qui ne détenait ni le pouvoir de recommander ni celui de légiférer, était une invention typiquement soviétique destinée à montrer qui était le plus fort. Kauls en faisait partie. Il aimait le charme et la sincérité de Gorbatchev et plaide en sa faveur de façon convaincante quand il dit : « Personne n'avait rien à proposer qui eût permis d'agir autrement que lui. »

Le Conseil présidentiel se réunissait une fois par semaine au Kremlin et Kauls vole à sa rescousse : « Nous avions le sentiment d'être une famille. » Gorbatchev fixait l'ordre du jour et prenait les décisions, c'est-à-dire autant d'*oukases*, sur la façon de créer une économie de marché. De l'avis de Kauls, il serait injuste de dire que Gorbatchev était démoralisé par la tournure des événements. Mais probablement s'était-il résolu à montrer les dents à Riga et Vilnius dès le mois de novembre 1990, pour faire comprendre à quel point il serait dangereux de laisser subsister l'ancien régime. C'était une réédition de la tactique employée par Gorbatchev à Tbilissi. « Très peu de gens ont compris quel genre de mise en scène c'était, mais cela eut pour effet de mobiliser toute la nation. Les tenants de la dureté furent obligés de lâcher du lest. Cette méthode digne d'un monstre lui a permis d'imposer l'indépendance. Si Gorbatchev n'avait pas pris une initiative de ce genre, la Lettonie n'aurait jamais été libre, compte tenu de la présence militaire soviétique. »

Janis Vagris a pris la suite de Pougo comme premier secrétaire le 4 octobre 1988. Le mauvais sort voulut qu'une manifestation de 100 000 personnes ait lieu au centre de Riga à peine quinze jours plus tard. La foule se mit à scander le nom de Vagris. En se présentant au micro, il ne lança que deux phrases : « Je dois dire que je n'ai pas fait de mal à la nation lettone. Je n'en ferai pas davantage dans l'avenir. » Aucun premier secrétaire communiste nulle part ailleurs n'aurait pu s'exprimer de la sorte.

En 1940 Vagris avait dix ans. C'était le fils de pauvres paysans sans terres. Les Soviétiques leur avaient donné des champs, même si ce fut pour les collectiviser aussitôt. « Compte tenu de ce que j'ai vécu, déclare-t-il, j'estime que la version officielle des événements est vraie. Il est exagéré de dire que nous avons été trompés mais il y a eu un manque d'information. » Le discours prononcé par Voulfsons en juin 1988 l'avait bouleversé. Voulfsons et Berklavs avaient appartenu tous deux à la division lettone de l'Armée rouge et il se souvient de la manière dont, après son discours, Berklavs avait plaisanté : « A présent je ne sais pas si je suis un occupant ou non. »

« Les partisans de la ligne dure réclamèrent immédiatement l'usage de la force. C'est vrai. Ils ne le disaient pas aussi ouvertement lors des rassemblements populaires mais s'exprimaient dans ce sens au sein du

Comité central. Le premier secrétaire, le président de la Cour suprême et le Premier ministre avaient le devoir d'empêcher le Comité central d'accepter la position des durs et le déploiement de la force. Les commandants locaux de l'armée se tenaient prêts à recevoir les ordres du Comité central. Les généraux, du haut en bas de la hiérarchie, à commencer par Kouzmine, étaient favorables à l'usage de la force et ils avaient fait savoir que si un tel ordre leur parvenait, ils obéiraient. Aucun de nous n'avait envie d'en prendre la responsabilité. Nous étions sans cesse harcelés et poussés dans cette voie par les durs et par l'Interfront. » Alfreds Roubiks était membre du Comité central comme les autres mais dans les plénums c'était celui qui plaidait pour l'adoption de la ligne dure. Les résidents russes, qui occupaient des postes de directeurs d'usine ou l'équivalent, partageaient sa conviction. La plus grande pression provenait du Comité central du parti soviétique.

« Quand je voyais Gorbatchev, il ne disait jamais qu'il fallait utiliser la force. Pas plus que Iakovlev ou Medvedev. Mais les petits fonctionnaires n'en faisaient pas mystère; ils laissaient entendre que nous savions où se trouvait l'état-major de l'armée et que nous pourrions mettre un terme au déroulement des événements. Nous nous adressions à Gorbatchev sans nous sentir inférieurs à lui. Il était possible de lui dire des choses dont on savait qu'il les détesterait et qu'il les désapprouverait sans en garder rancune. Une déclaration publique était tout autre chose. Il ne tolérait rien de tel. Il s'est avéré que les buts de la perestroïka n'était pas clairs à ses yeux. Au cours des dernières phases, il changeait continuellement de décision, il ne s'en tenait à aucune ligne. »

La déclaration faite par le Comité central le 16 août 1989 menaçait de rayer les pays baltes de la carte.

« J'étais premier secrétaire à l'époque et j'ai pris cette déclaration au sérieux. Il n'y avait rien de concret là-dedans, rien qu'une hostilité exprimée de façon générale et une tentative d'intimidation. D'après le Comité central, nous allions finir sous la botte de l'Occident. Nous ne pouvions pas nier que des liens économiques nous attachaient étroitement à l'Union soviétique; c'était eux qui dictaient vraisemblablement ce genre de déclaration abrupte. Le Front populaire ne demandait pas l'indépendance complète ni la sortie de l'Union soviétique. Il était question d'une confédération et même cela nous paraissait impossible à obtenir. Les partis communistes des diverses républiques et le Comité central de chacun n'avaient qu'une importance régionale. Ce que l'on appelait alors le parti communiste letton ne pouvait guère, en fait, prendre de décisions pour le compte de la Lettonie.

« L'idée d'une indépendance complète ne s'imposa que lentement. Lors des plénums, les rapports entre les membres du Comité central devinrent plus tendus et les séances de plus en plus dramatiques, tout au long de l'année 1989. La perestroïka entrait dans sa quatrième année mais il n'en ressortait aucun progrès. Au Comité central on sentait déjà venir certaines décisions tandis que, pour sa part, Boris Eltsine entamait sa marche vers le pouvoir. La question balte restait à l'ordre du jour, mais les débats à ce sujet étaient confinés au Politburo. Les premiers secrétaires baltes se voyaient très souvent convoqués à Moscou pour y rencontrer Gorbatchev.

« On n'avait pas le droit de discuter avec le Politburo. Aussi Gorbatchev ne me demandait-il jamais mon avis. Mais il semblait qu'il avait compris mon point de vue car il commençait à se calmer. Au Politburo il était loin d'être soutenu par tout le monde. L'opposition, sans se manifester ouvertement, se faisait nettement sentir. Ligatchev était le vrai partisan de la ligne dure. Je demandais souvent des entretiens privés à Gorbatchev qui ne me les refusa jamais. Jamais je ne l'ai entendu faire la moindre allusion aux troupes russes cantonnées en Lettonie ni à la possibilité de les lâcher sur nous. Il insistait pour que la question balte soit résolue par des procédés démocratiques. »

Vagris possède un visage blême et osseux. Il était assis près d'une fenêtre alors que le crépuscule tombait sur Riga, et sa voix se fit plus basse. Cet homme, manifestement honnête, semblait avoir du mal à admettre ce qui était arrivé, comme s'il se trouvait en état de choc. Quand on l'interroge à propos de ces deux phrases malencontreuses qu'il avait lancées lors de sa première apparition en sa qualité de nouveau premier secrétaire, il donne à sa bouche une expression de peine. Le Front populaire l'avait mis dans le coup par politesse. Il ne s'y était pas préparé. Qu'aurait-il pu faire d'autre ?

Dans l'ancien temps, alors qu'il se consacrait corps et âme au travail du parti, il avait connu Konstantin Tchernenko, qui n'avait ni la capacité intellectuelle, ni l'expérience, ni la santé nécessaires pour être secrétaire général du Parti communiste de l'Union soviétique. C'est à cette époque-là que la démoralisation l'avait gagné. Face au mouvement nationaliste et à ses propres divisions internes au sommet, le parti n'avait aucun avenir.

Avez-vous tenté de sauvegarder l'unité du parti pendant ce dernier congrès du 7 avril ?

« J'ai essayé de faire ce que j'estimais utile et nécessaire. Pourquoi fallait-il maintenir l'union au sein du parti ? Laissons-le se scinder, disaient certains. Les Lituaniens avaient eu l'idée de faire de leur parti une formation parlementaire, et, avec le recul, on peut dire qu'ils y ont réussi. Ma politique était d'empêcher toute scission et aussi de nous transformer en un parti parlementaire.

« A ce plénum du 7 avril, une résolution a été votée selon laquelle l'activité du parti communiste était considérée comme insatisfaisante. J'ai dit que, dans ces circonstances, je ne pouvais pas continuer. Cette motion avait été votée par la faction qui était demeurée à l'intérieur du parti. Les libéraux avaient déjà fait sécession et ne participaient plus à rien. Alors qui allait prendre la tête du parti ? Pougo était venu spécialement de Moscou comme observateur et représentant du Comité central ; il proposa Klausens. Les délégués s'y opposèrent. Roubiks fut donc élu. »

En sa qualité de nouveau premier secrétaire, Roubiks fut impliqué dans les deux scènes de violence survenues respectivement en janvier et en août 1991. Au moment où je me trouvais à Riga, il attendait en prison d'être jugé pour sa responsabilité dans les événements mortels qui avaient eu lieu.

« Le tribunal rendra son verdict, déclara Vagris, mais rien n'aurait pu être fait sans qu'il ait eu son mot à dire. L'assaut donné à la Maison de la Presse, en janvier, était une tentative d'intimidation, comme cela avait été le cas en Lituanie. Moscou avait coordonné les événements. Gorbatchev n'en avait peut-être pas donné l'ordre mais il est impossible de croire qu'il n'était pas au courant. Cela aurait pu avoir lieu sans son autorisation, mais le fait qu'aucune sanction n'ait été prise à l'égard de ceux qui ont fait le coup est éloquent en soi. Personne à ce jour n'a encore dû rendre des comptes dans aucune république. »

Donc Gorbatchev évitait d'évoquer avec vous le recours à la force tout en fermant les yeux, dans la réalité, sur ce qui se passait, peut-être même en vous trompant ?

« Oui. »

18

«Le communisme avait pourri de l'intérieur»

Le jour où je m'apprêtais à passer la frontière, la Lituanie n'était pas en mesure de payer le pétrole qu'elle importait de Russie; en effet, avec des accents gorbatchéviens, le président Eltsine avait déclaré l'embargo. Le conducteur éclata de rire en s'entendant proposer de stocker des jerricanes. Il n'y avait pas de quoi s'inquiéter. Sans le moindre doute, à bien des carrefours en Lituanie, sinon à la plupart d'entre eux, se trouverait quelque camion-citerne où l'on nous vendrait de l'essence. Ce trafic s'étendait sur des centaines de kilomètres à travers la Biélorussie et jusqu'à l'intérieur de la Russie proprement dite. Des intendants de l'armée, voire le haut commandement lui-même, vendaient pour leur propre compte des véhicules et de l'essence au marché noir. Un nombre ahurissant de soldats, de douaniers et de fonctionnaires de police, d'inspecteurs et d'hommes politiques devaient en profiter pour toucher des pots-de-vin.

La culture *vranyo*, dont cet embargo donnait un si bon exemple, verse plus ou moins imperceptiblement dans l'absolutisme avec son cortège de mensonge et d'aveuglement. La Lituanie ne possède aucune tradition démocratique. De tout temps elle s'est réduite à une société rurale dominée par une aristocratie polonaise. Entre les deux guerres mondiales, une démocratie naissante s'y est trouvée aussitôt étouffée. Le président Smetona, qui avait pris le pouvoir en 1926 à la faveur d'un coup d'Etat d'inspiration quelque peu fantaisiste, mit fin aux premiers balbutiements du pluralisme politique et du partage des pouvoirs. Sous le communisme, la nomenklatura singea l'aristocratie dépossédée, mais d'une manière grossière et sans pouvoir en adopter le style. Les intellectuels qui subsistaient étaient trop peu nombreux pour exercer une grande influence; c'était de toute manière des citadins. L'immense majorité de la population campagnarde, habituée à une soumission imperturbable depuis des générations, continua de se plier à tout ce que lui demandaient les gens d'en haut.

Rien ne reste aujourd'hui du Sajoudis, sauf le souvenir doux-amer d'un mouvement populaire qui se confond avec la démocratie elle-même et s'élance vers le ciel avec exubérance comme une fusée avant de retomber sur terre pour s'y éteindre en une flambée d'étincelles. L'occupation soviétique a pris fin, mais non pas l'absolutisme autochtone qui s'en était si douillettement accommodé. La libération s'est révélée maussade et précaire.

Une grosse conduite intérieure noire flanquée de gardes du corps et ornée du drapeau national fait traverser Vilnius au président Algirdas Brazauskas. Sous le régime précédent, la même voiture aurait transporté le premier secrétaire Brazauskas avec un drapeau rouge à l'emblème de la faucille et du marteau. Brazauskas, hautain et bien nourri, est le prototype accompli du patron de la nomenklatura jusqu'au bout des ongles ; il est le seul individu en parfaite santé dans tout le pays. Chaque fois qu'il le peut, il donne la même interview ; le spectacle n'a plus besoin de répétitions. L'ancien parti communiste comptait 3 pour cent de dévots et 97 pour cent de membres qui travaillaient pour le pays – ces chiffres qu'il avance ne peuvent sans doute pas être vérifiés mais il aime les répéter. Il serait, selon lui, diffamatoire d'en déduire qu'ils furent des « collabos ». Les vieux bonzes du parti, comme lui, méritent l'indulgence et l'admiration pour le dévouement dont ils ont fait preuve. L'expression de son visage semble mettre l'interlocuteur au défi de révoquer ses propos en doute. Rüütel et Gorbounovs sortent du même moule, de même que Leonid Kravtchouk, le président de l'Ukraine voisine ; ce dernier donne, lui aussi, l'impression d'être le seul homme de son pays à se trouver en pleine forme physique. Il était indispensable d'avoir un certain talent politique pour transformer du jour au lendemain un dirigeant communiste autocratique en un chef d'Etat nationaliste tout aussi autocratique, et le faire passer aux yeux du monde pour un Smetona moderne. L'absence de toute expérience démocratique généralisée dans la société lituanienne facilitait la chose.

Le mouvement Sajoudis a atteint le but qu'il s'était donné ; il a mis fin à l'occupation soviétique. Son comité d'organisation, fort de trente-cinq membres et quelque cent ou deux cents autres personnes, pas davantage, ont sans doute exercé quelque influence sur son développement. La plupart d'entre eux étaient des ambitieux et se souciaient au moins autant des avantages que le Sajoudis pouvait leur apporter que des services dont ils pouvaient faire profiter le Sajoudis. Vytautas Petkevicius, vieil écrivain communiste, aurait pu en prendre la tête, tout comme le philosophe Romualdas Ozolas. Une fois élu, Landsbergis s'est servi du Sajoudis dans un but exclusivement nationaliste qui l'accaparait tout entier. Il en a fait son instrument personnel. Attiré par le goût du pouvoir ou aveugle sur l'avenir, il ne s'est guère efforcé de transformer le mouvement en un parti et il a empêché les autres de le faire. Dès que l'indépendance est devenue une réalité, le Sajoudis s'est laissé entraîner dans un tourbillon de jalousies et de rivalités où tout le monde s'est noyé. En d'autres termes, disons que si Brazauskas s'est retrouvé au sommet de l'échelle, c'est parce qu'il a su naviguer.

Une conversation déprimante succède à une autre tout aussi déprimante. Des théories paranoïaques sur l'imminence d'un complot voltigent au-dessus de Vilnius. Aucune décision politique ne semble assez judicieusement fondée pour ne pas susciter la crainte de quelque provocation bien cachée. Tout ce qui arrive, c'est la faute au KGB, aux Polonais, aux Juifs, aux escrocs, qui souvent ne forment qu'une seule et même entité. C'est aussi entièrement la faute de Vergilijus Cepaitis, autrefois le secrétaire chargé d'organiser le Sajoudis; Mme Prunskiené et quelques autres l'accusent dans la presse d'avoir été un agent du KGB. Personne ne semble savoir où se trouve l'ancien premier secrétaire Ringaudas Songaila. Des accusations à vous faire dresser les cheveux sur la tête mais invérifiables fusent de toutes parts. Landsbergis était manipulé par le KGB, Mme Prunskiené était carrément un agent du KGB qui opérait sous le nom de code de Chatria. On me fait assister à la projection d'un documentaire pour m'en convaincre. Dans ce film, Balys Gajauskias, un dissident qui a passé vingt-cinq années au goulag et a été condamné à une peine de quinze années supplémentaires pour avoir rassemblé des documents d'archives, demande que le dossier Chatria soit examiné une nouvelle fois et sans passion. Les accusés affirment de leur côté que les archives n'apportent aucune preuve de rien du tout : les documents sont falsifiés, voire fabriqués de toutes pièces. Le parlement en discute sur un ton pour le moins venimeux. L'édifice est de construction soviétique mais il a belle allure, ce qui ne laisse pas d'étonner. Il occupe un vaste espace ouvert sur les rives de la Nerys. Dans les couloirs, un député m'a déclaré : « Je vous aide à faire votre travail parce que je ne veux pas que vous donniez de la Lituanie l'image d'une république bananière. »

Vytaustas Sakalauskas a été le dernier Premier ministre communiste. C'est un homme corpulent dont le comportement sans fantaisie correspond bien à celui d'un apparatchik qui a passé dans le parti une trentaine d'années au cours desquelles il a appris à gravir tous les échelons de la hiérarchie. Sorti de l'école polytechnique de Kaunas, il a été successivement contremaître d'usine, ingénieur en chef, directeur, puis premier secrétaire du PC de la ville de Vilnius et membre du Comité central lituanien. Alors qu'il occupait ce poste en 1980, il a fait la connaissance de Gorbatchev et lui a servi de guide lors d'un voyage officiel. Quatre ans plus tard, Sakalauskas était affecté pour dix-huit mois à Moscou où le secrétariat du parti l'a préparé à assumer les plus hautes fonctions. Un jour, l'un de ses collègues l'avait emmené chez Gorbatchev et celui-ci avait demandé à l'individu en question s'il était jamais allé en Lituanie. La réponse fut négative. « Le pays avait fait une profonde impression sur Gorbatchev qui déclara à son interlocuteur : "Vous ne pouvez pas savoir comme leurs prairies sont vertes." L'impression qu'il m'a laissée à Moscou en 1985 fut que sa façon de penser était plutôt intellectuelle. Il aime beaucoup parler. »

La perestroïka, pour Sakalauskas, signifiait que chacun devait travailler davantage et mieux. « La discipline et l'efficacité dans le travail étaient à un très bas niveau. C'est un fait. L'erreur principale, pour ce que j'ai pu voir, était l'absence d'objectif ou de programme de la part du gouvernement soviétique – maintenant nous pouvons le critiquer ouvertement. Il se gargarisait de slogans sur les améliorations à venir, et rien d'autre. »

Les manifestations devinrent de plus en plus fréquentes et nombreuses au cours de l'année 1988. Celle du 28 septembre visait à commémorer la signature du pacte germano-soviétique. La milice la dispersa. Les autorités prétendirent que dix-huit miliciens avaient été blessés et quarante-sept manifestants arrêtés. Ces affirmations sont sujettes à caution. Sakalauskas, Songaila et Vytautas Astrauskas, le président du Soviet suprême lituanien, se trouvaient tous à Moscou ce jour-là pour assister à une séance du Comité central soviétique. Comme cela s'était déjà produit antérieurement en Estonie, l'intervention de la milice avait fait naître un sentiment de crise. Une commission d'enquête fut créée sur-le-champ et, le 17 octobre, elle conclut que Songaila et Nikolaï Mitkine, le deuxième secrétaire russe et gouverneur effectif de la Lituanie, avaient autorisé la milice à utiliser la force. Songaila fut démis de ses fonctions et Mitkine remplacé par Vladimir Beriozov, un Russe né en Lituanie.

Sakalauskas n'est pas en mesure d'affirmer si Songaila a donné l'ordre de faire intervenir l'armée. « Je n'ai eu aucune conversation à ce sujet avec lui. Les témoignages se contredisaient. Certains soutenaient qu'il l'avait vraiment fait, d'autres que Lisauskas, le ministre de l'Intérieur, s'en était chargé. Où est la vérité je ne sais pas, mais c'est Misioukonis, l'adjoint de Lisauskas, qui a mis fin à l'affrontement en ordonnant à l'armée de se retirer. »

L'usage de la force aurait-il arrêté le Sajoudis ?

« Quelle qu'en eût été l'ampleur, la répression brutale n'aurait pas pu arrêter l'action du Sajoudis en 1988 et 1989. Même nous qui étions aux commandes, nous ne songions pas à stopper le Sajoudis pour la bonne raison que ses slogans et ses idées étaient justes. Pendant le congrès fondateur du Sajoudis, les participants ont envoyé un télégramme à Gorbatchev. Le texte en était irréprochable. Il approuvait la politique de Gorbatchev, affirmait que la perestroïka devait être poursuivie, et ne faisait nulle allusion à une séparation d'avec l'Union soviétique.

« Brazauskas a remplacé Songaila à ce moment-là mais je ne suis pas certain que cela ait un rapport avec l'intervention de l'armée qui a tourné court. Nous tous, à la direction, nous constations que Songaila ne remplissait plus correctement ses fonctions. C'était un agriculteur; tout le monde a son seuil de compétence et il avait atteint le sien. Brazauskas l'a remplacé juste avant le congrès fondateur du Sajoudis, où il a pris la parole pour réchauffer l'atmosphère.

«Je n'irais pas jusqu'à dire que les relations entre le Sajoudis et le parti étaient compliquées. Le Sajoudis avait un temps d'antenne à la télévision, ses propres journaux qui ne faisaient l'objet d'aucune ingérence de personne, et ses locaux à lui. Nous avons essayé ensemble de résoudre les problèmes économiques. Certains ne trouvaient pas le Sajoudis sympathique, mais je pense que la déclaration d'indépendance du 11 mars fut une bonne chose. Je veux souligner un autre point, à savoir qu'en février de cette année-là nous avions des élections; si l'ancien Soviet suprême était resté au pouvoir, il aurait adopté la même déclaration d'indépendance. La suprématie du droit lituanien sur le droit soviétique avait déjà été reconnue par l'ancien Soviet suprême, par exemple, et c'était également le cas pour le décret déclarant illégale la décision prise en 1940 par le Soviet suprême de l'époque pour rattacher le pays à l'Union soviétique. La nation avait donc retrouvé son hymne et son drapeau. Contrairement au Sajoudis, nous, les membres de l'ancien Soviet suprême, nous ne pensions pas que tout devait être détruit mais que quelque chose de nouveau pouvait prendre forme.»

Au congrès du 6 décembre, Sakalauskas faisait partie de la majorité qui a voté la décision de séparer le parti lituanien du parti soviétique frère. Selon lui, l'une des principales erreurs commises par le parti soviétique avait été d'imposer une centralisation excessive. «Nous avions donné un nom aux derniers tenants de la ligne dure; nous les appelions "le parti de la nuit". Je n'étais pas des leurs.» En fait il avait compris que tout cela conduisait à une impasse et s'était arrangé pour se faire nommer conseiller économique au Mozambique. Prudemment il se trouvait à l'étranger lorsque l'armée soviétique entra dans Vilnius le 11 janvier 1991. Il ne fallait pas mettre des tanks dans les rues, pense-t-il, mais Landsbergis n'aurait pas dû exposer la population à la répression. A propos du gouvernement formé par le Sajoudis, il formule le commentaire suivant: «Ils ont pris les premières personnes qui leur tombaient sous la main.» Sous l'aile protectrice de Brazauskas, Sakalauskas une fois de plus occupe un poste dans la nomenklatura.

Personne en Lituanie n'a peut-être polarisé l'attention du public plus qu'Algirdas Kauspedas. Grâce à sa *Roko Marsas* (c'est-à-dire sa «Marche rock») il fut certainement l'artiste de variétés le plus célèbre du pays au temps de la glasnost. Débonnaire et supérieurement intelligent, il possède l'allure d'une vedette de cinéma. Architecte de profession, il vit dans un grand ensemble qu'il a lui-même dessiné pour sa ville natale de Kaunas. Il est encore capable de faire ressentir l'enthousiasme qui était de mise au temps où tout le monde allait grossir les rangs du Sajoudis et où le nationalisme semblait devoir apporter tout à la fois la libération et la liberté. Ses oncles et leurs familles ont passé quinze ans en Sibérie. L'un d'eux a été abattu et tous ont été traumatisés sur le plan psychologique. Parfois, dit-il, ils s'expriment en russe comme des invalides.

Kauspedas, qui a un vigoureux sens de l'absurde, savait évaluer exactement comment il pouvait utiliser la moquerie à des fins subversives. Il avait baptisé son groupe *Antis*, ce qui en lituanien désigne un vilain canard qui fait coin-coin. Ce mot était aussi un anagramme partiel de *Tiesa*, titre du quotidien du parti (son nom a été changé par la suite en *Diena*, ce qui signifie jour) et l'artiste avait même emprunté pour son logo les caractères d'imprimerie utilisés par le journal. Lui-même et les huit autres musiciens de son groupe se faisaient un honneur d'arborer des uniformes burlesques et des maquillages choquants, pour poser ensuite impassiblement sur scène et sur les photographies publicitaires comme si de rien n'était, rien qu'une rangée de bonshommes représentés dans le style des images du Politburo. La vie soviétique, insiste-t-il, était extrêmement ennuyeuse. On ne pouvait jamais savoir jusqu'à quel point on était sous l'emprise de l'esthétique soviétique. «L'idée de nous en débarrasser était une nouveauté. Jusque-là nous ne disions jamais rien ouvertement mais toujours sous le couvert d'allusions ironiques. Certaines chansons avaient un sens caché, d'autres non, comme le morceau intitulé *Pour le camarade Tatatavicius*, qui est la manière lituanienne de dire "Camarade Bla-bla-bla". Sur scène ce camarade était maquillé et accoutré de façon à ressembler à Lénine, et le refrain de la chanson était entrecoupé à l'arrière-plan de monstrueux éclats de rire.

«La glasnost a été quelque chose d'important et de puissant. Avant, les bureaucrates savaient à quoi s'en tenir mais après ça ils ont eu honte d'eux-mêmes. Nous étions habitués à jongler avec toutes les règles et toutes les ruses, mais, dans notre for intérieur, nous savions quelle était la difficulté de la partie que nous jouions. Le KGB surveillait en permanence mon domicile. Les voitures de ses agents stationnaient tout le temps au pied de l'immeuble car j'étais très populaire. Mes concerts étaient gratuits pour commencer car on aurait pu me mettre en accusation si j'avais demandé de l'argent.»

Après un concert qu'il avait donné au début du mois de juin 1988, Romualdas Ozolas et Alvydas Medalinskas, deux dirigeants du Sajoudis, lui avaient demandé son aide. «Aussi, sur scène j'ai interrogé le public : Est-ce que je peux y aller? Est-ce que je dois y aller? Les gens hurlaient la réponse : Oui!»

Kauspedas assurait la gestion du siège de l'Association des architectes dont il était le secrétaire général; c'était un grand bâtiment avec un vaste hall. Ce fut là qu'il organisa le groupe du Sajoudis de Kaunas, avec un conseil de vingt membres. La première réunion rassembla deux cents personnes enthousiastes. Les communistes y furent admis dans la mesure où ils partageaient le point de vue du Sajoudis. Lors du congrès fondateur, en octobre, Kauspedas fut élu membre du bureau...

« En 1988 nous réfléchissions à la façon de faire respecter les droits de l'homme dans une Lituanie qui resterait à l'intérieur de l'Union soviétique. Nous voulions obtenir des concessions économiques et une certaine forme d'autonomie, mais le fait de cultiver de tels espoirs relevait presque de la plaisanterie. Brejnev avait tout centralisé, et il avait semblé éternel, un boulet perpétuel. Vous ne trouverez pas non plus le mot "indépendance" dans le programme, seulement le terme "souveraineté". La grande étape suivante consista à séparer le parti communiste lituanien du parti soviétique et à faire élire Brazauskas au Congrès des députés du peuple. Ce dernier se montrait très prudent chaque fois qu'on abordait un carrefour. Mme Prunskiené faisait preuve d'un plus grand courage. » Il rend hommage à Landsbergis pour la position que celui-ci avait prise, à savoir qu'il fallait obtenir l'indépendance à n'importe quel prix. Mais il pense que ce fut un tort d'avoir voulu tracer une ligne de démarcation aussi rigoureuse entre le Sajoudis et le parti. Il en résulta un sujet de discorde inutile, notamment face aux résidents russes et aux habitants d'origine polonaise.

Deux jours après la déclaration d'indépendance du 11 mars 1990, Kauspedas avait reçu un appel téléphonique de Ceslovas Stankevicius, vice-président du nouveau président Landsbergis. On lui proposait de prendre la direction de la télévision nationale. Par une heureuse coïncidence, son prédécesseur avait été rédacteur en chef de *Tiesa*. Sa véritable nomination ne devint effective que six mois plus tard. Il n'était donc pas installé depuis longtemps à son poste lorsque les Soviétiques procédèrent à leur intervention armée de janvier 1991.

Quand brusquement il les entendit monter l'escalier, il verrouilla la porte de son bureau. « J'étais assis derrière mon bureau quand ils se sont mis à tirer dans la porte pour l'ouvrir. Je me suis réfugié d'un bond sur le côté pour ne pas être touché. Ils ont tiré sept coups avec des balles dumdum. C'était un commando d'élite du groupe Alpha, des professionnels qui avaient revêtu des gilets pare-balles et utilisaient un équipement spécial, des trucs à la James Bond. Après être entrés, ils m'ont collé un revolver dans le dos et, à grands coups de pied, ils m'ont fait sortir, les mains en l'air, dans la rue. Ils ont coupé le courant de l'émetteur de la télévision. Le second groupe était composé de soldats ordinaires qui volaient tout ce qui leur tombait sous la main, le matériel de vidéo et de télévision, et même les chaises et les tables. Un homme a été tué dans nos bureaux et douze près de la tour où se trouvait l'antenne. (Il y eut une quatorzième victime : un soldat russe, écrasé par un tank.) Un grand nombre de gens ont été blessés. Les soldats tiraient délibérément sur la foule à partir des tanks avec des roquettes à blanc dont l'explosion crevait les tympans et faisait saigner les oreilles. L'effet psychologique était horrible. Ils ont systématiquement fait voler en éclats les vitres des fenêtres. J'ai aussitôt quitté la rue où l'on m'avait éjecté et couru au parlement pour informer Landsbergis. Tout le monde en Lituanie a vu à la télévision les soldats russes pénétrer dans l'immeuble. Landsbergis s'est rendu à la station de la radio pour y déclarer que vraisemblablement nous étions en train de perdre notre télévision. Ma femme a téléphoné et je lui ai dit que j'essaierais de rentrer à la maison. Puis les écrans de la télévision devinrent vides. Les cheveux de ma mère ont viré au gris. Pour elle c'était encore pire que les concerts d'Antis. »

Pour des raisons qui n'ont jamais été expliquées, les Russes n'ont pas occupé l'émetteur de Kaunas. Kauspedas y a poursuivi son travail. Le jour du coup d'Etat, en août, les Russes ont fini par fermer cette station-là aussi de sorte que pendant vingt-quatre heures la Lituanie n'a eu aucune émission de télévision d'aucune sorte. Lorsque l'armée russe s'est retirée, le bureau de Kauspedas avait été occupé pendant 222 jours.

Politologue, mais aussi titulaire d'une médaille de natation aux Jeux olympiques de 1976, Arvydas Juozaitis est ce que l'on appelle un homme complet. Dans les milieux démocrates on considère qu'il incarne le grand espoir de son pays. Depuis l'âge de douze ans, affirme-t-il, il savait que la Lituanie allait recouvrer son indépendance. Le 20 avril 1988 il a donné une conférence au Syndicat des artistes devant un public de plusieurs centaines de personnes. Son titre, « La Lituanie et le problème de la culture politique », pouvait paraître un peu académique contrairement à son contenu. Cette conférence visait à montrer que le cours de l'histoire de la Lituanie avait été interrompu, dans sa continuité, par l'intermède soviétique. Il convenait donc de créer un Etat de droit doté de sa pleine souveraineté. L'orateur déclarait : « Il est impossible d'attendre plus longtemps parce qu'un sentiment d'impuissance nous mène au bord de l'échec. » La glasnost avait fait naître un courant qui débouchait sur le nationalisme, aussi ces propos eurent-ils les mêmes effets que le discours prononcé par Voulfsons à Riga, presque au même moment. Un film vidéo tourné pendant cette conférence a fixé sur la pellicule les visages bouleversés de tous ceux qui l'écoutaient.

Juozaitis qui n'a jamais appartenu au parti n'était pas non plus un dissident mais, au cas où le KGB s'aviserait de le mettre en détention préventive, il avait distribué une dizaine d'exemplaires de son discours à des amis. Il avait pris la précaution de cacher ses papiers personnels. Recopiée à la main, sa conférence fut aussitôt diffusée à des milliers d'exemplaires supplémentaires. En moins d'une semaine, elle était arrivée en Amérique et traduite en anglais.

Pourquoi avez-vous prononcé un discours de ce genre juste à ce moment-là ?

« C'était ma manière à moi de réagir après les cérémonies, aussi voyantes que pro-soviétiques, organisées le 16 février pour le soixante-dixième anniversaire de l'indépendance lituanienne. J'étais tellement furieux qu'après m'être demandé quelle initiative aurait le plus d'effet, j'avais opté pour celle-ci. Ce qui en ressortait c'était la nécessité de nous organiser. » Le Sajoudis fut donc mis sur pied par un groupe de trente-cinq personnes, parmi lesquelles se trouvaient Landsbergis, Ozolas et Cepaitis ; on les appelait parfois les fondateurs. Des sympathisants, venus de l'Académie des sciences, ont préparé un projet de Constitution qui visait à étendre les droits de souveraineté de la Lituanie à l'intérieur de l'Union soviétique.

« Au commencement nous n'avons eu aucun problème, car tout le monde comprenait que nous n'étions pas des dissidents, mais il était possible que l'on cherche à nous tomber dessus sauf si nous comptions dans nos rangs des communistes nationalistes. Ceux-ci étaient plus nationalistes que communistes. Comme nous les avions admis parmi nous, la popularité du Sajoudis a grandi très rapidement. Dès le début nous pensions que la souveraineté allait se transformer en indépendance. Ce mot de souveraineté était trompeur, un simple leurre parce que nous n'avions pas le choix à cette époque-là. Nous étions d'accord avec Gorbatchev ce qui ne nous empêchait pas de franchir un pas supplémentaire. »

C'était le bon moment pour vous faire arrêter tous et interdire le mouvement.

« Oui. Deux mois après, il était déjà trop tard pour le faire. Cet été-là, nous nous sommes livrés à une propagande très active. Personne ne sait vraiment pourquoi Songaila n'a pas étouffé le mouvement. Il tenait Moscou informé mais il a hésité, le 28 septembre ; il n'a pas pu se résoudre à prendre une telle responsabilité car il savait que ses collègues n'éprouvaient aucun respect pour lui. Son adjoint, Mitkine, un partisan de la ligne dure, était un nouveau venu incapable de rien comprendre à notre culture ou à notre langue. Peut-être que si Gorbatchev n'a pas réagi vigoureusement c'est à cause du manque d'expérience de Mitkine ; de toute façon, il se sentait obligé de laisser se développer des initiatives locales dans chaque république, à cette époque-là.

« Malgré toute l'énergie déployée par mes amis ou collègues et sans vouloir manquer de respect au Sajoudis, je suis convaincu que seul l'affaiblissement du communisme a rendu nos succès possibles. En tant que système de valeurs, ou comme méthode d'interprétation de l'Histoire et de la société humaine, le communisme était mort depuis dix ans. Cette mort intérieure avait permis à des personnes comme Brazauskas, aussi porté sur le nationalisme que sur le communisme, de s'élever jusqu'au sommet. Faire partie de la nomenklatura était devenu une fin en soi. Les enfants de ses membres, la deuxième génération de la nomenklatura, souhaitaient seulement jouir des meilleures conditions matérielles. La raison profonde pour laquelle le Sajoudis et nous-mêmes n'avons pas été les victimes d'une répression, c'est parce que les communistes n'avaient plus foi dans les idéaux qu'ils étaient censés défendre. »

Liongilas Sepetys avait été secrétaire à l'idéologie. En 1988, sa façon de dénigrer les velléités d'indépendance manifestées par les Lituaniens a été la goutte d'eau qui a fait déborder le vase pour Juozaitis; c'est ce qui a poussé celui-ci à prononcer sa fameuse conférence sécessionniste. A peine un an plus tard, Sepetys fêtait en personne l'indépendance, dans ce qui était encore un pays occupé. «Vers le milieu de l'année 1989 les communistes s'étaient déjà engagés sur la voie de la sécession par rapport au parti soviétique et transformés en un groupe de pression. De toute évidence, le Sajoudis avait fini par rassembler toute la nation.»

Pendant les semaines qui s'écoulèrent entre le congrès fondateur du Sajoudis et la déclaration d'indépendance prévue pour le 18 novembre, le parti et le Sajoudis travaillèrent en harmonieuse collaboration. Mais grâce à Brazauskas, la déclaration du 18 novembre ne fut pas mise aux voix. Dans une atmosphère de crise, la coopération fit place à l'affrontement. Sous le prétexte qu'il était plus prudent de se ranger du côté de Brazauskas, certains membres du Sajoudis donnaient l'impression de reculer. Il fallait absolument trouver quelqu'un pour diriger le Sajoudis afin d'empêcher l'apparition de fractures et de factions éventuelles. «Mais tout, dans cette affaire, était très confus et très mitigé, fondé sur des sentiments et des contacts personnels. [Le candidat à la direction du Sajoudis] devait compter vingt-quatre partisans sur les trente-cinq personnes qui formaient le groupe fondateur, et Landsbergis n'obtint que vingt et une voix, de sorte qu'il fut élu sans atteindre la majorité requise [des deux tiers]. Mais il nous fallait à tout prix un dirigeant officiel.»

Brazauskas regrettait l'erreur qu'il avait commise en faisant obstacle à la déclaration d'indépendance, pendant ce mois de novembre. Son attitude l'avait fait passer pour un partisan de la ligne dure, peut-être même pour un complice de Moscou ou de l'Interfront russe qui venait de voir le jour en Lituanie. Juozaitis, en bon rationaliste à tout crin, préfère lui accorder le bénéfice du doute et croire que Brazauskas était un dirigeant de deuxième ordre, au sein du parti; un homme sans conviction idéologique ni expérience utile. Dans un mouvement d'abnégation rare, il abandonna à Brazauskas sa propre chance d'être élu au Congrès soviétique des députés du peuple. C'était également rationnel. «Dans les milieux de Moscou, Brazauskas serait plus utile à la Lituanie que quelqu'un comme moi. J'étais plus populaire, mais il avait plus d'influence. La délégation lituanienne restait unie. C'était une chance pour le Sajoudis.»

Quand il a fait son voyage de janvier 1990 en Lituanie, dit Juozaitis, Gorbatchev était aux abois, mais il se conduisait, à son habitude, comme doit le faire un premier secrétaire qui a tout en main. Cette visite qui avait lieu six semaines avant les élections tombait assez mal. Le Sajoudis profitait de cette période pour déployer une activité intense et bien baliser le terrain. «La répression aurait pu se déclencher à ce moment-là. Brazauskas prétendait que nous risquions l'effusion de sang et j'avais l'impression que les Russes étaient capables d'en venir à de telles extrémités. Mais quelles cibles auraient visées des violences physiques ? Le parti, le Sajoudis, les organismes administratifs ? Pour être efficace, le moindre programme d'action aurait exigé la présence des tanks, la proclamation de l'état d'urgence, la déportation de Brazauskas, des arrestations massives dans les rangs du Sajoudis ; cela aurait coûté trop cher à tous points de vue. Et le Congrès des députés du peuple aurait fait obstacle à Gorbatchev. Eltsine s'employait à réduire sa liberté d'action. Il jouait la carte balte. Gorbatchev essayait de faire la même chose ; de sorte que nous étions devenus, dans une certaine mesure, l'enjeu de leur querelle. Là résidait notre chance. Mais ils n'avaient pas encore compris à quel point cela avait été une erreur d'absorber les Baltes après la guerre.»

Le magnifique travail du Sajoudis trouva son apogée dans la déclaration d'indépendance du 11 mars. Derrière l'événement, explique Juozaitis, se dessinaient déjà des tendances démocratiques. Mme Prunskiené, en sa qualité de Premier ministre, occupait l'un des pôles du pouvoir ; Landsbergis, en tant que président, campait sur l'autre. Après l'agression de janvier 1991, Landsbergis n'exprima aucun remords pour ceux qui avaient été tués, ne prononça pas une parole de condoléances ; il se contenta de dire qu'ils avaient sacrifié leurs vies pour leur pays et la liberté de celui-ci. Cette attitude donnait un aperçu effrayant de la personnalité intime de cet homme capable de se montrer si inflexible, si acharné à poursuivre exclusivement son but.

La nuit où la tour de la télévision fut occupée, Juozaitis venait de se mettre au lit, à une heure trente du matin, lorsqu'il entendit le bruit de la fusillade. Après avoir une fois de plus caché ses papiers et son ordinateur, il se rendit au parlement. Le chaos y régnait. «Il y avais un tas de jeunes gens armés de fusils ; on dressait des barricades. Un fanatique m'annonça que si les Soviétiques lançaient un assaut contre le parlement, on tirerait à vue sur tous les communistes ; tel était l'état d'esprit. Nous étions au bord d'une tragédie.»

Sur la place Doma, dans un des anciens immeubles qui ont connu des jours meilleurs, se trouvent les bureaux de *Respublika,* connu pour être le meilleur journal de la nouvelle presse démocratique. Son rédacteur en chef, Vitas Tomkus, a une bonne trentaine d'années. Il avait été envoyé à Moscou, comme membre du Congrès des députés du peuple, élu sous l'étiquette du Sajoudis. Il y était donc présent le jour où le Letton Tolpeznikov avait malicieusement usé de la procédure pour forcer le Congrès à observer, debout, une minute de silence en hommage aux victimes du massacre de Tbilissi. C'est alors que le Congrès avait voté la création d'une commission d'enquête dirigée par Anatoli Sobtchak, qui était encore maire de Leningrad. Autorisés à désigner un membre de cette commission, les députés de la délégation lituanienne choisirent Tomkus et celui-ci fut l'un des commissaires qui se rendirent en avion à trois reprises à Tbilissi, Stepanakert et Erevan.

Le commandant de la région, le général Vladimir Rodionov, était considéré comme coupable d'avoir envoyé des parachutistes équipés de baïonnettes dont ils s'étaient servis pour tuer des gens. Mais la commission mit la main sur un document capital où il était catégoriquement spécifié que toute violence était interdite aux militaires sauf si les ordres donnés à cet effet émanaient du sommet de la hiérarchie. On était inévitablement obligé de conclure, dit Tomkus, que Gorbatchev se trouvait, en fin de compte, responsable de cette effusion de sang. « Une réunion eut lieu avec Gorbatchev. Elle se déroula dans la politesse. Sobtchak lui proposa un entretien en tête-à-tête, mais cela était inacceptable. Les membres de la commission se tenaient les coudes. Le Congrès des députés du peuple se mit alors à ergoter sur la signification de la responsabilité. Rodionov fut éloigné de Tbilissi pour être muté à l'Ecole militaire de Frounze mais il n'y eut pas d'autres retombées. Le journal *Izvestia* publia un article et Sobtchak s'exprima, en son nom personnel, au cours d'une émission à la télévision de Leningrad. En voyant comment toute la question était ainsi escamotée, j'ai publié le rapport de la commission dans mon journal ici même. »

Les oreilles retentissantes de ces paroles courageuses, je me rendis sur la place Doma pour acheter le numéro de *L'Observateur balte* publié le matin même. A la une, les dirigeants de la communauté juive lançaient un appel à l'aide adressé aux intellectuels lituaniens. Le journal *Respublika* [de Tomkus] avait en effet imprimé sur toute une pleine page l'article d'un éminent journaliste lituanien qui rejetait sur les Juifs la responsabilité de la situation lamentable dans laquelle se trouvait le pays. Le nombre des Juifs est aujourd'hui insignifiant en Lituanie, pas plus de 6 000 en tout, car 254 000 d'entre eux, soit 95 pour cent de leur communauté, ont été massacrés après l'invasion allemande de 1941. Mais aucun Lituanien n'a jamais réclamé une minute de silence ou la création d'une commission d'enquête à ce sujet.

Comme Marjou Lauristine en Estonie, Justas Paleckis a vu le jour dans l'aristocratie communiste. En 1940 son père a succédé à Antanas Smetona à la tête du pays ; Moscou l'avait imposé comme chef du nouveau « gouvernement populaire ». Pendant de nombreuses années il a présidé la seconde assemblée du Soviet suprême qui, sous le nom de Chambre des nationalités, était une sorte de faux-semblant à la Potemkine. Paleckis avait fait ses débuts comme journaliste dans les publications du Komsomol à Vilnius. Puis il avait été transféré à l'Ecole des hautes études diplomatiques à Moscou ; cela signifiait qu'en toute certitude on le préparait à un brillant avenir dans les rangs les plus élevés de la nomenklatura. Promu jeune diplomate, il fut affecté à l'un des départements européens du ministère des Affaires étrangères sous l'autorité de Valentin Faline et d'Aleksandr Bondarenko ; il se spécialisa dans la connaissance de l'Allemagne. Pour un Lituanien c'était un cas exceptionnel. En

1989 il devint le secrétaire à l'idéologie du PC lituanien. Il devait découvrir par la suite qu'il serait le dernier à exercer cette fonction. On lui attribue généralement le mérite d'avoir été le cerveau de la séparation intervenue entre le parti lituanien et le parti soviétique frère ; il aurait également facilité l'accès de Brazauskas au sommet.

A l'entendre, Paleckis avait toujours cru à l'indépendance lituanienne et aurait même entendu son père dire que cette attitude était juste et progressiste. Selon lui, l'exemple de Dubcek en 1968 l'avait enthousiasmé, et il dit se souvenir de la manière dont son père l'avait averti de ne pas en parler ouvertement au téléphone, par crainte des écoutes du KGB. Au sein du ministère des Affaires étrangères, il se serait trouvé dans une position minoritaire pour avoir soutenu qu'en perpétuant la division de l'Allemagne on infligeait une punition injustifiable à toute une nation. Au tout début de la glasnost, un de ses amis, le poète Alfonsas Maldonis, s'était trouvé présent le jour où des communistes purs et durs avaient jeté à la figure de Gorbatchev qu'il allait détruire le socialisme et l'Union soviétique. Gorbatchev avait apparemment répondu qu'ils auraient beau hurler, voire tenter de le renverser, il avait l'intention de poursuivre sa politique favorable à une évolution vers la démocratie sans recourir à la force. « Je suis peut-être naïf, mais je crois qu'il était sincère en adoptant une ligne de conduite selon laquelle la démocratie était la panacée qui nous guérirait de tous nos maux. »

Iakovlev a visité Vilnius en août 1988. « Il a donné un gigantesque coup de main au Sajoudis et à l'aile réformiste du parti. Le second secrétaire, Mitkine, était un homme très puissant qui essayait d'étouffer la renaissance nationale. Il était sûr qu'un membre du Politburo comme Iakovlev ne pouvait manquer de le soutenir, aussi l'affrontement entre les deux hommes fit-il des étincelles. Pour Mitkine ce fut un choc énorme. » Le principal objectif de Iakovlev était de se faire des alliés en vue de la lutte contre Ligatchev et les durs du parti.

Songaila chercha à supprimer le Sajoudis par la force à la suite de la visite de Iakovlev. « Brazauskas s'était déjà rendu illustre en intervenant au cours des premiers rassemblements populaires du Sajoudis, alors que Songaila n'avait pas osé en faire autant et en eût été bien incapable. C'était une honte. Il était évident que Brazauskas devait le remplacer. Certains éléments, à l'intérieur du Sajoudis, reconnaissaient qu'il pourrait un jour devenir trop fort – ce qui s'avéra être le cas. Mais pour la première fois de son histoire, le parti communiste lituanien désigna son premier secrétaire malgré l'opposition manifestée par certains départements influents de Moscou, par Ligatchev et par les autres partisans de la ligne dure. Le rôle joué par Gorbatchev fut décisif. Lui et Brazauskas se sentaient sur la même longueur d'ondes. Je peux jurer que le département chargé du travail d'organisation du parti fit tout ce qui était en son pouvoir pour empêcher Brazauskas de devenir premier secrétaire. »

Avec un certain à-propos, Paleckis assista cet automne-là à un rassemblement de réfugiés et d'exilés lituaniens sur l'île Gotland dans la mer Baltique. Il venait juste d'être nommé secrétaire à l'idéologie. Landsbergis et lui, ainsi que les représentants des Lituaniens résidant à l'étranger y signèrent un bref communiqué déclarant que tous les Lituaniens travaillaient à obtenir l'indépendance. Un Ligatchev scandalisé réclama une sanction contre lui et son exclusion du parti. Mais Brazauskas apporta son appui à Paleckis. Dans le Starad Plochtchad, l'ensemble immobilier du parti, près du Kremlin, il eut une conversation de deux heures avec Iakovlev. Ce soir-là, vers sept heures, Iakovlev rentrait d'un rendez-vous avec Gorbatchev dont il avait profité pour communiquer à ce dernier la conclusion à laquelle les deux interlocuteurs étaient parvenus, à savoir que les Lituaniens avaient le droit de choisir la solution qui leur semblait la plus raisonnable. A condition que ce ne fût pas aux dépens de l'armée, du parti ou des colons russes.

« J'ai interprété ces paroles comme un signal ; pour moi, cela signifiait qu'à Moscou la lutte entre les progressistes et les durs était âpre, de sorte que la tension s'aggravait considérablement. En nous montrant trop pressants, nous ferions le jeu des partisans de la ligne dure. Iakovlev, en bon Russe, n'éprouvait aucune sympathie pour les petites nations mais j'avais confiance en lui sur le plan personnel, et aussi longtemps que des hommes comme Gorbatchev, Chevardnadzé et lui seraient au pouvoir, je me disais que la Lituanie pourrait, pas à pas, parvenir à l'indépendance. » Le parti et le Sajoudis avaient besoin l'un de l'autre pour tenir tête aux durs qui restaient pro-soviétiques ; aussi le rôle de Paleckis, tel qu'il le présente, était-il de veiller à faire collaborer entre elles les deux organisations... En tout cas, la moitié des trente-cinq fondateurs du Sajoudis étaient membres du parti. Or, même dans le cas où une scission et une séparation se produiraient par la suite, les durs n'accepteraient jamais de renoncer à leur pouvoir absolu. A la fin de l'été 1989, on prit la décision de convoquer une conférence spéciale du parti pour pousser les intransigeants au pied du mur. Gorbatchev tenta de mettre Brazauskas en garde contre les risques. Le département chargé du travail d'organisation du parti au sein du Comité central essaya une fois de plus d'intervenir. « Ils chargèrent des tas de gens de faire des propositions et des promesses de carrière à tous ceux qui soutiendraient la position de Moscou. Mais il était manifeste que le gros du parti se prononcerait en faveur de la scission. »

Brazauskas a été convoqué à une réunion avec Gorbatchev le 16 novembre. On a supposé que le secrétaire général lui a demandé de marquer un temps d'arrêt.

« Oui. Les douze ou quatorze membres de notre Politburo assistaient tous à cette discussion. La position de Brazauskas était difficile. Iazov, Krioutchkov et Ryjkov tenaient des propos sévères. Ryjkov s'écria qu'une sécession représenterait une étape décisive dans la destruction du parti, et que cela revenait à détruire l'Union soviétique. Il avait raison.

Gorbatchev jouait le rôle du conciliateur, pour ainsi dire, mais il condamna lui aussi toute sécession. Il était le premier secrétaire général à n'avoir jamais exercé aucune fonction dans les républiques. Il comprenait encore moins que Iakovlev les petites nations et leurs espoirs. »

Donc au moment où s'ouvrait le congrès du parti, le 6 décembre, une scission était inévitable ?

« Le congrès avait été préparé de telle façon que les délégués choisis étaient des gens favorables aux réformes et à la reconnaissance de notre souveraineté ; ils progresseraient prudemment vers la proclamation de l'indépendance. Nous étions en train de jouer sur les mots. Il eût été facile d'être encore plus radical que le Sajoudis, mais cela n'aurait pas été raisonnable. L'atmosphère était très tendue. Nous espérions éviter de nous séparer franchement des groupes pro-moscovites auxquels nous donnerions une sorte de statut spécial. Ils rejetèrent cette proposition, peut-être sous la pression des durs de Moscou. Personne ne savait comment le Kremlin réagirait.

« Dans mon esprit, ce qui pouvait nous arriver de pire serait que notre action entraîne le remplacement de Gorbatchev par un communiste pur et dur. En février 1990, je fus invité à une assemblée plénière du parti soviétique où l'une des principales questions débattues fut la sécession du parti communiste lituanien. La faiblesse de la position de Gorbatchev sautait aux yeux. Son rapport ne fut accueilli par aucun applaudissement, alors que Ligatchev déchaînait des ovations à chaque phrase. Brovikov, l'ambassadeur à Varsovie, se lança dans une tirade contre Gorbatchev qui déclencha une claque nourrie. »

Selon Paleckis, la visite de Gorbatchev à Vilnius, celle qui tourna au fiasco, au début de 1990, lui avait été imposée par ses ennemis désireux de lui faire prendre des risques pour mieux l'humilier. Il avait essayé de sauver les meubles en s'exhibant dans les médias et en montrant aux autres républiques les dangers qu'elles courraient si elles suivaient l'exemple lituanien. Son voyage eut l'effet inverse.

Pourquoi Gorbatchev a-t-il décrété un blocus au lieu de recourir à la force brutale ?

« Ils n'avaient pas compris que les peuples baltes voulaient obtenir coûte que coûte la possibilité de retrouver leur indépendance. En nous faisant payer un prix inférieur à celui du marché mondial pour le pétrole et les produits miniers l'URSS nous consentait l'équivalent d'une subvention de 300 dollars par habitant. Aujourd'hui le salaire mensuel moyen est de 15 dollars. Je suis certain que Gorbatchev était prêt à tout faire, sauf à utiliser la force, pour garder la Lituanie à l'intérieur de l'URSS. Selon lui, les républiques baltes ne pourraient survivre sans l'Union soviétique, il en était convaincu, aussi écartait-il toute idée d'une sécession qu'il considérait comme irréaliste. »

Une fois Landsbergis élu à la présidence, après sa déclaration d'indépendance, le conflit qui l'opposa à son Premier ministre Kazimiera Prunskiené provenait du fait qu'ils avaient des attitudes opposées face au blocus de Gorbatchev. Aux yeux de Landsbergis, accepter de négocier dans de telles circonstances aurait été une insulte à l'indépendance de son pays et par conséquent on ne pouvait même pas l'envisager. Au contraire, soutenait Mme Prunskiené, la Lituanie ne se trouvait nullement en mesure de résister à l'Union soviétique et devait négocier parce qu'elle n'avait pas le choix. Par suite de cette opposition profonde les deux dirigeants se trouvaient paralysés dans l'exercice du pouvoir, tout comme le Sajoudis. Tant que l'Union soviétique existerait, une effusion de sang pouvait, à tout moment, donner tort à l'un ou à l'autre. Etant donné la suite des événements, la question est devenue purement académique. J'ai interviewé Mme Prunskiené dans son appartement de la rue Blindziai à Vilnius, au cœur du quartier de la nomenklatura. Je me suis retrouvé assis en face d'une énorme photographie encadrée qui la représentait au côté du président Bush, à la Maison-Blanche. Elle s'exprimait par longues tirades dont la virulence ne cachait pas que les blessures laissées par les combats d'hier n'étaient pas refermées. Elle s'en tient à l'idée que l'accession à l'indépendance et la politique de Gorbatchev n'étaient pas nécessairement des choses figées et incompatibles. C'était aussi ce que le président Bush, Mme Thatcher, Kohl, Mitterrand, avaient cherché à lui faire comprendre pendant le voyage par étapes qu'elle avait accompli au cours de l'été 1990 dans les grandes capitales occidentales, en faisant les gros titres de la presse jour après jour.

Le passé récent pèse aussi sur les épaules de Landsbergis. Il est plus corpulent et grisonnant que naguère. On serait bien en peine de retrouver aujourd'hui en lui l'ancienne figure de proue du Sajoudis, s'il n'avait gardé les mêmes lunettes de professeur et une barbe qui semble le prédestiner à jouer un rôle dans *La Bohème*, de Puccini. En tant que membre du parlement et chef éventuel du bloc conservateur, il semble avoir renoncé à ses ambitions antérieures de musicologue.

Le 19 septembre 1989, Gorbatchev avait déclaré que les républiques baltes s'étaient volontairement jointes à l'Union soviétique. J'ai demandé à Landsbergis s'il croyait possible que Gorbatchev en ait été intimement convaincu.

« Bien sûr que non. Il connaissait parfaitement le pacte germano-soviétique ; les documents sont conservés dans les archives soviétiques. Il a nié leur existence mais sans conviction. La preuve a récemment été publiée qu'on lui avait bien communiqué les renseignements appropriés. Il s'est conduit en menteur à de nombreuses reprises. »

Le traitiez-vous comme si vous saviez qu'il vous manipulait et racontait des mensonges ?

« Je ne m'exprimais pas si franchement. Peut-être me suis-je montré trop poli au cours de nos discussions. Alors que Gorbatchev était encore président du Congrès des députés du peuple, l'un de nos élus a déclaré au cours d'une séance plénière que Gorbatchev était en train de mentir. Cela a fait un scandale. C'était la première fois que quelqu'un le disait. »

Le moment choisi pour la déclaration d'indépendance, à savoir le 11 mars, était critique. Landsbergis explique : « J'avais été élu président, le 11 à midi. L'après-midi même nous avons eu un débat et voté une série de lois et de décrets. La journée n'a pas été uniquement consacrée au vote de l'acte d'indépendance. Nous faisions tout notre possible pour convoquer les députés dans les formes constitutionnelles – certains sièges n'étaient pas encore pourvus – mais nous avions déjà réuni un quorum dans l'après-midi du 10 mars, en guise de préalable. Le 11 a été spécialement consacré à prendre des décisions et à les voter. En fait, le 12 mars, le Congrès des députés du peuple reprenait ses travaux à Moscou. Si Gorbatchev était élu président comme on s'y attendait, il pouvait obtenir une autorisation spéciale pour s'attaquer à nous comme il l'avait fait auparavant.

« Il nous fallait donc agir rapidement. Quant à savoir si nous devions aller à Moscou, c'était là un problème supplémentaire. Après avoir gagné nos propres élections et nous être réunis pour proclamer notre indépendance retrouvée, il était absurde d'aller à Moscou élire un autre président. Cela aurait été en contradiction avec l'affirmation de notre indépendance. C'était inacceptable. Aussi nous sommes-nous abrités derrière le fait que nous avions maintenant notre Etat à nous : pas un seul de nos élus ne s'est rendu à Moscou en tant que député de l'Union soviétique. Nous avons autorisé quelques-uns d'entre eux à s'y présenter le 12 mars en délégation pour faire connaître nos décisions à Gorbatchev et lui demander d'entamer des négociations en vue d'apporter une solution pacifique au problème de nos relations. Ce n'était pas une sécession par rapport à l'Union soviétique car nous n'avions jamais consenti à devenir une partie légitime de l'URSS. Nous avions été annexés et absorbés. Nous étions en train de restaurer la situation légale. »

Le blocus n'était que l'une des mesures parmi d'autres destinées à faire pression sur Landsbergis pour qu'il recule. Au cours de ces journées du mois de mars, les tanks et les véhicules blindés soviétiques ont encerclé le parlement de Vilnius. C'était une sorte de guerre des nerfs. « Des généraux sont venus m'apporter des ultimatums qui nous enjoignaient d'annuler notre décision de reprendre notre indépendance et d'abolir la nouvelle loi qui interdisait à nos citoyens de servir dans une armée étrangère. Ils voulaient incorporer nos jeunes gens dans leur armée. C'était évidemment impossible. Nous avions déjà adopté notre propre loi concernant nos forces armées nationales. Les jeunes conscrits recherchés par les Soviétiques se cachaient mais ils étaient pris dans des rafles, passés à tabac, voire enlevés dans quelques rares cas. C'était des actes de violence. Les démocraties occidentales n'ont pas réagi vigoureusement. Nous étions obligés de nous battre sur le plan politique pour attirer l'attention de l'opinion mondiale. Gorbatchev en tenait compte et cette opinion le mettait en garde contre tout recours à la force des armes. Si Moscou avait pris la décision de recourir à la violence, l'opinion aurait indubitablement réagi. »

En tant que chef de ce que les Soviétiques s'entêtaient à considérer comme une de leurs républiques, Landsbergis avait le droit d'assister au Conseil présidentiel, qui comprenait *ex officio* les présidents de toutes les républiques. En tant que chef de ce qu'il considérait comme un Etat indépendant, Landsbergis rejeta toujours par principe les invitations à participer à ce Conseil. Rüütel et Gorbounovs s'y rendaient quelquefois, chacun en qualité de président du Soviet suprême de sa propre république, considérant que ce titre équivalait à celui de chef d'Etat. Pour se justifier, ils soutenaient que leur pays respectif traversait encore une période de transition qui n'avait toujours pas débouché sur une véritable indépendance. Rüütel et Gorbounovs se relayaient pour faire pression sur Landsbergis afin qu'il assiste à l'une de ces réunions du Conseil, sous prétexte que les républiques baltes pourraient y faire cause commune. L'inflexibilité était une seconde nature chez Landsbergis, mais pour une fois il accepta.

Le Conseil présidentiel se réunit le 12 juin 1990. L'affrontement avec Gorbatchev prit désormais une tournure personnelle quand Landsbergis, suivi par Rüütel et Gorbounovs, plaida le dossier de l'indépendance et demanda la levée du blocus. Landsbergis eut la surprise d'être soutenu par les présidents de plusieurs républiques comme le Kazakhstan et la Géorgie. A l'issue de la séance, Gorbatchev tint sa promesse d'organiser dans une autre salle des discussions privées. Il proposa un simple moratoire du blocus. Ce que Landsbergis ne pouvait accepter.

« C'était la première des réunions qui eurent lieu entre Gorbatchev et moi. La suivante se tint peu de temps après. Gorbatchev proposa que je revienne à Moscou pour discuter encore du blocus et des conditions d'un moratoire. » C'est ainsi que Landsbergis, son vice-président et le chargé d'affaires lituanien à Moscou s'entretinrent avec Gorbatchev et Loukianov : « Le lendemain, Gorbatchev nous invita une fois de plus à le rencontrer en groupe dans sa datcha en dehors de Moscou, avec Mme Prunskiené et trois députés. De son côté, il y avait Loukianov, Iakovlev et Ryjkov. Nous eûmes un autre échange de vues sans résultat. Ryjkov m'interrogea sur nos projets quant à la manière dont nous espérions survivre sans les fournitures et les marchés soviétiques. Mais ce n'était pas un sujet dont nous acceptions de discuter. Depuis le 11 mars nous avions proposé une normalisation de nos relations interétatiques. Gorbatchev rejeta cette offre sans hésitation. Il n'accepterait jamais de discuter avec la Lituanie, déclara-t-il, parce que ce n'était pas un Etat. »

Ces rencontres ne servaient donc à rien pour Landsbergis sauf à maintenir sa position de principe et à espérer que son peuple ne serait pas contraint par la force et par la terreur à se soumettre. Des deux côtés c'était une question de bluff, puisque Landsbergis refusait de céder d'un pouce, et Gorbatchev donna finalement son accord pour que fût lancé un assaut limité contre le centre de la télévision. L'activité du Sajoudis, pour constitutionnelle et pacifique qu'elle fût, était uniquement suspendue à la passivité soviétique. Landsbergis le dit lui-même : « Le communisme avait pourri de l'intérieur. La situation était mûre pour l'effondrement mais la chose aurait pu se produire de différentes manières. »

19

Solidarnosc et le général

Pour les chefs des partis communistes, dans les pays satellites situés à l'est et au centre de l'Europe, la glasnost et la perestroïka signifiaient que l'on devrait se serrer la ceinture encore davantage et travailler encore plus dur. Après dix-huit mois environ il devint évident que la direction soviétique s'écartait de sa propre idéologie et introduisait des changements politiques et économiques qui contribuaient à déstabiliser l'autorité du parti. Déçus par le cours des événements, les chefs des pays satellites et leurs partis se trouvaient réduits à reconsidérer le fait brutal de leur « collaboration » avec Moscou. Privés du soutien sans réserve des Soviétiques, ces « collabos » risquaient de perdre tout pouvoir. Lorsqu'ils comprirent qu'ils avaient été lâchés, il n'était plus temps de trouver une voie médiane entre la répression systématique et l'abandon du pouvoir.

Alors, la consternation s'empara d'eux, puis la peur et dans quelques cas la fureur. Au sein de chaque parti, une minorité réclamait avec véhémence l'application des méthodes les plus éprouvées, celles de la répression massive. Parmi les partisans de cette solution, il n'y avait probablement guère que quelques centaines d'idéologues – à peine – véritablement remplis d'une foi sincère dans les vertus de la dictature du prolétariat. Les autres savaient, pour la plupart, que la population les considérait franchement comme des criminels – non pas comme de simples gangsters, mais comme des hommes qui avaient vendu leur pays. Après avoir été les auteurs ou les complices zélés du saccage qui avait détruit l'ancienne société, ils craignaient maintenant de se voir infliger à leur tour, en guise de représailles, un traitement d'une égale cruauté. Dans leur esprit, ils se voyaient tout bonnement déjà traqués, lynchés, pendus à la lanterne.

Rien, dans le passé récent, n'avait encore donné aux membres des équipes en place la moindre raison de croire qu'ils pourraient sous peu être démasqués voire punis pour ce qu'ils étaient. Au contraire, ils semblaient bénéficier d'une assez grande stabilité dans le cadre de la situation qu'ils avaient imposée à leur pays. Leur emploi du temps se partageait immuablement entre les congrès et les séances plénières du Comité central, les anniversaires et les défilés communistes, ou encore les visites de dignitaires venus des pays frères, tout cela sous la férule de leurs collègues et homologues de Moscou et du KGB. A une exception près, les premiers secrétaires étaient tous des septuagénaires, des vétérans dont les souvenirs et les réflexes remontaient au temps de Staline, partant à l'annexion de leurs pays après la guerre. Lorsqu'il était entré en fonctions, Gorbatchev passait pour un bleu aux yeux des hommes qui avaient détenu un pouvoir incontesté depuis au moins vingt ans, voire pour ce qui concernait Todor Zivkov en Bulgarie et János Kádár en Hongrie, depuis plus de trente ans.

Au sein du bloc soviétique, seule la Pologne donnait du fil à retordre. C'était en Silésie, à Legnica, que se trouvait le quartier général soviétique, un centre d'importance vitale d'où étaient censées être conduites les opérations militaires en cas de guerre avec l'OTAN. Il fallait donc que le pays soit sûr mais, depuis 1948, il se trouvait dans un état d'insurrection imminente et parfois effective. Gomulka, Gierek et Kania, ses premiers secrétaires successifs, n'avaient pas réussi à faire passer le communisme, aux yeux des Polonais, pour autre chose qu'un moyen de les asservir aux Russes, situation que le pays avait rejetée tout au long de son histoire.

Une grève contre l'augmentation arbitraire des prix, au cours de l'été 1980, avait entraîné une vague de protestations dans toute la nation. Le pays s'en était trouvé paralysé. A partir de cette grève, un électricien licencié par les chantiers navals, Lech Walesa, avec une poignée de collègues et de conseillers, avait mis sur pied un syndicat indépendant : Solidarnosc. Comme par un phénomène de combustion spontanée, on vit surgir un mouvement démocratique qui se présentait comme une solution de rechange face au parti. Dès la fin de cette même année, Solidarité comptait 10 millions d'adhérents, y compris un tiers des 3 millions de personnes enregistrées comme appartenant au parti communiste. Adam Michnik, qui connut une célébrité presque aussi instantanée que celle de Walesa après avoir été confiné jusque-là au rôle d'obscur dissident, estimait qu'en 1980 la Pologne représentait « un compromis entre un gouvernement non souverain et une société souveraine ». En ce mois d'octobre, alors qu'il se précipitait pour calmer la foule prête à lyncher un policier d'Otwock, Michnik – frêle silhouette dans une veste de cuir – sauva la journée en hurlant : « Je suis une force antisocialiste ! » Le chef du commissariat de police ne lui en serra pas moins la main.

Né en 1923, le général Wojciech Jaruzelski était un gringalet comparé aux autres premiers secrétaires du bloc soviétique. Dans ses mémoires, il a décrit le manoir familial de Trzeciny où il a grandi, un univers de poneys, de chasses, de lampes à huile et de luges en hiver. Après s'être réfugié en Lituanie pour fuir les Allemands en 1939, il avait été déporté par les Soviétiques avec sa mère et sa sœur, dans un train de Baltes en route pour l'exil; le convoi traversa l'Oural jusqu'à un lieu appelé Touratchak, au fin fond de la taïga sibérienne. Déporté séparément, son père trouva la possibilité de les rejoindre mais il ne tarda pas à mourir. Au lieu de soulever son indignation, ce sort injuste et arbitraire eut au contraire pour effet d'inspirer au jeune Jaruzelski une profonde admiration pour la puissance du communisme. De même que l'esclave, dit-on, aime ses chaînes, il en était arrivé à croire que la persécution de gens comme lui était justifiée. Loin d'en vouloir aux Russes, il se haïssait lui-même. Son subconscient, dit-il, ne cessait de lui souffler qu'il avait été un privilégié, dès son départ dans la vie. Cela produisit en lui «une sorte de complexe sous-jacent» à l'égard des ouvriers et des paysans. Partout dans le monde, des hommes et des femmes de sa génération transformaient, eux aussi, ce sentiment de culpabilité diffus en une passion abstraite pour la cause communiste. A l'instar de tous les compagnons de route taillés sur ce même modèle, Jaruzelski ne parvint pas à discerner combien il y avait de condescendance à traiter les ouvriers et les paysans, non en êtres humains dotés de certains droits, mais en objets grâce auxquels chaque «compagnon» parviendrait à l'épanouissement de sa propre personnalité, de façon pleinement satisfaisante pour lui. De surcroît, un communiste élevé comme il l'avait été continuait d'être celui qui donnait des ordres.

Après avoir été commissaire, c'est-à-dire soldat politique, dans son pays, Jaruzelski devint chef d'état-major puis ministre de la Défense en 1968, avant d'être nommé Premier ministre, premier secrétaire et finalement président, ce qui lui permit de tenir entre ses mains le parti, l'armée et le gouvernement. Le fait de diriger la répression contre les ouvriers et les paysans les plus authentiques s'avéra facilement compatible avec l'image idéalisée qu'il se faisait d'eux. Le 13 décembre 1981 il proclama l'état d'urgence et la loi martiale. Les patrouilles de la police secrète, équipées de barres de fer pour forcer les portes, tirèrent les gens de leur lit avant de les faire interner. Le même jour, le ministre français des Affaires étrangères, Claude Cheysson, formula une pensée que les autres hommes politiques occidentaux préféraient garder pour eux, parce qu'ils en avaient honte : «Bien entendu nous ne ferons rien.» Au cours d'une visite en Allemagne de l'Est, ce jour-là, le chancelier allemand Helmut Schmidt garantit confidentiellement à Honecker que si le régime polonais voulait réprimer l'action de Solidarité, la RFA comprendrait la chose. Il est fascinant de constater qu'à l'inverse de ces attitudes, la propagande soviétique faisait retomber la responsabilité de la crise sur l'OTAN avec ses fauteurs de guerre et sur les desseins revanchards des Allemands à propos de la Pologne.

Une double menace avait surgi, selon Jaruzelski. Les dirigeants extrémistes de Solidarité s'apprêtaient à prendre le pouvoir en Pologne; et, pour empêcher ce coup d'Etat, une intervention militaire soviétique était déjà entamée. Aujourd'hui encore, dans ses mémoires, il se complaît à rabâcher des rumeurs sur des stocks d'armes, des complots, et des agents secrets qui se donnaient rendez-vous dans les ténèbres de la nuit : « Le spectre de la guerre civile s'était dressé. » Mélodramatiquement, il écrit qu'en plusieurs moments hautement tragiques il avait ouvert le tiroir de son bureau pour contempler son revolver. L'armée soviétique se mobilisa en effet pour opérer des manœuvres du côté russe de la frontière et plusieurs dignitaires soviétiques arrivèrent en avion à Varsovie, la menace à la bouche. Sans doute ne sera-t-il jamais possible d'établir si le danger d'une invasion soviétique, assortie d'une autre campagne de répression, était bien réel. Pour beaucoup de Polonais, cette mise en scène n'était qu'un prétexte *vranyo* destiné à les effrayer pour permettre à Jaruzelski de prendre des mesures autoritaires. Très déterminé à maintenir la Pologne sous le joug de l'Union soviétique, Jaruzelski avait franchi la ligne ténue qui sépare la collaboration de la trahison pure et simple. Treize mille officiers de l'armée furent expulsés du parti. Le syndicat Solidarité, dissous et interdit, ne se trouva plus en mesure de fonctionner.

« Le choc fut énorme, écrit Alexandre Smolar, spécialiste en la matière. Le mouvement de masse qui rassemblait plusieurs millions de personnes fut écrasé, poussé hors de la scène publique, avec une facilité étonnante. Simultanément, le système politique en place retrouva un minimum d'efficacité. » D'après les chiffres officiels, en mars 1982, 6 905 personnes avaient été internées grâce à diverses procédures sommaires. Selon Andrzej Swidlicki, l'historien de cette répression, 732 042 dossiers furent présentés devant des tribunaux pointilleux ; 196 596 d'entre eux concernaient des violations de la loi martiale ainsi que des infractions au couvre-feu. Plusieurs militants de Solidarité furent assassinés, par exemple Ryszard Kowalski et le prêtre catholique Jerzy Popieluszko. La police secrète jetait avec mépris le corps de ses victimes dans les fleuves et les puits de drainage. Walesa fut placé en résidence surveillée. La direction de Solidarité, y compris des dissidents comme Michnik et Jacek Kuroń, fut jetée en prison, et seules une ou deux personnalités trouvèrent le moyen d'entrer dans la clandestinité pour maintenir le syndicat en vie. Aux yeux de Gorbatchev, Jaruzelski était « un homme doté d'un grand sens moral, de capacités intellectuelles impressionnantes ». La Pologne fut en tout cas muselée comme jamais auparavant. Les Soviétiques n'eurent pas à l'envahir.

Aucun mouvement comparable à Solidarité n'existait dans les autres pays satellites. En Tchécoslovaquie, quelque chose comme un millier d'intellectuels avaient signé la Charte 77, pétition qui réclamait le respect des droits de l'homme conformément à l'Acte final d'Helsinki. Václav Havel, l'auteur dramatique qui avait inspiré le mouvement, fut emprisonné par trois fois. Emboîtant le pas aux Soviétiques qui leur avaient donné l'exemple en expulsant Soljenitsyne, Boukovski et tant d'autres, les partis locaux exilèrent quelques contestataires tenaces comme Wolf Biermann de la RDA et le Roumain Paul Goma. Dans les rues de Londres, la police secrète bulgare assassina Georgi Markov en lui enfonçant dans la jambe la pointe de fer d'un parapluie préalablement enduite d'un poison mortel. C'est seulement après 1989 que fut pleinement révélé au grand jour l'étau dans lequel la police secrète tenait les pays satellites. Les ressources de l'Etat avaient été entièrement mises à la disposition des diverses forces de la répression. Probablement un tiers environ de la main-d'œuvre disponible avait été dévoyée dans le but unique et improductif de maintenir en place l'autorité du parti par des méthodes policières.

Une autre révélation concernait la série de prêts que les pays occidentaux avaient consentis aux pays du bloc soviétique, ce qui avait eu pour effet d'élargir le pouvoir des partis communistes locaux ainsi que leur longévité. La plus grande partie du commerce des pays satellites s'effectuait avec l'Union soviétique; à cet égard, le bloc communiste était une réalité économique aussi bien que politique. Certes, la fourniture de pétrole et de gaz naturel soviétiques, à des prix subventionnés, constituait une aide pour les satellites, mais en contrepartie leur dépendance se trouvait accrue. Il était communément admis que leurs économies se portaient correctement et même bien dans certains cas; par exemple, la République démocratique allemande arrivait au dixième ou onzième rang sur la liste des pays industrialisés. Mais il a été démontré, depuis lors, que les statistiques sur lesquelles reposait cette évaluation étaient falsifiées. La vérité aurait éclaté au grand jour bien plus tôt, si l'on avait laissé l'économie de ces pays supporter tout le poids de leur dirigisme administratif.

Pendant les années 1960, le bloc soviétique n'avait guère obtenu de crédits occidentaux. Mais les crises pétrolières de la décennie suivante provoquèrent un afflux de pétrodollars. Aussi les banques et les gouvernements occidentaux s'empressèrent-ils de prêter ces capitaux au bloc soviétique. Ce fut là, d'une certaine façon, un autre des effets produits par la signature de l'Acte final d'Helsinki qui reconnaissait la pérennité des régimes concernés. Leur dette de 13 milliards de dollars en 1974 passa à 50 milliards quatre ans plus tard, et à quelque 90 milliards de dollars à l'époque où Gorbatchev devint premier secrétaire, après quoi son accroissement continua à un rythme rapide. En 1989, la Hongrie et la Pologne à elles seules devaient respectivement 20 milliards et 40 milliards de dollars sans pouvoir faire face au paiement des intérêts. La Roumanie s'était endettée de 10 milliards de dollars en 1981; en saignant le pays à blanc pour rembourser cette somme, Ceausescu imposa à ses concitoyens, année après année, une telle pénurie de nourriture, d'électricité ou de fioul domestique que l'Europe n'avait pas connu de privations comparables en temps de paix depuis le Moyen Age.

Les partisans de cette politique se plaisent à soutenir que les emprunts créaient entre les pays satellites et l'économie occidentale des liens si étroits qu'il leur fallut finalement se laisser intégrer de la même façon à l'Occident sur le plan politique. C'est là un raisonnement spécieux. On n'avait jamais vu auparavant des débiteurs douteux emprunter sur une telle échelle. Hélas, l'argent fut utilisé pour la consommation au lieu de s'investir, de sorte qu'il vint à manquer pour le remboursement. Les banquiers et les diplomates sont depuis lors engagés dans des négociations complexes pour effacer de telles dettes. Par ce financement, les dirigeants des démocraties occidentales prolongèrent la misère de peuples dont ils proclamaient officiellement qu'ils souhaitaient les voir recouvrer la liberté. La cupidité, l'insensibilité, l'indifférence et la frivolité multipliaient les effets de cette contradiction.

Chaque satellite avait reproduit dans sa Constitution l'article six de la Constitution soviétique garantissant au parti un « rôle dirigeant ». Il y avait longtemps que les autres partis politiques avaient été supprimés. Ni les dissidents, ni les Eglises chrétiennes, ni même Solidarité, n'avaient les moyens de s'organiser pour défier le parti dans le domaine politique. L'opposition intellectuelle et psychologique de la société à l'encontre du parti communiste n'arrivait pas à trouver une forme légale ou pratique de représentation ; il n'existait aucun mécanisme qui aurait pu garantir le droit de se réunir, la liberté d'expression ni des élections libres. A l'intérieur de l'empire, tout mouvement de libération nationale calqué sur les modèles africains ou asiatiques mis au point après 1945 ne pouvait manquer de provoquer, à coup sûr, une réaction dévastatrice de l'armée soviétique. Puisque la théorie politique conventionnelle n'offrait à personne un moyen d'échapper à ce système totalitaire fermé, le parti érigé en institution unique et universelle était destiné, semblait-il, à durer indéfiniment.

C'est en Pologne que fut formulée la notion de la Table ronde. Les chefs des partis communistes qui finirent par approuver, à tour de rôle, la réunion d'autres Tables rondes n'avaient pas prévu que ce processus impliquait leur renoncement au monopole du pouvoir. En calquant leur démarche sur celle de Gorbatchev et des « Fronts populaires », ils s'imaginèrent presque jusqu'à la fin qu'ils introduisaient leurs adversaires dans des parlements et institutions fantoches, à la Potemkine, dont ils continueraient d'être les maîtres comme devant. Au cours de l'année 1989, Gorbatchev et ses conseillers reçurent régulièrement des nouvelles venues de tout l'empire sur les Fronts populaires et les Tables rondes ; mais ils vécurent dans l'illusion que le vieux vin aurait meilleur goût dans des flacons nouveaux.

A l'époque où les Tables rondes commençaient à se multiplier, les dirigeants des partis communistes locaux avaient découvert que l'équilibre du pouvoir s'était modifié et que l'Union soviétique n'était plus en mesure de leur porter secours ni même assistance. Le communisme et la politique de collaboration avec celui-ci menaient finalement à la banqueroute. En Roumanie, Ceausescu voulut s'accrocher au monopole du pouvoir, ce qui lui coûta la vie à lui ainsi qu'à quelques autres. Partout ailleurs, les communistes purs et durs ne sont pas parvenus à convaincre le parti de se défendre par la force. D'une Table ronde à l'autre, le parti accepta plutôt la tenue d'élections qui l'amenèrent à abandonner le monopole du pouvoir. C'était un marché : le parti renonçait à user de la violence mais, en échange, il obtenait le pardon du peuple. D'un certain point de vue, ce triomphe du sens commun et de la démocratie ne manquait pas d'élégance. D'un autre côté, c'était une solution imparfaite et injuste. Contrairement aux nazis, les communistes se sont arrangés pour éviter d'avoir à rendre des comptes, selon des procédures juridiques régulières, pour les crimes qu'ils avaient commis.

20

La Table ronde

Stanislas Gomulka – nullement apparenté au premier secrétaire du même nom – a fait partie du petit groupe d'étudiants qui avait rédigé un manifeste anticommuniste, à l'université de Varsovie dès le début des années 1960. Parmi eux se trouvaient des dissidents, comme Jacek Kuroń, qui allaient devenir célèbres par la suite. Influencés par les écrits de Milovan Djilas de même que par la révolution hongroise de 1956, ils préconisaient l'adoption d'un système multipartite. L'agitation des ouvriers en 1970 se produisit bien entendu sur une échelle beaucoup plus vaste mais Gomulka remarqua que les intellectuels et les ouvriers commençaient à s'unir, comme ils le feraient au sein de Solidarité. Ayant quitté la Pologne, il devint professeur à la London School of Economics. Après 1989 il a accepté le rôle de conseiller économique auprès du nouveau gouvernement polonais.

Selon Gomulka, les prêts occidentaux avaient fait naître des espoirs quant à une rapide amélioration du niveau de vie, et cette attente fut brusquement déçue lorsque l'on ne put payer les intérêts de la dette. Le fossé qui se creusa alors entre les espérances et la réalité contribua à engendrer un sentiment de crise. Edward Gierek, qui fut le premier secrétaire du parti polonais tout au long des années 1970, admettait le principe des emprunts, en considérant qu'une réforme financée par l'Occident allait renforcer le système. C'était là un sous-produit de la détente prônée par Nixon et Kissinger. Le professeur Gomulka se demande si les Chinois n'ont pas trouvé aujourd'hui, pour leur compte, la formule qui aurait permis aux autres communistes de combiner le monopole du pouvoir et la privatisation de vastes secteurs de l'économie. «En Europe de l'Est et en Russie les gouvernements se sont montrés, de toute façon, incapables d'entreprendre une vaste réforme qui aurait évité de changer le système politique dans son intégralité.»

Le chaos où se trouva plongé Gierek annonçait celui qu'allait faire naître Gorbatchev. Dans la meilleure tradition communiste, Gorbatchev désirait conserver au parti le monopole du pouvoir tout en attirant vers le communisme des gens plus jeunes et doués. Gierek et Gorbatchev ont fait preuve d'une égale naïveté en croyant que l'importation de la technologie occidentale et l'occidentalisation de la société leur permettraient d'édifier un socialisme victorieux.

Déterminé à se conduire en idéologue pragmatique, Jaruzelski se trouvait lui aussi dans le même état d'esprit. Une fois que Gorbatchev eut réduit globalement l'emprise soviétique, le général se trouva en face d'un dilemme : il lui fallait ou bien durcir sa dictature ou bien constituer une sorte de gouvernement fondé sur le « consentement des gouvernés », auquel le peuple donnerait mandat d'opérer des réformes aussi urgentes que coûteuses. La démoralisation s'installa. « Nombre de communistes en arrivaient à la conclusion que la faillite de cette grande expérience politico-sociale, d'importance historique, était désormais imminente. Alors que croulait le vieux mythe de la foi en un système économique tenu à tort pour supérieur, tout le reste s'effondra avec lui. On ne pouvait revenir en arrière. La Russie possédait la puissance militaire capable de nous mater mais cela aurait exigé une campagne de terreur contre les masses et je ne suis pas certain qu'un premier secrétaire aurait trouvé un nombre suffisant de concours pour l'aider dans ce genre d'opération. Cela aurait entraîné des tensions internes et internationales. Il fallait une crise pour qu'il y ait des réformes, de sorte que tous ceux qui aidaient à la déclencher apportaient aussi leur contribution au succès de ces réformes. »

En novembre 1987 Jaruzelski invita la nation à approuver par référendum une réforme « perestroïkiste ». Il est curieux que, dans une dictature fondée sur le parti unique et l'armée, le scrutin ait tourné à son désavantage. Ce fut là le premier désaveu populaire qui lui fut infligé. En juin 1988 Gorbatchev se rendit en Pologne. Une note lui avait été préparée par ceux qui étaient chargés d'élaborer sa politique étrangère, Edouard Chevardnadzé, Valentin Faline et Vladimir Krioutchkov du KGB. Cette note concluait que le temps ne jouait pas en faveur des Soviétiques et qu'il serait préférable de dire la vérité sur le massacre de Katyn pour en finir avec cette question. « Les inconvénients que présentent cette démarche seront moindres, en dernière analyse, que le dommage causé par notre inaction. »

Gorbatchev préféra garder le silence. Dans un discours qu'il prononça à Cracovie, il se ridiculisa en conseillant aux Polonais de trouver une inspiration dans « la vie et la lutte de Lénine ». Les Polonais allaient évidemment devoir prendre en main leur propre avenir. A peine Gorbatchev était-il parti que Jaruzelski et son nouveau Premier ministre, Mieczyslaw Rakowski, se mirent à envoyer des ballons d'essai en direction de Walesa et des autres dirigeants de Solidarité. Au mois de décembre, plus d'une centaine de membres de l'ancienne direction de Solidarité se regroupèrent en un Comité de citoyens. Le Comité central devait donner son approbation à toute négociation avec ce comité qui, en fait, était encore hors la loi. Les durs organisèrent un baroud d'honneur. Jaruzelski les affronta pour finalement les vaincre au cours d'une séance plénière spectaculaire du Comité central, le 6 janvier 1989 ; il déclara que le nationalisme avait pris le pas sur la collaboration avec les Soviétiques. Grâce à cette manière de se réinsérer dans la société polonaise, il a sans doute sauvé sa vie ainsi que celles de bien d'autres.

La Table ronde se mit dûment en place un mois plus tard, le 6 février 1989, dans une résidence réservée aux hôtes du gouvernement à Magdalenka en dehors de Varsovie, et elle siégea jusqu'au 5 avril. Le lendemain, Solidarité avait retrouvé une existence légale.

Pendant que se déroulaient ces pourparlers, les élections au Congrès des députés du peuple avaient eu lieu à Moscou. Gorbatchev et la direction du parti croyaient fermement qu'il en sortirait un parlement sur mesure, tel qu'il le leur fallait pour donner une réalité à leur version de la perestroïka. Jaruzelski aspirait à faire de même en Pologne ; comme Gorbatchev il avait l'intention d'être président en même temps que premier secrétaire, et il était convaincu d'avoir pris les dispositions nécessaires pour assurer son élection le 4 juin.

La procédure électorale était « vraiment compliquée », pour reprendre les termes d'un spécialiste, Jan T. Gross. Au parlement, qui s'appelait le Sejm, le parti communiste et Solidarité devaient se partager les sièges selon un certain pourcentage préétabli : 65 députés pour l'un et 35 députés pour l'autre. Les communistes présentaient partout des candidats uniques sur ce que l'on appela une « liste nationale » mais ils n'obtinrent pas le minimum de suffrages requis pour que le scrutin soit valable. Dans la seconde chambre, c'est-à-dire le Sénat, Solidarité remporta 99 des 100 sièges, le centième ayant été attribué à un indépendant. Le catholique militant Tadeusz Mazowiecki, avocat et conseiller de Solidarité, fut nommé Premier ministre le 24 août. Quatre communistes, parmi lesquels figurait le général Czeslaw Kiszczak, le ministre de l'Intérieur, faisaient partie de ce gouvernement, mais ils furent remplacés très peu de temps après. Le monopole du parti avait volé en éclats. Au mois de novembre, Jaruzelski écourta son mandat de président et Lech Walesa fut élu pour lui succéder. En janvier 1990, lors de son dernier congrès, le parti abolit officiellement la disposition qui lui conférait un « rôle dirigeant », puis se réorganisa de manière à former un parti social-démocrate et parlementaire. Pourtant, à la suite des dernières élections de 1993, ces néo-communistes sont revenus au pouvoir. Sans aboutir à une démocratisation complète, le processus de la Table ronde avait ressoudé les Polonais entre eux et leur avait permis de retrouver une unité suffisante pour qu'ils puissent arracher une fois encore leur indépendance à leur écrasant voisin.

Solidarité a sombré depuis longtemps dans les récriminations et les luttes intestines; de lui, il ne reste plus que le souvenir de cette manifestation historique d'unité dont peut se vanter la Pologne. Janusz Onyszkiewicz, dont le comportement ouvert et l'anglais parfait présentent bien des avantages, avait été le porte-parole de Solidarité. Il est marié à la petite-fille du maréchal Pilsudski, qui fut président de Pologne entre les deux guerres. Le jour où je l'ai interviewé, il ne lui restait plus que quelques heures devant lui pour transmettre son poste de ministre de la Défense à son successeur dans le gouvernement récemment élu d'Alexandre Kwasniewski. Après s'être dépouillé de sa peau soviétique, le parti rentrait en scène sous un nouveau déguisement.

Onyszkiewicz avait été arrêté en décembre 1981, tout de suite après la proclamation de la loi martiale. En 1986, tous les prisonniers politiques furent relâchés. Cette clémence signifiait que le parti avait retrouvé son entière domination sur le pays. Onyszkiewicz pense que Jaruzelski était également poussé par ce qu'il appelle un facteur culturel, à savoir le désir d'être reconnu par l'Occident. Comprenant que l'Union soviétique n'allait plus tirer d'affaire le parti polonais, celui-ci en avait conclu à la nécessité de faire des concessions à Solidarité. Déjà dans le passé, Jaruzelski et son Premier ministre, Rakowski, s'étaient habilement livrés au jeu du bâton et de la carotte pour diviser Solidarité. Avec persistance, ils avaient cherché à détacher Walesa de Solidarité pour le traiter comme un cas à part. Les membres les plus timorés de Solidarité, ceux dont l'opposition restait tiède, pourraient être associés, croyaient-ils, au processus de prise de décision.

Un Conseil consultatif spécial, et le groupe connu sous le nom de PRON – désigné par ses seules initiales – servaient d'organisations de façade au parti pour atteindre cet objectif. Jaruzelski essaya même de s'associer à l'Eglise plutôt qu'à Solidarité, à cet effet. Jusqu'à l'été 1988, il fit un dernier effort pour isoler ce qu'il considérait comme le noyau dur de Solidarité. Puis, le 26 août, le général Kiszczak, ministre de l'Intérieur, prononça un discours qui évoquait la perspective d'un assouplissement. Il proposa une réunion sans préciser qui devrait y participer ni les questions qui y seraient abordées. Il déclara : « Je crois toujours que le moment viendra où nous nous assoirons ensemble autour de la même table pour arriver à nous entendre sur ce qui vaut mieux pour la Pologne. »

Entre la réunion du Comité central le 6 janvier 1989 et l'ouverture des pourparlers de la Table ronde, il y eut d'âpres négociations sur le point de savoir qui serait présent et à quel titre. Onyszkiewicz, Michnik et Kuroń furent nommément rejetés sous le prétexte qu'ils avaient soutenu la légitimité du gouvernement polonais en exil, organisme évanoui depuis longtemps. C'était bizarre, dit-il, d'appartenir à une organisation illégale et pourtant de se trouver officiellement en train de négocier avec ceux qui nous avaient déclarés illégaux.

A la fin, on décida que la Table ronde comprendrait trois groupes de discussions séparés : politique, économique et culturel. Des sous-groupes furent désignés pour traiter de l'écologie, des médias, de la jeunesse et d'autres questions. Au total, plusieurs centaines d'hommes politiques, de spécialistes et de conseillers, se trouvaient impliqués dans l'affaire.

« Ils pensaient avoir tout bien mijoté et nous nous demandions si nous n'étions pas en train de légitimer leur autorité. Nous considérions que nous venions de mettre un pied dans l'entrebâillement de la porte pour l'obliger à s'ouvrir en grand plus tard. Mais comme ils commandaient aux médias, ils pensaient que les élections étaient dans leur poche. Aussi ne se souciaient-ils pas tant de gagner que de remporter une victoire crédible. En maintes occasions, nous avons bien vu qu'ils étaient victimes de leur propre propagande. Ils croyaient que Solidarité avait été dévoyé par un groupe d'extrémistes. Supprimons les extrémistes, pensaient-ils, et il restera un mouvement ouvrier sérieux auquel le parti pourrait manifestement s'associer. L'échéance électorale était repoussée à deux ans. S'ils avaient consenti à organiser un scrutin sur-le-champ ils auraient commis une erreur dont ils seraient incapables de se remettre. Mais sans la Table ronde préliminaire, nous aurions eu des élections qui leur auraient permis de donner corps à leur rêve de désigner eux-mêmes les membres de l'opposition. »

Parmi les points techniques à régler il y avait la définition exacte des pouvoirs constitutionnels détenus par la présidence – que Jaruzelski croyait pouvoir continuer à exercer. Les communistes avaient d'abord offert à Solidarité 30 pour cent des sièges dans le Sejm. Cela leur aurait laissé la faculté d'amender la Constitution à volonté. Solidarité insista pour augmenter la proportion à 35 pour cent, puisque dans ce cas les communistes ne pourraient introduire des changements dans la Constitution sans l'accord de quelques membres de l'opposition.

Pourquoi les durs n'ont-ils pas tenté de faire annuler les élections ?

« Nous savions que c'était un risque. Ils pouvaient en effet tirer prétexte du fait que leur liste nationale s'était effondrée, ce qui leur aurait permis de prétendre que le marché électoral n'avait pas été respecté. Pourtant, voilà ce qui s'était passé : afin de pourvoir leurs 65 pour cent de sièges à l'assemblée, ils avaient choisi de présenter des candidats à des postes qui ne feraient pas l'objet d'un vote à l'échelon d'une circonscription locale, mais à l'échelon national. Ces candidats étaient des personnalités connues dans tout le pays, comme le général Florian Siwicki, le ministre de la Défense, et un bon nombre de communistes purs et durs. Pendant les négociations de la Table ronde, nous avions posé une question : Que se passerait-il si cette liste devait être rejetée ? Ils avaient répliqué que c'était une hypothèse purement théorique. Cela arriva pourtant en réalité. Je fus aussitôt assailli par les médias et je dus mettre ma tête sur le billot pour affirmer : "Nous nous en tiendrons à l'accord." Ce fut un tollé général. Mais grâce à ma prise de position, rien ne leur permettait plus de soutenir que nous n'avions pas honoré notre part du contrat et que les élections devaient être considérées comme nulles et non avenues. Je pense qu'ils y ont perdu leur dernière chance.»

En ce qui concerne les forces armées, il n'y avait que deux divisions soviétiques dans le pays, même si quatre de plus se trouvaient à proximité, en Hongrie et en Tchécoslovaquie respectivement. Jaruzelski ne pouvait compter que sur la brigade anti-émeutes, connue sous le nom de ZOMO, dont les effectifs étaient de 6 000 hommes. Il en eût fallu trois ou quatre fois autant pour maîtriser l'agitation si plusieurs des principales villes se mettaient à bouger en même temps. L'armée et la police secrète n'étaient plus dignes de confiance. Onyszkiewicz se souvient encore de la manière dont l'avait interrogé le fonctionnaire de la police secrète qui le tenait en garde à vue, dans l'une des nombreuses occasions où il avait été arrêté : «Qu'est-ce que vous ferez de nous, après?» Cela sous-entendait d'ailleurs que la police secrète se considérait comme indispensable à tous les régimes. Une autre fois, le policier qui avait arrêté un de ses collègues insista pour lui indiquer les bureaux de ses patrons – derrière la troisième et la quatrième fenêtre du premier étage de l'immeuble : «Pour que vous sachiez où il faudra tirer. C'est eux, c'est pas nous. Nous, on applique seulement les ordres.»

Les soulèvements périodiques du pays avaient obligé les communistes à observer une certaine modération. Comme il le dit : «Si vous étiez un vrai salaud, vous vous retrouviez au ban de la société et, en temps de crise, exposé à un feu nourri. Par contre, en Russie ou en Tchécoslovaquie, c'était payant de se conduire comme un véritable salaud.»

Le discours prononcé par le général Kiszczak le 26 août déclencha une ruée générale vers le pouvoir. Certaines personnes étaient destinées à en souffrir, et notamment Jaroslaw Kaczynski. Il appartenait à la poignée d'hommes regroupés autour de Walesa sur les chantiers navals de Gdansk durant la grève du mois d'août. Il se souvient d'une réunion au cours de laquelle on avait mis en discussion l'idée de la Table ronde. A cette réunion participaient Walesa qui eut le dernier mot, le professeur Andrzej Stelmachowski chargé de négocier avec le parti, Kaczynski et son frère. Les propositions faites en faveur d'une Table ronde étaient généralement considérées comme des duperies destinées à empêcher Solidarité d'imposer son calendrier pour les réformes.

«La formation du gouvernement Rakowski avait représenté une dernière tentative des autorités pour transformer la société sans associer Solidarité aux changements. Dans ce contexte, ils voulaient fermer les chantiers navals de Gdansk pour provoquer une grève. Ils auraient alors essayé de faire passer Solidarité pour un mouvement foncièrement opposé aux réformes. Quoique la direction fût illégale, elle opérait au grand jour. Après un débat passionné, nous avons refusé d'ordonner la grève. Ensuite de quoi ils ont arrangé un débat télévisé entre Walesa et le chef du syndicat officiel, Alfred Miodowicz. Ils pensaient que Walesa allait se déconsidérer mais il s'en sortit haut la main. C'était la fin de la route pour eux.» Sans une intervention militaire russe, le parti ne pouvait envisager un affrontement général avec la société. «Mais même ceux qui, comme moi, jouaient les durs n'ont pas pris la pleine mesure de leur faiblesse.»

Pourquoi Jaruzelski a-t-il eu besoin de six mois pour organiser la Table ronde?

Il y a eu des réunions secrètes entre le parti et Solidarité comme ballons d'essais. C'est pendant l'une d'entre elles, organisée dans une église de Gdansk, que Solidarité a accepté le principe de la Table ronde. «Nous cherchions à établir une période de transition, bien définie, vers la démocratie; pour leur part, les communistes cherchaient à faire entrer une opposition constructive dans le cadre de leur régime qui continuerait d'exister.» Mais quand on se demanda dans quelle mesure les institutions communistes devaient subsister et combien de temps il faudrait pour parvenir à la démocratie, cela provoqua aussitôt des divisions dans les rangs de Solidarité. Tous les éléments de l'opposition polonaise s'étaient unanimement retrouvés au coude à coude dans Solidarité contre l'impérialisme soviétique. Mais entre eux, les divers dissidents et leurs partisans rivalisaient pour faire triompher leurs vues respectives sur ce que devrait être finalement la démocratie: serait-elle présidentielle ou parlementaire; catholique ou nationaliste; voire socialiste quant aux valeurs qu'elle incarnerait?

Une fois membre du parlement, Kaczynski, catholique et nationaliste, tenta sans grand succès de former un parti qui défendrait ses opinions. Pour lui, les représentants de Solidarité n'étaient, le plus souvent, que les enfants des anciens membres du parti, ou en tout cas leurs héritiers – profondément convaincus de se trouver mieux armés que la nomenklatura en place pour mettre les idéaux collectivistes en pratique. Les vraies séances de la Table ronde, qui se tinrent principalement dans des palais de Varsovie, se présentaient sous la forme de séminaires et non pas de négociations. A Magdalenka les conflits furent résolus au cours de petites réunions intimes des deux parties. Il n'y avait pas une volonté de conspiration, selon Kaczynski, mais une rencontre d'esprits pleins d'affinités. Pourquoi le syndicat Solidarité accepta-t-il la proposition communiste de déterminer par avance la répartition des sièges à l'assemblée issue des élections? En Hongrie, à l'inverse, les élections allaient être libres, sans arrangements mutuels de ce genre.

«Presque toute l'élite de l'opposition pensait que Solidarité devait s'emparer du gouvernement après les élections, bien que Mazowiecki eût signé un article très vigoureux au cours de l'été pour soutenir que ce serait une erreur. Je me rappelle avoir entendu le professeur Stelmachowski nous rabâcher à mon frère et à moi, jusqu'à la fin : "Si ça marche vous mériterez une médaille, mais je pense que nous allons tous être arrêtés demain." Lorsque nous sommes entrés dans le parlement pour faire le tour du propriétaire, regroupés autour de Walesa, nous devions nous pincer pour vérifier que nous ne rêvions pas. »

Selon Kaczynski, la nomination de Mazowiecki au poste de Premier ministre et le remplacement de Jaruzelski par Walesa à la présidence étaient des exemples d'un maquignonnage qui relevait davantage de l'ancien système que de la démocratie. « Il n'y avait pas eu de rupture bien nette avec le passé, et cela pèse encore sur tout le pays aujourd'hui. La Table ronde a été un processus de fraternisation. »

Bronislaw Geremek était attaché culturel à l'ambassade polonaise de Paris au début des années 1950 ; il occupait donc un poste de la nomenklatura. De profession, il est historien médiéviste. En prenant peu à peu ses distances avec le parti, il était devenu l'ami de Walesa, et l'on estime généralement qu'il a servi de principal tacticien à l'opposition. Il était le négociateur de Solidarité au sein de la commission politique constituée à la Table ronde. Mazowiecki se trouvait à son côté, et l'un ou l'autre de ces deux hommes auraient pu devenir Premier ministre. Geremek réfute toute allusion à l'existence d'ententes tacites, pour ne pas même parler d'accords secrets. Les rares réunions de haut niveau, en petit comité, à Magdalenka ou ailleurs à Varsovie, étaient exclusivement destinées à surmonter les obstacles qui risquaient par leur importance d'empêcher la poursuite des pourparlers.

L'idée de la Table ronde avait pris naissance au cours d'une réunion confidentielle organisée au début de l'année 1988 entre le parti et des évêques catholiques. Les représentants du parti y avaient franchement expliqué qu'ils ne pourraient pas organiser des élections prenant le risque de les perdre ; or, le fait de retarder les élections risquait de déclencher une explosion néfaste pour les intérêts nationaux. C'était l'affaire du parti, répondirent les évêques, mais ils recommandèrent d'entamer des négociations avec Solidarité. Geremek déclare : « Le but du parti n'était pas de renoncer au pouvoir mais de le conserver. Au cours de nos réunions, nos interlocuteurs s'exprimaient franchement et alléguaient qu'ils détenaient dans leurs mains un pouvoir absolu. Ce à quoi nous ne pouvions que répondre : "N'oubliez pas que nous sommes le peuple et si vous êtes venus nous trouver c'est bien pour cette raison-là."

« Nous avons insisté dans nos discussions pour bien établir que si nous acceptions le principe d'élections restreintes, c'était pour cette unique fois ; il était bien entendu que jamais cela ne se reproduirait. Les communistes refusèrent de signer cette clause. Au cours d'une réunion à Magdalenka nous leur avons donc déclaré : Il n'y aura aucun accord dans ce cas.

Ce genre de contrat entre nous enfreint les principes de la démocratie ; nous ne pouvons l'accepter qu'en raison des circonstances exceptionnelles dont nous pâtissons aujourd'hui et pour nous ménager une transition vers la démocratie. A la fin de cette réunion-là, ils ont approuvé notre point de vue mais le problème a continué de se poser jusqu'au bout. Au parlement, ils ont voté une nouvelle loi électorale qui leur octroyait une proportion élevée de sièges comme prévu, mais ils ont violé notre accord en omettant d'inclure l'article où il était stipulé que cette disposition sur leur pourcentage privilégié ne s'appliquerait qu'en 1989. Ainsi il n'était donc plus question d'organiser jamais des élections libres. Nous étions conscients de vivre sous un régime totalitaire. Nous espérions pouvoir obtenir les 35 centièmes des sièges qui nous étaient attribués, et gagner à notre cause suffisamment de députés sur leurs 65 centièmes pour entamer le processus destiné à entraîner la décomposition du communisme. Ils jouaient un double jeu. Ils nous avaient affirmé qu'ils avaient l'intention d'adapter le parti aux règles de la démocratie, alors qu'en fait ils s'étaient confectionné une sorte de soupape de sûreté pour pouvoir survivre pendant tout le temps nécessaire avant de revenir à la situation antérieure. »

Solidarité a pris des risques, dit Geremek, mais cela s'est révélé payant. Mal préparés, privés d'accès aux grands médias, ses candidats n'escomptaient pas susciter un tel raz de marée. Geremek n'avait pas eu l'intention de se présenter personnellement, explique-t-il, mais Lech Walesa lui avait demandé instamment de le faire au dernier moment alors que le seul siège encore disponible se trouvait dans une région rurale le long de la frontière occidentale. Le secrétaire du Comité central lui avait raconté que cette région était entièrement sous la coupe du parti et qu'un nouveau candidat n'avait aucune chance. Il l'emporta néanmoins, de même que les autres candidats de Solidarité, partout ailleurs.

Solidarité avait-il fermé la porte à des personnalités ou à des partis embryonnaires qui auraient pu lui causer des problèmes sur le plan politique ?

Certains, dont Mazowiecki, trouvaient que Solidarité devait partager ses 35 pour cent mais Geremek et la majorité de l'opposition estimaient que toute répartition des sièges à ce stade affaiblirait les attaques lancées contre le parti. Il se rappelle comment lui et Mazowiecki avaient rendu visite au pape et lui avaient dit qu'ils ne voulaient pas se présenter aux élections. Walesa, qui était également présent à cette audience pontificale, avait froncé les sourcils et, sur le chemin du retour à Varsovie, il leur avait ordonné à tous les deux de se porter candidats. Geremek avait accepté en supposant que Mazowiecki ferait de même. Aucune conspiration ici non plus, dit-il, rien que des trucs courants en politique.

Jaruzelski en 1989 fit amende honorable pour avoir décrété la loi martiale. Il y avait eu danger de guerre civile, pense Geremek, et seule l'organisation de la Table ronde avait permis de l'éviter. Vers la fin de l'année, alors qu'il était déjà élu au parlement, Geremek avait rencontré Jaruzelski pour la première fois. Celui-ci lui avait raconté comment l'Union soviétique était devenue sa seconde patrie et le communisme sa religion. A présent que l'Union soviétique et le communisme n'existaient plus, il se sentait abandonné. Cela, déclare Geremek, vaut pour tous les membres du parti. « Il ne leur restait plus rien que le pouvoir, sans la moindre justification morale ou idéologique. »

Avec ses bonnes manières et sa voix douce, Janusz Reykowski, qui fut choisi pour prendre la tête de la délégation du parti à la Table ronde, était l'interlocuteur de Geremek. Tous deux se connaissaient depuis longtemps. Professeur de psychologie, Reykowski était d'un tempérament conciliant ; il avait écrit plusieurs articles dont l'originalité consistait à prôner la nécessité d'une réconciliation nationale et d'une réforme soumise à l'approbation de la société. Les résultats du référendum de 1987 lui avaient donc paru décevants. Selon lui, Jaruzelski avait virtuellement gaspillé six ou sept années de pouvoir, aussi les changements les plus importants restaient-ils à faire même si l'on se situait exclusivement dans le cadre du système. Sa crainte était que la politique pratiquée par Solidarité débouche sur la déstabilisation et la guerre civile au lieu de permettre à la Pologne de retrouver son indépendance. Elu au Politburo en décembre 1988, Reykowski fut immédiatement désigné pour présider la Table ronde politique. A son avis, ses collègues pensaient que les pourparlers se termineraient par un échec, aussi prenaient-ils toutes leurs précautions en évitant de s'impliquer dans le processus et en invitant le nouveau venu à se faire sauter sur la mine.

Y avait-il un sentiment de crise au cours des réunions du Politburo ?

« De temps à autre quelqu'un exprimait quelque inquiétude quant à la direction que nous étions en train de prendre. Mais la négociation avec Solidarité était considérée comme le remède à la crise plutôt que comme la crise elle-même. La réunion normale du Politburo commençait à dix heures du matin pour se terminer à dix heures voire onze heures du soir. En dépit des arrangements préalables et des cabales, les discussions revêtaient une grande intensité. » Après sa toute première rencontre avec Geremek pendant une séance de la Table ronde, Reykowski reçut une note d'un membre de son groupe dont l'avis était que Solidarité ne cherchait pas à conclure un accord mais seulement à prendre le pouvoir et à détruire le socialisme. Poursuivre les négociations revenait à ouvrir la voie à la réalisation de ces projets. Cette note circula parmi les dirigeants communistes et fit l'objet de débats animés. « Les gens concluaient que son auteur pouvait bien avoir raison, mais que faute de négociations il y aurait un vaste soulèvement de caractère politique qui contraindrait le gouvernement à faire un usage draconien de la force. Si le pouvoir devait passer en d'autres mains, au moins celles des membres de Solidarité étaient-elles polonaises. »

Aviez-vous reçu des instructions de Jaruzelski ?

« Non. Au fur et à mesure que les choses avançaient, je jouissais d'une liberté d'action grandissante. Pour parvenir à un accord viable, je devais en négocier les éléments avec divers secteurs du système, notamment l'armée et la police et les autres organes du pouvoir. Il y avait une grande asymétrie entre ma situation et celle de Geremek. A l'issue de chaque réunion, il était aussitôt prêt à aborder l'étape suivante dans les quarante-huit heures. Moi, j'avais besoin de dix jours pour tenir compte de tous ceux qui étaient en mesure de saboter ce que je faisais. »

Des détails techniques faillirent compromettre les négociations jusqu'au tout dernier moment. Certains concernaient des problèmes de fond, d'autres n'étaient que de piquantes illustrations de la vanité humaine. « La notion essentielle qui était celle d'un partage du pouvoir fut remplacée progressivement par l'idée de transformer la nature du pouvoir. Mes collègues et moi-même, nous partions du principe que nous devions traverser une période transitoire au cours de laquelle le pouvoir serait partagé ; nous ne pensions pas que Solidarité était suffisamment préparé pour assumer la tâche de gouverner le pays. Les gens ne comprennent généralement pas que la démocratie n'est pas seulement une affaire d'élections mais nécessite la mise en place d'une infrastructure vaste et bien développée. Peut-être n'étais-je pas réaliste mais à l'époque nous ne nous attendions pas à provoquer une réaction en chaîne dans toute cette partie du monde. La tendance à un changement de plus en plus radical se renforçait d'elle-même. »

Dès que des voix divergentes eurent commencé à se faire entendre au sein du parti, la décentralisation s'accéléra en même temps que l'affaiblissement de l'autorité. L'improvisation prit la place de l'idéologie. Les gens se mirent à faire ce qu'ils croyaient être dans leur intérêt. Reykowski raconte une bonne anecdote à ce sujet. A Magdalenka, vers la mi-mars, Kwasniewski demanda soudain, de sa propre initiative, aux représentants de Solidarité s'ils seraient d'accord pour instaurer des élections libres au Sénat. Geremek répondit que cela valait la peine d'en discuter. « Le lendemain était un dimanche et la plupart des gens n'étaient pas là ; seul un petit groupe se réunit autour de Jaruzelski et il y eut une discussion tendue sur la possibilité d'organiser des élections libres pour le renouvellement du Sénat. Ceux d'entre nous qui y étaient favorables déclarèrent que les temps où le parti pouvait conserver sa base politique par la force étaient révolus. Ou bien il lui faudrait se battre sur le terrain politique pour sa survie, ou bien il ne méritait pas de survivre. Pendant de longues heures, l'issue de cette discussion resta incertaine. Jaruzelski intervint finalement en faveur de la proposition. Or, seul un petit groupe avait pris cette décision qui devait encore être ratifiée par le

Politburo. Celui-ci allait se réunir le mardi, mais le porte-parole officiel, Jerzy Urban, annonça notre accord le soir même, de sorte que le mardi suivant, quand la question fut inscrite à l'ordre du jour du Politburo, il nous était très difficile d'imaginer une façon de l'annuler. »

La crainte qu'avait fait naître l'accord de la Table ronde tourna à la terreur pure et simple dès que furent connus les résultats des élections. Reykowski commente : « Vous pouvez imaginer ce que cela fut pour Jaruzelski ! » D'aucuns, au sein du parti, faillirent se mutiner.

Y eut-il quelque véritable intention de recourir à la force ?

« Pas au plus haut niveau. Mais des personnes influentes soutenaient que l'échec de la liste nationale [celle des communistes] justifiait une invalidation du scrutin. Cela aurait été considéré comme une manipulation. Des actes de violence seraient devenus presque inévitables. L'autorité de Jaruzelski, l'homme qui avait décrété la loi martiale, protégeait les hommes politiques favorables à une réforme. Mais j'ai toujours veillé à sauvegarder les intérêts des forces de sécurité. On n'était jamais entièrement sûr de pouvoir faire obéir les colonels et les commandants. »

En ce qui concerne les Russes, ils n'étaient concernés qu'indirectement. Sans doute quelques membres de l'équipe du parti, à la Table ronde, les informaient-ils mais Reykowski n'en avait pas connaissance. Les partisans de la ligne dure étaient en rapport avec les gens de leur tendance à Moscou.

De 1958 à 1982, Mieczyslaw Rakowski a été l'un des rédacteurs en chef, au principal journal du parti, *Polityka*. Il est entré au Comité central comme membre titulaire en 1975. Il déclare lui-même avoir reçu « une solide formation dans une école politique ». En 1981, il a pris part aux discussions entre les dirigeants communistes sur l'adoption de la loi martiale. Deux ans plus tard il passe à la télévision pour tempêter contre Walesa, et des extraits de cette bande, retransmise dans le monde entier, ont donné de lui une image peu flatteuse. Peu de temps après, Walesa devait recevoir le prix Nobel. Après s'être brouillé avec Jaruzelski, Rakowski en fut réduit à devenir l'adjoint du président du Sejm. Avec le recul, il pense que le communisme avait un besoin évident de réforme dès les années 1960, mais que le dogme leur avait mis à tous des œillères. C'est l'arrogance du parti qui a causé sa chute. Michnik lui a demandé un jour pourquoi la Table ronde n'avait pas été mise en place dès 1986, lorsque Solidarité se trouvait marginalisé. C'est une question judicieuse, admet-il. De son propre aveu, il avait compris en 1987 que la perestroïka allait placer chaque pays satellite en porte à faux ; aussi, en septembre de cette année-là, avait-il remis à Jaruzelski un mémoire de soixante pages à ce sujet. Rien n'en sortit. Si l'on en discuta au Politburo ce fut pour la forme.

Le discours prononcé par le général Kiszczak, le 26 août 1988, reflétait le contenu d'une séance plénière du Comité central qui avait eu lieu ce jour-là. Pendant la séance, Jaruzelski avait rédigé une courte motion selon laquelle le Comité central proposait de se préparer à la possibilité de réunir une Table ronde. Rakowski pense que l'expression a sans doute été inventée à cette occasion. S'il estime aujourd'hui avoir été naïf, il croyait à l'époque qu'il serait envisageable de former un gouvernement d'union avec certaines personnalités issues du syndicat Solidarité. « C'est pour cette raison que nous avons proposé une Table ronde. » On perdit six mois inutilement parce que Jaruzelski pensait pouvoir procéder à la réforme tout seul dans son coin et rejetait également de but en blanc tout compromis avec Michnik et Kuroń, qu'il diabolisait. « La vague de grèves mit un terme à cette situation. Il nous fallut aller à la Table ronde sans disposer d'atouts. »

Rakowski fut nommé Premier ministre au cours de l'automne 1988. Il raconte : « Devant l'assemblée plénière du Comité central, le 15 décembre, j'ai fait un discours pour proposer que nous décidions en bonne et due forme si nous devions accepter Solidarité ou le combattre. Une demi-heure avant de prendre la parole, j'avais donné une copie de mon texte à Jaruzelski. J'ai précisé que je ne demandais pas une réponse avant un mois. Mais les membres du parti voulaient en finir avec une politique d'affrontement. Même les durs en avaient assez. Ils étaient aussi très affectés par ce qui se passait en Union soviétique. A la réunion suivante, celle du 6 janvier 1989, ils votèrent donc pour traiter avec Solidarité. »

En réfléchissant à la question pendant les fêtes de Noël, entre ces deux réunions, il en vint à se dire, de son propre aveu, que son gouvernement pouvait être accepté par les électeurs, et qu'il fallait donc organiser des élections. Il fit cette proposition à Jaruzelski le jour de la Saint-Sylvestre. Les conditions du scrutin seraient censées convenir aux deux parties, c'est-à-dire aux communistes comme à l'opposition. « Nous étions partiellement aveugles, sans aucun doute. A la fin du mois de mai, les sondages nous donnaient 14 pour cent des voix et 34 pour cent à l'opposition. Les autres personnes interrogées se disaient "sans opinion" et nous pensions qu'elles voteraient pour nous. Toujours l'arrogance. La Table ronde sera jugée comme une étape historique sur la voie du compromis. Ce fut pour nous une surprise déplaisante d'être battus en juin 1989 mais, pour ma part, j'avais déjà compris que nous nous étions engagés dans un processus qui se terminerait ainsi. Quant à la partie adverse, je me souviens d'avoir entendu Walesa dire un soir de janvier 1989 que mon gouvernement faisait du bon travail et que Solidarité n'était pas prêt à gouverner mais qu'il obtiendrait à la fin du siècle 10 pour cent du pouvoir. Ses prévisions n'étaient pas non plus très exactes en l'occurrence. »

Rakowski avait rencontré Gorbatchev pour la première fois à Varsovie en juin 1988. Devenu Premier ministre, il lui avait fallu observer la vieille coutume d'aller plier le genou à Moscou, si l'on peut dire. Remplacé par Mazowiecki après les élections, il devint le dernier premier secrétaire du parti en août 1989 en succédant à Jaruzelski cantonné dans son unique fonction de président. Tandis que Mazowiecki formait son cabinet, Rakowski proposa à Moscou de faire un nouveau pèlerinage dans la capitale soviétique mais Gorbatchev l'en dissuada sous prétexte que cela pourrait faire penser à quelque ingérence de sa part dans les affaires polonaises. On raconte une anecdote selon laquelle Gorbatchev aurait dit à Rakowski que le parti se trouvant désormais dans l'opposition, il devrait donc coopérer avec Mazowiecki. Rakowski dément cette histoire.

« Quatre communistes étaient ministres dans le gouvernement de Mazowiecki et la notion du "rôle dirigeant du parti communiste" continuait à hanter l'esprit de Gorbatchev. Les photographies publiées par la presse qui montraient Walesa en compagnie des dirigeants de partis autrefois nos alliés l'ont poussé à demander : "Mieczyslaw, qu'est-ce qui s'est passé ?" Il m'a parlé de ses difficultés, en particulier de celles que provoquaient ses deux ailes : la cavalerie qui souhaitait aller trop vite et l'artillerie qui ne voulait pas bouger d'un pouce. Il m'a dit : "Il faut que vous cherchiez des hommes plus jeunes, parce que vous ne pourrez rien faire avec les anciens." »

Gorbatchev a laissé filer la Pologne et tous les pays d'Europe de l'Est sans aucune contrepartie.

« Oui, pourquoi ? Quel type de réflexion l'a amené à se retirer de l'empire ? Ce sont là des questions sans réponse. Chevardnadzé a écrit dans son livre qu'en 1986 Gorbatchev et lui étaient arrivés à la conclusion que le statu quo ne pouvait plus durer. Nous ne savons pas vraiment ce qui s'est passé. Mme Thatcher voyait encore des objections à la réunification de l'Allemagne. Quand elle est venue ici à Varsovie, elle m'a dit franchement qu'elle y était opposée. Je me trouvais à Moscou pour la rencontre au sommet des chefs du Pacte de Varsovie les 4 et 5 décembre 1989. Gorbatchev voulait parler de ses rencontres avec Bush à Malte et avec le pape au Vatican. De nouveaux dirigeants des partis communistes étaient présents, par exemple, Modrow et Krenz pour la République démocratique allemande, Urbanek pour la Tchécoslovaquie, Mazowiecki et moi-même. A l'époque, Gorbatchev disait encore que le chancelier Kohl parlait d'une confédération allemande et que lui-même avec le président Bush étaient arrivés à la conclusion qu'il n'y aurait aucune modification des frontières. Et voilà que lui et Chevardnadzé nous racontent qu'ils avaient déjà pris leur décision trois ans plus tôt. Je lui ai demandé en 1989 pourquoi il n'accordait pas leur indépendance aux républiques baltes. Il a répondu : "Je sais qu'elles l'obtiendront mais il faut que ça se fasse en conformité avec le droit constitutionnel." Par conséquent, il caressait encore quelque espoir de les maintenir à l'intérieur de l'Union soviétique. Il est difficile de trouver l'explication de ce qui s'est passé mais je pense qu'il avait perdu la maîtrise de la situation. En 1989 et 1990 il croyait encore qu'il pourrait avoir prise sur les événements alors qu'il était dépassé par eux. Encore de l'arrogance. »

Marian Orzechowski est entré au secrétariat du Comité central en septembre 1981, puis au Politburo en 1983, juste à temps pour assumer sa part de responsabilité dans la proclamation de la loi martiale. En fait, il a été le dernier ministre des Affaires étrangères issu du parti. Les Russes se préparaient à envahir la Pologne en 1980 et 1981, dit-il, mais ils ont préféré laisser les Polonais faire le sale travail. « Encore et encore, ils nous rabâchaient qu'il faudrait peut-être remplacer Jaruzelski et qu'ils avaient une équipe de dirigeants de rechange en attente, avec des associations et des journaux et ainsi de suite, tout prêts à agir en leur nom. » Tout au long des années 1980, les Russes nous ont poussés à prendre des mesures sévères et à cesser de jouer au chat et à la souris en emprisonnant les opposants du syndicat Solidarité rien que pour le plaisir de les relâcher. Pourquoi Geremek était-il toujours en liberté, par exemple ? La loi martiale ne suffisait pas à tenir l'Eglise en respect et ne faisait que retarder la venue du pape. « Impossible de dire combien de conversations j'ai eues à ce sujet à Moscou ! » déclare-t-il en soupirant.

Avec l'approbation de Jaruzelski, Orzechowski souleva le premier la question de Katyn avec Ligatchev à Moscou en 1984. « Ce fut une conversation dramatique. Je lui ai dit que j'étais venu spécialement pour faire la lumière sur ce massacre. Ligatchev demanda : "Pourquoi devrions-nous revenir sur cette question ?" C'était toujours la même réponse. »

Membre du comité politique du Pacte de Varsovie, Orzechowski avait rencontré Gorbatchev en Pologne, au mois de juin 1985, et l'avait trouvé extrêmement prudent. Leur première conversation confidentielle, en février 1988, s'était prolongée pendant quatre-vingt-dix minutes. Déjà Gorbatchev avait conclu que sans la perestroïka tout allait s'effondrer. « Je pouvais aussi sentir qu'il était pris entre le marteau et l'enclume : d'un côté, il était harcelé par les gens comme Eltsine, qui voulaient accélérer la mise en œuvre de la perestroïka et qu'il appelait les néobolcheviks ; de l'autre côté il y avait le complexe militaro-industriel et le parti. »

Une commission mixte soviéto-polonaise enquêtait sur l'affaire de Katyn. « Je pense qu'en février 1988 Gorbatchev n'avait pas encore pris connaissance des dossiers secrets, bien qu'il soit difficile d'en avoir la certitude. Nous discutions du pacte germano-soviétique aussi bien que de Katyn, et il a compris que faute de s'expliquer sur ces questions il lui serait impossible d'entretenir de bonnes relations avec la Pologne et les républiques baltes. Mais s'il devait céder sur n'importe quel point, il craignait de provoquer une réaction en chaîne un peu partout. Accepter d'admettre que le pacte entre Ribbentrop et Molotov n'avait jamais eu, dès son origine, aucune validité signifiait aussi le commencement de la fin pour l'Union soviétique, et il le redoutait par-dessus tout. Il était obsédé par l'équilibre des forces dans le monde. Si vraiment le socialisme réellement existant devait disparaître, alors s'instaurerait la Pax americana ; de son point de vue, tel n'était véritablement pas l'intérêt du monde. Il voulait à tout prix maintenir l'Union soviétique, sous la forme d'une fédération ou d'une confédération, pour la faire évoluer vers l'économie de marché et le pluralisme. Il souhaitait révéler au grand jour l'affaire de Katyn mais, me disait-il, le KGB s'opposait à toute enquête là-dessus. Mes amis qui siégeaient à la commission soviéto-polonaise me racontaient souvent, au contraire, que le dossier de Katyn se trouvait sur le bureau de Mikhaïl Sergueïevitch, et ce depuis des mois. »

On espérait que Gorbatchev présenterait des excuses pour le massacre de Katyn pendant sa visite. L'occasion se présenta pour lui d'en parler, pendant une réunion avec des intellectuels au château royal de Varsovie, mais il ne la saisit pas. « Il perdit alors beaucoup de son prestige aux yeux des Polonais. » Le fait d'attirer l'attention sur les « trous noirs » de l'Histoire sans pour autant s'en expliquer franchement dépouilla Gorbatchev de son vieux manteau de mensonges sans lui valoir le mérite de dire la vérité.

« Gorbatchev ne voulait pas renoncer à exercer son ascendant en Europe centrale mais souhaitait mettre fin à la dépendance des pays satellites. Certes, il ne pouvait couper aisément les liens économiques entre ces Etats et l'Union soviétique. Il avait pourtant l'impression qu'il pourrait maintenir avec les satellites des relations calquées sur le modèle finlandais pour ne pas perdre toute influence. On peut soutenir aujourd'hui que ce n'était guère réaliste parce que nous savons comment les choses ont tourné. Lorsqu'en février 1988, je lui ai dit que la position de Jaruzelski était menacée, il s'est montré très ennuyé. Malgré son indécision à la Hamlet, Jaruzelski avait une envergure qui le mettait au-dessus des gérontocrates en place dans les autres pays satellites. Gorbatchev comprit alors que si les réformes économiques échouaient en Pologne, il serait lui-même en butte à ses propres irréductibles, trop heureux de soutenir que toute entorse aux principes du socialisme devait fatalement conduire à une catastrophe. Aussi fit-il le voyage de Pologne en juin 1988 pour apporter son soutien moral à Jaruzelski. A chacune de leurs rencontres, Gorbatchev donnait son approbation à ce qui se passait en Pologne. Bien entendu ni lui ni aucun d'entre nous n'avait prévu que la fin du socialisme réellement existant était si imminente. En voyant son autorité lui filer entre les doigts, le résident du KGB en Pologne, le général Pavlov, commença à vouloir établir des contacts avec l'opposition. »

Orzechowski, qui passait ses vacances en Bulgarie au cours du mois d'août, en vint à penser que l'expérience socialiste touchait à sa fin. La société n'acceptait pas le parti. « C'est une simplification en même temps qu'une vérité fondamentale de dire qu'un clivage s'était produit entre deux sortes de gens : les uns admettaient que le parti ne pouvait plus conserver son rôle dirigeant par la force et l'imposture; les autres pensaient que tout renoncement à ce monopole allait déchaîner sur nous les atrocités de l'apocalypse. »

Selon Orzechowski, on n'aurait pu utiliser la force qu'au cas où Gorbatchev serait renversé à Moscou. C'est alors que les durs auraient pu agir. «Mais je dois vous dire que, pour moi personnellement, l'action du 13 décembre 1981 avait eu des conséquences extrêmement négatives pour l'armée et la police. J'avais eu des conversations avec le général Kiszczak et le général Siwicki selon lesquels, pour être efficace, la loi martiale ne pouvait être proclamée qu'une seule fois. Il était impossible de mobiliser en permanence l'armée et les policiers anti-émeutes contre la société. A la tête du parti, la plupart des dirigeants en avaient conscience; cela expliquait pourquoi ils avaient consenti à organiser la Table ronde et les élections. On ne pouvait pas refaire le coup de la loi martiale. »

Comment se passaient les discussions au sein de la direction du parti entre janvier et mai 1989?

«De jour en jour, le parti se désintégrait un peu plus. On envoyait des instructions contradictoires qui semaient la pagaille hors de Varsovie. J'ai vu passer des documents internes extrêmement pessimistes. Bien entendu si on lisait le journal du parti *Trybuna Ludu*, le tableau prenait une tout autre allure mais c'était de la propagande. Quatre-vingt-dix pour cent des membres attendaient de voir ce qui allait se passer. Mais le parti n'existait plus en tant qu'organisation unie et centralisée – forme sous laquelle chacun l'imaginait. Les élections sénatoriales libres nous en donnent un bon exemple. Geremek supposait que cette élection allait, elle aussi, donner lieu à un arrangement contractuel. Le mérite d'avoir imaginé des élections complètement libres revient à Kwasniewski. Le Politburo n'avait pas pu faire autrement que d'accepter. Personne ne maîtrisait plus les événements.

«Avant la Table ronde, la direction du parti avait mal évalué l'équilibre des forces au sein de Solidarité. Geremek, Michnik, Onyszkiewicz, Kuroń, qui passaient pour des extrémistes, se révélèrent totalement réalistes et ne cherchèrent pas à se venger des communistes. Ce fut une grande surprise pour Jaruzelski. Ils ressentirent un soulagement encore plus grand quand ils comprirent qu'ils remettaient les rênes du pouvoir à des modérés. »

Comment Gorbatchev a-t-il réagi à propos de la Table ronde et des élections de juin?

«Après le fameux débat télévisé entre Walesa et Miodowicz à l'automne de 1988, les Russes avaient perdu toute notion de ce qui se passait. La dernière mission officielle que j'ai dû accomplir consistait à assister au congrès du parti portugais dirigé par Cunhal, un des plus anciens staliniens. J'y ai rencontré Iakovlev et Medvedev. Je leur ai déclaré sur l'honneur que le Politburo n'avait pas autorisé Miodowicz à apparaître à la télévision au côté de Walesa, mais ils n'ont pas voulu me croire. Et quand bien même ils auraient compris la situation, les choses étaient allées trop loin et trop vite pour eux. Les élections avaient complètement détruit le parti. Après cette estocade, tout le monde laissa tout tomber. Par la force de l'inertie le communisme vivota encore dix mois jusqu'au congrès de janvier 1990 avec un appareil qui n'était pas bien important – il comprenait environ 20 000 personnes, bien moins que celui de Solidarité qui, à l'époque, en comptait 44 000. Le parti avait tout bonnement cessé de donner un sens à son existence. »

Mis à part Ceausescu, le général Jaruzelski fut le dernier chef d'Etat communiste du bloc soviétique à user de la force contre son propre peuple. Il se trouvait alors au pouvoir depuis près de neuf ans et s'était forgé un personnage extrêmement curieux, avec sa stature frêle, apparemment rapetissée plus encore par le képi à visière démesurée qui accompagnait l'uniforme militaire dont il faisait toujours parade en public, impénétrable derrière des lunettes sombres, doté d'une élocution aux accents monotones, lourds de menace. Au fil des années, il avait minutieusement mis au point la justification de ses actes. L'écrasement de son pays par ses soins avait été, selon lui, un moindre mal car il avait épargné à la Pologne les maux immenses dont la menaçaient les Soviétiques s'ils s'en chargeaient eux-mêmes. Aux yeux d'une minorité de Polonais, c'était un sauveur et un patriote; pour la majorité de ses concitoyens, c'était un traître haïssable. Il n'est pas possible de porter sur lui un jugement définitif. Son attitude moralement indéfendable a peut-être réussi à sauver une situation apparemment désespérée. Telle est la justification classique alléguée par n'importe quel « collabo » tout au long de l'Histoire. Si l'on veut établir un parallèle aussi fidèle que possible entre cet homme et un autre personnage historique, on peut le comparer à Pierre Laval, persuadé que ses compatriotes avaient intérêt à se sentir persécutés par lui, à l'intérieur de certaines limites, dans la France occupée, plutôt que de l'être sans restriction par les Allemands.

Le bureau où j'ai rencontré Jaruzelski se trouvait à Aleje Jerozolimskie, un grand boulevard de Varsovie reconstruit après la guerre dans un style fonctionnel. Il portait un costume marron et ses habituelles lunettes noires. A un moment donné, une femme entra dans la pièce et il se leva pour lui baiser la main avec une galanterie assez empruntée. Son élocution ou peut-être son attitude raidie et attentive traduisait une sorte de perplexité intérieure – comme s'il n'en revenait pas de constater que l'objet de ses certitudes idéologiques s'était finalement révélé si fragile.

Je l'ai interrogé sur les pressions soviétiques qui l'avaient poussé à proclamer la loi martiale, à quoi il répondit : « J'en ai par-dessus la tête de ce sujet. » Les Soviétiques avaient lancé un ultimatum : ou bien l'on reprenait la situation intérieure en main au début de 1982, ou bien ils interrompraient les livraisons de pétrole, de gaz et d'autres matières premières. En 1980 et 1981, il avait été convoqué en Union soviétique à trois reprises. La dernière fois, en septembre 1981, il avait assisté à des manœuvres militaires le long de la frontière polonaise, de l'Ukraine à la Baltique. Le maréchal Oustinov lui avait fait savoir que les événements survenus en Pologne étaient intolérables. « Chacune de ces conversations et rencontres était tendue, politiquement et psychologiquement. Il nous fallait convaincre nos alliés que nous ne saperions pas le Pacte de Varsovie ou que nous ne laisserions pas l'instabilité s'emparer de l'Etat. C'était un duel, mais heureusement limité à des joutes verbales. L'adoption de la loi martiale nous a permis d'éviter d'autres formes de duel. »

Selon des documents découverts dans les archives soviétiques récemment rendues accessibles au public, lui ai-je dit, les débats du Politburo montrent que les Soviétiques n'étaient pas d'humeur à envahir la Pologne. Avait-il été par conséquent victime d'une mise en scène ?

Jaruzelski, qui connaît ces documents par le menu, émet de nombreuses objections. Pour l'essentiel, « ils voulaient savoir jusqu'à quel point nous étions disposés à proclamer la loi martiale et faisaient pression sur nous dans ce sens, tandis que de notre côté nous les sondions pour savoir jusqu'à quel point ils étaient prêts à intervenir ». Pour s'épargner le coût d'une intervention, dans tous les sens du terme, les Soviétiques préféraient que les Polonais résolvent leur propre problème tout seuls. « Mon honneur d'officier m'interdit de prétendre qu'ils avaient effectivement tout mis au point pour nous, qu'ils nous avaient forcés. La décision fut prise par notre gouvernement souverain. Je suis fier de dire que nous avons été capables de faire ce geste pénible mais nécessaire. Les Polonais, de part et d'autre de la barricade, n'étaient pas en mesure de trouver un compromis. Je peux m'adresser des reproches sévères à ce sujet mais j'ai l'impression qu'une responsabilité plus grande encore retombe sur les épaules des extrémistes de Solidarité qui ont neutralisé les modérés de leur camp. »

Solidarité n'avait aucune influence en 1986. « Je ne chercherai pas à magnifier ma position en disant que j'avais pris conscience des failles du socialisme réellement existant. Nous sentions que le système avait besoin d'une réforme profonde, notamment sur le plan économique. Soixante pour cent de la société étaient plus proches du parti que de Solidarité et nous voulions qu'ils voient en nous une source de révolution. Nous avions également compris que les réformes nécessiteraient le soutien de l'Occident et que celui-ci serait plus important si Solidarité était légalisé. » Pour prouver qu'il avait des intentions réformistes, il met l'accent sur le PRON, son Conseil consultatif, et sur le référendum malheureux de 1987.

« Gorbatchev a dit à maintes reprises que les changements survenus en Pologne donnaient une impulsion à la perestroïka et qu'il avait étudié de près nos expériences pour en tirer des conclusions. Il demandait souvent des documents sur ce que nous avions tenté et expérimenté. Mais bien entendu, ici comme en Union soviétique, l'objectif était de réaliser de profondes réformes et non pas une métamorphose qui finirait par aboutir à un effondrement – comme cela fut le cas car la vie s'en est chargée par la suite.

«J'étais étroitement lié à Gorbatchev. Nous nous entretenions sans fard pour dire que des hommes âgés comme Zivkov et Honecker ne comprenaient rien. C'était net à Berlin, même s'il était difficile d'anticiper sur le cours des événements. Je m'y trouvais pour le quarantième anniversaire de la RDA; j'étais debout à côté de Krenz pour assister à la retraite aux flambeaux devant la foule qui scandait "Gorbi! Gorbi!" Nous disions : C'est le commencement de la fin pour Honecker, mais il ne l'a pas encore compris. J'en ai parlé à Gorbatchev. Il estimait qu'il fallait éviter tout affrontement entre l'Est et l'Ouest ou à l'intérieur du Pacte de Varsovie. Voilà pourquoi chaque pays devait trouver sa propre voie. Il aurait peut-être dû faire davantage pour retarder le processus mais on peut en discuter.

«Avant que j'accepte le principe de la Table ronde, j'avais moi aussi des doutes, principalement dans le domaine économique. Je me rappelle encore comment, en 1981, Solidarité avait causé l'effondrement de l'économie polonaise avec ses appels constants à la grève. Ma crainte la plus grande était que le syndicat Solidarité, une fois reconstitué, se trouve en mesure de saborder l'économie en mutation. Malgré cela, j'étais parvenu à la conclusion qu'il fallait en prendre le risque et que nous devions trouver un programme commun. Si nous voulions franchir avec succès l'obstacle de la réforme, il nous fallait mobiliser tout le monde. De prime abord, la plus grande partie du Comité central manifesta son désaccord avec cette idée. En effet, pendant la première phase de la session plénière qui commença en décembre 1988, Rakowski s'est donné le beau rôle en prononçant un discours pour demander que l'on décide si oui ou non cela valait la peine de légaliser Solidarité.

«Or, au début de la seconde phase de cette même session, en janvier 1989, la discussion a pris un tour hostile à cette légalisation. J'ai même été critiqué âprement pour n'avoir pas réussi à consolider le parti et le socialisme. Je ne voyais pas comment en sortir autrement que par une sorte de chantage. J'ai réclamé une suspension des débats pour demander au ministre de la Défense, le général Siwicki, et au ministre de l'Intérieur, le général Kiszczak, de me rejoindre dans mon bureau. Je leur ai annoncé que j'avais l'intention de démissionner parce que je ne pouvais cautionner l'issue vers laquelle s'orientaient les discussions, et je leur ai demandé s'ils étaient prêts à faire comme moi. Les généraux ont répondu oui. Ensemble nous représentions une véritable force. Puis j'ai mis Rakowski au courant et il a accepté de démissionner lui aussi. Nous sommes donc rentrés dans la salle pour annoncer notre démission. Plusieurs membres du Politburo se sont levés à leur tour et rangés de notre côté. C'est ainsi que nous avons obtenu un vote de confiance. Il s'agissait d'un authentique chantage. Les événements se sont précipités par la suite. »

Vous ne pensiez pas que le parti avait si peu de sympathisants dans le peuple ?

« L'ampleur de la victoire a été une surprise pour nous aussi bien que pour le syndicat. D'aucuns estimaient que nous allions infliger une belle défaite à Solidarité mais pour ma part je me montrais plus prudent. Certes les sondages d'opinion n'avaient pas prédit le résultat. Mais il nous faut accepter d'admettre que nous avions été présomptueux, que nous n'avions pas compris à quel point nous nous trouvions isolés. Nous n'avions pas su prévoir non plus l'ampleur de l'euphorie qui s'est emparée du peuple à l'idée qu'une victoire de Solidarité allait faire pleuvoir les dollars sur la Pologne. La faute en incombe partiellement aux médias occidentaux. »

Les partisans de la ligne dure voulaient passer outre aux résultats des urnes.

« Il y a toujours eu une possibilité de renverser le processus après juin 1989. Nous avions même un motif juridique pour annuler les élections parce qu'à la Table ronde il avait été convenu que la campagne ne prendrait pas une tournure conflictuelle. Malheureusement ce fut le cas, de la part de Solidarité. Ce que nous avions envisagé c'était un partage du pouvoir qui nous laisserait entre les mains les principaux leviers de commande. Nous avions toujours ces leviers en main, mais il est difficile de dire ce qui aurait pu arriver alors. Tout aurait pu se passer en douceur mais on aurait peut-être eu une sorte de révolution. Je me rappelle avoir tout de suite déclaré, devant le secrétariat du Comité central réuni juste après la proclamation des résultats : Nous devons admettre ce qui s'est passé. »

Jaruzelski renonça au pouvoir en faisant preuve de ce style didactique et maussade avec lequel il l'avait exercé. A cause de cette constance, beaucoup de Polonais sont enclins à lui accorder le bénéfice du doute. Les quelques erreurs qu'il admet avoir commises sont révélatrices. Il a, dit-il, fait confiance à des gens qui étaient intellectuellement incapables de mener à bien une réforme, et il s'est rendu coupable de ce qu'il appelle une « interprétation erronée » des apparences, quant à des hommes comme Kuroń et à Michnik. Prisonnier des renseignements qu'il recevait sur eux, comme il le dit, il les a en vérité diabolisés. La police secrète lui présentait des extraits de leurs déclarations en dehors du contexte, pour les montrer sous le jour le plus discutable. Maintenant qu'il connaît personnellement ces anciens dissidents, il dit qu'il en est venu à les respecter. Et vice versa apparemment. A la fin de ses mémoires, Jaruzelski a reproduit un dialogue de trente pages avec Michnik, qu'il appelle carrément Adam; pour sa part, ce dernier lui affirme que la victoire a été partagée et qu'ils peuvent tous deux rester fidèles à leur passé.

Tadeusz Mazowiecki laissera de lui le souvenir du premier Premier ministre démocrate qui ait jamais été désigné à l'intérieur du système communiste. On ne saurait concevoir un personnage aussi hybride. Sans charisme particulier ni penchant pour le compromis, c'est un être balourd, réputé pointilleux sur les détails. En tant que conseiller de Walesa, il a mené les pourparlers avec les dirigeants du parti de même qu'avec les évêques catholiques avant l'ouverture de la Table ronde. Selon son expression, le parti s'était situé lui-même d'un côté de l'abîme et la population de l'autre côté. Après des tentatives trompeuses et artificielles pour combler le gouffre qu'ils avaient eux-mêmes creusé, les dirigeants du parti n'avaient plus le choix, il leur fallait reconnaître Solidarité. Le fait est qu'ils le firent en dernier recours.

Sans la Table ronde, il n'y aurait pas eu d'élections, et sans élections Mazowiecki n'aurait pas pu former son gouvernement. «Ce furent les trois étapes décisives. Ni le parti ni nous-mêmes ne pensions que les choses tourneraient comme elles l'ont fait, mais l'Histoire va plus vite que nous, n'est-ce pas? J'avais décidé de ne pas me présenter aux élections parce qu'à mon avis, nous aurions dû avoir un soutien plus large que celui du seul Comité des citoyens, en nous appuyant sur d'autres groupes et partis. Je ne croyais pas non plus que le parlement jouerait un rôle important. Cela aurait pu me valoir un retour de bâton, mais en l'espace de quelques jours je fus propulsé au poste de Premier ministre. J'étais plutôt indifférent aux jeux pour lesquels on se passionnait alors, et je me trouvais même à l'étranger. J'avais dirigé la délégation syndicale à la Table ronde, et l'on me considérait comme un homme plutôt capable de réunir autour de lui un consensus. La décision relevait de Walesa. Ma réaction fut qu'il aurait dû occuper le poste lui-même mais il ne voulait pas.»

Pourquoi avez-vous pris les généraux communistes Kiszczak et Siwicki dans votre cabinet?

«On se pose toujours la même question: Est-il plus dangereux d'accueillir un général communiste dans la maison ou de le laisser dehors, devant la porte? Il était clair à mes yeux que si le parti n'était pas représenté d'une façon ou d'une autre dans le gouvernement les réformes ne pourraient pas être conduites d'une manière pacifique. Le parti avait encore à sa disposition les moyens d'utiliser l'armée. Les généraux avaient participé à la Table ronde. En principe ils s'étaient conduits correctement, bien que la destruction des dossiers et protocoles du Politburo, au ministère de la Sécurité d'Etat, ait suscité un problème. Je ne sais pas si Kiszczak en personne ou ses subordonnés en portent la responsabilité.»

En tant que président, Jaruzelski détenait encore des pouvoirs constitutionnels qui lui permettaient de vous paralyser.

« Seulement dans certaines circonstances. Il est resté passif, loyal, pendant toute cette période jusqu'au moment où Walesa l'a remplacé à la présidence, mais il n'avait pas grand choix. Cela n'aurait eu aucun sens d'admettre le besoin d'une réforme pour chercher à la saboter dans la pratique.

« Pour des questions de principe, je voulais confier le portefeuille des Affaires étrangères à d'autres mains que celles du parti. Je voulais montrer aux Russes qu'une Pologne souveraine allait mener une politique étrangère pacifique. » En tant que Premier ministre, on s'attendait à ce que Mazowiecki se rende à Moscou pour son premier voyage officiel à l'étranger mais il rompit avec la tradition en allant présenter ses respects au pape pendant le mois d'octobre. La rencontre suivante avec Gorbatchev en novembre embarrassa les services du protocole parce qu'il refusa d'aller déposer la couronne habituelle sur le tombeau de Lénine.

Cela a dû être un choc pour Gorbatchev de recevoir un Premier ministre polonais, catholique et indépendant ?

« Naturellement. Un choc pénible. Mais j'ai découvert un homme à l'esprit ouvert, prêt à dialoguer sur tous les sujets à l'exception de l'Allemagne. Sur ce thème il tenait des propos à l'ancienne mode, de sorte que j'ai été ahuri lorsqu'il a accepté la réunification si rapidement. »

Pourquoi a-t-il laissé la Pologne prendre ainsi la clef des champs, avec une telle légèreté ?

« D'abord, il n'y pouvait rien. Deuxièmement, le processus de la Table ronde s'inscrivait, en un certain sens, dans la logique de la perestroïka et il ne pouvait pas faire obstacle aux changements qu'il s'était engagé si ouvertement à introduire lui-même. Ceux qui là-bas croyaient qu'ils pourraient tout faire capoter par des sabotages étaient en fait des adversaires de Gorbatchev. En conséquence toute opposition ouverte à ces changements aurait supposé une alliance entre Gorbatchev et ses ennemis. La chose était trop compliquée. Les Russes acceptent les faits pour ce qu'ils sont. C'était une question de force. »

21

Le rideau de fer s'ouvre

L'histoire de l'infamie humaine réserve une place perpétuelle à János Kádár. En octobre 1956, il était entré dans le gouvernement d'Imre Nagy, manifestement d'accord avec les tièdes réformes proposées dans le cadre de la Hongrie communiste et de la déstalinisation naissante en Union soviétique. Quelques jours plus tard, devinant que les Soviétiques allaient mettre une fin brutale à cette expérience, il tourna casaque et s'enfuit en URSS sans informer personne. Lorsque les Soviétiques écrasèrent dûment le gouvernement Nagy et les combattants de la liberté qui le défendaient, ils nommèrent Kádár au poste de premier secrétaire. Imre Nagy et ses principaux collègues furent incités par la ruse à quitter l'ambassade yougoslave où ils avaient trouvé refuge : malgré une promesse selon laquelle on leur garantissait la vie sauve, ils furent enlevés, traduits devant un tribunal et pendus dans le plus grand secret. Après l'insurrection nationale qu'avait vécue le pays, Kádár devint de toute évidence un «Quisling» dépourvu de toute légitimité; aussi un dogme essentiel du parti consista-t-il à proclamer que cet homme avait, avec les Soviétiques, étouffé une contre-révolution. Pour ne pas prendre de risques, Moscou continua d'entretenir en Hongrie 170 bases militaires où cantonner ses troupes, jusqu'en 1989.

György Krassó, l'un des intellectuels hongrois les plus éminents, fut à l'époque jeté en prison avec Nagy. Il a raconté comment un certain commandant Kovács et son assistant Karácsony avaient pris l'habitude d'organiser des pendaisons quotidiennes aux dépens des partisans de Nagy. Il fait preuve de modération quand il affirme que, même si les condamnations à la peine capitale étaient décidées au Kremlin, Kádár aurait pu menacer de démissionner pour sauver la vie de ses anciens amis et collègues. «C'est un fait qu'avec l'exécution d'Imre Nagy, il se trouvait débarrassé de son rival le plus dangereux.» Kádár n'est pas seulement un collaborateur, il porte sur lui le signe de Caïn.

Ce fut l'ambassadeur soviétique, Andropov, futur secrétaire général du parti, qui orchestra cette répression. Son personnel comprenait Krioutchkov, futur directeur du KGB sous Gorbatchev, et un porte-parole hongrois. Comme eux, d'autres durs – y compris Ligatchev – ont manifesté un intérêt particulier pour la Hongrie. La nourriture et le vin du pays, la musique tzigane et l'exotisme magyar les attiraient ainsi que l'obscur besoin de hanter les lieux de leur crime, pour se persuader qu'ils avaient fait de vice vertu.

Valeri Mouszatov a travaillé en tant que spécialiste de la Hongrie d'abord à l'ambassade soviétique, puis au secrétariat du Comité central. Il parle la langue du pays et admirait Kádár comme «homme d'Etat». Dans une interview, il a expliqué comment Kádár se faisait un devoir de passer un certain temps avec Andropov chaque fois qu'il se rendait à Moscou. Tout ce qu'il a pu observer personnellement lui permet d'affirmer que Gorbatchev ne respectait que Jaruzelski et Kádár parmi tous les dirigeants des pays satellites. Mouszatov déclare également: «Les événements de 1956 pesaient constamment sur la conscience de Kádár.» Le corps de Nagy a été exhumé le 16 juin 1989 pour être enterré à Budapest au cours de funérailles nationales destinées à le réhabiliter. Une sorte de justice poétique a voulu qu'un Kádár déshonoré mourût à ce moment-là. La boucle s'est trouvée bouclée le jour où Krioutchkov a fait une déclaration, vraie ou fausse, selon laquelle Nagy aurait été, sous la terreur stalinienne, un agent de la police secrète soviétique et un délateur au temps où il menait une vie d'émigré à Moscou.

Krassó, lui, a été persécuté et exilé à Londres. Son œuvre n'a été publiée que sous forme de *samizdat*, car une analyse comme la sienne aurait pu faire tache d'huile et prendre la dimension d'un événement politique auquel Kádár n'aurait pas pu survivre. Celui-ci et le parti ont cherché à passer un marché tacite avec la population, un accord selon lequel ils assumeraient le monopole du pouvoir mais assureraient en échange la prospérité du pays; c'est ce qu'une formule célèbre a appelé le «communisme du goulasch». En Hongrie, le Kremlin autorisa la création d'entreprises privées, ce qui était prohibé dans tous les autres pays du bloc soviétique. Les défauts de l'économie dirigée, de type administratif, n'en ressortirent que mieux. Entre 1948 et 1988, le pays se trouva entre les mains de 101 communistes seulement. Le sociologue András Nyírö décrit comment l'économie ne fut conduite pendant toutes ces années-là que par cinq membres du Politburo, «un mécanicien (Jenö Fock), un marginal qui avait quitté l'école sans achever ses études secondaires (Sándor Gáspár), un ouvrier typographe (Rezsö Nyers), un boucher (Károly Nemeth), et un ouvrier maçon (Ferenc Havasi)». Un autre politologue entré en dissidence, Mihály Bihari, a souligné que le nombre des années passées en prison par ces 101 membres du Bureau politique représentait plusieurs siècles si on les additionnait – et qu'ils s'étaient infligé les uns aux autres la plupart de ces peines de détention. Prisonniers de leur propre système, ils s'étaient mutuellement livré une lutte meurtrière pour le pouvoir.

Les privilèges et la richesse de l'aristocratie et du clergé d'avant-guerre, pour inéquitables et ostentatoires qu'ils aient été, s'inscrivaient dans un contexte de légalité. Entre 1957 et 1989, le Politburo adopta treize directives secrètes en matière de gestion, toutes en faveur du système de la nomenklatura. Il y avait beaucoup à cacher. Le parti, financé par l'Etat, employait 4 000 fonctionnaires et possédait des biens dont la valeur se montait à des centaines de millions de dollars, notamment trois mille immeubles, quatre stations de villégiature, ainsi que toute l'industrie de l'imprimerie et de l'édition. Le privilège d'accéder à la richesse vidait l'idéologie de toute signification. Elémer Hankiss, philosophe et futur directeur de la télévision hongroise, résume ainsi le processus : « La famille oligarchique typique, au milieu des années 1980, comprenait le père ou le grand-père, qui était un apparatchik du parti, un haut fonctionnaire de l'Etat ou du parti ; son fils était le directeur d'une entreprise anglo-hongroise ; son gendre tenait une boutique dans la rue Vaci ; sa fille travaillait comme journaliste à la télévision hongroise ; son neveu faisait ses études à Cambridge ou à Oxford ; sa belle-mère dirigeait un petit hôtel ou une pension de famille au bord du lac Balaton. » Ces familles oligarchiques, si diversifiées dans leurs occupations, menaient leurs affaires d'une manière « totalement ultra-secrète ».

Le dernier prisonnier politique du pays fut Miklos Haraszti, libéré avant la glasnost de Gorbatchev. Son livre *La Prison de velours* analyse les tentations et les menaces subtiles grâce auxquelles le parti transformait un libre-penseur en « collabo » et Homo sovieticus. Son pessimisme, qu'il a décrit avec maestria, s'avéra sans fondement. Le parti, dont les effectifs se montaient à quelque 750 000 membres, était devenu une sorte de franc-maçonnerie satisfaite de pratiquer l'assistance mutuelle à son propre profit.

Un Kádár vieillissant ne se prêtait plus à aucune discussion. Dans son isolement, où émanait encore de lui tout le rayonnement de son crime, il ne communiquait plus avec ses collègues que par le truchement d'un sbire, un vieux stalinien nommé Gyorgy Aczél. Comme son maître, Aczél allait mourir au moment où le communisme s'évanouissait tout autour de lui. Un autre partisan de Kádár et de la ligne dure était Janos Berecz, le secrétaire à l'idéologie, une sorte de Ligatchev à la mode hongroise. On considérait généralement que la milice ouvrière, forte de 60 000 hommes bien armés, aurait la volonté et les moyens de défendre le parti jusqu'au bout.

En septembre 1987, un rassemblement qui réunissait les intellectuels du parti et quelques indépendants, dans un village touristique appelé Lakitelék, non loin de Budapest, marqua les débuts de la perestroïka hongroise. Le personnage le plus éminent de l'assistance était Imre Pozsgay qui, depuis des années, s'évertuait à se faire reconnaître comme représentant de la génération montante parmi les dirigeants du parti. Il s'en tint exactement à la ligne définie par Gorbatchev. La réforme ne signifiait pas l'introduction d'un système multipartite mais uniquement une nouvelle version du socialisme sous la férule d'un nouveau dirigeant comme lui et, bien sûr, toujours à l'intérieur du bloc soviétique. Obèse et gauche, Pozsgay était tout ce qu'on voulait. Dans ses mémoires, il précise que son rôle consistait à associer les intellectuels insatisfaits à la majorité et à l'aile réformiste du parti. Il laisse entendre que sans ses efforts on aurait pu assister à une effusion de sang. S'il avait, à la manière de Boris Eltsine, enfourché le cheval de la démocratie multipartite et de l'indépendance, peut-être aurait-il pu concrétiser son désir effréné d'arriver au pouvoir.

L'élite du parti, affolée, en conclut que Kádár n'était plus capable de faire obstacle à l'appétit de puissance manifesté par Pozsgay. Après les habituels travaux d'approche souterrains, Károly Grosz fut choisi comme premier secrétaire et Premier ministre tout à la fois. La manœuvre fut officialisée au cours d'une conférence spéciale du parti en mai 1988. Apparemment personne, pas même les services de sécurité de l'Etat, n'avait prévenu Kádár à l'avance. Afin de ménager ses sentiments, on avait créé un nouveau poste de président sur mesure pour lui. Presque tout l'ancien Bureau politique fut limogé, à part Aczél, dont le discours impressionna les membres de la conférence qui lui donnèrent une dernière chance de tirer son épingle du jeu.

La personnalité austère et sournoise de Grosz était le produit d'une vie passée dans la bureaucratie du parti. Il prétend qu'il fut élu parce qu'on le savait marxiste inébranlable : « J'exprime toujours mes opinions d'une manière très disciplinée en respectant la hiérarchie et conformément aux règles du parti. » Le parti était si fort, à ses yeux, qu'il pouvait exploiter l'opposition en l'absorbant dans une coalition sous prétexte d'unité nationale.

Il se trouve que Grosz vit à Gödöllö, à une demi-heure de Budapest. Dans le centre-ville se trouve le château où Sissi, l'impératrice Elisabeth, venait se retirer pendant que son mari François-Joseph s'efforçait de sauver la cohésion d'un empire austro-hongrois en voie de décomposition. Ce château n'est plus qu'une carcasse en ruine dans un jardin en friche. La confortable villa moderne habitée par Grosz est retranchée derrière une clôture de sécurité en acier. Le jour où j'y suis allé, des jardiniers et des servantes s'activaient dans ce paradis de la nomenklatura. Le choix d'un tel homme pour le poste de premier secrétaire apporte la preuve du vide intellectuel et moral du parti.

Le 29 novembre 1988, Grosz prononça un discours destiné aux durs, dans lequel il les mettait en garde à demi-mot contre l'imminence d'une « Terreur blanche ». Cela poussa Pozsgay à se démarquer davantage dans son opposition et il ne tarda pas à le faire dès le mois de janvier suivant.

Une commission avait été nommée un peu plus tôt pour enquêter sur les événements de 1956. Pozsgay à présent annonçait les résultats de son enquête. En définitive, il n'y avait pas eu de contre-révolution mais bien une insurrection nationale et populaire. Dès lors, les réformateurs et les durs se mirent à se couper l'herbe sous les pieds en se discréditant mutuellement. Grosz, dont la position était de plus en plus désespérée, capitula peu à peu, d'abord en abandonnant ses fonctions de Premier ministre en faveur de Miklos Németh, connu pour être un catholique pratiquant, puis en acceptant la formation d'une Table ronde.

La conférence de la Table ronde s'ouvrit six jours après que Solidarité eut remporté les élections polonaises. Une semaine plus tard, les nouvelles funérailles d'Imre Nagy soulignèrent spectaculairement combien il était urgent d'arriver à un consensus national. Plus de 100 000 personnes s'étaient réunies pour rendre hommage à leur ancien chef et écouter les panégyriques presque incendiaires prononcés par les orateurs. Grosz fit un pas de plus en démissionnant. Il allait y avoir une présidence collégiale intérimaire composée de quatre hommes : Nyers, Pozsgay, Németh et lui-même.

La Table ronde, pour reprendre la formule utilisée par un universitaire qui y assistait, László Bruszt, prit la tournure d'un combat de catcheurs dans la boue. Son président pour l'ensemble des travaux était Matyas Szürös. Jozsef Antall, qui n'allait pas tarder à devenir Premier ministre, se trouvait à la tête de l'opposition. Un millier d'hommes politiques et d'experts prenaient part aux séances plénières de la Table ronde qui comportait deux commissions techniques et douze autres groupes de travail. Il fut convenu d'organiser des élections parlementaires en mars 1990. La procédure à suivre pour le choix du président qui succéderait au quatuor improvisé posait une autre question capitale. Pozsgay s'était dit qu'il sortirait de la Table ronde investi des fonctions présidentielles. Aux yeux de l'opposition, cela avait l'air d'une volte-face bien rapide et plutôt artificielle de la part d'un communiste avide de rester en place, et elle imposa l'organisation d'un référendum. Finalement, il fut décidé que le parlement démocratique nouvellement élu voterait pour désigner le président. Au cours d'un congrès très agité, en ce mois d'octobre, le parti renonça à son «rôle dirigeant», changea de nom et se scinda en deux groupes : une majorité socio-démocrate et un parti-croupion pur et dur.

Le communisme disparut de Hongrie comme l'air d'un ballon après un coup d'épingle. Apparemment, il manquait de consistance. La Hongrie, si elle s'inspirait du compromis polonais, allait néanmoins faire œuvre novatrice dans un domaine capital : elle ouvrit ses frontières et cette initiative engendra les événements les plus spectaculaires.

En effet, jusque-là un traité germano-hongrois avait stipulé que les Allemands de l'Est entrés illégalement en Hongrie seraient renvoyés dans leur pays pour y purger généralement de lourdes peines de prison. Or au début de 1989, le gouvernement adopta un train de mesures liées les unes aux autres et d'autant plus remarquables qu'elles témoignaient d'une grande autonomie : comme le reste du monde, les Soviétiques assistèrent ébahis au démantèlement par la Hongrie des dispositifs installés le long de sa frontière avec l'Autriche. La Hongrie réorganisa ses unités de gardes-frontières et décréta qu'il n'était plus opportun de renvoyer chez eux les visiteurs clandestins réfugiés sur son territoire. Les Allemands de l'Est, prompts à comprendre qu'ils disposaient désormais d'une voie d'évasion, se ruèrent aussitôt en Hongrie. Le gouvernement, qui n'avait ni les moyens nécessaires ni la volonté de régler la situation de cette multitude, leur ouvrit ses frontières sans restriction dès le 11 septembre. Le bloc des pays satellites se désagrégea d'un seul coup. Dans ses mémoires, Pozsgay attribue le mérite de cette décision à l'ensemble du gouvernement. Tout au contraire, Gyula Horn, alors ministre des Affaires étrangères, a écrit lui aussi un livre pour mettre l'accent sur le rôle qu'il a joué en traitant avec les deux Allemagnes. Informé par Horn que son gouvernement avait l'intention d'ouvrir ses frontières, Oskar Fischer, ministre des Affaires étrangères de la RDA, devint d'une pâleur de cire et déclara : « Ça ne serait pas gentil de votre part ! » Dans un accès de rage, Honecker dévoila inconsciemment son instinct de « collabo » : « Nous leur avions fait confiance, et il nous ont trahis sans prévenir personne, *pas même l'Union soviétique.* »

La puissance symbolique de cette décision fut aussi grande que son impact matériel. La levée du rideau de fer constituait la revanche des Hongrois sur la répression de 1956.

Kálmán Kulcsar, membre éminent de l'Académie des sciences, était entré au gouvernement avec le portefeuille de la Justice et ce fut lui qui rédigea la nouvelle Constitution hongroise. Il entretenait des rapports avec Kádár et Grosz depuis nombre d'années. Il avait été invité à la conférence du parti en mai 1988. « J'aimais quitter mon siège pour aller parler aux gens dans les couloirs, surtout aux représentants des organisations rurales du parti. Très opposés à Kádár, ils voulaient un renouvellement du personnel au plus haut niveau de la hiérarchie. Kádár et Grosz s'étaient bien rendu compte que certains membres du Bureau politique et du Comité central devaient partir, mais ils n'avaient pas compris qu'il s'agissait d'une véritable mutinerie des troupes. Tout ce monde logeait dans des hôtels différents, en fonction de la province d'origine de chacun, aussi Grosz et ses amis allaient-ils leur rendre visite sur place pour leur dire que le véritable obstacle était la présence de Kádár. Pris au dépourvu par cette campagne, celui-ci devint très nerveux et se mit à réagir de façon irrationnelle. A la fin de la conférence, il affichait un air tragique et attendit seul dans la salle que sa femme surgisse pour l'emmener. »

Ce fut alors que la Dix-neuvième conférence du parti soviétique se tint à Moscou et les débats montrèrent aux Hongrois qu'une intervention soviétique était quasi inconcevable. Grosz rendit visite à Gorbatchev avant et après les élections au cours desquelles un siège fut d'ailleurs enlevé par Kulcsar. Celui-ci raconte : « Mon impression est que Gorbatchev lui avait donné carte blanche. » La première tâche de Kulcsar au ministère de la Justice consista à poser les principes qui permettraient de mettre en place un système multipartite et un marché libre. Il ne tarda pas à se retrouver au beau milieu de la lutte qui opposait les candidats au pouvoir, c'est-à-dire Grosz, Miklos Németh, lequel devint Premier ministre en 1989, et les partisans de la ligne dure. D'après Kulcsar, Németh et, derrière lui, Pozsgay voulaient ôter le pouvoir au parti pour le remettre au parlement. Mais le parlement n'était autre qu'une institution du parti ; aussi la Table ronde, bien plus représentative, aspira-t-elle attirer le pouvoir vers elle pour se conduire, en fait, comme un parlement officieux mais néanmoins plus légitime que le vrai.

Parmi ses responsabilités figurait une révision générale des condamnations prononcées contre des innocents depuis la prise du pouvoir par les communistes, ce qui représentait au total quelque 200 000 dossiers. Quand Kulcsar exposa cette question au Comité central, il se trouva en face de gens qui avaient personnellement connu la prison ou avaient injustement autorisé la mise en détention d'innocents. « Aczél se rappelait son arrestation et la façon dont on avait obtenu de lui, sous la contrainte, des aveux qui mettaient en cause d'autres personnes, outre lui-même. Les pressions mentales et physiques exercées par la police secrète entraînaient ce genre de trahisons. Et à présent tout cela allait être rendu public sans l'excuse des circonstances. Mais Grosz appuya cette initiative. Il pouvait tout accepter, sauf la disparition du régime socialiste. Il était incapable de marcher sur sa propre ombre.

« Pendant l'été 1989, le gouvernement fut acculé à des décisions capitales pour lesquelles il lui fallait être sûr que les forces armées lui obéiraient. Certains généraux firent savoir à Grosz qu'ils accepteraient les ordres du parti, de sorte qu'il nous fallut restructurer la hiérarchie militaire. Le Premier ministre devint commandant en chef à la place du ministre de la Défense, et le général Kálmán Lörincz fut nommé chef d'état-major. Simultanément nous mettions au point une manœuvre, grâce à laquelle le parlement voterait une loi ordonnant la dissolution de la milice ouvrière que l'armée serait chargée de désarmer. Les soldats remplirent leur tâche et confisquèrent l'arsenal de la milice.

« Tout le monde, à la direction, reconnaissait que le parti devrait pouvoir prendre le risque d'une élection libre, mais à cause du régime de Kádár ils se faisaient des illusions quant à ses résultats. Par ailleurs, les gens ont du mal à croire que nous n'avons pas prévenu l'Union soviétique quand nous avons décidé d'ouvrir la frontière, mais je dois souligner que tel fut le cas. » La décision avait été prise par un conseil restreint auquel participaient Németh, Horn, le général Kárpáti, ministre de la Défense, le général István Horváth, ministre de l'Intérieur, Pozsgay et Kulcsar lui-même. Ce dernier avait été tout particulièrement chargé de montrer que la décision était compatible avec les différents traités signés par la Hongrie et il déclare sèchement : « Nous avons trouvé une façon parfaitement acceptable et légale de nous engager dans cette voie. Une fois cela acquis, il ne nous fallut que quelques jours pour faire adopter la mesure par le gouvernement. »

Pourquoi l'avez-vous fait ?

« On pourrait me poser une autre question : pourquoi n'avoir pas commencé par demander une aide financière à l'Allemagne de l'Ouest ? La réponse est la suivante : nous voulions montrer que nous savions ce que nous faisions et disions. La Pologne et la Hongrie étaient alors les deux seuls pays à s'être engagés sur la voie de la réforme, et l'on ne pouvait pas du tout exclure la possibilité que les autres Etats membres du Pacte de Varsovie cherchent à entreprendre quelque chose contre nous. Nous étions très persuadés que si des centaines de milliers d'Allemands de l'Est passaient à l'Ouest, le régime est-allemand tomberait, et dans ce cas la Tchécoslovaquie se trouverait elle aussi hors du coup. Nous ne nous faisions pas trop de souci à propos de la Roumanie, le seul danger pour nous venait de la RDA. Nous avons franchi ce pas dans notre propre intérêt. Très peu de gens prévoyaient à l'époque que la République démocratique allemande et le régime communiste tchécoslovaque s'effondreraient. Notre situation intérieure s'est alors modifiée entièrement : soudain rendue consciente de sa force, l'opposition se vit en mesure de faire avancer la date des élections, et ce fut la fin du parti. »

Le parlement hongrois est un chef-d'œuvre de l'architecture du siècle dernier, un splendide édifice néogothique de pierres et de statues. Matyas Szüros y dispose d'une imposante enfilade de bureaux. En mars 1989 il est devenu président de l'assemblée ; il a fait également partie du quatuor présidentiel qui assurait l'intérim. Il avait été secrétaire pour les affaires internationales au Comité central. Kádár, dit-il, a personnellement choisi Grosz pour successeur, mais peu de signes lui avaient laissé pressentir qu'il serait évincé par la conférence du parti en mai. Peut-être Aczél lui avait-il donné quelque idée de la conspiration que Grosz organisait derrière son dos. Un mois avant la conférence, le Politburo avait tenu une séance orageuse à huis clos.

« Grosz s'obstinait à vouloir conserver les anciennes façons de faire, alors qu'un cercle d'hommes politiques réformateurs se liguait pour le détruire. En juin 1989 j'ai prononcé un discours devant le Comité central pour dire que cet homme devait démissionner ou qu'il faudrait le limoger par la force. Nous avions déjà compris qu'il n'y avait aucun moyen de réformer le socialisme réellement existant, mais beaucoup de gens le croyaient encore capable de se convertir en un socialisme démocratique. Du point de vue de l'Histoire nous étions dans une impasse. Pozsgay et tout son groupe avaient envie de tenter une expérience de socialisme démocratique, mais nous ne disposions pas de renseignements suffisants quant à la réaction éventuelle des Soviétiques. Le Pacte de Varsovie était toujours en vigueur. Sans Gorbatchev, le courant réformateur pouvait se montrer réversible. Après la rencontre au sommet organisée à Malte, Gorbatchev ne nous avait pas fait savoir qu'il était convenu avec Bush de laisser les événements suivre leur cours naturel.»

L'ancien parlement, d'après Szürös, avait voté les lois essentielles à la transition en adoptant une nouvelle Constitution et un nouveau système électoral. La Table ronde avait accéléré le processus en établissant fermement le cadre parlementaire. Tout le monde y trouvait son profit sauf Grosz.

Szürös avait suggéré à l'ambassadeur soviétique d'inviter Pozsgay et Németh à Moscou pour des entretiens officiels. «Lors de la conférence du parti communiste italien, Iakovlev avait rencontré Pozsgay et lui avait conseillé de soutenir Grosz. Telle était encore leur ligne de conduite, au cours de l'été 1989. Gorbatchev et son entourage étaient si totalement absorbés par leurs affaires domestiques que les événements leur échappaient.»

Reszö Nyers est un survivant. Débonnaire et plein d'humour, il aime raconter des histoires à la manière des vieillards. Son visage parcheminé possède la texture d'une coque de noix. Après avoir pendant des dizaines d'années croisé le fer avec Kádár, il l'a vu pour la dernière fois à l'issue de la conférence du parti. «Tout avait mal tourné. Quand il jetait un regard en arrière il n'arrivait pas à se pardonner l'affaire d'Imre Nagy. Cela entretenait une angoisse dans son esprit.»

Selon Nyers, le Comité central s'était divisé en deux camps, vers le milieu des années 1980, sur le point de savoir quels genres de changements imaginer pour sortir de la crise économique. Kádár se montrait sceptique quant à la capacité qu'avait Gorbatchev de transformer l'Union soviétique. «Il ne voulait pas d'une réforme mais il ne voulait pas non plus y faire obstacle et on ne pouvait pas le faire bouger. Aussi faudrait-il se passer de lui pour agir. Grosz n'arrivait pas de son côté à s'imposer. En essayant de stabiliser le système, il se heurtait à l'opposition de Pozsgay et des réformateurs.»

Le facteur décisif, pense Nyers, a été le sentiment antirusse. C'est cela qui a valu au parti des pertes aussi lourdes et aussi inattendues lors des élections. «Nous n'étions pas parvenus à établir aux yeux de l'électeur que nous avions été les artisans de l'accord conclu avec les Soviétiques pour obtenir leur retrait militaire. On en attribuait tout le mérite à Gorbatchev et l'opposition en faisait ses choux gras.»

Pourquoi le parti s'est-il engagé dans le processus de la Table ronde ?

«Nous souhaitions une réconciliation, non pas un gouvernement d'union nationale mais un compromis national. A ce stade, nous avions admis que nous n'étions pas en mesure de conserver notre position, de sorte que nous nous sommes tournés vers les forces nationalistes qui s'étaient rassemblées à Lakitelék, ainsi que vers l'opposition libérale. Nous ne pensions pas sortir victorieux de la rencontre mais parvenir à un compromis. Nous étions prêts à supprimer progressivement les cellules du parti dans les usines et à négocier l'avenir de la milice ouvrière.»

Comme il l'explique, les querelles de personnes et l'âpreté des ambitions avaient déjà fait exploser le parti. Grosz rechignait à démissionner. Pozsgay ne suscitait autour de lui qu'un loyalisme mesuré. Németh se prenait pour le chevalier à l'armure blanche. Le quatuor présidentiel que Nyers était censé diriger reflétait cette absence de volonté qui empêchait psychologiquement le parti de rester au pouvoir.

Un livre écrit par Janos Berecz et intitulé *La Contre-Révolution en Hongrie* était l'ouvrage de propagande le plus courant sur la révolution de 1956. A la lumière des événements actuels, la thèse qu'il expose est lamentable, mais lorsqu'il fut publié en 1969, avec l'imprimatur du parti, il passait pour l'expression de la vérité. Les vues d'Imre Nagy, écrivait Berecz, «étaient pour l'essentiel conformes à la politique suggérée et diffusée par les organes de l'impérialisme international». L'Occident avait comploté de discréditer le communisme et le parti aurait dû se doter d'une direction plus unie ; cet euphémisme signifiait qu'il aurait fallu accentuer la répression. On pouvait néanmoins trouver dans ce tissu de mensonges une once de vérité. Entre les années 1952 et 1955, écrivait l'auteur, 1 126 434 personnes avaient été poursuivies, et 45 pour cent d'entre elles condamnées. Le dernier chapitre du livre qui porte en sous-titre «Coude à coude avec les masses laborieuses pour la consolidation du socialisme» dégageait l'authentique parfum de menaces et de sentimentalité propre au parti.

Berecz s'était consacré, pendant la première moitié des années 1960, à l'étude des sciences sociales. Il avait passé quatre ans à l'Académie des sciences humaines fondée par le parti à Moscou. Membre suppléant du Comité central en 1971, il fut titularisé en 1980, et assuma alors la rédaction en chef du journal du parti *Népszabadság*. Compte tenu de ses excellentes relations dans les milieux soviétiques, on le disait candidat au poste de premier secrétaire. Cette *bête noire* des dissidents fit régner la peur jusqu'au bout.

La maison de Berecz sur les collines de Buda est une demeure fastueuse bâtie par quelque industriel du siècle dernier, soucieux de mener une vie agréable. Des gamelles sont disposées sur les vastes marches de pierre qui conduisent au perron par un escalier en fer à cheval ; les chats et les chiens du maître de céans viennent y chercher leur pitance. Introduit dans une antichambre aux parois couvertes de boiseries et pleine de cages à oiseaux je me surpris en train de contempler l'agrandissement photographique d'une sosie de Brigitte Bardot. C'est la célèbre actrice hongroise qu'il a épousée. Dans la littérature mythique hongroise, le mot *honvéd* désigne un soldat impétueux autant qu'intrépide, et Berecz, avec sa moustache rousse et ses larges épaules, correspond physiquement à ce type idéal.

Lorsqu'il était jeune en 1956, dit-il, seule l'absence de ponctualité de sa première femme lui avait épargné de se retrouver assiégé dans un immeuble du parti que la foule encerclait et cherchait à prendre d'assaut. L'insurrection, déclare-t-il aujourd'hui, d'un air contrit, était légitime. «J'ai abandonné mon interprétation à sens unique.»

Loyal à Kádár, Berecz avait été nommé secrétaire à l'idéologie en mars 1985; à ce titre, il se trouvait chargé de l'agit-prop, c'est-à-dire de l'endoctrinement. En 1972 Kádár avait proposé de démissionner en raison de son âge, mais le Comité central l'avait supplié de rester. Dix ans plus tard, dans un discours prononcé à Stockholm il déclara qu'il était en train de négocier sa pension de retraite. «Ma fonction exigeait que je soupèse les conséquences de ses déclarations et censure ses propos si besoin était. J'ai coupé ce passage. Il avait l'habitude de faire le point de la presse avec moi, tous les lundis. Et voilà qu'il me demande pourquoi le passage concernant sa retraite n'avait pas été publié. Je lui répondis que les messages destinés au peuple hongrois devaient être formulés en Hongrie et non à Stockholm. Merci, dit-il, je voulais seulement savoir si vous l'aviez fait délibérément. Cela signifiait qu'il n'avait pas vraiment l'intention de prendre sa retraite mais, cet été-là, il commença à demander l'avis de son entourage sur ce point. Pendant quatre mois il voyagea dans tout le pays et comprit qu'il était temps pour lui de s'en aller.

«S'il n'avait pas décidé de céder la place, la conférence du parti aurait rayé son nom sur la liste du Comité central, au moment du vote, comme cela s'est produit pour six autres membres du Politburo de l'ancienne génération, et il n'aurait pas été élu président. La manière dont ces noms avaient été biffés donna aux débats une allure de putsch. Kádár se considérait comme un réformateur et croyait fermement avoir tracé la voie dans laquelle Gorbatchev s'engouffrait.»

Quelqu'un d'autre aurait-il pu faire mieux que Grosz?

Comme Premier ministre, en septembre 1987, Grosz s'était acquis de nombreux partisans qui le suivirent encore jusqu'après la conférence du parti. Ce tacticien n'avait aucune notion de stratégie, d'après Berecz. «Le système en soi n'était plus défendable. Nous devions le proclamer nettement. La question qui se posait était de savoir si la porte de sortie déboucherait sur la violence ou sur une voie pacifique. Les fidèles du parti m'ont accusé par la suite, à plusieurs reprises, d'avoir laissé les choses en arriver là où nous nous trouvons aujourd'hui. Pozsgay et Horn, disent-ils, sont des traîtres. Je passe mon temps à leur démontrer que le changement du système était un processus objectif; personne ne pouvait l'arrêter. Nous aurions pu utiliser la force, mais il n'existe aucun organe, aucune institution où les partisans de cette solution ont osé le dire ouvertement. Le changement était donc inévitable. Il nous fallait décider de la façon dont aurait lieu cette transformation et quel serait son but. Pozsgay, Grosz et moi-même avions une foi commune dans le compromis et la réconciliation; en particulier, nous estimions que personne ne devrait être atteint dans sa chair, que la propriété privée était une chose acceptable et que les paysans devraient pouvoir choisir de quitter les fermes collectives. Si tous les trois nous avions été capables de travailler ensemble, le résultat aurait fort bien pu être différent. » Les réunions du Comité central en 1989 « ressemblaient à des veillées funèbres. Si nous nous réunissions c'était seulement parce que nous existions, mais c'était tout ».

Grosz avait agité l'épouvantail de la « Terreur blanche ».

« Le discours de Grosz n'a pas été diffusé sur les ondes et si j'en ai eu connaissance c'est grâce à un enregistrement réalisé par la station de télévision. Il avait été prononcé sans que j'y sois pour rien. Je ne participais pas aux travaux de la commission qui s'occupait des affaires du parti et qui avait approuvé le discours. J'ai été mis au courant de la réaction à chaud parce que, le lendemain, je me trouvais à Tatabanya où je devais prononcer une allocution de mon cru dans un stade devant trois mille personnes. Je n'ai pas réagi à cette réflexion de Grosz mais je savais que la première question qui me serait posée après mon intervention publique serait : "Quelle est votre opinion quant au danger d'une Terreur blanche ?" Je répondis que des excès pouvaient survenir dans toute crise mais que je n'entrevoyais aucun danger de ce genre dans l'immédiat. A peine étais-je de retour à Budapest que Grosz me convoqua pour me dire qu'il s'était attendu à une plus grande solidarité de ma part. Comme nous travaillions dans le même bâtiment, je lui fis une réponse qui n'engageait que moi : pour ma part, lui dis-je, je me serais attendu à ce qu'il me consulte avant de parler de Terreur blanche. C'est ainsi qu'en permanence on tirait les ficelles à hue et à dia. »

Le parti avait à sa disposition la milice ouvrière qui était armée.

« Je n'ai jamais entendu personne proposer de la faire entrer en action mais certains avaient sans doute cette idée présente à l'esprit. Grosz m'a raconté qu'au moment où il était allé chasser en Tchécoslovaquie avec Jakes, celui-ci avait offert de nous fournir une aide militaire si nous la demandions. Quand je me suis rendu en Tchécoslovaquie, mon homologue Jan Fojtík m'a exhorté lui aussi à adopter une conduite plus menaçante. Je lui ai répondu que la leçon fondamentale à tirer de l'histoire du socialisme c'est que la solution militaire n'est pas une solution. L'armée polonaise était la meilleure du bloc soviétique, et nous nous étions réjouis lorsque Jaruzelski avait décrété la loi martiale mais même un homme comme lui avait été incapable de consolider la situation. »

L'Union soviétique, pense-t-il, a laissé partir la Hongrie parce que Gorbatchev n'était pas plus en mesure de conserver l'empire que de se maintenir en place lui-même. Face à des divisions ethniques, toute réforme ne pouvait qu'être autodestructrice.

Vos fonctions consistaient à défendre l'idéologie marxiste. Qu'est-ce qui vous a fait penser que le système devait changer?

« Cela ne s'est pas produit du jour au lendemain. En 1983, il y avait eu un colloque universitaire sur le capitalisme. J'y ai déclaré que le capitalisme était capable de faire peau neuve à la faveur d'une crise, de sorte que la science politique n'avait pas besoin d'être exclusivement marxiste. Au cours de l'année suivante, je me suis mis à considérer que 1956 avait été une révolution, mais en 1986 j'étais redevenu un marxiste "dur". A l'occasion d'un autre colloque, cette fois à Szeged, en janvier 1987, on m'a posé la question du pluralisme. J'étais prêt à admettre qu'on l'instaure dans le domaine de l'idéologie et des intérêts [économiques] mais pas en matière de partis politiques. Cela dit, après avoir admis que le fait de transférer tous les droits de propriété à l'Etat n'est pas le souverain bien, vous vous trouvez engagé sur la voie qui mène inévitablement à des élections multipartites. A la veille du scrutin, un journaliste de la télévision française m'a demandé brusquement dans les couloirs du parlement : "Que se passera-t-il si vous ne gagnez pas? — Ce seront les vainqueurs qui formeront le gouvernement", ai-je répondu. Il a poursuivi : "Cela signifie-t-il que vous renoncerez volontairement au pouvoir? — Non, lui ai-je dit, cela signifiera que le peuple est en train de nous le reprendre." Si cette question m'avait été posée à peine deux ans plus tôt j'aurais répondu que nous allions lutter pour conserver le pouvoir aux classes laborieuses. »

Vous avez dû sentir votre propre personnalité se modifier.

« Cela va de soi. J'ai pris des tas de notes à l'époque et les contradictions qui m'habitaient me surprennent aujourd'hui. Pozsgay écrit dans son livre qu'il savait tout d'avance. Ce n'était pas mon cas. »

Grosz croyait que le parti pouvait autoriser le pluralisme tout en conservant son hégémonie.

« Jusqu'au moment où, aux environs de juin ou juillet 1989, il a dû admettre qu'il ne pouvait plus influer sur les événements. Le parti se divisait en deux ailes – les réformateurs à la tête desquels le parti lui-même avait placé Pozsgay et Nyers, quoi qu'ils puissent soutenir maintenant, et les durs qui se ralliaient au prétendu Programme marxiste d'union. D'après moi, nous devions nous séparer de façon civilisée. J'avais calculé que les réformateurs entraîneraient 45 000 membres du parti avec eux, et que les adeptes du Programme marxiste d'union formeraient un nouveau parti communiste de quelque 60 000 membres. En sous-main tout le monde était tacitement d'accord pour que Pozsgay soit président de la République. Il a cherché constamment à réaliser ses propres plans sans pour autant être capable de former des alliances. Nous ne pouvions pas nous entendre avec les réformateurs parce qu'ils voulaient anéantir tout le parti. »

Longtemps membre du Comité central, István Horváth avait été ministre de l'Intérieur de 1980 à 1985, puis de nouveau entre décembre 1987 et janvier 1990. Par conséquent c'est lui qui était responsable de faire respecter la loi et de maintenir l'ordre ; il lui incombait de surveiller la partie hongroise du rideau de fer. Les forces de police, y compris la police secrète, dit-il, avaient des effectifs de 35 000 hommes auxquels s'ajoutaient 13 000 gardes-frontières. Il y avait « quelques centaines » d'indicateurs. La Sécurité d'Etat formait un département distinct, au sein du ministère de l'Intérieur, mais n'opérait qu'à l'échelon des districts. Dans les petites villes et les zones rurales, les personnels de la police locale jouaient aussi le rôle d'agents de la sécurité.

Horváth est d'apparence frêle mais il a le geste vif, avec une timidité qui lui fait facilement piquer un fard ; il ne correspond guère à l'idée stéréotypée que l'on se fait d'un général placé à la tête de la police secrète. Depuis qu'il a quitté l'université, il est resté lié avec Pozsgay ; tous deux vivaient dans le même immeuble, et leurs épouses entretenaient elles aussi des relations d'amitié. Il était en bons termes avec Grosz. Il comptait aussi Krioutchkov parmi ses amis et celui-ci ne manquait jamais de lui rendre visite lorsqu'il était de passage à Budapest. « Des tas de gens du parti soviétique et du KGB se comportaient comme si le monde entier devait se sentir heureux d'être foulé par eux. Pas Krioutchkov. Sans doute n'avait-il pas l'envergure d'un homme d'Etat comme Andropov mais il lisait beaucoup et portait sur toutes choses un jugement personnel, notamment en ce qui concernait les failles du système soviétique. Grosz avait eu le courage de dire en face à Kádár que celui-ci devait démissionner. J'étais de cet avis mais je n'aurais pas osé l'exprimer. Krioutchkov était présent à ce moment-là et m'a demandé pourquoi je n'étais pas aussi courageux que Grosz. Je lui ai dit : "Est-ce que vous avez osé dire à Brejnev de partir ? Non ? Alors cela met un point final à la question." »

Le KGB collaborait avec Horváth et la Sécurité d'Etat pour échanger des informations et maintenir le contact « pour le cas où nous aurions dû entreprendre une action commune. Les mêmes raisons nous poussaient aussi à avoir des représentants à Moscou ». Peu après avoir entamé son deuxième mandat, Horváth fit déménager les bureaux du KGB pour les éloigner de son immeuble. « J'ai précisé que s'il survenait quelque chose d'important, le directeur pouvait librement me joindre. De même que je n'hésiterais pas à l'appeler si je voulais lui parler. »

Il fait remarquer que les dissidents étaient des enfants de la nomenklatura, ou des communistes déçus; Haraszti, par exemple, avait été maoïste. La Sécurité d'Etat savait habilement distinguer l'opposition légale de celle qui était illégale; ainsi elle autorisait ou tolérait certaines réunions et publications *samizdat* pour ménager les modérés et isoler les contestataires les plus extrémistes. « Des considérations politiques nous obligeaient à leur mettre des bâtons dans les roues et à leur créer des ennuis, mais nous voulions éviter de les faire passer en jugement. » On utilisa pourtant à nouveau la violence contre les manifestants en 1988, avoue Horváth, notamment lors de la cérémonie funèbre organisée en l'honneur de Nagy. Un des orateurs du jour, Gáspár Miklós Tamás, politologue de renommée internationale, fut roué de coups jusqu'à ce qu'il s'écroule. Tamás et Krassó ainsi que d'autres – quarante-deux personnes en tout, dit-il – se virent confisquer leur passeport afin de leur montrer qui détenait le pouvoir.

Lorsque Grosz prononça son discours sur la Terreur blanche, Horváth le vit par hasard. De par ses fonctions, il savait qu'il n'y avait aucun risque de Terreur blanche. Il est révélateur de noter que Grosz ne souleva jamais le sujet avec lui. « Nous devions faire face à deux types de menaces. L'esprit de revanche, dirons-nous; et celle que représentaient les partisans de la ligne dure, regroupés au sein de l'Association Ferenc Münnich (ainsi nommée à la gloire d'un stalinien qui, comme Kádár, s'était retourné contre Nagy en 1956). Nous cherchions à empêcher que ces deux extrêmes jouent un rôle quelconque. Par exemple, Ferenc Kulin vint me voir en juin 1989 pour me prévenir que des gens envisageaient de se livrer à une provocation armée au cours des funérailles d'Imre Nagy. La Sécurité d'Etat a dû prendre toutes les précautions utiles pour exclure cette éventualité. »

Une commission de la Défense avait préparé des plans circonstanciés pour le cas où serait proclamé l'état d'urgence général. Grosz évoquait parfois cette possibilité mais la direction du parti ne le suivait pas dans cette voie. Horváth prétend que le recours éventuel à la milice ouvrière n'a fait l'objet d'aucun débat entre les dirigeants du parti, les membres du gouvernement ou les chefs de la police. Tout en souhaitant personnellement maintenir le parti en situation d'exercer le pouvoir, il envisageait la possibilité d'un système multipartite auquel la police et la Sécurité d'Etat devraient rendre compte.

« Le chef du KGB n'est jamais venu me voir à propos de l'ouverture de la frontière car, en fait, il ne pensait pas que cette initiative aurait de telles conséquences. » Horváth ne l'imaginait pas non plus.

Six millions de Hongrois se rendaient à l'étranger chaque année et vingt-cinq millions de touristes entraient en Hongrie. « Chaque année, nous avions de 200 à 250 cas d'étrangers qui cherchaient à franchir la frontière illégalement, pour un maximum de dix Hongrois. Ces derniers étaient des alcooliques, des enfants qui avaient eu de mauvaises notes à l'école et des maris désireux de quitter furtivement leurs épouses.

Compte tenu du nombre immense de gens qui traversaient la frontière avec des papiers en règle, quel aurait été l'intérêt d'attraper cette poignée de personnes ?» Il aurait fallu aussi, soutenait Horváth, faire remplacer les conscrits par des soldats de métier pour moderniser les unités de gardes-frontières.

Ce qu'il appelle le « mécanisme de signalisation » disposé le long de la frontière se composait de fils de fer barbelés, électrifiés, où passait un courant à basse tension. « C'était un dispositif russe très imparfait. N'importe quel lapin ou chevreuil pouvait le déclencher et faire accourir les gardes à toute allure. La rénovation du système, prévue pour 1995, coûterait plusieurs centaines de millions de forints, et dès 1988 j'avais décidé qu'il était préférable de traiter le problème tout de suite. Nous n'avions plus intérêt à encourir ces dépenses pour de tels résultats. Cette proposition fut acceptée et, au cours du printemps suivant, nous avons commencé à démanteler le système de signalisation ; le travail s'est avéré plus rapide que nous ne l'avions prévu, de sorte que tout s'est trouvé achevé en quelques mois.

« Au début de cet été-là, j'ai mis un terme à la pratique antérieure qui consistait à renvoyer dans leur pays les citoyens allemands que nous interceptions à la frontière. C'était une question technique sans importance. Mais, bien entendu, les Allemands ont vite découvert que, premièrement, nous ne les réexpédiions pas chez eux et, deuxièmement, que nous nous étions débarrassés de notre système de signalisation. Ils ont commencé à venir ici. A la fin de juillet nous estimions qu'ils étaient déjà plus de 20 000 – 150 d'entre eux occupaient l'ambassade de l'Allemagne de l'Ouest, comme leurs concitoyens à Prague, ce qui faisait scandale. Ils pouvaient coucher à la belle étoile sur l'île Margaret (dans un coude du Danube au cœur de Budapest) ou plus loin au bord du lac Balaton. Mais que se passerait-il à l'automne ? Nous recevions un nombre identique de Hongrois venus de Roumanie et nos camps de réfugiés étaient pleins. Lorsqu'il y eut 40 000 de ces étrangers chez nous il devint manifeste que nous serions obligés de les laisser repartir ailleurs.

« Nous avons décidé de ne pas prendre position dans cette affaire. Il appartenait à l'Allemagne de l'Ouest et à la RDA de négocier entre elles aussi bien qu'elles pourraient le faire. Les Allemands de l'Est avaient mis sur pied un moyen de communication avec les Allemands de l'Ouest par l'intermédiaire d'un avocat, Vogel, qui était peut-être un officier de la Stasi ou un espion ouest-allemand, ou les deux à la fois pour autant que je sache. L'Allemagne fédérale réagit la première. Elle souhaitait donner des papiers d'identité à tous ces gens et nous demanda de les traiter comme des citoyens de la RFA. Nous avons répondu qu'elle devait d'abord négocier avec la RDA. Le temps passait et on arrivait presque à la mi-août ; nous constations que les choses piétinaient. Németh proposa alors que Horn et moi-même nous nous rendions en Allemagne de l'Est pour avertir les responsables que nous étions à bout de patience. J'ai refusé, en prétextant que s'ils avaient des problèmes c'était à eux de prendre contact avec nous. Il fut décidé que Horn ferait le voyage, en compagnie de mon adjoint. Si aucun accord n'intervenait avant une date donnée, leur annonça Horn, nous agirions unilatéralement. Nous n'étions plus disposés à leur servir de gendarmes.

« Honecker était souffrant et n'a pris aucune part à ces pourparlers. Egon Krenz le remplaçait. Il avait été mon collègue au temps où nous militions dans les mouvements de jeunesse. Les Allemands de l'Est se sont fâchés violemment et nous ont accusés de trahison. Erich Mielke a prononcé ce mot-là. Après le retour de Horn nous leur avons fixé une autre échéance qui parvint également à expiration, et c'est ainsi que nous sommes arrivés au 11 septembre. »

La mesure était sans précédent, dit Horváth, mais ni lui-même ni personne d'autre n'avait compris que le mur de Berlin était devenu superflu, lui aussi, et que le communisme ne pouvait plus s'isoler du reste du monde.

Qui aurait pu imaginer que le sort du communisme, par une ironie du destin, se trouverait à la merci d'une décision de type rigoureusement capitaliste, destinée à épargner aux Hongrois les frais de rénovation d'un rideau de fer qui, à lui tout seul, faisait tenir debout l'idéologie et l'empire ?

22

« Celui qui agit trop tard sera puni »

L'Allemagne de l'Est était un pays lugubre. La dictature nazie et le despotisme soviétique qui lui succéda sans interruption y avaient broyé la vie et la couleur pour tout réduire à une sorte de pâte sociale statique. Les ruines laissées par la guerre et abandonnées en l'état, les logements communautaires, les gaz d'échappement des Trabant, ces autos de pacotille construites sur place, la pollution générée par les usines et les centrales électriques qui fonctionnaient au lignite, le mobilier strictement utilitaire et les vêtements de mauvaise qualité sans aucune fantaisie, le silence étrange des rues mal éclairées après la tombée de la nuit, et l'impasse créée par l'existence du mur de Berlin, tout contribuait à provoquer un sentiment de claustrophobie physique et spirituelle.

C'est dans la Normannenstrasse, à Berlin-Est, que l'on a dressé involontairement un musée consacré à cette claustrophobie, là où la Stasi, c'est-à-dire la police secrète, avait son siège. Cet immeuble hideux de brique rouge, haut de huit étages, était le centre vital de l'apparatus qui tenait le pays tout entier dans ses griffes. A sa tête se trouvait Erich Mielke, né en 1907, qui portait sans raison valable le titre de général. Avant d'être placé à la tête de la Stasi en 1957, il s'était fait la main en truquant des procès politiques. Ce voyou cupide se doublait d'un homme vaniteux. La liste, qu'il avait dressée, de ses 250 médailles et décorations couvrait dix-huit pages de papier ministre, ce qui n'est pas sans rappeler l'attitude de Hermann Goering. Dans une petite vitrine se trouve exposé désormais le matériel utilisé pendant les séances de torture physique et psychologique. Le bureau personnel de Mielke présente un aspect austère et inexpressif, avec ses teintes brunes miteuses, ses rideaux de dentelle et son mobilier mastoc. Au mur on voit un portrait de Félix Dzerjinski, le policier qui fut l'exécuteur en chef au temps de Vladimir Ilitch, un masque mortuaire de Lénine, un standard téléphonique à l'ancienne mode, de même qu'une machine à déchiqueter les documents. Un coffre-fort et des placards minables servaient à ranger le produit du travail quotidien.

Les 86 000 agents officiels de la Stasi étaient renforcés par plus de 100 000 agents officieux et par un nombre inconnu d'indicateurs aussi bien que d'employés ordinaires, implantés dans chaque usine, chaque unité militaire, chaque département universitaire, chaque ensemble de logements. Des dossiers avaient été constitués sur près de 6 millions de personnes pour une population de 16 millions d'habitants, et aussi sur un demi-million d'étrangers. On a dit que ces dossiers, s'ils étaient mis bout à bout, s'étendraient sur une distance de 200 kilomètres. Un épisode mystérieux se produisit le 15 janvier 1990, lorsqu'une cohue de gens se rua soudain à l'intérieur de l'immeuble de la Normannenstrasse, alluma un petit incendie et détruisit ou déroba certains dossiers. Peut-être cet incident faisait-il partie d'une manœuvre de la Stasi soucieuse de brouiller certaines de ses pistes. Beaucoup de dossiers subsistent néanmoins et ils fournissent une radiographie du cadavre totalitaire de feu la RDA. Ce salmigondis de dénonciations, de rumeurs, de chantages et de calomnies conservera son pouvoir vénéneux pendant des années encore. Des hommes politiques, des intellectuels et même d'anciens dissidents ont déjà vu leurs vies ruinées par des révélations selon lesquelles d'une façon ou d'une autre ils avaient travaillé pour la Stasi. Les opérations à l'étranger étaient la chasse gardée de la Hauptverwaltung Aufklärung (Direction générale des renseignements), ou HVA, placée sous la tutelle d'un maître-espion, le général Markus Wolf, célèbre dans les pays occidentaux qu'il a plus que personne cherché à saper avec cette froide et brillante hostilité qui était la sienne. Ces archives ont été détruites à la fin de l'année 1989 sur ordre de la direction du parti.

Quant à savoir qui, du parti ou de l'appareil de sécurité, surveillait l'autre, c'est là une question qui fera le bonheur des chercheurs et à laquelle il est impossible de répondre. Le pouvoir, les manipulations à distance dans le monde extérieur, la claustrophobie à l'intérieur des frontières, tout découlait de l'imbrication étroite de ces deux éléments de l'Etat communiste. L'ampleur de cet instrument de répression révèle peut-être la conscience de leur propre culpabilité et jusqu'à un certain point le sentiment d'insécurité dont souffraient les dirigeants. Mais la répression trouvait sa justification dans la doctrine en vigueur.

Selon cette doctrine, il existait une seule nation allemande mais deux Etats allemands distincts, celui où régnait une dictature du prolétariat, vertueuse et antinazie, et celui qui servait de dépotoir haineux à un capitalisme fauteur de guerre. Ces deux Etats étaient historiquement destinés à se retrouver un jour réunifiés sous la bannière du socialisme. En attendant, le mur de Berlin symbolisait leur antagonisme doctrinal et lui donnait corps. Dans une certaine mesure, cette représentation fantaisiste avait conquis les esprits des Allemands de l'Est, en particulier ceux des intellectuels et des écrivains à qui le parti avait assigné la mission de la propager. Cette volonté de servir la tyrannie en contrepartie d'avantages matériels était infâme, même au regard des critères inventés par les contemporains de Hitler. Quelque 15 pour cent de la population avait fui la RDA, attirée par le miracle économique de l'Allemagne de l'Ouest, si fascinant pour qui l'observait de l'autre côté de la frontière interdite. Ce chiffre à lui seul apporte un démenti cinglant à la doctrine officielle. Chaque année, ils étaient de plus en plus nombreux à franchir le rideau de fer légalement ou illégalement. A partir de 1963, moyennant le paiement de 3,5 milliards de deutsche Mark, 33 000 retraités et enfants avaient été rachetés par l'Allemagne de l'Ouest, et un quart de million de foyers s'étaient ainsi trouvés réunifiés grâce à une sorte de transaction commerciale sans précédent dont des êtres humains faisaient l'objet. En 1989 le prix d'un savant ou d'un médecin se montait à quelque 50 000 dollars. Cette année-là, près d'un quart de million de personnes s'étaient évadées de la RDA et les sondages d'opinion montraient qu'un habitant sur trois était disposé à partir. De tous les pays communistes, seul Cuba enregistrait un pourcentage plus élevé de citoyens désireux de fuir le régime.

La même doctrine encourageait en outre la RDA à déstabiliser l'Allemagne de l'Ouest afin d'accélérer le processus par lequel la nation divisée serait réunifiée après le triomphe du socialisme. De concert, la HVA et la Stasi avaient donc monté à cet effet une campagne de violences, d'espionnage, de pénétration et de subversion qui s'apparentait vraiment à une guerre clandestine contre un Etat avec lequel l'on était pourtant théoriquement en paix. Dans ce contexte, on finançait les Brigades rouges et autres groupuscules terroristes que l'on armait pour tuer. A l'Ouest, nombre de publications et d'entreprises allemandes se révélèrent également être des organismes de façade mis en place par la RDA. Des hommes politiques, en Allemagne fédérale, se trouvaient souvent piégés dans des complots compliqués ou des marchés compromettants ; d'aucuns, comme Franz Josef Strauss, tombaient dans le piège probablement parce qu'ils avaient un sentiment exacerbé de leur propre valeur ; d'autres, comme Herbert Wehner, adjoint et rival de Brandt au sein du SPD, étaient des agents secrets implantés par Moscou. Des milliers d'agents et leurs recrues sur place, personnages tragiques mais néanmoins destructeurs, parvinrent à s'infiltrer au plus haut niveau de l'Etat, en Allemagne de l'Ouest, et même dans le secrétariat du chancelier ou l'état-major de l'OTAN. L'ampleur de ces infiltrations n'a pas encore été révélée.

Cette agression était humblement tolérée à l'Ouest. Pour des raisons inscrites dans le passé nazi de la nation, toute indignation passait pour inconvenante et aucune action de représailles n'était concevable. Axel Springer, par exemple, le magnat de la presse dont les nombreuses publications avaient pour objet de faire campagne contre la RDA, s'était de ce fait mis au ban de la société civilisée. Nombre d'intellectuels, en Allemagne fédérale, étaient enclins à s'incliner devant la supériorité morale et politique de leurs homologues communistes et dénigraient impitoyablement la société qui était la leur, créant ainsi un climat sous lequel il n'existait aucune valeur véritable pour laquelle se battre. Le SED trouvait par conséquent maints appuis, ce qui l'encourageait à faire tout ce qui lui plaisait.

L'un des quotidiens ouest-allemands les plus influents, *Die Zeit*, était passé maître dans l'art de céder devant les communistes et conserva cette ligne de conduite pendant longtemps. A la fin, les partisans de cette attitude s'obstinaient à manifester un état d'esprit qui n'avait plus aucun rapport avec le monde réel. En 1986, le rédacteur en chef du journal, Theo Sommer, demanda aux Allemands de l'Est d'organiser un tour de la RDA pour lui et pour une délégation de commentateurs politiques, dont faisaient partie Gräfin Marion Dönhoff et Rudolf Walter Leonhardt. Ces derniers n'étaient pas des journalistes ordinaires mais des gens très connus qui exerçaient une réelle influence sur l'opinion à l'échelle de la nation. Les dossiers constitués par les Allemands de l'Est pourraient fournir les éléments d'une monographie sur la manière dont on peut manipuler des personnalités de ce genre, toutes prêtes à se laisser mener par le bout du nez. On peut déceler un certain humour sarcastique dans la correspondance interministérielle, devant la naïveté des questions et des propositions formulées par cette délégation.

Du 24 mai au 3 juin, le groupe fut emmené dans des endroits soigneusement choisis et fut présenté à des personnalités marquantes. Tout se passa sans accroc. Au cours d'une réception d'adieu, Sommer remercia les membres du Politburo pour lui avoir fait comprendre que les politiciens de la RDA, contrairement à ceux de chez lui, croyaient en ce qu'ils disaient. La série d'articles que *Die Zeit* publia, de la fin juillet à la mi-août, rendait un son dithyrambique. Pour Leonhardt, un nouvel Etat avait vu le jour, « avec une nouvelle conscience bien à lui, qui bénéficie de la reconnaissance internationale de sa propre souveraineté ». Sommer s'extasiait sur l'absence d'angoisse qu'il avait su détecter dans la population, les vastes approvisionnements de marchandises, l'élévation des taux de production, la protection de l'environnement et les nouvelles possibilités offertes aux artistes. Les Allemands de l'Est, estimait-il, rendaient quelque chose comme un hommage silencieux à Honecker.

Comment allait réagir le public devant cette farce tragi-comique ? Cinquante années de mensonges ont dû s'écouler avant que les « compagnons de route » d'avant-guerre aient été dénoncés au grand jour. La réalité qu'ils avaient été si honteusement incapables de voir, ou qu'ils n'avaient pas voulu voir, allait éclater au visage de Sommer et de ses confrères à peine trois petites années plus tard.

L'Allemagne de l'Ouest intériorisait ainsi l'image d'un Etat héroïque et méconnu que la RDA cherchait à donner d'elle-même ; cette campagne était la principale réalisation du régime communiste est-allemand dont la réussite se révélait, dans les autres domaines, moins que vraisemblable. L'opinion initialement défendue par Adenauer pour qui la RDA, en tant qu'entité illégitime, devait être mise en quarantaine s'était atténuée au fil des ans. Le SPD, sous la houlette de Willy Brandt, avait élaboré une nouvelle doctrine, celle de l'Ostpolitik. Selon la nouvelle ligne de conduite préconisée à l'égard de la RDA, celle-ci, en obtenant la reconnaissance qu'elle cherchait, deviendrait moins agressive, et par conséquent moins communiste, voire docile et civilisée à la longue. D'ici là, toute idée de réunification serait mise en sommeil comme une Belle au bois dormant, à laquelle chacun pensait mais que nul n'osait réveiller par crainte des conséquences.

Des traités signés en 1970 avaient rendu définitives l'existence de deux Etats allemands et la frontière germano-polonaise dans leur dessin existant. Ce que l'on avait semblé tenir jusque-là pour les séquelles dangereuses de la guerre s'était transformé en certitudes politiques par la vertu de ces traités et de l'Acte final d'Helsinki. Mais l'éventualité d'une réunification des deux Allemagnes et les modalités possibles d'un tel événement étaient des questions qui conservaient toute leur importance nationale. Pour le reste, l'Ostpolitik engendra des querelles politiques inextricables. La question est aujourd'hui purement académique mais il faudra des années pour que l'on puisse dire si cette politique a retardé ou fait progresser la réunification. Cette attitude conciliante n'a guère permis d'éviter, comme on l'espérait, les actes d'agression et de subversion. La reconnaissance internationale de la RDA provoqua la jubilation des dirigeants du parti. Se sentant désormais personnellement en sécurité, ils exploitèrent ce qu'ils tenaient pour une grande défaite de l'Etat allemand rival : d'une part, en lui soutirant des crédits, des prêts et le prix de certaines réunifications familiales; d'autre part, en lui dérobant des secrets industriels et en conspirant contre l'OTAN.

Le principal bénéficiaire de l'Ostpolitik fut Erich Honecker. Ce fils de mineur était né en 1912 dans la Sarre. Pendant dix ans, au temps de Hitler, il avait été emprisonné comme communiste. En 1971, grâce à un putsch astucieusement mené, il succéda à Walter Ulbricht, pour devenir le deuxième et pratiquement le dernier premier secrétaire du SED. Dépourvu de tout humour et assez borné, s'exprimant invariablement dans le langage du parti dénué de tous sentiments réels, il ressemblait à un robot plus qu'à un être humain. Sa femme, Margot, animée d'un fanatisme criard qui lui avait valu les surnoms de «sorcière» ou de «dragon lilas», était responsable de l'enseignement.

Dans un de ses livres, Honecker décrit son voyage à Moscou en 1970 et comment il se lia à Brejnev comme une ombre. Brejnev lui avait dit : «N'oubliez jamais que la RDA ne peut exister sans nous; sans l'Union soviétique, sans sa puissance et sa force, sans nous il n'y a pas de RDA. L'existence de la RDA répond à nos intérêts qui sont les intérêts de tous les Etats socialistes. C'est la conséquence de notre victoire sur l'Allemagne hitlérienne. Il n'y a plus d'Allemagne, ce qui est une bonne chose, il y a une RDA socialiste et une République fédérale. » Tels étaient exactement les principes auxquels Honecker se conforma.

La carrière de Honecker connut son apogée en septembre 1987 lorsqu'il fut reçu à Bonn comme un chef d'Etat en voyage officiel, après de longues pressions de sa part tant la chose était difficile à avaler pour un chancelier ouest-allemand. Si un commentateur avait prédit à l'époque que Honecker serait poursuivi en justice cinq ans plus tard pour avoir causé la mort des Allemands de l'Est désireux de fuir vers l'Occident, il aurait été traité de cinglé.

A partir de ce moment-là et jusqu'à l'effondrement final, la majorité des observateurs et des historiens informés a pris pour argent comptant des faits qui, dans d'autres circonstances, auraient fait l'objet de vérifications scrupuleuses. L'un d'entre eux, David Childs, écrivait en 1988 que la RDA continuait à faire des progrès économiques et il ajoutait : « C'est apparemment l'un des régimes les plus stables du monde. » Un autre, Mike Dennis, écrivait au même moment que la RDA était « souvent tenue pour un modèle, pour sa forme particulière de socialisme ». En réalité, le déficit budgétaire s'élevait à 34 milliards de dollars, mais la chose était soigneusement tenue secrète car Günter Mittag, comptable de l'économie, gardait jalousement ce chiffre pour lui tout seul et ne le révélait même pas à Honecker. Les élections locales qui se tinrent au début du mois de mai 1989 attribuèrent près de 100 pour cent des voix au SED. Le décompte des bulletins de vote avait été truqué au niveau des *Stadtbezirk*, ou conseils municipaux, comme l'expliqua par la suite Günter Schabowski du Politburo en laissant entendre dans le joli vocabulaire du parti que telle était l'apothéose du formalisme politique. « Si les résultats ne convenaient pas, le responsable électoral de la circonscription les modifiait. » La fraude appliquée à une telle échelle produisait des effets contraires à ceux que l'on recherchait.

Pourtant, un observateur astucieux et plein d'expérience comme Melvin Lasky, rédacteur en chef du mensuel *Encounter*, a pu parcourir la RDA au cours de l'été 1989 sans rien pressentir de la révolte imminente. Peu suspect d'abriter les mêmes sentiments que Theo Sommer, il avait trouvé un pays qui respirait la paix et la confiance. L'année suivante, l'institut Allenbach effectua un sondage d'opinion auprès d'un vaste échantillon d'Allemands de l'Est pour savoir si un an plus tôt ils s'étaient attendus à la révolution pacifique qu'ils allaient faire. Les trois quarts des personnes interrogées dirent avoir été entièrement surprises par les événements et 5 pour cent seulement répondirent affirmativement.

L'Union soviétique de Gorbatchev était moins prête que l'Allemagne du chancelier Kohl à se montrer aussi indulgente envers la RDA. Honecker et Gorbatchev se connaissaient depuis les années 1960; entre 1985 et 1989 ils avaient eu dix interminables conversations privées outre maintes rencontres publiques dans les occasions les plus diverses. Honecker, soucieux de mettre l'accent sur ses propres réalisations pour prouver la supériorité des vieilles méthodes staliniennes, tapait de plus en plus sur les nerfs de Gorbatchev qui voyait en lui le type même du communiste sclérosé, pur et dur, acharné à lui mettre des bâtons dans les roues en son pays. Gorbatchev, qui aimait à évoquer «la maison commune européenne», selon sa formule favorite, faisait naître chez Honecker de tristes soupçons; comment savoir si le chef d'Etat soviétique n'était pas capable de forger quelque alliance avec l'Allemagne de l'Ouest aux dépens de la RDA, ce qui aurait réduit à néant des années de patience, passées à exploiter l'Ostpolitik? «En 1987 nous avons reçu des renseignements de Washington selon lesquels la RDA allait être le "prix" à payer pour "la maison européenne commune", écrit-il dans ses mémoires. Il fallait que quelqu'un perde la partie, d'un côté ou de l'autre de la barricade, dans ce cul-de-sac.»

Personne, dans l'entourage de Honecker, n'était capable de s'adapter à la perestroïka: Mielke, le Premier ministre Willi Stoph, le ministre de la Défense Heinz Kessler, les membres du Bureau politique Joachim Herrmann, Hermann Axen, Kurt Hager et bien d'autres, tous étaient des septuagénaires plus que confirmés. Günter Mittag, à peine plus jeune, était un malade chronique, avec ses deux jambes amputées à cause du diabète. Recommander avec tact à de tels hommes de procéder à une réforme était peine perdue.

L'autre obstacle était leur propre corruption. L'élite du pays vivait regroupée à Wandlitz, une banlieue de Berlin-Est surnommée Volvograd. En 1981, selon Fritz Müller, qui dirigeait le département de l'organisation du parti au Comité central, la nomenklatura comptait 339 000 membres qui tous s'enrichissaient grâce à leur position dans le parti. L'une des administrations les plus extraordinaires qui aient jamais été mises sur pied par aucun gouvernement s'appelait la Bereich Kommerzielle Koordinierung, familièrement désignée par son diminutif, «KoKo». Expressément conçue à des fins d'escroquerie et couverte par le secret le plus absolu, c'était «la puissance industrielle la plus importante de la RDA», d'après un avocat est-allemand, Peter Przybylski, qui a publié les conclusions de l'enquête menée par lui sur cette organisation. En 1965, Hermann Matern, un homme du KGB moscovite qui siégeait au Bureau politique est-allemand, nomma Alexandre Schalck-Golodkowski directeur de la KoKo. C'était un choix judicieux. Affranchi des lois et réglementations qui s'appliquaient sur le marché capitaliste, Schalck donna libre cours à son véritable instinct de pillage. Dans une réponse écrite à Matern, il lui proposait d'accomplir des coups de Bourse, des opérations de détournement, des spéculations sur l'or et les matières premières, à condition que le ministre du Commerce intérieur et extérieur ait carte blanche et que la Stasi coopère sans réserve avec lui. Ce genre de concours lui était nécessaire «parce qu'une série d'opérations, telles que le transport illégal des marchandises et les fraudes à l'assurance, entre autres mesures à tenir rigoureusement secrètes, ne devraient être connues que d'un cercle exceptionnellement restreint d'initiés – pas plus de deux ou trois collègues – et mises en application par vous-même ».

En vingt-deux années d'opérations illégales, la KoKo avait amassé 27,8 milliards de marks Valuta, la monnaie de la RDA, comme le déclara Schalck en novembre 1989. Peu de temps après, pendant la nuit du 2 décembre, Schalck s'enfuit en Allemagne de l'Ouest en emportant sous le bras trois dossiers qui « s'ils étaient rendus publics se révéleraient hautement explosifs non seulement pour la RDA mais aussi pour d'éminents politiciens de la république fédérale d'Allemagne », selon les termes employés par Przybylski.

Fritz Löwenthal avait, bien des années plus tôt, décrit comment les biens « hérités » par le parti avaient été confisqués à leurs précédents propriétaires, et comment ces biens avaient atterri dans des mains privilégiées. La KoKo dirigeait des firmes fictives dans les deux Allemagnes, avait pris des participations dans vingt-cinq entreprises et six sociétés mixtes à l'étranger; elle gérait également des comptes secrets pour Honecker et Mielke – l'ancien compte de celui-ci à la KoKo, désigné sous le numéro 0528, présentait à lui seul un solde créditeur de 38 millions de marks. La KoKo avait inventé une technique qui lui permettait de décréter que telle et telle œuvre d'art ou pièce de porcelaine appartenant aux musées nationaux ne valait pas la peine d'être conservée, pour pouvoir les vendre illicitement – 668 tableaux ont disparu de la seule collection de Dresde. Lorsque la KoKo fut mise en conformité avec la loi, on découvrit vingt tonnes d'or entreposées dans les caves de ses bureaux à Berlin. Pendant l'enquête, Manfred Seidel, qui avait tous pouvoirs pour signer au nom de la KoKo, écrivit en janvier 1990 : « Ma fonction consistait à utiliser tous les moyens disponibles pour procurer des devises étrangères à la RDA. A cet effet, aucun souci de légalité ne devait entrer en ligne de compte, ni à l'intérieur du pays ni à l'étranger. »

Le salaire mensuel de Mielke s'élevait à 6 277 marks. En plus de ses comptes à la KoKo, il possédait des comptes au Giro pour une valeur de 950 000 marks, un compte d'épargne lourd de 42 000 marks, une maison à Wandlitz et une chasse privée à Wolletz, dans le district d'Angermünde. Arrêté pour détournement le 7 décembre, Mielke déclara : « Je n'y survivrai pas. Je mourrai et vous en serez responsables. » Combien de ses victimes s'étaient-elles exprimées ainsi, mais dans leur cas à juste titre et en toute sincérité ? En tant que chef de la centrale syndicale, Harry Tisch fut accusé d'avoir dépensé plus de 100 millions de marks sans autorisation. Günther Kleiber du Politburo s'était fait construire en secret une maison à Marzahn. Gerd Müller, membre suppléant du Politburo, s'est vu reprocher d'avoir fait bâtir dans la forêt de Thuringe un pavillon de chasse ainsi qu'une route asphaltée pour y accéder. Il l'a nié mais par la suite, au cours d'une conférence de presse, il a révélé que cette propriété, d'une valeur de 700 000 à 800 000 marks, avait été payée sur les fonds publics. L'importance de ces enrichissements illicites n'est pas encore connue, leur ampleur à l'étranger demeure un mystère. La découverte des ramifications de cette entreprise de vol institutionnalisé, mise en place par le parti, va probablement provoquer des scandales pendant des années dans l'avenir. C'est sur la pratique d'une corruption insidieuse, plus que sur la théorie marxiste, que comptait en fait la RDA pour imposer son pouvoir et parvenir à ses fins. Une décision judiciaire a finalement obligé le parti communiste autrichien à restituer des avoirs pour un montant de 138 millions de livres sterling qui provenaient du SED. «Nos camarades emportaient à Düsseldorf d'énormes paquets d'argent et rentraient chez eux avec des encouragements fraternels à continuer la lutte», nous apprend sarcastiquement Günter Mittag. Quant à savoir si ces «énormes paquets d'argent» constituaient le produit de la corruption, représentaient le contenu de caisses noires ou servaient à financer le terrorisme, il ne le précise pas.

Le 6 octobre 1989, la RDA avait projeté de célébrer le quarantième anniversaire de sa fondation par Staline. Le sort a voulu que cette cérémonie soit la dernière grande fête impériale, à laquelle assistèrent les satrapes de l'empire comme Ceausescu, Milos Jakes, Zivkov, le général Jaruzelski qui avait déjà perdu les élections, flanqués de parasites comme Yasser Arafat. Ce soir-là, à Berlin, une foule immense participa à une *Fackelzug*, la traditionnelle retraite aux flambeaux, pour défiler devant la tribune officielle en saluant et en scandant «Gorbi, Gorbi». C'était une scène digne d'un grand opéra de Verdi. Ce témoignage de loyalisme envers le régime, mis en scène par Honecker, devait en fait sonner le glas de celui-ci; pour sa part, «Gorbi» ne pourrait survivre lui non plus à ces ovations. Le matin du 7, Gorbatchev et Honecker avaient eu leur dernier entretien privé. Après quoi le Soviétique avait lâché dans un couloir la petite phrase qui a fait le tour du monde : «Celui qui agit trop tard sera puni par la vie.» Puis il prononça un interminable discours devant le Comité central au grand complet. Tout en faisant mine de critiquer son propre pays pour la lenteur de ses réformes, il visait manifestement la RDA. Dans sa réponse, Honecker n'indiqua en aucune façon qu'il avait entendu sinon convenablement interprété les propos tenus par Gorbatchev. Schabowski note que celui-ci émettait des «Tss» agacés et que l'expression de son visage semblait annoncer: «Eh bien, camarades, nous voici au bout de la route.»

«J'étais depuis longtemps convaincu du fait que la réunification allemande était inéluctable», a déclaré Chevardnadzé dans un entretien avec *Stern* le 4 avril 1991. Il ne faisait que répéter les observations consignées dans ses mémoires. «Une nation, et une grande nation en l'occurrence, ne peut accepter une telle partition pendant une longue période. Gorbatchev avait l'habitude d'insister sur le fait qu'il s'agissait d'un "processus historique" dans ce cas. Selon lui, toute tentative pour influencer ce processus par la force aurait pu avoir des conséquences catastrophiques.

Nous avions pris la décision de ne pas bousculer ce processus, de ne pas nous en mêler. »

Ce *laisser-aller* fataliste contredit les affirmations de Gorbatchev selon lesquelles, à la conférence de Malte, le président Bush et lui-même s'étaient mis d'accord pour que les frontières européennes ne puissent pas être modifiées; et il donne l'impression de vouloir jeter le meilleur éclairage possible sur les événements. Dans les républiques soviétiques et les pays satellites, Gorbatchev avait fort à faire en cherchant à se débarrasser de la vieille garde pour la remplacer par des perestroïkistes bon teint, et la RDA ne faisait pas exception à la règle. Honecker, qui souffrait de la vésicule biliaire et avait dû subir cet été-là une opération, n'avait pas été capable de choisir entre Günter Mittag et Egon Krenz pour assurer l'intérim à la tête de l'Etat, alors que le second passait pour être en théorie son successeur. Né en 1937, Krenz s'était élevé dans la hiérarchie grâce au mouvement de jeunesse et aimait donner de lui l'image d'un représentant de la nouvelle génération. Un de ses alliés était Günter Schabowski, membre du Bureau politique et responsable des relations avec la presse. Le premier secrétaire du parti pour la ville de Dresde, Hans Modrow, se posait en rival possible. La démission de Markus Wolf, qui avait quitté la HVA sans raison très évidente, répondait peut-être au vœu exprimé par Gorbatchev qui souhaitait le voir promu au poste de premier secrétaire.

Krenz et Schabowski ont tous deux publié leur version des événements. Sans prétendre avoir été présent en personne, Krenz raconte que, sur le terrain d'aviation, au moment où Gorbatchev s'apprêtait à partir, il avait déclaré à la poignée d'hommes qui l'entouraient : « Agissez ! » Pour Schabowski, Ce n'est là qu'une invention émouvante. Quoi qu'il en soit, Krenz commença de solliciter le pouvoir à partir du 7 octobre. Schabowski se présente sous les traits de celui qui a accompli toutes les démarches pour mettre de leur côté l'un après l'autre les membres du Politburo à qui ils avaient quelque raison de faire confiance. Certes, à la réunion du Bureau politique, le 17, Honecker fut déchargé de ses fonctions « selon son propre désir » et remercié pour ses services. Mittag et Herrmann furent également écartés à l'issue d'un vote. Une conspiration en tous points semblable avait permis à Honecker d'éjecter son prédécesseur, Walter Ulbricht.

La tension qui montait dans tout le pays alimenta une rébellion au sein de l'élite. Dès le début du mois de septembre, la première de plusieurs associations privées, Neue Forum, tint sa réunion fondatrice. Ses militants étaient principalement des dissidents connus. Son manifeste avait recueilli en quelques semaines 200 000 signatures; il constatait que la communication entre l'Etat et la société s'était visiblement rompue; aussi fallait-il maintenant chercher à mettre en œuvre une participation de la population la plus large possible. « Nous avons par conséquent la volonté d'élaborer un programme politique pour toute la RDA. » Devant cette menace formulée contre son monopole du pouvoir, le parti proclama dès le 22 septembre que Neue Forum était « un ennemi du peuple ». En refusant d'admettre toute possibilité d'existence à l'adversaire le parti mit en branle la logique de la violence.

La Volkspolizei, qu'on appelait la Vopo, comptait approximativement 100 000 hommes appartenant à diverses armes, tous placés sous le commandement du général Friedrich Dickel, ministre de l'Intérieur. Parmi eux, 73 000 étaient affectés à des besognes policières normales mais le système lui-même attribuait à la police le rôle de défendre le communisme, et non celui de faire respecter les droits de l'homme ou les droits de propriété. La Volkspolizei disposait d'armes et des équipements normaux de l'infanterie. Derrière, venait la Volksarmee, l'armée nationale, forte de 167 000 hommes, avec 1 500 tanks et une force de frappe aérienne comportant près de 400 appareils de combat soviétiques. Après celle-ci, il y avait la garnison soviétique, avec 300 000 soldats et plus de 200 000 auxiliaires civils. Peu de pays étaient aussi militarisés. Il y subsistait quelque chose de la tradition militaire prussienne, ce qui garantissait une prestation sérieuse de la part de ces troupes.

En juin déjà, Margot Honecker avait déclaré : « Nous devons défendre le socialisme par tous les moyens. Avec des mots, avec des actes et, oui, par les armes si c'est nécessaire. » Telle était aussi l'attitude de Honecker. Les dissidents de Neue Forum, qui signaient au grand jour des manifestes, avaient des adresses et des consciences ; leurs téléphones étaient placés sur table d'écoute et la Stasi disposait d'énormes dossiers à leur sujet ; peu de chance pour eux de mobiliser les masses. Pourtant, à partir de cet automne-là les Prières hebdomadaires pour la Paix, organisées à l'église Saint-Nicolas de Leipzig, fournirent une arène où opérer cette mobilisation et par conséquent un lieu où la logique de la violence allait finalement perdre sa vigueur. Chaque lundi, des milliers de contestataires prirent l'habitude de se rassembler dans les vieilles rues tortueuses qui entouraient l'église.

Pour s'assurer que rien ni personne ne gâcherait la visite de Gorbatchev, on avait placé en détention 1 000 citoyens le 6 octobre. Durant son séjour, 3 456 individus de plus furent arrêtés et traduits en justice. « Donnez à ces porcs une bonne raclée ! » avait ordonné Mielke. Le ton mesuré des articles consacrés par la presse du parti à la visite du chef de l'Union soviétique indiquait virtuellement que Gorbatchev avait vraiment décidé de laisser tomber Honecker. A peine cet invité si mal disposé à son égard, ce protecteur manifestement perfide, s'était-il envolé pour Moscou, Honecker se trouva en difficulté. Le week-end était fini. Le 9 octobre serait encore un lundi de Prière pour la Paix et il y aurait de nouveau une foule au centre de Leipzig pour tirer parti de la faiblesse du premier secrétaire. Il faudra aux historiens beaucoup de temps pour reconstituer exactement – s'ils y parviennent un jour – ce que furent les réactions de Honecker. Moralement prêt à autoriser toute mesure de répression nécessaire, pour violente qu'elle soit, il se donna beaucoup de mal pour amener ses collègues à le couvrir. Le 8, Mielke mit les forces spéciales en état d'alerte. Le 9, les policiers en nombre impressionnant se déployaient à Leipzig ; les services hospitaliers se mobilisaient également sur le pied de guerre avec des ambulances. L'effusion de sang fut évitée au dernier moment grâce à un mélange d'esprit civique, de chance et de défaillances dans la transmission des ordres à l'intérieur du parti. S'il y avait eu un massacre ce jour-là, le communisme aurait connu une fin très différente en RDA et dans le reste du bloc soviétique.

Si Honecker avait eu vent de la conspiration organisée par Krenz et Schabowski, il aurait pu aussitôt les relever de leurs fonctions dans le parti et les faire arrêter. Déjà le 8, Krenz avait rencontré Mielke, même si leur entretien, dit-on, relevait de la routine. Mais le discours prononcé par Gorbatchev devant le Comité central ne pouvait être interprété par ses membres autrement que comme une invitation à choisir un autre premier secrétaire. Les ordres donnés par Honecker avaient, de ce fait, perdu leur caractère impérieux et pouvaient être prudemment ignorés sur le moment voire mal exécutés. Gorbatchev ne semble pas avoir senti qu'en condamnant Honecker, il mettait le doigt dans un engrenage qui conduisait tout droit à la perte de la RDA, péripétie dont pourrait dépendre sa propre survie. Un autre secrétaire général aurait pu décréter l'état d'urgence, voire la loi martiale, fermer les frontières et gouverner par décrets. Ou il aurait pu attiser la peur d'une confrontation nucléaire internationale. En se montrant assez serein pour encourager Krenz à comploter, avec Markus Wolf dans sa manche, Gorbatchev a manifesté qu'il avait encore confiance dans l'efficacité du pouvoir centralisé au sein du parti. Ce faisant, il prenait ses désirs pour des réalités.

Au Politburo, Krenz se poussa du col en déclarant qu'une crise allait éclater et, le 13, il s'envolait pour Leipzig dans l'espoir de faire inscrire à son propre crédit l'absence de violence du lundi précédent. Le 17, Willi Stoph proposa de demander la démission de Honecker. La ratification de cette motion, le lendemain matin, à la réunion du Comité central était une formalité. Krenz écrit, dans la langue que parlait le parti : « Je savais que des personnes en qui j'avais confiance s'étaient activement occupées de préparer la neuvième séance plénière afin d'obtenir une majorité de voix. » Honecker lut à haute voix sa démission et désigna Krenz pour le remplacer. Cette dévolution d'héritage dans le genre apostolique avait le goût du baiser de la mort. Krenz ne fut jamais en mesure de faire ses preuves.

Les manifestants de Leipzig, le lundi 16 octobre, étaient presque deux fois plus nombreux. Le 4 novembre un million de personnes descendirent dans les rues à Berlin-Est. Il ne s'en fallait que d'un coup de pouce supplémentaire. Celui-ci fut donné par Schabowski au cours d'une conférence de presse qui se tint dans la soirée du 9 novembre, lorsqu'il lança tout à trac que la frontière de l'Ouest était désormais ouverte. Dans un moment aussi dramatique, émouvant et historique que la prise de la Bastille deux cents ans plus tôt, des centaines de milliers de gens firent tomber le mur de Berlin, en démolirent certaines parties à mains nues avant de faire appel au matériel lourd. «Nous ne soupçonnions pas, écrit Schabowski, que l'ouverture du mur était le commencement de la fin pour notre République.» En un rien de temps, écrit Krenz de son côté, «se produisit une chose que personne n'avait prévue». Il continuait encore à croire que la réunification des deux Allemagnes n'était pas inscrite à l'ordre du jour.

Une semaine après la chute du Mur, Hans Modrow succéda à Willi Stoph au poste de Premier ministre. «Un communiste sincère», disait Krenz à juste titre en parlant de Modrow; néanmoins le parti et l'Etat étaient en train de divorcer. Krenz et Modrow tenaient les rôles que Grosz et Pozsgay assumaient en Hongrie. Devenus rivaux, le parti et l'Etat se neutralisaient mutuellement. Début décembre, au cours d'une réunion de crise, le parti renonça à son rôle dirigeant, épura son Bureau politique une dernière fois et obligea Krenz à démissionner. Il n'était resté premier secrétaire que cinquante jours à peine. Le processus de la Table ronde prit ici une dimension plus vaste que dans tous les autres pays, car il fut mis en application à l'échelon local aussi bien qu'au niveau national. Neue Forum et les autres groupes de l'opposition ne se débrouillèrent pas assez bien pour demander des comptes au parti ou à la Stasi, mais ils obtinrent l'accord nécessaire pour organiser des élections le 18 mars 1990. La CDU (parti chrétien-démocrate) du chancelier Kohl s'en sortit aussi bien que Solidarité en Pologne; elle remporta une victoire électorale d'une ampleur inattendue.

23

Foyers d'incendie

L'église Saint-Nicolas est du plus pur style baroque. Ses splendides décorations en stuc, couvertes de détails divertissants, de feuilles de palmier et de régimes de dattes, sont rehaussées de tons délicats, en rose et vert. L'Eglise luthérienne possède toute une hiérarchie d'évêques et de surintendants, mais dans le domaine théologique, elle laisse chaque pasteur local pleinement responsable de son église et de ses paroissiens. Depuis quinze ans, le pasteur Christian Führer joue ici un rôle moteur, comme si son nom avait quelque chose de symbolique. C'est un homme à la charpente légère, au teint pâle, dont les cheveux gris sont coupés court ; une certaine intensité nerveuse se dégage de sa personne. L'Eglise luthérienne est la première à avoir recherché des formes de cultes et de cérémonies nouvelles, pour mieux s'adapter à l'époque. Le pasteur Führer s'amuse à décrire comment il a attiré les exclus, les marginaux et les bagarreurs, comme on les appelle ici, un groupe incongru qui « squatte » le sol en marbre des ravissantes chapelles latérales en jouant de la guitare. De mauvais gré, la Stasi tolérait ce qui lui semblait être une action sociale dans les bas-fonds plus qu'une opposition semi-organisée.

Les années 1980, avait décidé le pasteur Führer, seraient une décennie vouée à la paix. Son slogan « Faire des socs de charrues avec les épées » avait reçu l'approbation officielle car il se fondait dans le chœur de la propagande qui dénonçait l'installation des Cruise (missiles de croisière) par l'OTAN. En 1982, un groupe avait pris l'initiative d'organiser des Prières pour la Paix chaque lundi à cinq heures de l'après-midi. Une fois les missiles mis en place, la campagne perdit de sa vigueur ; le groupe se réduisit à six personnes et aurait tout aussi bien disparu si une femme n'avait pas dit aux cinq autres membres : « Si nous renonçons, nous autres qui sommes l'Eglise, alors il n'y aura plus aucun espoir pour ce pays. » Un nouvel élan fut trouvé avec la défense de ceux qui avaient perdu leur emploi et leur logement parce qu'ils avaient demandé à émigrer. Aux yeux du pasteur, la marche pour la paix de 1987, organisée en l'honneur d'Olaf Palme de Leipzig à Prague, revêtit l'importance d'un pèlerinage ; il protesta contre l'arrestation des dissidents qui avaient manifesté autour du monument élevé en hommage à Rosa Luxemburg et à Karl Liebknecht, les saints patrons du communisme. Lorsqu'en février 1988, sous le slogan « Vivre et rester en RDA », il décida de s'occuper des familles laissées au pays par les émigrants, 800 personnes, dont fort peu de chrétiens, se rallièrent à son église.

Les élections locales du 7 mai 1989 ne trompèrent personne et, le lendemain, un lundi, la police encercla l'église pendant les Prières pour la Paix. Cette mesure eut pour effet de faire connaître l'initiative du pasteur. Chaque lundi, des gens se mirent à affluer, venus de tout le pays, aussi la police décida-t-elle de boucler l'autoroute, de fouiller les trains et de procéder à des arrestations. La spirale opposition-répression s'alimenta d'elle-même. Le lundi 2 octobre, l'église était pleine à craquer et des Prières pour la Paix avaient lieu dans quatre autres églises de Leipzig. Chacune des personnes qui y ont assisté, comme se plaît à le souligner le pasteur Führer, avait dû surmonter ses craintes intimes. Le 9 octobre, on s'attendait au pire. « Les écoliers avaient été renvoyés chez eux, l'université fermée et l'accès du centre-ville interdit aux acheteurs ; l'armée y avait pris position avec des tanks, tout comme les unités spéciales, la police, un incroyable déploiement de plusieurs milliers d'individus en uniforme. Les hommes des brigades anti-émeutes frappaient les gens qui se dirigeaient vers l'église Saint-Nicolas. Et ils n'avaient pas trouvé mieux que d'expédier un millier de membres du SED occuper l'église. Six cents d'entre eux vinrent occuper les sièges avec des visages de pierre. A trois heures et demie, l'église était pleine. La Prière pour la Paix se déroula vraiment dans une atmosphère de frayeur. » La présence télécommandée des membres du parti dans l'église était « une tactique de Dieu », dit le pasteur avec ferveur ; il profita de la situation pour leur adresser un long sermon. « Quelqu'un nous annonça que le professeur Masur de la Gewandhaus soutenait notre appel à la non-violence. L'évêque Hempel vint nous donner sa bénédiction. Et au moment où nous voulûmes sortir cela nous fut impossible. Je n'oublierai jamais la première vision que j'ai eue de cette foule ; c'était la plus vaste manifestation qui se fût jamais produite en RDA. Nous sommes sortis lentement de l'église, et c'est alors que le miracle s'est produit. Les gens ont avancé sans violence, et la police s'est trouvée tout bonnement engloutie par la multitude. Ils s'attendaient à tout, sauf à des cierges et à des prières. »

Ingolf Rackwitz travaillait comme journaliste dans une radio de Berlin, DT64, qui s'adresse aux jeunes. Le matin du 9 octobre, il entendit des rumeurs sur une manifestation qui aurait lieu à Leipzig, sa ville natale, et il demanda à couvrir l'événement. Son rédacteur en chef, un homme du nom de Klaus Schmalfuss, le lui refusa mais Rackwitz partit quand même à tout hasard en empruntant une des voitures de la station. Hanno Harnisch, aujourd'hui attaché de presse du parti communiste reconstitué, l'accompagnait. Aucun journaliste occidental n'était présent à Leipzig ce jour-là. Sur l'autoroute, ils virent un convoi de la force de déploiement rapide est-allemande. Des barrières installées pour faciliter les contrôles routiers permettaient de bloquer l'entrée de la ville. Les deux journalistes commencèrent par appeler la station de radio locale, puis les bureaux du parti local où ils tombèrent sur Roland Wötzel, secrétaire du district, et Jochen Pommert, secrétaire responsable de l'agit-prop. Ce dernier devait confirmer la validité de leurs laissez-passer de presse. Si la journée s'est écoulée sans effusion de sang, le mérite en revient largement à ce fonctionnaire de rang moyen, qui a depuis lors disparu sans laisser de trace. Se disant gravement malade, Horst Schumann, le chef du parti dans la ville de Leipzig, s'arrangea prudemment pour rester invisible toute la journée. Manifestement, compte tenu des instructions reçues par eux, Pommert et Wötzel étaient obligés de naviguer avec adresse entre les pressions émanant des hautes instances du parti à Leipzig ou à Berlin, et les exigences de la manifestation qui gagnait déjà les rues. «Vu les circonstances, ils ne pouvaient pas exécuter les ordres de Berlin, et sans doute est-ce la raison pour laquelle ils se sont rangés à l'appel en faveur de la non-violence. Dire qu'ils ont ignoré les ordres serait exagéré, ils n'avaient pas le choix. Pommert affrontait une situation inédite; il était soumis à une grande tension et paniquait en répondant au téléphone qui sonnait continuellement et aux journalistes qui affluaient. Tout était possible, y compris la solution chinoise récemment appliquée à Pékin. Pommert promit d'entamer un dialogue avec les autorités municipales.» Au nom du parti, Pommert, Wötzel et le Dr Kurt Meier signèrent une déclaration commune avec Kurt Masur, le pasteur Peter Zimmermann et un acteur, Bernd-Lutz Lange: «Nous éprouvons tous le besoin d'un libre échange de vues sur l'avenir du socialisme dans notre pays... Nous appelons instamment chacun à la retenue afin qu'un dialogue pacifique puisse s'instaurer.»

En quittant le bureau de Pommert, Rackwitz roula vers le nord pour pénétrer dans le centre-ville; en route, il croisa des unités de combat armées de lourdes matraques. Les forces de déploiement rapide se composaient de conscrits qui accomplissaient leur service militaire, «visiblement ils tremblaient d'anxiété, n'ayant pas le moindre intérêt à blesser leurs voisins ni à être blessés par ceux-ci. Chacun d'entre eux se demandait carrément ce qu'il allait faire lorsqu'on leur ordonnerait de charger les manifestants». Rackwitz entra dans un commissariat de police sur la Ritterstrasse, parallèle à la rue Saint-Nicolas, à 150 mètres de l'église. Le responsable de la presse dans ce commissariat, un officier répondant au nom de Heilmann, disposait d'un précieux équipement radio qui permettait d'émettre en dehors de Leipzig. «A cette heure-là, l'église

Saint-Nicolas était déjà bourrée de membres du parti. Des milliers de personnes se tenaient sur la petite place qui entoure l'église, et j'ai commencé à en interviewer quelques-unes. Je fus frappé de stupeur en comprenant pour la première fois que ces gens ne croyaient plus ce qu'on leur racontait. Malgré la sincérité de ma démarche et la sobriété de ma présentation, personne n'ajouterait foi à mon émission. Puis les masses s'ébranlèrent et quittèrent ce qui était la place Karl-Marx et s'appelle aujourd'hui de nouveau l'Augustusplatz; personne n'avait la moindre idée de l'endroit vers lequel elles se dirigeaient, ni des raisons qui étaient les leurs; elles se contentaient de circuler. J'ai souvent eu l'impression d'avoir en fait conduit la marche. La foule est passée devant le commissariat et les passerelles piétonnières où elle s'est scindée en deux groupes, l'un a continué dans la direction de la Friedrich-Ludwig-Jahn-Allee et l'autre autour du Ring.

« Le microphone à la main, je suis passé devant la caserne des pompiers mais les portes en étaient fermées, et je n'ai jamais vu les tanks que l'on prétendait garés à l'intérieur. Au carrefour suivant, la colonne s'est arrêtée en face de l'immeuble de la Stasi à côté duquel se tenait un autre bâtiment appartenant à la Stasi ou à la police régulière. Entre six et sept heures du soir notre station transmettait des émissions en direct. Nous avions là une bonne occasion de faire un scoop, aussi nous sommes-nous précipités dans l'édifice en nous présentant comme journalistes, pour découvrir que, par un coup de chance, le major Heilmann y possédait également un bureau. Il y avait un micro et une ligne émettrice, et nous sommes entrés en contact avec notre rédacteur en chef à Berlin. Il prétendit que malheureusement nous ne pouvions pas passer en direct; il faudrait nous contenter d'enregistrements qui seraient retransmis en différé. Nous avons donc fait le récit de ce que nous avions vu. Puis le major Heilmann est entré dans la pièce pour demander si nous avions pu émettre. Nous avons écouté notre station mais elle diffusait une émission ordinaire. Le lendemain matin, le rédacteur en chef devait nous dire que la qualité des bandes n'était pas assez bonne, mais nous avons récupéré nos enregistrements et ils étaient parfaits. Là aussi, c'était la panique.

« Puis nous sommes retournés sur le terrain et nous avons entendu l'appel lancé à la radio par Masur, Wötzel et Pommert. Nous sommes allés voir le pasteur Führer qui était resté dans son église au lieu de suivre la manifestation. Lorsque nous l'avons quitté, à environ huit heures, tout s'achevait sans incident. Nous avons découvert avec fureur que *Tagesschau*, un programme de la télévision ouest-allemande, diffusait un reportage sur les événements du jour, grâce à une liaison téléphonique, or c'était exactement ce que nous avions cherché nous aussi à faire sans pouvoir passer sur l'antenne. » En fait leur reportage sortit le lendemain, lorsque le rédacteur en chef Klaus Schmalfuss annonça qu'il allait prendre une semaine de vacances et ne savait pas s'il retrouverait son poste à son retour. « Vous ne le retrouverez certainement pas », lui avait répondu Harnisch, ce qui se révéla exact.

Avez-vous pensé qu'il allait y avoir une fusillade?

« Tout était possible. Chaque chose avait été préparée pour parer à toutes les éventualités. Ce qui est fascinant dans cette histoire c'est que, d'un côté, l'Etat ne s'est laissé aller à aucune violence et que, de l'autre côté, la haine éprouvée par la population ne s'est pas donné libre cours. On aurait pu imaginer que la foule allait brûler les bureaux de la Stasi, comme cela s'est produit à Berlin le 15 janvier. »

Comme nous le savons aujourd'hui, Honecker avait donné des instructions pour que le respect de la loi et le maintien de l'ordre soient assurés par tous les moyens nécessaires.

« Selon moi, ce qui est remarquable c'est que Wötzel et Pommert ont décidé de ne tenir aucun compte de ces instructions. La discipline du parti ne leur laissait pourtant aucune liberté d'action dans ce cas, ils risquaient leur peau. Mais personne n'avait jamais imaginé que les choses pourraient aller si loin à Leipzig. »

Le directeur du Leipzig Gewandhaus Orchestra, Kurt Masur, est un chef d'orchestre de renommée mondiale. Peu de gens en RDA jouissaient d'une position aussi éminente. Au cours de la période qui marqua la fin du régime communiste, il déclina une invitation à assumer la présidence de l'Etat moribond. Musicien jusqu'au bout des ongles, Masur est haut de taille et un peu rébarbatif, avec son regard bleu très direct. Le Gewandhaus Orchestra a célébré son bicentenaire en 1981 et Honecker a autorisé la construction de sa nouvelle salle de concert à cette occasion. Pour le reste, Masur et Honecker ne se sont rencontrés qu'à titre officiel, par exemple aux foires commerciales de Leipzig.

L'Etat-parti aimait s'attribuer le mérite de talents et de réussites comme les siens, mais en échange il était obligé de laisser s'épanouir les artistes importants à leur guise. Il y avait donc pour ceux-ci une petite marge de manœuvre qui permettait des marchandages, un terrain privilégié, même si c'était pour de mauvaises raisons. La dissidence ou le militantisme religieux exerçaient moins d'influence qu'un mot soufflé dans la bonne oreille. Les rapports entre ce genre d'hommes et l'Etat-parti avaient quelque chose de furtif. Celui qui jouait le jeu du système pouvait réussir dans des entreprises qui auraient valu la prison à des adversaires avoués. La perestroïka ravissait Masur. Des musiciens qu'il connaissait en Union soviétique l'avaient persuadé que Gorbatchev ferait ce qu'il avait promis. Il était clair à ses yeux que Honecker, par crainte de voir l'échec de Gorbatchev entraîner la chute de la RDA, avait choisi de se retrancher derrière un communisme stalinien. La participation directe de Masur à la vie politique commença le 11 juin 1989, lorsqu'il reçut d'un médecin une lettre l'informant que la veille la police avait placé en garde à vue quelques musiciens des rues pour avoir chanté des chansons contestataires non autorisées. Il se tourna vers le Dr Kurt Meier, responsable des affaires culturelles, et obtint l'autorisation d'organiser une grande réunion à la Gewandhaus. Masur dirigea un large dialogue entre 650 musiciens des rues d'un côté, le parti et la Stasi de l'autre. «Je les ai interrogés sur les amendes et les peines d'emprisonnement qu'ils infligeaient. La discussion fut très ouverte. Les gens commencèrent à parler. Ils étaient courageux. C'était le premier débat public de ce genre qui ait jamais été tenu dans le pays. Un bon ami retransmettait tout ça en direct à la radio. En ouvrant cette première brèche nous organisions une répétition générale de ce qui allait arriver.

« Tout le monde avait compris la remarque de Gorbatchev : Celui qui agit trop tard sera puni par la vie. Au matin du 9, nous avons observé que les véhicules de l'armée et de la police encerclaient la ville et prenaient position dans le centre. J'avais reçu un mot de l'église Saint-Nicolas et des membres de Neue Forum m'annonçant que le régime allait chercher à utiliser ses moyens de répression contre les Prières pour la Paix ce soir-là. Le mot allemand *niederschlagen* signifie que tous les moyens sont permis. »

Qui a donné l'ordre à ces troupes de se déployer ?

« Personne ne veut être identifié comme celui qui a donné cet ordre ; chacun cherche à se faire passer pour celui qui ne l'a pas fait respecter. L'ordre d'utiliser les moyens de répression avait déjà été lancé le vendredi précédent, le 6, dans le journal du parti *Die Volkszeitung*, par une phrase que je n'oublierai jamais : "Nous combattrons ces ennemis de notre pays, si nécessaire par les armes." C'était des munitions bien réelles qui avaient été distribuées. Les commandants des brigades spéciales étaient à leurs postes de combat. Aucun de ces jeunes officiers n'a jamais reçu son ordre de repli. C'est la population de Leipzig qui leur a donné cet ordre. »

La répétition du concert de la soirée se termina à midi. Masur téléphona alors au Dr Meier, qui déclara être dans l'ignorance de tout. Deux heures plus tard le Dr Meier lui retéléphona pour proposer que trois dirigeants du parti de Leipzig aient une rencontre avec Masur, le pasteur Zimmermann et Bernd-Lutz Lange représentant la société civile. «Les trois membres du parti m'ont dit qu'ils n'avaient pas d'ordres précis. Ils reconnaissaient qu'il nous fallait éviter une effusion de sang à tout prix. Ils ne voulaient vraiment pas déclencher une explosion de violence à Leipzig. Nous avons durement bataillé entre nous sur la formulation de l'appel à lancer parce que les membres du parti ne voulaient pas prendre le risque de signer une déclaration qui pourrait être interprétée comme enjoignant à Honecker de démissionner. Aussi sommes-nous arrivés à un compromis, tous les six, en nous mettant d'accord pour lancer un appel à la non-violence et à la négociation. Les deux camps avaient compris que le recours à la violence n'était pas une solution. Le miracle de Leipzig vient de là.»

Honecker semble avoir été prêt à utiliser la force mais ce n'est pas très clair.

«Oui. Et le général Kessler. Et Mielke et la Stasi, parce qu'ils savaient que s'ils échouaient à ce stade, c'en était fini de leur régime. Et c'était vrai. Mais nous n'en avions pas encore conscience. Nous avions mis le régime au défi d'empêcher la manifestation et le régime avait fait marche arrière. Les gens se promenaient dans la ville en scandant *Wir sind das Volk* ("nous sommes le peuple") ce qui voulait dire : Nous ne sommes ni des criminels ni des terroristes ni rien de ce que vous voulez que nous soyons, nous cherchons à obtenir le droit d'avoir une vie à nous, le droit d'exprimer nos opinions, le droit de voyager. Ils tournaient autour du Ring qui autrefois servait de douves pour protéger la ville. Aux environs de sept heures, j'ai reçu un autre appel téléphonique ; on me faisait savoir que la foule arrivait à l'immeuble de la Stasi et qu'il y avait un danger d'affrontement. A peu près une demi-heure plus tard, les gens avaient bouclé la boucle et commençaient à revenir à la Gewandhaus. Je me suis reposé juste un peu avant le concert. Je me rendais compte que la manifestation se déroulait pacifiquement. J'intervins à la radio et tout le monde put entendre ce que je disais, et ils se pressaient au-dehors en criant : Merci. Ce fut un moment très émouvant pour moi. Il était juste huit heures à peu de chose près, la salle était pleine et nous avons commencé à jouer *Till Eulenspiegel*.»

Selon leur doctrine, les communistes tiennent pour une idée contradictoire – donc inexistante – la possibilité que le *peuple* se révolte contre son propre régime marxiste. Par définition, toute personne qui chercherait à le faire serait contre-révolutionnaire et mériterait de connaître une fin sanglante. La soudaine apparition de centaines de milliers de contre-révolutionnaires était une hérésie, du point de vue de la doctrine, et paralysait le parti. La logique exigeait que la répression se déclenche contre les manifestants hostiles. L'absence de répression, selon cette logique, signifiait que la foule n'était pas contre-révolutionnaire et que par conséquent le parti n'avait aucune légitimité. En remplaçant le recours à la force par la négociation, le 9 octobre, le parti avait mis hors d'usage les commandes qui faisaient fonctionner tout le mécanisme de son autorité.

En l'espace d'un mois, des événements survenus à Berlin, tout aussi fortuits que ceux de Leipzig, démontrèrent d'une manière encore plus irréfutable que le communisme devait régner par la force ou se résigner à n'être plus rien. Devant l'hémorragie qui vidait le pays de ses habitants lancés sur les routes de la Hongrie, le Bureau politique décida d'assouplir l'interdiction absolue de voyager, mais il lui fallait du temps pour mettre au point les détails administratifs. Cette décision d'ouvrir la frontière fut annoncée de façon abrupte et indirecte par les soins de Schabowski, mais cette annonce était aussi prématurée que maladroite ; elle semblait en outre destinée à dissimuler l'incompétence du régime derrière un semblant de préméditation. Personne à l'Est ni à l'Ouest n'avait prédit que le peuple pourrait prendre son avenir entre ses mains. Le hasard voulut que le chancelier Kohl, lui-même, se trouvât en Pologne. Avec le recul, on peut considérer qu'après les événements de Leipzig il en aurait coûté infiniment trop pour maintenir en place le mur de Berlin. La population, en se ruant pour vérifier de ses propres yeux ce que signifiait la déclaration de Schabowski, a découvert combien le Mur avait perdu, en fait, toute raison d'être.

A trente-six ans, le lieutenant-colonel Jürgen Surkau était extraordinairement jeune pour se voir promu commandant adjoint du Wehrbezirkskommando ou district militaire de Berlin, en août 1989. Avec ses épaules larges et son allure énergique, il incarne à la perfection le soldat de métier sûr de soi. Spécialiste des missiles et communiste convaincu, il avait devant lui la perspective de hautes fonctions. A ses yeux, le communisme n'a pas été discrédité par l'échec de sa mise en œuvre en RDA. « Nous vivions dans une psychose de guerre continuelle, dit-il, et c'était une chose que nous autres, jeunes officiers, avions pris l'habitude de tourner en dérision. » Lorsqu'on lui offrit la possibilité de s'engager dans l'armée allemande unifiée, issue de la fusion des deux Etats en 1990, il refusa cette proposition pour des raisons de doctrine.

Son supérieur à Berlin était le général Franz Erdmann, qui avait commandé la fameuse 9e division de panzers du Mecklenbourg-Vorpommern, à Eggesin. Cet automne-là, Erdmann était souffrant de sorte que Surkau se trouva être effectivement le militaire le plus ancien dans le grade le plus élevé à Berlin. Son bureau donnait sur Am Kupfergraben, près de la gare de la Friedrichstrasse.

Pour la visite de Gorbatchev, l'armée avait été placée en état d'alerte ; quatre-vingts pour cent de ses effectifs étaient consignés dans les casernes et toutes les unités avaient reçu des armes et des munitions pour se tenir prêtes à agir. Il ne restait qu'un degré à franchir avant l'intervention d'urgence. Conformément aux accords internationaux, aucune troupe ne pouvait être cantonnée à Berlin même, mais les régiments de la 1re division motorisée étaient installés à proximité, tout autour de la ville, à Oranienberg, Lenetz et Standsdorf. Au début de novembre fut décrété l'état d'urgence absolu.

Du point de vue de Surkau, Schabowski agissait de propos délibéré. Surkau n'avait reçu aucune mise en garde ni instruction. Les factionnaires rentraient la tête dans les épaules tandis que la foule déferlait devant eux. Cette nuit-là, Surkau se trouvait chez lui. Sa femme, hôtesse de l'air chevronnée qui travaillait pour la compagnie Interflug, rentra de Pékin aux petites heures de la matinée. Après avoir donné son adresse au chauffeur de taxi, elle entendit celui-ci lui demander si elle voulait prendre la route la plus longue en contournant Berlin, ou le raccourci par Berlin-Ouest. Elle se dit que l'homme était pris de boisson. De retour à son bureau, le vendredi 10 novembre, Surkau apprit ce qui se passait en regardant la télévision. Les actualités montraient les jeunes de l'Allemagne de l'Ouest qui cherchaient à escalader le mur à l'endroit où celui-ci atteignait la porte de Brandebourg, le point de passage officiel familièrement surnommé depuis des décennies «Check Point Charlie». Le mur, épais de plusieurs mètres à cet endroit-là, s'élevait jusqu'à un chemin de ronde assez large pour que l'on y fasse rouler une voiture. Les gardes-frontières avaient pris position au sommet où ils formaient une longue chaîne comme pour défendre ce tronçon. Jusqu'alors, quiconque tentait d'atteindre le sommet du mur allait au-devant d'une mort certaine. «Il était incompréhensible de voir les gardes en position à cet endroit-là, dit Surkau, alors qu'au même moment les gens traversaient la frontière partout ailleurs. Cinq cents mètres plus loin, sur la Potsdamerplatz, ils allaient et venaient à leur guise. Tout cela n'avait aucun sens. Pour une raison que je ne comprenais pas, les gens n'étaient pas censés escalader le mur à cet endroit précis de la porte de Brandebourg. Tout en haut, les gardes-frontières se dressaient au coude à coude. Ils utilisaient des canons à eau pour obliger le public à redescendre.» Dans la nuit de ce vendredi, Surkau reçut un appel téléphonique lancé par l'officier de garde; celui-ci lui ordonna de se présenter à quatre heures du matin à Straussberg dans un hôtel du sud-est de Berlin, qui appartenait au ministère de la Défense. Il téléphona à un collègue du district militaire de Schwerin pour vérifier ce qui se passait et apprit que tous les officiers supérieurs, à l'échelon divisionnaire de l'armée, de la marine et des forces aériennes, ainsi que les officiers du district militaire, avaient été convoqués. «Nous nous attendions à ce que quelque chose arrive et qu'on nous dise ce qui se préparait, voire ce que nous devions faire.»

Au beau milieu de cet hôtel de construction récente jaillit de façon incongrue une fontaine d'eau chaude. Les officiers prirent place dans une salle de conférences. «Tout l'état-major militaire se trouvait là, le général Kessler, le ministre de la Défense Streletz, tous leurs adjoints, et le général Klaus-Dieter Baumgarten, commandant des gardes-frontières depuis 1988. Je reconnus d'autres généraux comme le commandant de la 1re division motorisée, le commandant de la 4e flottille navale, et l'un de mes bons amis le capitaine zur See Schirmer. Je lui ai demandé : "Qu'est-ce qui se prépare?" Tout le monde comprenait que ce n'était pas une simple tension passagère mais une vraie crise et, en quelque sorte, la fin de la RDA. On n'avait pas besoin de faire un effort d'imagination car tout autour de nous l'expérience socialiste dans son ensemble était à bout de souffle. Seul un idiot aurait pu croire que nous formions une île capable de continuer à subsister par ses propres moyens. Mais cette nuit-là l'ampleur du chaos me sauta aux yeux.

« Kessler prit la parole, et je n'oublierai jamais sa première phrase. Il eut le front d'annoncer, en ce 11 novembre : "La situation en RDA se caractérise d'un bout à l'autre du pays par le fait que le parti enregistre ici et là une certaine perte de confiance." Un beau raffut se déchaîna. J'étais bouleversé, je pensais que ça devait être un coup d'Etat militaire ou quelque chose du même genre. Certains bondissaient sur leurs pieds pour hurler : "Du calme, faites silence, asseyez-vous !" Un colonel ordonna même au ministre de se taire. Kessler ne put articuler que quelques mots pour dire : "On n'a pas encore mesuré la profondeur de la crise mais il existe des raisons d'être optimistes." C'était encore une erreur. Le suivant à prendre la parole fut mon ami Schirmer et, au nom des officiers de sa flottille, il réclama la démission de Kessler, de Brunner qui était le principal conseiller politique des militaires, de Streletz et de Baumgarten, à cause des actes commis par les gardes-frontières. Puis entra un adjudant des gardes-frontières qui se précipita vers le général Baumgarten et lui glissa quelque chose à l'oreille. Baumgarten se leva pour dire : "Camarades, nous risquons le déclenchement d'une guerre."

« Dans le tumulte, tous les officiers se mirent debout. Exaspéré, le commandant de la 1re division motorisée demanda à Baumgarten de ne pas jouer avec nos sentiments patriotiques, car il ne voyait pour sa part aucun danger de guerre. Il déclara : "N'avez-vous donc pas compris que les jeux sont faits ? C'est comme ça. Il n'y aura pas de guerre. Tout est fini et bien fini." Cette réunion ne put se poursuivre dans l'ordre, car de plus en plus d'officiers commençaient à tirer de leurs poches des lettres qu'ils avaient évidemment préparées d'avance pour demander à être relevés de leurs fonctions. »

A six heures environ, Surkau, en compagnie de son ami Schirmer et du colonel Gerhard Filon de la 1re division motorisée à Schwerin, prirent une tasse de café, avant de rejoindre leurs unités pour faire lever l'état d'urgence. Une fois de retour chez lui, il alla se coucher, dit à sa femme qu'au cas où l'officier de garde téléphonerait la seule instruction à lui transmettre était de bien verrouiller l'armurerie. Le lendemain, il estima que la seule chose à faire était de contacter la Bundeswehr en Allemagne fédérale. Avec le colonel Filon, tous deux en civil, il traversa la frontière pour se rendre à Berlin-Ouest où ils cherchèrent des adresses dans l'annuaire du téléphone. Ils trouvèrent une association d'anciens combattants qui les mit en rapport avec l'Oberstleutnant Dr Horst Roder. De nombreuses autres réunions eurent lieu des deux côtés de la frontière. « Je suis persuadé du fait que nous n'étions pas les seuls à prendre ce genre de contacts, que l'on a échangé des informations à d'autres niveaux, pour s'assurer que, du point de vue de l'armée, rien ne tournerait au vinaigre. Cette nuit-là m'avait convaincu que je devais agir. C'était un tel choc pour un soldat de découvrir que l'armée n'avait, en réalité, plus de chef. »

Donc Honecker et plus tard Krenz n'auraient pas pu faire appel à l'armée même s'ils l'avaient voulu?

La Stasi disposait d'une force spéciale qui comprenait de 1 000 à 2 000 hommes de troupe, le régiment Félix Dzerjinski, cantonné à Berlin et chargé de défendre le parti. Il ne prit aucune part aux événements. «Dans ma position, je ne peux pas parler au nom des organes de sécurité mais je considère que tout déploiement de l'armée était hors de question.»

Joachim Gauck est un pasteur luthérien de Rostock, qui, au cours de l'automne 1989, s'était transformé en un militant de Neue Forum. Il a participé à la Table ronde organisée pour régler la réunification de l'Allemagne. Après quoi, le gouvernement lui a confié la responsabilité des archives de la Stasi. Qui devait avoir accès à ces archives et sous quelles conditions? C'était des dossiers explosifs dont le contenu rongeait les consciences des coupables mais qui pouvaient également lancer les enquêteurs sur de fausses pistes vers des gens peut-être innocents. Les bureaux du Gauckbehörde, c'est-à-dire les services administratifs de Gauck, à Berlin-Est, occupent une gigantesque caverne à la Kafka bourrée de documents et de chercheurs..Gauck insiste sur le fait que sa mission est de traduire devant les tribunaux les coupables d'activités criminelles. Il ne faut pas confondre justice et vengeance. Il s'exprime d'une voix calme et réfléchie, sa personnalité fait impression. Un tribunal secret soviétique a condamné son père, officier de marine, à deux peines de prison de vingt-cinq ans chacune; déporté en Sibérie, il a été libéré quand Adenauer a établi des relations diplomatiques avec l'Union soviétique.

Lors des manifestations de rues, le peuple avait pris pour cible les quartiers généraux de la Stasi et réclamé l'ouverture des dossiers de la police secrète, dit Gauck. L'un des slogans était «*Stasi in die Produktion!*» c'est-à-dire «Donnez à la Stasi un travail productif!» Il fait remarquer que ce cri de guerre ne réclamait pas «La Stasi à la potence!» Vers le début de décembre, dans les mouvements de défense des droits des citoyens on entendit certains récits selon lesquels la Stasi était en train de détruire ses dossiers pour éliminer les preuves de ses crimes et malversations. Des manifestations commencèrent à se produire autour des bureaux locaux de la Stasi dans tout le pays, pour atteindre leur apogée lors de l'épisode de la Normannenstrasse, le 15 janvier. L'initiative en revient, affirme-t-il, à Neue Forum mais «il est possible que certains groupes d'intérêts, à l'intérieur de la Stasi, en aient profité pour faire disparaître des documents compromettants.

«Nous avons trouvé des montagnes de dossiers destinés à être détruits et il en existe encore des sacs entiers à la Normannenstrasse parce que, d'une façon générale, nous avons fait saisir ces vieux papiers. Ce qui a été supprimé est perdu à jamais. Les habitants de Berlin ont été lents à agir et ils ont laissé six semaines à la Stasi pour détruire tout ce qu'elle pouvait». On a découvert un ordre, daté de novembre et signé par le général Schwanitz : « En cas de prise du pouvoir par les citoyens, nous devrons détruire les archives. Il faudra en livrer une partie mais presque tout devra être supprimé. » Les dossiers concernant les agents et surtout les indicateurs civils sont effectivement manquants. Ce qui a survécu et ce qui s'est trouvé définitivement perdu a le plus souvent dépendu du hasard, selon que l'occupation des bureaux de la Stasi s'est produite assez tôt ou, plus généralement, trop tard... « Tout ce qui se passait dans le pays étaient dûment rapporté à la Stasi ; l'information était si détaillée que son traitement pour le compte du Bureau politique devait forcément manquer de précision. »

En ce qui concerne la HVA : « Nous ne disposons plus d'aucun élément relatif au domaine dont Wolf était responsable. Cela pose des problèmes insurmontables pour la conduite des enquêtes. » Les archives ont été détruites légalement, en bonne et due forme, de sorte que personne ne peut être poursuivi. Modrow, qui était Premier ministre au moment de leur destruction, s'est conduit en meilleur bureaucrate communiste que ses prédécesseurs, pour reprendre les termes employés par Gauck, mais c'était néanmoins un bureaucrate communiste qui se souciait du parti et de la sécurité plus que de l'opinion publique. « L'imagination de Modrow n'allait pas jusqu'à concevoir que quelqu'un puisse prendre une initiative contraire aux intérêts de la police secrète. »

Pourtant, il existe des preuves qui montrent non seulement comment la HVA et la Stasi agissaient de concert mais aussi comment la HVA collaborait avec le KGB. Un ordinateur central à Moscou, désigné par son sigle russe SOOD, contenait les dossiers des étrangers considérés comme hostiles à la poursuite de la Guerre froide ; ces documents ont été compilés à partir des archives des services secrets des pays satellites, à l'exception de la Roumanie. La Stasi avait, pour sa part, fourni au SOOD quelque 75 000 dossiers individuels de ce genre.

La Stasi avait appris ses méthodes auprès de la police secrète de Staline, mais on n'a pas encore établi dans quelle mesure elle est devenue, par la suite, un instrument soviétique. D'une manière générale, ce qui frappe Gauck c'est la façon dont les Occidentaux avaient imaginé le communisme d'après les informations fournies par les communistes eux-mêmes. Un coup d'œil jeté à ses énormes dossiers montre que « les chercheurs et les commentateurs qui se contentaient de décrire le communisme sans mentionner l'action de la Stasi et du KGB n'étaient pas seulement mal informés mais aussi déficients sur le plan intellectuel ».

24

Les petits frères

Gerhard Schürer a toutes les apparences d'un gnome fringant. Il fait de son mieux pour réprimer sa rancœur après un court séjour en prison qu'il estime injuste. Il vit aujourd'hui grâce à une pension qu'il juge insuffisante. Depuis 1965, il dirigeait la Commission de la planification étatique pour laquelle travaillaient 2 000 experts, et sans doute était-il un des hommes les plus compétents de la RDA. Pendant seize ans, il a également été membre suppléant du Politburo. Ses relations avec Honecker n'étaient guère étroites. «J'ai toujours été subordonné à Mittag, dit-il. Mittag m'a fait vivre un calvaire.» Immensément ambitieux et loin d'être stupide, Günter Mittag croyait qu'il suffisait de mobiliser le parti pour obtenir les résultats voulus. C'était tout bonnement irréaliste, mais Honecker avait une absolue confiance en cet homme.

Les marxistes ne sont pas les seuls à commettre des erreurs, fait remarquer Schürer. Les défauts inhérents au système et qui lui ont été fatals relevaient de deux catégories : d'une part, on considérait qu'il suffisait de décider quelque chose pour que cela se fasse ; et d'autre part il était impossible de remplacer ceux qui, au sommet de l'Etat, avaient épuisé leurs capacités ou n'en avaient pas. La planification en RDA consistait à établir 600 «équilibres» entre l'offre et la demande dans les différents secteurs des principales matières premières et des biens de consommation. L'Union soviétique, quant à elle, devait établir 3 000 «équilibres» de ce type. Une fois rédigé, le «plan» de Schürer était soumis à Mittag qui pouvait le retourner deux ou même trois fois à l'envoyeur avant de l'approuver définitivement. Les considérations politiques prenaient invariablement le pas sur les questions économiques. Les deux tiers du commerce de la RDA se faisait avec l'Union soviétique.

On peut estimer, observe Schürer, que les crédits accordés par l'Occident, le Japon et l'Allemagne de l'Ouest en particulier, ont prolongé l'existence de la RDA, étant entendu que, jusqu'au dernier jour, le pays avait conservé sa capacité d'endettement. Le Venezuela ou le Brésil, par exemple, étaient bien plus lourdement débiteurs. Hélas, au moins 60 pour cent des emprunts s'investissaient dans la consommation, alors qu'une bonne politique eût consisté à consacrer 90 pour cent de cet argent aux capacités de production.

En février 1989, il tenta de parvenir à un arrangement avec Krenz aux termes duquel Honecker devait se retirer pour le bien du pays. Mais lorsque Krenz tâta le terrain, les Soviétiques répondirent qu'ils avaient trop à faire chez eux pour envisager un tel limogeage.

Alors que s'est-il produit entre le mois de février et le 6 octobre pour que cette attitude se modifie ?

« Gorbatchev en était venu à considérer la possibilité d'utiliser la RDA comme un pion à sacrifier pour établir des relations amicales avec l'Allemagne de l'Ouest. Il n'avait pas prévu que cela entraînerait la chute de l'Union soviétique. Mais Honecker le pressentait et, de son point de vue, il avait raison. » Schürer était présent quand Gorbatchev a dit que la vie punirait quiconque arriverait en retard et, à son grand étonnement, Honecker s'est contenté de lui répondre évasivement en faisant référence aux puces électroniques, comme s'ils tenaient l'un et l'autre des discours tout à fait différents.

En outre, avec la maladie d'Honecker et les prévarications de Mittag, le Politburo au cours de l'été et de l'automne 1989 se trouva « vraiment dans l'incapacité de diriger les affaires ». Le Bureau politique en porte la responsabilité, selon Schürer, « mais la RDA n'aurait jamais pu survivre au déclin et à la chute de l'Union soviétique ».

Dans son grand âge, Werner Eberlein donne encore l'impression de sortir tout droit d'une affiche de propagande des années 1930 où il donnerait l'image de l'ouvrier idéalisé. Même ses mains sont celles d'un travailleur manuel. Il vit dans ce qui fut l'allée Karl-Marx, l'exemple parfait du style propre à l'urbanisme ampoulé – cher à Staline – qui risque fort de subsister à Berlin. Son père, Hugo Eberlein, ancien membre du Comité central du parti communiste allemand avant la guerre, avait fui en Union soviétique avec ses deux frères. Tous trois furent abattus en 1937 et Werner exilé, à quatorze ans, en Sibérie où il dut travailler dans une scierie douze heures par jour sans aucune journée de repos pendant sept ans. Lorsque je lui ai demandé ou plutôt lorsque je l'ai pressé de m'expliquer comment, en dépit de ces horreurs, il avait pu vouer sincèrement toute sa vie au parti, sa réponse fut qu'il avait été trop occupé à survivre pour perdre son temps à gémir. En outre, Staline était un dieu porté aux nues, un être surnaturel, quelqu'un qu'il était inconcevable de critiquer. Après avoir fait des études dans le cadre de l'Ecole supérieure du parti, à Moscou, il a travaillé pour le département de l'organisation du parti ; puis il est devenu premier secrétaire à Magdebourg en 1983 et membre du Politburo. Le corps d'armée soviétique cantonné à Magdebourg, dit-il, ne jouait aucun rôle. Parlant couramment le russe, Eberlein servait d'interprète au plus haut niveau, et il a assisté à huit congrès du parti soviétique. Certes le système a fait faillite, déclare-t-il, mais il n'en demeure pas moins et pour toujours fidèle à l'idée du communisme.

Werner Eberlein, qui était un homme d'Honecker, évoque néanmoins « l'impuissance et le mutisme » dont était affligé le Politburo en 1989. Quand les foules criaient « Gorbi, Gorbi », Honecker le prenait pour une insulte personnelle, alors qu'il s'agissait de réformes et non de personnalités. Il est vrai qu'Honecker s'opposait à toute réforme. « Il avait l'habitude de mettre en avant notre situation sociale et matérielle, qui était bien supérieure à celle de Moscou ou d'Oulan Bator. Mais les gens, eux, faisaient des comparaisons avec Cologne et Hanovre. Ma théorie à moi c'est qu'à partir de la fin de 1988, l'un de nous, au Politburo, aurait dû se lever et critiquer telle ou telle mesure politique. Honecker se serait alors retrouvé isolé. Mais dans notre tradition il y avait une discipline rigide et aussi la peur d'être accusé de fractionnalisme. Honecker voulait conserver tous les leviers de commande entre ses mains mais il est toujours difficile d'expliquer pourquoi ceux qui prenaient place autour de cette table fermaient leur gueule, pour parler grossièrement. La perestroïka était un joli mot et une idée séduisante, mais elle n'avançait aucun programme pour résoudre nos problèmes sociaux. »

Harry Tisch et Schabowski, par leurs sous-entendus plus qu'autrement, avaient sollicité sa voix contre Honecker au Politburo, mais il avait traité par le mépris ce qu'il appelle « la politique de l'embuscade », c'est-à-dire la technique du complot tant prisée par l'élite de Wandlitz. Il méprise aussi ses collègues qui, à ses yeux, ont retourné leur veste.

Même la ville de Magdebourg a été le théâtre de manifestations populaires. L'organisation Neue Forum y était puissante. L'Eglise avait pris les contestataires sous son aile. Un jour, au début d'octobre, l'évêque lui téléphona pour lui demander si l'on ferait usage de la force. En fait, on n'avait pas distribué de munitions à la police. Lorsque l'évêque insista en outre pour que les manifestants s'occupent eux-mêmes de maintenir l'ordre dans leurs rangs, Eberlein téléphona au chef de la police pour l'autoriser à laisser leurs responsables se débrouiller tout seuls. « A quoi bon tenir tête à 50 000 personnes. A partir de 30 000 personnes dans la rue, une politique de non-intervention se justifiait déjà. » Cela dit, parler d'une implosion générale est exagéré. Entre décembre 1988 et août 1989, dit-il, 900 membres avaient quitté le parti à Magdebourg et 330 en avaient été exclus, mais 2 000 nouveaux adhérents s'étaient inscrits. « Les camarades attendaient un signe qui leur indiquerait ce qu'ils devaient faire, et comment le faire, mais aucun signe ne vint.

« Gorbatchev avait alors lancé sa formule de "maison européenne commune", mais au fond on n'y trouvait pas de chambre pour la RDA.

Je n'arrive pas à imaginer qu'en parlant de la sorte il oubliait tout bonnement la RDA. Quand il prêchait la réforme sans jeter un regard en arrière, il faisait une croix sur la RDA. La question qui se pose est la suivante : Comment expliquer ce changement de la part de Gorbatchev ? C'était comme si, chaque fois qu'il examinait le cas de la RDA, il ne se montrait pas honnête. Je crois que lorsqu'il était présent ici pour le quarantième anniversaire, il n'a pas été sincère avec nous. »

Comment s'est déroulée la réunion du Politburo, le 9 novembre, à propos de l'ouverture du Mur ?

« Nous étions unanimement persuadés que les gens devaient avoir le droit de se rendre en Allemagne de l'Ouest à leur guise. Il nous fallait promulguer une loi dans ce sens. Le projet avait été à l'étude depuis des semaines avant d'atteindre le Politburo. Au cours de cette séance, il a été décidé que chaque citoyen pourrait aller dans les bureaux de la police pour y faire donner un coup de tampon sur ses papiers. Il n'était pas question d'ouvrir la frontière. Mais au lieu de chercher à obtenir le tampon de la police, les gens se sont mis à passer directement la frontière, ce qui n'était pas prévu. Et alors il y a eu Schabowski qui en sachant ou non ce qu'il était en train de faire – c'est son secret – prétendit avoir trouvé ce morceau de papier sur la table, et l'avoir lu et ainsi de suite. »

Les gardes-frontières ou les douaniers avaient-ils été prévenus ?

« Pas du tout. Ils ne savaient rien. Sans doute étaient-ils au courant des instructions reçues par leurs collègues, à Leipzig, de ne pas faire usage de leurs armes, et ils avaient assez de jugeote politique pour ne pas reprendre les armes maintenant. Au Politburo nous sommes restés assis sur nos derrières en disant : Nous avions pris une décision et voilà ce qu'il en est advenu, nous devons l'accepter, impossible de revenir en arrière. »

Trapu et costaud, avec des grognements dans la voix, Wolfgang Herger a commencé son ascension en même temps que Krenz, au début des années 1960, dans les rangs de la Freie Deutsche Jugend, les Jeunesses allemandes libres, c'est-à-dire l'équivalent du Komsomol pour la RDA. Sur la recommandation de Krenz, en mars 1985, il a pris la tête du département de la sécurité, au Comité central. Dans cette fonction, il assurait la sécurité intérieure et extérieure du pays, notamment dans le domaine militaire, même si la politique est-allemande en matière de désarmement était naturellement parallèle à celle de l'Union soviétique. Il souligne qu'il ne rendait de comptes qu'au parti, et non pas à Mielke ni à la Stasi qui appartenaient à l'appareil de l'Etat – en tout cas nominalement. Son rôle consistait à maintenir le parti au pouvoir.

Comme Schabowski et Siegfried Lorenz, Herger faisait campagne en faveur de la candidature de Krenz à la succession du premier secrétaire. Mais il était exaspéré par cette tactique perpétuelle qu'avait adoptée

Honecker de jouer Krenz contre Mittag. Il devenait évident que si l'on ne parvenait pas à convaincre Honecker de changer de politique, il faudrait le destituer. Herger a cru, presque jusqu'au bout, qu'Honecker pouvait se ranger à la raison. « Pour moi, ce que j'ai connu de plus déprimant avec Honecker, ce fut son discours du 6 octobre, lors des cérémonies organisées pour le quarantième anniversaire au Palais du Peuple. Quelque deux ou trois mille personnes se pressaient dans la salle; nous savions tous qu'une crise sociale énorme allait éclater, si nous n'y étions pas déjà enfoncés jusqu'au cou. En l'espace des tout derniers jours, 10 000 émigrants étaient partis et nous espérions tous qu'il aurait le courage de dire au Politburo ou au Comité central de mettre la question à leur ordre du jour, littéralement, le lendemain même. Mais il s'accrochait à l'idée qu'il n'y avait pas de meilleur socialisme au monde qu'en RDA, et que les émigrants avaient été bernés par la propagande occidentale. Pour moi, il n'y avait plus rien à dire. J'ai fait savoir à Krenz que si nous n'agissions pas, nous nous ferions tous balayer par les événements. Ce fut effectivement le cas. Honecker était si éloigné de la réalité qu'il se porta une fois de plus candidat aux fonctions de premier secrétaire pendant la Douzième conférence du parti en mai 1990. » Ainsi donc la direction, y compris lui-même, tenait pour acquis que les trois quarts de la population soutenaient sciemment la RDA, et que celle-ci ne courait par conséquent aucun risque d'être pacifiquement engloutie par l'Allemagne de l'Ouest. C'était une illusion totale.

La fin désastreuse du pays et de son système politique, poursuit Herger, a représenté un phénomène trop complexe pour qu'il puisse être attribué à un seul individu. Mais le fait que Krenz ait pris la succession marquait « une sorte de libération intérieure pour la RDA elle-même ». Des scénarios de remplacement pouvaient alors être envisagés. Ou bien il fallait convoquer une conférence extraordinaire du parti afin d'élire un bureau politique d'une nouvelle espèce qui mettrait en œuvre une forme de socialisme indépendant et spécifique à la RDA, ou bien la Stasi et l'armée devraient défendre le parti par la force. On ferait un choix et ce serait « les méthodes politiques ou les méthodes policières ». L'option politique fut sabotée par excès de tiédeur. L'option policière, qu'on appelait aussi la solution chinoise après le massacre de la place Tiananmen qui avait eu lieu en juin, fut écartée. Herger en attribue le mérite à Krenz. Des informations secrètes, dit-il, les avaient convaincus du fait que le recours à la violence, sur le plan interne, aurait servi de prétexte à une invasion de la RDA par l'OTAN.

Même pour un homme qui occupait le poste de Herger, les intentions d'Honecker étaient obscures. Deux télex signés par Honecker, l'un en septembre et l'autre le 8 octobre, ont suscité plus d'une interprétation, même si leur sens général semble favorable à la négociation plutôt qu'à des fusillades. Herger fut personnellement l'un de ceux qui rédigèrent le télex du 8 octobre, et il déclare : « Je présume qu'il est faux de supposer qu'Honecker ait pu caresser l'idée de choisir une solution violente ou d'imposer l'état d'urgence. » Un troisième télex fut mis au point le vendredi 13 octobre par Krenz, Streletz, le général Dickel et Herger lui-même parce qu'on s'attendait à ce que la manifestation dite des Prières pour la Paix, prévue pour le 16, surpasse encore par son ampleur celle de la semaine précédente. En tant que chef de l'armée, Honecker signa ce télex qui interdisait expressément le recours aux armes quelles que soient les circonstances. Mais quant à savoir ce qu'Honecker en pensait dans son for intérieur : « C'est son secret. »

Né en 1929, Günter Schabowski est un remarquable journaliste qui fut nommé en 1978 rédacteur en chef du quotidien du parti, *Neues Deutschland*. Oralement ou par écrit, il s'exprime dans une langue imagée. Non content d'être secrétaire chargé de l'organisation du parti pour la ville de Berlin, il siégeait aussi au Politburo depuis 1985. Grâce à sa femme d'origine soviétique, il avait de bonnes relations avec Moscou et il parle aussi le russe. Après la réunification, il a trouvé un emploi dans un journal local en Allemagne de l'Ouest où il habite une petite ville à l'ancienne mode dont chaque maison, chaque jardin, semble jalousement entretenu. Les personnalités du SED d'une envergure comparable à la sienne ont tenté de s'agripper à tout ce qu'elles ont pu sauver de leurs privilèges et pensions de retraite accordées à la nomenklatura; elles daubent avec quelque envie sur Schabowski et son nouveau départ. Son livre, *Das Politbüro*, n'est pas souvent tendre pour la vieille garde du parti, mais il est loyal envers Krenz et ceux de sa génération.

« Il était complètement inimaginable que la RDA puisse être gommée aussi rapidement du tableau. Elle ne pouvait disparaître sans que l'Union soviétique subisse le même sort. Or, envisager une chose pareille représentait tout bonnement un défi au réalisme, à la Realpolitik. La seule existence de l'armement nucléaire maintenait l'unité du bloc. » Aux yeux de Gorbatchev, ajoute-t-il, la RDA était une composante particulièrement robuste de ce bloc. En 1986, lorsque le SED tint la Onzième conférence du parti, Gorbatchev en avait été l'hôte d'honneur. Mittag, qui lui servait de mentor et de guide, l'avait impressionné en lui vantant les exploits industriels et économiques du pays.

La conférence suivante du parti était prévue pour 1990. La réforme à laquelle poussait Moscou pourrait attendre jusque-là. L'urgence était masquée par le fait que personne n'avait saisi le changement intervenu dans la politique soviétique à l'égard de ses satellites. Pendant le voyage de Gorbatchev en 1989, Schabowski avait eu l'occasion de dire à Gennadi Gerasimov, le porte-parole de Gorbatchev, au cours d'un dîner, qu'une réorganisation était en cours. Ce genre de confidence n'avait suscité aucune réaction chez les Soviétiques, encore moins un conseil.

Pour Schabowski, presque tout ce qui allait de travers résultait de quelque stupidité ou d'une sclérose des artères cérébrales chez certains responsables. Il aime décrire des séances agitées du Politburo au cours desquelles il avait demandé à de vieilles badernes comme Alfred Neumann ou Horst Sindermann de démissionner, à leur grande indignation. Jusqu'aux élections locales de mai, tout paraissait encore normal. Par définition, des élections communistes supposaient des manipulations massives, mais le recours à la fraude ouverte aurait manifestement jeté la suspicion sur la bonne volonté du parti. Cela marqua le commencement d'une série de concessions que le parti fut obligé de faire, et qui le discréditèrent davantage chaque fois. L'exemple le plus éclatant en est fourni par la confusion qui conduisit à l'ouverture de la frontière hongroise, ce qui entraîna en fait la fin du bloc communiste. Le renvoi d'Honecker provoqua le démantèlement de l'ancienne structure politique. Le «rôle dirigeant» du parti fut facilement écarté parce qu'il n'existait plus de base sociale pour le justifier.

Krenz avait-il une chance de garder la RDA en vie ?

Schabowski le croit. Krenz et lui, ainsi que Lorenz et quelques autres, se prenaient pour des réformateurs qui allaient accorder aux citoyens certaines prérogatives précises inscrites dans les «droits de l'homme», par exemple la possibilité de se déplacer, de voyager, mais continueraient de s'accrocher aux principes socialistes dans l'espoir que cela conduirait à quelque accord confédéral avec l'Allemagne de l'Ouest. «Nous n'avions pas l'expérience de ce genre de conspiration, affirme-t-il. Ce n'est pas une chose qu'on apprend à l'école. Nous étions ligotés par la réunion du Politburo prévue pour le 17. Si l'on parlait à quelqu'un trop tôt, cette personne pourrait vous accuser de complot et téléphoner à Honecker pour lui dévoiler toute l'affaire. Aussi ne disposions-nous que de douze heures pour influencer le Comité central. J'ai dit à Krenz qu'Honecker devait lui-même donner sa démission au Comité central, en prétextant sa mauvaise santé, et j'ai rédigé cette déclaration sans y insérer le nom de son successeur. Ce fut une preuve de sa ruse quand il a recommandé Krenz, comme s'il le faisait de son propre chef, et le Comité central n'avait aucune raison de refuser. Peut-être Honecker croyait-il pouvoir exercer une influence sur Krenz, même s'il était bouleversé et blessé de constater que Krenz avait comploté contre lui.»

Avez-vous envisagé le recours à la force pour défendre la position du parti ?

«Le jeudi qui a suivi les événements de Leipzig, quelques personnes se sont attardées à la fin de la réunion du Politburo, leurs dossiers sous le bras, et Honecker se trouvait parmi elles. Quelqu'un a mentionné qu'une manifestation se préparait pour le lundi suivant à Leipzig. Honecker était déprimé en général et le fait d'aborder un tel sujet était totalement inconcevable au sein du SED; c'était une énormité pour tout dire. Il lança une remarque, en passant, pour évoquer la possibilité que nous soyons obligés de faire sortir les tanks. J'ai dit à Krenz, aussitôt après, que nous ne pouvions pas nous permettre de perdre quinze jours. Il y avait un trop grand nombre d'impondérables. N'importe qui pouvait jeter une pierre et il aurait suffi que l'homme assis dans la tourelle d'un tank soit touché au front pour déclencher la fusillade. Et si cela arrivait, nous pourrions tous tirer notre révérence, il y aurait une insurrection sanglante et tôt ou tard les gros bonnets du SED se retrouveraient pendus à la lanterne. La veille de la réunion cruciale du Politburo, Harry Tisch se rendit à Moscou pour y rencontrer ses collègues syndicalistes soviétiques. A son arrivée, il annonça qu'il devait parler d'une question très importante à Gorbatchev et on lui ménagea un bref entretien avec ce dernier. Tisch fit savoir à Gorbatchev qu'Honecker allait démissionner le lendemain. Gorbatchev parut surpris voire perplexe, comme s'il cherchait à savoir qui était Tisch, et pourquoi il lui racontait tout ça, mais il finit par dire : "Bonne chance à vous." On peut trouver curieux qu'il n'ait pas cherché à en savoir plus long.»

D'après Schabowski, une question demeure sans réponse : celle du rôle de Mielke qui devait entretenir des contacts étroits avec le KGB. Pourquoi Mielke a-t-il laissé les événements suivre leur cours sans leur opposer de résistance ? Une autre question se pose quant à l'attitude de Hans Modrow. Jusqu'en octobre celui-ci n'avait fait partie que du Comité central où il était réputé soutenir Honecker. Schabowski affirme que lui-même et Krenz, après avoir dressé des listes d'alliés possibles, avaient fait accéder Modrow au Politburo puis assuré aussi sa promotion au rang de Premier ministre. Mais il est convaincu qu'il y avait quelque alliance tacite entre Modrow et Markus Wolf, pour supplanter Krenz et prendre le pouvoir avec l'approbation du KGB.

«Dans ces conditions, Modrow aurait-il profité de ses fonctions de Premier ministre pour détruire Krenz?» ai-je demandé; à quoi Schabowski a répondu : «Je n'irai pas jusque-là. Il y avait deux pouvoirs, ce qui est courant dans une situation révolutionnaire, sans délimitations bien nettes entre les deux.» Modrow se servait de son influence pour asseoir son pouvoir grâce au gouvernement et au parlement en dehors du parti et du Politburo. Schabowski tient aussi Modrow pour responsable de la disparition des dossiers manquants dans les archives de la Stasi et de la HVA.

En ce qui concerne l'heure fatidique sur laquelle sont braqués les projecteurs de l'Histoire et où se produisit l'ouverture du mur de Berlin, Schabowski prétend avec insistance qu'il n'avait pas prévu où cela pourrait conduire. «Nous l'avons fait avec la certitude que c'était le pas inéluctable à franchir immédiatement pour obtenir l'adhésion du pays et de l'étranger. Ou bien on ouvrait la frontière, ou bien on ne l'ouvrait pas. Le calcul était simple. Ouvrir la frontière signifiait que les gens pourraient partir puis revenir. Leur tante Anna allait les accueillir chez elle pendant une quinzaine de jours mais c'était tout ce que la vieille dame pourrait faire. Leur domicile, leur emploi, leur petite voiture, tout ça se trouvait ici. Ils pouvaient espérer que si on leur donnait la permission de voyager comme tout le monde, d'aller et venir, d'autres choses allaient pouvoir s'améliorer elles aussi. Nous étions tombés d'accord sur ce point en croyant que cela nous apporterait un certain répit – et ce fut bien le cas. »

Si vous aviez fixé une date ultérieure pour cet événement vous auriez eu tout le temps de vous préparer à un changement de manière organisée.

« Oui, bien entendu cela aurait été préférable, mais nous en étions réduits à constater que nous n'avions pas le temps. Vous devez comprendre que nous avions renversé Honecker et que nous-mêmes, les hommes neufs, nous étions en train de décevoir les gens ; on se demandait ce que nous avions l'intention de faire. Ouvrir le mur, c'était une preuve de nos intentions. »

Gorbatchev a-t-il été impressionné ?

« Je ne crois pas. Il n'a pas manifesté d'intérêt particulier pour l'événement. Lui-même et ses conseillers estimaient que cela se produirait un jour. A cette époque, il trouvait préférable que nous fassions les choses de notre propre chef, plutôt que sous la férule soviétique. Certains reproches sont bien venus de Moscou, je m'en souviens, mais il n'y a rien eu d'important, pas d'intervention comparable à ce qui s'était passé jadis pour l'accord des quatre puissances sur Berlin, quand la RDA n'avait pas son mot à dire.

« Placez-vous dans la situation de Gorbatchev ; il est le chef d'un empire qui fait danser tant de pays au son de ses violons. Il lance des réformes, et ces réformes ont des conséquences qui affectent les pays de l'empire. Mais la RDA sert utilement de contrepoids face à l'Allemagne de l'Ouest, et elle produit une proportion élevée des meilleurs biens de consommation disponibles en Union soviétique. Il souhaite que cette situation se prolonge. Cela signifie qu'il lui faut déstabiliser la direction [communiste] pour pouvoir stabiliser le pays. Telle était son idée. Tant que Krenz a été là, Gorbatchev pouvait encore faire marche arrière. Le KGB lui avait dit qu'il allait devoir introniser Modrow, mais entre-temps voilà que survenait Krenz et il y avait moyen de traiter aussi avec lui. Il pouvait lui dire : "Egon, la RDA survivra, l'Union soviétique la soutiendra." Mais voilà que la direction de la RDA perd peu à peu toute autorité, et c'est à présent le tour de Modrow, et les gens réclament de plus en plus fort la réunification, et les conseillers lui disent que le cap ne pourra pas être tenu indéfiniment. Il est aussi obligé de veiller à sa situation personnelle. Alors il passe un marché : la réunification en échange de milliards de dollars versés par les Occidentaux. C'est encore là un calcul des plus simples : le cap ne peut pas être tenu, alors empochons les milliards plutôt que d'en faire tout un drame. Puisqu'il ne disposait plus de la puissance militaire ou politique nécessaire pour cueillir la RDA comme on cueille une fleur par la tige, il pouvait tout aussi bien ramasser ce qu'il pouvait, en compensation. »

25

Götterdämmerung
(le crépuscule des dieux)

La coutume voulait que tout nouveau premier secrétaire récemment nommé dans un pays satellite prenne l'avion pour Moscou le plus vite possible pour rendre hommage au maître du Kremlin. Egon Krenz se plia au rite, dès le 31 octobre. A l'issue de leur rencontre, le lendemain, Gorbatchev et lui-même déclarèrent que la réunification allemande ne figurait pas à l'ordre du jour. Cinq courtes semaines plus tard, tout de suite après que son mandat de premier secrétaire se fut achevé dans le chaos, alors que le parti s'apprêtait à perdre son «rôle dirigeant», et après que Schalk se fut envolé vers l'Occident avec ses dossiers pleins de secrets compromettants, Krenz prit de nouveau l'avion pour Moscou. Cette fois il était accompagné par le Premier ministre, Modrow, pour être mis au courant, avec d'autres dirigeants des pays satellites, des conditions dans lesquelles s'était déroulée la conférence au sommet qui venait de s'achever à Malte. Les frontières ne devaient pas subir de modifications en Europe, cela avait été convenu avec le président Bush et visait manifestement la situation de l'Allemagne. Au début de l'année suivante, le 30 janvier 1990, Modrow retourna à Moscou, où il tint des propos diamétralement opposés pendant une conférence de presse : «La réunification des deux Etats allemands, telle est la perspective qui s'étend devant nous.» On envisageait une sorte de confédération par étapes selon laquelle les deux Allemagnes conserveraient leurs identités distinctes, dans un avenir prévisible.

Donc, en l'espace de trois mois, Gorbatchev avait inversé sa position sur l'Allemagne. Jusque-là, Helmut Kohl s'était contenté de faire barrage par un feu roulant de réserves et de programmes en dix points, avec de vagues allusions à une réunification qui pourrait s'étager sur une période de dix à quinze ans. Mais à présent le chancelier se précipita sur l'occasion. Le 10 février, un émissaire d'Allemagne de l'Ouest alla plaider son dossier. Il rendit visite à Gorbatchev et c'est alors que se produisit ce que son conseiller Horst Teltschik a appelé un miracle. Gorbatchev donna son accord de principe à une réunification. Au cours d'un second voyage, le 14 juillet, qui commença à Moscou et se poursuivit jusqu'à Stavropol dans le Caucase, Kohl accomplit ce qui pour Teltschik était encore un autre miracle : il obtint que Gorbatchev consente à la réunification dans le cadre de l'OTAN. Les conditions en furent alors déterminées à toute allure. Des élections fourniraient une légitimité à l'opération sur le plan interne et le traité maladroitement intitulé des « Deux-plus-Quatre » y ajouterait un certificat international d'approbation, au nom des quatre puissances qui occupaient le pays depuis la guerre. En deux bonds de géant, l'Allemagne avait brusquement sauté hors de ce qui avait été une camisole de force. A de rares réserves près, son désir le plus cher avait été satisfait d'une façon qu'aucun de ses dirigeants d'après-guerre n'aurait pu rêver dans ses accès d'optimisme les plus extravagants.

Pendant son voyage d'octobre, Gorbatchev avait donné comme adresse à ses interlocuteurs le Schloss Niederschönhaus, un charmant hôtel particulier sans prétention, construit au XVIIIe siècle et situé dans le quartier de Pankov, à Berlin-Est, connu pour être le fief de la nomenklatura. A quelques centaines de mètres, un peu plus loin, de l'autre côté du parc voisin couvert d'arbres, se dresse la maison d'Egon Krenz, une élégante villa moderne entourée d'un jardin et protégée par une clôture métallique de sécurité. Krenz, qui fut pendant quelque temps le membre le plus jeune du Politburo, avait cinquante-deux ans en 1989. Les sports, le Komsomol et la sécurité avaient été ses spécialités. Si l'on en croit ses anciens collègues, il avait gravi les échelons grâce à sa servilité plus qu'en vertu de ses qualités cérébrales. Son pire ennemi, Günter Mittag, le tournait en dérision en l'appelant « Der Mann ohne Konzeption », ce qui peut être traduit librement par l'expression : « L'homme sans idées. » Long de visage, avec une tendance à rouler des yeux quelque peu mélancoliques, Krenz est poli et patient même si de temps à autre il manifeste un tant soit peu d'amertume, notamment quand on lui parle des procès intentés aux anciennes personnalités de la RDA accusées de divers délits.

Une tentative a été faite de poursuivre en justice les responsables de la falsification des élections locales de mai. Krenz a soutenu qu'il n'avait pas été mis au courant à l'époque et il semble croire que, si les élections communistes étaient de toute façon dénuées de sens, le tripotage des résultats reflétait un zèle ardent au sein du parti plus que des instincts délictueux.

Dans le contexte politique de 1989, dit-il, même les hommes les plus compétents du monde auraient eu tort, quelles qu'eussent été les mesures prises par eux. La personnalité des individus n'avait pas beaucoup d'importance. « A ce moment-là je n'ai pas su voir que la RDA était arrivée au bout de la route. J'estimais que, coude à coude avec Gorbatchev et l'Union soviétique, nous pourrions nous sortir de la crise politique profonde où nous étions tombés. Si vous voulez, j'étais grisé par Gorbatchev, et lorsque j'ai fini par voir clair, il était trop tard. Son attitude réformatrice était justifiée, je le crois encore, mais il était plus difficile de la traduire dans les faits que de l'exprimer par des slogans, notamment dans le domaine économique.» Il connaissait personnellement Gorbatchev depuis 1986, et sa femme avait à l'époque accompagné Raïssa quand celle-ci avait fait le tour du pays.

Un certain nombre de facteurs ont provoqué l'effondrement de la RDA. «Premièrement, la situation intérieure; ce n'était qu'un aspect de la crise mondiale traversée par le communisme. Deuxièmement, la situation politique et économique inextricable et critique que connaissait l'Union soviétique. Nous avions toujours mis en avant les droits sociaux et économiques, sans malheureusement accorder aux citoyens le droit de voyager librement.» Mais les fondations économiques de l'Occident s'étaient montrées plus fortes pendant la Guerre froide. La volonté soviétique de maintenir la parité militaire avait entraîné le gaspillage de sommes considérables qui auraient pu être investies ailleurs : «De notre côté, nous avions fait une mauvaise analyse. Vous pourriez dire que les Américains nous avaient contraints à nous armer à mort. Pendant des dizaines d'années, le monde occidental avait cherché à marginaliser la RDA. Bien entendu, leurs services secrets y étaient pour quelque chose.»

Pendant qu'il siégeait au Politburo, Krenz avait obtenu de Schalck, avec qui il prétend avoir eu des rapports amicaux et francs, un tableau sans fard de l'économie, compte tenu des dettes et des déficits du pays. A propos de Schalck il ajoute un bref commentaire, manifestement au-dessous de la vérité : «C'était un homme doté d'une extraordinaire capacité pour les affaires et un économiste doté d'un esprit politique.» Pour révéler au Politburo les informations qu'il avait l'habitude de recevoir de Schalck, il lui aurait fallu dévoiler ses sources. A la fin, Schalck s'était enfui parce qu'«il se sentait trompé et se battait pour rester en vie». Ceux qui connaissaient en détail ses activités firent soudain semblant d'avoir tout ignoré.

Krenz confirme que le simple fait de la visite de Gorbatchev fut interprété comme un encouragement donné au limogeage d'Honecker, bien qu'aucune parole n'ait été précisément échangée sur ce point. Krenz avait veillé personnellement à ce que Harry Tisch soit reçu par Gorbatchev à la veille même de la réunion décisive du Politburo. Aussi le Soviétique avait-il été prévenu vingt-quatre heures à l'avance.

Honecker était-il au courant de ce qui allait se passer?

«Difficile à dire, mais je crois que non. S'il avait été en meilleure santé, il s'en serait peut-être rendu compte, parce que nous avions siégé au Politburo pendant deux jours entiers au cours desquels nous avions tenté de rédiger une résolution concernant l'absence de communication. » Il minimise la version de Schabowski quant à sa conspiration d'octobre avec Mielke et à sa conversation du 8 octobre avec ce même Mielke; selon lui il se serait agi d'un simple entretien sur la sécurité des VIP qui retournaient chez eux. Mielke, dit-il sans s'apercevoir de la contradiction, était une personnalité complexe qui nourrissait une idée fixe : la RDA devait toujours s'aligner sur les Soviétiques.

Pour en revenir à lui-même, Krenz précise qu'il avait été proposé pour le poste de premier secrétaire par Willi Stoph et non par Honecker; mais, ajoute-t-il, « il y avait des raisons de procédure qui nous obligeaient à mentir en l'occurrence ». Il eût été préférable pour lui de ne pas entamer l'exercice de son mandat par un tel mensonge mais il pense aujourd'hui que cela n'a guère eu d'importance.

Croyez-vous que vous auriez pu sauver la RDA ?

« Si je ne l'avais pas cru, je n'aurais pas accepté ce poste. Je partais du principe que la RDA resterait communiste et souveraine. Gorbatchev m'avait écrit et nous avions eu également une conversation téléphonique amicale. Pour le meilleur et pour le pire, la RDA était extrêmement centralisée et, après le départ d'Honecker, des tas de gens se sont mêlés des affaires publiques. Brusquement tout est devenu passionnel. Des groupes de citoyens sont descendus dans la rue en pensant que le changement tournerait à leur avantage et la direction du SED traînait les pieds pour se joindre à la campagne qui venait de commencer contre les abus de pouvoir et la corruption. Comparée à ce qui se passe dans la nouvelle Allemagne, cette corruption était relativement modeste. Mais le mouvement populaire prenait pourtant une tournure de plus en plus passionnelle. »

Que comptiez-vous tirer de votre visite à Gorbatchev le 31 octobre ?

« Un ferme soutien qui nous permettrait de progresser ensemble. J'avais la nette impression qu'il souhaitait aider la RDA. Nous avions de bons rapports, à mon avis. A l'époque, il disait que notre peuple venait juste au second rang, derrière les Soviétiques, dans ses aspirations au renouveau. Pour ma part, je souhaitais qu'il me fournisse des éclaircissements sur son idée de "maison européenne commune" en ce qui concernait les deux Allemagnes. Je voulais savoir si l'URSS continuait d'assumer la paternité de la RDA. Il a répondu qu'il ne pourrait nullement être question d'une réunification de l'Allemagne et affirmé que ni Margaret Thatcher, ni Mitterrand, ni Bush, ni d'ailleurs aucun chef d'Etat conscient de ses responsabilités sur la planète, n'envisageait la réunification de l'Allemagne. C'était le 1er novembre. S'il s'attendait déjà à ce que s'ouvre dans un proche avenir la voie vers l'unité allemande, alors bien entendu, j'aurais estimé honnête qu'il me dise : "Ecoutez, on ne peut plus rêver à des perspectives de renaissance, aussi devons-nous tous deux faire une proposition aux Etats-Unis, à la Grande-Bretagne, à la France et à l'Allemagne de l'Ouest pour une réunification." Mais telle n'était pas sa position. Il n'a commencé à en parler que plus tard, quand il a choisi cette voie. »

Gorbatchev avait le choix : ou bien il assurait la RDA de son appui total ou bien il ne lui promettait rien du tout. Il avait opté pour la première attitude, pense Krenz, jusqu'à ce que l'ouverture des frontières lui ôte toute possibilité d'agir. Quoi que Chevardnadzé ait pu écrire pour se justifier, il a effectivement téléphoné, en octobre et novembre, au ministre des Affaires étrangères de l'Allemagne fédérale Hans-Dietrich Genscher, pour l'avertir de ne pas toucher à l'Etat souverain de RDA. Krenz croit personnellement que le pays aurait pu survivre, même avec des frontières ouvertes, comme cela avait été le cas entre 1949 et 1961. En décembre et pendant le mois de janvier suivant, alors que le parti avait perdu son « rôle dirigeant » et que la survie du régime communiste paraissait douteuse, les événements ont privé Gorbatchev de toute possibilité de choix. Les deux Etats allemands – désormais capitalistes l'un et l'autre – étaient destinés à fusionner. « Gorbatchev a compris que la promesse officielle de restaurer la propriété privée rendait la division de l'Allemagne superflue. Nous avions cherché à édifier une société d'un autre type que celle de l'Allemagne fédérale. A mon avis, il est tragique que nous ayons échoué, mais c'est ce qui est arrivé. »

Lui aviez-vous parlé d'une éventuelle ouverture du mur de Berlin?

« Non. Nous avons bien parlé de trouver un moyen pour autoriser la libre circulation – rien ne nous séparait dans nos opinions sur ce point – mais l'emploi des moyens et des méthodes qui ont abouti à ce qui s'est passé le 9 novembre n'avait pas fait l'objet d'une concertation avec Gorbatchev. Le président Bush fut le premier à me féliciter avant que Thatcher et Mitterrand envoient des télégrammes de sympathie. Lorsque Gorbatchev découvrit que les autres grandes puissances accueillaient favorablement cette mesure, il se décida lui aussi à prendre ouvertement la même attitude. Le 10 novembre il nous fit transmettre par l'ambassadeur soviétique un message pour nous féliciter de cette courageuse initiative. Mais nous seuls en étions responsables. »

En plein accord avec son ami et confident Wolfgang Herger, Krenz estime qu'une erreur capitale a été commise par les responsables quand ils ont omis de convoquer une conférence spéciale du parti pour désigner aussitôt que possible en octobre un nouveau Comité central et, par la même occasion, un nouveau Politburo. Mais le cours des événements n'en aurait probablement pas été altéré. C'était le communisme en soi qui était en train de sombrer. Il est vrai que, même après la disparition du régime, les autres Etats satellites restèrent néanmoins des pays de plein droit. Hélas, à l'instar de l'Union soviétique elle-même, la RDA n'était rien d'autre que son système politique ; une fois que celui-ci eut cessé d'exister, tout le reste disparut en même temps. « Tout se tenait. Le bloc pouvait durer pour autant que l'Union soviétique conservait la force de maintenir sa cohésion. Dès que l'Union soviétique ne fut plus en mesure de conserver intacte la structure de son propre instrument de puissance, le Pacte de Varsovie se désintégra. »

Quant aux dégâts causés par l'usage habile que Modrow a fait du parlement et du gouvernement pour arracher le pouvoir au parti et au Politburo, Krenz reste circonspect. C'est lui-même et non Gorbatchev, souligne-t-il, qui a pris Modrow pour Premier ministre. Pourquoi dans ces conditions s'est-il senti obligé de démissionner le 3 décembre? Essentiellement parce qu'il existait d'autres foyers du pouvoir. La conférence spéciale du parti, si longtemps différée, devait se tenir une semaine plus tard, et Krenz était responsable de son organisation. Mais entre-temps l'ensemble des quinze premiers secrétaires et d'autres notables avaient exercé des pressions sur lui pour qu'il opère un grand ménage dans les rangs du parti, du Politburo et du Comité central. En lui demandant de démissionner, ils lui assuraient que ce n'était pas une question de personne, mais à ses yeux il paraissait clair que tel était bien le cas. « Comme ils se disaient tous favorables à ma démission, je ne voyais pas l'intérêt de continuer à m'y opposer, aussi ai-je franchi le pas tout en sachant que ça n'en valait pas la peine et qu'ils auraient pu attendre une semaine de plus jusqu'à la conférence spéciale du parti. Gorbatchev est allé encore plus loin que nous en dissolvant son Comité central sans même le convoquer. »

Avez-vous senti que les événements d'octobre et de novembre vous échappaient?

« Peut-être pas à l'époque, alors que j'avais la possibilité d'agir sur le plan politique. Mais quand je regarde en arrière je comprends que c'était le cas. » Effectivement la carrière de Krenz et le règne du parti ont pris fin simultanément. L'apparent bénéficiaire de l'opération, Hans Modrow, tenta de gouverner avec la *Volkskammer*, le parlement officiel issu du parti, alors que la Table ronde agissait déjà comme une sorte de chambre officieuse ou comme un parlement de substitution. « On discutait beaucoup, fait observer Krenz, mais on ne faisait pas grand-chose. » Contrairement aux Tables rondes mises en place dans les autres pays satellites, celle-ci n'était pas tant un mécanisme destiné à permettre le partage du pouvoir avec l'opposition qu'une cause de paralysie, ce qui permit l'annexion finale obtenue par l'Allemagne de l'Ouest.

Gorbatchev vous a-t-il déçu?

« Ma déception a commencé quand il est rentré de Crimée, après le coup d'Etat du mois d'août, en disant qu'il n'était plus communiste. [En réalité, il a fait de son mieux pour restaurer le pouvoir du parti.] C'était comme si le pape avait dissous le Vatican sous prétexte que Dieu n'existe pas. Et je formulerai une autre accusation contre lui à savoir qu'il a cru bon de se laisser nommer en grande pompe citoyen d'honneur de Berlin au moment où ses anciens camarades Honecker, Stoph, Kessler et les autres passaient en jugement et se retrouvaient, pour certains d'entre eux, derrière les barreaux. »

J'ai rencontré Hans Modrow dans les bureaux du parti communiste reconstitué, près du théâtre Volksbühne, à Berlin-Est. Le rez-de-chaussée minable et crasseux était occupé par la librairie du parti où étaient exposés à longueur de rayons toute une série d'ouvrages apparemment pris au piège d'une époque révolue. Modrow y représentait le type même du socialiste à visage humain, avec sa chemise à col ouvert et sa veste de cuir. Pendant que nous parlions, on l'appela pour lui apprendre que les généraux Kessler et Streletz venaient d'être condamnés à des peines de prison pour avoir bafoué les droits de l'homme ; ce verdict le bouleversa.

Agé de dix-sept ans en 1945, Modrow avait été enrôlé dans l'armée allemande, capturé et emprisonné par les Russes pendant quatre ans. Peu après sa libération, il était retourné chez les Soviétiques, à Moscou, pour y suivre pendant deux ans les cours de l'Ecole supérieure du Komsomol. Il est réputé avoir dit que l'Union soviétique était sa seconde patrie. Premier secrétaire du parti pour la ville de Dresde depuis 1973, il était manifestement l'homme idéal pour mettre la perestroïka en pratique.

Une crise avait éclaté à Dresde juste avant la visite de Gorbatchev en octobre. Des émigrants réfugiés à Prague avaient été autorisés, avec l'accord de tous les gouvernements concernés, à transiter par la RDA dans trois trains spéciaux à bord desquels se trouvaient des agents consulaires, pour être conduits en Allemagne de l'Ouest. Les stations de radio avaient annoncé l'heure du départ des trains à Prague et celle de leur arrivée à Dresde. Les gens étaient tellement entassés dans ces trois trains qu'il aurait mieux valu former quatre voire cinq convois. Pour empêcher qu'un flot encore plus considérable de candidats à l'émigration ne quitte la RDA, la frontière tchèque avait été fermée et Modrow avait téléphoné au ministre des Transports pour lui demander que les trains évitent de passer par Dresde. Des milliers de personnes se ruaient déjà vers la gare principale de la ville dans l'espoir de se glisser à bord des wagons, persuadés de tenir leur dernière chance de fuir en Occident. Modrow parla à Kessler et apprit qu'on allait appeler l'armée à la rescousse de la police. Il n'a jamais été question de charger ni de tabasser la population, prétend Modrow, mais uniquement de boucler les environs de la gare. Le chaos se prolongea durant trois jours. Il y eut quelques blessés mais aucun mort, ce qui pour Modrow justifie ses mesures préventives.

Il y eut encore des risques de violence peu de temps avant Noël, dit-il, lorsque les manifestants de Leipzig modifièrent leur slogan « *Wir sind das Volk* » (nous sommes le peuple) en « *Wir sind ein Volk* » (nous sommes un même peuple). C'était un changement nettement significatif qui substituait le nationalisme à la notion de classe. Une proposition en faveur de la suspension temporaire des Prières pour la Paix faillit déclencher un affrontement entre ceux qui se préoccupaient de sauvegarder la RDA et ceux qui, désormais, souhaitaient la fin du régime. Ces derniers, dit Modrow, représentaient une minorité trop faible pour l'emporter sur la majorité à cet égard. Finalement, il adhère personnellement à l'opinion de ceux qui ne voient aucune manipulation de la Stasi derrière l'assaut lancé contre le siège de celle-ci, sur la Normannenstrasse, le 15 janvier 1990. « Ce jour-là, la Table ronde était réunie, mais ce n'est pas elle qui lança un appel au calme ; au contraire, l'initiative en revient à Neue Forum. J'étais en conversation avec le ministre yougoslave des Affaires étrangères lorsque j'ai entendu les nouvelles, de sorte qu'après avoir abrégé l'entretien, je me suis précipité à la Normannenstrasse en roulant au beau milieu d'une foule très dense. Je me disais que ce genre de situation ne pouvait être réglé que par des mesures politiques et non par des méthodes policières. Si nous avions fait agir la police il y aurait eu des violences. Je me suis adressé à la population, non sans craindre, il me faut l'avouer, d'être conspué, ce qui ôterait toute autorité au gouvernement. Après avoir parlé pendant environ dix minutes sans être interrompu, j'eus l'impression qu'un poids très lourd quittait ma poitrine. Le rassemblement se dispersa. Par la suite, on veilla davantage à maintenir le calme sur le plan intérieur. »

Honecker, confirme-t-il, croyait que sa version du communisme était incomparablement supérieure à celle de Gorbatchev. Dans ses paroles comme dans ses écrits, Honecker partait du principe que Gorbatchev devait échouer. « A l'époque, il se référait de plus en plus souvent à la "trahison de Gorbatchev" et, avec le recul, il est plus difficile de se prononcer sur toute l'affaire aujourd'hui ; ça l'était moins en 1985 et 1986, quand on se plaçait simplement dans la perspective d'une réorganisation de la RDA. Et Gorbatchev rend le moindre jugement sur le fond plus pénible encore, car il nous place dans une situation intenable en tenant des propos inconciliables avec ce qu'il pensait et disait naguère. »

Le renvoi de Honecker provoqua un conflit de personnalités et une lutte pour le pouvoir dont le SED ne s'est jamais vraiment remis. Les jeunes et les vieux, les durs et les réformateurs, passaient leur temps à réclamer la démission de leurs adversaires ou à manœuvrer pour l'obtenir. Les détails de ces manigances politiques sont aussi ennuyeux que peu édifiants, mais, en bon politicien, Modrow n'a rien oublié et il prend manifestement plaisir à me guider dans un labyrinthe d'intrigues sur qui-a-fait-quoi et qui-n'a-pas-fait-quoi. En bref, disons que Willi Stoph en participant au renversement d'Honecker ne parvint à faire oublier ni son grand âge ni son appartenance au camp des durs, de sorte qu'il lui fallut, dès le 7 novembre, abandonner son poste de Premier ministre où lui succéda Modrow après onze jours de conflits déconcertants déclenchés pour des raisons d'amour-propre. Après avoir habilement manœuvré pour l'emporter sur les gérontocrates, les jeunes perestroïkistes pensèrent avoir sauvé le communisme en RDA. En réalité, ils avaient seulement mis en scène une nouvelle version, moins maléfique, de la comédie traditionnelle où tout changement suppose une purge. Mais cela n'avait pas entraîné un schisme aussi net que dans les autres partis communistes de l'empire mis en fâcheuse posture.

L'orage déclenché par le scandale Schalck éclata au-dessus de la tête de Modrow dans les trois premiers jours de décembre. Comme il le dit, il n'avait vu aucune raison de limoger un homme comme Schalck, doté de grandes compétences techniques et bien introduit en Allemagne de l'Ouest. Néanmoins la ténébreuse défection de celui-ci fut un coup dur et obligea de surcroît le plus haut magistrat du pays, Peter Wendland, à démissionner. Le 3 décembre, le Comité central tint sa dernière réunion, Krenz démissionna et le parti cessa d'exister sous son ancienne forme. Sans bénéficier du moindre répit, Modrow devait se rendre à Moscou le lendemain même, comme tous les autres dirigeants des pays satellites du bloc soviétique. Krenz, dépouillé de son mandat de premier secrétaire, demeurait néanmoins président du Conseil d'Etat pour quelques jours encore et, à ce titre, il accompagna Modrow.

« J'ai rencontré Gorbatchev pour la première fois le 4 décembre, dit Modrow. D'un bout à l'autre, à chacune de nos rencontres, Gorbatchev m'a toujours affirmé clairement que la RDA devait continuer d'exister et que, pour sa part, l'Union soviétique lui apporterait son soutien. Aujourd'hui il se conduit comme s'il avait vu les choses différemment pendant des années. Alors quand a-t-il changé d'idée ?

« Pendant ce premier voyage, je m'attendais à ce que Gorbatchev nous fasse part de ses conclusions après le "sommet" de Malte. Tel était le but de la réunion. J'ai profité d'une pause pour lui demander de m'accorder un long entretien personnel au cours duquel nous évoquerions les problèmes de la RDA. Sa réaction révéla que le camp soviétique, c'est-à-dire lui-même, se souciait très peu de nos difficultés immédiates, et il montra même à quel point il manquait d'informations à ce sujet. Mais pour que notre rencontre serve à quelque chose, il fallait qu'elle ait lieu sans tarder. J'avais intérêt à convaincre Gorbatchev que nous devions nous voir dans les plus brefs délais. Son emploi du temps était si chargé qu'il lui fallut remettre l'entretien à la fin du mois de janvier. Ni lui ni moi n'avions prévu que les changements allaient se précipiter en RDA dans l'intervalle. La Table ronde n'avait pas encore été constituée et elle ne se réunit que trois jours plus tard, le 7. Au départ, je n'étais pas favorable à une confédération mais à quelque chose de plus anodin, comme un traité d'association *(Vertragsgemeinschaft)*. Le camp soviétique considérait, lui aussi, que c'était la meilleure solution. »

La Table ronde fut calquée sur le modèle polonais. Les chefs religieux y tinrent un rôle important. Elle n'avait pas le pouvoir de légiférer et ne parvint pas à obtenir un droit de veto contre le gouvernement, mais elle ressemblait pourtant à un parlement en miniature où étaient représentés cinq organismes proches des communistes et neuf nouveaux partis ou mouvements de citoyens. « Bien entendu, la Table ronde joua un rôle important dans l'effondrement final. La question qui se pose est la suivante : la politique que consacrèrent les élections du 18 mars avait-elle été préparée par le travail entamé au mois de décembre ? Certes, la Table ronde qui s'est mise à siéger le 7 décembre n'a pas réclamé d'emblée la disparition de la RDA. Je crois que les mouvements de citoyens qui y participaient ont été, eux aussi, pris de court ; ils cherchaient à modifier la RDA mais non pas, en l'occurrence, à fusionner avec l'Allemagne de l'Ouest. »

Lorsque Gorbatchev fut enfin disponible pour la réunion convenue, le 30 janvier, Modrow faisait l'objet de fortes pressions pour le convaincre de partager le pouvoir avec une coalition des partis et des mouvements de citoyens représentés à la Table ronde, et d'organiser des élections qui confirmeraient ce partage du pouvoir. La veille du jour où il s'était envolé pour Moscou, il avait eu des entretiens avec tous les partis présents autour de la Table ronde sur la composition d'un « gouvernement de responsabilité nationale » et fixé effectivement la date des élections. Modrow suppose que cela explique pourquoi Gorbatchev en arriva à modifier son attitude au cours de cette seconde entrevue. Les circonstances avaient évolué si rapidement que le principal sujet de la conversation ne fut pas, comme prévu, la mise en place d'une confédération, mais l'examen des mesures à prendre sur le plan pratique pour mener à bien la réunification des deux Allemagnes.

Du point de vue de Modrow, le traité des Deux-Plus-Quatre fut conclu avec une rapidité et une légèreté qui causèrent un grave préjudice au demi-million de soldats et de citoyens soviétiques présents en RDA et firent aussi du tort à Gorbatchev lui-même. Les réunions de juillet entre Gorbatchev et Kohl, au cours desquelles furent établis les principes de l'affaire, ont été entourées de « mystère ». Gorbatchev s'était imaginé qu'il « parviendrait à négocier un accord bilatéral très avantageux pour lui, avec l'Allemagne. En fait, à part la promesse de crédits, il n'obtint rien du tout ».

26

Le dernier ambassadeur

Dans le salon de son appartement moscovite, Viatcheslav Kotchemasov a soigneusement accroché au-dessus du canapé un sous-verre qui renferme la couverture illustrée d'un magazine est-allemand où il figure en grand uniforme de diplomate. L'intérêt qu'il porte à l'Allemagne remonte à 1947. C'est l'année suivante, à Berlin, qu'il a rencontré pour la première fois Honecker, alors chef du Komsomol local. Après avoir été conseiller à l'ambassade soviétique dans les années 1950, il fut nommé ambassadeur par Andropov en 1983 et conserva ce titre jusqu'à la fermeture de l'ambassade à Berlin, le jour de la réunification. Pendant plus de vingt ans, il a été l'assistant du Premier ministre, spécialisé dans la politique internationale et en particulier dans les affaires allemandes. A présent qu'il a pris sa retraite sans pourtant abandonner son comportement de diplomate, il adopte une attitude courtoise qui ne dissimule pas totalement combien il répugne à évoquer un passé dont le souvenir lui est encore pénible.

De folles rumeurs circulaient à la suite de la visite éclair de Ligatchev en RDA le 21 septembre 1989. Nombreux étaient ceux qui, à l'époque ou par la suite, ont considéré ce voyage comme un signe de mauvais augure. En effet, Ligatchev estimait que l'Union soviétique ne devrait jamais rendre la RDA car celle-ci faisait légitimement partie de son butin de guerre. Mais d'après Kotchemasov, cette visite, prévue de longue date, ne constituait en aucune manière le signe avant-coureur d'une répression imminente. Ligatchev était simplement venu se familiariser avec certains problèmes relatifs à l'agriculture et il ne rencontra même pas Honecker, encore convalescent après son opération de la vésicule biliaire. Il ne fallait voir dans ce déplacement aucune menace préméditée. « Des coïncidences de ce genre se produisent parfois. »

Kotchemasov entretenait de bons rapports personnels avec Honecker. Celui-ci, affirme-t-il, avec son tempérament initialement modeste, son aptitude à travailler en équipe, ses dons d'organisateur et ses talents d'orateur capable de déchaîner les émotions de son public, avait fait de la RDA une force avec laquelle il fallait compter. «On avait du mal à convaincre Honecker de quelque chose, mais une fois convaincu il faisait scrupuleusement ce qu'il avait promis de faire.» Bien sûr, il avait changé par la suite et s'était considéré comme l'incarnation des réussites de son pays. Il avait concentré le pouvoir entre ses propres mains sans faire aucun cas de ses conseillers. Finalement, même pour des questions insignifiantes, nulle décision ne pouvait être prise sans sa permission.

La propagande relative à la perestroïka avait été largement diffusée dans la presse de la RDA. Et, au début, Honecker avait accepté les recommandations émises par le congrès du parti soviétique en 1986, mais son attitude ne tarda pas à se modifier et à se durcir. Kotchemasov avait alors senti de quel côté le vent se mettait à souffler. Puis, en janvier 1988, Honecker avait convié tous les ambassadeurs, comme chaque année, à une chasse. «C'était une journée terriblement froide. Pendant la pause du déjeuner, Honecker m'invita à le suivre jusqu'à un refuge où plusieurs autres membres de la direction nous attendaient dans une vaste salle. Après nous être réchauffés, avoir un peu mangé et bu, il m'annonça qu'il aimerait me dire un mot en tête-à-tête. Nous avons pris place à une petite table. "Je veux vous faire savoir, dit-il, qu'à partir de maintenant nous n'allons plus employer le mot perestroïka et je souhaite que vous compreniez pourquoi, afin que vous ne vous priviez pas de l'expliquer à tous ceux qui ont besoin de l'entendre en Union soviétique. La perestroïka représente un pas en arrière par rapport au léninisme; en RDA, nous sommes catégoriquement opposés à ce genre de révisionnisme quant à notre façon d'interpréter l'histoire soviétique. Nous sommes contre tout ce qui ternit et amoindrit les exploits du peuple soviétique. Nous sommes contre la destruction de tout ce que des centaines de millions de personnes, y compris des citoyens de la RDA, ont révéré pendant tant d'années. Si vous prétendez nous faire dire que l'histoire soviétique n'a été rien d'autre qu'une suite ininterrompue d'erreurs, alors notre population aura le droit de nous demander : Comment est-ce possible? Comment expliquer que l'Union soviétique soit devenue une grande puissance? Nous ne pourrons pas trouver de réponse à ces questions. C'est la raison pour laquelle nous ne ferons plus allusion à la perestroïka dans aucun document ni dans la presse."»

Kotchemasov résume ainsi l'apostrophe d'Honecker : «A l'époque de Brejnev, les relations [à l'intérieur du bloc soviétique] étaient dominées par le principe de la "souveraineté limitée". Nous avions imposé un modèle unique de développement à tous les pays socialistes. Gorbatchev a mené une politique différente selon laquelle ces pays devaient assumer la responsabilité de leurs propres actes, tenir compte de leurs exigences propres et de leur passé historique. Dans ces conditions Honecker devait avoir le droit de suivre sa propre voie.»

Cette conversation a-t-elle scellé son sort ?

« J'en ai déduit que si Honecker n'était pas disposé à réagir de façon plus constructive aux pressions de son temps, tout tournerait mal pour lui. Nous étions parfaitement conscients de la rapidité avec laquelle le mécontentement se propageait dans toutes les couches de la société, notamment parmi l'intelligentsia. Honecker était sourd à ceux qui exigeaient une démocratisation de l'Etat et de ses organes, ainsi qu'un élargissement de l'information. Il se contentait de rabâcher ses grands principes qui pouvaient se ramener à la conclusion suivante : on ne doit pas chercher à améliorer ce que l'on ne peut améliorer. Le dirigisme centralisé devenait de plus en plus incompatible avec toute réforme, et [si l'on appliquait la perestroïka] les gens allaient apprendre par la presse la vérité sur ce qui était effectivement en train de se produire... »

Comme tout le monde, y compris Honecker, Kotchemasov fut pris au dépourvu lorsque les réfugiés commencèrent à se ruer hors du pays. « En ce mois d'août, je passais mes vacances en Russie, et j'entendis pour la première fois la station de radio Deutsche Welle et la BBC parler de cette énorme hémorragie de citoyens de la RDA qui s'enfuyaient en passant par la Hongrie. Je me rendis à Moscou pour voir Gorbatchev, Iakovlev et Chevardnadzé, auxquels je déclarai me sentir dans l'obligation de rentrer immédiatement à Berlin. Ils dirent : Ne dramatisez-vous pas trop ? Pourquoi gâcher vos vacances ? Finalement ils admirent que j'avais probablement raison et je pris aussitôt l'avion pour Berlin. C'est alors que la Hongrie ouvrit ses frontières avec l'Autriche. »

L'Union soviétique avait-elle encore une quelconque influence sur les décisions hongroises ?

« Les dirigeants de la RDA ont essayé de persuader les Hongrois que c'était là une violation de leurs conventions mais ceux-ci n'ont rien voulu entendre. Pendant tout l'été, Honecker avait été malade et je ne l'ai revu que le 6 octobre. Il était assez calme mais il déclara : "Ce que les dirigeants hongrois nous ont fait n'est rien d'autre qu'une trahison." D'après le ton de cette conversation, j'ai compris qu'il espérait encore trouver un moyen ou un autre de mettre un terme au processus. Etant donné les nombreuses sources d'information auxquelles j'avais accès, j'étais pour ma part convaincu que nous assistions au commencement de la fin. Minute par minute, les médias occidentaux diffusaient des scènes d'euphorie déchirantes. Et un peu plus tard, ce jour-là, Gorbatchev arriva par avion.

« J'ai assisté aux deux entrevues entre Gorbatchev et Honecker, dans la journée du 7. La première suffit à me persuader que le renvoi de Honecker était inévitable. C'était une conversation en tête-à-tête. Honecker n'écoutait pas ce qu'on lui disait. Mais Gorbatchev ne s'est pas montré suffisamment ferme et précis en décrivant ce qui allait arriver à la RDA si Honecker n'acceptait pas le conseil qu'on lui donnait. »

Quel était le ton de cette discussion ?

« Un ton de persuasion amicale destiné à convaincre Honecker que son devoir était de veiller surtout aux intérêts de son peuple et de chercher à stabiliser la situation. Mais à tout ce qu'on lui disait, Honecker répondait invariablement qu'il avait défini la politique à suivre et qu'il l'appliquerait et qu'il continuerait à traiter ses ennemis en ennemis. A la fin de cette conversation, j'ai accompagné Gorbatchev pendant qu'il redescendait le couloir du Palais du Peuple, et il s'est arrêté pour lever les bras au ciel dans un geste de désespoir en employant une expression russe : "Tout est en train de tomber comme des petits pois le long d'un mur", ce qui signifie : Qu'est-ce qu'on peut y faire ? A la sortie du bâtiment, diverses personnes, y compris des journalistes, l'attendaient et c'est à ce moment-là qu'il a lancé pour la première fois sa petite phrase : "La vie ne pardonne pas à ceux qui arrivent trop tard." On ne peut guère savoir de qui il parlait exactement, quand on pense à tout ce qui nous est arrivé. Contrairement aux éloges dont on l'a accablé en Occident, Gorbatchev est désormais tenu en Russie pour totalement responsable de l'effondrement et des épouvantables échecs enregistrés au cours de ces dernières années.

« Je savais qu'Honecker avait la mauvaise habitude, après avoir rencontré Gorbatchev, de rapporter à sa direction les propos tenus par son interlocuteur en les agençant voire en les dénaturant. Aussi ai-je insisté pour qu'il y ait une seconde réunion au cours de laquelle Gorbatchev s'adresserait à l'ensemble des dirigeants est-allemands. Je savais également qu'il existait un groupe – au sein même de la direction – désireux d'obtenir le départ d'Honecker. Mais bien entendu personne ne pouvait soulever ce sujet en public ni lors d'une réunion générale. Krenz et Stoph, à la tête de ce groupe, prirent alors l'initiative d'évincer Honecker. Au poste de premier secrétaire, Krenz fit tout son possible pour que cela se passe sans effusion de sang. Son drame, en tant que responsable de la sécurité de l'Etat, c'est qu'il devait agir dans une atmosphère de grande méfiance. »

Avez-vous encouragé Krenz ?

« Je ne dirai pas ça. Depuis les débuts de la perestroïka, il n'était plus de bon ton pour un ambassadeur de dicter ses volontés à celui qui allait devenir premier secrétaire dans un autre pays. La veille de la désignation d'Honecker au poste de premier secrétaire, tout le Politburo avait été invité à l'ambassade pour s'y faire révéler le nom de la personne à nommer. Les temps avaient changé. De toute façon, la décision d'élire Krenz correspondait bien aux vœux des Soviétiques. »

Y a-t-il eu un débat sur une fermeture éventuelle des frontières et la déclaration de l'état d'urgence ?

« Il n'en a jamais été question à aucun niveau. Je suis catégorique. Ni avec la direction soviétique, ni avec moi. Avant la deuxième des grandes manifestations qui se sont déroulées à Leipzig, Krenz m'a téléphoné pour me faire savoir que Honecker lui avait ordonné de se rendre sur place, en compagnie du ministre de la Défense et de représentants de la Sécurité de l'Etat, afin de prendre les mesures nécessaires. J'ai déclaré à Krenz : c'est extrêmement courageux, mais je conseille de ne recourir à la force en aucun cas. Si vous le faites, nul ne peut prévoir quelles en seront les conséquences. J'ai poursuivi : Je dois vous dire catégoriquement qu'après avoir raccroché, la première chose que je vais faire sera de téléphoner au commandant des forces soviétiques en RDA, pour lui donner l'ordre de se tenir à l'écart de ces événements quelles que soient les circonstances. La réponse de Krenz fut la suivante : Parfait, je suis d'accord, j'agirai conformément à l'esprit de ce que vous venez d'exprimer. J'ai répété ce que j'avais dit, en soulignant qu'il fallait éviter toute effusion de sang.

« Comme je l'avais annoncé, j'ai téléphoné aussitôt au commandant militaire. A ce stade je n'avais pas parlé avec Moscou, mais j'agissais conformément à mes prérogatives d'ambassadeur en donnant des ordres comme principal représentant de l'Etat soviétique. Je lui ai ordonné de consigner toutes les troupes soviétiques dans leurs casernes et de suspendre tous exercices ou manœuvres. Les opérations des forces aériennes devaient aussi être arrêtées. Même en cas de provocation extrême, il ne devait y avoir aucune réaction de notre part. Il répondit qu'il avait compris et agirait en conséquence. Le lendemain Moscou confirma ces ordres. »

Si l'armée soviétique était intervenue, l'Occident aurait peut-être protesté mais, comme d'habitude, serait resté les bras ballants.

« Une armée d'un demi-million d'hommes aurait pu faire ce qu'elle voulait, mais toute tentative des militaires pour prendre le pouvoir aurait entraîné une guerre nucléaire. J'étais là et je le savais. J'étais en contact permanent avec les ambassadeurs américain, britannique et français. »

L'ouverture du Mur a-t-elle effectivement mis fin à toute possibilité de voir mettre en place un régime inspiré par les partisans de la perestroïka en RDA ?

« Les frontières étaient déjà ouvertes. L'ouverture du Mur ne faisait aucune différence. C'était devenu inévitable. Ce qui comptait c'était de trouver une façon de le faire sans porter un coup fatal à l'économie et à la politique de la RDA. L'absence de toute réflexion sérieuse sur ce point a entraîné la distorsion et l'effondrement du processus de réforme. La société est devenue littéralement ingouvernable et la réunification en a été la conséquence. »

Modrow, d'après Kotchemasov, a fait tout son possible pour établir un cadre qui permettrait de retrouver la stabilité. Son gouvernement de coalition, composé de représentants des principaux partis et des mouvements civiques, était « honorable et digne d'intérêt ».

Que s'est-il passé lorsque Modrow a rencontré Gorbatchev le 31 janvier 1990 ?

« Leur conversation a principalement porté sur deux points. Premièrement, la régularisation de la situation en RDA et, deuxièmement, l'aide que l'Union soviétique pourrait lui fournir. La situation économique dans laquelle le pays se trouvait après l'ouverture de ses frontières rendait indispensable une aide soviétique. Les biens et produits industriels est-allemands inondaient les pays voisins où, grâce à des taux de change avantageux, ils pouvaient être vendus avec profit même à bas prix. La RDA avait besoin de pétrole et de gaz naturel ainsi que de matières premières et de machines. Malheureusement, Gorbatchev n'a pas réagi favorablement.

« Modrow a évoqué la possibilité d'un traité bilatéral avec l'Allemagne de l'Ouest, au moins pour commencer, après quoi il y aurait une confédération. De prime abord, Kohl avait donné son assentiment à cette solution. J'ai vu Modrow tout de suite après son retour ; il se disait heureux de cette conversation et de l'atmosphère de confiance dans laquelle elle s'était déroulée. Rien n'en est sorti. Peu de temps après, il est devenu évident que Gorbatchev était prêt à danser sur la musique jouée par Kohl. S'il avait été disposé à soutenir plus fermement l'idée d'une confédération, et s'il avait pris quelques mesures pratiques dans ce sens, je crois qu'il aurait été en mesure d'éviter la disparition totale de la RDA. Chaque fois qu'il s'est agi de la RDA, Gorbatchev a cédé unilatéralement sur tous les points. »

Jusqu'aux élections de mars, il était inimaginable que l'Allemagne soit réunifiée dans le cadre de l'OTAN.

« Il fallait maintenir la RDA en dehors de l'OTAN. C'était la principale condition mise par Modrow. Et par moi. Mais la direction a tout simplement baissé les bras sur cette question. »

Pourquoi ?

« Notre société n'avait aucune idée de ce que Gorbatchev était en train de faire. Après la publication du livre de Teltschik en russe, il est devenu clair aux yeux de tous que, lors de sa réunion avec Kohl, en février, Gorbatchev lui avait donné *carte blanche* pour qu'il fasse tout ce qu'il voulait. Kohl pouvait à peine contenir sa joie ; il ne se serait jamais attendu à un tel revirement. C'est ainsi que parfois fonctionne la politique ! » Ni pendant cette rencontre de février, ni plus tard pendant celle de juillet dans le Caucase, Gorbatchev n'a voulu écouter ses conseillers. « Il n'a pas du tout utilisé les notes d'information et les documents que lui avaient préparés Faline et les autres. »

Comment faut-il interpréter cela ?

« Dieu seul le sait. C'était une transformation bien extraordinaire chez un individu. Pendant sa visite, en octobre 1989, il avait organisé un souper pour ses amis les plus proches. Ma femme et moi-même y avions été invités. La conversation était détendue, Gorbatchev de bonne humeur. Mais au cours de cette charmante réception, il s'est laissé aller à manifester un sentiment qui devait se révéler plein de signification, en disant : "Les choses deviennent très graves. Si ça devait mal tourner pour la RDA, on ne nous le pardonnerait pas à nous autres Soviétiques." Par la suite, en décembre, il répéta la même chose en des termes encore plus forts devant le Comité central. Pourquoi donc déclarait-il une chose, pour faire tout à fait autre chose ? »

Aux yeux de Kotchemasov, c'est d'autant plus inexplicable qu'il pouvait sentir, d'après ses entretiens avec les ambassadeurs occidentaux, que leurs gouvernements se tenaient sur la réserve. « En dépit du fait qu'ils étaient théoriquement les alliés de la RFA, on serait loin de la vérité en supposant qu'ils se réjouissaient à la perspective de voir l'Allemagne devenir aussi puissante sur le plan militaire et économique. Ce n'est nullement une coïncidence si François Mitterrand en personne s'est envolé pour Berlin en mars 1990 afin de vérifier de ses propres yeux ce qui était en train de se passer. Il a rencontré Gorbatchev à Kiev avec l'intention de mettre un terme à la réunification. Mme Thatcher y était, elle aussi, opposée. Aucune pression américaine ne se manifestait en faveur de ce processus de réunification. »

Au ministère des Affaires étrangères de l'Union soviétique, les hauts fonctionnaires chargés de préparer les documents se trouvaient informés de ce qui se passait, mais seul un cercle très étroit était véritablement au courant. Par tempérament, Chevardnadzé était toujours prêt à faire des concessions et il savait exposer efficacement ses opinions à Gorbatchev. Mais en dernier ressort, le droit de prendre des décisions appartenait à Gorbatchev ; dans la position qu'il occupait, insiste Kotchemasov, il n'était pas obligé de tenir compte de l'avis de Chevardnadzé.

Ainsi donc, la politique suivie dépendait de la personnalité d'un seul individu et c'était là une faille dans le système soviétique ?

« Absolument ! » a répondu Kotchemasov. Et il a répété avec une emphase qui lui est inhabituelle : « Absolument ! »

27

La réunification allemande

Il fallut pénétrer très avant dans l'année 1990 pour que les spécialistes de la politique étrangère, en Allemagne de l'Ouest, comprennent qu'une occasion historique se présentait à eux. On peut sans exagération soutenir que tous les intéressés se sont dirigés vers la réunification de l'Allemagne comme des somnambules. L'impuissance des hommes en face d'événements qu'ils ont eux-mêmes contribué à faire naître, sans pouvoir pour autant les maîtriser, confère à ce bouleversement de l'équilibre des puissances européennes un caractère de fatalité – propre aux affaires humaines – que les Grecs de l'Antiquité appelaient *hubris* et *nemesis*.

Peu d'hommes ont fait plus d'efforts que Günter Gaus pour mettre en forme la théorie résumée par l'expression : « Deux-Etats-une-nation. » Certes, rien n'empêchait d'imaginer que la réunification pourrait un jour se réaliser par l'intermédiaire de Bruxelles et de l'Union européenne, mais le fait de cultiver cette idée lui paraissait, dans les années 1970 et 1980, une bonne façon de détourner les Allemands de l'Ouest de leur tâche principale à savoir la mise au point d'accommodements avec la RDA. D'après lui, la majorité des Allemands de l'Est étaient indifférents à toute idéologie mais il existait parmi eux un consensus implicite selon lequel, s'ils ne voulaient pas rester communistes, ils ne voulaient pas non plus revenir à un modèle de société révolu. L'Allemagne d'avant 1933 avait bel et bien péri tout comme l'Allemagne de Hitler. Dans un livre publié en 1983, Gaus daubait avec mépris sur le gouvernement du chancelier Kohl dont la politique à l'égard de la RDA était prétendument axée sur la conviction que tout pouvait s'acheter, au lieu d'être fondée sur la recherche d'une coexistence pacifique. La fausseté de ce genre de raisonnement n'allait pas tarder à se manifester au grand jour, mais Gaus exprimait néanmoins les vues d'une partie influente de l'opinion publique allemande.

Rédacteur en chef de l'hebdomadaire *Der Spiegel* et chantre d'une politique établie sur cette ligne de moindre résistance, Gaus avait attiré l'attention de Willy Brandt en 1972. L'Ostpolitik qui venait d'être mise en œuvre, dans des conditions de paternité douteuse et avec des perspectives d'avenir incertaines, avait besoin de hérauts talentueux comme Gaus. De 1974 à 1981 il fut placé par Brandt au poste de représentant permanent de l'Allemagne de l'Ouest à Berlin-Est, avec tous les attributs d'un ambassadeur sauf le titre. De belle prestance et de bonne composition, Gaus personnifiait tout ce que les Allemands de l'Est pouvaient attendre d'un diplomate ouest-allemand.

L'Ostpolitik, maintient-il, n'a ni raccourci ni prolongé l'existence de la RDA. Mais sa principale réussite fut de contribuer à aplanir certains des obstacles opposés par les bureaucrates à l'établissement de relations humaines normales entre les membres d'une même famille divisée par le rideau de fer. « Tout a dépendu de Moscou. Sans Gorbatchev, le Pacte de Varsovie existerait toujours et Kohl ne serait pas devenu le chancelier de la réunification. »

Les affirmations répandues par la propagande et la prospective des communistes étaient de la frime, comme Gaus le découvrit sur le tard en 1988, lorsqu'il fut invité à se rendre à Moscou comme hôte officiel du gouvernement soviétique. Il eut alors d'interminables conversations avec Faline, avec Nikolaï Portougalov, l'adjoint de Faline, avec le fonctionnaire du Comité central chargé des questions relatives à la RDA, et avec Iakovlev. « Iakovlev m'a raconté qu'il avait pris des vacances en RDA et rencontré Modrow à cette occasion. Cette initiative apparemment favorable à Honecker était en fait un appel du pied adressé à Modrow. A mon retour, j'avais acquis l'impression que l'Union soviétique pouvait bien être une grande puissance dotée d'une formidable présence militaire, mais qu'à l'égard des marches occidentales de son empire, elle était en réalité complètement impuissante. Les Soviétiques avaient compris que quelque chose était en train de se passer mais ils ne parvenaient pas à analyser ce dont il s'agissait ni ce qu'il convenait de faire. Il était manifeste qu'ils manquaient d'indices. Ils cherchaient à savoir si j'avais des idées à ce sujet mais je n'en avais pas plus qu'eux. »

Egon Bahr figurait parmi les maîtres d'œuvre, stratèges et idéologues de l'Ostpolitik; c'était même l'un des plus prolifiques et des plus influents d'entre eux, comme l'a dit Timothy Garton Ash. D'abord chef du service des prévisions au ministère des Affaires étrangères sous le gouvernement Brandt, puis négociateur des traités qui devaient fixer les frontières du pays, il a joué un rôle important parmi ceux qui poussaient la RDA à faire fi de ce qui paraissait être ses dernières racines européennes. Il a inventé le slogan télégraphique « *Wandel durch Annährung* », c'est-à-dire « le changement par le rapprochement ». Aux yeux de certains, c'était une façon réaliste de préparer cette convergence qui, un jour, serait censée permettre aux deux Etats allemands de vivre en bonne intelligence; mais pour d'autres c'était une illusion dangereuse sinon une trahison. Les contradictions inhérentes [à ce processus], écrivait-il en 1988, seraient «résolues par l'Histoire». Certes il n'avait pas pensé que cela pourrait signifier l'absorption de la RDA par l'Allemagne de l'Ouest dans des conditions imposées par la seconde à la première après la banqueroute morale et économique de celle-ci.

Quoi que se plaise à déclarer Chevardnadzé ou toute autre personne, dit Bahr, «il n'était absolument pas question de réunification en 1988 et 1989. Trois semaines avant l'ouverture du Mur, le chancelier avait prononcé sa célèbre déclaration en dix points, et l'un de ces points concernait la signature d'un *Vertragsgemeinschaft* avec Modrow, ensuite de quoi il avait l'intention de négocier la mise au point d'une structure confédérale qui par la suite ferait place à une confédération proprement dite. En d'autres termes, il était parfaitement clair que la réunification n'était pas à l'ordre du jour. Au mois de février 1990, on prévoyait déjà que la situation pourrait se détériorer en RDA. Des élections étaient prévues pour le début de 1991 et l'on imaginait l'hypothèse selon laquelle la coalition ne l'emporterait pas. Par conséquent il s'avérerait peut-être nécessaire, pour les gagner, de clarifier en priorité le cadre de la politique étrangère et d'avancer la date du scrutin pour la fixer à la fin de 1990. A l'occasion d'une conversation confidentielle que j'ai eue avec le ministre des Affaires étrangères de l'époque, Genscher, celui-ci m'a déclaré qu'il n'avait pas la moindre idée sur la possibilité de résoudre à temps les questions préalables dans son domaine. Il a émis l'idée d'un accord du type " Deux-plus-Quatre ", et nous nous sommes demandé s'il serait possible d'arriver à mettre au point un traité de ce genre avant la fin de l'année. Il n'était pas question de fixer au 2 octobre la date de la réunification».

Après les élections du 18 mars 1990, en RDA, c'est Lothar de Maizière qui a remplacé Modrow et formé un gouvernement. Son ministre de la Défense était Rainer Eppelmann, un pasteur luthérien, ancien dissident et pacifiste convaincu. Pendant les mois d'avril et de mai, Eppelmann a pressé Bahr de devenir son conseiller, en lui offrant un contrat de deux ans à compter du 1er juin. «Bien que membre du cabinet de Maizière, comme le rappelle Bahr, il continuait, encore en juin, à ignorer que le pays cesserait d'exister le 2 octobre. Très étrange. La réalité était trop écrasante.

«J'étais absolument convaincu qu'un jour nous aboutirions à la réunification, mais j'avais la quasi-certitude de ne pas pouvoir vivre assez vieux pour y assister. Dans la nuit qui a suivi l'ouverture du Mur, j'ai su que c'était le commencement de la fin pour la RDA parce que l'on ne pouvait plus arrêter le processus. Mais j'envisageais une période transitoire de deux ou cinq ans. Ultérieurement j'ai demandé à Krenz pourquoi il n'avait pas transmis au chancelier Kohl un message personnel, afin de lui faire savoir qu'il était prêt à ouvrir le Mur à la condition de recevoir assez d'argent pour rétablir la stabilité dans le pays. Il aurait obtenu des milliards de deutsche Mark et, par la même occasion, Kohl et lui auraient fait figure de héros. Krenz m'a répondu que la pression était trop forte pour qu'il se livre à ce genre de calcul dans le feu de l'action, d'autant plus que Kohl se trouvait en Pologne; en outre, après le 9 novembre, il était trop tard». De l'avis de Bahr, la direction de la RDA était psychologiquement trop affaiblie et démoralisée pour oser recourir à la force. Des personnalités dominantes, comme Kessler et Heinz Hoffmann, le commandant des forces armées, avaient fait savoir à Honecker que l'armée n'ouvrirait pas le feu sur la population. L'aspect moral de la question reste donc obscur. Le mérite d'avoir refusé tout recours à la violence relève d'une incertitude sur le point de savoir si l'ordre d'utiliser la force aurait été obéi.

Quand Modrow avait rendu visite à Gorbatchev en janvier 1990, suppose Bahr, il avait dû lui faire admettre que l'on ne pouvait plus relever le Mur, que les gens s'enfuyaient en nombre toujours plus grand et que le pays ne pouvait plus être tenu en main. «Modrow est revenu porteur d'un nouveau slogan: *Einig Vaterland* (c'est-à-dire: un pays unifié). Cela fit sensation. Mais malgré cette formule, le processus de négociation aurait pu demander cinq ans. Cependant Gorbatchev rencontrait bien des difficultés chez lui où il lui fallait chevaucher un tigre. Il a dû penser qu'il avait une chance de maîtriser pendant assez longtemps l'évolution de la situation en Allemagne pour parvenir à résoudre ses propres problèmes. Et puis, pensait-il, il obtiendrait des Allemands plus d'argent que des Américains. Quelques espérances complexes comme celles-là ont dû jouer un rôle dans l'affaire.»

Pourquoi ne pas avoir plaidé en faveur d'une confédération pour gagner un répit de quelques années au cours desquelles il aurait été possible de s'entendre avec Eltsine et les pays baltes?

«Les puissances alliées exerçaient encore des droits sur une Allemagne qui n'était toujours pas souveraine. De la part de Kohl, il était extrêmement malin de prétendre qu'il acceptait pleinement l'autorité des alliés mais que celle-ci ne rimait à rien étant donné que les gens s'échappaient désormais en si grand nombre [de l'Est] et qu'il lui était impossible de construire un mur de son côté. Si l'on ne peut faire parvenir les biens de consommation au peuple, c'est le peuple qui s'en ira vers les biens de consommation. Etant donné que l'hémorragie risquait de déstabiliser la République fédérale, la réunification était le seul moyen pour tout le monde de se tirer d'affaire. Kohl pouvait se permettre de faire croire que les Allemands de l'Ouest n'étaient pas particulièrement soucieux d'obtenir la réunification mais que les Allemands de l'Est étaient en train de la leur imposer de force.»

Avec les talents qu'ont développés chez lui des années de négociations et de sophismes sur des points de détail, Bahr défend l'Ostpolitik et les convictions qu'il a professées, sa vie durant, selon lesquelles l'Occident a mis sur pied, en vue de sa défense, des forces d'une importance extravagante pour avoir surestimé les capacités militaires soviétiques. A ses yeux, cela a prolongé inutilement la Guerre froide car si l'on avait appliqué sa théorie sur la sécurité européenne, on aurait apaisé les craintes des Soviétiques à l'égard de l'Allemagne et du révisionnisme, au point qu'ils auraient fini par deviner combien une coopération pacifique avec l'Allemagne de l'Ouest et l'Europe occidentale pourrait servir leurs intérêts. »

Quoi qu'il en soit, même un homme comme lui doit admettre que le cours des événements obéissait aux décisions prises à Moscou par les Soviétiques, et non pas à celles des Occidentaux. « J'ai rencontré Gorbatchev très souvent et j'ai observé la façon dont se modifiait sa position. Au commencement, il était maître de ses décisions et de la façon dont évoluait la situation; il pouvait apposer sa marque sur tout ce qu'il voulait faire. A un moment donné, en 1987, 1988, il a cessé d'être le maître du jeu et s'est retrouvé coincé, contraint de chercher à équilibrer des forces qu'il ne maîtrisait plus. En 1990, sa politique n'était plus que de l'improvisation. »

Membre du petit parti libéral, dont les ralliements tactiques aux démocrates-chrétiens ou aux sociaux-démocrates ont tellement pesé sur la politique allemande, Hans-Dietrich Genscher a été ministre des Affaires étrangères pendant dix-huit ans. De tous ses homologues, seul Gromyko est resté en poste plus longtemps. Né à Halle, assez âgé pour avoir été incorporé dans une unité antiaérienne à la fin de la guerre, Genscher s'était enfui à l'Ouest en 1952. Ses fréquents retours en Allemagne de l'Est où vivait sa mère, ajoutés à ses plaidoyers en faveur de la détente, étaient accueillis en dehors de son pays avec un effarement qui parfois frisait la suspicion. Il semblait mettre un point d'honneur à manifester son désaccord avec ses collègues. Ses rapports avec Kohl étaient particulièrement tendus. Se montrer cordial avec l'un d'eux signifiait généralement que l'on cherchait à prendre ses distances vis-à-vis de l'autre. Au cours de notre entretien, Genscher est toujours resté sur ses gardes.

Dès sa première conversation avec Gorbatchev, déclare Genscher, il s'est forgé la conviction que son interlocuteur était de taille à introduire des changements fondamentaux en Europe. En politique intérieure tout comme dans le domaine des affaires étrangères, les choses ne pouvaient plus rester comme avant. Mais malgré les propos impressionnants de Gorbatchev, Genscher avait conclu que le point de vue de celui-ci était limité : il savait moins ce qu'il voulait que ce dont il ne voulait pas. « Vous comprenez, il y avait une différence entre la façon dont le chancelier, entouré de son état-major, jugeait Gorbatchev et les conclusions auxquelles j'étais arrivé avec mon équipe. » Selon lui, Gorbatchev et Chevardnadzé avaient, dès 1987 au plus tard, pris le parti de concentrer leurs efforts diplomatiques sur deux partenaires : l'Allemagne en Europe et les Etats-Unis pour le reste du monde. Cette attitude s'est clairement manifestée pendant les négociations sur la réunification. « Chaque fois que la direction russe hésitait à prendre une initiative ou à s'abstenir, à faire des concessions ou à ne pas en faire, il était capital pour elle que les Etats-Unis et l'Allemagne adoptent la même attitude. »

Dans plusieurs de ses déclarations publiques les plus remarquées, Gorbatchev affirmait en 1988 que, pour l'Union soviétique, chaque pays avait un droit à l'autodétermination. Selon un communiqué commun publié par les gouvernements soviétique et ouest-allemand en juin 1989, tous les peuples et tous les Etats sont libres de décider eux-mêmes de leur destin. Gorbatchev cherchait alors à atténuer la tension Est-Ouest. Son entourage y voyait une menace implicite pour l'avenir du bloc soviétique. Au cours de l'élaboration détaillée de ce texte, Genscher a senti que Chevardnadzé était prêt à aller plus loin dans les concessions, plus loin que ne le souhaitaient ses subordonnés.

Gorbatchev n'avait pas prévu que le changement de régime allait finir par déstabiliser la RDA. Dès le mois de septembre 1988, Genscher avait discuté avec Chevardnadzé d'un éventuel recours à la force contre les manifestants. « Je lui ai fait nettement comprendre que notre réaction serait tout à fait différente de celle que nous avions eue en juin 1953. Je me suis attaché à faire comprendre aux Russes que les soldats devaient rester dans leurs casernes quoi qu'il puisse arriver. » Le tandem Krenz-Modrow n'avait absolument aucune chance de se faire entendre. Alors que les deux hommes étaient à Moscou au début de décembre 1989, il se trouve que Genscher eut lui aussi un rendez-vous avec Gorbatchev. Il est amusant de constater que Krenz et Modrow durent attendre dans leurs voitures, sur la route de l'aéroport, car les Russes insistaient pour bien séparer les deux délégations allemandes et donner la priorité à Genscher.

En décembre, Gorbatchev se montrait toujours très critique à l'égard des dix points de Kohl et écartait la question de la réunification. Mais un changement dans son attitude se manifesta de façon visible en janvier. Il y avait trois possibilités, expose Genscher : une Allemagne réunifiée dans le Pacte de Varsovie, une Allemagne réunifiée et neutre, une Allemagne réunifiée dans l'OTAN. Or il était inadmissible que l'Allemagne soit membre de l'organisation du Pacte de Varsovie, de sorte qu'il fallait choisir entre la neutralité et l'appartenance à l'OTAN... Mais comme l'Allemagne n'admettrait jamais de quitter l'OTAN pour se contenter de proclamer sa neutralité, il fallait arriver à persuader les Soviétiques de laisser, dans leur propre intérêt, l'Allemagne appartenir à l'OTAN si un traité signé par les Deux-plus-Quatre confirmait que les troupes de l'OTAN ne seraient pas déployées dans l'ancienne RDA. En juillet 1990, seules deux questions restaient en suspens : quelle serait l'importance des effectifs militaires de l'Allemagne réunifiée et combien celle-ci allait-elle payer ?

Horst Teltschik était le conseiller d'Helmut Kohl pour la sécurité et les affaires internationales, de sorte qu'il traitait directement avec les Soviétiques au nom du chancelier. Son homologue dans l'autre camp était Anatoli Tchernïaïev. Etant donné que 329 jours s'écoulèrent entre l'ouverture du mur de Berlin et la réunification allemande, il a intitulé *329 Tage* le journal intime qu'il tenait à cette époque et qu'il a publié depuis lors. Les vues fascinantes que cet ouvrage nous offre sur la haute politique sont d'autant plus frappantes que Teltschik ne cesse de se montrer abasourdi par la rapidité et la facilité avec lesquelles s'enchaînèrent les événements, comme s'il passait son temps à se frotter les yeux devant les mille feux dont brille la caverne d'Ali Baba qu'il découvre au cours de sa chasse au trésor. Avec le recul, les obstacles qu'il a rencontrés, en particulier ses conflits de compétences avec Genscher et le ministère des Affaires étrangères, semblent dérisoires.

Le changement pour le changement, telle était la position initiale de Gorbatchev. Quel changement, dans quelle direction et à quelles fins? Ces questions étaient laissées sans réponse. Gorbatchev avait constaté qu'un pays industrialisé ne pouvait être gouverné avec des méthodes staliniennes. «Il se conformait à la décision qu'il avait prise le jour où il était arrivé au pouvoir, de ne plus s'ingérer dans les affaires internes de ses alliés. C'était ce qu'il avait promis au président Bush et à Helmut Kohl. Le Premier ministre hongrois, Miklos Németh, m'a confié que son pays était constamment obligé de vérifier jusqu'où il pouvait aller dans la voie des réformes; en effet les Hongrois étaient dans l'incertitude quant à la façon dont finalement Gorbatchev pourrait réagir et le seul moyen de le savoir était de tenter l'expérience. Gorbatchev était disposé à accepter ce genre d'attitude de notre part, mais il croyait que cela n'aboutirait pas à une réunification. L'évolution de la RDA est allée trop vite pour lui. Après que le discours en dix points du chancelier eut soulevé la question, Gorbatchev fut contraint de prendre une décision quant à ce qu'il allait faire. En fin de compte, il admit l'idée d'une réunification en espérant que l'Allemagne nouvelle, après avoir accepté certaines des conditions spéciales qu'il y mettait, serait sa principale alliée sur le plan économique pour lui permettre de mener à bien la réforme de l'Union soviétique. J'ai dîné en privé avec lui, dimanche dernier [c'était en juin 1993], et il m'a dit une fois encore que son rêve était de nouer des liens très forts entre la Russie et l'Allemagne.»

Au cours de l'été 1989, Teltschik avait donné une interview au *Bonner Generalanzeiger*, dans laquelle il déclarait que la question allemande allait une fois de plus revêtir une importance internationale. «Notre gouvernement n'envisageait pas, dans un premier temps, une intégration territoriale, mais était convaincu que la RDA devait engager des réformes semblables à celles de la Pologne et de la Hongrie. Puisque Gorbatchev le souhaitait, il nous appartenait de prendre des initiatives dans ce sens et, par notre soutien, d'orienter les réformes vers la libéralisation qui était notre objectif prioritaire. »

Vous pensiez donc que Modrow pouvait réussir?

« Oui. Ce qui comptait ce n'était pas la personnalité de Modrow mais le fait qu'un perestroïkiste puisse surgir ainsi pour démocratiser la RDA et mettre en place une économie de marché. La population pourrait alors décider elle-même si elle souhaitait appartenir ou non à un Etat séparé. Je ne suis pas du tout sûr que Modrow était un vrai perestroïkiste. Au lieu de réformer l'Etat, il a commencé par moderniser la Stasi et, dès le début, il a cherché à manipuler les nouvelles lois électorales. En décembre déjà, nous avons eu l'impression que la population avait perdu patience; elle s'impatienta davantage encore au mois de janvier en voyant que rien n'était fait. Certes, le délai avait été bien court, mais Modrow continuait de se conduire conformément à l'ancien système communiste dont il avait été le serviteur pendant toute sa carrière. C'est la raison pour laquelle les gens ont pris d'assaut l'immeuble de la Stasi le 15 janvier. Un nombre de plus en plus grand de personnes fuyaient à l'Ouest. En février, nous avons reçu 100 000 Est-Allemands et les chiffres s'élevaient quotidiennement. C'était, dans leur grande majorité, des personnes jeunes et adaptables, et si cela continuait la RDA n'y survivrait pas. Il y avait un autre facteur, à savoir que la RDA était près de la faillite économique faute de pouvoir rembourser sa dette. Et troisièmement, Modrow nous avait fait savoir, à la fin de janvier, lors de sa rencontre avec le chancelier, qu'il était libre de prendre toutes les décisions qu'il voulait mais que personne n'exécutait plus ses ordres. Telles furent les raisons pour lesquelles le chancelier fut contraint de faire avancer au mois de mars la date des élections libres prévues en mai. »

En formant son gouvernement, après ces élections libres, de Maizière supposait qu'il resterait Premier ministre pendant deux ans ou davantage et qu'il pourrait sauvegarder certains des «succès» de la RDA. Mais un courant irrésistible s'était déclenché. « Au cours de leur rencontre de février à Moscou, le chancelier avait décrit à Gorbatchev le degré de détérioration économique et politique qu'avait atteint la RDA. C'était le problème essentiel. Qui, dans ces conditions, allait se charger de la RDA? Qui dirigerait le pays dans l'éventualité où le gouvernement est-allemand viendrait à faire défaut? Comment le chaos nous affecterait-il nous-mêmes? Une intervention soviétique n'était manifestement pas dans notre intérêt et il y avait toujours le danger de voir l'armée ou les services de sécurité rompre les amarres. »

Existe-t-il des indices dans ce sens?

« Oui et non. Personne ne le sait vraiment. Certains gardes-frontières pouvaient perdre leur sang-froid et se mettre à tirer. Par la suite, on a reçu des indications selon lesquelles, en janvier, il y avait eu des discussions dans les hautes sphères soviétiques quant à l'opportunité d'une intervention. Après sa démission, Chevardnadzé m'a dit que des gens comme Faline avaient essayé de pousser les dirigeants dans cette direction. »

Est-ce la réunion de février qui s'est révélée décisive ?

« Absolument. Le miracle c'est que Gorbatchev ait annoncé au chancelier qu'il appartenait désormais aux Allemands de se prononcer, par un oui ou un non, sur la réunification, puis sur la date et le rythme de celle-ci, et ainsi de suite. C'est pourquoi à mon retour j'ai déclaré que le chancelier détenait désormais les clefs de la réunification allemande. Gorbatchev a fait preuve de grandeur en décidant que l'intervention militaire n'était plus de saison pour arrêter l'évolution des événements. Il s'agissait désormais de savoir s'il accepterait le rattachement de l'Allemagne réunifiée à l'OTAN et, dans cette éventualité, s'il irait plus loin encore en acceptant l'abolition du régime des quatre puissances.

« Notre position au gouvernement était qu'il nous fallait l'aider à surmonter l'obstacle en lui proposant un marché global comportant un certain nombre d'avantages en sa faveur. Certains éléments étaient capitaux pour le succès de la proposition, par exemple, la signature d'un traité bilatéral d'amitié et de coopération ainsi que l'amélioration des rapports entre Gorbatchev et Bush à la fin du mois de mai à Washington. Par la suite, Gorbatchev s'est plu à nous répéter combien il avait trouvé important que s'instaure un climat de confiance dans ses relations avec le président américain. L'autre aspect important du marché était l'organisation d'une conférence spéciale de l'OTAN, la réunion au sommet qui s'est tenue au début de juillet pour proposer l'établissement de relations amicales avec les pays du Pacte de Varsovie. Ce "sommet" européen et celui du G7 ont promis une aide économique à l'Union soviétique. Les gouvernements ne peuvent pas gérer plusieurs conflits à la fois, et l'on doit vraiment s'estimer très heureux que la guerre du Golfe n'ait pas éclaté plus tôt. Tout le monde a donc pu se consacrer pleinement à la question allemande. Le congrès du parti à Moscou, grâce auquel Gorbatchev s'est débarrassé de Ligatchev, a également joué un rôle important dans le marché. A la fin du mois de mai, j'ai négocié à Moscou un crédit de 5 milliards de deutsche Mark. Il fallait que Gorbatchev soit en mesure d'annoncer : Nous avons accepté la réunification et voici ce que nous avons obtenu en contrepartie. »

Faut-il considérer comme une simple question de formalités ce qui s'est passé pendant les journées de juillet, à Moscou, à Stavropol et dans le Caucase ?

« Nous espérions fermement que l'offre d'un marché global nous rapprocherait beaucoup du succès final. Il y avait des indications dans ce sens. Lors de la conférence de presse commune Bush-Gorbatchev à Washington, fin mai, Bush a publiquement réaffirmé que l'Allemagne devait faire partie de l'OTAN, et Gorbatchev n'a rien dit; il n'a fait entendre aucune protestation ni désaveu. Puis, dans le Caucase, Gorbatchev a brusquement indiqué au chancelier que nous pouvions demeurer dans l'OTAN. Il ne nous restait plus qu'à régler les détails : la RDA serait-elle intégrée à l'OTAN, combien de temps les troupes soviétiques y resteraient-elles, quelle serait la taille de l'armée allemande, et ainsi de suite. »

Comment avez-vous trouvé Gorbatchev au cours de ces trois journées ?

« Ni enthousiaste ni furieux. Il se plaisait à répéter qu'après avoir accepté la principale prémisse, il lui fallait admettre les conclusions qui s'ensuivaient logiquement. Tout découlait de la première décision. La discussion a duré de cinq à six heures et s'est déroulée dans de bonnes dispositions d'esprit, avec une grande confiance des deux côtés. »

En tout, l'Union soviétique a reçu de l'Allemagne de l'Ouest une somme de l'ordre de 60 milliards de deutsche Mark. 17 milliards ont été affectés à la construction de logements pour les soldats soviétiques rapatriés. Les 5 milliards de crédits négociés par Teltschik en mai ont permis à l'Union soviétique de rembourser sa dette à l'échéance prévue du 30 juin. Evidemment, la compréhension allemande à l'égard de la détresse économique des Soviétiques montrait une volonté de sauver la face de Gorbatchev et de l'Union soviétique tout à la fois.

Mais elle a permis à Ligatchev et aux autres durs de prétendre que Gorbatchev avait vendu l'Allemagne de l'Est.

« Certes, mais y avait-il une autre solution ? Nous étions conscients du fait qu'il nous fallait trouver quelque chose, et cela signifiait que nous devions payer pour la réunification. Au tout dernier moment, en août, Gorbatchev a téléphoné au chancelier pour lui demander d'augmenter le montant de nos dédommagements. Ce que nous avons fait. Mais aucune somme ne pouvait être assez élevée pour Gorbatchev. »

Il n'a pas beaucoup cherché à marchander.

Teltschik l'admet mais il souligne qu'en mai 1990 on avait déjà tenté de gagner du temps quand Chevardnadzé avait lancé une proposition destinée à introduire une distinction entre l'accord des Deux-plus-Quatre et les mesures internes relatives à la réunification. Cela aurait pu conduire à une situation dans laquelle l'Allemagne se serait trouvée réunifiée sans avoir recouvré sa souveraineté. Le chancelier a vu ce danger et il a rejeté la proposition de Chevardnadzé mais Teltschik se demande si le ministère allemand des Affaires étrangères n'était pas déjà prêt à l'accepter. Il affirme n'avoir jamais reçu les procès-verbaux complets de ce qui s'est dit à cette occasion entre Chevardnadzé et Genscher. Mais quel qu'ait été le poids de Chevardnadzé dans les questions de procédure, c'est bel et bien Gorbatchev qui a pris la décision.

On en revient toujours à Gorbatchev ?

« C'est la raison pour laquelle il s'agit d'un personnage historique. »

28

« Il n'y avait aucun véritable homme d'État »

Parmi les fonctionnaires soviétiques qui ont négocié avec l'Allemagne, fort peu possédaient la longue expérience de Valentin Faline. Né en 1926, il était devenu membre du Comité central au cours des années 1950. Il parle l'allemand correctement, avec un timbre de voix léger qui a parfois des accents de haute-contre. Ses collections de céramiques et de livres sont réputées, et il affecte l'air aristocratiquement désabusé de la personne qui a tout vu.

Arkadi Chevtchenko, le diplomate soviétique qui occupa un poste important aux Nations Unies avant de faire défection, a raconté dans ses mémoires comment Gromyko, ministre des Affaires étrangères, l'avait invité à rencontrer Faline, au cours de l'automne 1970, « pour reconsidérer l'ensemble du programme soviétique en Europe ». Selon Chevtchenko, Faline était un homme intelligent qui faisait toujours preuve de logique et de modération ; à l'époque, il évoluait dans les hautes sphères parce que Gromyko appréciait beaucoup ses compétences en ce qui concernait les affaires allemandes. A cause du traité conclu en 1970 avec l'Allemagne, Brandt allait être obligé de se plier à ce que voulaient les Soviétiques et servir de « levier pour éloigner l'Europe de l'influence américaine ». En communiquant à son interlocuteur des informations internes fournies par le KGB, Faline avait déclaré avec un sourire énigmatique : « Nous avons un bon réseau en Allemagne de l'Ouest. » Après la signature du traité, il était devenu ambassadeur à Bonn, poste qu'il avait occupé jusqu'en 1978. Il s'était vu confier ensuite la direction de l'agence de presse Novosti, généralement considérée comme un outil du KGB en matière d'information voire de désinformation. En 1988, il avait été appelé à diriger le département international du Comité central ; à ce titre, il exerçait une influence considérable sur la politique étrangère de l'Union soviétique. Entre autres choses, sa fonction lui valait de distribuer des subventions et autres financements occultes aux partis communistes étrangers. Après le coup d'Etat de 1991, on découvrit dans le coffre de Faline 660 000 dollars en espèces ; cette somme était destinée à des fins qui ne furent jamais élucidées.

Sous le gouvernement de Gorbatchev, Faline prenait plaisir à brandir des déclarations menaçantes. Il indiquait que l'Union soviétique pourrait avoir, elle aussi, en projet la programmation d'une « Guerre des étoiles » à titre de représailles. « Et alors ? » avait-il demandé à propos des protocoles secrets du pacte germano-soviétique de 1939, pour donner à entendre que ceux-ci n'avaient rien à voir avec les réalités présentes. Il attribuait à l'Amérique la responsabilité d'avoir déclenché la Guerre froide. Dans une interview donnée en 1987, il avait affirmé que l'on pouvait envisager réellement le moment où les deux Etats allemands seraient débarrassés de toute armée étrangère cantonnée sur leurs territoires, ce qui avait attiré sur lui les foudres d'Honecker. Mais en février 1990 il déclarait encore : « Si l'alliance occidentale continue de manifester sa volonté d'intégrer l'ensemble de l'Allemagne à l'OTAN, il n'y aura pas de réunification. »

Depuis 1979, Faline avait fait de Nikolaï Portougalov son *homme de confiance*. Grâce à son ancienne gouvernante allemande, Portougalov parlait un allemand excellent. Connu pour fumer à la chaîne ses Gauloises favorites, Portougalov passe souvent pour avoir été un général du KGB ce qui incite à se poser des questions sur le grade qu'avait Faline. Tous deux sont décrits dans le journal de Teltschik comme des sortes de comédiens ; manifestement ils faisaient l'objet d'une certaine méfiance à Bonn. La ligne à suivre, telle qu'elle avait été élaborée par Faline et appliquée par Gorbatchev, déclare Portougalov, était dans le droit fil de la politique de Gromyko, lequel n'aurait certainement pas hésité à faire intervenir les tanks. Chevardnadzé, qui lui succéda, n'avait aucune base solide sur laquelle étayer sa puissance. L'ambassadeur soviétique à Bonn, Iouli Kvitzinski, était un réactionnaire à tout crin qui réclamait le recours à la force. Chevardnadzé ne laissa pas le Comité central exercer une grande influence, mais de septembre à novembre 1989 le département international de ce Comité joua néanmoins un rôle en indiquant ce qu'il convenait de faire à l'égard de l'Allemagne. Portougalov en personne a publié un article dans le *New York Times* du 15 décembre 1989 pour affirmer que les deux Allemagnes conserveraient leur statut d'Etats souverains et égaux.

La position de Faline, du moins celle qu'il affichait, était que la dictature militaro-féodale installée en Union soviétique après 1917 devait être considérée à plus juste titre comme un régime contre-communiste. Au début de la perestroïka, il avait remis à Gorbatchev un mémoire de vingt-trois pages pour soutenir qu'il n'était pas suffisant d'écarter ce contre-communisme ou, autrement dit, ce stalinisme. Toute la révolution d'Octobre devait être réexaminée à la lumière de ce qui avait suivi. Bien que Gorbatchev ait paru intéressé, rien ne résulta de ce mémoire. Pour

Faline, l'idée de transformer ce contre-communisme en communisme authentique était un « tour de passe-passe » qui n'avait rien d'une politique réaliste. L'admettre eût requis du courage, de la sincérité et une conviction intime, qualités qui, d'après lui, faisaient cruellement défaut aux dirigeants soviétiques. Staline au moins avait tout conçu dans sa tête. « Depuis son époque, il n'y avait eu aucun esprit de système dans la politique soviétique. » Nombre de durs comme Faline se contentent de condamner les aspects inhumains du stalinisme, mais défendent le passé de cette façon détournée.

Si Gorbatchev avait proposé, en 1985 ou 1986, des objectifs clairs et pratiques, les neuf dixièmes de la population, ainsi que la grande majorité du parti se seraient rangés derrière lui. La confiance dont il bénéficiait était si grande qu'il aurait même pu s'attaquer avec succès à l'appareil du parti qui était incontestablement sclérosé et adepte de la ligne dure. Mais Gorbatchev n'avait pas la moindre idée de ce qu'il espérait lui-même accomplir sur le plan idéologique, social, économique ou dans le domaine des droits de l'homme. Il se contenta donc d'improvisations, de promesses creuses et de slogans dénués de signification. Faline n'aurait jamais imaginé qu'un secrétaire général pouvait posséder un esprit aussi dépourvu de substance. Il se tient seulement pour l'un de ceux, parmi tant d'autres, soupire-t-il, qui ne surent pas comprendre à temps que Gorbatchev était en train de se lancer dans des foucades, voire de devenir *amok*. Il ne cherche pas du tout à cacher sa déception.

L'empire soviétique, selon lui, se composait d'une métropole russe qui s'était étendue aux territoires périphériques non russes et qui le payait fort cher. Le stalinisme, quelles qu'aient été ses conséquences néfastes, avait créé, à l'échelon des diverses nationalités, un parti et une intelligentsia qui avaient toutes les qualités requises pour gouverner des entités nationales, comme ils l'ont prouvé dans toutes les républiques de l'Union soviétique quand celle-ci s'est désintégrée. S'il continue de reprocher à Gorbatchev d'avoir pris des décisions irréfléchies par manque d'envergure intellectuelle, Faline s'acharne à soutenir, sans y voir de contradiction, que l'empire a sombré principalement « à cause de sa faillite économique ». Les colonies étaient trop coûteuses. L'Union soviétique leur demandait de fournir des produits de haute qualité pour lesquels elle était prête à payer les prix mondiaux. Les colonies préféraient la sécurité que leur procurait une production de masse destinée à approvisionner en articles de mauvaise qualité un marché soviétique captif. Un appauvrissement mutuel s'ensuivait.

La RDA représentait un atout militaire et économique de premier ordre et l'Union soviétique y exerçait en outre des droits légalement garantis. Les quarante années d'occupation n'ont été qu'une succession d'occasions perdues. Des sondages d'opinion effectués sous le sceau du secret avaient donné des résultats qui ne furent jamais publiés ; ils démontraient que seul un tiers de la population, et souvent bien moins encore, accordait son soutien au parti. Une poignée de conseillers soviétiques bien placés avaient annoncé dès la fin des années 1980 que les dettes économiques de la RDA n'allaient pas tarder à se transformer en fardeau politique encore plus onéreux, mais ils s'étaient heurtés à cette sorte de résistance dont est victime quiconque cherche à violer un tabou.

Au cours de l'été 1989, Honecker avait été invité par la ville de Magnitogorsk à être l'hôte d'honneur de ce centre métallurgique situé dans les steppes qui s'étendent de l'autre côté de l'Oural, vers le sud. Cinquante ans plus tôt, il avait participé à un projet typiquement stalinien qui visait la construction d'un centre consacré à l'industrie lourde dans cette région désertique. A l'occasion d'une étape à Moscou, sur le chemin du retour, Honecker avait encore eu l'une de ses conversations stériles avec Gorbatchev. Après les discussions précédentes, le secrétaire général avait été mécontent d'apprendre par d'autres sources qu'Honecker critiquait la perestroïka et y voyait une forme de révisionnisme. En présence de Faline, l'Allemand déclara cette fois à Gorbatchev que la perestroïka était une affaire soviétique, vraiment peu appropriée à la RDA. « Ils se sont séparés là-dessus. Certains d'entre nous pensaient qu'il était nécessaire ou en tout cas souhaitable de réformer la RDA, et nous avons convaincu Gorbatchev d'y pourvoir. Nous avions tout lieu de supposer que Honecker garderait pour lui les propos échangés avec Gorbatchev. C'est la raison pour laquelle celui-ci a exprimé le désir, dans le cas où il devrait se rendre en RDA, de pouvoir rencontrer toute la direction. Il était manifeste qu'il risquait de se trouver personnellement dans une situation difficile et que l'on ne pouvait exclure la possibilité de tomber sur des imprévus. Aussi le voyage ne devait-il pas durer plus de trente-six heures. »

Faline faisait partie de la suite de Gorbatchev, le 6 octobre. Honecker et Gorbatchev montèrent dans la même voiture à l'aéroport et parcoururent les rues bordées par des centaines de milliers de personnes qui acclamaient exclusivement Gorbatchev. Alors que le cortège des automobiles approchait du Schloss Niederschönhaus, Faline remarqua un homme qui brandissait une pancarte où était inscrite une phrase merveilleusement ambiguë et vraisemblablement ironique : « *Erich, continue comme ça!* » Gorbatchev avait évidemment observé que les acclamations de la population n'associaient pas Honecker à l'événement ; il marmonna, à part lui, en arrivant à la Niederschönhaus : « Que faire si ça *continue comme ça ?* » Quelque 40 000 personnes défilèrent devant la tribune dressée sur Unter den Linden, en scandant « Gorbi ! Gorbi ! » Il n'y eut pas un seul cri en l'honneur de la RDA et de son quarantième anniversaire. « Honecker restait debout, plus furieux et agité qu'on ne pouvait l'imaginer. Nous avons fini par quitter la tribune pour entamer des conversations privées. Honecker, Günter Mittag et un traducteur représentaient leur camp ; le nôtre se composait de Gorbatchev, de Chakhnazarov et de moi-même. Nous avons commencé par déclarer que la RDA avait accompli de grandes choses et qu'il ne fallait pas y voir l'avenir tout en noir, mais que cet anniversaire nous offrait une bonne occasion de mettre en train certaines réformes sur une grande échelle. Honecker réitéra ce qu'il avait affirmé auparavant à maintes reprises, à savoir que la RDA n'avait pas besoin de prendre modèle sur l'Union soviétique et que la population soutenait le parti ainsi que sa politique. Aucune des difficultés actuelles n'était insurmontable. Peut-être bien qu'il croyait ce qu'il disait. »

A la fin de l'entretien, dit Faline, l'attention de Gorbatchev commençait à se relâcher. Il a quitté la pièce pour se rendre dans la salle où le Politburo et l'ensemble de la direction de l'Etat-parti s'étaient rassemblés. Dans le couloir il avait déjà formulé tout haut son sentiment selon lequel la vie punit ceux qui arrivent trop tard et il répétait la phrase maintenant car ces paroles lui trottaient de toute évidence dans la tête. « Gorbatchev a fait preuve d'une grande prudence et d'une extrême finesse politique, afin de ne pas donner l'impression qu'il avait l'intention soit de protéger la RDA soit de la contraindre le moins du monde. Il souhaitait aborder la question comme s'il formulait de simples réflexions sur l'expérience soviétique, et faire comprendre très clairement qu'une réforme était inéluctable. Dans sa réponse, Honecker fit état de sa récente visite à Magnitogorsk et raconta comment lui et ses camarades avaient fait le tour des boutiques pour découvrir qu'il y avait une pénurie d'allumettes et de savon. Après un entracte, il y eut une réception. L'atmosphère était vraiment exécrable. Margot Honecker, en particulier, manifestait ouvertement ses sentiments. Ce climat perdura jusqu'au moment où nous avons repris nos voitures pour aller à l'aéroport. Au moment de notre départ, d'aucuns déclarèrent : "Vous avez fait tout votre possible, et il n'a rien compris." Vraiment, Gorbatchev en avait fait bien plus que ce dont un invité pouvait se montrer capable. »

Quelles étaient les idées de Gorbatchev quant à l'avenir de l'Allemagne ?

« Il n'avait en tête aucune idée préconçue, aucun scénario précis. Il ne comprenait pas quelle était réellement la situation ; il croyait qu'il serait possible de geler les relations entre les deux Etats tout en essayant de les normaliser. » Selon Faline, le débat se limitait à un cercle restreint qui comprenait uniquement Gorbatchev, Chevardnadzé, Iakovlev, Iazov, Tchernïaïev, Chakhnazarov et lui-même, sans s'étendre au Comité central ni au Politburo. « Finalement, on vit en sortir une initiative selon laquelle ni l'Allemagne ni nous-mêmes n'interviendrions militairement ou n'agirions par la contrainte. L'expérience montre en effet que les problèmes politiques ne peuvent être résolus que par des moyens politiques. » Le voyage d'octobre ne permit pas de prendre un tournant mais s'acheva quasiment dans un terminus. En effet, l'ouverture de la frontière mit alors un terme à tous les projets d'association ou de confédération, même les plus lointains.

Un comité de crise avait été mis sur pied au Kremlin pour régler la question allemande. Dans son livre, Chevardnadzé dit que pendant une réunion de ce comité il a étouffé dans l'œuf un appel lancé en faveur d'une intervention militaire. Quant à savoir si cet appel a réellement été formulé, dit Faline, ce dut être en son absence car il n'a eu connaissance de rien de ce genre. Gorbatchev avait l'habitude d'ouvrir les réunions en demandant aux personnes présentes de s'exprimer. Personne, pas même le maréchal Iazov, ne s'est opposé au déroulement naturel du processus politique.

Mais il demeure un mystère quant à la raison pour laquelle l'Union soviétique a ainsi abandonné ses positions sur le principal front où elle tenait tête à l'Occident, après tant d'années consacrées à renforcer massivement sa sécurité militaire.

«A ce sujet nous attendons toujours la réponse de Gorbatchev. Peut-être n'avait-il aucune idée de ce que seraient les conséquences de ses actes ou l'avenir du pays. Il ne se confiait à personne. Il parlait directement à Kohl par téléphone.» En prenant ses décisions dans la solitude, ou tout au plus en duo avec Chevardnadzé, Gorbatchev obéissait sans doute à quelque logique qu'il était lui-même incapable d'analyser. Quelle sorte de démocratie est-ce là, demande Faline avec emphase, quand un seul homme décide de ce qui est bon et de ce qui est mauvais pour 300 millions de ses concitoyens?

Sous l'autorité de Faline, le département international du Comité central était une autre arène où l'on évoquait la question allemande. L'opinion générale, dit-il, était qu'il fallait obtenir satisfaction sur trois exigences préalables avant d'envisager le moindre changement de la situation : la réunification ne devait pas se traduire par une annexion ; toute appartenance à l'OTAN avec l'installation d'armes atomiques serait exclue ; et enfin un traité devait régler les questions en suspens concernant le redéploiement et le relogement des troupes soviétiques. A l'époque, Faline, alors considéré comme un opposant vigoureux à la politique de retrait unilatéral menée par Gorbatchev, ne fut pas invité à assister aux entretiens avec Kohl, en juillet 1990, d'abord au Kremlin, puis dans le Caucase. Il était environ minuit, la veille du jour où devait arriver le chancelier, quand Faline eut avec Gorbatchev une longue conversation téléphonique au cours de laquelle il réitéra ses trois conditions préalables et essaya de mettre son interlocuteur en garde contre la position que celui-ci avait prise. Gorbatchev répondit qu'il ferait de son mieux mais que le train avait peut-être déjà quitté la gare. A toutes fins utiles, Gorbatchev tint à l'écart tous ses conseillers, sauf Chevardnadzé et Tchernïaïev.

Sans même qu'il lui en coûtât un effort trop pénible, affirme Faline, le parti aurait pu invalider la décision prise dans le Caucase. Mais il estima que cela causerait des dégâts politiques encore pires. C'était le choix classique entre deux maux. Le jour où Faline saisit l'occasion de critiquer Gorbatchev au cours d'une réunion de la commission des relations internationales, Gorbatchev s'en prit vigoureusement à lui. La voix de Faline revêt un accent nasillard : « Vous croyez que c'était des conversations agréables ! » L'affaire est d'autant plus inexplicable qu'il n'y avait eu aucune pression de l'Amérique. « Les Etats-Unis étaient prêts à coopérer avec nous afin que les événements d'Europe ne dégénèrent pas en violences. En tout cas, si nous conservions la maîtrise même partielle des événements, cela ne pouvait que favoriser les intérêts des Américains. Voilà qui explique pourquoi ces derniers se sont montrés très loyaux envers nous. Les intérêts français et britanniques s'accommodaient parfaitement de l'existence des deux Allemagnes. Les Suisses et les Autrichiens faisaient partie de ceux qui cherchaient à empêcher toute annexion pure et simple. »

Il existe trois théories concernant l'existence d'une conspiration, lui ai-je dit : le gouvernement ouest-allemand aurait pris d'autres engagements financiers qui n'ont pas encore été révélés ; ou bien un accord aurait été conclu sur les bases du traité de Rapallo signé en 1922 quant à l'avenir des relations germano-russes ; et, pour compléter le tout, Gorbatchev aurait été personnellement acheté pour un montant astronomique.

Faline souligne que Kohl et Genscher ont marchandé âprement et publiquement au sujet des sommes qu'ils ont fini par payer. Il ajoute que les circonstances actuelles sont très différentes de celles que l'on a connues après la Première Guerre mondiale, lorsque le traité de Rapallo a été conclu à l'avantage mutuel de l'Allemagne et de la Russie, sans avoir jamais été effectivement ratifié. En ce qui concerne l'accusation de corruption – « J'aimerais croire que cela n'a joué aucun rôle » – ce n'est qu'un exercice d'imagination par lequel s'exprime l'ahurissement général devant ce qui s'est passé. « Une chose est certaine : dans le camp de l'Union soviétique, il n'y avait aucun véritable homme d'Etat, rien que des *petits-bourgeois* portés aux plus hautes fonctions politiques et qui avaient tout oublié des leçons du passé. »

29

«Appelons les tanks»

Jusqu'au jour où la Bulgarie a recouvré son indépendance nationale, dans la seconde moitié du XIXe siècle, Sofia était un coin perdu au fin fond de l'Empire ottoman. Etant donné que les Russes avaient largement contribué, en 1878, à libérer le pays de la domination turque, ils y étaient considérés comme des âmes sœurs, à savoir de braves Slaves et des fidèles de l'Eglise orthodoxe. Des bâtiments tout neufs comme le palais royal, édifié pour accueillir un Saxe-Cobourg appelé à servir de roi, ou comme la cathédrale Alexandre Nevski et l'Assemblée nationale donnèrent au nouvel Etat les atours qui convenaient à l'époque de Garibaldi et de Bismarck. Nombre de rues, au centre de la capitale, sont encore couvertes d'un séduisant pavage jaune pâle importé de la Vienne *fin de siècle*.

La Bulgarie, dépourvue d'une aristocratie locale ou d'une classe moyenne formée par les membres des professions libérales, demeurait une société rurale. Tout le monde conservait au grenier les sabots de son grand-père, comme l'affirme un proverbe du cru. L'absence d'institutions appropriées, consacrées par l'Histoire, capables d'imposer un équilibre des pouvoirs signifiait que la corruption et la violence prendraient le pas sur la loi et pervertiraient un égalitarisme qui s'imposait tout naturellement. Comme partout ailleurs dans les Balkans, les conspirations et les affrontements entre clans, familiaux ou non, étaient considérés comme des moyens normalement utilisés pour satisfaire les ambitions et obtenir profits ou faveurs. Dès le début, le parti communiste local avait fait sienne la stratégie de Lénine selon laquelle tous les moyens sont bons pour s'emparer du pouvoir et le conserver sans partage. Lors d'un attentat célèbre, en 1923, les militants du parti avaient posé dans la cathédrale une bombe qui tua plus d'une centaine de ministres et de généraux, mais pas le roi. Celui-ci était arrivé par hasard avec deux minutes de retard et avait assisté au carnage sans en être la victime. En raison des persécutions dont ils furent l'objet pendant tout l'entre-deux-guerres, quelque 3 000 membres du parti cherchèrent refuge en Union soviétique. Presque un tiers d'entre eux furent assassinés ultérieurement par Staline. A partir de 1944, le sentiment de bienveillance qui s'était manifesté depuis 1878 envers le libérateur russe fit place à une crainte déférente.

Georgi Dimitrov avait frôlé plusieurs fois l'élimination physique, mais il faisait partie de ceux qui avaient survécu à la Grande Terreur. Accusé par les nazis d'avoir allumé l'incendie du Reichstag à Berlin, placé jusqu'à la Seconde Guerre mondiale à la tête du Komintern, la branche étrangère du KGB et du parti, c'était l'un des communistes les plus encensés dans le monde entier. Alors qu'il aidait les Soviétiques à s'emparer de sa propre patrie, Dimitrov mourut en 1949. Le mausolée qui lui avait été exclusivement consacré et où reposait sa dépouille embaumée a été édifié au cœur du parc du palais royal ; c'est un temple pompeux et lugubre dans le style soviéto-athénien avec ses colonnes et ses marches de marbre qui mènent à des portes de bois dont les battants se replient pour donner accès à l'enceinte centrale où était exposé le cadavre dans une châsse de verre. Seuls Lénine et Staline ont été sacralisés de cette manière.

Le candidat local que l'on s'attendait à voir prendre la direction du parti était alors Traitcho Kostov, mais Staline en vieillissant organisait des purges contre n'importe qui et notamment contre tous ceux qu'il n'était pas certain de pouvoir asservir. Ce fut donc Voulko Tchervenkov qui devint premier secrétaire après avoir participé à l'assassinat judiciaire de Kostov. Formé à Moscou, c'était un fervent émule de Staline. Avec lui, la terreur et les camps de travail allaient de soi. Un homme encore plus cruel, Todor Zivkov, eut le cran de s'opposer à Tchervenkov et il s'y prit avec une habileté tout à fait exceptionnelle même pour des gens de cette espèce. Opportuniste consommé et cynique par nature, doté d'un talent inné pour la manipulation, il parvint à écarter tous ceux qui se trouvaient sur son chemin, en les tuant au besoin par des procédés qui ne permettaient pas d'établir sa culpabilité. Incapable, dans un premier temps, d'évincer définitivement Tchervenko de la vie publique, il devint pourtant premier secrétaire dès 1954 et demeura en fonction pendant trente-cinq ans. En 1972, il se mit d'accord avec Brejnev pour permettre l'annexion pure et simple de la Bulgarie par l'Union soviétique dont elle serait devenue la seizième république. Brejnev, semble-t-il, fit marche arrière. Pourtant, à la demande des Soviétiques, deux lettres spécifiquement bulgares furent supprimées de l'alphabet. La Bulgarie était devenue une province perdue au fin fond de l'Empire soviétique.

Aujourd'hui, nombre de mécontents désireux de protester contre une chose ou une autre campent sous des tentes de fortune autour du mausolée de Dimitrov. La momie de celui-ci a été enlevée en 1991 pour être enterrée on ne sait où. L'enceinte et les marches de marbre sont couvertes d'une crasse puante ; des graffitis de toutes les couleurs et presque invariablement obscènes recouvrent chaque pierre du mausolée, en une sorte de parodie débridée de l'art expressionniste moderne.

Et Todor Zivkov – «Oncle Tosho» comme il se faisait appeler dans l'imagerie bidon de cette popularité qu'il s'était évertué à cultiver – a été condamné par la Cour suprême à sept années d'emprisonnement pour avoir détourné au profit de sa famille et de ses amis des fonds publics dont le montant est évalué à 21,5 millions de leva, soit environ 18 millions de dollars. A force de manœuvres et de combines, cet orfèvre en la matière a obtenu d'être seulement placé en «résidence surveillée» à son domicile avec sa petite-fille. Dès qu'il s'est avéré possible de le faire sans danger, un membre de l'Assemblée nationale a signalé que si le roi Ferdinand et son fils Boris disposaient de quatre résidences, Zivkov en avait au moins trente. Un autre orateur a expliqué que les nombreux livres publiés sous la signature du dictateur avaient été écrits, en réalité, par un groupe de «nègres» et que leur coûteuse fabrication avait été payée en devises fortes.

Pravets, le village où Zivkov est né, à environ une heure de Sofia, vers l'est, a bénéficié d'un enrichissement privilégié grâce à la construction de serres destinées aux cultures maraîchères les plus commerciales; on y a également implanté une industrie légère non polluante. Une rue y porte le nom de sa mère. Sa modeste maison familiale a été reconstruite plus d'une fois pour être transformée en musée où l'on célèbre les hauts faits accomplis par Zivkov pendant la guerre ainsi que le rôle qu'il est censé avoir joué dans le parti au temps de la clandestinité – l'ensemble ayant été inventé de toutes pièces. Loin d'être dissimulées, des pratiques telles que le favoritisme, les nominations abusives aux divers postes de l'administration, l'autoglorification du premier secrétaire, s'étalaient au grand jour. Les représentations les plus éculées de l'idée que les paysans se font de la gloire étaient mises en scène par des procédés dignes d'un seigneur féodal. Sur la place principale, de lourds rivets, bien visibles au niveau du sol, enfoncés dans un tarmac superflu, restent les seuls témoins de ce qui fut une statue monumentale érigée en l'honneur de Zivkov.

A vrai dire, ce dernier aurait dû être jugé pour sa responsabilité dans l'entretien d'un goulag bulgare où des gens étaient déportés par dizaines de milliers sans aucune procédure judiciaire vers des camps comme ceux de Skravena, Lovetch et Belene, jusqu'aux années 1960; pour l'assimilation forcée ou pour l'expulsion brutale de 300 000 citoyens d'origine turque, dont des dizaines furent assassinés délibérément au cours de campagnes de terreur; et pour le meurtre de dissidents parmi lesquels Georgi Markov n'est que le plus connu. C'est Markov qui, un jour, alors qu'il voyageait sur le Danube et passait à côté de Belene, évoquait le sort de ses amis: «Vassil, qui est resté enchaîné pendant deux semaines entières sur un bateau pris dans les glaces du fleuve au cours du mois de février le plus froid que l'on ait connu; Stamen, jeté au cachot pendant plusieurs jours et plusieurs nuits avec de l'eau jusqu'au cou; les étudiants de l'Ecole polytechnique abattus sur place sans raison ni condamnation.» Entre 1946 et 1985 les gardes-frontières ont tué 339 personnes qui cherchaient à fuir le pays; et après 1985 il y en a eu 105 de plus dont 36 étrangers.

Dans un style consacré par l'usage, Zivkov a envisagé la possibilité de désigner plusieurs successeurs éventuels, d'abord Aleksandr Lilov, puis Andreï Loukanov et enfin Petar Mladenov, le ministre des Affaires étrangères qui a rivalisé avec Hans-Dietrich Genscher en conservant son poste pendant dix-huit ans. Il aurait préféré personnellement instaurer un mode de succession héréditaire et dynastique, en faveur de sa fille Lioudmilla qu'il avait nommée au Politburo et à qui il avait confié la culture et les arts. D'après les rumeurs, elle aurait favorisé la promotion d'Aleksandr Lilov. Elle est morte de manière inattendue en 1981. Le fils de Zivkov, réputé être la personne qui mettait en sûreté les gains mal acquis par la famille, appartenait au Comité central, de même que le neveu de sa femme, Hristo Maleev. Entre autres fidèles, originaires de Pravets et favorisés par des promotions, on trouve Milko Balev, membre du Politburo. Le beau-frère de Zivkov, Atanas Maleev, était vice-ministre de la Santé publique, ce qui lui offrait les perspectives les plus lucratives grâce au détournement et à la vente de drogues et de médicaments occidentaux introuvables, qu'il négociait au marché noir.

Incapable d'accepter ou de dénoncer la perestroïka, Zivkov se trouvait pris dans un dilemme. Le parti n'était pas disposé à récrire l'histoire ni à adopter une nouvelle politique, avait-il déclaré en 1987, mais on allait faire «une nouvelle révolution culturelle». Ce genre de verbiage dépourvu de signification ne pouvait qu'encourager les personnes décidées à tirer tout le parti possible de la brèche ouverte par Gorbatchev. Les rares dissidents qui prirent ouvertement position purent être traités par les méthodes policières habituelles; le poète Petar Manolev, par exemple, fit la grève de la faim pendant un mois lorsque ses papiers furent saisis en février 1989. Le même mois, Konstantin Trentchev, ancien serviteur loyal du parti, mué en rebelle, lançait le Podkrepa, un syndicat libre manifestement calqué sur le modèle de Solidarité en Pologne. Le «Club en faveur de la Perestroïka et de la Glasnost», qui se présentait au départ comme une tribune favorable au débat d'idées, s'était choisi un nom qui lui permettait de s'abriter sous les jupes de Gorbatchev. Ses dirigeants, Jeliou Jelev et Petko Simeonov, firent naître des succursales du club dans tout le pays. C'était un comble de voir Zivkov stigmatiser les dirigeants ralliés à la démocratie et leurs organisations en les traitant de «représentants des classes vaincues qui n'ont pas oublié leurs privilèges». Pour leur part, les écologistes multipliaient leurs manifestations. Une organisation mondiale, le World Eco-Forum, placée sous les auspices de la Conférence pour la sécurité et la coopération en Europe, avait depuis longtemps prévu de tenir une réunion à Sofia du 16 octobre au 3 novembre 1989. Cela conféra une légitimité au mouvement Eco-Glasnost local. Aussi, le 26 octobre, 4 000 personnes manifestèrent-elles sous cette bannière au centre de Sofia dans ce que l'on appelle le Jardin de Cristal. En présence de journalistes et de diplomates étrangers, cette manifestation fut dispersée brutalement sur ordre du ministre de l'Intérieur, Dimitar Stroïanov. Plus de vingt militants furent arrêtés.

Parmi les rares chercheurs occidentaux qui se sont spécialisés dans l'étude de la Bulgarie, figure R.J. Crampton, auteur d'un ouvrage intitulé *Précis d'histoire de la Bulgarie moderne*, spécialement mis à jour pour la nouvelle édition de 1989 qui fait autorité en la matière. Dans la dernière phrase de ce livre, il déclarait que si l'ère Zivkov pourrait bientôt arriver à son terme, le pouvoir actuel du parti «ne risque guère d'être contesté ou de diminuer». Presque aussitôt l'Histoire a montré que cette opinion était épouvantablement erronée. Cela prouve une fois de plus combien il est facile de prendre les apparences de la politique communiste pour des réalités. Depuis des mois, d'ambitieux perestroïkistes envisageaient en fait de limoger Zivkov et de restructurer le parti sous leur autorité, conformément aux vues de Gorbatchev. Ils représentaient un danger bien plus important pour l'avenir de Zivkov et du parti que tous les autres contestataires écologistes.

Mladenov prit ouvertement une initiative brutale dans ce sens, le 24 octobre, en envoyant à Zivkov une lettre de démission. Cette démarche avait été entreprise en coordination avec Loukanov et le général Dobri Djourov qui, à l'âge de soixante-quatorze ans, était ministre de la Défense et pouvait à ce titre s'assurer le concours de l'armée. Les troupes du ministère de l'Intérieur avaient fusionné avec les gardes-frontières. Les forces spéciales qui avaient terrorisé la minorité turque ne comptaient, disait-on, qu'un effectif de 160 hommes.

Le 9 novembre, au sein du Politburo, Mladenov affronta Zivkov qu'il encouragea à démissionner. De toute évidence Zivkov crut pouvoir temporiser. Le lendemain, au cours de la réunion du Comité central, le Premier ministre Atanasev réclama lui aussi la démission de Zivkov et le Comité central, après avoir voté, décida de l'accepter. La scène était filmée et l'on vit ce jour-là, au cours du journal télévisé, un Zivkov manifestement traumatisé par ce qui lui arrivait. Pour lui permettre de sauver la face, on le remercia de ses services en lui permettant de conserver la présidence de l'Etat. Les inévitables purges s'abattirent alors sur le parti. Zivkov lui-même, sa famille et ses amis furent privés de toutes leurs sinécures; des procédures judiciaires furent ultérieurement entamées contre eux.

Mladenov et Loukanov, fort expérimentés en matière de manœuvres politiques, livrèrent un âpre combat d'arrière-garde pendant presque un an afin de maintenir le parti au pouvoir; à cet égard, on peut estimer qu'ils ont eu plus de succès que les perestroïkistes des autres pays satellites. Promu au poste de premier secrétaire, avant de se nommer lui-même président, Mladenov a manifesté envers Gorbatchev tous les signes d'une soumission aussi inébranlable que celle dont Tchervenkov et Zivkov avaient fait montre à l'égard des précédents secrétaires généraux. Toute réforme, déclarait-il, devait s'inscrire dans le cadre général du socialisme. En appliquant la glasnost, en fermant les boutiques réservées à la nomenklatura, et en abolissant l'article 273 du code pénal destiné à punir les dissidents, il s'employait pourtant à démanteler ce cadre général, exactement comme Gorbatchev l'avait fait en Union soviétique. Aussitôt, la réforme fit boule de neige et prit de l'ampleur au fur et à mesure de sa progression dès qu'elle eut commencé à rouler.

Zivkov était tombé exactement le même jour que le mur de Berlin. Dans toute l'Europe, l'enthousiasme et l'espoir étaient à leur comble. Pendant les émissions d'actualités quotidiennement diffusées par la radio et la télévision, l'opposition semblait, dans tous les anciens pays satellites des Soviétiques, l'un après l'autre, pousser le parti le dos au mur. Les manifestations de masse devenaient quotidiennes dans le centre de Sofia et rassemblaient parfois des foules qui comprenaient un million d'individus. Les gens, soucieux naturellement d'appartenir au camp qui paraissait de plus en plus devoir l'emporter, adhéraient au Podkrepa et aux Clubs en faveur de la Perestroïka et de la Glasnost. Des groupements démocratiques nouvellement créés se constituaient autour d'une personnalité charismatique. Le 7 décembre, seize groupes ou organisations de ce genre fusionnèrent au sein de l'Union des Forces démocratiques. Jeliou Jelev en présidait le conseil de direction...

Pour Mladenov et le parti, le problème se cristallisait : il leur fallait ou bien briser l'Union des Forces démocratiques ou bien s'allier à elle. La manifestation la plus imposante se produisit autour de l'Assemblée nationale le 14 décembre. Les manifestants réclamaient l'abolition de l'article un de la Constitution qui octroyait un «rôle dirigeant» au parti. Le porte-parole de celui-ci, Emil Christov, fut hué. Mladenov apparut sur les marches de l'Assemblée nationale, avec l'intention de prendre la parole, et s'avança vers une voiture garée sur les lieux et équipée d'un haut-parleur. Il commença : «Chers Bulgares, frères et sœurs», mais il poursuivit : «Vous êtes des patriotes et des citoyens, vous devez avoir le sens de vos responsabilités. Cet extrémisme détruira la Bulgarie.»

Malheureusement pour lui un cameraman, Evgeni Mihaïlov, se trouvait à son côté et enregistrait l'événement sur un film et une bande sonore. Quoique le document ait été de toute évidence réalisé dans des conditions difficiles, au milieu des remous et du tohu-bohu, ce qu'il montre est très clair : on entend des huées furieuses et prolongées qui accueillent les paroles de Mladenov. Des gens hurlent : «Démission! Démission!» Apparemment très affecté et effrayé, Mladenov retourne vers l'entrée de l'Assemblée, s'y arrête un moment, entouré par le général Djourov et deux notables du parti. Sur la bande, on peut l'entendre dire : «Appelons les tanks.» Une voix non identifiée répond : «C'est une bonne idée.»

Mladenov et d'autres membres de la direction du parti ont essayé de faire supprimer cette séquence en prétendant qu'elle avait été falsifiée après coup et que, de toute façon, elle n'avait aucun intérêt puisque les tanks n'étaient pas intervenus. Le film est authentique, comme Mihaïlov me l'a méthodiquement démontré en énumérant les précautions qu'il a dû prendre pour protéger son scoop. La police, après l'avoir arrêté et placé en garde à vue pendant vingt heures, a voulu lui faire signer une fausse déposition. Le parti a répandu le bruit selon lequel le film en question aurait été fabriqué en Amérique. Pourtant il s'est produit une circonstance curieuse : le clip n'a pas été diffusé pendant six mois. Le 14 juin, entre les deux tours des élections générales, la bande fut enfin révélée au public ce qui produisit l'effet d'une bombe. Incapable de faire face, Mladenov démissionna. Trop démoralisé pour réagir ou victime d'un mauvais calcul, le parti ne proposa alors aucun candidat pour le remplacer, de sorte que Jelev fut élu président faute d'adversaire.

Quant au point de savoir si le 14 décembre a vraiment été la date cruciale, alors que le parti hésitait à utiliser la force, cela ne sera sans doute jamais éclairci. A défaut de répression, la seule solution consistait à convaincre l'opposition de participer au processus politique. Pour montrer sa force, le Podkrepa appelait à une grève générale. Le parti lâcha du lest. La première séance de la Table ronde eut lieu dans le Palais national de la culture à Sofia le 27 décembre ; Loukanov conduisait la délégation du parti ; Jelev et Simeonov représentaient l'Union des Forces démocratiques. La bonne foi du parti fut mise en cause quand il refusa tout net de dissoudre ses cellules à l'intérieur des usines et autres lieux de travail, ainsi que dans l'armée. Mais un accord signé par les deux parties le 12 mars 1990 prévoyait qu'il y aurait une transition pacifique vers la démocratie. Des élections devaient se tenir en juin.

Contre toute attente, le parti remporta ces élections législatives, ce qui tend à montrer le poids des habitudes ou, tout au contraire, la versatilité du corps électoral, voire peut-être l'existence d'une fraude, comme la manipulation des urnes ou autres tours de passe-passe. Loukanov avait été nommé Premier ministre en février, et il allait à présent passer plusieurs semaines difficiles à essayer de former son second cabinet de l'année. Le pays, ballotté entre un gouvernement communiste et un président démocrate, se trouvait aux prises avec de dangereuses contradictions. Au cours de cet intervalle particulier, il se produisit l'un de ces incidents qui caractérisent les situations favorables aux complots, où les ingrédients de la guerre civile coexistent avec ceux de la farce politique. Le siège du parti à Sofia se trouvait dans un immeuble massif situé à quelques centaines de mètres du palais royal, et presque en face de la Présidence. Tout naturellement, les manifestations passaient devant ce bâtiment quand elles se dirigeaient vers l'Assemblée nationale ou en revenaient. Le 26 août, un incendie détruisit en grande partie l'intérieur du bâtiment et ce que recelait le siège du parti. On trouve ici un écho de l'assaut donné à l'immeuble de la Stasi, à Berlin-Est. Un film de télévision montre que les spectateurs n'ont rien fait, sauf contempler bouche bée le brasier et pousser des acclamations. Sur ce même film, on peut voir un grand nombre de policiers battre le pavé, comme s'ils avaient reçu pour instructions de ne pas intervenir. Il semble certain que c'était là une provocation. En mettant le feu à son propre siège, le parti cherchait peut-être à créer une situation propice à la répression, ou espérait provoquer une réaction violente de l'opposition qui aurait justifié une intervention de la force armée au nom du maintien de l'ordre et du respect de la loi. Mais comme on avait évité de déménager les documents et archives du parti pour ne pas risquer d'éveiller des soupçons, l'incendie peut tout aussi bien avoir été le résultat d'une manœuvre destinée à détruire des preuves de culpabilité.

Fort embarrassé, Loukanov ne forma son cabinet que le 21 septembre. Ses difficultés avaient été aggravées par la convocation du Trente-neuvième congrès du parti qui se réunit le jour même de son intronisation comme Premier ministre. Les délégués décidèrent de remplacer l'ancien Politburo et le Comité central par un nouveau Conseil suprême, et de se constituer en un nouveau parti socialiste bulgare. Aleksandr Lilov, qui avait été naguère l'héritier présomptif de Zivkov, fut choisi pour en prendre la tête. Mladenov et Djourov ne purent se faire élire à ce Conseil suprême. Une fois dissipés les tourbillons de poussière soulevés par la bataille, il apparut de toute évidence que ces changements n'étaient qu'un maquillage et que les partisans de la ligne dure espéraient bien sauver leur peau en rendant les perestroïkistes responsables de tout, pour mieux les écraser. Loukanov, privé de la moindre base où asseoir son autorité, fut incapable de garantir que le parti avait l'intention de respecter les promesses signées au temps de la Table ronde. A la fin de novembre, paralysé sur le plan politique, il démissionna. Le président Jelev fit alors appel à Dimitar Popov, un juriste qui n'était pas membre du parti, pour qu'il forme une coalition gouvernementale. Ainsi, le partage du pouvoir se trouvait enfin institutionnalisé.

Elégant dans un costume sur mesure de couleur gris anthracite, Petko Simeonov a l'air d'un jeune cadre dynamique plus que d'un communiste passé à la dissidence. Philosophe de formation, il est professeur à l'Université de Sofia. Son père était cordonnier, sa mère cuisinière dans une cantine ouvrière. L'un de ses oncles et deux autres de ses parents ont payé de leur vie le fait d'être des militants communistes entre les deux guerres. Sa foi personnelle dans le communisme a été remise en cause par l'invasion soviétique de la Tchécoslovaquie, puis par la lecture du livre de Soljenitsyne, *L'Archipel du goulag*, dont il s'était procuré sous le manteau un exemplaire publié en russe. «Cela m'a plongé dans une profonde dépression. Il m'a fallu un an ou deux pour m'en remettre. Je sais que des millions de personnes aujourd'hui sont en train de connaître la même désillusion. J'en ai rencontré, par exemple parmi mes collègues de l'université, qui appartenaient autrefois à l'appareil du parti, et j'observe comment ils s'évertuent à récrire toute leur biographie afin qu'on ne puisse pas les tenir pour responsables de quoi que ce soit.» Il n'a lui-même quitté le parti qu'en 1990.

A la fin des années 1960, dit Simeonov, il existait une consigne : «Adhérer au parti pour le détruire»; nombreux furent ceux de sa génération à entamer une carrière au sein du parti dans cet esprit. C'est l'une des raisons pour lesquelles il y avait si peu de dissidents. La glasnost et la perestroïka faisaient l'objet d'une propagande diffusée par la radio et la télévision soviétiques à partir de la station moscovite d'Ostankino et par les journaux soviétiques, toujours largement disponibles et moins coûteux que la presse bulgare. Aux alentours de 1987, Simeonov et quelques-uns de ses amis qui partageaient le même état d'esprit organisèrent des discussions clandestines sur la manière de mener à bien une réforme. L'un de ces amis était Jeliou Jelev, qui lui raconta avoir pris, lui aussi, des initiatives du même genre auxquelles participaient une douzaine d'autres personnes. Des groupes officieux firent ainsi leur apparition spontanée au printemps de 1988 dans la capitale, Sofia, et dans d'autres villes, pour défendre les droits de l'homme ou protéger l'environnement.

La pollution venue de Giergovo, sur la rive roumaine du Danube, rendait la vie intolérable de ce côté-ci du fleuve, à Ruse. Un Comité national d'écologistes fondé pour la défense de Ruse avait produit un film qui s'intitulait : *Respirons*. La plupart des membres de ce comité adhéraient encore au parti. «J'étais le secrétaire scientifique de l'Institut de sociologie et nous nous réunissions dans mon bureau. Nous avions décidé de projeter *Respirons* au syndicat du cinéma et de rendre publique la création de notre comité. Cela fut fait le 8 mars 1988.» Parmi les membres de ce groupe se trouvaient Jelev, Ivaylo Trifonov, Stefan Geitandjiev et d'autres personnes qui n'allaient pas tarder à devenir des dirigeants démocrates. «Le pouvoir exerça des pressions sur tous les participants dont certains furent exclus du parti. L'Institut de philosophie fut fermé de même que le département dirigé par Jelev à l'Institut de la culture. Il y avait quelque cinquante ou soixante personnes à l'Institut de sociologie mais je leur avais conseillé de ne pas adhérer au comité; je serais le seul à le faire. Quand je fus interrogé, je répondis : Vous n'êtes pas opposés à ce que les gens respirent de l'air pur, non? Par la suite nous avons découvert que le Politburo s'était donné pour priorité de dissoudre l'Institut mais pouvait difficilement le faire étant donné que j'avais été le seul à donner ma signature. Des membres du Comité central, animés par leurs convictions démocratiques secrètes, empêchèrent l'adoption de graves mesures répressives contre nous, comme cela avait été le cas pour l'Institut de philosophie.»

Au cours d'une conférence qui réunissait certains universitaires du parti en 1988, quatre professeurs critiquèrent sévèrement Zivkov d'un point de vue idéaliste. L'étape suivante fut la formation du Club en faveur de la Perestroïka et de la Glasnost pendant l'été et l'automne de 1988. Or il advint que le département spécialisé dans l'étude scientifique du communisme devait se réunir pour débattre d'un sujet quelconque relevant de sa compétence. Quatre-vingts personnes s'étaient concertées pour profiter de cette réunion : « La tactique choisie était que tout le monde devait assister silencieusement aux débats jusqu'à la fin ; puis, à ce moment, l'un d'entre nous prendrait la parole pour annoncer : "Reprenons maintenant notre vrai travail." L'instigateur de tout ceci, Goran Gouranov, n'était autre que le conseiller de Zivkov. Les services secrets avaient été tenus dans l'ignorance de toute l'affaire. Il faut avoir vécu dans une telle société pour comprendre quel régal c'était. Après une brève discussion sur les règlements et les procédures à adopter, le club se trouva constitué. » Les quatre présidents étaient Jelev, Nikola Vassiliev, Ivan Djadjev et Simeonov lui-même qui siégeraient à tour de rôle, chacun pour une durée d'un mois. « La déclaration que nous allions rendre publique avait été soigneusement formulée pour ne pas prêter le flanc à une attaque politique. En soutenant la perestroïka et la glasnost nous retournions les slogans de Gorbatchev contre lui. En fait, on avait même émis l'idée de l'appeler le Club Gorbatchev. »

Pourquoi les autorités ne vous ont-elles pas tous arrêtés ?

« Le 19 janvier 1989 le président Mitterrand était venu en visite officielle et il voulait inviter douze intellectuels pour le petit déjeuner. L'ambassade de France avait contacté Jelev pour établir la liste des convives. Aussi plusieurs membres de notre club figuraient-ils parmi les personnes conviées. Ce petit déjeuner nous a fourni l'occasion de montrer que nous étions un groupe d'opposition sérieux. Mais notre club et ses activités ont été désormais ouvertement surveillés par la police secrète. Les dirigeants se rencontraient clandestinement à des domiciles privés. En ces mois d'avril et de mai plusieurs d'entre nous ont été arrêtés et certaines maisons perquisitionnées. Mais les policiers n'avaient pas la tâche aussi facile que par le passé. Un membre du club était Hristo Radevski qui passait alors, dans son grand âge, pour être le plus célèbre des poètes communistes bulgares. Il y avait aussi l'académicien Alexeï Cheloudko qui, pendant la Seconde Guerre mondiale, avait été l'un des "résidents" du KGB dans le pays. Il n'était pas question que l'on arrête des gens comme eux. »

Simeonov fut personnellement interpellé le 5 mai 1989 dans la maison de Jelev. On le mit en garde à vue pour faire de lui un exemple afin d'effrayer les autres. « Nous venions de nous asseoir lorsqu'il ont investi la place. Ils nous ont emmenés à Razvigor, le bureau principal où ils pratiquaient leurs interrogatoires. Sept à huit autres personnes avaient été appréhendées ailleurs que chez Jelev. Ils nous ont gardés de midi à dix heures et demie du soir. Nous avions préparé une déclaration à l'Assemblée nationale pour défendre les droits des membres de la minorité turque à qui l'on voulait imposer la traduction de leurs noms en bulgare. C'était une question importante pour les groupes officieux comme le nôtre. La transformation obligatoire des noms était une sorte de mesure désespérée prise par le chef de l'Etat car l'avenir l'effrayait.»

Simeonov était également présent dans le Jardin de Cristal, le 26 octobre. «Les gens d'Eco-Glasnost faisaient signer une pétition contre le détournement de deux cours d'eau à des fins hydroélectriques, mais c'était là un prétexte pour protester contre le régime. Une petite table avait été dressée au milieu du jardin. Des fonctionnaires de police cherchaient à en bloquer l'accès pour empêcher les gens de signer la pétition. Aleksandr Karakatchanov et d'autres personnes furent arrêtées. Ils reçurent quelques coups et on les conduisit ensuite dans la campagne où on les abandonna, de sorte qu'ils furent contraints de rentrer à pied à Sofia. Une jeune fille fut frappée au ventre. Cet accès de violence, somme toute modérée, souleva l'indignation. Le pendule bulgare n'avait qu'une liberté de mouvement très limitée. Les manifestations à l'occidentale, avec jets de pierres et attaques contre la police, auraient été considérées ici comme une révolution.»

Le lendemain même, pendant une réunion publique du parti à l'Institut de sociologie, Svetlana Charenkova proposa une résolution qui réclamait la démission de Zivkov et du Politburo. Un raffut énorme s'ensuivit. La chute de Zivkov et du système, comme le dit Simeonov, semblait entrer dans le domaine des réalités après être sortie de rien. Le 10 novembre, ce fut comme si les choses avaient atteint leur conclusion logique. Pour lui, Zivkov avait compris depuis longtemps que le communisme se trouvait dans la phase terminale de son déclin. «En dépit des choses horribles qu'il avait faites et du système qu'il avait soutenu, Zivkov était un politicien subtil et chevronné. J'ai toujours été dégoûté par la stupidité de ses discours – mais je comprends aujourd'hui que, s'il s'exprimait ainsi, c'était par astuce politique et non par défaut d'instruction. Loukanov m'avait dit une fois à son propos : Il possède l'instinct du danger comme un sanglier sauvage.»

Après la chute de Zivkov, Simeonov se trouva en rapport étroit avec la direction du parti pendant les semaines au cours desquelles il présida la délégation de l'opposition à la Table ronde. Pour les élections de juin, il dirigea la campagne de l'Union des Forces démocratiques. Le parti communiste conservait encore en main les leviers de commande de tout l'appareil répressif. «S'il avait voulu rester au pouvoir, il aurait pu le faire, même si cela signifiait qu'il se retrouverait isolé dans la société internationale et devrait faire face à une récession de l'activité industrielle. Il suffisait que quelqu'un au sommet donne les ordres nécessaires. Dans la pratique, un recours à la force contre nous est resté possible jusqu'à la fin du mois de mai. Nous n'aurions pas été en mesure de l'empêcher. Le parti n'aurait pu être dissous s'il n'y avait pas mis du sien. »

Le coup du 10 novembre a marqué le début d'une série d'étapes qui ont conduit les dirigeants à abandonner le pouvoir. « Mladenov n'était pas un homme à double visage. Après avoir envisagé la possibilité d'appeler les tanks, il lui avait probablement fallu absorber quelques verres d'alcool pour se calmer. Ce jour-là, je suis entré à l'Assemblée nationale pour y chercher un mégaphone. Puis j'ai grimpé sur le toit du bâtiment d'en face, avec Jelev et Trifonov, pour exhorter les gens à rentrer chez eux et leur promettre que l'article un serait rayé de la Constitution. Mladenov avait prononcé sa fameuse phrase sans intention d'y donner suite car il aurait pu indubitablement faire venir les tanks s'il l'avait voulu. En avril suivant, alors que je lui parlais du scrutin et de la loi électorale, il m'affirma : "Vous les aurez, vos élections et même une nouvelle Constitution ; il y aura un président dûment élu et l'un d'entre vous viendra s'asseoir, ici, dans ce bureau." »

Comment s'est constituée la Table ronde ?

« Après la création de l'Union des Forces démocratiques le 7 décembre, nous avions suggéré au parti d'organiser cette Table ronde. L'idée avait surgi au cours d'une réunion qui se tenait une fois de plus à l'Institut de sociologie. Peu après Noël, le syndicat Podkrepa a décrété une grève générale. C'était de la folie. Ils ne possédaient aucune structure, mais espéraient simplement pouvoir entraîner 30 000 personnes derrière eux. Les communistes répliquèrent qu'un nombre plus important de personnes s'abstenaient d'aller à leur travail chaque jour pour des raisons d'alcoolisme. Selon eux, une telle grève passerait inaperçue. Mais ils ajoutèrent aussi que c'était une bonne occasion pour que les parties se réunissent et tirent les affaires au clair. En nous fondant sur l'expérience polonaise, nous pensions que seule la constitution d'une Table ronde pourrait nous sortir de l'impasse. »

Quelle était l'atmosphère, lors des pourparlers de la Table ronde ?

« Le simple fait d'entamer la discussion avec nous signifiait qu'ils se préparaient à abandonner le pouvoir. Leur unique et véritable préoccupation concernait les dangers physiques qu'ils pourraient courir. Ils avaient peur pour leurs propres personnes. Il fallait empêcher qu'il y ait des représailles. Jusqu'à la fin de février, nous allions continuer à nous appeler les uns les autres "Camarade". Après ça, on se donna du "Monsieur" et du "Madame". Je n'irai pas jusqu'à dire qu'ils étaient condescendants, même s'ils étaient plus exercés que nous en politique et mieux informés sur l'état de la société. Nous voulions la démocratie, pas le pouvoir, et nous n'en démordions pas. Plus jamais nous ne laisserions un parti unique prendre le pouvoir pour ne plus le lâcher. Nous voulions donner de nous-mêmes l'image d'une opposition politique, être à l'origine d'un régime dualiste. Il fallait que toute décision résulte d'un consensus. Cela signifiait que les présidents respectifs du parti et de l'Union des Forces démocratiques devaient parvenir à des accords. Or cela ne se produisait pas très souvent.

«Nous voulions des élections libres et honnêtes. Les communistes, parfaitement conscients de posséder déjà une organisation politique, souhaitaient que cette consultation intervienne aussitôt que possible. James Baker était de passage en Bulgarie les 12 et 13 février et nous lui avons déclaré que nous n'étions pas prêts pour des élections mais il répondit : Pourquoi les reporter? Tout le monde se faisait des illusions à propos de ce scrutin et croyait qu'il apporterait réponse à tout. Les communistes ont gagné ces élections. Je suis convaincu que les prévisions de l'ambassade américaine avaient été trop optimistes. Même avant sa victoire, Loukanov était venu nous demander de former une coalition. Nous avions refusé. Nous avions l'intention de mettre en œuvre un processus de changement qui serait réel, même s'il devait être long. Une fois de retour au pouvoir, les communistes ne savaient que faire. Ils se cramponnaient à leur idée fixe à savoir qu'ils ne devaient pas être exposés à des représailles physiques. Mais nous avions tous apporté notre contribution au système, tous, tant que nous étions, nous en portions une petite part de responsabilité. C'est finalement cette obsession qui a pris les communistes à leur propre piège. La peur du châtiment a au bout du compte surpassé leur désir de pouvoir.»

Jeliou Jelev est de la même trempe qu'un Adam Michnik ou qu'un Václav Havel, c'est-à-dire un intellectuel tiré, pour ainsi dire, d'une relative obscurité et projeté sur le devant de la scène dans les cercles du pouvoir pour combler le vide laissé par le communisme en pleine retraite. Né en 1935 dans une petite ville de province, il avait fait une carrière universitaire en dents de scie, avec plus de bas que de hauts. Exclu du parti, il avait longtemps été dans l'impossibilité de trouver un emploi. Son livre *Fascisme* écrit en 1967 n'avait été publié qu'en 1982 et presque aussitôt retiré des devantures des libraires à cause de sa clairvoyance à l'égard du communisme. Cet homme modeste, dépourvu de prestance, s'est trouvé devoir assumer, du jour au lendemain, la responsabilité d'introduire la démocratie dans un pays qui avait toujours connu le despotisme.

Sous l'influence de la perestroïka, déclare Jelev, les organisations marginales étaient les fourriers de la démocratie. L'un des éléments typiques de la situation en Bulgarie était la récurrence des persécutions contre la minorité turque qui aurait pu engendrer des actes de terrorisme contre le régime. Les événements survenus dans les autres satellites favorisaient l'opposition. Aussi le jour arriva-t-il où les membres du Politburo décidèrent de prendre l'initiative pour se débarrasser de Zivkov au lieu d'attendre que la violence et les grèves ne les submergent tous. Même ainsi, l'affaire du 10 novembre, ce qu'il appelle le coup d'Etat interne du parti, prit tout le monde au dépourvu. « Comme nous nous en sommes rendu compte plus tard, cela avait été un secret très bien gardé. Un chef d'Etat du bloc soviétique disposait d'un appareil militaire et policier sans égal, mais le général Djourov avait réglé la question en se rangeant du côté des conjurés. »

Avez-vous senti que le 10 novembre serait le commencement de la fin pour le communisme ?

« Avec le recul, je peux dire que je ne m'attendais pas à des changements du jour au lendemain. La question était bien trop complexe pour se ramener au remplacement pur et simple d'un dictateur par un autre. Mais c'est ce signal qui a permis aux opposants de se rassembler et d'agir, car la voie s'était trouvée ouverte devant eux. Désormais, nous avions toute latitude pour nous fixer des objectifs politiques. Il était vital de nous organiser, de trouver des locaux et des voitures et des équipements techniques. Mais nous avions tous également peur qu'il puisse y avoir une restauration du régime antérieur, avec des persécutions contre ceux qui avaient osé relever la tête. » Cette peur persista jusqu'en août 1991, jusqu'au jour où Jelev appela Eltsine par téléphone à la Maison-Blanche de Moscou pour lui exprimer sa solidarité.

La formation de l'Union des Forces démocratiques prouvait que l'on était en mesure de s'organiser. Mais le parti conservait la présidence et le parlement, c'est-à-dire tous les pouvoirs institutionnels. « Notre seul moyen d'action consistait à exercer une pression extraparlementaire, avec des manifestations et des rassemblements. Chaque fois qu'il y avait une anicroche à la Table ronde, nous faisions appel à la nation. » Les manifestations de masse se multiplièrent en faveur de l'opposition, entre le 8 décembre et la période préélectorale. Les rassemblements qui avaient commencé à Sofia faisaient tache d'huile dans tout le pays et se confondirent bientôt avec la campagne électorale.

Un long débat euclidien, comme le qualifie Jelev, s'était instauré sur la forme de la Table ronde. Les communistes insistaient pour que les participants siègent autour d'une table vraiment ronde, avec l'intention d'y accueillir les représentants des organisations soutenues par l'Etat comme le Komsomol. Ils envisageaient une rencontre paisible, tandis que l'opposition comptait donner à ses exigences le caractère d'un ultimatum quant à l'adoption d'une nouvelle législation. « Le parlement approuvait sans discussion les décisions prises à la Table ronde. Ces décisions ont porté sur des amendements à la Constitution, la tenue d'élections destinées à renouveler la Grande Assemblée nationale, et la loi électorale – avec son double système de représentation proportionnelle et de scrutin majoritaire. C'était une drôle de façon de gouverner le pays. Chaque fois que nos travaux butaient sur un obstacle, les masses se rassemblaient et donnaient de la voix. Jour et nuit, le Palais national de la culture était entouré par une foule enthousiaste, venue conspuer les communistes et nous acclamer. »

L'opposition avait posé comme condition préalable que les débats de la Table ronde seraient retransmis en direct à la télévision et à la radio. Cela provoquait des blocages qui gênaient le bon déroulement de la journée de travail, mais c'était une école de la démocratie. Pour la première fois, le parti se voyait publiquement réclamer des comptes pour les crimes qu'il avait commis; cela permit également de briser toutes sortes de tabous et de stéréotypes. L'opposition y trouva aussi sa légitimité.

« Puis vint le désenchantement. Contre toute attente, les communistes gagnèrent les élections, ce qui montra combien nous étions naïfs en matière de politique. Nous avions pensé que le nombre des personnes descendues dans la rue fournissait une indication de notre force. Nous avions sous-estimé le fait que l'appareil du parti était encore intact, notamment dans les zones rurales, et qu'en gardant en main les leviers de commande dans le domaine économique, il pouvait faire pression sur la population pour qu'elle vote communiste. Mais après ces élections, les communistes n'avaient plus la volonté ni la force de gouverner. Deux cabinets capotèrent l'un après l'autre. Loukanov n'a pas procédé à la plus légère réforme pendant les mois qu'il a passés à la tête du pays. Les communistes ne jouissaient d'aucun soutien moral de la part des éléments actifs de la population. Le fardeau de leur culpabilité politique pesait aussi sur leur conscience. Cela les rendait incapables de gouverner. »

A l'époque où j'ai rencontré Andreï Loukanov, il était sur le point d'être accusé d'avoir détourné 60 millions de dollars du budget de l'Etat pour en faire des donations ou fournir des armes au Yémen, à l'OLP, au Nicaragua, au Chili et à diverses causes soutenues par les Soviétiques. Selon la rumeur, il aurait joué de son influence au ministère du Commerce extérieur au point d'avoir une grande part de responsabilité dans l'accumulation de la dette extérieure de la Bulgarie estimée à 10 milliards de dollars. Ce quinquagénaire distingué rejette avec un haussement d'épaules toutes les accusations de ce genre en les qualifiant de politiciennes. Pendant une grande partie de la matinée que nous avons passée ensemble, il a insisté pour me raconter par le menu les hauts faits accomplis par ses parents et grands-parents au service du communisme. Selon lui, ils ont tous joué un rôle, les uns ou les autres, dans l'insurrection de 1923, dans des tas de complots, au Komintern, pendant la guerre d'Espagne et dans la mise en œuvre du stalinisme. Lily, sa femme, était la fille de Traitcho Kostov. A l'écouter, on croirait entendre un aristocrate de l'ancien empire austro-hongrois en train d'expliquer à des roturiers ignares les quartiers de son blason.

Né à Moscou, Loukanov s'exprime en russe comme un enfant du pays, et parle couramment plusieurs autres langues. Une visite qu'il a faite aux Etats-Unis en 1973 a débouché sur des perspectives de carrière extrêmement brillantes. Zivkov qui, à l'époque, courtisait Brejnev se montrait néanmoins sceptique quant aux vertus du conservatisme soviétique et prêtait l'oreille aux opinions favorables que s'était forgées Loukanov sur l'Amérique. Si Zivkov était le Diable, du moins était-il un diable intéressant, aux yeux de Loukanov qui le tient pour « le dernier et le meilleur homme politique de type byzantin en Europe ». Pour illustrer son propos, il évoque comment, en 1988, Zivkov a su détourner une attaque destinée à lui imposer sa démission. Le Politburo au grand complet se composait de membres titulaires, de membres suppléants et de secrétaires, mais lorsqu'il s'agissait de certaines décisions politiques spéciales, Zivkov convoquait un conseil plus restreint composé uniquement des membres titulaires, comme il avait le droit de le faire. Au cours d'une réunion plénière du Politburo, il déclara qu'il voulait prendre sa retraite. Puis il entama une série d'entretiens en tête-à-tête avec chaque membre titulaire de sorte que, naturellement, ceux-ci se trouvèrent bien obligés de lui dire combien il était irremplaçable. « Tout le monde savait que c'était de la provocation. Mais si quelqu'un avait répondu : "Pourquoi ne pas démissionner ?" c'en était fini de lui. Aussi, après avoir interrogé chacun, il convoqua un conseil restreint du Politburo où il annonça que, tout le monde souhaitant le voir rester à son poste, il devait s'incliner. Ce genre de mise en scène lui permit de prétendre, par la suite, qu'il avait vraiment tenté de démissionner. »

Selon la version de Loukanov, quatre hommes ont joué un rôle décisif dans la révolution de palais du 10 novembre : Mladenov, le Premier ministre, Georgi Atanasev, le général Djourov et le narrateur lui-même. « Il nous était impossible de nous réunir. Nous vivions dans une maison de verre sous une surveillance étroite. En fait, c'était moi qui organisais les réunions. Tout le monde savait que j'étais un vieil ami de Mladenov. En outre, je travaillais avec Atanasev, de sorte que nous pouvions nous voir sans avoir à donner des explications. Pourtant, nous avions pris l'habitude de nous écrire des petits billets et de nous les glisser à travers le bureau. Il était très dangereux de rencontrer Djourov mais je connaissais sa fille et je me suis arrangé pour lui rendre une visite banale, une seule, à un moment où Djourov se trouvait là et jouait très ostensiblement son rôle de père. La rencontre passa inaperçue, je pense. Nous ne pouvions donner aucun coup de téléphone. »

La lettre brutale de Mladenov du 24 octobre déclencha chez Zivkov le sentiment d'avoir perdu son autorité. Inquiet, il voulut persuader Mladenov de retirer sa démission, l'invita à prendre un verre et lui envoya des émissaires. Une réconciliation étant hors de question, Mladenov adressa la même lettre au Politburo et au Comité central. Dès lors, il devenait impossible d'éviter l'affrontement ou de le cacher sous le boisseau. « Là-dessus, comme je devais me rendre à Moscou, j'ai emporté une copie de cette lettre. Je n'ai pas vu Gorbatchev cette fois-là, mais j'ai trouvé le moyen de la lui faire communiquer, à titre d'information. Il était évident que nous ne pourrions rien faire sans nous être préalablement assurés de la neutralité soviétique. J'obéissais aussi au désir de laisser une trace pour l'Histoire au cas où quelque chose nous arriverait physiquement. On peut certes s'esclaffer maintenant quand je dis que c'était une initiative risquée mais tel était le cas.»

A la fin du mois, poursuit Loukanov, Zivkov a proposé de renverser radicalement sa politique antiturque, et il a aussi demandé à Gorbatchev de le recevoir de toute urgence à Moscou. Il espérait trouver un soutien à l'étranger. «Mais Gorbatchev a refusé en prétextant qu'il était trop occupé. Les Bulgares devaient se débrouiller tout seuls, a-t-il déclaré – attitude de neutralité s'il en fut. Par la suite, il nous a félicités en disant : "Je suis heureux que vous ayez réussi; je n'ai fait qu'assister à l'événement en spectateur et tout le risque était pour vous; si vous aviez échoué je n'aurais pas été en mesure de faire quoi que ce soit pour vous." Il n'est pas vrai que l'Union soviétique a exercé des pressions sur Zivkov pour qu'il s'en aille.»

Son refus de rencontrer Zivkov indiquait-il qu'il vous soutenait, vous et Mladenov?

«Il soutenait le changement. Certes, son refus d'intervenir a été crucial. Mais Gorbatchev n'a pas directement fait usage de son influence ou de celle de son ambassadeur. Il n'était pas assez sûr du résultat. Bien entendu, à partir de là, Zivkov ne s'est pas montré seulement nerveux mais hystérique. Il voyait venir la crise et ne savait pas comment y faire face.»

Il y eut une réception à l'ambassade soviétique le 7 novembre et c'est alors que Djourov demanda un rendez-vous à Zivkov. Le lendemain matin, le général y alla donc, accompagné par Mintcho Iovtchev du Politburo et Dimitar Stanistchev qui était depuis longtemps secrétaire du département international au Comité central. Pendant la guerre, tous trois avaient fait partie d'une brigade de partisans avec laquelle Zivkov prétendait avoir eu des liens, bien que ceci «soit loin d'être prouvé», selon l'opinion de Loukanov. Au cours de cette rencontre, dans la matinée du 8, tous trois affirmèrent à Zivkov que le temps était venu pour lui de démissionner. «Ce à quoi il répliqua: "Bon, j'avais posé la question au Politburo il y a un an et vous aviez tous dit non, mais maintenant vous dites oui. Je vais le faire, mais pas tout de suite." En réalité, il avait besoin de temps pour préparer sa contre-offensive.»

Il se trouve que Mladenov est alors parti en Chine. Loukanov affirme que, tout de suite après avoir appris comment s'était déroulée cette rencontre houleuse, il était allé voir Atanasev, puis Djourov, pour leur déclarer que tout atermoiement serait suicidaire. «Le seul fait d'avoir mentionné sa démission signifiait que celle-ci devait intervenir tout de suite ou jamais. Si on lui donnait une semaine pour se retourner, alors tout prendrait fin, et nous serions des hommes finis nous aussi.

«Atanasev retourna donc voir Zivkov le 9, à midi, pour lui dire que, depuis trois ans, le camarade Zivkov était en train de détruire l'œuvre du camarade Zivkov : c'était sa formule. A quatre heures, Djourov, Iovtchev et Stanistchev revinrent à la charge et proposèrent que la démission prenne effet immédiatement et soit annoncée à la séance du Politburo qui devait commencer à cinq heures.

« Lorsque cette séance s'ouvrit, Zivkov déclara qu'il était vieux et mal en point et que quelqu'un de plus jeune devait le remplacer. Il déclara expressément qu'il voulait démissionner de ses fonctions de premier secrétaire sans abandonner la présidence du Conseil d'Etat. Pour lui succéder au poste de premier secrétaire, il proposa Atanasev, dans l'espoir de le renvoyer dos à dos avec Mladenov. Atanasev se leva aussitôt pour refuser et proposer le nom de Mladenov. Je pris la parole pour faire savoir que nous acceptions cette démission dans l'intérêt du parti et du pays. Il fut alors décidé d'inscrire à l'ordre du jour de la réunion du Comité central, prévue depuis un mois, une motion concernant "une question d'organisation" – formule bolchevique dont la signification était que quelqu'un pourrait bien se faire fusiller. On conclut alors qu'il fallait recommander au Comité central de remercier Zivkov pour son action à la tête du pays et d'accepter sa démission. En lisant à haute voix cette proposition, Atanasev déclara que Zivkov avait démissionné de ses fonctions de premier secrétaire et de président du Conseil d'Etat. Zivkov intervint aussitôt pour dire : "Mais nous ne nous sommes pas mis d'accord là-dessus." Le Comité central réuni en séance plénière vota unanimement en faveur de Mladenov, à l'exception d'une voix qui se porta sur Lilov. Zivkov était donc évincé. Mladenov, Djourov et moi-même étions pour l'heure les héros de la nation. »

Pourquoi Zivkov n'a-t-il pas eu recours à la force ?

« Il ne le pouvait pas. En fait il avait à sa disposition son unité spéciale cantonnée à Vranya, où se trouvait le palais d'été du roi. C'était les fameux OMON équipés de plus de soixante véhicules blindés y compris des tanks T-72 et formés de militaires professionnels. Cette unité aurait pu écraser Sofia, sans parler du Comité central. Mais Djourov, en se prononçant avec fermeté pour une solution constitutionnelle, a empêché Zivkov d'abuser des pouvoirs qui étaient les siens en tant que président du Conseil d'Etat. Telle a été la grande contribution de Djourov à l'événement. »

Pourquoi Gorbatchev a-t-il pris l'attitude de neutralité que vous avez décrite ?

« Il ne s'attendait pas à ce que tout s'écroule. Il pensait que des communistes réformateurs pourraient gérer la situation et que les changements intervenus en Europe de l'Est aideraient l'Union soviétique à entreprendre la réforme qu'il envisageait. Je l'ai vu deux fois en 1990, pendant une heure chaque fois. Il m'a confié : "On me presse d'agir en homme fort mais je ne veux pas, ce n'est pas mon genre. Contre moi, il y a 15 millions de durs dans le parti. Dites-moi s'il vous plaît comment je vais pouvoir m'en sortir?" En l'occurrence il faisait preuve du même courage que d'habitude mais son moral était en train de baisser. »

Avant la Table ronde, aviez-vous l'intention d'arriver à un accord?

Pour répondre à cette question, Loukanov raconte des tas d'histoires sur les appels du pied qu'il a lancés à l'opposition dès le 13 novembre. D'après lui, il semble avoir cherché à prendre contact avec tous les dissidents, un par un, dans l'espoir de s'en faire des alliés. A l'entendre aujourd'hui faire l'éloge de la démocratie et de l'économie de marché, on pourrait penser qu'il n'avait jamais entretenu aucun lien avec ses aînés dont il est si fier de dire qu'ils ont versé leur sang pour Staline, et dont les privilèges odieux lui ont jadis si bien profité.

Petar Mladenov vit dans un quartier réservé à la nomenklatura, à quelques pas de l'Assemblée nationale. Le salon où nous avons pris place est spacieux. L'homme est aujourd'hui à la retraite pour raison de santé. Il paraît énorme dans son fauteuil. La monture épaisse de ses lunettes donne à son large visage une expression bienveillante de hibou. Il a fait ses études au prestigieux Institut des relations internationales, à Moscou. Compte tenu de son expérience, de son rang et de ses opinions, il représentait de toute évidence l'homme idéal pour faire appliquer sincèrement la perestroïka. Comme il le dit : « Il n'y avait pratiquement aucune différence entre ce que nous pensions devoir faire dans ce pays et ce que Gorbatchev avait en tête. »

Les manœuvres destinées à évincer Zivkov, explique-t-il, avaient commencé en juillet 1989, au sein du Comité politique consultatif du Pacte de Varsovie, qui s'était réuni à Bucarest. « Ceausescu, Honecker, Zivkov, tous y étaient. Nous siégions tous avec nos délégations. Gorbatchev, qui se trouvait tout au fond de la salle, l'avait traversée sur toute la longueur pour venir vers moi. Il a dit : "Je veux vous parler." Nous sommes donc allés, tous les deux, dans un coin où il n'y avait personne. Dans un système totalitaire, il est inimaginable qu'un ministre des Affaires étrangères discute avec Gorbatchev, à la place du premier secrétaire. Je n'avais pas le droit d'avoir des entretiens particuliers avec lui. Bien entendu nous savions de quel bois était fait Zivkov, et il nous restait à espérer que personne ne nous écoutait en cachette. S'il avait été mis au courant de ce qui était en train de se passer entre Gorbatchev et moi, il aurait pris des mesures préventives. J'ai saisi cette occasion pour annoncer à Gorbatchev que nous avions l'intention de procéder au changement, chez nous, vers le début du mois de novembre. Il ne me donna aucun conseil, n'émit aucun commentaire sur la date, ne dit pas que nous étions en train d'agir avec trop de hâte ou que nous devrions opérer plus lentement. "C'est entièrement votre affaire, a-t-il dit, c'est à vous de vous en sortir par vos propres moyens. C'est à vous seuls qu'il appartient de décider si ça doit être maintenant ou plus tard." Probablement Zivkov se doutait-il de ce que nous étions en train de dire dans notre coin, car c'était un homme aux très fortes intuitions. Mais avoir des soupçons et détenir des preuves sont deux choses très différentes. »

Après cet incident, il ne restait plus à Zivkov qu'à mobiliser les services secrets ; faire établir la liste des personnes qui entraient dans le bureau de Mladenov, noter la durée des entretiens, relever les noms de ceux que Mladenov voyait, observer s'il était accompagné par quelqu'un ou par plusieurs personnes. « C'était là des signes que tout individu intéressé pouvait interpréter. » Le cours des événements ne fit que confirmer Mladenov dans sa volonté de procéder à sa révolution de palais. Il insiste sur le fait qu'il a agi dans la légalité, ce qui signifie en conformité avec les statuts du parti.

Si Zivkov avait eu la possibilité de s'appuyer sur le général Djourov, les choses auraient été très différentes.

« Un tout autre scénario ! Mais nous avions travaillé ensemble pendant de longues années et nous étions les deux plus anciens membres du Comité central et du Politburo. Nous avions une idée très claire de ce que pensait chacun de nous et nous avions une confiance absolue l'un dans l'autre. Djourov et moi nous avons eu une dernière conversation dans des circonstances inhabituelles. Pendant ce même voyage à Bucarest, nous sommes sortis tous les deux dans la rue où nous ne courions pas le risque d'être entendus par des micros. Ce n'était pas une discussion facile parce que le général Djourov devait alors donner son consentement définitif. J'ai compris que le résultat aurait pu être très différent. »

Vous avez obtenu la démission de Zivkov pendant la réunion du Politburo prévue pour cinq heures de l'après-midi, le 9 novembre. Qu'a-t-il fait entre ce moment-là et le lendemain matin où s'est réuni le Comité central pour entériner sa démission ?

« Au cours de la réunion du Politburo, il a prétendu que sa démission devait être inscrite à l'ordre du jour d'une autre séance plénière. Mais nous voulions que la décision soit mise aux voix sans délai. A l'issue de cette réunion, il s'est rendu dans son bureau en demandant à plusieurs d'entre nous de le suivre. Nous avons eu une brève conversation, il s'inquiétait de son train de vie. Nous n'avons pas du tout parlé de politique. »

Pourquoi n'a-t-il pris aucune disposition pour se défendre ?

« Il l'a fait, jusqu'au tout dernier moment et même pendant la fameuse réunion plénière du Comité central, le 10 novembre. Au milieu des débats, il a réclamé une suspension de séance qu'il a mise à profit pour envoyer certains de ses amis les plus proches plaider sa cause auprès des membres du Comité central. Comme il avait passé tant d'années au pouvoir, c'était lui qui avait nommé chacun à son poste et avait fait monter tous ces gens dans la hiérarchie. Il comptait sur les membres du plénum pour ajourner le vote relatif à son limogeage et il espérait faire remettre le scrutin à une autre réunion plénière. Après la mise aux voix qui l'évinçait et me désignait pour prendre sa place, il a quitté la salle tout seul. La télévision a montré des images sur lesquelles on le voyait en train de partir tout seul. Je l'ai rattrapé devant l'ascenseur. Personne d'autre ne l'a fait. Il m'a demandé un rendez-vous au cours duquel il a exprimé plusieurs souhaits. Il désirait notamment avoir le droit de continuer à occuper la résidence officielle de Bankya, près de Sofia. Comme cette demeure n'était pas confortable, il a demandé par la suite s'il pourrait emménager dans une résidence d'Etat plus petite, et je lui ai dit qu'il pouvait faire comme bon lui semblait. Je n'avais guère envie de vivre dans aucun de ces endroits, mais à mon domicile. Puis il a évoqué le problème de sa pension, qui se montait à 2 600 leva par mois si j'ai bonne mémoire. J'ai suggéré que l'on soumettrait au Conseil d'Etat une résolution au sujet de cette pension. Sa dernière requête concernait le droit de travailler deux ou trois jours par semaine dans son bureau avec ses assistants et ses secrétaires. Naturellement il y avait là des documents personnels et le contenu de ses coffres qu'il voulait trier. »

Au cours de la réunion plénière, vous avez remercié Zivkov pour l'œuvre qu'il avait accomplie, mais lors du plénum suivant, le 17, ces remerciements ont été supprimés.

C'est absolument vrai, confirme Mladenov, et il faut y voir l'effet de ces mensonges traditionnels qu'exigent les circonstances. « Le 10 novembre, nous avions proclamé que nous entamions la perestroïka. Un jour ou deux plus tard, nous nous trouvions donc dans l'obligation d'admettre les atrocités auxquelles avait été soumis le pays. Il y avait eu des persécutions, des violations des droits de l'homme – comme tout le monde le savait fort bien. Désormais il nous appartenait à nous, aux membres de la nouvelle direction, d'expliquer comment tout cela avait pu arriver et de trouver une façon de nous en sortir. Nous étions contraints de dire la vérité. Nous avons chargé un groupe de préparer une nouvelle réunion plénière. Le Politburo a tenu des séances qui ont duré douze heures, voire quinze heures, pour rédiger des prises de position politiques qui devaient nous permettre de corriger en l'espace de deux ou trois semaines les erreurs par omission dont nous avions été responsables pendant des années. Nous nous sommes alors trouvés devant la question suivante : dix jours plus tôt nous avions manifesté notre gratitude à notre ex-dirigeant ; fallait-il en rester là ? C'était impossible. Etant donné l'arrière-plan révélé par notre nouvelle analyse, c'était même ridicule. Nous aurions donné de nous-mêmes l'image de gens dénués de principes. »

Mais, à coup sûr, l'horrible vérité ne pouvait que ruiner la perestroïka [en même temps que le communisme tout entier].

« A l'époque, nous ne le pensions pas. Nous étions persuadés que c'était la bonne façon d'agir. Personne ne parlait de changer le système. Nous nous tenions simplement pour les membres d'une nouvelle génération, proches de gens comme Iakovlev et Chevardnadzé, qui se disaient convaincus de pouvoir améliorer le socialisme grâce à la perestroïka. Comme on le sait, les résultats se sont avérés très différents de ceux que l'on attendait, et c'est tout le système qu'il a fallu changer.

« Mon rôle, tel que je l'envisageais, était étroitement lié à la perspective du changement. J'avais dû participer aux événements du 10 novembre et assumer la responsabilité de l'Etat pendant une période donnée, déclare Mladenov, mais j'avais fait savoir à mes collègues que cette période serait limitée dans le temps. »

Or la situation a dégénéré bien trop rapidement en une lutte pour le pouvoir, ce qui explique les événements du 14 décembre et la désastreuse remarque formulée en aparté par Mladenov à propos des tanks. « Bien entendu j'aurais pu faire intervenir les tanks. J'étais le commandant en chef de l'armée. Ils auraient vidé la place en dix minutes. Mais je n'avais même pas donné l'ordre aux policiers de porter leurs armes. Après avoir fini mon discours, je me suis dirigé vers l'entrée de l'Assemblée nationale et quelqu'un qui se tenait à côté de moi a prononcé la fameuse phrase. Je me suis seulement tourné vers le groupe pour la répéter. Tout cela a été filmé. Les gens ont sorti l'événement de son contexte. Ce qui importe c'est que je n'ai pas appelé les tanks et que je ne l'aurais jamais fait. Personne n'a été blessé, personne n'a été molesté. »

Dans quelle mesure aviez-vous prévu qu'il y aurait des violences ?

« J'avais constamment cette question présente à l'esprit. Je savais qu'une réconciliation était presque impossible dans un pays qui avait vécu pendant des dizaines d'années dans un état de guerre civile muette. L'un de mes premiers discours au pays appelait à la réconciliation. Nous n'avions pas d'autre issue. J'ai proposé le modèle espagnol ou le modèle grec pour opérer notre transition vers la démocratie. L'Etat totalitaire est un monstre. J'ai proposé de créer une commission dont les membres iraient ensemble jeter au feu les dossiers individuels constitués par le KGB sur tous les collaborateurs, informateurs et dénonciateurs. »

L'organisation d'une Table ronde impliquait-elle en soi un renoncement au « rôle dirigeant » du parti ?

« Oui. La décision avait été prise au Politburo peu après le 10 novembre. Nous n'avions aucun doute quant à la nécessité d'adopter un régime politique pluraliste. Sans doute parlions-nous d'améliorer le socialisme, mais nous pensions que cela irait de pair avec l'instauration d'un système multipartite. Je ne veux pas sous-estimer le combat mené par les membres de l'opposition, mais ces contestataires étaient désorganisés. » La décision d'autoriser la retransmission des pourparlers en direct sur les ondes, dit-il, a été prise collectivement, bien qu'elle ait été de nature à renforcer l'opposition.

Mais le parti n'a rien obtenu de la Table ronde ?

« Quand je vais, de nos jours, à des réunions auxquelles participent des partisans de la ligne dure, ils me disent : "C'est votre faute, vous avez abandonné le pouvoir sans faire le moindre effort pour le garder." Je n'arrive pas à penser que le parti aurait pu obtenir un quelconque avantage à son seul profit. A cette exception près : il était en train de jeter les fondations d'une nouvelle société démocratique. »

Il est difficile de croire que les gens du parti ont fait leurs bagages et sont rentrés chez eux comme de bons petits garçons.

« Il y a eu des résistances ; par exemple, certains espéraient sauvegarder les cellules du parti sur les lieux de travail. Il y a eu une séance plénière pour discuter des "déformations" survenues dans le passé. Je n'arrive pas à me rappeler avoir vécu une période plus difficile pendant toute ma vie. Des milliers de personnes, littéralement, venaient me voir pour faire pression sur moi. Il y avait au sein du parti des gens qui voulaient déclencher une vraie bagarre interne pour garder les choses en l'état. »

Dans l'un de ses livres, intitulé *Avant-Mémoires*, Gorbatchev décrit une réunion du 5 décembre 1989 au cours de laquelle Mladenov lui a annoncé qu'il avait la situation bien en main, que la population bulgare avait accueilli la perestroïka avec satisfaction, et que le prestige de Gorbatchev s'en trouvait renforcé. Dans un échange de politesses, Gorbatchev avait répondu qu'il appréciait le courage manifesté par Mladenov et il avait ajouté dans le style communiste le plus pur : « Il existe dans le parti et dans la société des forces qui sont disposées à s'atteler à la tâche et à remédier à une situation difficile. » Des illusions aussi profondément ancrées relèvent du conte de fées. Pourtant Mladenov confirme que la conversation s'est bien déroulée comme Gorbatchev l'a racontée. « Quant à l'attitude personnelle adoptée par Gorbatchev envers moi, je n'aurais pas pu en souhaiter de meilleure. Il me révélait le fond de sa pensée. J'étais en rapports étroits et réguliers avec lui, à Moscou et ailleurs. »

Par quel mystère Gorbatchev a-t-il laissé tout le bloc soviétique se désintégrer sans faire aucune tentative sérieuse pour lui conserver sa cohésion ?

« Question fondamentale, certes. J'ai mon opinion sur ce point mais je ne détiens pas *la* réponse. Quand Gorbatchev est venu ici en 1985, il n'avait pas de projet bien arrêté. La glasnost, la démocratie, la perestroïka, le retour aux thèmes d'un léninisme authentique – tout cela représentait pour lui un processus à mettre en œuvre aussi bien qu'une façon d'accumuler les expériences. Mais quel chef d'Etat est en mesure de dire comment les choses vont tourner? Je peux affirmer que Gorbatchev n'était pas un homme stupide, mais un lettré; et ce n'était pas un traître. Sans doute étions-nous à un tournant de l'Histoire. Le monde ne pouvait pas rester tel qu'il était. En second lieu, il faut dire tout bonnement que l'expérience de 1917 n'avait pas marché. Lénine avait déclaré que le système capable d'assurer la plus forte productivité finirait par prévaloir; il s'est avéré que c'était le capitalisme. »

30

Un forum civique

Entre les deux guerres, à l'époque où la Tchécoslovaquie était une république indépendante, elle ne le cédait à aucun autre pays pour son industrie lourde. Le communisme, qui s'était imposé par un coup d'Etat de type policier en 1948, a systématiquement détruit ses ressources et sa prospérité. Cette nation créée à partir d'anciens territoires enlevés aux Habsbourg pouvait se targuer, en 1938, d'un niveau de vie plus élevé que celui de l'Autriche. Quarante ans plus tard, le niveau de vie des Tchécoslovaques était inférieur d'un tiers à celui des Autrichiens. Le prix unitaire moyen de ses produits manufacturés était égal au prix allemand correspondant en 1948, mais dans les années 1980 il n'était plus que d'un quart. Alors que les appareils téléphoniques étaient fabriqués sur place, on comptait 400 000 Tchécoslovaques inscrits sur des listes d'attente dans l'espoir d'en obtenir. L'érosion du sol affectait la moitié des terres arables en Bohême et en Moravie, et les émissions d'anhydride sulfureux avaient anéanti un tiers des forêts. Comme au Kazakhstan, des lésions génétiques étaient apparues dans la population et le bétail.

Les deux premiers secrétaires du parti, Klement Gottwald et Antonin Novotny, s'étaient conduits, vis-à-vis du stalinisme, en «collabos» aussi manifestement brutaux que serviles. Le gendre de Gottwald, Alexey Cepicka, ministre de la Défense, a laissé personnellement le souvenir d'un être cruel et corrompu qui a amassé une fortune évaluée à plusieurs millions de dollars. D'après un transfuge appelé Jan Sejna, son coffre contenait des «centaines de lettres écrites dans leurs cellules par des condamnés à mort, par des gens qui clamaient leur innocence et demandaient à ce que soit commuée la peine capitale prononcée contre eux. Chaque lettre portait ce seul mot "exécuter" paraphé par Cepicka». Les mesures de répression ne cessèrent de s'enchaîner les unes aux autres qu'au moment où Alexandre Dubcek eut fait naître ce que le monde entier a immortalisé sous le nom de «Printemps de Prague» en 1968.

Sous un aspect doux et mélancolique, enclin à l'autodénigrement, Dubcek fut un premier secrétaire tout à fait hors du commun. Son intention était de rallier la population et non de la contraindre. Ce qui ressemblait alors à de la naïveté aveugle envers le système s'est révélé avec le recul avoir été le premier signe de la crise générale qui éclata dès que Gorbatchev eut fait mine, lui aussi, de renoncer à l'usage de la force.

A l'âge où l'on est impressionnable, Dubcek avait séjourné en Union soviétique et il avait conclu, à partir de cette expérience, que le nombre et la nature des victimes du régime soviétique ne permettaient d'étayer aucune sorte de jugement moral absolu. La faute devait en incomber aux individus et non au parti : telle était la traditionnelle illusion des compagnons de route ; il en était prisonnier de même que le général Jaruzelski, autre dirigeant issu de ce moule particulier.

Le père de Dubcek, «en quête d'un rêve», avait fait une malheureuse tentative d'immigration en Amérique avant que sa mauvaise étoile ne le conduise avec femme et enfant à Pichpeck, un coin perdu de l'Asie centrale, pour participer à la construction du communisme. «Je me souviens des horribles scènes auxquelles j'ai assisté à la gare de Frounze», devait écrire Dubcek dans ses mémoires en évoquant les paysans déportés à la suite de la collectivisation. «Certains mouraient en route et ceux qui survivaient, y compris les enfants, avaient l'air de cadavres ambulants. Ils étaient si affamés qu'ils se jetaient sur la pâtée destinée aux porcs et aux volailles qui fourmillait d'asticots. Je ne pourrai jamais oublier la vue d'un cadavre dont le ventre avait éclaté. J'ai demandé à ma mère de quoi l'homme était mort, et elle m'a répondu : "De faim..." Je ne me souviens de personne qui ait compris le pourquoi de cette misère.» La même incompréhension s'empara de lui quand il vit les résistants kirghiz pendus par les fonctionnaires soviétiques.

Une fois nommé premier secrétaire, Dubcek chercha à susciter un esprit de compétition entre les membres de la nomenklatura et à introduire une certaine liberté de discussion, en s'efforçant courageusement mais maladroitement d'opérer une distinction entre le parti et l'Etat. Les partisans de la ligne dure comprirent aussitôt le danger. Dès le mois de mai 1968, Brejnev et ses valets, Ulbricht, Zivkov, Gomulka et Kádár, s'empressèrent de déclarer que la Tchécoslovaquie courait le danger de connaître une contre-révolution. Les trois mois suivants se passèrent dans un climat de tension grandissante, de dénonciations et de complots. Au cours d'une des nombreuses réunions secrètes, fort mouvementées, qui se tinrent à l'époque, le général Jaruzelski déclara par une ironie du sort qu'il avait retiré «une triste impression de fragilité» des arguments avancés par Dubcek pour défendre sa position – arguments que le Polonais allait faire siens, bien des années plus tard.

Le 29 juillet, à Cierna-nad-Tisou, terminus ferroviaire slovaque, situé sur la frontière soviétique, puis de nouveau le 3 août à Bratislava, Brejnev et son Politburo convoquèrent Dubcek pour lui faire la leçon. Dubcek devait reconnaître par la suite qu'à aucun moment il n'avait cru son pays menacé d'invasion. En fait, tandis que Brejnev furieux montait sur ses grands chevaux, quelques laquais tchécoslovaques des Soviétiques, tels que Vasil Bilák, Alois Indra, Drahomir Kolder, Oldrich Svestka et Antonin Kapek suppliaient déjà leurs maîtres de fournir au régime « une aide et un soutien actifs par tous les moyens » disponibles. Le degré de leur collusion avec les Soviétiques, à l'occasion de cette trahison, n'est pas encore entièrement connu. Les 20 et 21 août, 200 000 soldats venus d'Union soviétique, de Pologne, de Hongrie, de Bulgarie et de la RDA envahirent la Tchécoslovaquie ; à la mi-septembre leur nombre atteignait au total un demi-million d'hommes. La RDA avait fourni les effectifs les plus réduits, mais sans doute sous le drapeau frappé de l'Etoile rouge certains militaires revivaient-ils une invasion antérieure qu'ils avaient menée sous la croix gammée. Pour une communiste américaine, Angela Davis, en visite à Prague, Dubcek et ses acolytes étaient des « criminels de droit commun ».

Enlevé de force, menottes aux poignets, Dubcek fut mis dans un avion en partance pour Moscou, en même temps que ses collègues. L'un de ces derniers, Zdenek Mlynar, était un ami et un ancien camarade de chambre de Gorbatchev depuis le temps de ses études à l'Université de Moscou. Jusqu'alors, comme tant d'autres communistes de sa génération, selon ses propres mémoires, il s'était vu inculquer une image du monde en noir et blanc : « L'ennemi d'un côté et son pourfendeur dans l'autre camp. » A présent Mlynar se trouvait contraint d'écouter Brejnev qui accablait Dubcek, d'une voix frémissante de regrets : « J'ai cru en vous, je vous ai soutenu contre les autres... et vous nous avez tous terriblement déçus. » Rejeté dans l'ombre, Dubcek allait passer le reste de sa vie comme garde forestier. « Je ne pourrais jamais être antisoviétique, se lamentait-il pathétiquement en 1990, je me sens attaché de tout mon cœur à cette nation. »

Gustáv Husák, qui lui succéda comme premier secrétaire, était, à tous points de vue, détraqué sur le plan psychologique. Aigri et fanatique, il avait stalinisé sa Slovaquie natale après 1948, ce qui ne l'avait pas empêché d'être jeté en prison pendant quelques années au cours des années 1950. Il a décrit en 1968 comment des fonctionnaires s'y étaient pris pour l'humilier et le battre, à tour de rôle, lui infligeant avec art des tortures raffinées. « Le parti vous a mis ici, le parti a déjà décidé de votre sort. Vous devez avouer ! Avouez ! ... Chaque système nerveux a un seuil de résistance aux pressions : lorsque ce seuil est franchi, le système nerveux renonce. » Au lieu de tirer la leçon de cette expérience pour juger le système à sa juste valeur, Husák fit montre d'une véritable perversité dans son désir de pousser les choses encore plus loin. Adjoint au Premier ministre, en 1968, il avait proclamé qu'il « tiendrait bon et tomberait » avec Dubcek. Tout comme un Kádár, quelques années plus tôt en Hongrie, il trahit alors ses collègues et se laissa nommer premier secrétaire par Brejnev en 1969. Les réformateurs et les partisans de Dubcek furent alors victimes d'une purge au sein du parti et de la nomenklatura sous l'autorité de Milos Jakes, l'homme de main employé par Husák.

Au temps où les communistes avaient pris le pouvoir, en 1948, les intellectuels tchèques s'étaient dans leur ensemble prononcés avec enthousiasme en faveur du parti. L'écrivain Pavel Kohout, par exemple, avait pu s'extasier devant les membres de la milice populaire marchant d'un seul pas, en se tenant par le bras, pour participer au coup d'Etat. Il devait par la suite faire son mea culpa : «J'ai été stupide pendant quatre ou cinq ans. » Ce qui avait commencé par une large approbation du communisme s'était désormais mué en une morne apathie. En s'immolant par le feu dans un jardin public de Prague, l'étudiant Jan Palach devint le symbole terrifiant du désespoir national.

Un certain sentiment de continuité était incarné par quelques individus pourvus de dons exceptionnels, comme l'écrivain Bohumil Hrabal, le philosophe Jan Patocka, et un personnage haut en couleur, le cardinal primat du pays, Frantisek Tomásek. Cet homme né au cours du siècle dernier avait été expédié dans un camp de travail après 1948 et écarté de ses fonctions épiscopales; toujours prêt à pourfendre les évêques et les prêtres collaborateurs nommés par le parti, Tomásek représentait bien plus que des valeurs religieuses ou spirituelles. Les dissidents les plus jeunes, quoique peu nombreux, qui avaient le courage de s'exprimer s'inscrivaient dans la tradition humaniste : Ludvík Vaculík, Milán Simecka, le romancier Josef Skvorecky, Václav Havel, tous ceux qui avaient inspiré et signé la Charte 77. Selon les termes employés par l'un d'entre eux, Vladimir Karbusícky, «une régression culturelle est en train de se mettre en place». Les conséquences intellectuelles et morales du communisme ramenaient les hommes en arrière vers une nouvelle version de la préhistoire, avec «des rituels, des costumes magiques sous couvert d'uniformes, un fétichisme, des tabous, l'influence des guérisseurs, les sortilèges et les malédictions en forme de slogans et de clichés pétrifiés, l'adoration totémique de certains symboles».

En avril 1987 Gorbatchev se rendit en voyage officiel à Prague et à Bratislava. Dans un discours conforme à la glasnost, il affirma que la prétendue omniscience du parti était une manifestation d'arrogance. Mais ce fut son porte-parole Gennadi Gerasimov qui formula une déclaration deux fois plus stupéfiante que tous les propos tenus pendant la désintégration de l'empire. Interrogé par les journalistes occidentaux sur la différence qu'il y avait entre le Printemps de Prague et la perestroïka, Gerasimov répondit : « Dix-neuf ans. » C'était l'équivalent d'une condamnation à mort, non seulement pour Husák mais pour tous les partis des pays satellites maintenus au pouvoir par l'armée soviétique. Si l'on rendait justice à Dubcek, perestroïkiste avant l'heure, alors Husák n'avait plus aucune légitimité. Au mois de décembre suivant, il démissionna effectivement, tout en restant président de l'Etat.

Approuvée par le parti et accomplie en douceur, la transmission du pouvoir à Milos Jakes n'avait aucun sens. Ce dernier, compromis par sa longue collaboration avec Husák, ne penchait pas du côté de la perestroïka. Les hommes qu'il nomma, Ladislav Adamec, Premier ministre fédéral, ou Rudolf Hegenbart, responsable du département de l'administration de l'Etat au Comité central – c'est-à-dire chargé par le parti de diriger la police secrète –, partageaient ses convictions selon lesquelles les changements devaient être assez vastes pour satisfaire Gorbatchev sans remettre en cause l'autorité des communistes. Les biens mobiliers et immobiliers du parti étaient estimés à quelque 550 millions de dollars, en 1990. On apprit également que d'importants fonds secrets en devises fortes avaient été transférés à Moscou pour promouvoir le communisme dans les pays démocratiques.

La garnison soviétique cantonnée dans le pays se composait de 75 000 soldats, répartis en quatre divisions de première ligne dont la mission serait d'envahir l'Allemagne en cas de guerre. Les forces de sécurité tchécoslovaques comprenaient des effectifs d'environ 80 000 hommes. Le réseau d'informateurs comptait plusieurs milliers d'individus, dont le renouvellement constant obligeait les gens à se tenir sur leurs gardes et à rester tranquilles par crainte d'une dénonciation. Le parti disposait de sa propre protection armée avec la milice populaire forte d'environ 25 000 hommes. Son commandant en chef, Miroslav Novák, n'était responsable que devant Jakes.

Plusieurs anniversaires allaient servir de prétextes à des manifestations de toutes sortes qui firent monter la température politique au cours de l'année 1989 : le 15 janvier, on commémora le souvenir de Jan Palach ; le 20 août, on évoqua l'invasion de 1968 ; le 17 novembre, on honora la mémoire d'un autre étudiant, Jan Opletal, tué cinquante ans auparavant par les nazis – un précurseur de Palach.

Au cours du mois de janvier, 800 personnes avaient été arrêtées, dont Havel, qui fut condamné à une nouvelle peine de prison, cette fois pour neuf mois. En août, il y eut de nouvelles arrestations comme celle de Ján Carnogursky et d'autres contestataires (certains d'entre eux allaient se retrouver à la tête d'un ministère à la fin de l'année). La répression était une politique dont le parti usa jusqu'au bout.

Le 17 novembre tombait un vendredi. Un mystère entoure encore cette journée qui a déclenché les événements dont ont résulté la chute du parti et celle du communisme lui-même en l'espace de moins de quatre semaines. A un moment où il était quasiment inévitable que l'ouverture du mur de Berlin ait des rebondissements, le parti organisa, avec une totale inconscience, une manifestation pour le cinquantenaire de la mort de Jan Opletal, assassiné par les nazis. L'antinazisme fit place d'un seul coup à l'anticommunisme. En fin d'après-midi, alors que la nuit tombait, une foule estimée à 50 000 personnes descendit dans la rue, remonta la Vysehrad jusqu'au Théâtre national en passant sous les fenêtres de Havel, au bord du fleuve. La Národní Trída est située entre la berge et l'extrémité de la place centrale, Václavské námestì. Des agents y attirèrent les manifestants dans une embuscade; la police les y attendait pour les rosser. « Nous n'avons que nos mains nues! » hurlait le peuple. Il y eut des dizaines de blessés, dont certains furent grièvement atteints. Une rumeur se propagea selon laquelle un étudiant répondant au nom de Martin Smíd avait été tué. Un certain nombre de facteurs contribuèrent alors au déroulement d'une tragi-comédie : la présence d'*agents provocateurs*, le passage d'une ambulance qui était censée transporter le cadavre de Smíd (lequel, dit-on, s'était relevé entre-temps pour prendre la poudre d'escampette), l'action du KGB, une déclaration faite à Radio Free Europe par le célèbre dissident, Petr Uhl. Il est difficile de démêler la vérité de la désinformation délibérée ou involontaire.

Le samedi et le dimanche, le centre de la ville fut occupé à peu près constamment par une foule de 200 000 manifestants au moins. Le dimanche, le Politburo se réunit pour exiger le rétablissement de l'ordre « par tous les moyens possibles ». Simultanément, les dissidents signataires de la Charte 77 se rassemblaient au Théâtre de la Lanterne Magique. Arrivé en retard, Havel fut porté d'office à la tête d'un groupe improvisé qui se constitua sur-le-champ en opposition officielle sous le nom de « Forum civique ». Leur objectif était d'aboutir à des négociations avec le parti. Pour bien souligner qu'il bénéficiait du soutien populaire, le Forum civique entreprit également d'appeler à la grève générale.

En fait, trois jours plus tard, le mardi 21 novembre, le parti enjoignait à la milice populaire d'intervenir. L'affrontement avec la foule et le Forum civique ne pouvait être que violent. Parmi ceux qui portent la responsabilité d'avoir donné cet ordre à la milice, il y a Jakes et le Politburo, Hegenbart et Miroslav Stepán, le chef de l'organisation du parti de Prague. A peine les unités de la milice atteignirent-elles la ville qu'on leur ordonna de rentrer dans leurs casernes. De même que le passage météorique de Martin Smíd à travers les événements, cet épisode a été entouré d'obscurité.

La direction du parti se vit aussitôt plongée dans la plus grande confusion et en pleine panique. Bilák, Indra et Kapek, qui s'étaient trouvés chargés par Moscou, en 1968, d'appeler les troupes soviétiques à la rescousse, avaient toujours fait partie du Politburo depuis lors. On a dit qu'ils avaient plaidé pour le recours à l'armée, par peur des représailles. Mais Jakes démissionna avec tous les membres du Politburo, le 24 novembre, et Karel Urbánek devint le dernier premier secrétaire du parti. Ce personnage falot avait travaillé autrefois dans les chemins de fer et représente aujourd'hui une société commerciale tchèque à Moscou. « Nous sommes conscient de ne pas avoir la confiance du peuple. Nous l'avons tout bonnement perdue », devait-il marmonner par la suite dans l'oreille de Havel.

Ladislav Adamec, l'ambitieux voire égocentrique Premier ministre fédéral, vit dans l'effondrement du Politburo l'occasion de se tailler un avantage personnel. En contactant, de son propre chef, Václav Havel et le Forum civique, il introduisait une séparation entre l'Etat et le parti, sans peut-être en avoir eu l'intention. A l'invitation de Havel, Adamec prit la parole au cours d'une réunion, le 25, à Letenská plán, un espace dégagé, situé sur une colline qui surplombe une grande partie de la ville. Il y commit une erreur fatale, commune à tous les perestroïkistes, en promettant de mettre en œuvre une réforme dans le cadre du communisme. Il se prononça, par la même occasion, contre toute idée de grève générale. S'il s'était plutôt posé en démocrate, il aurait pu devenir le Boris Eltsine de son pays. Mais à partir de ce moment-là, personne ne pouvait plus sauver le parti.

Le lendemain, Adamec, faisant toujours cavalier seul, reçut une délégation du Forum civique; cela marqua le commencement de ce qui fut, en fait, une Table ronde précipitée. Havel présenta ses exigences: Husák devait démissionner mais Adamec pourrait rester Premier ministre à la condition de remanier son cabinet. De toute évidence, le Forum civique ne se sentait pas encore capable d'assumer le pouvoir. Après avoir suspendu ces négociations officieuses, Adamec s'envola pour Moscou le 3 décembre pour assister à la célèbre réunion au cours de laquelle Gorbatchev mit les personnes présentes au fait de ce qui s'était passé à Malte lors de sa rencontre au sommet avec Bush. C'était, sans qu'il le sût, le baisser du rideau sur le bloc soviétique. Après un entretien personnel avec Gorbatchev, Adamec reprit l'avion pour rentrer et surprit tout le monde en démissionnant au profit de son adjoint, Marián Calfa. « J'ai agi ainsi parce que Gorbatchev me l'avait demandé, devait dire Adamec. Non point parce qu'il est Gorbatchev, mais parce qu'il mène une politique dont le monde a besoin. J'ai pris le risque. » Havel lui-même a pensé que Gorbatchev était derrière Adamec, mais cela ne peut pas avoir été le cas. Le transfert des pouvoirs s'accomplissait désormais comme sur des roulettes. Calfa démissionna du parti, et tout en maintenant dans son gouvernement une majorité de ministres communistes, il y fit entrer des anticommunistes notoires comme Carnogursky et l'économiste Václav Klaus. De toute façon, des élections libres devaient avoir lieu au mois de juin suivant. Husák démissionna de ses fonctions de président et, toujours à la manière d'un Kádár, il ne tarda pas à mourir. De même, l'ancien parlement communiste resta fidèle à lui-même jusqu'au bout; il se comporta en simple chambre d'enregistrement quand il vota, à l'unanimité, l'accession de Havel à la présidence, en remplacement de Husák.

Dans la deuxième semaine de novembre 1989 le secrétaire à l'idéologie, Jan Fojtík, s'en était allé frapper à toutes les portes du Kremlin pour expliquer à quiconque voulait bien l'écouter que, tout comme en 1968, la situation pourrait être réglée par une intervention militaire soviétique. Réputé pour son intransigeance, Fojtík n'avait cessé de tenir des propos sur ce thème depuis quelque temps – par exemple, à son homologue hongrois János Berecz. Il se trouve qu'il rentra au pays le 17 novembre pour passer le reste du week-end à essayer de trouver des collègues qu'il pourrait convaincre de recourir à la force. Quand je me suis rendu dans l'appartement de Fojtík pour l'y rencontrer comme convenu, j'ai découvert qu'il s'était réfugié au sous-sol. Selon ses voisins, il se conduit comme quelqu'un qui cherche à se cacher ; il porte des chapeaux qui sont censés le déguiser, il s'est laissé pousser la barbe. Le même souci de se rendre invisible s'est emparé de quelques autres, à commencer par un dur comme Jozef Lenárt ; Vasil Bilák séjourne maintenant dans une maison de retraite à Bratislava ; Adamec panse ses blessures, tout comme Lubomír Strougal que Gorbatchev aurait prétendument préféré voir nommer premier secrétaire à la place de Jakes pour introduire la perestroïka en Tchécoslovaquie. Sans doute s'inquiètent-ils des tentatives faites pour obliger les anciens dirigeants du parti à répondre de leurs crimes, sans parler des lois sur l'épuration qui interdisent d'employer dans le secteur public d'anciens policiers ou agents du StB et de la sécurité. Des accusations de collaboration avec le StB ont déjà anéanti bien des carrières.

Zdenek Urbánek est l'une des personnalités littéraires les plus célèbres du pays ; il est le traducteur de James Joyce et de Walt Whitman. Né en 1917 dans l'ancien empire des Habsbourg, il habite la même ville depuis toujours mais il y a vécu sous sept régimes différents. Dans son appartement se trouve un objet presque historique, la machine à écrire qu'il a utilisée pour taper les adresses sur les enveloppes destinées aux signataires du texte de la Charte 77. Hélas, dans la matinée du 6 janvier 1977, lui-même, Havel, Vaculík, l'acteur Landovsky et d'autres encore avaient été arrêtés par le StB.

Un autre dissident est Martin Palous, philosophe à l'Université. « L'important était de donner l'exemple. Nous voulions pouvoir rivaliser avec la Pologne où les effectifs de Solidarité étaient si nombreux, au contraire de nos dissidents à nous. » Il se rappelle avoir entendu dire de source sûre que selon Walesa, même au cours de l'été 1989, le bloc soviétique ne pourrait être démantelé que progressivement ; aussi, d'après le dirigeant polonais, les Tchèques devaient-ils attendre leur tour.

En ce qui concerne les relations de cause à effet : « Un petit incident a ruiné tout le système. Au tout dernier moment se présente un carrefour, quelqu'un fait un choix et tout le monde est pris au dépourvu. » Le 17, Palous avait un rendez-vous à midi avec un journaliste américain sur le pont Charles. Tous deux allèrent rejoindre la manifestation. Aucun affrontement n'était prévu, parce que Vasil Mohorita, le secrétaire du Komsomol, avait pris ses dispositions avec des étudiants indépendants, mais pourtant « il y avait quelque chose dans l'air ». Comme tout un chacun, il entendit parler de la prétendue mort de Martin Smíd et de la manière dont cette rumeur avait été propagée par une certaine Mme Drazská.

Palous s'attribue le mérite d'avoir lancé le Forum civique, d'avoir proposé sa création le lendemain de la manifestation. Vingt-quatre heures allaient s'écouler avant que Havel rentre de sa maison de campagne et, le samedi soir, il avait découvert que toutes sortes de militants et de représentants de différents groupes étaient déjà en train de se rassembler. Le dimanche, avait-il été convenu, ils devaient se réunir dans l'appartement de Havel à Prague. Ils formèrent une sorte de caravane de plus en plus fournie pour aller d'un endroit à un autre en vue de rameuter des journalistes incrédules et débarquer enfin au Théâtre de la Lanterne Magique. «Personne ne pouvait deviner que le parti était si peu sûr de lui-même. Il existait un contraste stupéfiant entre les agissements du parti au niveau le moins élevé – comme la publication de déclarations – et ses espérances réelles. Les dirigeants du Forum civique étaient constamment ébahis de voir que leurs propositions les plus chimériques devenaient réalité. Cela leur donna à tous la fausse impression d'être de merveilleux politiciens. On était arrivé au carrefour. La machine qui maintenait le parti au pouvoir et faisait fonctionner son système de communication se désintégrait. J'ai assisté à la conférence de presse au cours de laquelle Calfa, encore membre du gouvernement d'Adamec, a promis de faire voter une loi qui ôtait au parti son "rôle dirigeant". Les membres du parlement qui, en la circonstance, ont adopté cette disposition votaient contre leurs propres intérêts. Tel fut aussi le cas quand Havel fut élu président – les députés ont prononcé des discours contre lui mais ils lui ont tous accordé leur voix.»

Les pourparlers de la Table ronde prouvèrent qu'il fallait prendre au sérieux le Forum civique. La réputation d'Adamec, affirme Palous, était un petit peu meilleure que celle de gens très impopulaires comme Jakes, Kapek ou Stepán. «Quand Adamec a pris le micro sur la Letenská plán, le 25 novembre, pour s'adresser à environ un demi-million de personnes, il y a eu des gens pour crier "Vive Adamec". Il avait une chance. Mais quand il a ouvert la bouche, il n'en est sorti que les formules éculées auxquelles on pouvait s'attendre de la part d'un fonctionnaire communiste, tout bonnement incapable de se montrer à la hauteur des circonstances. L'aveuglement de ces gens-là était inhérent à leur idéologie. Ils avaient fait de la terreur et de l'enthousiasme un anesthésique social, et après s'être obstinés pendant si longtemps dans cette voie, ils se considéraient encore comme des spécialistes de l'âme humaine.»

Les répercussions de la manifestation du 17 novembre revêtirent une si grande ampleur, avec une telle rapidité, qu'une commission aussitôt mise sur pied fut chargée d'enquêter pour savoir s'il y avait du vrai dans les théories selon lesquelles on pouvait parler de complot. Cette commission signala cinq mois plus tard que le StB avait eu l'intention d'apporter des changements dans la direction du parti, en plein accord avec le KGB. On soupçonna alors la commission elle-même d'avoir des visées secrètes et l'on nomma une seconde commission aux pouvoirs élargis, notamment quant à la convocation des témoins et à l'examen des documents. Son président, Jirí Ruml, était un communiste de 1948 qui s'était rangé depuis longtemps dans le camp de l'opposition. Haut de taille et émacié, le visage raviné de rides, il est désormais à la retraite. Son fils, nommé ministre de l'Intérieur en 1993, a eu pour mission de réformer la police.

Les persécutions récentes dont il avait été l'objet donnaient à Jirí Ruml l'autorité nécessaire pour diriger cette commission. Le 16 août il avait été placé en garde à vue. Les officiers du StB qui l'avaient alors interrogé lui avaient annoncé qu'à la fin d'octobre ils manifesteraient tous ensemble, eux et lui. La police secrète était loin de présenter unanimement un seul et même état d'esprit. Les éléments les plus intelligents avaient observé comment Gorbatchev avait envoyé Iakovlev, Chakhnazarov et d'autres émissaires contacter d'éventuels perestroïkistes voire certains membres du futur Forum civique. Ruml en est venu à penser que plusieurs agents de la police secrète, particulièrement ambitieux, œuvraient pour déposer Jakes et autres partisans de la ligne dure; ce faisant, ils se croyaient capables de maintenir la société sous leur emprise tout en obtenant l'approbation de Gorbatchev. Il en donne pour preuve un interrogatoire qu'il a mené pour le compte de la commission; il s'agissait d'un espion tchèque répondant au nom de Minarík. Ce dernier lui avait décrit comment des agents soviétiques l'avaient contacté pendant l'été pour lui reprocher de n'avoir rien fait de positif. A la suite de quoi Minarík avait écrit un article favorable à la perestroïka et destiné à paraître dans les *Izvestia*; le texte avait été signé par Hegenbart. Mais, selon Jirí Ruml, voir en Hegenbart un agent soviétique c'était lui faire trop d'honneur. «Je pense qu'ils avaient emprisonné Havel en janvier, puis Dubcek et Rudolf Zeman ainsi que moi-même une fois encore en novembre, pour provoquer une réaction, pour forcer l'opposition à se manifester d'une façon plus visible.» Havel et les autres n'avaient pas tardé à être relâchés mais Ruml dut attendre le 26 novembre pour sortir de prison, en même temps que Carnogursky et les tout derniers prisonniers politiques du pays.

Le 17, le StB avait reçu l'ordre de surveiller la manifestation mais de ne pas intervenir. Les gens du KGB étaient sur les dents, dans leur villa de Prague, à Dejvice, avec le général Alojz Lorenc, qui en tant que vice-ministre (fédéral) de l'Intérieur était le chef du Stb. «Comme le Stb, ils se contentaient, semble-t-il, d'observer la situation.»

Le rôle de Lorenc fut également capital par la suite. «Nous espérions que, dans le cabinet formé le 10 décembre, le poste de ministre de l'Intérieur resterait sans titulaire. Deux anciens communistes, Calfa et Valtr Komárek, s'en partageaient la charge avec Carnogursky; or cela signifiait qu'il n'y avait personne aux affaires et que Lorenc pouvait faire comme bon lui semblait. Il a eu tout le temps de préparer la disparition du StB et de détruire les dossiers. En février 1990 Havel s'est envolé pour Moscou avec Richard Sacher, qui venait d'être nommé ministre de l'Intérieur, et ils ont signé une convention avec le KGB. Celle-ci avait été mise au point par le directeur adjoint du StB, le général Karel Vykypel, qui fut par la suite jeté en prison. » Selon la version officielle, une grande partie des archives du StB ont été détruites, mais rien ne prouve qu'elles n'ont pas été mises à l'abri. Lorenc, fait remarquer Ruml, est un homme doté d'un bon esprit d'analyse.

Cela dit, la seconde commission d'enquête, après avoir entendu 279 témoins et étudié plus de 4 000 déclarations de même que 20 000 pages d'archives provenant du bureau du procureur militaire, a fini par conclure à l'unanimité que rien dans les événements du 17 novembre ne permettait de déceler une tentative organisée à l'avance pour renverser le régime avec l'aide soviétique ou tout autre appui. Elle a néanmoins permis de découvrir que quatre des quinze membres de la première commission étaient des collaborateurs secrets du StB, et que des ordres avaient été donnés de torpiller l'opposition le jour même où devait être abrogée la disposition relative au « rôle dirigeant » du parti. Des instructions secrètes contenaient les points suivants : « Utilisez des agents influents pour s'infiltrer sur une grande échelle dans les différents groupes de l'opposition. Cherchez à désinformer l'adversaire. Compromettez les opposants les plus virulents et exacerbez les divisions à l'intérieur de l'opposition. Simultanément, créez les conditions qui permettront aux cadres du StB d'obtenir des fonctions et des postes dans l'administration ou dans des firmes privées sélectionnées. Intensifiez les conspirations par l'intermédiaire du StB. »

Où a pris naissance la rumeur relative à l'étudiant tué ?

« Cela demeure un mystère. Rien n'est venu prouver que le StB en soit responsable. Certes, un agent de la police secrète a bien tenu le rôle de cet étudiant comme on l'a dit et il a été emmené en ambulance à l'hôpital d'où il s'est échappé. Il répondait au nom de Zifcák et, sur la porte de son domicile, il y avait une plaque où s'étalait le pseudonyme de Ruzicka. Quant à cette Mme Drazská qui a donné la nouvelle aux correspondants de presse, elle avait été en contact avec le StB quelque temps auparavant, mais elle avait manifestement l'esprit dérangé, et rien n'indique qu'elle ait été manipulée avant l'événement. L'enquête menée par la police secrète n'a rien révélé de concret. »

Vers la fin de novembre, le Comité central soviétique a envoyé en Tchécoslovaquie une délégation dirigée par le fils de Bohumil Smeral, le fondateur du parti slovaque après la Première Guerre mondiale. Cette délégation laissa entendre qu'en cas de violences, l'armée soviétique interviendrait. « Ils avaient ainsi l'intention de nous libérer pour la troisième fois », s'exclame Ruml, ironiquement. Les fonctionnaires régionaux du parti redoutaient d'être l'objet de représailles. Les durs comme Bilák savaient pertinemment qu'on les accuserait d'avoir fait appel à l'armée soviétique, le jour où il serait admis que cette invasion avait été une erreur. Le général Milán Václavík, ministre de la Défense, figurait parmi ceux qui, à la réunion du Comité, avaient instamment demandé le recours à l'armée. Des unités de tanks avaient été mises en état d'alerte. « On avait aussi évoqué l'idée perverse d'envoyer des bombardiers supersoniques survoler Letenská plán à basse altitude pour provoquer la panique dans les immenses manifestations qui s'y tenaient. »

Reconverti à présent en homme d'affaires, Vasil Mohorita a installé ses bureaux dans les faubourgs de Prague où il occupe un superbe vieux manoir sur lequel on voit le blason de la famille Schwarzenberg à qui la demeure appartenait jadis. D'une corpulence imposante, il arbore une barbe noire et parle comme s'il avait enterré le passé depuis bien longtemps. Après s'être élevé dans la hiérarchie du Komsomol il avait été nommé membre suppléant, puis membre titulaire du Comité central en 1987. Le 26 novembre 1989, il avait été élu premier secrétaire du Comité central ; à ce titre c'est lui qui a dû liquider le parti en 1990. C'est lui qui a estimé à 768 millions de dollars la valeur des biens appartenant au parti. « J'ai congédié plus de douze mille personnes. Il a fallu vider l'ancien musée Lénine, enlever les portraits et les bustes de Gottwald partout et trouver une tombe pour ses cendres qui avaient été retirées du Mémorial national. Au cours de mes voyages à travers le pays, j'avais pris l'habitude de m'entendre demander : Pourquoi est-ce que le parti a fini comme ça ? Les gens n'arrivaient pas à y croire. Toute leur vie s'était écoulée dans des ateliers et des fermes d'Etat et tout d'un coup on les couvrait d'insultes parce qu'ils avaient appartenu au parti. La seule réponse que je pouvais leur donner c'était qu'il n'y avait plus moyen de réformer le système. Husák avait eu une occasion rêvée d'y procéder après 1968 et je ne sais toujours pas pourquoi il n'en a pas profité. »

Avec Jakes, Mohorita était présent lors des cérémonies qui marquaient le quarantième anniversaire de la RDA. Dans la tribune, devant laquelle passait la retraite aux flambeaux, il avait eu le sentiment d'assister à une cérémonie d'adieu. Certains de ses amis, membres de l'organisation des Jeunesses allemandes libres, lui avaient fait savoir que Honecker était fini. A l'occasion d'un nouveau voyage à Berlin, deux semaines plus tard, cette fois en compagnie de Calfa, il avait découvert que les changements étaient déjà entamés sous l'autorité de Krenz. Lors des réunions du Comité central tchécoslovaque, dit-il, les débats étaient devenus plus réalistes mais personne n'envisageait encore la possibilité de perdre le pouvoir. Tous croyaient être en train d'améliorer le système.

Dans tout le bloc soviétique avaient eu lieu de gigantesques manifestations contre le parti. S'il vous était impossible de les empêcher, pourquoi n'avoir pas pris des mesures qui leur auraient ôté toute efficacité ?

« Il était impossible de les empêcher. Le 17 novembre nous faisions même partie des organisateurs. J'étais présent en personne. Mais le parti n'était pas unanime dans son attitude, et c'est la raison pour laquelle tout s'est terminé ainsi à Národní třída. Les gens n'aiment pas que je le dise, mais le 17 novembre il y avait aussi un conflit de générations à l'intérieur du parti. Appeler la milice populaire eût été inutile parce que les miliciens eux-mêmes n'auraient pas obéi à l'ordre d'employer la force. » Pour appuyer sa démonstration, il décrit comment une inspection du parti en 1990 avait découvert que des casques et des matraques fournis aux miliciens d'Ustí par la police de Prague avaient disparu ; en réalité, ils avaient été jetés dans le fleuve. A l'époque, l'organisation du parti pour Ustí avait dû rembourser le prix de ces articles.

La réunion capitale du Comité central, le 24 novembre, dit-il, fut chaotique. Certains fonctionnaires influents n'étaient pas au courant de ce qui se passait, d'autres voulaient profiter de la situation pour démissionner. « Jakes a prononcé un discours malvenu, puis il y a eu le débat traditionnel : qui est le responsable ? J'ai failli moi-même être victime de la purge. J'ai proposé d'introduire des changements dans la direction et obtenu l'appui de nombreux collègues. Nous avons alors réussi à faire passer la résolution concernant la démission sommaire de tout le Politburo. J'ai eu l'impression que Jakes ne cherchait même pas à se défendre. C'était le déclin et la chute totale. Personne ne raisonnait, personne n'était capable d'imaginer ce qu'il faudrait faire le lendemain ou le surlendemain. Nous avons procédé à une nouvelle élection et, conformément à la bonne vieille habitude du parti, comme chaque fois que les choses tournaient à l'aigre c'est celui qui avait les capacités les plus médiocres qui a remporté les suffrages. Comme le dit Havel à propos d'Urbánek, c'est un homme terriblement gentil. Les bouleversements survenus dans la journée du 24 ont été entérinés lors de la réunion suivante, deux jours plus tard. Bien que j'aie été élu à l'unanimité secrétaire du Comité central et membre du Politburo, je savais que tous les rapports personnels et les relations avec les administrations de l'Etat étaient rompus, et que l'on ne pouvait plus freiner ce processus. »

Les premiers contacts avec le Forum civique furent pris par l'intermédiaire d'un musicien, le « rocker » Michal Kocáb, et d'un journaliste, Michal Horácek, qui étaient allés voir Adamec et avaient également rencontré Mohorita. Celui-ci prétend avoir négocié pour le compte du parti et il ajoute : « Adamec défendait ses intérêts personnels. Je pense que son jugement sur la situation était erroné. Il caressait le rêve de devenir président et secrétaire général, d'être celui qui dirigerait tout le processus de démocratisation. Il a montré qu'il était de la même espèce que Jakes et que les autres membres de la vieille garde. Je pense que Gorbatchev l'avait assuré de son soutien. Je soupçonne Adamec d'avoir démissionné en pensant que s'il n'était plus Premier ministre, il pourrait plus facilement se faire élire président. Il s'est avéré que c'était impossible car la situation évoluait trop rapidement. Si l'on n'agissait pas tout de suite, une heure plus tard c'était trop tard. »

Miroslav Stepán, l'un des communistes les plus en vue de la jeune génération, dirigeait l'organisation du parti pour la ville de Prague ; à ce titre, il était responsable de la milice populaire dans la capitale. Celle-ci comptait 12 000 hommes équipés d'armes automatiques. Il nie avoir donné l'ordre à la milice d'intervenir. Il présidait aussi le Conseil de la Défense qui, selon lui, était bien mieux placé que la milice pour proposer le recours à la force. Depuis 1988, il siégeait également au Politburo dont il était, de très loin, le plus jeune membre. Jakes, qui voyait en lui l'héritier et le continuateur du parti d'après 1968, avait favorisé son ascension. Lorsque je l'ai interviewé, il venait de purger une peine de prison pour les abus de pouvoir commis par lui en 1988 et se disait remis des « séquelles psychologiques » laissées par cette épreuve. Il s'exprime comme un moulin à paroles ; il aime chasser le lièvre et faire tout un roman à propos du moindre incident imprévu. Quel genre d'incident ? Par exemple, le premier adjoint de Krioutchkov, le général Groustchkov du KGB, se trouvait auprès du général Lorenc le 17 novembre. Par exemple, Dubcek a été détenu pour quelques heures au Palais de la culture pendant les manifestations. Par exemple, ce même jour, Stepán avait personnellement donné des ordres pour que personne ne puisse sans autorisation pénétrer au quartier général de la sécurité à Prague, mais deux personnes y sont néanmoins parvenues : un certain Dr Grusík qui appartenait à l'équipe de Hegenbart, et le général Tachlenko, membre du personnel de l'ambassade et du ministère soviétique de l'Intérieur. Par exemple, le ministre de l'Intérieur était parti en vacances mais avait signé un ordre qui déléguait ses pouvoirs au général Lorenc en cas d'urgence, lors de la manifestation du 17. Rien d'étonnant à ce que Stepán considère le rapport de la commission présidée par Jírí Ruml comme incomplet ; pour lui, un tel document ne présente qu'un intérêt épisodique ; il le tient quasiment pour un morceau de folklore. Ce rapport, pourtant, le disculpe d'avoir fait appel à la milice populaire.

Stepán entretenait des contacts spéciaux avec Gennadi Ianaïev, vice-président de Gorbatchev et futur chef de file du coup d'Etat du mois d'août. En octobre 1989 Ianaïev lui avait confié que si Gorbatchev en faisait à sa tête, rien ne subsisterait du Kremlin à part le mât où l'on hissait le drapeau. Stepán, qui s'était remémoré cela en prison, avait envoyé à Ianaïev un télégramme au moment du coup d'Etat. « Récemment, j'ai rencontré des Soviétiques qui m'ont dit : si les Tchèques avaient écrasé l'opposition, cela aurait pu sauver Gorbatchev et les anciens pays socialistes. Pour mon compte, j'étais prêt à défendre tout ce que l'on avait fait de bien dans le passé, mais ce n'était pas suffisant. Notre histoire m'a enseigné que les autres puissances n'ont jamais laissé les Tchèques prendre eux-mêmes les décisions qui les concernaient. En 1989 c'était pareil. Si Moscou avait entamé des réformes, il n'y aurait eu aucune difficulté ici. Mais ça n'a pas été le cas; par conséquent, les pays socialistes se sont tous écroulés en même temps. Il serait absurde et ridicule de dire que dans tous les pays socialistes il y a eu des premiers secrétaires incompétents au même moment. »

Il était bien tard, mais des dispositions pratiques auraient pu être prises en 1989. « Tous ceux qui siégeaient avec moi autour de la table du Politburo avaient été désignés à la suite du conflit avec Dubcek. » C'était un poids mort à traîner, du point de vue de l'idéologie. « Et je peux vous assurer que la force ou la faiblesse de la dissidence n'a joué aucun rôle là-dedans. A cent kilomètres de Prague, personne n'avait entendu parler de Havel ou de la Charte 77. Le Forum civique aurait cessé d'exister à l'instant même où il a été fondé si la direction du parti n'avait été toute disposée à prendre contact avec lui. »

Le 17 novembre Stepán se trouvait dans son bureau. Il avait autorisé la manifestation. Comme l'écrasante majorité des gens, y compris les dissidents, dit-il, il n'avait aucune idée de ce qui pouvait arriver. Le lendemain, samedi, il était allé en voiture à Louny, distante d'une soixantaine de kilomètres, où sa mère vivait dans un appartement. Il avait l'intention de s'y reposer. Vers midi, le chef de la sécurité de Louny vint lui transmettre un message téléphonique selon lequel il devait rentrer de toute urgence, car la situation était en train de se détériorer. De retour à Prague, il entendit d'abord l'histoire de Smíd. « Je suis parti pour la villa de Jakes. Il se tenait là et demandait : Qu'est-ce qui se passe? J'étais étonné de voir que même un homme comme lui était tellement hors du coup. Je lui ai proposé de convoquer une réunion du Politburo, voire du Comité central. Il a accepté. Donc, à six heures du soir, ce dimanche-là, le Politburo s'est réuni. Nous avions invité le général Lorenc; celui-ci a confirmé qu'aucune force spéciale n'avait participé à l'attaque de la Narodní trída. Dans divers articles publiés par la suite, il a admis que peut-être certaines troupes en tenues spéciales, voire certaines forces spéciales, s'y étaient trouvées en service commandé. » Personne d'entre eux n'avait entendu parler de la réunion fondatrice du Forum civique au Théâtre de la Lanterne Magique pour la bonne raison que ni la police secrète ni personne n'en a fait état.

Le lundi, il aurait peut-être été encore possible de sauver le parti. « La situation aurait pu devenir grave si certaines personnes avaient déclaré qu'un coup d'Etat était en cours et que la population devait rester chez elle ou poursuivre ses activités sur les lieux de travail. A ce stade, nous n'avions rien à perdre parce que le Kremlin était contre nous et nous avait pratiquement sacrifiés. Le mardi encore, il existait des possibilités. Nous aurions pu convoquer immédiatement un congrès du parti, procéder à des changements internes radicaux et convoquer une Table ronde appropriée. Nous aurions pu utiliser la manière forte, non pour tuer qui que ce fût mais pour faire des exemples. Appeler l'armée. Monter une mise en scène pour montrer notre pouvoir. »

Quelqu'un l'a-t-il suggéré ?

« De telles mesures ne font généralement pas l'objet d'un débat. Conformément à la Constitution, le Conseil de la Défense avait le droit de proclamer la loi martiale. Au regard du contexte global, je suis convaincu que notre attitude a été la bonne. Et nous étions en train de découvrir que le trouble était très grand dans les rangs du parti, que ses dirigeants étaient trop faibles pour se livrer à la moindre démonstration de force. »

Et l'armée ?

« Je ne connais que la déclaration faite par le ministre de la Défense, Václavík, pendant la séance plénière du Comité central dans la nuit du 24, selon laquelle l'armée était prête à défendre les acquis du socialisme conformément à la Constitution et à la loi. Mais dans la situation politique, telle qu'elle avait évolué, cela n'avait pour ainsi dire aucune signification. »

Technocrate jusqu'au bout des ongles, Marián Calfa affecte un certain laconisme et l'air de quelqu'un qui ne supporte pas les imbéciles. Slovaque, mais domicilié en Bohême, il avait vingt-six ans le jour où il a commencé à travailler pour le gouvernement en 1972, comme rédacteur juridique. A force de se frotter à l'élite politique, il prétend avoir compris comment tournent les rouages de la vie publique au sommet de l'Etat, et avoir acquis des lumières sur la manière de gouverner. « Mais je ne me réveillais pas chaque matin en me disant que le parti communiste devait continuer d'avoir un rôle dirigeant. »

Y avait-il quelque chose, lui ai-je demandé, que le parti aurait pu faire et qu'il n'a pas fait ? « La question devrait être posée différemment : Les autorités tchécoslovaques ont-elles fait quelque chose ? » Selon lui, il n'y a pas eu de révolution, rien qu'une séparation, trop longtemps différée, entre les pouvoirs de l'Etat et ceux du parti. En tant que membre du gouvernement, il avait entendu Obzina, le ministre de l'Intérieur, expliquer interminablement après le 17 novembre que les seules mesures prises par lui concernaient, par exemple, la fermeture des salles de spectacle. En réalité, Obzina ainsi que le général Václavíc allaient par la suite passer en jugement pour abus de pouvoir. Calfa prétend avoir, pour sa part, insisté sur la nécessité de prendre contact avec les étudiants et les dissidents.

Le 25, Havel a rencontré Adamec pour la première fois, en plein centre de Prague, dans l'immeuble désigné sous le nom d'Obecní dum. Calfa accompagnait Adamec. Après quoi ils sont tous partis en voiture pour se rendre à Letenská plán, où Calfa a pu assister au discours d'Adamec et aux sarcasmes qui l'accueillirent. « C'était une expression de dégoût. Si Adamec avait demandé l'aide de tous pour mettre fin au parti, c'est lui qui aurait géré toute la crise. Quand il a demandé aux gens de ne pas se mettre en grève, sa carrière politique était fichue. Nous savons aujourd'hui que les chefs de l'opposition n'envisageaient pas de changer complètement le système mais demandaient seulement un partage du pouvoir, une sorte de pluralisme. » Aussi, au moment où Adamec a formé son gouvernement le 3 décembre, il avait déjà laissé passer sa seule chance de réussite. « En outre, la composition du gouvernement était impossible à comprendre. J'étais vice-Premier ministre, mais j'avais le plus grand mal à accepter certains de mes collègues. Adamec était en train de créer un nouvel absolutisme. »

Que s'est-il passé quand Adamec a rencontré Gorbatchev ?

« Il ne l'a jamais confié à personne, mais il a donné sa démission tout de suite après son retour. Cela a surpris Havel qui était en train de négocier avec lui en partant du principe qu'Adamec resterait le chef du gouvernement. Je peux seulement supposer que Gorbatchev avait refusé de le soutenir. Adamec était un apparatchik du parti, venu de sa Moravie septentrionale et converti en réformateur de la dernière heure. Aux yeux de Gorbatchev, il restait un communiste non régénéré qui n'appartenait pas au bon groupe sanguin. »

Ainsi porté à la tête du gouvernement, comme le prévoyait la Constitution, Calfa se trouva lui aussi en position de négocier avec Havel. « C'était une Table ronde où étaient représentés les partis politiques ; elle se réunissait dans le Palais de la culture, en face de l'hôtel Forum. Ma première tâche consistait à donner mon accord à la composition du nouveau gouvernement qui était censé se révéler acceptable pour l'opposition et pour l'ensemble des citoyens. La grève générale était dans l'air, la situation était mûre pour engendrer une solution. Certes, il était encore possible de tout régler par la force, soyons explicites et clairs à ce sujet. L'ensemble de l'appareil de la police et de la sécurité, ainsi que l'armée, se tenaient à notre disposition. Le fait essentiel est que personne ne semblait avoir le cran, l'instinct, le caractère – appelez ça comme vous voulez – nécessaire pour recourir à la force et convaincre les autres que c'était la seule chose à faire. Après avoir permis de mettre sur pied le gouvernement de réconciliation nationale, auquel participaient des membres de l'opposition, le processus de la Table ronde devenait superflu. »

Mon impression est que Jakes et probablement Stepán auraient pu recourir à la force.

« Le parti avait perdu son influence sur les instruments de l'Etat. Le siège du pouvoir était passé du Politburo au gouvernement où personne n'était prêt à utiliser ce genre de moyens. L'attitude du gouvernement était favorable à une passation volontaire des pouvoirs. »

A votre connaissance, quelqu'un a-t-il suggéré de faire appel aux forces de sécurité ou à l'armée ?

« Bien sûr. Obzina et surtout le général Václavík étaient convaincus que l'on pouvait utiliser ces moyens, mais ni l'un ni l'autre ne pouvait prendre la décision à lui tout seul. Et personne n'était en mesure de le faire pour eux. Le parti n'était plus du tout aussi uni qu'il y paraissait aux yeux des témoins extérieurs. Il existait plusieurs strates. Au niveau régional, le parti menait une existence propre. Sa désintégration s'y est produite plus rapidement parce que le contact avec la population était direct et que celle-ci opposait une résistance évidente. Le parti restait plus fort à l'échelon de la province. Au centre, l'apparition d'un second siège du pouvoir sous la forme d'un gouvernement lui a été fatale. »

Vers la fin de l'année, Calfa rendit la visite de rigueur à Gorbatchev et au Kremlin. « Il m'étudiait à travers la table. Il était direct, plein d'allant, il voulait avoir une analyse précise de la situation, et ses réactions étaient logiques, correctes, pleines de connaissances historiques. Il s'intéressait aux mécanismes qui permettent de maintenir le calme et l'ordre. Apparemment sa réflexion n'obéissait pas à des considérations géopolitiques. Il s'en tenait au principe essentiel selon lequel chaque Etat devait poser les fondations d'une démocratie parlementaire et pluraliste. La seule chose à laquelle il ne s'attendait pas, c'était à voir l'ensemble du bloc se révéler antisoviétique dès qu'il serait question de pluralisme. Nous ne nous surestimions pas, nous étions conscients du fait que notre capacité de changement dépendait des changements à venir en Union soviétique. »

Zd'ár est une lugubre petite ville située à deux heures de voiture à l'est de Prague si l'on utilise l'unique autoroute du pays. Ses bâtiments anciens – dont l'église conçue par Santini, l'architecte le plus original du XVIIIe siècle – sont en train de pourrir, cernés et écrasés par des blocs serrés de logements bon marché en béton. Rudolf Hegenbart vit dans un village, de l'autre côté de Zd'ár, où il occupe un chalet construit à l'orée même d'une forêt épaisse. Le jour où j'y suis allé en voiture, le paysage était recouvert de neige et de glace.

« Ils sont en train de diaboliser Hegenbart », m'avait déclaré Milos Jakes. Et c'est ce que Hegenbart croit lui aussi. Souffrant de diabète, il est depuis longtemps en mauvaise santé. Méfiant et affligé, il reste assis dans son fauteuil, le visage tout frémissant d'une indignation apparemment vertueuse. Alors qu'il était étudiant en sciences politiques et économiques, il a suivi les cours de l'Académie des sciences sociales de Moscou au début des années 1970. Après s'être élevé dans le parti, il a été vice-Premier ministre dans le gouvernement tchèque où il n'a vraiment pris de l'importance qu'en 1988 lorsque Jakes l'a chargé de réorganiser la fonction publique, y compris les services de sécurité.

Pour cette interview, Hegenbart a préparé un interminable mémorandum qu'il tient à commenter à voix haute, tout du long : les voyages qu'il a effectués dans les pays du bloc soviétique en 1988 et 1989 pour se documenter sur les questions de sécurité, les positions qu'il a été le seul à prendre au cours d'un plénum ou d'un autre, tel ou tel mémorandum en faveur des réformes. Le 16 janvier 1989, il avait retrouvé le ministre fédéral de l'Intérieur et le procureur général dans un restaurant d'où ils pouvaient assister au déroulement de la manifestation. « Le ministère avait annoncé qu'il y aurait des punks et quelques étudiants, des marginaux. Ce que nous avons vu n'était pas bien joli. On a utilisé des chiens et des canons à eau. Ces contestataires du régime n'étaient absolument pas des dépravés, mais des jeunes qui réclamaient notre démission à tous. Le ministre et le procureur général s'indignaient de l'intervention violente de la police. Nous avons rempli nos verres de vin blanc morave pour trinquer à des temps meilleurs. » Lorsque cet événement a été inscrit à son ordre du jour, le Politburo a pourtant félicité la police et renforcé la législation contre le droit de réunion et la liberté d'expression.

Alors qu'il s'est trouvé à la tête d'une organisation qui inspirait la crainte et la soumission, Hegenbart en est venu à se considérer comme une sorte de victime, par un phénomène de déformation égoïste de la mémoire, très typique chez ces loyalistes du parti. Après tout, il s'était contenté de purger l'administration, processus indispensable pour permettre l'application de la politique du parti. « En plein accord avec Jakes, je me suis mis à démolir les piliers qui soutenaient la clique des Husák, Strougal et Obzina. Tous les vice-ministres nommés au temps de ces gens-là ont dû partir. Certains chefs du département de la police aussi. J'avais ma manière à moi de m'en débarrasser. Nous voulions détruire cette mafia, cette interconnexion entre le Comité central et les ministères de l'Intérieur et de la Défense. Ils n'en faisaient qu'à leur tête. Mais voilà que Jakes et Hegenbart arrivent pour détruire toute cette bande. Alors ces gens-là ont cherché à regagner le terrain perdu. » Par conséquent, les événements du 17 novembre ont pris la forme « d'un putsch interne dans le parti, organisé contre Jakes et moi par les membres du Comité central de Prague ». C'est-à-dire Kapek, Strougal, Mohorita, peut-être Stepán, entre autres. Pendant la manifestation, Hegenbart se trouvait ici chez lui, où il écoutait les nouvelles à la radio et à la télévision.

Quand le Politburo s'est réuni le dimanche, pourquoi n'a-t-il pas convoqué une réunion générale du Comité central ?

« C'est un mystère pour moi. Kapek, Strougal et ceux de Prague estimaient que le Comité central ne devait pas être convoqué avant le 24. J'étais malade. Quand Jakes a demandé aux docteurs si je pourrais y assister, ils ont dit non. Mais des médecins m'y ont accompagné. Tout était déjà perdu à ce moment-là. »

Les organes de sécurité tenaient-ils le parti au courant des réalités de l'opinion publique ?

« C'était clair, la direction recevait des informations. Mais le groupe des durs formé autour de Fojtík n'y ajoutait pas foi, pas plus qu'Indra ou Husák. Jakeš recevait des renseignements directs mais omettait de les transmettre, ce qui a contribué à aggraver la situation. Indra aurait aimé que l'on fasse appel à l'armée. Des discussions dans ce sens ont bien eu lieu chez les militaires où la filière du commandement passait par Husák et le général Václavík. J'étais en train de mettre au point une nouvelle hiérarchie militaire pour faire remplacer Václavík en janvier. »

« Tout le monde à Zd'ár, dit-il amèrement, sait que Hegenbart a fait appel à la milice populaire. » Voici sa version de ce qui s'est passé. « A deux heures de l'après-midi, le mardi 21 novembre, Jakeš m'a demandé par téléphone d'aller le voir à quatre heures avec Novák, le chef d'état-major de la milice, pour préparer le terrain politique et logistique en vue d'une intervention éventuelle des miliciens. Dès notre arrivée à ce rendez-vous, on nous a dit qu'il existait un risque de chaos à Prague. Jakeš redoutait une effusion de sang. Dans le souci du maintien de l'ordre, des unités du ministère de l'Intérieur devaient être renforcées par la milice populaire. Il était très nerveux et ne nous regardait pas dans les yeux. On s'attendait à ce qu'il fasse une allocution à la télévision. Novák a reçu l'ordre de préparer un plan. On nous a convoqués au Politburo pour six heures. La visite a duré vingt minutes ; au cours de celle-ci, Jakeš est sorti de la pièce à deux reprises. Je sentais que quelque chose clochait. Je me suis rendu chez le docteur en sortant, parce que je ne me sentais pas bien. J'ai appelé Jakeš pour me faire excuser à la séance du Politburo, sans dire que j'étais souffrant mais sous le prétexte que j'avais un visiteur. Il a accepté l'explication. Je suis rentré dans mon appartement de Prague. A trois reprises le téléphone a sonné mais lorsque j'ai décroché le récepteur il n'y avait personne au bout du fil. Pendant ce temps-là, le Politburo tenait sa réunion et quelqu'un s'est interrogé à propos de mon absence. Ils ont approuvé le recours à la milice populaire.

« Il n'était pas encore minuit quand j'ai reçu un appel de Kincl, au ministère de l'Intérieur. Il voulait me demander ce qu'il devait faire car Prague ne voulait pas de la milice populaire. Je lui ai dit que je n'avais pas assisté à la réunion du Politburo et que je n'avais rien à voir avec la milice, laquelle avait son propre commandant en chef, et que je ne voulais pas être mêlé à tout ça. J'ai également ajouté que la milice ne pouvait intervenir qu'à la requête du ministre fédéral de l'Intérieur, c'est-à-dire lui-même. S'il n'avait pas été capable d'éclaircir ce point devant le Politburo, il n'avait qu'à appeler Jakeš. Vers minuit, j'ai reçu un appel de Novák, qui m'a demandé ce qu'il devait faire car Prague ne voulait pas que la milice intervienne. J'ai demandé : Pourquoi me téléphoner à moi ? Il aurait dû appeler Jakeš ou Štěpán. J'ai appris que Štěpán n'avait pas assisté à la séance du Politburo.

« Le lendemain matin, le Politburo s'est réuni de nouveau, et il a limogé Novák sur-le-champ pour abus de pouvoirs. On lui avait confié une mission la veille pour le congédier le lendemain matin. Ça n'était pas propre. »

A Dejvice, le quartier le plus élégant de Prague, se trouve une villa dans le style Bauhaus où vit Milos Jakes. L'intérieur est spacieux mais incolore, une symphonie de brun mélasse et de gris. Jakes lui-même a un visage blême, presque un teint de papier mâché, et il faut attendre un moment pour qu'une réaction visible s'y inscrive. Ses yeux sont clairs au point de paraître vides et les muscles nécessaires au sourire semblent lui faire défaut. Des propos sur la restauration du capitalisme ou la stratégie de l'impérialisme lui viennent tout naturellement à la bouche. Rendu furieux par l'effondrement du parti, la perte de sa propre situation et la fin de son idéologie, il se montre évidemment déconcerté et parfois plein de contradictions dans ses réponses, notamment chaque fois qu'il s'agit de Gorbatchev.

Jakes passait habituellement ses vacances à Stavropol et il y avait par conséquent connu Gorbatchev depuis 1977. « Il était différent des autres dirigeants soviétiques. Comme il n'avait pas travaillé dans des institutions importantes, il n'avait pas autant d'expérience qu'eux. Bon orateur et démocrate d'esprit, il parlait ouvertement des problèmes de l'agriculture soviétique. Quand il venait déjeuner, il amenait sa femme, ce qui était sans exemple dans le contexte soviétique. Nous parlions de nos familles et nous avions fini par nouer des relations d'amitié. Au fil du temps, je l'ai souvent rencontré, notamment après qu'il est devenu secrétaire général. Il prenait de l'assurance. Il était un peu un rêveur mais par ailleurs professait de bonnes idées. Selon lui, le parti devait se dissocier de l'Etat et exercer son influence par d'autres moyens. Les Soviets fournissaient une bonne base au peuple pour que celui-ci exerce son pouvoir. Nous avons applaudi à la démarche qu'il a adoptée au congrès du parti de 1986, et aux deux séances plénières de janvier et de juin 1987. »

Ce qui l'amène sans transition à se lancer dans un chapelet de récriminations. « Sa grande erreur a été de cracher sur le passé. Rien de tel pour se casser la figure. Peut-être cherchait-il à obtenir un appui pour la perestroïka. Mais tous ceux qui avaient lieu de se plaindre dans ces circonstances ont essayé d'occuper le terrain pour prendre leur revanche. La seule chose qui les unissait était le désir de vengeance; c'était là un grave défaut qui aurait dû les faire exclure automatiquement de la vie politique. Les milliers de communistes qui avaient été obligés de quitter le parti, chez nous, après 1968, voulaient aussi obtenir réparation de l'humiliation qu'ils avaient subie. Gorbatchev venait de sa province et, malgré tous ses efforts, il n'a jamais maîtrisé la politique internationale. Il voulait, en toute bonne foi, se dégager de la course aux armements afin d'élever le niveau de vie. Les choses n'ont pas tourné comme il le souhaitait. Alors, il n'a rien fait d'autre que capituler unilatéralement. Et puis il y avait en lui un autre trait de caractère, l'amour de la gloire – ce qui, à la lumière de l'Histoire, lui sera reproché comme une trahison. C'était sa drogue. Quiconque lui en fournissait devenait son homme Ce n'est pas le public soviétique mais les puissances antisocialistes qui lui ont donné ce dont il avait tellement besoin. »

Gorbatchev a-t-il fait pression pour que Husák soit remplacé par vous ?

« Tout au contraire. Nombre de dirigeants du parti avaient fini par penser que Husák devait s'en aller. Celui-ci a tenté désespérément de se faire remplacer par Strougal, lequel a commencé à se conduire comme s'il était déjà premier secrétaire. Mais Gorbatchev est arrivé ici en 1987 et il a vanté le rôle positif joué par Husák, ce qui a tout remis en question. Vers la fin du mois d'août, un membre de Politburo lui a annoncé sans ambages qu'il devait céder la place. Husák était prêt à en discuter. Il s'est rendu en Union soviétique où Gorbatchev lui a dit que c'était son affaire et a refusé de répondre par oui ou par non. »

Jakes avait personnellement assisté au congrès du parti soviétique en 1986, au côté de Husák et de la délégation tchécoslovaque. Ils logeaient tous dans une même villa. Au cours d'une promenade, Strougal avait raconté à Jakes que Husák n'était pas en bonne santé et, de surcroît, s'opposait à toute réforme. « Il a proposé que je prenne la relève. J'ai répondu qu'il était mieux préparé que moi, un point c'est tout. Il a répondu qu'avec Husák nous avions eu un dirigeant slovaque pendant les vingt dernières années, que Bilák était hors de question parce qu'il était lui aussi slovaque, et qu'il était temps de choisir un Tchèque. Les autres membres de la direction m'ont fait savoir qu'ils avaient l'intention de proposer mon nom. Au Politburo, en novembre 1987, Bilák a mis la question sur le tapis et, à l'issue des deux réunions suivantes, Husák avait fini par accepter que je sois son successeur. Il n'y a eu aucune pression soviétique. Sans doute Husák a-t-il téléphoné à Gorbatchev, pour s'entendre dire que celui-ci approuvait le choix. C'est probable. »

Un changement de politique, dit Jakes, est invariablement un facteur de déstabilisation, et la perestroïka n'a pas fait exception à la règle. C'est ouvrir la porte à tous ceux qui ont des sujets de mécontentement. « Nous disposions d'informations selon lesquelles l'opposition cherchait à abuser de la situation et était financée par l'étranger. Sans le soutien international fourni par Radio Free Europe et la Voix de l'Amérique, elle n'était rien. »

Selon lui, le fait d'avoir toléré la manifestation du 17 novembre confirme qu'une libéralisation du régime était en bonne voie. Ce vendredi-là, à environ six heures du soir, il a reçu un appel du vice-ministre de l'Intérieur qui lui annonçait la fin de la manifestation. Aussi était-il parti pour passer le week-end dans sa maison de campagne à cinquante kilomètres de la capitale, où il est arrivé après la tombée de la nuit. A neuf heures et demie, le vice-ministre lui a téléphoné une nouvelle fois : il y avait eu quelques vociférations mais l'ordre avait été maintenu, et il n'avait pas été nécessaire de faire venir des ambulances. « Deux jours plus tard, j'ai entendu parler de toute cette farce à propos d'un étudiant tué. Les parents disaient : Ils sont en train de taper sur nos enfants. C'était de l'hystérie. Après tout, il ne s'était quasiment rien passé. J'ai examiné la question et convoqué le Politburo pour le soir même. Tous les membres présents venaient d'arriver de la campagne, le vice-ministre m'a confirmé une fois de plus qu'il n'y avait rien eu et que personne n'avait trouvé la mort. C'est alors que Stepán nous a appris la fondation d'un mouvement politique, le Forum civique. Nous avons donc commencé par examiner cette situation en détail. Sachant que l'opposition cherchait à provoquer une escalade, nous avons pris des dispositions pour interdire aux forces de sécurité de passer à l'attaque. »

Ainsi, le dimanche soir, la réunion du Politburo s'est déroulée dans le calme, et non dans une atmosphère de crise ?

« Au vu de certains rapports faisant état d'incidents violents, nous avons décidé que le procureur général devrait ouvrir une enquête. Pitra, le Premier ministre tchèque, a fait une déclaration devant les caméras de la télévision pour en informer le public. Le moment décisif a eu lieu le mardi, lorsque le personnel de la télévision est passé à l'opposition et s'est mis à transmettre en direct des informations sur des manifestations qui se déroulaient soi-disant dans tout le pays. Il n'y en avait aucune. Mais à partir de ce moment-là, la population n'a plus cessé de réclamer que le gouvernement soit déposé et les choses ont commencé à se gâter.

« La milice était censée arriver le mercredi 22 au matin. C'était un accord pris avec Stepán. Nombre de camarades m'avaient dit que la police de Prague n'avait pas eu de repos depuis des jours, que ses effectifs étaient épuisés, et qu'il était nécessaire de lui apporter du renfort. Nous étions tombés d'accord pour appeler la milice mais le parti de la ville de Prague a décidé de s'y opposer. Alors, Stepán a changé d'avis et déclaré que la ville disposait de forces en quantités suffisantes. A environ une heure du matin, Novák est arrivé chez moi, dans cette même maison où nous sommes, pour m'informer que le parti de la ville de Prague n'approuvait plus l'envoi de la milice. J'ai demandé : Qu'est-ce que je peux faire ? Est-ce qu'ils sont déjà en route ? Il a répondu : Pas tous. Aussi ai-je déclaré : S'ils ne sont pas ici, arrêtez-les en chemin mais ceux qui sont déjà arrivés devraient être affectés au maintien de l'ordre public. Quand la nouvelle de l'arrivée de la milice s'est propagée, il y a eu des hurlements. Novák est revenu me voir le 24 pour m'annoncer que les gens commençaient à s'en prendre aux miliciens. J'ai dit : Faites-les rentrer. »

Etaient-ils armés ?

« Ils n'avaient aucune munition. »

Le 24 est le jour où vous avez démissionné. Novák est-il venu vous voir avant votre démission ?

« Nous l'avons limogé pour avoir mal préparé l'action. Si la milice était intervenue immédiatement, tout se serait parfaitement bien passé. »

Une démonstration de force à ce stade aurait-elle été efficace ?

« Elle aurait incontestablement contribué à maintenir l'ordre. Les événements n'auraient pas fait boule de neige. Nous ne pouvions pas nous permettre d'imiter les méthodes de Jaruzelski ou la solution chinoise. Cela ne nous laissait que l'option politique. Mais nous n'étions pas préparés à affronter le fait que tout allait commencer à s'écrouler autour de nous. C'est un satané mensonge de prétendre qu'il existait ici un mouvement populaire contre le parti et le socialisme. Le socialisme en Tchécoslovaquie ne se serait jamais effondré s'il n'y avait pas eu un concours de circonstances planétaires et le soutien apporté par les Etats-Unis aux forces anticommunistes et la trahison *de facto* de Gorbatchev. »

Alors pourquoi avez-vous démissionné ?

« D'abord, à cause des dissidents, de l'opposition. Ils estimaient que plusieurs de nos dirigeants constituaient autant d'obstacles au rétablissement de l'ordre ; ils réclamaient que Husák, moi-même, Indra, Fojtík, Pavel Hoffman et d'autres démissionnent. Strougal est parti de son propre chef. J'ai essayé de le persuader de n'en rien faire. Il ne s'est pas laissé convaincre. Restait la question : faut-il convoquer le Comité central ou non ? J'étais d'avis de n'en rien faire, mais plutôt d'agir en mobilisant le parti et l'apparat, en nous rapprochant de ceux de l'opposition avec qui nous pouvions discuter sur la base de valeurs socialistes communes, et en publiant rapidement les documents déjà élaborés, par exemple, le texte d'une nouvelle Constitution qui omettait de mentionner le rôle dirigeant du parti, ainsi que des déclarations sur le droit de réunion et la liberté de la presse. »

Pourquoi le Politburo a-t-il rejeté cette proposition et tous ses membres ont-ils démissionné ?

« Beaucoup de membres du Comité central, du Politburo et du gouvernement devaient s'en aller. »

Que signifie l'expression : « devaient s'en aller » ?

« Parce qu'ils étaient trop âgés. Nous étions en train de recruter des membres plus jeunes. Tout cela devait avoir lieu au congrès du parti prévu pour le mois de mai suivant. Ceux qui se trouvaient contraints de partir ont vu dans les événements du 17 novembre l'occasion de prendre leur revanche en s'emparant de la direction du parti. Kapek, Strougal, Milán Klusak le ministre de la Culture, et bien d'autres secrétaires du parti espéraient négocier leur survie avec l'opposition. Seulement le résultat a été très différent. Ils ont déstabilisé la direction du parti. Quand le Forum civique et Havel ont entendu dire que Jakes était tombé, ils ont sablé le champagne. »

Je veux que ce soit clair. Vous étiez prêt à prendre position en faveur d'une modernisation. Mais vous avez été doublé, le 24, par la vieille garde du parti ?

« Oui. Je crois que notre façon de renouveler le socialisme aurait plu à la population. »

Vous étiez premier secrétaire, il vous suffisait d'exclure les durs.

« Le Politburo est un organisme collectif. J'étais l'un de ses membres ; je n'étais pas comme Husák qui avait toujours pris ses distances avec le bureau. J'ai posé la question : Devrions-nous démissionner ? J'ai mis tout le monde en garde contre une démarche aussi dangereuse. Mon erreur a été de céder aux pressions. L'un après l'autre, à l'exception de Husák, ils ont tous dit que nous devions démissionner. Aussi, après la pause de la soirée, je suis monté à la tribune et j'ai annoncé notre décision collective. C'était le contexte international qui avait tranché d'une façon générale, mais cela signifiait la fin du règne du parti. La nouvelle direction était inexpérimentée, en proie à une terrible panique. Elle nous a expulsés du parti comme pour nous rendre responsables de tout. Ils se sont livrés à une critique du communisme plus dévastatrice que n'aurait pu le faire un ennemi juré. »

Adamec lorgnait votre poste ?

« Sans aucun doute. Mais pas aussi ouvertement que Strougal. Kapek proposait Strougal. Kapek est mort par la suite, il s'est pendu, je pense qu'il avait fini par comprendre ce qu'il avait fait. »

Vous vous êtes donc rendu à la réunion du Politburo, le 24, avec l'intention de mettre en œuvre une politique qui vous permettrait de rester en place, mais vous avez fini par comprendre que tout était perdu ?

« Malheureusement mes proches collaborateurs ne m'avaient pas dit qu'il y avait cette conspiration en route. Si j'avais su, je me serais exprimé d'une façon totalement différente. Cela n'aurait pas changé notre attitude vis-à-vis du capitalisme, ni à l'égard des événements qui se déroulaient en Pologne et en Hongrie et en RDA, mais il n'était pas nécessaire d'exposer le parti à une revanche destructrice, à la loi sur l'épuration et à des accusations d'illégalité. Je leur ai dit et répété qu'ils devraient me soutenir. Jusque-là, ils levaient tous la main pour voter oui. Brusquement, ils trouvaient tout mal. Je ne pouvais plus rien faire de bien. »

Gorbatchev vous a-t-il contacté après le 24 ?

« Non. Je lui ai fait savoir par lettre que nous étions hors du coup, pour lui demander de soutenir le travail accompli par la direction, mais il n'a pas répondu. Je l'avais vu pour la dernière fois le 7 octobre à Berlin. Il s'était très mal conduit. Tous les premiers secrétaires des partis européens étaient présents. Il avait refusé de les rencontrer. Il avait traité Honecker comme s'il n'était pas là. Il n'en voyait plus l'intérêt. Il a confirmé qu'il avait opté pour une politique comme quoi il renonçait à exercer une influence dans ce domaine. Je lui reproche de n'avoir même pas cherché à influer sur quoi que ce soit. Il avait dit qu'il souhaitait un échange de vues complet. Tous les premiers secrétaires étaient réunis. La séance a duré quatre-vingt-dix minutes, sans aucune préparation ni ordre du jour, et son discours a pris la moitié du temps. Puis il a annoncé qu'il devait partir. Sans solidarité il était impossible de survivre. »

31

«Nous nous étions imposés»

Archie Gibson est un correspondant de presse de la vieille école. Il appartenait au journal londonien *Times*. Il a bien connu la Roumanie entre les deux guerres. Alors que le pays était écrasé sous la botte nazie, il avait rédigé une dépêche : «Dans la période qui s'est écoulée entre 1924 et 1940, la Roumanie avait fait d'immenses progrès : ses voies ferrées, sa flotte fluviale et maritime, et ses compagnies aériennes étaient sans égales dans le Sud-Est européen... Il y avait de vastes boulevards, des lacs non pollués, des magasins élégants et des cinémas modernes... il y avait un bon service téléphonique, une capitale en pleine expansion dont les rues étaient bordées d'arbres, et une industrie qui avait même réussi à équiper la Roumanie en grosses locomotives.»

Ce genre de réalisations pacifiques n'était même plus un souvenir dans les années 1980. Les décennies vécues sous le joug soviétique avaient réduit le pays à une misère sans équivalent dans toute l'Europe, mis à part l'Albanie. Les petits jeux impérialistes auxquels s'adonnait Staline avaient permis à celui-ci de confisquer des territoires roumains en Moldavie et en Bessarabie, mais avaient rattaché à la Roumanie la Transylvanie où quelque deux millions d'habitants d'ascendance hongroise se tenaient naturellement pour des Hongrois, ce qui assurait la perpétuation d'une inimitié historique dévastatrice pour toutes les parties. Andreï Vychinski, cet être dénué de scrupules qui avait joué le rôle d'accusateur public sous la Grande Terreur, avait été chargé d'intégrer la Roumanie à l'empire soviétique en 1945. Il y avait donné le pouvoir au «Front populaire démocratique», un masque sous lequel se dissimulait le régime de «collaborateurs» à venir. En menaçant de rendre la Transylvanie à la Hongrie, il exerçait avec succès un chantage sur le pays. Mais les communistes locaux allaient infliger à leur patrie de bien plus grands maux. Premier secrétaire de 1965 à 1989, Nicolae Ceausescu puisait dans le marxisme-léninisme le langage et les méthodes brutales qui lui permettaient de justifier pour son propre compte sa tyrannie personnelle. Le « Géant des Carpates » n'était qu'une des nombreuses appellations emphatiques qu'il se faisait prodiguer avec délices. Ses œuvres littéraires réunies dans vingt-sept volumes bourrés d'inepties et écrits par des « nègres » ont été publiées sous le titre : « La Roumanie sur la voie de l'édification d'une société socialiste développée multilatéralement. » Son socialisme, en théorie comme en pratique, était un régime unilatéralement fructueux pour les seuls profiteurs. Sa Roumanie était la parodie moderne d'un despotisme issu du Moyen Age.

Ceausescu était né en 1918 dans une famille nombreuse de paysans pauvres. La politique pour lui représentait la possibilité de réaliser le rêve d'autoglorification d'un être arriéré, décidé à employer la ruse et, chaque fois que c'était possible ou nécessaire, la fraude et la violence. A la fin de sa carrière il ne possédait pas moins de quatre-vingt-quatre palais, pavillons de chasse, villas et maisons de campagne. Quelque cinquante à soixante de ses amis intimes occupaient des postes de commandement lucratifs dans l'Etat-parti. Sa femme Elena, de même origine sociale que lui, partageait ses aspirations. Elle avait quitté l'école à onze ans et semblait vouloir compenser le sentiment de sa propre ignorance ou de son infériorité en s'inventant une carrière universitaire. Des savants étaient payés pour écrire des articles publiés sous sa signature. Les Roumains, avait-elle décrété, devaient parler d'elle en l'appelant « Madame la camarade académicienne, ingénieur de renommée mondiale ». Mégère méfiante, cupide et âpre au gain, elle exerçait une influence injustifiée. Leur fils Nicu, débauché notoire, dirigeait le parti à Sibiu ; leur fille Zoia avait été placée à la tête d'un petit institut de mathématiques, et l'on a retrouvé chez elle, parmi toutes sortes d'autres biens volés, 97 000 dollars en espèces.

Petit de taille, s'exprimant par des gestes raides et saccadés, portant une expression perpétuelle de mépris hautain sur le visage, Ceausescu n'avait rien pour plaire. Son chef de la sécurité Ion Pacepa, qui est passé à l'Ouest en 1978, devait tracer de lui un portrait intime, celui d'un homme qui n'hésitait pas à faire assassiner ses ennemis lorsqu'il ne pouvait les corrompre ou les soumettre et qui tenait tout être humain pour moins que rien, sauf lui-même ; ordurier dans son langage, corrompu, habile à faire passer des fonds secrets dans les banques suisses, il était « le propriétaire absolu de la Roumanie », écrivait Pacepa, dont « le moindre gribouillage avait force de loi ».

Le mépris de Ceausescu pour la loi avait été délibérément monté en épingle et révélé par la rumeur publique en vue d'inspirer la peur qui servait de fondement à son régime. La police secrète ou *Securitate* calquée sur le KGB tenait la société dans ses griffes. Selon Pacepa elle comptait 25 000 agents mais, selon toutes probabilités, ses effectifs étaient bien plus importants, de l'ordre de 100 000 personnes. Chaque atelier, collectivité, institut, hôpital ou lieu de rendez-vous avec des étrangers avait ses informateurs dont le nombre est lui aussi inconnu, mais qui se comptaient par centaines de milliers. Les forces antiterroristes et une garde d'élite se trouvaient aussi à la disposition de Ceausescu. Mieux équipée, l'armée était fortement politisée. Les soldats de métier qui formaient certaines de ses unités étaient subordonnés à la *Securitate*. Ceausescu avait nommé aux postes militaires essentiels des personnes de son entourage ou des officiers qu'il pouvait tenir à sa merci. Par exemple, le général Nicolae Militaru, qui commanda le district militaire de Bucarest jusqu'en 1978, avait été, du jour au lendemain, expulsé de l'armée sous prétexte de son manque de fiabilité politique et dénoncé comme agent soviétique. Victor Stanculescu, un favori personnel, fort bien en cour, avait été promu au rang de général.

Ion Iliescu avait été le collègue de Ceausescu au début de sa carrière. Né en 1930, ingénieur de formation, il avait gravi les échelons conformément au parcours classique en passant par le Komsomol avant de devenir secrétaire à l'idéologie et héritier présomptif de Ceausescu. En 1971 le dictateur et sa femme avaient visité la Chine et la Corée du Nord où ils avaient été favorablement impressionnés par Kim Il-Sung et son fils. L'idée leur était alors venue qu'ils pourraient fonder eux aussi une dynastie communiste en préparant leur fils à leur succéder. Iliescu, pour avoir protesté comme on pouvait s'y attendre, fut mis à l'écart et affecté à des postes de moins en moins importants pour finir comme éditeur de livres et de magazines techniques. Personne ni rien, à part son intérêt personnel, ne pouvait influer sur le comportement de Ceausescu.

Un don instinctif pour la duperie lui avait permis de faire son chemin et de se placer en bonne position sur le plan international. Son refus de rompre toutes relations diplomatiques avec Israël sur les instructions de Moscou en 1967, puis le soutien officiel qu'il apporta à Dubcek et au Printemps de Prague ne lui coûtaient rien mais semblaient mettre une distance entre l'Union soviétique et lui. Les forces d'occupation soviétiques s'étaient déjà retirées du pays, même si elles demeuraient cantonnées en Moldavie. Le schisme entre l'Union soviétique et la Chine lui offrit un autre terrain où se livrer à des manœuvres avantageuses entre les deux antagonistes. Les responsables qui élaboraient la politique américaine et britannique comblaient Ceausescu de faveurs et de récompenses, poussés par de vaines convictions et de faux calculs, parce qu'ils le tenaient pour la « brebis galeuse » qui pourrait contaminer tout le bloc soviétique.

A la fin des années 1980, la confiance de Ceausescu s'était transformée en une sorte de mégalomanie et son culte de l'Etat policier en paranoïa. Les machines à écrire devaient faire l'objet de déclarations et d'inspections annuelles pour le cas où les touches en auraient été altérées, ce qui eût à coup sûr dénoncé leur propriétaire comme un dissident occupé à la fabrication de publications clandestines. Le fait d'acheter ce que l'on tenait pour des quantités excessives de nourriture pouvait entraîner une condamnation à cinq ans de prison. L'alimentation était sévèrement limitée et finit par être rationnée. En 1989, selon l'économiste P. Ronnas, les Roumains avaient à peine les moyens d'acheter moins de la moitié de la viande, des produits laitiers et du riz qu'ils consommaient en 1980; seuls les pourcentages relatifs au lait et au sucre étaient un peu plus élevés. Pour que l'on pût extorquer au pays l'argent nécessaire au remboursement de sa dette extérieure de 10 milliards de dollars, les fournitures de fioul et d'électricité étaient suspendues pendant de longues périodes; aussi la population n'était-elle pas seulement affamée mais mourait de froid. Pour que le pays puisse prétendre à tenir son rang, au moins dans le domaine des statistiques démographiques, la contraception était interdite et les femmes qui manquaient à leur devoir de faire des enfants étaient régulièrement soumises à des inspections médicales obligatoires. La mortalité infantile atteignait de telles proportions qu'il était défendu de déclarer la mort d'un bébé de moins de douze mois.

Pour se faire construire un palais pharaonique couplé avec un complexe gouvernemental et des logements réservés à la nomenklatura, Ceausescu avait fait raser un vieux quartier de Bucarest, expulser 40 000 résidents et démolir 15 000 bâtiments, dont deux monastères historiques et vingt-six églises. Cette Maison du Peuple, comme était fallacieusement appelé ce complexe pas tout à fait achevé où l'on peut encore voir des grues rouiller sur place, est un monument de sottise et de gaspillage. Le patriarche n'avait pas protesté. Comme l'évêque Gyula Nagy et l'évêque László Papp de l'Eglise réformée hongroise, ou le rabbin Moshe Rosen, le haut clergé orthodoxe appartenait à l'appareil de la sécurité. A l'instar de Honecker, Ceausescu avait pris l'habitude de vendre ses citoyens moyennant des sommes supérieures à dix mille dollars par tête. Comme il s'en était vanté auprès de Pacepa : « Le pétrole, les Juifs et les Allemands sont nos produits d'exportation les plus importants. » Les porte-parole de la minorité allemande et le rabbin Rosen collaboraient allègrement à ce commerce d'êtres humains.

Le programme de *Sistematizare*, ou systématisation, était une invention d'ingénierie sociale encore plus destructrice dans ses intentions, et en vérité bien plus folle, que ne l'avait été dans le passé le percement du canal du Danube par une main-d'œuvre pénitentiaire. La Roumanie se composait de 13 000 villages. Bien que la terre ait déjà depuis longtemps été collectivisée, les agriculteurs et les villageois devaient être déportés et réinstallés dans des villes agricoles qui n'existaient encore que sur la planche à dessin. La vie communautaire devait remplacer la vie de famille. Privés du moindre moyen de défendre leur indépendance, les Roumains auraient dû n'être considérés que comme de simples unités de production. Ainsi que l'a écrit le spécialiste britannique, David Turnock : la « *Sistematizare* aurait dû être le couronnement de décennies de lutte contre l'individualisme ». Sans doute une idée aussi inhumaine n'aurait-elle jamais pu être menée à son terme, mais des dizaines de villages ont été rasés et des milliers de vies anéanties. Turnock cite en exemple la commune de Snagov. « La population ne fut avertie du changement prévu qu'au mois de mai ; on la contraignit à déménager avec un préavis de trois jours en août suivant. Toutes les maisons et tous les vignobles furent détruits et le village converti en champ de céréales. Aucune indemnité ne fut versée pour la destruction des maisons ; les personnes déplacées durent se transformer en locataires à Ghermanesti où elles ne trouvèrent pas d'endroits appropriés pour accueillir les animaux domestiques (porcs et volailles) qu'elles avaient emportés avec elles. »

Parce que Ceausescu se présentait sous les traits d'un communiste et d'un nationaliste indépendant de l'Union soviétique, les compagnons de route de tout poil, en Occident, se tournaient vers lui. En lisant leurs livres et leurs articles, il était impossible d'apprendre combien cet Etat policier était odieux. En 1977 les mineurs de la vallée du Jiu s'étaient mis en grève, et en 1987 les ouvriers de Brasov s'étaient soulevés pour protester contre la baisse de leur niveau de vie. Après avoir été chargés et frappés, ceux qui avaient participé à ces incidents furent ensuite déportés et exilés à l'intérieur du pays. Mais un prototype du compagnon de route, l'éditeur et homme d'affaires Robert Maxwell, interviewa Ceausescu pour une biographie anonyme que sa maison d'édition devait publier en 1983. Sous le couvert du respect dû à un chef d'Etat, cet escroc international dialogua avec l'autre escroc, en savourant la farce. « Cher Monsieur le Président, se gargarisait Maxwell, vous occupez les plus hautes fonctions politiques et étatiques en Roumanie depuis près de dix-huit ans, ce dont nous vous félicitons chaleureusement. Qu'est-ce qui – à votre avis – vous rend si populaire auprès des Roumains ? »

Pour être un dissident, comme Doina Cornea de l'Université de Cluj ou le poète Mircea Dinescu, il fallait un courage exceptionnel. En l'absence généralisée d'une presse occidentale digne de foi, la description que donnait d'eux la Securitate faisait retomber sur ces excentriques, probablement un peu dérangés, la responsabilité de leur détention en prison ou de leur mise aux arrêts à domicile. La poésie d'Ana Blandinia forme une complainte inoubliable sur le déclin des conditions matérielles et des valeurs morales ; elle n'exprime que la résignation et l'impuissance :

>Des décennies entières à attendre
>Que la clef tourne dans la serrure,
>De plus en plus rouillée,
>Laissée en attente pendant des décennies entières
>Sans paroles,
>Sans destin.

Gorbatchev partageait l'attitude qui avait fini par devenir une habitude soviétique à l'égard de Ceausescu, selon laquelle cet homme déplaisant devait encore et toujours faire l'objet de menaces voire, si possible, être mis au pas, mais servait d'exemple utile pour prouver que le mouvement communiste mondial n'était pas monolithique, comme essayaient de le faire croire ses détracteurs capitalistes. En mai 1987 Gorbatchev, accompagné par Raïssa, effectua un voyage officiel à Bucarest pour lancer la perestroïka. Dans un discours retransmis sur les ondes, il fit des déclarations pour lesquelles un Roumain aurait été jeté en prison par la Securitate. « Nous savons que votre pays affronte un certain nombre de difficultés, que certaines de ces difficultés affectent la vie quotidienne. » Au cours de leurs derniers entretiens, à Bucarest en juillet 1989 pour une session de l'organisation du Pacte de Varsovie, à Berlin pour le quarantième anniversaire de la RDA, au Kremlin après le sommet de Malte, Gorbatchev et Ceausescu n'ont pas dissimulé aux observateurs qu'ils éprouvaient l'un pour l'autre une aversion grandissante voire même du mépris, chacun étant persuadé que la politique de l'autre devait conduire à la ruine. Comme s'il voulait lancer un défi à l'opinion, Ceausescu organisa le 20 novembre 1989 ce qui allait être le dernier congrès du parti dans le style habituel. Soixante-sept ovations d'une foule debout et plus d'une centaine d'applaudissements «spontanés» interrompirent le discours de cinq heures prononcé par Ceausescu. Participaient à ce cirque ses collègues et ses généraux qui allaient le tuer le jour de Noël, cinq semaines plus tard.

Les seules personnes qui, en Roumanie, se trouvaient en mesure d'exploiter la perestroïka étaient les vieux communistes, ceux dont les longs et loyaux services rendus au parti justifieraient la tentation de retrouver à présent une haute position sous le prétexte d'accomplir ce que Gorbatchev voulait d'eux. C'était le cas de Silviu Brucan; celui-ci avait participé avec enthousiasme à la prise du pouvoir par les staliniens et aux purges d'après 1945. Il avait été récompensé par le poste d'ambassadeur roumain à Washington, puis par les fonctions de rédacteur en chef de *Scinteia,* le journal du parti – logé dans le gratte-ciel offert par Staline lui-même en cadeau à Bucarest. Ayant franchi sans encombre tous les détours et tournants de la politique roumaine, Brucan, qui s'en sort aujourd'hui par quelques cajoleries et mea culpa de circonstance, est l'Ilya Ehrenbourg de son pays. Tout ce qu'il dit est sujet à caution. Dans ses mémoires *La Génération gâchée,* il décrit un entretien qu'il a eu, vers la fin de l'année 1988, avec Gorbatchev au Kremlin. Gorbatchev lui avait donné son accord pour que l'on imagine un scénario dont l'issue serait le renversement de Ceausescu, à la condition que l'intrigue soit bien conçue et aussi que le parti demeure la principale force politique du pays. « Le parti doit rester debout, sinon ce sera le chaos », lui aurait dit et répété Gorbatchev qu'il cite littéralement.

Cela étant, au début de mars 1989, Brucan et cinq autres personnalités aux carrières similaires adressèrent à Radio Free Europe, à Munich, une lettre ouverte à Ceausescu, pour protester contre la destruction des villages et autres violations des droits de l'homme. Quoique cette Lettre des Six, comme on l'appela, s'en tînt aux limites définies par Gorbatchev, la Securitate entra en action. Brucan fut placé en résidence surveillée. Selon toute vraisemblance, la lettre en question n'était rien d'autre qu'un jalon posé – pour leur propre compte – par des hommes mécontents qui ne voulaient pas renoncer au pouvoir; pourtant, dans l'atmosphère agitée de la politique roumaine, on a parfois voulu y voir la preuve d'une conspiration profondément enracinée.

Deux chercheurs, Katherine Verdery et Gail Kligman, dont les textes ont été publiés dans *Eastern Europe in Revolution*, une anthologie mise en forme par Ivo Banac, entament leur récit du renversement de Ceausescu en déclarant qu'il est tout bonnement impossible de dire ce qui «s'est vraiment passé» en ce mois de décembre. Selon la culture politique des Balkans, les dépouilles des vaincus sont attribuées aux plus forts, et on colle les plus faibles au mur. Même ceux qui ont l'intention de garder les mains propres et la conscience pure découvrent que le compromis et la conspiration exercent une attirance irrésistible. Il n'y a aucun moyen de suivre jusqu'à leur source les courants souterrains qui apportent et emportent les accusations et les rumeurs.

Timisoara a une population de 350 000 habitants, dont une forte minorité de Hongrois. Un de ses dirigeants les plus éminents était le pasteur László Tökes, fils d'un coadjuteur, professeur de théologie; il s'était déjà trouvé en conflit avec les autorités. A plusieurs reprises, cette année-là, le pasteur Tökes s'était élevé en chaire contre le programme de *Sistematizare* pour demander le respect des droits de l'homme pour les Roumains aussi bien que pour les Hongrois. Son évêque, László Papp, soumis sans aucun doute aux ordres du parti, avait entamé une procédure juridique pour l'évincer et le congédier. Les 15 et 16 décembre, des foules de plus en plus importantes se rassemblèrent autour de sa maison. Ce qui avait commencé comme un geste de solidarité tourna à la manifestation anticommuniste. Le siège du parti fut mis à sac. On fit des feux de joie avec les affiches et autres documents de propagande, de même qu'avec les volumes où s'accumulaient les discours de Ceausescu. Le pasteur Tökes devait par la suite féliciter les Roumains, les Allemands et les Hongrois d'avoir agi ensemble en dépit de la haine entre les peuples qu'attisait le régime. «La révolution a ouvert la voie à la réconciliation.»

Le 17 décembre était un dimanche. Tôt ce matin-là, le Politburo (que l'on appelait ici le «Comité politique exécutif» ou Polexco en abrégé) se réunit à Bucarest pour discuter de la situation. Le procès-verbal des débats a été publié. Un Ceausescu furieux, appuyé par Elena, a reproché aux chefs militaires d'avoir fait distribuer des munitions à blanc au lieu de balles réelles. «Je ne pensais pas que vous tireriez avec des cartouches à blanc; ça ne leur fait pas plus d'effet que la pluie. Ceux qui ont pénétré dans l'immeuble du parti n'auraient pas dû en sortir vivants... Il faut tuer ces voyous, pas se contenter de les rosser.» Elena ajouta: «Qu'on les abatte et qu'on les jette dans les caves. Pas un seul ne devrait revoir la lumière du jour ! »

Pour les Ceausescu, cet événement ne relevait pas de la contestation et n'avait rien à voir avec une volonté générale d'émancipation à l'égard de la tyrannie : c'était le produit d'un complot. « Tout ce qui se passe et s'est passé en Allemagne, en Tchécoslovaquie et en Bulgarie maintenant, et en Pologne et en Hongrie dans le passé, sont des choses organisées par l'Union soviétique avec l'appui des Américains et des Occidentaux... Ce qui s'est produit dans les trois derniers pays, la République démocratique allemande, la Tchécoslovaquie et la Bulgarie étaient des *coups d'Etat* montés grâce aux rebuts de la société soutenus par l'étranger. C'est la seule façon de voir les choses. »

Le général Visile Milea, ministre de la Défense, le général Julian Vlad, commandant de la Securitate, et le général Tudor Postelnicu, ministre de l'Intérieur, écoutaient d'un air soumis les époux Ceausescu pendant cette algarade. « Savez-vous ce que je vais faire de vous ? fulminait Ceausescu. Vous envoyer devant le peloton d'exécution. » Pour se faire pardonner d'avoir si mal placé leur clémence, les généraux promirent d'utiliser des balles réelles et de nettoyer Timisoara. Ceausescu conclut : « D'accord pour faire un nouvel essai, camarades ? »

Ce soir-là Ceausescu devait s'envoler pour Téhéran où les mollahs du régime le courtisaient et le flattaient, ce qui allait les mettre dans un grand embarras par la suite. Elena, Emil Bobu et Manea Manescu pourraient gouverner le pays en son absence. A la veille du départ qui devait se dérouler comme prévu, les Ceausescu se sont sans doute félicités d'avoir eu l'astuce de mettre les généraux dans le coup. Si le statu quo était rétabli, ils pourraient s'en attribuer le mérite, mais rendre les généraux responsables de tout ce qui serait allé de travers.

Les colonnes de blindés commencèrent de pénétrer en force à l'intérieur de Timisoara pendant l'après-midi. Dès la tombée de la nuit les tirs commencèrent. Au cours des vingt-quatre heures suivantes quelque chose comme 100 ou 200 personnes furent tuées, d'après des estimations dignes de foi. Brucan semble avoir été à l'origine des rumeurs selon lesquelles il y aurait eu 50 000 ou 60 000 morts – chiffres dont s'emparèrent les médias occidentaux, ce qui ajouta à la confusion et à la consternation. Parmi ceux qui arrivèrent à Timisoara pour conduire ou surveiller les opérations militaires conformément aux ordres donnés par Ceausescu se trouvaient les généraux Victor Stanculescu et Stefan Guse, le Premier ministre Constantin Dascalescu et Emil Bobu, secrétaire chargé de l'organisation du parti au Comité central.

La principale artère de Bucarest, appelée Calea Victoriei, traverse le centre de la ville. Elle conduit à la place du Palais, qui évoque un vaste espace à ciel ouvert plus qu'une place. Divers monuments entourent l'endroit, comme l'ancien Palais royal transformé en musée national des Beaux-Arts, la majestueuse salle de concert appelée l'Athenaeum, la Bibliothèque nationale, le Parlement, quelques ministères et deux des principaux hôtels, l'Athénée Palace et l'Intercontinental. Dans le coin nord-est se dresse la redoutable bâtisse du Comité central, qui était effectivement le siège du régime, et ce fut là que Ceausescu se retrancha après son retour de Téhéran, dans la soirée du 19. Un peu en retrait, cet immeuble a son propre parvis avec un arbre décoratif ou deux et des marches basses qui conduisent aux portes principales. Au premier étage se trouve un balcon semblable à tous ceux que l'on destine aux apparitions triomphalistes d'un dictateur. Du vaste bloc à pilastres se dégage une impression de puissance brutale. Derrière, se trouvent la place de l'Université et le boulevard Magheru, parallèle à la Calea Victoriei.

Quand les manifestations éclatèrent de nouveau à Timisoara le 20 décembre, des foules se massèrent dans ce quartier central de Bucarest. A six heures du soir, Ceausescu tint une réunion avec les chefs de la Securitate et de l'armée. Après quoi il fit une allocution sur les ondes, pour déclarer dans son jargon éculé que les Hongrois, de concert avec « les cercles impérialistes et les services d'espionnage étrangers », avaient fomenté cette agitation. Fidèle aux formes habituelles, il avait décidé d'organiser pour le lendemain une cérémonie d'applaudissements massifs et de faire venir à cet effet, en autocars, des milliers d'ouvriers réputés loyalistes pour l'acclamer comme d'habitude pendant qu'il s'adresserait à eux. Dans la matinée du 21, une foule de 80 000 personnes s'agglutina en rangs serrés devant l'immeuble du Comité central. Ceausescu parut au balcon. Avant qu'il ait pu se lancer dans son discours, des bruits non identifiés, mais très proches, le firent sursauter. Dans tout le pays, les téléspectateurs se retrouvèrent soudain devant un écran momentanément vide. Lorsque l'image fut redevenue normale, c'était la foule qui avait pris la parole en scandant très distinctement les syllabes de « Ti-mi-soa-ra » et « A bas les assassins ! » Visiblement éperdu devant une manifestation de colère d'une telle ampleur, Ceausescu fit une pause et l'on put entendre Elena, derrière lui, l'exhorter à augmenter les allocations de subsistance. Après avoir bredouillé quelques phrases, il s'arrêta. Il venait enfin de comprendre qu'il était l'objet d'une haine générale avec toutes les conséquences que cela comportait et il restait là, debout, bouche bée, réduit au silence, en pleine débâcle psychologique, face à la réalité. En filmant les pensées qui agitaient cet homme, telles que les réfléchissait l'expression de son visage, les opérateurs de la télévision qui ont fixé cet instant sur leur pellicule nous offrent une image révélatrice et dramatique dont la signification ne se limite pas à ce personnage particulier mais s'étend à toute la nature de la tyrannie.

Les deux camps commencèrent dès lors à cristalliser. Pendant l'après-midi et la soirée de ce jour-là, les révolutionnaires dressèrent des barricades autour de l'hôtel Intercontinental. L'armée et la Securitate prirent position autour de la place du Palais et en bloquèrent l'accès, pour entourer d'un cordon protecteur l'immeuble du Comité central à l'intérieur duquel se trouvait encore Ceausescu. Vers sept heures du soir, ils ouvrirent le feu sur les barricades. Quelque cent personnes furent tuées. Les Ceausescu, qui exhortaient l'armée à reprendre la maîtrise des rues, devaient passer cette nuit-là dans l'immeuble du Comité central, exposés aux bruits sinon à la vue de la fusillade. Parmi les proches conseillers qui se trouvaient près d'eux il y avait Bobu, Manescu et le général Postelnicu. Rappelé de Timisoara où il avait assuré la bonne marche de la répression, le général Stanculescu semble avoir été le premier à comprendre, en rentrant à Bucarest, que c'était le moment de prendre des décisions – question de vie ou de mort. Ses mouvements sont difficiles à reconstituer. Selon une version, il a passé, lui aussi, la nuit au siège du Comité central. Il le nie dans sa propre version des faits. Il affirme être retourné chez lui pour appeler un médecin qui, en guise de stratagème, lui a mis une jambe dans le plâtre, sur quoi il s'est présenté le lendemain matin à Ceausescu comme s'il était plus ou moins handicapé.

Rejetés hors de la place par l'armée, au cours de la nuit précédente, des centaines de milliers de gens convergèrent à nouveau vers ce même endroit dans la matinée du 22. Une issue sanglante semblait inévitable, mais au milieu de la matinée on apprit soudain que le général Milea, ministre de la Défense, était mort : suicidé selon les premières rumeurs ou exécuté par ordre des Ceausescu d'après les récits ultérieurs. L'armée, presque aussitôt, bascula du côté de la révolution. La foule se précipita vers l'entrée du Comité central. Pour les soustraire à un lynchage imminent, Stanculescu escorta les Ceausescu sur le toit où il avait fait venir un hélicoptère. Accompagnés seulement par Bobu et Manescu, dévoués à leur service jusqu'au bout, les Ceausescu s'envolèrent. Grâce à son plâtre et à tout le reste, Stanculescu avait minuté son retournement à la seconde près.

Le vide soudain qui se produisit dans la sphère du pouvoir et se prolongea pendant plusieurs heures aspira pour ainsi dire la classe politique et intellectuelle à l'intérieur de cette sphère. Tous ceux qui avaient des vues sur le pouvoir et les mandats disponibles s'empressèrent d'investir les trois foyers où se déroulait l'action : le siège du Comité central, le ministère de la Défense, et les studios de la télévision ; tous se mirent à faire la navette d'un endroit à l'autre selon les exigences de l'instant. En voiture, le trajet entre l'immeuble du Comité central et celui de la télévision nécessite une bonne demi-heure. Dans une foire d'empoigne incessante, certaines carrières se décidèrent ici et là au hasard de combinaisons qui mettaient en jeu les moyens de transports, les rencontres fortuites et les relations personnelles – la chance privilégiait celui qui se trouvait au bon endroit, au bon moment. A cinq heures de l'après-midi, le 22, le Front de Salut national se réunit au premier étage de l'immeuble du Comité central. Ses principales personnalités étaient Iliescu, son président, Dimitru Mazilu, son vice-président, Petre Roman, Silviu Brucan, le général Militaru et le général Guse, à présent commandant en chef.

On s'est beaucoup interrogé sur l'apparition soudaine de cet organe fantôme, venu de nulle part. Son objectif semblait être de faire surgir un pâle reflet du Front démocratique populaire de 1945 qui avait mis un terme à tout espoir d'instaurer la démocratie en Roumanie. En dépit des théories qui courent sur l'existence d'une conspiration, il semble certain que cette poignée d'hommes dotés de pouvoirs réels ou potentiels se sont constitués au cours de l'après-midi même en un comité improvisé, pour disposer d'une machine politique dont ils se serviraient afin de s'emparer du pouvoir ou de se partager les postes dans un nouveau gouvernement.

Comme pour répondre au vacuum dont souffrait le pouvoir, une nouvelle fusillade éclata en plein centre de Bucarest, sur la place du Palais où les monuments furent endommagés et la Bibliothèque nationale incendiée ce qui entraîna la perte de toute sa collection d'incunables et d'imprimés. Le centre de la télévision fut lui aussi la cible de tirs nourris. Quelque 800 personnes furent tuées pendant les quarante-huit heures qui suivirent. Six mois plus tard, Iliescu devait déclarer que 1 033 décès avaient été vérifiés, mais que les chiffres concernant plusieurs villes de province étaient encore à venir. Qui était à l'origine de ces tirs ? La fusillade obéissait-elle à des plans concertés voire à des ordres ? Ces questions continuent à poser des énigmes. Le bon sens suggère que la Securitate ou certaines unités spéciales ont voulu se livrer à un baroud d'honneur. Des groupes de militaires abandonnés à eux-mêmes et des révolutionnaires à la gâchette facile peuvent en outre s'être pris mutuellement pour des conspirateurs.

Les Ceausescu, comme des évadés en cavale, passaient d'un hélicoptère à une voiture réquisitionnée, pour finir par se faire coincer à peu près au moment où le Front de Salut national tenait sa première réunion. Ils furent emmenés sous bonne escorte dans la caserne militaire de Tirgoviste, à quelque quatre-vingts kilomètres de Bucarest. On peut trouver surprenant qu'ils n'aient pas préparé leur fuite vers quelque capitale comme Téhéran où ils auraient été les bienvenus. Nicu et Zoia Ceausescu furent arrêtés dans l'après-midi, de même que le ministre de l'Intérieur Tudor Postelnicu, Bobu, Manescu et quelques autres. Brucan, convaincu de pouvoir attribuer le déclenchement de la fusillade aux tireurs d'élite de la Securitate, prétend avoir eu le mérite d'interroger l'« évasif » général Vlad, comme il l'appelle, jusqu'au moment où celui-ci fut arrêté à son tour.

La nouvelle de l'arrestation de Ceausescu ne fut transmise sur les ondes que dans la soirée du 23. Des coups de feu isolés continuaient à retentir dans tout Bucarest. Le lendemain matin Iliescu et ses partisans du Front de Salut national décidèrent que les Ceausescu devaient être traduits devant un tribunal militaire, condamnés et sommairement exécutés. Miraculeusement libéré de son plâtre, le général Stanculescu se chargea de prendre les dispositions nécessaires à Tirgoviste. Un film de ce procès parodique montre Ceausescu et sa femme qui s'obstinent à rejeter toutes

« *Nous nous étions imposés* »

les accusations portées contre eux avec un sentiment d'innocence offusquée. Si mal placé fût-il, leur courage dans de telles circonstances a été indéniable, fortifié peut-être par la présence de Stanculescu dans la petite salle du tribunal. Le général leur devait tout et ils avaient peut-être espéré voir ce favori de leur cour trouver une astuce pour que tout finisse bien. Le film montre Stanculescu, dans le rôle du traître classique, faire des efforts considérables pour éviter que son regard ne croise celui de l'un ou de l'autre des Ceausescu. Les condamnés, se tenant par la main, furent ensuite conduits dans la cour de la caserne pour y être abattus par un peloton d'exécution.

Ceausescu fut le seul et unique dirigeant communiste qui, en 1989, manifesta la volonté d'ordonner le recours aux armes contre son propre peuple. Son sort indique que les autres ont eu raison de résister à la tentation d'adopter la même attitude. Partout ailleurs, un processus de caractère politique avait séparé l'Etat du parti et invalidé celui-ci en le privant de la base sur laquelle s'appuyait son pouvoir. En Roumanie, les actes de violence et la nécessité de restaurer l'ordre eurent pour conséquence de faire passer tout bonnement l'armée et l'appareil de la sécurité des mains de Ceausescu à celles d'Iliescu. Ainsi l'homme qui avait pendant longtemps été son héritier présomptif lui succéda en fin de compte, et il ne se gêna guère pour préparer les indispensables élections qui lui vaudraient ses lettres de créance en qualité de démocrate tout neuf.

Ion Caramitru a la belle allure et les manières aisées qui conviennent au célèbre acteur qu'il est resté tout en dirigeant le Théâtre national. La maison de la rue Rosetti, dont son bureau occupe le rez-de-chaussée, avait été offerte par le parti à Zoia et Nicu Ceausescu. Elle se trouve à proximité de la place du Palais. Edifiée dans un jardin feuillu, c'est une demeure luxueuse selon les critères locaux. Sous l'ancien régime, les membres de sa famille avaient été jetés en prison, mais Caramitru était protégé par sa réputation et la Securitate s'était contentée de le convoquer pour un interrogatoire.

A midi, le 21 décembre, alors qu'il rentrait en avion de Cluj, il entendit le dernier discours de Ceausescu retransmis par les haut-parleurs de l'aéroport. La ville était déjà pleine de cars qui amenaient dans le centre les forces spéciales et la Securitate. La crise s'aggravait manifestement. Comme il habitait derrière la Piata Romana, au nord de la place du Palais, il rentra en voiture à son domicile et se changea pour enfiler un survêtement. «Je sortis de chez moi et n'y revins pas pendant cinq jours.» Le quartier se trouvait cerné; en outre il était coupé en deux par des voitures blindées qui bloquaient l'accès à l'immeuble du Comité central ou à l'Université située un peu plus loin. Des adolescents qui l'avaient reconnu lui demandèrent de se joindre à eux et à la révolution; aussi commença-t-il à recruter lui-même des personnes plus âgées. Beaucoup de celles-ci cherchaient en fait à persuader les jeunes de quitter cette zone dangereuse. Il suppose qu'il s'agissait d'agents de la Sécurité en civil. A son avis, l'ordre d'ouvrir le feu était venu d'Ilie Ceausescu, un frère de Nicolae qui était général de la Securitate.

« Ils n'ont commencé à tirer qu'après la tombée de la nuit. Ils sont arrivés en camions et dans d'énormes voitures qui ont écrasé quelques personnes. Vers une heure du matin, ils ont barré les autres rues qui menaient à la place du Palais. J'ai cru qu'ils voulaient tuer tout le monde, mais au bout de deux heures ils ont disparu. J'ai passé la nuit à vagabonder au hasard. Entre six et sept heures, le lendemain matin, le 22, les gens ont commencé à rappliquer. Le métro n'avait jamais cessé de rouler. Ils avaient préparé des pancartes et ils se sont répandus dans les rues.

« J'avais promis à ma femme et à ma mère de leur téléphoner toutes les demi-heures à partir d'une cabine publique proche de l'endroit où je m'étais posté. J'étais muni d'un tas de pièces. J'ai appelé ma femme entre dix heures et la demie et elle m'a dit : "Il y a quelque chose de bizarre ; à la télévision le présentateur est en train d'annoncer que le général Milea s'est suicidé et que c'est un traître." Elle a posé le combiné contre le poste de télévision pour que je puisse écouter. J'ai aussitôt compris que l'armée allait s'unir à nous. C'était décisif. Je suis allé voir un gros homme ventru dans son uniforme, un commandant ou un colonel debout devant quatre ou cinq voitures blindées qui bloquaient la rue et je lui ai annoncé : "Ils ont tué le chef de l'armée. — Ce n'est pas vrai", m'a-t-il répondu. Il est entré dans la voiture blindée où il a peut-être téléphoné ou appris quelque chose, car il est redescendu, a fait retourner la mitrailleuse en disant : "C'est vrai. Nous n'avons pas d'ordres, je suis à votre disposition, qu'allons-nous faire ?" »

Après avoir pris le commandement de ce groupe blindé, Caramitru et quelques passants roulèrent sur le boulevard jusqu'au centre de télévision. Chemin faisant, il aperçut l'hélicoptère qui survolait la ville, de même qu'un autre petit appareil qui lançait des prospectus mettant la population en garde contre les agents étrangers et occidentaux. Dans l'immeuble de la télévision, il s'empara du studio numéro 4. « Ma voix a été la première à se faire entendre – quelle histoire romantique ! » Dans le studio surgit un Mircea Dinescu très nerveux. « C'était le seul écrivain qui se trouvait parmi nous et je lui ai dit qu'il devait prononcer quelques mots pour le peuple. Ce qu'il a fait. C'était une déclaration très simple, pour réclamer un cessez-le-feu et demander à l'armée de se joindre à la révolution. » Cette première déclaration a eu lieu vers une heure de l'après-midi. En apprenant que des tirs d'artillerie avaient commencé à se faire entendre devant le Palais royal, Caramitru quitta le studio.

« Après cela, Iliescu, le général Militaru, Petre Roman, Brucan et quelques autres se sont retrouvés dans le studio 4 pour lire le communiqué qu'ils avaient rédigé dans l'immeuble du Comité central où ils étaient restés jusque-là. Iliescu avait été pratiquement tiré de chez lui, il n'était pas encore descendu dans la rue. C'est par innocence, si vous me permettez le terme, que nous n'avions pas annoncé notre intention de former un gouvernement et de prendre le pouvoir. Personne n'avait eu ce genre d'inspiration. Je suis un acteur. Je ne me voyais pas président ni rien de ce genre.» Il est convaincu qu'Iliescu est arrivé au pouvoir avec le soutien de l'armée et de la Securitate et des apparatchiks de deuxième ordre du parti parce qu'il leur offrait une chance de s'en sortir. «Mazilu avait préparé un programme en dix points. Tous ces gens s'étaient attendus à ce que quelque chose se passe, mais ils ne pouvaient pas imaginer que Ceausescu prendrait la stupide initiative d'organiser ce rassemblement populaire autour de l'immeuble du Comité central, quelques jours après l'affaire de Timisoara.»

De retour sur la place, Caramitru vit une dizaine de tanks qui entouraient l'immeuble du Comité central et tiraient à la mitrailleuse sur le Palais royal. Ils avaient bien peu de chances de tuer ainsi les terroristes qui auraient pu se trouver derrière les murs épais. Entre-temps, la Bibliothèque nationale avait pris feu parce que la garde du corps de Ceausescu tenait ses quartiers dans un bâtiment situé juste derrière, et l'échange de tirs avait mis le feu aux immeubles voisins. «Une telle erreur des militaires m'a rendu fou de désespoir. Je suis monté sur le balcon de l'immeuble du Comité central, où tout était resté dans l'état où Ceausescu l'avait laissé. Le microphone était toujours installé, et il y avait encore un camion de la télévision, en bas, équipé pour émettre à l'extérieur des studios. J'ai pris le micro et j'ai passé vingt minutes à lancer des appels aux militaires pour qu'ils cessent de tirer. Puis nous avons organisé un groupe de soldats et de volontaires. Tard dans la soirée, à quelque neuf ou dix heures, nous sommes arrivés à faire taire la fusillade.»

Et qui tirait sur l'armée?

«C'est toute la question. Les preuves ont été détruites. On parlait de centaines de terroristes, mais tout d'un coup il n'y avait absolument plus personne.»

De retour au centre de la télévision, il devait y passer la nuit. «Des gens n'arrêtaient pas de se présenter pour annoncer qu'ils se joignaient à la révolution. La plupart d'entre eux étaient d'anciens agents de la Securitate et des personnes poussées par des raisons religieuses. Nous avons essayé de faire un choix. Nous avons entendu toutes sortes de mensonges de la part de gens désireux de faire croire qu'ils étaient des dissidents depuis des années alors qu'ils se tenaient à la botte de Ceausescu. Mais nous ne pouvions pas tous les démasquer et, à la fin, nous ne pouvions même plus nous en défaire. Quand Nicu Ceausescu a été amené, je lui ai déclaré qu'il était coupable de n'avoir pas empêché les mauvaises actions de son père. Quelqu'un lui avait donné un coup de couteau dans le ventre mais il était plus effrayé que blessé.»

La journée n'était toujours pas finie. Pendant la soirée, Caramitru entendit dire qu'il avait été nommé membre du Front de Salut national et figurait parmi les onze membres du Comité exécutif. « Je voulais que les partis politiques historiques reprennent leur place dans un nouveau système parlementaire. J'ai soutenu avec insistance que le Front de Salut national n'était qu'une administration provisoire pour assurer la transition jusqu'aux élections générales de mai. A la fin de janvier, les membres du Front ont voté pour savoir s'ils allaient se convertir en un parti politique. Je devais être le président de ce nouveau parti. Pour moi ça a été le moment de vérité. J'étais le seul à n'avoir jamais été membre du parti communiste. Alors j'ai compris et j'ai refusé. Le 22, ils avaient eu besoin de moi. J'avais été utilisé comme écran. »

Octavian Andronic, personnage bien en chair et bon vivant, était auteur de bandes dessinées avant de devenir chef de rubrique à *Informatia*, un journal du parti. Les bureaux de cette publication se trouvent dans une rue latérale près de la place du Palais. Le 21, il s'était rendu à une réunion, au centre de la télévision. « J'ai été épouvanté et bouleversé par ce que j'ai appris. Personne ne pouvait comprendre ce qui s'était passé pendant le discours de Ceausescu ni pourquoi la retransmission avait été interrompue. En fait, il y avait eu un bruit de craquement, comme un pétard qui avait explosé. Les gens se demandaient où était le haut-parleur, ils s'étaient éparpillés et dispersés par vagues. Le cameraman de la télévision se trouvait sur une plate-forme au niveau du balcon, et quand la foule a heurté l'échelle il a perdu pied. La caméra s'est trouvée tournée vers le ciel et c'est la seule chose qu'on a pu voir pendant quelques minutes. Tout cet incident résultait du petit feu d'artifice que quelqu'un avait fait exprès de tirer bien entendu pour mettre la pagaille. Ceausescu n'avait pas su comment réagir. La retransmission a repris au bout de deux minutes. Tous les slogans écrits disparaissaient quand on les regardait. Je pense que, jusqu'à la fin de sa vie, Ceausescu n'a jamais compris ce qui se passait. »

Cette nuit-là, Andronic était resté sur la place de l'Université jusqu'à deux heures du matin, avant de rédiger un récit des événements survenus dans la journée. A environ 8 h 30 du matin, le 22, il est ressorti sur le boulevard Magheru où il a vu arriver des masses de gens. Des jeunes s'étaient drapés dans le drapeau national au centre duquel le symbole communiste avait été découpé. « Tout a basculé quand on a appris la mort du général Milea. La milice et les soldats se sont évaporés, et tout le monde s'est dirigé vers l'immeuble du Comité central. J'ai vu à quel point les soldats étaient effrayés. Ceausescu cherchait une fois de plus à parler au peuple, il hurlait des avertissements dans le micro, mais la foule hurlante répondait par des accusations et il s'est réfugié en toute hâte sur le toit pour prendre son hélicoptère. Mon impression est qu'à ce moment-là ni les dirigeants ni le public ne pouvaient envisager la possibilité d'enterrer le régime. Moi-même, je n'osais pas espérer mieux qu'un changement à la tête de l'Etat.

« Vers midi et demi j'ai eu l'idée de sortir de toute urgence le premier journal libre. Nous avons changé le titre [d'*Informatia*] en *Libertatea*. Quand j'avais rédigé mon compte rendu de la veille ce n'était pas pour le publier mais je l'ai reproduit sous le titre "Jurnal Imediat!" C'était un acte complètement inconscient. Nous n'avions pas le temps de penser qu'au cas où Ceausescu reviendrait la plupart d'entre nous seraient exécutés. Mais certains membres du personnel avaient peur et ils ont filé. Les presses étaient installées dans le bâtiment et les imprimeurs ont été magnifiques, ils ont fait le maximum sans reprendre haleine. Nous avons tiré le journal en trente minutes seulement. Puis je suis allé au centre de la télévision pour annoncer la publication. » Iliescu était là, déjà considéré comme le chef de l'Etat, d'après Andronic, et se conduisant comme tel.

Je possède un exemplaire de ce numéro de *Libertatea*. Ses gros titres couvrent presque toute la première page : « Citoyens, Frères Roumains ! Nous avons gagné ! Le dictateur a été renversé. »

Nicolae Dide est député au parlement et il dirige un parti dissident. Le matin du 21, il se trouvait à Brasov où il tournait un film dont l'intrigue se situait en 1944. C'est alors qu'il reçut un ordre selon lequel les armes d'époque qu'il avait louées ne pourraient pas être apportées sur le lieu du tournage ce jour-là. En regardant la télévision, il décida de se rendre en voiture à Bucarest et arriva juste à temps pour construire des barricades. Les chaises et les tables du restaurant Dunarea en face de l'Intercontinental avaient déjà été apportées au milieu de la rue et utilisées à cet effet. Avec quelques autres, il pénétra dans les ministères autour de la place et s'empara de cinq ou six véhicules pour les incorporer aux barricades. Des tanks surgirent alors de tous les côtés pour converger vers la foule. Et en fin de compte, les canons à eau et les gaz lacrymogènes firent place aux balles. Il se souvient aussi des fantassins qui avançaient en bon ordre. Au premier rang venaient des soldats munis de boucliers anti-émeutes et de matraques ; au milieu d'eux il y avait des hommes sans armes qui se saisissaient des révolutionnaires pour les faire emporter à la prison de Jilava, comme on l'apprit par la suite. La seconde ligne était formée par les tireurs, dont certains en civil.

A trois heures du matin, tout le monde était rentré chez soi. Dide et son groupe de l'Intercontinental se sont retrouvés vers sept heures du matin devant le ministère de l'Agriculture. Il se souvient aussi du moment où, vers dix heures et demie, l'officier qui lui faisait face lui a demandé de se rapprocher de sa voiture blindée pour lui dire qu'il voulait se retirer. Dide devait organiser le passage pacifique de ces soldats en dégageant un corridor de dix mètres de large entre eux et la foule. « Il était à peu près onze heures un quart quand les gens ont découvert qu'il n'y avait plus aucun obstacle devant eux. Nous avons trouvé dans l'immeuble du Comité central des armes et des munitions avec lesquelles les gardes auraient pu soutenir un siège, mais ils n'ont pas cherché à nous empêcher d'envahir les lieux. Au contraire, ils se sont mis à notre disposition. A l'intérieur, il y avait des troupes du ministère de la Défense. Nous nous sommes emparés de l'immeuble, pièce par pièce.

« Un soldat a dit : "Venez avec moi et je vais vous montrer où est le Premier ministre." Cinq d'entre nous sont montés avec lui jusqu'au sixième étage et sont entrés dans une salle où quatre ou cinq conseillers étaient assis autour d'une table en compagnie de Dascalescu dont c'était le bureau. Il était au téléphone, en train de donner des instructions pour faire relâcher les prisonniers politiques. L'un de nous lui a demandé : "Pourquoi si tard dans la journée, monsieur Dascalescu ?" Tout tremblant, il a répondu : "De ma vie entière, je n'ai jamais été d'accord avec Ceausescu." On l'a arrêté en même temps que d'autres personnes présentes dans le bâtiment, Constantin Dinca le vice-Premier ministre, le général Postelnicu, et deux des conseillers de Ceausescu, Silviu Curticeanu et Ion Nicolceoiu. Notre groupe n'a gardé que Dascalescu. Nous l'avons enfermé dans une pièce jusque vers quatre heures, après quoi nous l'avons contraint à se présenter au balcon pour annoncer que lui et son gouvernement démissionnaient. J'étais étonné de voir à quel point il mourait de peur à l'idée de sortir sur ce fameux balcon. Son regard ne cessait d'aller et de venir entre la porte et le balcon jusqu'à ce qu'on l'oblige à prendre le micro.

« Tous les prisonniers ont été emmenés au deuxième étage et rassemblés dans la bibliothèque. On leur avait attaché les mains avec du fil électrique, sauf pour Dinca qui avait été autorisé à s'étendre sur un lit, dans une autre pièce, en raison de ses troubles cardiaques. Le quartier général de la révolution était installé dans le bureau de Curticeanu au deuxième étage. Le général Guse et le général Vlad, qui s'y trouvaient, émettaient et recevaient des ordres. Huit d'entre nous – c'est-à-dire Milionescu, Christina Chontea, Dan Robulescu, moi-même et quatre autres personnes – étaient chargés de surveiller les deux généraux. Dans l'après-midi, Iliescu est arrivé et c'est à ce moment-là que nous avons perdu la révolution. Nous nous en sommes remis à lui, non pas parce que c'était dans nos intentions mais parce que nous n'étions pas doués pour faire la révolution. Pendant à peu près deux heures nous avions agi comme un gouvernement de substitution, le premier gouvernement de la révolution. Quand Iliescu et compagnie ont pénétré dans le bâtiment, ils se sont déployés. Iliescu et Voican-Voiculescu sont montés au deuxième étage. A cet instant nous nous trouvions au premier étage et le général Gheorge Voinea a fait son apparition. Il a déclaré : "Je veux parler au pouvoir politique révolutionnaire." Nous sommes tous restés cloués au sol. Aucun d'entre nous n'avait eu l'idée de constituer un pouvoir politique révolutionnaire. C'est alors que Petre Roman a surgi dans notre dos pour annoncer : "Nous sommes là." Et il a emmené le général Voinea chez Iliescu et ses amis pour constituer le Comité du Front de Salut national, après quoi ils sont allés au siège de la télévision. Le général Voinea faisait partie du lot. Et c'est ainsi qu'ils s'y sont pris. »

Ilie Verdet, le mari de la troisième sœur de Ceausescu, Reghina, se distinguait dans la cohue de ceux qui cherchaient à se faire attribuer des fonctions. Dans le passé, il avait été membre du Comité central et du Politburo, et assumé les fonctions de Premier ministre. Par suite des conflits de personnalités habituels, il avait été contraint de démissionner de toutes ces fonctions, en 1984, pour ne conserver que son siège à la commission de contrôle financier du parti. Ce fumeur à la chaîne, qui ponctue la conversation en tapant sur la table avec son index massif, est l'exemple même du communiste à l'ancienne mode, incorrigible en dépit de tout ce qui s'est passé. A ses yeux il n'y a eu qu'un mouvement populaire de révolte contre un totalitarisme dont il soutient qu'il n'avait rien à voir avec le communisme. Et naturellement, selon lui, il y a eu complot. Des Hongrois et autres agents de l'étranger en étaient les instigateurs. Soixante cadavres n'ont jamais été revendiqués à Timisoara, affirme-t-il, tandis qu'à Debrecen un monument a été érigé en l'honneur des personnes qui ont péri en défendant le pasteur Tökes. Sans ingérence étrangère, le changement n'aurait pas entraîné d'effusion de sang.

La population était de toute évidence mécontente mais Ceausescu avait commis une bourde «colossale et stupide» en s'adressant à la foule du haut de ce balcon. Il aurait dû proposer des solutions politiques au lieu de faire de la propagande. «Il avait personnellement organisé le [rassemblement du] 21 décembre mais, dès le 22, les gens s'étaient concertés entre eux et il n'était plus possible de les arrêter. Le 22, après-midi, il y a eu une vacance du pouvoir pendant un bref laps de temps. Vers quatorze heures certains individus se sont fait mousser à la télévision et ils sont devenus les dirigeants du Front de Salut national. »

Le balcon du Comité central pouvait être utilisé comme tremplin de secours pour qui voulait s'autopropulser au gouvernement. Verdet a eu l'occasion de s'en servir. Entre midi et cinq heures, dit-il : «Je m'y trouvais justement. Par bonheur, je connaissais bon nombre de manifestants, de gardes patriotiques, d'ouvriers et des tas de gens. Au cours de ces heures, je me suis adressé à la foule rassemblée sur la place, pour lui demander de rester raisonnable et de garder son calme, d'éviter toute effusion de sang – inutile désormais puisque Ceausescu était parti. J'ai accueilli Iliescu et son équipe dès qu'ils sont arrivés. Après qu'Iliescu a harangué la foule, ils se sont tous rassemblés dans une pièce pour organiser ce Front, dont la constitution a été tout de suite annoncée à la radio et à la télévision. C'est le mouvement populaire qui a créé le Front ; ce n'est pas le Front qui a créé le mouvement populaire. » Personne n'a invité Verdet à faire partie du Front et il prétend ne l'avoir pas demandé.

«Pendant la semaine que j'ai passée à l'intérieur du bâtiment du Comité central, on n'avait pas l'impression de vivre l'Histoire en marche mais seulement de voir des tas de gens qui s'agitaient sans rien faire de précis. Comme le général Guse et le général Vlad étaient présents et restaient en contact constant avec leurs troupes, ils étaient en mesure de fournir une base au nouveau pouvoir et de prendre les dispositions nécessaires pour éviter l'extension du conflit. »

Néanmoins, pendant qu'ils assuraient la coordination des troupes, la fusillade se poursuivait ?

« A cause d'éléments incontrôlés. Mais qui étaient-ils ? A l'intérieur de l'immeuble du Comité central, on s'accordait à dire qu'il fallait faire cesser la fusillade et que c'était la condition préalable à l'adoption de toute mesure politique future. Je n'avais pas peur pour moi. Ce que craignaient tous les gens connus dans les milieux politiques c'était le risque d'une guerre civile tant que l'ordre ne serait pas rétabli. »

Mis à part Caramitru, les membres du Front étaient tous d'anciens communistes comme Verdet lui-même, et celui-ci ne peut s'empêcher de laisser percer sa déception à l'idée d'avoir été mis à l'écart par eux. « Je n'ai pas envie de prendre la défense de Ceausescu ni de le justifier, il a fait ce qu'il a fait, déclare Verdet, mais sans le soutien de l'armée rien n'aurait pu arriver. Aujourd'hui encore, je ne suis pas en mesure de dire si Milea a été assassiné ou s'il s'est suicidé. Les faits prêtent à controverse. Le Front de Salut national a décrété qu'il s'était donné la mort. C'était la version initiale. Voilà pourquoi il a été enterré avec tant de pompe et de cérémonie. L'autre version, selon laquelle il aurait été assassiné, supposait l'existence d'un meurtrier et de preuves suffisantes pour étayer cette accusation. »

En ce qui concerne la mort de Ceausescu : « Ce n'était pas un procès mais une mascarade. » Verdet avait proposé de dissoudre le Front de Salut national et de convoquer une séance spéciale du parlement pour dépouiller Ceausescu de ses fonctions de chef d'Etat et de premier secrétaire du parti, puis pour l'arrêter et le faire passer en jugement. C'est ce qui lui a barré la route et l'a empêché de se tailler une place dans le Front de Salut national. Cherchait-il indirectement à sauver son beau-frère ? Cette question lui fait prendre une mimique inspirée. « La hâte avec laquelle il a été expédié me donne à penser que certaines personnes, pas seulement roumaines mais aussi étrangères, avaient intérêt à le faire disparaître. La plus grosse erreur de Ceausescu a été de s'opposer à Moscou. S'il avait adopté une autre attitude à l'égard de Moscou, il serait probablement encore en vie, et se trouverait à peu près dans la même situation que Zivkov. »

Lors de son accession au pouvoir, Iliescu avait fait entrer Petre Roman au Front de Salut national ; par la suite, il l'a nommé Premier ministre. Ce choix se passait d'explications. Agé de quarante-deux ans, débonnaire et plein de prestance, Petre Roman était professeur à l'Ecole polytechnique. Il entretenait avec Iliescu des relations professionnelles. Il connaissait tout le monde. On dit que Zoia Ceausescu était entichée de lui. Son père, Valter Roman, avait servi dans les Brigades internationales pendant la guerre d'Espagne, avec le rang de général, ce qui avait fait de lui un communiste célèbre et un membre du Comité central roumain. Dans ses mémoires, Silviu Brucan raconte que par l'intermédiaire du père il avait fait la connaissance du fils lorsque celui-ci était encore étudiant. Roman prétend être entré au Front par accident mais Martyn Rady, dans son magistral reportage : *La Roumanie dans la tourmente*, estime que cela est peu plausible. « Roman était un proche collaborateur d'Ion Iliescu et sa présence à la réunion inaugurale du Front donne une idée du degré d'influence qu'Iliescu avait déjà réussi à exercer. » Les hommes politiques roumains tiennent dans un mouchoir de poche.

A l'époque où je l'ai rencontré, il avait déjà été dépouillé de ses fonctions et mis sur la touche par Iliescu. Mais Roman dirige un parti politique à lui, dont le siège se tient dans un bel hôtel particulier construit au début du siècle ; la demeure dispose d'un parc entouré de murs dans un quartier résidentiel de la ville. Jusqu'à une époque récente, c'était le centre de documentation de la Securitate.

Dans ses vêtements élégants coupés sur mesure et ses chaussures cousues à la main Roman parle avec aisance l'anglais et le français qu'il a appris au temps de ses études en France. Avec des gens comme lui, la nomenklatura s'est glissée en douceur dans la haute société que l'on appelle aujourd'hui le « jet-set ».

Au début du mois de décembre, il continuait d'accomplir son travail car même si le communisme était à bout de souffle, nul ne pouvait concevoir qu'une insurrection populaire puisse le renverser. Le pouvoir exercé par le parti était absolu. En apprenant ce qui s'était passé à Timisoara, il avait proposé à ses collègues de signer une pétition, mais ceux-ci avaient refusé. Les vacances de Noël venaient de commencer mais il s'était rendu néanmoins à l'Ecole polytechnique le matin du 22 décembre et, en compagnie d'une poignée d'étudiants, il prit le chemin de l'immeuble qui abritait le Comité central.

Porté par le mouvement de la foule, il se retrouva à une centaine de mètres de l'entrée. D'en bas, il vit les Ceausescu faire leur apparition sur le balcon pour battre aussitôt en retraite et partir en hélicoptère. Quinze minutes plus tard, il fut poussé en avant à proximité d'un car de la télévision équipé pour effectuer des émissions à l'extérieur des studios. Dans le véhicule, il y avait plusieurs jeunes gens qui retransmettaient déjà les slogans hostiles à Ceausescu. Parmi ces garçons se trouvait l'un de ses anciens étudiants qui lui demanda de prendre la parole. C'est ainsi que la toute première vague le poussa à l'intérieur du bâtiment. Il se rendit directement sur le balcon. Il fallut encore brancher les microphones sur le car de la télé. Après quoi, « j'ai prononcé les quelques phrases qui sont devenues célèbres » – celles qui proclamaient la fin de la dictature et la prise du pouvoir par le peuple. Ceux qui l'entouraient l'entraînèrent alors dans une pièce spécialement aménagée pour les émissions télévisuelles, et c'est là qu'il écrivit une déclaration. Mais on n'arriva pas à faire fonctionner l'installation. Le général Voina, commandant en chef de l'unité militaire en position sur la place, pénétra alors dans la pièce. Il leur fournit un cameraman et réquisitionna une voiture dans laquelle lui et Roman ainsi que six autres personnes s'entassèrent, afin d'aller personnellement porter le film au centre de la télévision. En fait, une fois arrivé au studio, Roman lut la déclaration en direct. Iliescu fit alors son entrée et écouta l'allocution.

Le général Voinea le conduisit au ministère de la Défense. On a dit qu'en montant dans l'hélicoptère, Ceausescu avait désigné Stanculescu pour succéder à Milea comme ministre de la Défense. Ce point n'a jamais été éclairci. « Le fait est que nous sommes simplement entrés dans le ministère en tant que représentants de la révolution et que nous y avons trouvé Stanculescu en conversation avec Ilie Ceausescu. J'ai ordonné au général de l'arrêter sur-le-champ. Sans rien savoir de moi, il s'est néanmoins exécuté. Ilie Ceausescu s'est aussitôt dépouillé des armes qui pendaient à son ceinturon. J'ai demandé par la suite à Stanculescu pourquoi il m'avait obéi et il m'a répondu : "Parce que je vous avais vu sur le balcon." »

Lorsqu'il retourna dans l'immeuble du Comité central, Roman avait acquis le droit d'appartenir au petit cercle des nouveaux dirigeants. « Les anciens chefs de la bureaucratie communiste s'y étaient rassemblés et je me souviens d'avoir entendu chacun affirmer qu'Iliescu devrait assumer les plus hautes responsabilités. Radio Free Europe avait joué un rôle important là-dedans, car pendant des années elle l'avait présenté sous les traits d'un réformateur large d'esprit à l'intérieur du système. Au milieu de la vieille garde, qui comptait Brucan, le général Militaru et tant d'autres, j'étais le seul à venir de la rue. Le général Militaru a proposé que le Front de Salut national devienne une institution de l'Etat et du parti. Lorsque je m'y suis opposé, Brucan a demandé : "Qu'est-ce que vous faites ici ?" J'y avais été probablement admis à cause de mon allocution à la télévision et parce qu'Iliescu me connaissait par mon père, et qu'il avait publié deux livres scientifiques de moi. »

C'était la première fois que Roman entendait parler du Front de Salut national. Si celui-ci avait existé précédemment, ce n'avait pu être que par suite d'une sorte d'accord tacite entre toutes les personnes impliquées. Le professeur passa la nuit du 22 à élaborer un manifeste pour le Front. La fusillade se poursuivait sans rien perdre de son intensité. Le lendemain matin, en retournant au centre de la télévision pour annoncer et lire le nouveau manifeste, Roman se trouva personnellement dans le champ de tir. « Nous étions au onzième étage et on tirait en direction de cet étage-là, ce qui laisse à penser qu'ils devaient savoir que nous nous y trouvions. On n'a ouvert aucune véritable enquête pour savoir qui étaient les tireurs. »

Une fois devenu Premier ministre, n'auriez-vous pas pu ordonner d'en ouvrir une ?

« Le procureur était indépendant, j'ai fait tout ce que j'ai pu mais les résultats ont toujours été totalement décevants. Pendant la fusillade, nous avons mis la main sur quelque 80 agents de la Securitate venus de différentes parties du pays. Après l'exécution de Ceausescu, environ 800 hommes de plus ont été appréhendés. Les juges d'instruction les ont tous relâchés. Il y a là un vrai problème. C'est le point faible dans tout ce qui concerne le déroulement des événements et il soulève des doutes quant à ce qui se cachait derrière tout ça. »

A l'époque, on a supposé que cette fusillade ne pouvait venir que des partisans de Ceausescu. Au début, on avait décidé d'isoler les Ceausescu après leur arrestation, pour empêcher toute tentative destinée à les libérer et les remettre au pouvoir. « Stanculescu avait des contacts au ministère de la Défense avec le commandant de l'unité militaire impliquée. Ils utilisaient un code secret pour communiquer en toute indépendance malgré les tables d'écoute de la Securitate. Le commandant de l'unité militaire avait mis Ceausescu et sa femme dans une voiture blindée, qui ne cessait de changer de place. Des attaquants, quels qu'ils fussent, n'auraient rien pu tenter sans tuer les Ceausescu. »

Le 24 la fusillade s'intensifia, mais l'armée n'était pas disposée à entreprendre une opération qui aurait pu exiger jusqu'à 80 000 hommes des régiments blindés, si l'on prend comme base de calcul la règle selon laquelle il faut cent soldats pour venir à bout de chaque tireur isolé. Aussi une décision unanime et collective fut-elle prise de traduire Ceausescu devant un tribunal militaire. Stanculescu et Gelu Voican-Voiculescu s'envolèrent alors dans un hélicoptère pour représenter le Front au sein du tribunal.

D'après Ion Pacepa, le général Militaru était « l'un des militaires favoris de Ceausescu ». Il avait été formé à l'Académie militaire soviétique et Moscou pouvait compter sur son loyalisme. Pacepa, avec une délectation évidente, aime à décrire comment le général était tombé dans un « piège d'amour », terme qui désignait les manœuvres de séduction effectuées par un agent à des fins d'espionnage. En l'occurrence, la dame était désignée sous le nom d'Olga. Le jour où il avait été amené à voir le film tourné en secret sur les ébats d'Olga et du général, Ceausescu avait quitté la pièce pour aller vomir; il avait déchiré le décret qu'il venait de signer pour nommer Militaru ministre de la Défense. Certes, Pacepa, en tant que chef de la sécurité passé à l'ennemi, a-t-il de bonnes raisons pour répandre ce genre d'histoire, mais l'anecdote peut tout aussi bien être vraie.

Tombé en disgrâce en 1978, alors qu'il avait cinquante-deux ans, Militaru occupa le poste de vice-ministre de la Construction industrielle pendant les six années suivantes. En 1989, il avait pris sa retraite pour couler une existence paisible dans une maison située entre la Piata Romana et le quartier animé de la Calea Dorobantilor. Silencieux de nature, vigoureux, avec des yeux très bleus, il m'a fait subir un long interrogatoire sur les personnes que j'étais en train de rencontrer et sur ce qu'elles m'avaient confié, en prenant la peine de tout noter. Le général Guse était mort, de même que le général Voinea; les généraux Vlad et Postelnicu étaient en prison; et quant au général Stanculescu, il n'avait jamais commandé aucune unité à quelque niveau que ce fût car il était le chef du département du budget militaire. Comment se fait-il que Stanculescu se trouve aujourd'hui plongé dans des affaires bancaires internationales? Militaru s'évertue à me décrire le labyrinthe des conspirations qui apparemment faisaient les beaux jours de la Roumanie sous Ceausescu. Le premier complot dont il ait eu vent remontait à 1966, au temps où il était officier à Cluj sous les ordres du général Milea. Ceausescu était censé venir visiter la ville et on avait formé le projet de l'arrêter tout bonnement. « Milea était hostile à Ceausescu. Vous devez être clair à ce sujet », précise-t-il. Mais il prétend avoir réussi à dissuader Milea. Cette arrestation aurait été mal comprise. « Ceausescu avait deux visages. Avec les Soviétiques, il posait à l'ennemi de l'Occident, et avec les Occidentaux il se prétendait antisoviétique. Le peuple roumain pensait que ces deux attitudes étaient bonnes. »

Chargé du commandement du district de Bucarest, Militaru a l'impression d'avoir réussi à connaître Ceausescu de très près. En réduisant les capacités de combat de l'armée au profit d'un renforcement de la Securitate, Ceausescu s'était mis à dos le haut commandement militaire, en particulier le général Ion Ionita, alors commandant en chef. Avec les forces spéciales, la Securitate comptait 150 000 hommes, déclare-t-il. Un complot militaire sous l'autorité d'Ionita se mit en place en 1982, en même temps qu'un complot civil sous l'impulsion d'Iliescu. « Je faisais la liaison entre ces deux groupes, prétend Militaru. Nous devions le renverser grâce à un *coup d'Etat* en 1984, au moment où il était censé se rendre en voyage officiel en République fédérale allemande. Quelqu'un nous a trahis. Quant à savoir qui et comment, cela demeure du domaine des suppositions, mais nous avons commencé à nous sentir comme des chats échaudés. » Néanmoins des projets continuèrent à voir le jour et le dernier en date prévoyait l'acquisition d'armes en contrebande à partir d'Ankara au début de 1990.

Alors que lui-même et le général Ionita faisaient la queue pour avoir du pain, Militaru entendit dire pour la première fois que Gorbatchev avait été nommé secrétaire général, et les deux hommes pensèrent que c'était une bonne nouvelle pour la Roumanie. En 1989, la haine qu'inspirait Ceausescu atteignait un paroxysme aussi bien à l'intérieur qu'à l'extérieur du pays. La Lettre des Six, envoyée à Radio Free Europe, dit-il, était un avertissement lancé par le groupe de conspirateurs réuni autour d'Iliescu. Ce que Ceausescu aurait dû faire, c'était saisir l'occasion du congrès du parti en novembre pour se désister, et s'il avait agi de la sorte, il serait encore en vie.

Si tant est qu'il y eut une initiative à laquelle on pourrait donner le nom de conspiration, celle-ci ne joua qu'un rôle négligeable. « La révolution a éclaté de façon tout à fait spontanée. Dans les premiers jours, nous n'avions aucune idée de ce qui se passait à Timisoara. » Le 16, un agent de la Securitate avec qui Militaru était en rapport alla lui dire que s'il quittait son domicile, sa vie serait en danger. Le général téléphona donc à un neveu qui était officier dans l'armée à Tirgu Jiu, mais l'épouse lui répondit que son mari avait été rappelé dans son unité en raison des événements survenus à Timisoara. Guse, Ioan Coman et Stanculescu avaient vainement donné l'ordre de réprimer l'émeute populaire. Militaru tient à souligner que si les Hongrois avaient voulu fomenter des actes de violence contre les Roumains, ils auraient choisi des villes et des districts où il y avait une proportion bien plus élevée de Hongrois qu'à Timisoara.

« Le 22 décembre, j'écoutais la radio. Milea n'était pas le type d'homme à se donner la mort, et dès la toute première nouvelle du suicide j'ai refusé d'y croire. Quand j'ai pris le commandement de l'armée, j'ai vérifié les registres. Je n'y ai trouvé aucun texte émanant de lui et ordonnant d'ouvrir le feu sur la population civile. Au contraire, il s'était opposé à Ceausescu en prétextant qu'aucun règlement n'autorisait l'armée à prendre de telles mesures. Les nouvelles données à la radio avaient été truquées pour que l'on puisse rejeter toute la responsabilité sur Milea et inciter l'armée à se venger des révolutionnaires en plongeant la Roumanie dans un bain de sang. »

Après avoir endossé son uniforme, il se précipita au centre de la télévision, qui se trouve tout près de son domicile. Sur place, il lança un appel pathétique aux généraux en les appelant par leurs noms, pour leur ordonner de cesser le feu et de faire rentrer leurs troupes dans les casernes. Après la mort de Milea, Guse était devenu le plus haut gradé : « Il n'a pas vraiment hésité mais il s'est montré très faible. Après ce qu'il avait fait à Timisoara, il se sentait coupable ou apeuré. Une véritable crise venait de s'ouvrir au plus haut niveau de l'armée. A partir de la nuit du 22, Guse ne se trouvait plus au ministère de la Défense à la tête de l'armée, mais au côté d'Iliescu dans l'édifice du Comité central. Il n'avait pas pris les choses en main. Et rappelez-vous s'il vous plaît que Stanculescu se trouvait lui aussi à Timisoara, qu'il était très proche des Ceausescu et dans les bonnes grâces de la Securitate. Certaines personnes bien informées prétendent que Stanculescu avait été expédié à Timisoara pour y être l'œil et l'oreille de Ceausescu. »

Militaru affirme que Stanculescu est revenu de Timisoara dans la nuit du 21 au 22 et s'est rendu, dès son arrivée, à l'hôpital militaire pour y faire mettre sa jambe dans le plâtre. Au petit matin, il est rentré chez lui où une voiture de la Securitate est allée le chercher et l'a conduit au siège du Comité central. C'est à ce moment-là que Ceausescu lui aurait vainement demandé de prendre le commandement de l'armée. Militaru conclut sur un ton tranchant : « Un soldat obéit aux ordres, faute de quoi il doit se préparer à en assumer les conséquences. Il ne va pas se faire bander le pied. »

De son côté, sans plus de formalisme, Iliescu avait nommé verbalement Militaru lui-même ministre de la Défense au cours de l'après-midi du 24. Le soir même se tint alors au ministère la réunion au cours de laquelle Stanculescu proposa de tout organiser pour le procès des Ceausescu. « Ils s'étaient mis dans la tête de les faire condamner et exécuter. Personne ne m'a demandé si j'approuvais ou non cette exécution. J'ai déclaré publiquement qu'un procès était absolument nécessaire, mais que je les aurais condamnés à la détention à perpétuité, et que j'aurais projeté devant le public un film où ils auraient fait la queue pour obtenir leur pain quotidien.

« Après que la télé eut diffusé le procès et l'exécution, l'intensité de la fusillade baissa de moitié. A la Saint-Sylvestre, tout était terminé. Ne me demandez pas qui étaient les terroristes. Si c'était les Arabes ou les Russes ou qui vous voulez, Dieu seul le sait. Et cela importe peu car c'était la Securitate qui avait tout organisé. Je suis en mesure de vous confier un détail. Dans la nuit du 23, les dirigeants du Front se trouvaient au ministère de la Défense. Il aurait suffi de tuer cinq d'entre eux pour arrêter la révolution sur sa lancée. Deux véhicules blindés se sont présentés à l'entrée et n'ont pas obtempéré quand ils ont reçu l'ordre de s'arrêter. Aussi la garde a-t-elle ouvert le feu. Quelques hommes se sont échappés des véhicules pour courir se réfugier de l'autre côté de la rue. La Securitate a fait un certain nombre de tentatives de ce genre. »

Stanculescu est sans doute celui qui a ri le dernier, quand il est devenu ministre de la Défense après que Militaru eut démissionné le 16 février 1990, mais ce n'allait être pour lui qu'un bref épisode car il devait bientôt se lancer dans sa nouvelle carrière de financier.

Gelu Voican-Voiculescu a surgi de l'ombre pour se catapulter à une place de premier plan. Géologue de profession, il lit couramment plusieurs langues et son impressionnante bibliothèque est de nature bien ésotérique, riche en volumes consacrés à la franc-maçonnerie, à la société secrète des rosicruciens, à la magie noire pratiquée par l'occultiste britannique Aleister Crowley et aux signes du zodiaque. A un moment donné il s'est mis à disserter sur la relation existant entre le nazisme, l'occultisme et la clique d'aristocrates pacifistes mais aussi pro-hitlériens qui se réunissaient au château de Cliveden. Dans le passé, il semble s'être fait condamner trois fois et avoir passé deux ans en prison. Apparemment l'une de ces peines lui a été infligée en Hongrie. « J'appartenais à la résistance passive », dit-il, mais il ajoute que son passé a connu « bien des hauts et des bas ». Certains juges, pour autant que je puisse le savoir, avaient pour instruction de faire passer pour des délits de droit commun les attitudes politiques anticommunistes.

Cet homme imposant à la barbe grise bien taillée a l'habitude de rouler des yeux tout en parlant avec un débit rapide. Il se donne l'allure d'une personne au courant de nombreux mystères mais qui n'a pas le droit de les dévoiler. Il aime infiniment l'intrigue et s'esclaffe de bon cœur en dévoilant quelque méfait préparé de longue main. La rumeur selon laquelle il aurait été lui-même un agent soviétique le met en joie. Une fois au pouvoir, il a fait tout son possible pour éjecter ceux qui avaient des relations avec les Soviétiques, par exemple le général Militaru, qu'il tient pour « le meilleur cerveau militaire du pays mais un être désespérément déformé par le moule mental dans lequel l'ont coulé les Soviétiques ». Quelque temps après les événements il a été nommé ambassadeur auprès de l'OLP à Tunis.

En fait, il n'était pas question de créer un mouvement clandestin en Roumanie. Au mieux, les gens espéraient que Ceausescu ne tarderait pas à mourir et qu'Iliescu le remplacerait. « Beaucoup de gens à présent se vantent d'avoir été des conspirateurs mais ce ne sont que des paroles creuses. Sous l'oppression des forces de sécurité toute action collective était impossible. Au dernier congrès du parti, en novembre, Ceausescu aurait dû céder statutairement la place. De crainte que l'on tente de prendre une telle initiative contre lui, il avait ordonné à la Securitate de mettre à l'ombre, jusqu'au dernier, tous ceux qui pouvaient se présenter en opposants. » Sa visite à Téhéran fut une erreur stupide résultant de sa fatuité. En organisant la manifestation du 21 décembre, Ceausescu a eu l'idiotie de mettre finalement en scène sa propre chute.

Quelques points d'interrogation restent en suspens. La personne qui a lancé le pétard dont l'éclatement a déconcerté Ceausescu au début de son discours ne s'est jamais fait connaître. Puis une sorte de court-circuit dans le système des amplis a produit un énorme boucan, comme un vrombissement de tanks en train de foncer vers la place. Mais néanmoins l'hypothèse d'une action terroriste ne repose sur aucune explication sérieusement fondée.

Le 21, Voican-Voiculescu se trouvait dans son bureau proche de la place du Palais, occupé à travailler sur un projet qui devait être terminé à la fin de l'année. Il entendit les nouvelles à la radio et jeta un coup d'œil par la fenêtre après quoi la curiosité le poussa à descendre dans la rue où il se sentit gagné par la frénésie ambiante. « Il n'y avait pas de meneurs, rien que des jeunes gens qui hurlaient comme des fous. » Dans la soirée, il retourna à l'Intercontinental et s'y trouvait encore quand les tanks ouvrirent le feu et firent mouvement pour écraser la barricade. Après avoir dénombré huit victimes que l'on emportait sur des brancards à l'hôpital, il prit le parti de s'enfuir.

« Le lendemain matin j'y suis retourné une fois de plus et vers treize heures j'ai pénétré dans le centre de la télévision, juste comme ça, comme quelqu'un qui venait de la rue. A cinq heures je faisais partie de l'équipe d'Iliescu, et cinq jours plus tard j'étais vice-Premier ministre. C'est presque inimaginable ! »

Au centre de la télévision, il était tombé sur Dimitri Mazilu. Il avisa alors un de ses cousins, lequel certifia qu'il sortait de prison et leur permit à tous deux d'entrer dans le studio. Mazilu, avec son programme en dix points, était en train de réclamer le pouvoir. En jouant des coudes pour s'emparer du micro, Voican-Voiculescu saisit l'occasion de parler sur l'antenne pendant une minute et demie, pour déclarer qu'il fallait organiser des comités de défense et saisir les archives de la Securitate. « Lorsque le studio s'est vidé, tout est devenu complètement anarchique, et j'ai entendu quelqu'un dire : Qui est cet Iliescu ? Il se tenait là. En écartant deux hommes qui l'escortaient, je suis allé le protéger. Accompagné d'un jeune homme aux cheveux ondulés qu'on peut voir sur toutes les photographies prises à ce moment-là, j'ai saisi Iliescu par le bras pour l'entraîner vers les caméras. Il ne savait pas du tout à qui il avait affaire. Il était environ trois heures moins le quart, et il m'a annoncé que nous devions garder l'œil sur la montre parce qu'à cinq heures tous ceux qui voulaient contribuer au lancement de notre nouvelle vie politique étaient censés se réunir au Comité central pour former un Front de Salut national.

« Après quoi, nous avons traversé d'autres pièces, rencontré des personnes qui venaient d'arriver du Comité central, parmi lesquelles se trouvaient Petre Roman, Brucan et Militaru, avec d'autres que je n'ai pas reconnues. Le rôle tenu par le jeune homme aux cheveux ondulés et moi-même n'avait pas été défini mais tout le monde nous a pris pour des collaborateurs d'Iliescu. Il était plus de trois heures à présent et Iliescu disait que nous devions nous rendre au ministère de la Défense. Je l'ai donc accompagné dans sa voiture. Il se trouve que le chauffeur était l'un des deux hommes que j'avais bousculés, et comme il ne pouvait pas deviner que je n'avais jamais rencontré Iliescu auparavant, il s'est mis à me présenter des excuses. Personne ne savait ce qui nous attendait. » Roman, Brucan et quelques autres ont commencé par aller eux aussi au ministère, puis à l'immeuble du Comité central, où ils sont entrés par une porte latérale.

« A l'intérieur de l'immeuble, il y avait Verdet avec, près de lui, le général Vlad et d'autres vieux communistes qui prétendaient constituer un gouvernement à eux. Nous avions l'avantage d'avoir été vus à la télévision. Iliescu s'est approché d'eux comme s'il était le maître de la situation et c'est lui qui a pris la parole sur le balcon. La foule était en délire, mais il a eu un choc quand il a entendu les gens crier "Pas de communistes !" En effet, il pensait remplacer la tyrannie de Ceausescu par un régime socialiste. Il lui était pénible de voir ses idéaux s'évanouir, mais on lui forçait la main et il avait une grande faculté d'adaptation. Verdet voulait ne rien changer du tout, sous le prétexte que nous avions un gouvernement et une Assemblée nationale et un Comité central qu'il convenait de maintenir en place tandis que lui-même tiendrait le rôle de Ceausescu. Mais nous étions tous autour d'Iliescu et celui-ci était disposé à agir ; grâce à ça, Verdet n'a pas pu aller bien loin. C'était de la pure folie. Iliescu, vif d'esprit, a déclaré que nous avions besoin de trouver un espace où respirer à l'aise, de sorte que nous sommes repartis dans une autre pièce, une sorte de bureau. Le jeune homme aux cheveux ondulés s'est mis en faction devant la porte. Tout le monde voulait entrer. La discussion a démarré. C'était tous d'anciens communistes. Petre Roman a été le seul à présenter une proposition, à savoir que toutes les institutions de l'ancien régime devaient être mises au rebut.

« Iliescu annonça qu'il allait publier un communiqué et voulait trouver un endroit isolé où le rédiger. A ce moment-là, vers sept heures du soir, une fusillade a éclaté dans le couloir et des fenêtres ont volé en éclats. Dans tout le bâtiment, des hommes de la Securitate s'étaient mêlés à nous, ce que nous ne pouvions pas deviner. Il est exact que personne du dehors n'avait tiré sur la façade du Comité central. Les gens demandent toujours pourquoi nous n'avons pas été abattus lorsque nous sommes apparus sur le balcon. De l'autre côté de la place, le Palais royal était la cible de tirs nourris. De quoi s'agissait-il ? Les soldats apeurés vidaient leurs chargeurs par rafales. Dans le couloir il faisait noir, il n'y avait pas d'électricité, personne ne savait qui tirait sur qui. J'ai dit à Iliescu : Il faut quitter ce trou de rat. En bondissant par-ci, en nous aplatissant par-là, nous avons gagné le boulevard. J'avais l'intention de téléphoner à quelqu'un qui pourrait venir nous chercher en auto. C'est alors que le jeune homme aux cheveux ondulés nous a révélé qu'il était chauffeur de taxi, de sorte qu'Iliescu et moi nous sommes installés sur la banquette arrière de sa voiture pour retourner au ministère de la Défense. Roman, Brucan et les autres suivaient dans un autre véhicule.

« Au ministère de la Défense, j'ai reconnu le général Stanculescu, et j'ai soulevé avec lui le problème de l'exécution de Ceausescu. Vous comprenez, tout le monde pensait que j'étais extrêmement proche d'Iliescu. La situation serait incertaine, ai-je déclaré, tant que le sort de Ceausescu demeurerait inconnu. Stanculescu a répondu : "Ils sont à Tirgoviste dans une caserne, je veille à ce qu'ils soient en sûreté." Alors j'ai répondu : "Faites-les abattre immédiatement." Il a composé un numéro de téléphone et parlé en langage codé au colonel du régiment cantonné là-bas. Puis il est revenu vers moi et m'a dit : "Ils ont reçu mes instructions. Quand vous en donnerez l'ordre, il sera exécuté." Il m'a communiqué un nombre à trois chiffres qui m'a permis d'entrer en liaison avec ce colonel pour lui confirmer : "Quand je vous dirai, Appliquez la mesure, vous ferez fusiller Ceausescu."

« Nous n'avions pas grande confiance dans le personnel du ministère, et nous avons chargé un révolutionnaire de les garder à l'œil. Dans l'ensemble, pourtant, ils étaient plutôt effrayés et nous croyaient mieux organisés que nous ne l'étions. Notre réussite a dépendu de ce genre de méprise. Puis nous avons quitté le ministère pour retourner au centre de la télévision. Maintenant qu'il était débarrassé des anciens communistes, Iliescu n'était plus entouré que par nous et par des jeunes gens, mis à part Brucan et Mazilu toujours accroché à son programme en dix points. Nous avons diffusé un communiqué catégorique pour annoncer que les anciennes institutions n'existaient plus, que le parti et le Comité central avaient été suspendus, et que le pouvoir se trouvait exclusivement entre les mains du Front de Salut national. C'est seulement quand nous avons paraphé ce communiqué que nous avons appris qui étaient, en fait, les autres signataires. Toute l'équipe est alors apparue à la télévision. Nous n'avions pas apprécié à sa juste valeur le fait que notre succès tenait à une heureuse exploitation de la télévision. Verdet, lui, n'avait rien fait de ce genre.

«Nous avons continué à aller et venir entre le centre de la télévision et le ministère de la Défense, sans plus nous rendre désormais à l'immeuble du Comité central. Le jeune homme et moi-même nous nous appliquions à ne pas lâcher Iliescu d'un pas. J'ai dit : "Il n'y a rien à faire, nous devons tuer Ceausescu." Iliescu a répondu : "On ne peut pas mettre sur pied un nouveau régime d'égalité et de démocratie en commençant par une exécution dépourvue de tout fondement juridique, qui serait considérée comme un crime." J'avais envie d'en prendre toute la responsabilité, de décrocher le téléphone et de donner l'ordre : "Appliquez la mesure." Mais je me suis contenté de chercher à savoir jusqu'où irait Iliescu. "D'accord, lui ai-je dit, vous ne voulez pas commencer votre règne en faisant verser du sang. — Mon règne, que voulez-vous dire?" a-t-il demandé. "Les autres ont peur de le tuer tout de suite, ai-je dit, mais c'est la seule chose à faire. Des inconnus sont en train de nous tirer dessus de partout, et l'armée est obligée de riposter. Ces gens se sont enfuis mais maintenant ils contre-attaquent en vue de nous éliminer."

«Et j'ai encore ajouté, pour la gouverne d'Iliescu, qu'il allait connaître le sort d'Allende. Il a insisté sur le fait que nous devions organiser un "procès de Nuremberg" et que toute autre solution serait de nature criminelle. Je ne partageais pas ce genre de sentiments. Ceausescu s'était enfui de Bucarest dans l'espoir d'atteindre une station de radio. Placé en état d'arrestation dans une caserne, il ne cessait de répéter que l'armée était pour lui et qu'il avait l'intention d'en appeler à la nation. Le 24, alors que presque tout était perdu pour nous et que la télévision risquait d'être reprise par l'adversaire j'ai finalement pu faire comprendre à Iliescu qu'il fallait se décider : ce serait nous ou eux.

«Ce matin-là, quelqu'un a proposé de réunir une cour martiale exceptionnelle selon une procédure d'urgence pour prononcer un jugement sommaire. Tout le monde a été d'accord pour faire exécuter Ceausescu à condition qu'intervienne une condamnation en bonne et due forme. Un décret lapidaire a donc été rédigé à cet effet. J'étais ravi de constater que mon opinion avait prévalu. Quelqu'un a proposé qu'un émissaire soit envoyé sur place pour nous représenter, et tout le monde s'est tourné vers moi. J'ai dit que j'irais en compagnie du général Stanculescu. Nous avons organisé les détails techniques pour la journée du lendemain et choisi le procureur ainsi que les avocats. Nous avons décollé dans un convoi de trois hélicoptères marqués de jaune pour signaler aux batteries antiaériennes de ne pas ouvrir le feu. A Tirgoviste nous avons procédé à ce jugement pour la frime. Quoi que puissent en dire les Occidentaux, d'un point de vue formel, c'était une bonne chose. Je voulais que tout soit fini en un quart d'heure, mais la condamnation a demandé cinquante-cinq minutes.

« Ceausescu, toujours identique à lui-même, prenait tout le monde de haut dans la salle du tribunal. Pas Elena, elle était effondrée, stupide, elle ne pouvait même pas s'exprimer correctement. Tout au long du procès, il n'a pas cessé de lui prodiguer des caresses auxquelles elle réagissait de façon plutôt grossière. En tout cas, il avait du cran, au point que j'en venais à l'admirer; c'était un tyran, un Mussolini, on ne pouvait s'en débarrasser en le faisant passer pour un simple dément. A cause de la présence de Stanculescu, il a cru jusqu'au bout que tout le procès n'était qu'une *pièce montée*. Ils n'ont pas cru avec certitude qu'ils allaient mourir avant le moment où on leur a lié les mains. L'officier responsable du peloton d'exécution avait assisté à l'audience et il attendait qu'on lui donne l'ordre d'aligner ses hommes pour accomplir le cérémonial. On a fait descendre l'escalier aux Ceausescu et dès qu'ils sont sortis dans la cour les hommes, incapables d'attendre davantage, ont ouvert le feu. Les Ceausescu ont été criblés de balles. Le film que tout le monde a vu est un fiasco parce que le cameraman a été pris de court et n'a pu filmer que les toutes dernières balles, alors que les Ceausescu avaient déjà roulé à terre. On en a déduit que le film avait été falsifié, ce qui est ridicule. Incapables de se retenir, les soldats avaient tout bonnement tiré à bout portant. Le lendemain, quand je suis sorti dans la rue, la fusillade avait diminué et j'ai compris qu'enfin nous tenions le pouvoir. Si les Ceausescu avaient été traînés de maison d'arrêt en prison comme Zivkov ou Honecker, la révolution aurait bel et bien pu se terminer de façon différente. Nous nous étions imposés. »

32

« Une absence de volonté politique »

Un auteur de romans blêmes aurait pu emprunter nombre de détails significatifs au physique du général Leonid Chebarchine. Avec sa pipe, son labrador, sa veste de tweed et sa façon de s'exprimer dans un anglais presque impeccable, sans parler de sa connaissance du farsi qu'il avait appris comme chef de poste à Téhéran, il ressemblait davantage à un officier de l'infanterie britannique qu'au maître espion dont il faisait professionnellement fonction en réalité. Après avoir passé sa vie dans le KGB, il avait été nommé chef de la Première direction principale en février 1989 et conserva son poste jusqu'en septembre 1991. Il était donc l'officier chargé de veiller à ce que Gorbatchev reçoive bien toutes les informations provenant des diverses républiques et de l'étranger. Après le coup d'Etat du mois d'août, il lui avait fallu fournir à un Gorbatchev furieux nombre de renseignements sur son propre chef, Krioutchkov, soudain jeté en prison avec les autres conjurés. Pendant vingt-quatre heures, Chebarchine remplaça Krioutchkov. Quand il fut remplacé lui-même par Vadim Bakatine, il donna sa démission.

Les services consacrés à la collecte des renseignements étaient redoutables en vérité. « Nous regardions notre pays avec les yeux de l'étranger. A l'extérieur du pays, nous avions nos sources et nos fournisseurs d'informations qui nous abreuvaient d'indications sur les projets en cours et les personnalités importantes. Nos autres collecteurs comprenaient notamment le GRU, ou Direction principale du renseignement à l'état-major général des forces armées. Il y avait également l'Académie des sciences et les instituts dont les membres écrivaient des articles spécialisés. Tous les journalistes de la presse soviétique dépendaient de la direction du parti. A travers le département international du Comité central, nous jouissions d'une rétroaction de la part de nos amis étrangers et tout cela parvenait à Gorbatchev. Très perspicaces et bien plus expérimentés que celui-ci, nos correspondants communistes observaient consciencieusement les événements. Aux derniers stades de ma carrière, j'essayais de rester en contact avec les gens avertis et je lisais les rapports que des personnes très compétentes nous envoyaient du monde entier. Je dois dire qu'aucune d'entre elles ne pouvait prévoir comment les choses allaient tourner mais le tableau d'ensemble n'était guère encourageant. D'après certains signes avant-coureurs, les choses allaient tourner au vinaigre – comme cela a été le cas – si nul ne trouvait un moyen d'y porter remède; je ne savais quel remède. »

Pour influent qu'il ait été, insiste Chebarchine, le KGB n'était que l'auxiliaire du parti. De même que son rôle a toujours été surestimé, celui du complexe militaro-industriel revêtait plus d'importance qu'on ne lui en accordait. « Si un homme du KGB accédait au Politburo, son rang était fonction de la place qu'il occupait au KGB. C'est une chose qui ne peut s'exprimer avec des mots. » Bien qu'il n'ait pas appartenu lui-même à l'appareil répressif du KGB, il déclare brutalement : « L'élément de peur ne disparaissait jamais. Dans mon pays, chaque année pouvait être la réédition de l'année 1937. La démocratie n'est pas irréversible. L'autorité n'est pas respectée, elle est crainte; et le but de l'autorité c'est de tenir la société sous sa domination. »

En 1985, le pays était vraiment en complète stagnation; on sentait la nécessité d'une réforme. Une réforme politique, sociale et économique. L'enseignement devait être entièrement restructuré. Le pays ne pouvait pas rivaliser avec l'Occident. Une attitude psychologique s'était développée depuis 1917, selon laquelle la volonté humaine pouvait modeler la nature et l'Histoire pour leur donner la forme que l'on jugeait appropriée. « Je suis un mauvais disciple de Marx, je le crains », dit-il de façon assez engageante. Une foi absolue dans la suprématie de la volonté humaine semble être pour lui un point commun entre les vues soviétiques et américaines.

Comme s'il s'agissait d'une réaction pavlovienne, Chebarchine, après avoir passé trente ans dans les services professionnels de l'espionnage soviétique, ne peut s'empêcher de fustiger l'ennemi occidental. « Il y a beaucoup de choses que je n'aime pas aux Etats-Unis et en Europe. Mes soupçons se confirment quand j'entends les Américains dire que sans leurs efforts, l'URSS serait encore une superpuissance. J'ai maintes raisons de savoir qu'ils ont fait tout leur possible pour détruire l'Union soviétique, dans le domaine économique et politique. Ils étaient très conscients du fait que la déstabilisation causerait une nouvelle effusion de sang. Ce ne sont pas des cannibales mais des hommes d'affaires, ils ont agi en fonction de leur intérêt national. » Etant donné qu'il a toujours été irréaliste d'envisager la possibilité d'une guerre à l'âge nucléaire, l'Occident a choisi astucieusement de porter la compétition sur le terrain de la concurrence économique où sa supériorité était assurée.

Quel est le facteur qui a le plus compté dans l'effondrement : les déficiences internes du système ou la politique antisoviétique de l'Occident? Eludant les opinions dont les nuances et la substance sont parfois contradictoires, Chebarchine se montre tout aussi soucieux de distribuer les blâmes que de procéder à des analyses. « En 1985, le parti était tout-puissant. Il concentrait entre ses mains tout ce qu'il y avait comme pouvoir dans le pays, sans rivaux ni concurrents. Quoique soutenus par l'Occident et en dépit de leur influence locale, les dissidents ne pesaient pas d'un poids suffisant pour dicter l'ordre du jour. Rien n'était facile en Union soviétique. Vous ne pouviez changer du soir au matin la culture d'un pays aussi vaste. » Il affiche du respect pour Sakharov et Soljenitsyne. « Il aurait dû être possible de se débarrasser du totalitarisme au bout d'un certain temps, après mûres considérations quant aux voies et aux moyens. A mon avis, Gorbatchev n'a pas pensé que ses réformes allaient détruire le communisme. J'admets volontiers qu'il tentait au contraire de le ressusciter. »

Au moment où Chebarchine prit la tête de la Première direction principale, « tout le monde se rendait compte que les choses n'allaient pas dans la bonne voie ». Et il précise : « Je présidais à la désintégration de l'empire. » Sa voix calme prend un ton de colère sarcastique. Alors même qu'il recevait des informations vitales du KGB, Gorbatchev ne les étudiait pas et n'en tirait aucune conclusion. Sans une interprétation correcte, toute information, même la meilleure, reste d'une utilité limitée. « Je ne crois pas qu'il en dégageait une vue d'ensemble, ni même que cela lui importait beaucoup. C'était un homme du parti, un fonctionnaire. Sa formation était défectueuse. Il se vantait de posséder deux diplômes d'études supérieures en droit et en agronomie. Peut-être aurait-il fait un ministre de l'Agriculture très efficace. Comment savoir s'il dit la vérité, personne ne s'y attend de la part d'un homme politique comme lui. C'était un maître de l'esquive. Lui et Iakovlev et une potée d'autres ont montré qu'ils n'étaient pas ce qu'ils avaient semblé être. »

En 1989, le danger venait du nationalisme et Chebarchine avait mis Gorbatchev en garde contre ce risque. Depuis 1945 les organisations d'émigrés et la CIA avaient joué cette carte-là pour accroître son pouvoir destructeur. « La création de Fronts populaires dans toutes les républiques n'a pas été fortuite. Le KGB cherchait à découvrir qui tirait les ficelles. » Après avoir commencé à décrire la technique utilisée dans ces cas-là par le KGB, à savoir la mise sur pied de fausses organisations à travers lesquelles le gouvernement exerçait son emprise sur les trublions – comme cela aurait dû être le cas pour les Fronts populaires – il se ravise et se tient coi. « Je croyais que l'effusion de sang commencerait par la Géorgie ; mais le Karabakh, l'Azerbaïdjan et le Tadjikistan ont pris les devants. Quelques-unes des personnalités placées à la tête des Fronts populaires ont obtenu les postes et les fonctions qu'elles convoitaient mais on ne peut satisfaire des groupes entiers de gens instruits. Notre société n'a jamais été des plus heureuses, il y avait des lacunes en Union soviétique, et le nationalisme fournissait aux mécontents une caisse de résonance toute naturelle à cet égard. »

Vos amis communistes, à l'intérieur du bloc soviétique, vous avaient-ils prévenus du fait que toute réforme entraînerait leur chute ?

« Exactement. Dans toute l'Europe de l'Est. »

Que leur répondiez-vous ?

« Des hypocrisies officielles accordées à la situation où se trouvait Gorbatchev et aux déclarations du parti. Zivkov, Honecker, Husák, Ceausescu étaient tous bien décidés à trouver le moyen d'éclairer Gorbatchev. Ils sentaient venir quelque chose de terrible. Cette image de la perestroïka, qui mettait en avant les valeurs humaines élémentaires, influençait l'opinion publique. Toute personne raisonnable qui entend un gouvernement parler de valeurs communes à toute l'humanité doit en conclure que ce gouvernement cherche à tromper toute l'humanité ou se compose de sacrés idiots. »

Chebarchine était un homme de terrain. Dans l'exercice de ses fonctions il voyageait pour s'entretenir avec ses contacts et surveiller les événements d'un bout à l'autre de l'empire, avant d'en rendre compte à Gorbatchev. En avril 1989, par exemple, il avait dirigé la délégation de la Première direction principale lors de sa tournée en Allemagne de l'Est. Ses collègues installés sur place comprenaient Erich Mielke et d'autres correspondants. En janvier 1990, il avait visité les républiques baltes. « J'avais été envoyé par Krioutchov pour évaluer la situation avec un œil neuf. Ce que j'ai vu m'a atterré. A mon retour, j'ai prévenu Gorbatchev ; je lui ai annoncé que tous ces libéraux étaient enragés dans leur désir de se séparer de l'Union soviétique et que la population russe locale allait passer un mauvais quart d'heure. Le KGB aurait encore pu utiliser des moyens politiques pour y remédier mais les conseils que j'ai prodigués dans ce sens ont été négligés. J'en suis convaincu : les gens qui ont recouru aux armes en janvier 1991 l'ont fait avec le consentement de Gorbatchev. Il existe une histoire apocryphe à ce sujet mais j'ai tendance à y croire : ce jour-là, Gorbatchev téléphone au maréchal Iazov pour lui demander ce qui se passe. Le pauvre vieux maréchal laisse tomber l'écouteur. C'est ça le style de Gorbatchev. »

Pourquoi les Soviétiques ont-ils renoncé à l'Europe orientale sans rien obtenir en échange ?

« Très simple. Il suffit d'examiner la politique internationale en se plaçant dans le contexte de la situation intérieure où se trouvait Gorbatchev. Les fondations mêmes du pays étaient dangereusement ébranlées, l'économie glissait sur une mauvaise pente, le parti avait perdu son autorité. Où poser le pied sans risquer la chute ? Pour se tirer d'affaire, Gorbatchev et son équipe avaient aliéné leur indépendance dans les affaires internationales. Que ce fût sur la question du désarmement ou en Europe de l'Est, ils ne cherchaient à s'accrocher à aucune position et gaspillaient ce qui avait été accumulé pour fournir des apaisements à leurs associés occidentaux. Il leur était facile d'être populaires. Mais une politique de compromis doit être élaborée à partir d'une position de force et non de faiblesse. Il n'y avait pas de vraie décision à ce sujet, rien qu'une escalade de l'indécision. Même en 1989, alors qu'ils discutaient sérieusement des frontières et des réalités de l'après-guerre, ils prétendaient que dans le cas d'une réunification de l'Allemagne, celle-ci devrait quitter l'OTAN. Voilà qui montre comment les choses se détérioraient. Ils prétendaient diriger les événements alors qu'en fait ils étaient à leur traîne. » Selon Chebarchine, personne dans les cercles les plus étroits du parti ne recommandait le recours à la force. Pour des raisons pratiques. L'usage de la force avait été couronné de succès en Hongrie et en Tchécoslovaquie, mais son application devait avoir un caractère cyclique, se limiter en chaque occasion à une brève interruption de ce qui passait pour être la normalité pendant le reste du temps. L'invasion de l'Afghanistan et la proclamation de la loi martiale en Pologne avaient introduit une violence permanente qui causait du tort aux intérêts soviétiques sur le plan international. Un autre secrétaire général aurait pu faire intervenir les troupes soviétiques en RDA mais cela aurait été contraire à toute la politique de Gorbatchev.

On peut croire que Chebarchine et sa direction ont fourni à Gorbatchev les informations nécessaires pour que celui-ci puisse opérer des choix conformes à l'intérêt national. Dans la grande tradition du KGB, cela implique également que le recours à la force aurait été acceptable pour autant que celui-ci eût été « politique » c'est-à-dire en d'autres termes « subreptice » – pas assez flagrant pour susciter l'entrée en scène d'une contre-force supérieure. « Le facteur décisif, conclut-il, était une absence de volonté politique au Centre. »

33

Le rôle dirigeant

Une fois que les satellites se furent volatilisés comme neige au soleil, une ultime question, un problème d'importance existentielle, se posait aux dirigeants soviétiques : à quoi servait un pouvoir central absolu si ce n'était pour défendre l'Etat-parti ? Depuis que les nations clientes, positionnées sur l'orbite extérieure, avaient irrémédiablement échappé à l'attraction du Centre, les composantes du cercle intérieur se précipitaient en désordre vers la sortie.

La proposition selon laquelle la volonté des secrétaires généraux était la loi suprême avait toujours eu la valeur d'un article de foi pour ceux-ci. Or Gorbatchev était tout disposé à suivre une « voie moyenne » sur ce point. Une telle attitude enhardissait ses adversaires à prendre du large. Pour sa part, après chaque escalade politique, quand il rencontrait une obstruction ou une opposition en commission ou en assemblée plénière, Gorbatchev inventait instinctivement une institution ou une voie parallèle à laquelle il faisait accéder ses hommes liges pour légitimer sa propre politique ou satisfaire sa volonté personnelle. Le processus politique se trouva ainsi engorgé par des institutions qui se lançaient les unes et les autres dans des épreuves de force pour s'éliminer mutuellement. Des « ruses puériles » jaillissaient ainsi de l'imagination d'un secrétaire général convaincu que le pouvoir central pouvait manifester une certaine bienveillance envers ses adversaires sans mettre en péril l'intégrité de l'Union soviétique. Il a cru de bout en bout que l'idéologie communiste pouvait se dispenser du mécanisme de la violence sans lequel ce dogme n'aurait été qu'une théorie comme tant d'autres sur la nature humaine et la société. Or toute politique respectueuse du droit ne pouvait qu'entraîner la banqueroute du communisme ; mais tout rejet du droit supposait la banqueroute de Gorbatchev et de sa politique. C'était là un dilemme du type « ou bien-ou bien », incompatible avec toute « voie moyenne », avec toute tractation, toute ruse puérile. Les notions contradictoires de

« totalitarisme » et de « réforme » fusionnèrent donc en un seul et unique chaos.

En 1990, la réforme ne se manifestait que par le déclin de l'économie et le naufrage de l'autorité. Dès le début, Gorbatchev avait énergiquement avancé au pas de charge. Tout d'abord, il y avait eu l'abrogation de l'article 6 de la Constitution qui garantissait au parti un « rôle dirigeant ». Pour bien des observateurs situés à l'intérieur de l'élite soviétique, si Gorbatchev avait encouragé l'adoption d'une mesure similaire dans les pays satellites, il pouvait difficilement s'y opposer en URSS... Pourtant, Anatoli Sobtchak, le maire de la ville qui allait bientôt retrouver son ancien nom de Saint-Pétersbourg, jugea que c'était « l'événement le plus décisif de la vie nationale depuis octobre 1917 ». Gorbatchev contourna ensuite l'obstacle du Politburo et du Comité central; dans le premier cas, il créa un organe de substitution appelé Conseil présidentiel; dans le second cas, il fit remplacer les 412 membres du Comité central sauf 59 d'entre eux; parmi les victimes se trouvait Ligatchev dont la carrière prit fin, au grand soulagement de Gorbatchev. Des départements entiers du Comité central furent fermés et la moitié des personnels permanents licenciés. Le Conseil des ministres fut rebaptisé cabinet. Jusque-là président du Soviet suprême, donc seul maître de son ordre du jour, Gorbatchev s'arrangea pour se faire élire, en l'absence de tout autre candidat, au nouveau poste de président de l'Union soviétique, c'est-à-dire chef de l'Etat. Il plaça de la même façon Gennadi Ianaïev à la vice-présidence.

Pris dans leur ensemble, ces changements semblaient transformer entièrement le pays pour en faire une nation moderne et civilisée, avec un président et un parlement, un pluralisme politique et de vrais représentants. La réalité était différente. Gorbatchev avait conservé ses fonctions de secrétaire général et se servait de la présidence pour étendre son pouvoir dans les domaines exécutif et législatif. La machine du parti était toujours entièrement entre ses mains. Le parti conservait ses cellules dans l'armée et le KGB dont les pouvoirs étaient encore accrus. La force de l'habitude et l'absence de succédané démocratique faisaient que le parti pouvait fort bien se passer de l'article 6 et même continuer de prospérer sans lui. Une démocratie truquée était plus facile à faire admettre qu'un monopole du pouvoir. « Si nous voulons que les choses restent comme elles sont, il faudra que tout change », dit un personnage du *Guépard* de Lampedusa, qui aurait pu s'exprimer au nom de Gorbatchev en cette occurrence.

Comme Honecker ou Ceausescu, Gorbatchev présida un dernier congrès du parti au mois de juillet. La majorité des 5 000 délégués lui en voulaient d'avoir disloqué l'ancien système. S'ils n'étaient pas personnellement touchés, beaucoup de leurs collègues très semblables à eux allaient être privés des privilèges et de la situation dont ils bénéficiaient en tant que membres de la nomenklatura. Pour eux, le partage du pouvoir et l'instauration de l'économie de marché représentaient une reddition à l'ennemi capitaliste. Pendant ce congrès du parti, les durs montrèrent clairement qu'ils étaient décidés à liquider la perestroïka avec tout son cortège. Comme pour confirmer leurs pires craintes, Gorbatchev abandonna le congrès pour aller accueillir le chancelier Kohl et s'envoler avec lui vers le Caucase où les deux hommes allaient mettre au point leurs arrangements concernant la RDA.

Ceux qui reprochaient à Gorbatchev d'aller trop vite dans les réformes se retrouvèrent alors à égalité avec ceux qui voulaient réformer encore plus vite. A la tête du second groupe, Eltsine mobilisait ce que l'on tenait pour les démocrates russes, une coalition faible et vague d'opposants au régime, d'adeptes de Sakharov, d'intellectuels déçus et de jeunes gens – tous dépourvus du moindre pouvoir. Ils pratiquaient une politique de gesticulations, de rhétorique et de manifestations. Gorbatchev se retrouva donc occuper le centre, contre les durs d'un côté, Eltsine et les siens de l'autre. Pour tous et pour chacun c'était à qui s'emparerait du pouvoir ; la question des réformes se trouvait être l'arme avec laquelle on s'attaquait. Un mélange de détails techniques et apparemment légalistes, de déclarations creuses et de politicaillerie insipide cachait l'immense tragédie qu'allait être l'épreuve de force imminente.

Dans le bon vieux temps, la rivalité entre les ambitions opposées aurait été réglée au Kremlin entre quelques conjurés ; elle se serait terminée par une parodie de procès et une balle dans la nuque. Le grand public aurait appris l'affaire après coup quand tout aurait été terminé. En théorie, Gorbatchev avait toujours les moyens de relever le gant, devant ce qui se ramenait pour l'essentiel à de nouveaux défis dont il était la cible. Pourtant la perestroïka lui liait les mains car il était obligé de laisser téléviser les péripéties du congrès du parti et des millions de téléspectateurs avaient le plaisir inédit de voir certains de leurs dirigeants apostropher les autres et se faire interpeller eux-mêmes. En affaiblissant le parti et en le court-circuitant, Gorbatchev avait manifestement sapé la base naturelle de son propre pouvoir ; mais l'événement qui, en fin de compte, permit le déclenchement de l'épreuve de force et effaça tout le reste se produisit avec la soudaineté d'un orage estival.

Pour des raisons impérialistes, toute distinction entre ce qui était russe et ce qui était soviétique se trouvait soigneusement gommée. Plutôt que d'avoir à s'incliner devant les conquérants russes, les peuples intégrés à l'URSS étaient supposés se sentir libérés et adhérer spontanément à la cause soviétique. Pour entretenir l'illusion selon laquelle le nationalisme russe avait fait place à un idéalisme soviétique, la Russie – ou plus exactement la Fédération de Russie, composée de maints peuples et groupes ethniques – était la seule des républiques soviétiques à ne pas posséder son parti communiste. Désormais, l'ancienne chambre d'enregistrement que représentait le Soviet suprême allait être remplacée par une institution bicamérale avec un Congrès des députés du peuple et un Soviet suprême qualifié de parlement permanent. Cette même structure devait être adoptée dans chaque république participante. Les élections destinées à désigner les membres des institutions secondaires, à savoir celles des républiques, devaient avoir lieu en mars. Ni Gorbatchev ni personne n'avait prévu que ce scrutin allait conduire à la restauration de l'identité russe, perdue depuis si longtemps dans les limbes spectrales où les Soviétiques l'avaient confinée.

Eltsine avait voté pour le maintien de l'article 6, attitude qui contredisait ses proclamations en faveur de la démocratisation. Gorbatchev se contentait de vouloir empêcher Eltsine de manifester sa solidarité avec les Etats baltes. Pour contrer la campagne de son rival, il dut patronner, au dernier moment, un parti communiste russe. Le chef de cette formation, Ivan Polozkov, se présenta donc contre Eltsine pour la présidence de la Russie. Son éventuelle victoire aurait fort bien pu sauver Gorbatchev, au moins pendant un certain temps. Mais en quelques semaines, Eltsine joua son va-tout politique et réussit d'emblée à se faire élire député au Congrès de la Russie ; bientôt, lors d'un second scrutin, chaudement disputé entre ses nouveaux collègues, il était élu président de sa république. Une fois intronisé dans ces nouvelles fonctions il exerça ses prérogatives en prenant Ivan Silaïev pour Premier ministre de Russie et en nommant Rouslan Khasboulatov à la présidence de la Chambre russe...

Il y avait, dès lors, deux présidents pour un seul pays voire pour une seule capitale, et deux parlements avec deux gouvernements. Le 12 juin 1990, Eltsine se servit de son Congrès russe pour lancer une proclamation de souveraineté. Désormais le droit russe avait le pas sur le droit soviétique. Eltsine paracheva son initiative en retenant les deux tiers des impôts destinés jusqu'alors au budget central soviétique. Quand Gorbatchev rejeta le plan Chataline pour l'Union soviétique, Eltsine l'accepta pour le compte de la Russie, se convertissant ainsi, tout soudain, à la liberté de marché sur laquelle il n'avait que les notions les plus nébuleuses. Cette « guerre des lois » était un contrepoint de mauvais augure qui semblait préluder à une répétition des événements de 1917 et de la guerre civile.

Certes, les Etats baltes avaient créé un précédent en refusant d'admettre la légitimité de leur intégration à l'Union soviétique. Mais la Russie comprenait la moitié de la population de l'URSS et une bien plus grande proportion des ressources naturelles de l'Union. Pour revendiquer son identité russe aux dépens de l'Union soviétique, Eltsine pouvait soustraire l'Etat au parti avec une force dont ne disposaient ni un Landsbergis ni un Savisaar dans leur petite république respective. Pendant le Congrès de juillet, il fit le geste ultime que lui dictait sa logique et démissionna du parti. « L'atmosphère était extrêmement tendue, comme il devait le rappeler dans ses mémoires. Les deux tiers des 5 000 personnes présentes dans la salle m'étaient hostiles mais je ne répondis pas aux huées parce que tout était désormais très grave. Je pris la parole après avoir tout pesé par avance mais quand je descendis de la tribune je sentis que tous les assistants me suivaient des yeux : allais-je retourner à ma place et m'asseoir ou m'en aller ? Je sortis, et je pense que cela mit un terme à toute l'affaire. » Dans plus d'un sens. Autrement dit, les enjeux étaient désormais montés si haut que Gorbatchev et Eltsine étaient prêts, l'un comme l'autre, à réorganiser l'Union soviétique, la Russie, le parti, le nationalisme, le communisme, la démocratie, le marché libre, la Guerre froide et tout ce qui pourrait convenir à leurs ambitions.

Un observateur, Dieter Knötszch, le maître d'école allemand installé à Moscou, écrivit dans son journal intime, à la date du 13 octobre 1991, que l'incertitude au sujet des approvisionnements alimentaires et l'apparition de rumeurs inquiétantes avaient répandu l'impatience, l'angoisse et l'agressivité. « À la boutique de la rue Vernadskogo, les gens font la queue par centaines mais les comptoirs et les rayons sont vides. Ils attendent tout arrivage qui puisse se présenter, n'importe lequel. Un comptoir s'ouvre et l'on y déverse des paquets de saucisses. A cette vue, la patience et la discipline ne résistent plus, tous se ruent vers les saucisses, se jettent et font main basse sur tout ce qu'ils peuvent emporter... à grands coups de coude, c'est le plus fort qui gagne dans ce corps à corps sans vergogne mais encore sans violence. Les bras chargés de saucisses, les gens forment une nouvelle queue devant la caisse pour payer. Le sentiment croissant est que les choses ne peuvent pas continuer comme ça. »

Cette bataille pour des saucisses trouve un parallèle dans les combats politiques. Il n'existait plus aucune structure acceptée par tous pour que sa médiation permette l'élaboration d'un compromis acceptable. Au moins deux fois au cours de la seconde moitié de l'année, Gorbatchev et Eltsine eurent de longues conversations privées au Kremlin, où chacun sondait les intentions de l'autre, voulait le pousser à l'erreur, cherchait à gagner du temps, supputait ses chances de mobiliser des partisans et de neutraliser des adversaires à la faveur d'une même stratégie offensive et défensive destinée à faire évoluer le pouvoir dans la direction souhaitée.

Eltsine avait intelligemment senti que la restauration de l'identité russe allait lui donner l'occasion de livrer un combat ouvert et populaire, à la tête de sa faction ; mais ses chances étaient obscurcies par les doutes que suscitaient son caractère et ses motivations. Un homme comme lui, après avoir fait carrière dans la haute administration dirigiste, pouvait-il se montrer convaincant par le simple fait qu'il avait divisé le parti en démissionnant et en se proclamant démocrate ? Ne s'était-il pas contenté de coloniser un espace politique vacant ? En voyant les sympathisants se rassembler autour d'Eltsine ou autour de ses adversaires, partisans de la ligne dure, Gorbatchev lança son propre « Programme démocratique ». C'était une tentative de dernière minute pour redonner du courage à ceux qui croyaient encore en la possibilité de réformer le communisme dans la pratique. En ouvrant le congrès du parti, au mois de mai, un vétéran du

PCUS, Viatcheslav Chostakovski, entonna la plus éculée des formules : « Nous avons besoin de créer une nouvelle sorte de parti. »

Chostakovski était recteur de l'Ecole supérieure du parti, à Moscou, où l'on façonnait et où l'on enseignait la ligne idéologique du niveau le plus élevé. Il écrivait des discours et d'autres textes pour Gorbatchev et il a continué à travailler pour lui jusqu'à présent. « Staline avait coutume de dire que tout était affaire de personnes », commença-t-il et il ajouta que telle était également l'opinion de Gorbatchev. « La perestroïka n'avait certainement pas pour objectif d'amoindrir le complexe militaro-industriel ni d'affecter la militarisation de notre économie. Son discours sur la démocratisation ne se différenciait que légèrement des convictions communistes orthodoxes. La nouveauté consistait à introduire quelques élections dans la désignation des secrétaires du parti et dans la nomination de certains chefs d'entreprise. Après avoir constaté l'inefficacité des anciennes méthodes, il avait décidé d'utiliser d'autres modes d'influence. C'était alors que les partisans de la ligne dure avaient paniqué. Ils n'avaient manifestement pas l'intention d'avaliser les décisions de Gorbatchev telles qu'elles s'étaient exprimées à la conférence du parti et lors des congrès. »

Il présente un récit instructif d'une réunion organisée par le parti de la ville de Moscou. On devait y élire les délégués à la conférence du parti. Gorbatchev était présent. Les participants déclarèrent que les noms des délégués proposés étaient bien connus de sorte que toute discussion s'avérait inutile. Gorbatchev protesta. « Zaikov, président du parti de la ville de Moscou dit alors : "Discutons-en par ordre alphabétique." Le camarade Abalkine, qui avait la réputation d'être un économiste iconoclaste, se leva pour répondre aux questions. Puis ce fut Iouri Afanasiev, un iconoclaste encore plus invétéré, qui fut interrogé à propos de son attitude envers Gorbatchev. Puis ce fut quelqu'un dont le nom commençait par la lettre B. Après quoi Zaikov déclara : "Ça suffit, votons." Toute la liste fut adoptée à l'unanimité. »

Si le parti et le Congrès des députés du peuple pouvaient sembler enfermés dans leur opposition, cela ne faisait que refléter l'existence d'un combat plus profondément caché, entre les factions. « Même après l'abolition de l'article 6, le Comité central dirigeait encore tout. Quand le premier Congrès des députés du peuple russe fut sur le point de tenir sa réunion inaugurale, il y eut une conférence du Comité central à laquelle furent invités tous les députés russes affiliés au parti. Le premier point inscrit à l'ordre du jour concernait la façon d'empêcher l'élection d'Eltsine à la présidence. » Chostakovski fait partie des gens convaincus du fait que l'abolition de l'article 6 fut une conséquence de la lutte entre les factions. Pis encore : « C'était quatre mois trop tard, à peu de chose près, si l'on tient compte du degré atteint par la température sociale. Gorbatchev et le Comité central cherchaient à rattraper les événements, par exemple l'élection d'Eltsine et la formation d'une nouvelle Union. »

D'ores et déjà, la «double pensée», selon la fameuse expression de George Orwell, avait contribué à détruire le parti; Chostakovski en donne un bon exemple; il avait pris la parole lors d'une séance plénière du conseil de la ville de Moscou, trois semaines avant l'élection d'Eltsine comme député au Congrès soviétique. «Pendant la partie de cette séance qui s'est déroulée à huis clos, les personnes présentes ont fait savoir que nous devrions appeler tous les communistes à voter contre Eltsine et que ce test permettrait d'évaluer la force des communistes. Mais cette proposition émanait de gens qui, au fond d'eux-mêmes, savaient parfaitement qu'il serait impossible de faire appliquer une telle décision et que seul Eltsine en bénéficierait car ceux qui auraient été sommés de voter contre lui voteraient en réalité pour lui. Tout le monde avait donc exprimé vigoureusement son soutien à une chose tout en la sachant secrètement impossible. Quand j'ai pris la parole, j'ai dit que le parti avait droit à cent sièges pour lesquels il se contentait de présenter cent candidats, pas un de plus, et que cette façon de procéder devait manifestement produire un effet de boomerang contre les communistes. Le président s'est alors mis à pousser de hauts cris parce que, disait-il, nous en étions arrivés au point où le recteur de l'Ecole supérieure du parti de Moscou ne comprenait pas lui-même pourquoi il fallait procéder ainsi!»

Pour Chostakovski, toute cette histoire est celle des occasions perdues. Si seulement les gens qui s'étaient rendus responsables de l'effusion de sang dans les républiques avaient été traînés devant les juges; si seulement l'article 6 avait été aboli en 1989; si seulement l'armée et le KGB avaient été dépolitisés; si seulement Gorbatchev avait abandonné son poste de secrétaire général après avoir été nommé président; si seulement le parti s'était divisé de façon civilisée entre les durs et les partisans du Programme démocratique; si seulement ces derniers avaient été capables de jeter un pont en direction de Boris Eltsine!

Le ministre de l'Intérieur, Vadim Bakatine, était un autre membre clef du groupe du Programme démocratique. Après le coup d'Etat du mois d'août, il avait été chargé de demander des comptes au KGB et il a décrit dans ses mémoires comment cette tâche s'est révélée impossible. C'est un homme d'allure assurée et athlétique qui pourrait passer pour un Américain. «Je ne prétends être ni un prophète ni un génie; la seule chose dont je suis fier c'est d'avoir compris, six mois avant Gorbatchev, qu'il fallait abolir l'article 6 et remplacer l'Union fédérale par quelque chose de plus souple. Si nous avions rétabli la propriété privée une fois pour toutes, l'issue aurait été très différente. Mais il m'a fallu un délai de deux ou trois ans pour le comprendre. Comme tout le monde, je disais qu'il fallait agir à travers le parti pour faire exécuter le travail par le parti et lui seul. Gorbatchev n'a jamais compris la relation entre la propriété privée, la liberté et la prospérité d'un Etat.

« Si l'on analyse l'évolution de Gorbatchev, on voit qu'il ne savait pas le moins du monde où menait la perestroïka. Dans son opinion, si l'on renforçait le parti, celui-ci pourrait régler les problèmes économiques. Il ne se passait presque pas de jour sans qu'il proclame sa conviction selon laquelle le socialisme était la seule bonne solution. Cela nous a conduits au chaos. Il n'a compris la nécessité, pour lui, de créer un système multipartite qu'en se trouvant dans l'obligation de rattraper les événements. » La planification centralisée exigeait l'expédition de décrets et d'ordonnances à jet continu mais leur mise en pratique dépendait de la réaction subjective des fonctionnaires du parti. « Le rôle du secrétaire général était lié à l'article 6. Gorbatchev voulait aboutir au même résultat en se faisant nommer président et en s'appuyant sur un Conseil présidentiel... lequel avait commencé à travailler sans bureaux ni personnel! La méthode de travail était laissée au hasard. L'ancien Politburo avait eu des règles ; le Conseil présidentiel n'en avait pas. Le Conseil présidentiel était censé faire fonction de mécanisme de transition grâce auquel la présidence pourrait se charger d'assumer le processus juridique et politique en prenant la relève du système communiste.

« Si l'on n'avait pas mis l'accent sur l'unité, il n'y aurait pas eu de parti communiste du tout. Mais j'ai pu constater par moi-même combien cette unité était trompeuse. J'avais suggéré, quand nous préparions le congrès de 1990, d'abandonner l'idée du parti unique et d'admettre autant de partis qu'il y avait de républiques. Cela supposait que nous acceptions l'existence du parti géorgien, par exemple, ou celle du parti lituanien sous la direction de Brazauskas. Tous sont allés finalement chacun de son côté à cause de la politique du Centre. C'est la volonté de conserver l'unité qui a entraîné les scissions. Il n'était pas possible de maintenir l'Union par la force. Plus nous aurions usé de violence, plus l'URSS se serait désintégrée. Il est exact que tout le bloc tenait par la force. Si l'on avait utilisé la violence les choses auraient traîné un peu mais l'explosion finale aurait été d'autant plus forte. »

Au cours de l'année 1991, Gorbatchev consacra la plus grande partie de son temps et de son énergie à maintenir la cohésion du Centre soviétique contre la Russie et les autres républiques. Un référendum eut lieu le 17 mars sur la question « Croyez-vous nécessaire de maintenir l'Union des républiques socialistes soviétiques, sous la forme d'une fédération rénovée de républiques égales et souveraines, où les droits de l'homme et la liberté des peuples de toutes nationalités seront pleinement garantis ? » Le texte était lourd de significations. Eltsine y ajouta une ruse de son cru en formulant une seconde question sur le bulletin de vote pour demander aux électeurs de Russie s'ils voulaient élire un président russe au suffrage direct. Le résultat permit aux deux hommes de prétendre respectivement avoir été approuvés par les électeurs, dans ce qui était un prolongement de la « guerre des lois ». Six républiques, y compris les Etats baltes, avaient boycotté la consultation. Mais au mois d'avril suivant Eltsine et les chefs de huit autres républiques se rencontrèrent dans une datcha de Novo-Ogarovo, en dehors de Moscou. En échange d'une indépendance dont l'ampleur exacte restait à négocier, ils s'engageraient à signer un traité qui donnerait une nouvelle forme à l'Union soviétique. «Nous aurions pu maintenir l'Union soviétique si, deux ou trois ans plus tôt, Gorbatchev avait renoncé à l'idéologie du centralisme, comme il avait refusé d'employer la force dans les affaires extérieures», allègue aujourd'hui Bakatine. En outre, «s'il avait accepté, dès le début des discussions à Novo-Ogarovo, de céder le maximum de pouvoirs et de droits aux républiques, tout en conservant les structures de l'Union, il serait encore président aujourd'hui».

A l'âge de vingt-trois ans, Iouri Prokofiev avait été le plus jeune Soviétique à devenir chef régional du Komsomol. Il avait consacré le reste de sa carrière à gravir les échelons du parti communiste de la ville de Moscou dont il finit par devenir le chef après Boris Eltsine et Lev Zaikov. Il avait été membre du Comité central et du Politburo au cours des deux dernières années de leur existence. Lui-même et Ivan Polozkov semblent avoir aspiré au pouvoir grâce à l'édification d'un parti communiste russe en 1990. Il aime à penser que l'effondrement n'est pas venu de l'idéologie communiste mais de la pratique communiste. Sans que ce fût par la faute du parti, celui-ci était devenu trop incompétent, trop paralysé, pour être en mesure de continuer à administrer le pays. Aucun système de gouvernement n'aurait résisté au mode de travail de Gorbatchev «que nous appelions un-pas-en-avant-un-pas-en-arrière».

Après avoir écarté très précisément la proposition qu'avait présentée Bakatine et d'autres en 1989, d'abolir l'article 6, Gorbatchev se déjugea quelques mois plus tard pour se déclarer favorable à cette initiative. Il répudiait le recours à la force mais envoyait des troupes dans les républiques, à Vilnius, par exemple. «Il donnait un ordre et le révoquait aussitôt. Sa politique était dès lors insondable sauf pour ceux qui en connaissaient les ressorts et les mécanismes intérieurs. Pour le juger, on a le choix entre deux attitudes : on peut le tenir pour stupide, incapable de tirer correctement la leçon de ses erreurs passées; ou au contraire on peut le considérer comme suffisamment intelligent pour poursuivre des buts mystérieux.

«Gorbatchev avait créé une commission chargée d'enquêter sur le passé d'Eltsine. Cet organisme ne se réunit jamais, mais, par suite de ce qui pouvait passer pour de la persécution, quatre millions de Moscovites votèrent pour Eltsine. Une vague de sympathie populaire avait déferlé vers lui. Lors de la session du Soviet suprême, Gorbatchev se lève pour dénoncer Eltsine, puis il part pour l'Amérique et Eltsine se trouve aussitôt élu président du Soviet suprême. Juste au moment où l'on décide d'organiser des élections présidentielles en Russie, au mois de mars 1991, Gorbatchev déploie des troupes dans la rue ce qui renforce une fois encore la position d'Eltsine.» Quand il n'existe aucune réalité institutionnelle ou constitutionnelle qui permette de juger les paroles et les actes, c'est l'imagination qui déclenche les émeutes. Selon Prokofiev et d'autres fidèles au sein du parti, il semble que «Gorbatchev a cherché à renforcer sa propre position en se faisant faire violence.

«Gorbatchev avait pris ses distances, plus ou moins complètement, avec le parti; il ne demandait plus conseil au Comité central ni au Politburo, remplaçait son petit cercle de conseillers du parti par son Conseil présidentiel qui n'avait ni soutien populaire ni assise constitutionnelle. Le Comité central se trouva placé partiellement sous l'autorité du parti et partiellement sous l'autorité du président. Cela engendrait une énorme confusion. Il n'y avait plus aucune division nette, après ça.

«Tout au long de l'année 1990, il n'y avait eu que deux réunions du Politburo un peu importantes. En septembre nous avions discuté de la situation économique et sociale. Le 16 novembre nous nous sommes réunis après que le Soviet suprême eut demandé à Gorbatchev de rendre des comptes et de prendre ses responsabilités pour tout ce qui se passait. Il avait fait un discours des plus amorphes et des plus insatisfaisants, au point que l'on avait évoqué la possibilité de lui refuser la confiance. Le même jour il avait convoqué le Politburo pour se tourner vers nous afin de nous demander "Que faire?" Nous lui avions servi une série de discours de dix minutes formant un plan en huit points qu'il avait accepté. Il le lut dès le lendemain au Soviet suprême, presque mot pour mot tel que nous le lui avions fourni. Les autres réunions du Politburo avaient été de simples formalités en 1991.»

Déjà en mars 1988, la publication d'une lettre ouverte de Nina Andreïeva qui prenait la défense de Staline, dans un journal partisan de la ligne dure, avait été le premier symptôme de l'épreuve de force à laquelle allait être soumis Gorbatchev. Ivan Laptev, le rédacteur en chef des *Izvestia*, condamné à se trouver impliqué dans l'affaire et déjà bien ébranlé par les événements, avait parlé pour tous quand il avait prévenu son équipe: «Le temps de choisir est arrivé. Personnellement, je suis pour Gorbatchev, mais je suis en train de me préparer à me retirer. Que les plus jeunes d'entre vous se décident, en sachant quels sont les risques et les enjeux.» C'était une harangue prémonitoire mais un peu prématurée. Comment prendre une décision? Le choix dépendait de la peur que l'on avait de l'avenir ou de l'espoir de progrès que l'on mettait en lui; du fait que l'on aurait quelque chose à perdre ou à gagner ou que l'on faisait partie des millions d'anonymes pour qui la politique était un combat homérique situé au-dessus de leur tête, hors de leur vue. Comme une maladie dont les symptômes comprennent un sentiment d'oppression et dont le diagnostic demeure incertain, le moment de choisir s'étirait de façon malsaine. On ne pouvait que remettre à plus tard son travail et ses engagements en se réfugiant dans une inaction magistrale, en attendant les ordres d'en haut qui vous mettraient hors jeu ou vous exposeraient à prendre des risques. On regardait la télévision, on lisait la presse, pour y chercher le non-dit ou s'efforcer de lire entre les lignes; on cultivait un sixième sens pour déceler les dangers de provocation et les pièges. Qui était derrière quoi? Il aurait fallu être devin. De vastes manifestations avaient lieu régulièrement sur la place du Manège, au centre de Moscou, depuis le mois de février 1990. «Bureaucrates du parti: rappelez-vous la Roumanie», tels étaient les mots écrits sur une banderole. Puis Gorbatchev fut hué par le public pendant le défilé du 1er mai. Le Comité central accepta d'abolir l'article 6 mais publia simultanément une lettre en sens contraire dans laquelle le parti se réservait le droit d'employer la force. Des grèves éclatèrent dans les mines de Sibérie et celles d'Ukraine. Les mineurs en étaient réduits à employer la violence pour obtenir du savon. En ce mois de septembre, des parachutistes venus de Riazan envahirent les rues de Moscou et les troupes du KGB furent mises en état d'alerte à l'occasion de ce qui était manifestement pour le gouvernement une démonstration de sa force. Le maréchal Iazov écarta les supputations en expliquant qu'il s'agissait de manœuvres normales. Dans la préface d'un livre sur l'armée soviétique qui fut publié cette année-là, il expliquait que la force et la menace d'utiliser la force devaient être écartées des options envisageables. Il ajoutait que le peuple avait le droit de choisir le cours que la société allait suivre. Quelques mois plus tard, il autorisait l'usage de la force.

«Parmi nous se trouvent les propagateurs d'idées et de points de vue étrangers ou même totalement hostiles au socialisme», déclarait alors Viktor Tchebrikov, le tout nouveau chef du KGB. L'ambassadeur de l'URSS à Varsovie, V.V. Brovikov, s'adressait en ces termes au Comité central: «Notre patrie, notre mère à tous, se trouve dans un triste état. Cette puissance admirée dans le monde entier a été transformée en un Etat dont le passé est réputé plein d'erreurs, dont le présent est sans joie, et dont l'avenir est incertain.» Si des mesures appropriées ne sont pas adoptées, disait un député partisan de la ligne dure, le colonel Viktor Alksnis, dans une harangue, «le peuple prendra les armes et descendra dans la rue». L'Etat s'effondrait, selon l'écrivain Aleksandr Prokhanov, à cause d'une action délibérément organisée par certains dirigeants dont l'autorité provenait d'institutions qu'ils avaient créées eux-mêmes. «Nous nous sommes probablement leurrés en pensant que nous vivions au XXe siècle, écrivait le philosophe Aleksandre Tsipko, en s'apitoyant sur lui-même, conformément au sentiment général. Peut-être l'Histoire fait-elle une expérience dont nous sommes les cobayes, en gelant nos cerveaux, nos pensées et nos sentiments, en nous obligeant à errer de par le monde comme des somnambules, à faire quantité d'idioties, à nous massacrer mutuellement, à perpétrer une infinité de choses atroces.» Au cours d'une émission nationale télévisée qui bénéficiait d'une audience record, Iakovlev parla de la destruction de la paysannerie qui avait jeté l'Etat dans cette crise. «L'Histoire n'a jamais connu une telle concentration de haine pour l'homme.»

Un jour, Gorbatchev proposa de démissionner. «Il s'avère que nous allons dans une mauvaise direction. Nous nous sommes trompés. Si c'est ce que vous pensez, camarades, il vous faudra élire un nouveau Politburo et un nouveau secrétaire général.» Un autre jour, le visage empourpré, il élevait la voix : «Cessons de nous défendre, ça suffit comme ça! Passons à l'offensive!» Au cours des mois de novembre et de décembre 1990, il se débarrassa de ses plus proches conseillers, Iavlinski, Chataline, l'académicien Petrakov et le ministre des Finances Boris Fiodorov, et même par la suite Iakovlev en personne. Il remplaça Bakatine, ministre de l'Intérieur, par Boriss Pougo venu de la Lettonie, et le Premier ministre Ryjkov par Valentin Pavlov. Ryjkov était toujours prompt à gémir. «Il n'y a plus ni plan, ni marché.» Ce fut sa flèche du Parthe. Gorbatchev nomma Leonid Kravtchenko pour diriger la télévision et la radio. C'était en réalité son chef propagandiste. Il abolit le Conseil présidentiel qu'il avait instauré au début de l'année. En abandonnant son poste de ministre des Affaires étrangères, au mois de décembre, Edouard Chevardnadzé, démissionnaire, déclara au Congrès soviétique : «Les réformateurs se sont terrés. Une dictature approche. Nul ne sait à quoi ressemblera cette dictature... comme homme, comme citoyen, comme communiste je ne peux tolérer ce qui se passe dans mon pays ni les épreuves qui attendent notre peuple.» Le 11 décembre, Krioutchov accusa l'Occident de chercher à détruire l'Etat soviétique. Au cours du journal télévisé du soir, il déclara que des conjurés avaient établi une liste de gens à neutraliser. «Une lutte à mort s'est engagée autour du pouvoir et du droit à la propriété; elle menace l'existence de l'Union soviétique. Nous autres, membres des forces de sécurité, nous avons fait notre choix.» Le 22 décembre, il expliqua : «Le recours à la force peut être nécessaire pour la restauration du droit et de l'ordre.»

Comme autant de feuilles en automne, ils étaient tous et chacun irrésistiblement emportés dans cette voie qui allait déboucher sur une suprême épreuve de force. Le mal était endémique. Le système n'offrait aucune solution de rechange. Selon Boris Eltsine, la tactique du parti consistait à dresser des épouvantails : «Je ne crois pas à la possibilité d'une guerre civile. Peu importe le degré auquel le président et ses camarades font monter la tension. J'ai une confiance absolue dans le bon sens du peuple.»

Et Gorbatchev affirmait devant le Congrès soviétique, le 18 décembre : «L'important c'est de ne pas nous écrabouiller mutuellement.»

34

Mafias de tous les pays unissez-vous !

Jusqu'à l'époque de Gorbatchev, les journaux avaient parfois annoncé l'exécution ou l'emprisonnement de quelqu'un pour « crimes économiques ». Cette expression est trop élastique pour avoir une signification précise ; elle désignait le plus souvent des activités qui sont normales sur un marché libre mais pouvait également s'appliquer fallacieusement à une erreur politique, ou servir à masquer une mesure antisémite. Toute transaction commerciale, sociale ou politique entre des personnes contient un élément de faveur qui permet le marchandage voire la corruption. Dans les myriades de petites épreuves de force dont était faite la vie politique soviétique, rien ne limitait l'action du plus fort excepté un sens inné de l'ampleur du gain, ou le danger de représailles auxquelles pouvaient conduire des excès dans le domaine de l'extorsion. En dénonçant au parti quiconque avait commis un abus de ce genre, le faible risquait d'entraîner un affrontement qui sanctionnerait son infériorité. En se hissant vers le sommet, les fonctionnaires de l'Etat-parti, la nomenklatura tout entière, s'enrichissaient, obtenaient l'usage de biens et de services, ainsi que des émoluments, d'une façon qui aurait été inconcevable dans une société fondée sur le droit. Par exemple, les fonctionnaires, jusqu'à un échelon très peu élevé, étaient soustraits aux fouilles des douaniers, ce qui les incitait ouvertement à pratiquer la contrebande. Quand l'un d'eux se rendait coupable de détournements trop énormes pour ne pas être scandaleux, ses collègues du parti s'arrangeaient généralement pour dissimuler le problème sous le couvert d'une action disciplinaire interne ; en agissant ainsi, ils étaient motivés par le sentiment de leur propre vulnérabilité à des accusations similaires. Les membres de la nomenklatura étaient très rarement privés de leur poste ou de leurs privilèges.

En septembre 1988, Iouri Tchourbanov, un gendre de Brejnev, également général de division, membre suppléant au Comité central et député au Soviet suprême, fut poursuivi pour corruption. L'acte d'accusation couvrait 1 500 pages. L'homme fut condamné à une peine de prison. La presse étant aux ordres du parti, il n'y eut pas d'enquêtes journalistiques. Mais après l'affaire Tchourbanov, aux beaux jours de la perestroïka, les journalistes prirent le pli de décrire dans leurs articles les cas de corruption trop flagrants pour que le parti puisse les enterrer. L'un des reporters qui firent sauter les limites de l'aveuglement était Vitali Vitaliev. Il dénonça toute une série de fraudes, telles que le détournement de biens en dehors des circuits économiques officiels, les contrefaçons, la surfacturation, pour ne pas parler de la prostitution. Dans son livre *Correspondant spécial* il raconte qu'il a reçu une lettre du secrétaire du comité du parti de Dniepropetrovsk, dans laquelle celui-ci lui apprend comment après l'un de ses articles, 138 personnes ont été condamnées à des peines de prison, 75 miliciens ont été sanctionnés, tous les chefs de la milice urbaine et régionale ont été limogés ainsi que les responsables du bureau du procureur. Ces victimes ont pu penser, non sans raisons, qu'elles avaient été désignées bien injustement pour s'être livrées à des pratiques admises depuis longtemps.

Un autre journaliste spécialisé dans les enquêtes, Arkadi Vaksberg, de la *Literaturnaïa Gazeta*, a inventé l'expression « mafia soviétique » qui est aujourd'hui universellement employée. Un exemple de corruption parmi les plus frappants est celui qui a dressé certains dirigeants de l'Union soviétique et des républiques contre l'ancien ministre des Chemins de fer, Ivan Grigorevitch Pavlovski. Dans un effort pour sauver une partie de la récolte céréalière au Kazakhstan, ce ministre avait localisé trente-quatre wagons qu'il avait affectés à ce transport. Des rapports étaient transmis d'heure en heure à son bureau sur la marche du convoi. « Il y a une heure, se lamenta l'infortuné ministre devant Vaksberg, j'ai appris qu'il n'y avait aucun wagon. Pas un seul. Il n'y en avait jamais eu. Toute l'affaire avait été un mirage, le fruit d'une ardente imagination, une tromperie que j'avais avalée comme un idiot. » Des escrocs, disposant de capitaux et d'influences supérieurs à ceux du ministre, avaient obtenu d'utiliser ces wagons pour transporter la récolte de fruits du Caucase ; les fonctionnaires qu'ils avaient corrompus sur toute la ligne avaient tenté de s'en sortir à coups de mensonges. Et Vaksberg de conclure : « Les vainqueurs étaient infiniment plus puissants que les gens dont le travail consistait à inspecter les mouvements des trains. »

L'expression « mafia soviétique » est un peu trompeuse car elle donne à penser qu'il existe des délinquants par opposition aux éléments honnêtes de la société. Or toute la société, chaque personne à son échelle, était obligée de tromper, de mentir et de prendre des raccourcis pour se procurer les biens et les services que l'on peut acquérir, dans une démocratie, par de simples achats commerciaux. Le soviétologue Alain Besançon a résumé cette situation quand il a écrit que sans la corruption aucune usine ne pourrait se procurer ses matières premières ou ses pièces détachées, aucune ville ne pourrait être approvisionnée, la production s'arrêterait, la famine régnerait, et rien ne subsisterait que le «socialisme», c'est-à-dire rien. La corruption avait perdu sa dimension morale pour devenir fonctionnelle : c'était ce qu'il y avait de si destructeur et de si terrifiant là-dedans.

La plupart des gens sont disposés à élargir leur conscience jusque-là mais pas plus loin. Les Russes ne font pas exception, naturellement. Tristement résignés à une corruption quotidienne, la grande majorité d'entre eux s'arrêtent au seuil de la violence. Evidemment, la nomenklatura n'avait pas besoin d'y recourir. Il suffisait à ses membres d'abuser de leur rang pour tenter d'obtenir tout ce qu'ils convoitaient. Mais pour quelques carriéristes, il était plus simple et plus efficace de satisfaire leurs ambitions par le recours à la force. C'était eux qui formaient la mafia soviétique. On ne peut tracer véritablement aucune ligne de démarcation appropriée entre la nomenklatura et la mafia; il s'agissait d'un entrelacs confus de méthodes et de priorités. Absents de la messe marxiste, bataillant, de leur propre aveu, pour leur compte personnel, les membres de la mafia étaient peut-être moins hypocrites que les autres. En tout cas, les gens concernés avaient en commun la volonté essentielle d'obtenir tout ce qu'ils voulaient, sans aucune considération pour ce qui pourrait arriver à autrui en cours de route. En juillet 1988, le journal *Komsomolskaïa Pravda* racontait que pendant les trois années précédentes 40 000 officiers de police avaient été révoqués pour des actes illicites tels que la fabrication de fausses pièces à conviction ou pour complicité avec des individus coupables de corruption.

En règle générale, les initiés sont discrets quant aux méthodes à multiples facettes dont on use pour exploiter son prochain. C'est pourquoi le général Oleg Kalougine fit sensation quand il entreprit d'en parler ouvertement. Si l'on met à part les transfuges, il était le premier officier du KGB à rompre le silence et à déplorer la triste réalité. Obtenant aussitôt les faveurs de la presse occidentale, il avait fait plusieurs révélations, pour affirmer par exemple qu'il avait entretenu des rapports professionnels avec Kim Philby. Soit par imprudence, soit par besoin de publicité, ses remarques sur la mort de Georgi Markov entraînèrent brièvement sa mise en détention à Londres pour interrogatoire.

Après avoir passé vingt-cinq dans les services étrangers du KGB, Kalougine avait reçu son premier poste au pays en 1980. Il y était le premier adjoint du général Daniil Nozirev, le patron du KGB à Leningrad. «Ma mission consistait à surveiller la police de Leningrad, à veiller sur les affaires économiques, à mener la lutte contre les dissidents et à assurer la garde des frontières. J'avais entendu parler de la mafia par la presse occidentale mais je n'y avais jamais cru. En apprenant de première main quelle était l'étendue de cette criminalité et en lisant les documents qui prouvaient son existence, j'avais commencé à regarder les choses d'un œil différent. J'ai découvert la corruption quand j'ai été chargé des affaires intérieures – comment elle protégeait les intérêts de la nomenklatura. Cette corruption concernait la remise de pots-de-vin aux fonctionnaires du parti. Nous avons fait arrêter quarante personnes pour s'être laissé soudoyer, des trafiquants en tous genres dont les aveux nous fournirent des preuves contre le parti et l'appareil. Le premier vice-chef du comité du parti de Leningrad fut inculpé et il y avait des preuves contre les secrétaires du parti qui s'occupaient des questions économiques ou des affaires du parti. Le procureur général de Leningrad m'a dit : "Vous en avez fait arrêter quarante ; est-ce que ce n'est pas assez ?" Je lui ai répondu que les gens de cette espèce minaient tout le système. J'ai été convoqué par le comité du parti de Leningrad. "Pourquoi faire tant de vagues ? m'a-t-on demandé. Les amis sont les amis." J'ai répliqué : "Cela n'a rien à voir avec l'amitié." Le général Nozirev a fait savoir qu'il n'interviendrait pas. Tout le monde a été d'accord pour dire que cette affaire de corruption ne nous concernait pas. »

Kalougine souligne qu'il a tenté de travailler à l'intérieur du système. A ce stade, il possédait la confiance de Gorbatchev et lui avait écrit une lettre au sujet de la corruption avec copie au procureur général. Quand il constata que rien ne se produisait, il écrivit une seconde lettre. Tchebrikov, le prédécesseur de Krioutchov au KGB, le convoqua à Moscou pour lui demander où il voulait en venir. Une commission fut alors chargée d'examiner les accusations formulées « non pas contre les personnes concernées mais contre *moi*. Quelles étaient les forces qui m'avaient poussé à agir ainsi ? Qui se dissimulait derrière moi ? Et ainsi de suite. Quiconque levait le petit doigt contre le système était suspect de vouloir saper celui-ci, alors que j'avais cherché à l'améliorer ».

Rappelé de Leningrad, Kalougine fut d'abord mis au placard puis nommé au ministère de l'Electronique sous les ordres d'un ministre directement responsable devant la Sixième direction du KGB. Dès qu'il atteignit l'âge de cinquante-cinq ans, en 1989, il se retrouva mis d'office à la retraite. « Il faut plusieurs mois avant que l'on quitte effectivement ses fonctions. Quand je suis parti pour de bon, en février 1990, je me sentais devenu un homme libre. Je me suis rendu dans le bureau de Iouri Afanasiev, lui ai montré ma documentation et lui ai déclaré que j'étais prêt à me battre pour la cause de la démocratie. Il m'a dit : "Je savais que des gens comme vous viendraient à nous." Korotitch dirigeait *Ogoniok* mais il n'a jamais osé publier ce que j'ai écrit pour lui. Quelqu'un l'avait mis en garde contre moi.

« Le frère d'Igor Tchoubais occupait un poste éminent dans le mouvement démocratique et je l'ai appelé. Il était plus de minuit. En juin 1990, il devait y avoir une conférence des forces démocratiques et je voulais y prendre la parole. Cette réunion se tenait au cinéma Oktiabr, à Moscou. Mon discours a été annoncé cinq minutes environ avant que je commence. Quand j'ai été introduit comme un général du KGB qui voulait donner des détails au sujet de cette organisation, le public de deux mille personnes s'est levé pour m'acclamer. J'ai été immédiatement assailli par des centaines de correspondants de presse. Les représailles n'ont pas tardé. J'avais parlé le 16 juin. Le 30, Gorbatchev signait un décret qui me privait de mon rang et de ma retraite. Le bureau du procureur entama des poursuites contre moi en juillet, pour divulgation de secrets d'Etat. Iakovlev me dit que Gorbatchev avait bien lu ma lettre mais pensé qu'elle était prématurée. Maintenant que j'avais pris publiquement position, il aurait dû me soutenir. »

Il n'y a aucune raison pour douter de l'horreur ressentie par Kalougine quand il avait vu de près le spectacle de la corruption. Une autre façon d'expliquer sa transformation consiste à dire qu'il a très vite jugé comment il fallait interpréter la perestroïka. Choisir le camp d'Eltsine lui permettait en outre de se prémunir contre toute grande lessive qui pourrait se produire au KGB. Sa carte de visite russe porte le mot «expert» à la suite de son nom. Sa carte de visite américaine le désigne comme le président d'une société appelée Intercon, dont le bureau se situe dans le quartier des affaires, à Washington.

Le livre de référence sur l'économie soviétique est celui du professeur Alec Nove. Il a fait l'objet de plusieurs éditions. Tout fonctionnaire soviétique a certainement pu constater l'exactitude du tableau que trace l'auteur, mais comme le livre ne fait aucune mention de la corruption ni du rôle essentiel qu'elle a joué, l'ouvrage n'a qu'un rapport tout relatif avec la réalité. Pour un Besançon qui a dit dans quel état sordide se trouvaient les Soviétiques, moralement et matériellement, il y a des douzaines de Nove, poussés par quelque obscure motivation, par des pressions psychologiques ou par leur propre idéologie, et résolus à justifier le communisme en refusant de voir autre chose que la théorie échafaudée par ses praticiens, à l'exclusion de toute pratique courante.

Une petite poignée d'économistes professionnels avaient grandi et travaillé sans aucune illusion à l'intérieur du système. Parmi ces témoins d'une valeur inappréciable se trouvent le Hongrois János Kornai et le Polonais Jan Winiecki. Ce dernier parle de la corruption instituée avec l'approbation des autorités centrales; il ne fait pas seulement allusion aux privilèges de la nomenklatura mais aussi au pouvoir des fonctionnaires d'intervenir dans les systèmes de production et de distribution étatiques. Leur ingérence dans les programmes de création de richesses était également un processus d'appropriation. Par une inversion de la théorie marxiste, ce n'était pas «à chacun selon ses besoins» mais «à chacun selon sa façon de se servir». Pour un membre du Politburo ou du Comité central, pour un premier secrétaire d'une instance du parti, pour le directeur d'une entreprise militaro-industrielle ou d'une fabrique, l'exercice d'une fonction de la nomenklatura comportait des droits de propriété en bonne et due forme sur les biens qu'il gérait – sauf pour ce qui concernait les titres juridiques et le vocabulaire. C'est pourquoi Winiecki avait fait, dès 1988, une proposition surprenante à savoir que ces droits de propriété soient reconnus et rachetés. En indemnisant une nomenklatura dépouillée de ses droits putatifs mais bien réels, on aurait introduit la liberté du marché de façon plus efficace et moins coûteuse qu'en laissant se produire la ruée chaotique à laquelle on a assisté : une ruée vers le crime de la part de la nomenklatura, du KGB et du parti, voire de quiconque était capable de déchiffrer les signes de feu inscrits sur le mur.

Ilya Zemtsov est un universitaire soviétique qui a émigré en Israël. Ce nouveau témoin est un spécialiste de la corruption soviétique. Il a écrit en 1991 que les racketteurs et les trafiquants du marché noir avaient assez de pouvoir pour se passer du parti. Il leur suffisait de détruire la vieille fiction communiste et de mettre en forme quelque nouvel arrangement destiné à fournir une légitimité à leur authentique puissance. Cela supposerait l'effondrement total du communisme. Tout le monde avait plus ou moins accès à la propriété publique à un niveau ou à un autre. Si l'on possédait le tour d'esprit adéquat et assez d'ingéniosité pour s'emparer des biens à portée de main, n'importe qui pouvait devenir mafioso à part entière. Se retenir, faire le dégoûté, c'était se mettre à mal soi-même et finalement se montrer stupide, pour le plaisir d'être en paix avec sa propre conscience ce qui, dans la pratique, ne changeait rien à la situation. Comme le dit Zemtsov : «Chaque jour, des milliers de Soviétiques se conduisent comme des membres de la mafia en volant dans la poche du voisin ou en s'enrichissant par le trafic, le jeu ou la prostitution. Les plus capables et les plus dynamiques d'entre eux, après avoir pris la mesure de la situation, vont grossir le monde du crime. Avec de la chance, ils vont commencer à en grimper les échelons. Ceux qui sont intelligents, énergiques et suffisamment crapuleux finiront par diriger des secteurs vitaux de l'administration : d'abord dans l'économie, puis dans la politique. »

Après 1917, l'Etat-parti avait tout mis à sac, le domaine public et le domaine privé. Aussitôt que le changement de législation a autorisé les entreprises privées, les sociétés commerciales et le partenariat avec des firmes étrangères, on a assisté au processus inverse car les individus pouvaient reprendre ce que l'Etat s'était approprié. En 1989, il y avait une Bourse, des banques commerciales et des entreprises privées dont le statut juridique était aussi obscur que leurs opérations. Ces sociétés qui proliféraient ainsi étaient fondées sur un nombre égal d'accords illicites entre les chefs d'entreprise et les fonctionnaires de l'Etat-parti dans toute la mesure où l'argent public pouvait être détourné à leur profit. On ne saurait se contenter d'y voir l'action des «voleurs» qui suscitaient l'indignation de Karamzine. Pour capricieux, et hideux et injuste que fût ce processus par lequel on voyait s'enrichir un petit nombre de gens qui ne le méritaient pas, aux dépens des masses qui l'auraient mérité, c'était pourtant – dans la perspective la plus large – une revanche sur l'Histoire.

L'ensemble de la population avait senti que si ses dirigeants ne s'étaient pas montrés disposés à utiliser la force pour défendre leur idéologie sur les territoires de l'empire défunt, ils hésiteraient également à revenir aux mesures de répression massive sur le sol national. Pour arriver à des résultats, il n'aurait fallu rien de moins que la réactivation du goulag après 1989. Au cours des derniers dix-huit mois de son existence, l'Union soviétique devint le paradis des audacieux et des gens dénués de scrupules; toute sa production et ses ressources, ses réserves de richesses, furent dispersées et passèrent de la main à la main. Une nouvelle redistribution des dépouilles se produisit sur une échelle gigantesque. Ce fut le pillage des biens d'une nation.

Les forces armées disposaient de ce qui était probablement le plus grand stock de biens publics; c'était sans doute les articles les plus accessibles mais ceux pour lesquels il n'y avait pas d'acheteurs immédiats. Les premiers soldats à vendre leurs armes semblent avoir été ceux qui tenaient garnison en RDA. Des grenades, des fusils, des kalachnikovs, du carburant et des postes de radio, voire des tanks trouvèrent le chemin du marché. Après s'être armés les premiers, les membres des mafias vendirent des armes dans le monde entier; l'ancienne Yougoslavie ne fut pas leur moindre client.

Vint un moment où le directeur d'un organisme intitulé «Bourse ukraino-sibérienne» mit en vente le tout dernier modèle d'un avion de chasse. Le général Vladimir Rodionov, commandant des forces de l'Extrême-Orient, sur la frontière chinoise, fut l'un des officiers supérieurs arrêtés. Dans son cas, il avait organisé un service de transport pour les voyageurs dans ses avions militaires. D'après le procureur, on avait trouvé deux millions de roubles en sa possession.

Viatcheslav Kebitch, Premier ministre de Biélorussie, devait lire à haute voix devant les membres de son cabinet la déclaration suivante qui donne une idée des pratiques devenues courantes:

«Un premier vice-ministre de Biélorussie, le colonel Anatoli Kostenko, est soupçonné de trafic illégal de fournitures militaires. Quand il commandait le district militaire biélorusse *(sic)* il a ordonné que l'essence de l'armée soit distribuée aux soldats gratuitement. Le bureau du procureur militaire a également entamé des procédures criminelles contre plusieurs commandants et leurs adjoints. Par exemple, le général Roumiantsev, commandant de la cinquième armée blindée antiaérienne, et le général de division Ivanitski, commandant de la septième armée blindée, sont accusés d'avoir fait construire des datchas à leur propre usage par les soldats placés sous leurs ordres, et de s'être servis illégitimement des transports aériens pour leurs besoins personnels... Près de cent généraux des forces armées de la Biélorussie sont soupçonnés d'avoir des activités illicites tout spécialement en coopération avec des organisations commerciales, au détriment de l'Etat. On a découvert que nombre de civils et d'officiers de haut rang transgressent la loi. Par exemple, le vice-président de la commission d'Etat pour les produits pétroliers, Zarionok, a directement participé à un troc avec des hommes d'affaires lettons pour échanger 250 tonnes de carburant diesel contre une demi-tonne de miel et une tonne de saucisses. »

Selon les dossiers disponibles, ajoute la déclaration, 2 000 fonctionnaires de l'Etat, à divers échelons de la hiérarchie, reçoivent des pots-de-vin.

Les directeurs d'usine ont depuis longtemps été habitués à traiter leur entreprise comme si elle leur appartenait, avec cet avantage supplémentaire qu'ils laissaient à l'Etat les responsabilités capitalistes quant aux pertes et profits, la protection sociale des travailleurs, les retraites, etc. Les usines étaient devenues semblables à des sociétés anonymes, avec leurs propres fournisseurs, leurs laboratoires, leurs dépôts, leurs filiales occultes qui ne figuraient pas comme telles dans les prévisions des services de planification centralisés ; elles construisaient des maisons de repos, des hôtels et des datchas ou participaient clandestinement à toutes sortes d'activités marginales. Pour une grande partie des biens accumulés, leur appartenance était obscure. Le directeur d'une usine qui fabriquait des avions a été cité dans un journal moscovite pour avoir déclaré : « J'ai beaucoup investi personnellement dans cette usine et je suis bien décidé à en être le propriétaire. » Il n'y avait personne pour l'en empêcher.

Toute une gamme de stratagèmes permit de faire attribuer ces biens à ceux qui les considéraient déjà comme étant effectivement à eux. Ce fut une privatisation « spontanée » ou « directoriale ». Parfois un directeur créait sa propre société à lui, pour brader à un prix dérisoire ce qu'il n'avait fait que gérer auparavant. Parfois, il autorisait l'émission d'actions ou l'attribution des biens à certains bénéficiaires désignés par lui et dont il faisait partie. Il arrivait qu'il trouvât quelque autre méthode encore pour détourner à son profit les ressources matérielles et financières naguère attribuées par l'Etat à son usine conformément à une planification désormais obsolète. Mikhaïl Gourtovoi, président d'une commission chargée d'établir des contrôles juridiques et financiers, à l'époque de Boris Eltsine, a déclaré : « Selon les informations que nous possédons, un tiers du montant de la dette accumulée sous le gouvernement de Gorbatchev a été tout bonnement volé. Par exemple des devises fortes ont été dépensées pour la construction d'une usine dont il n'y a pas trace, pas plus que des millions de dollars engagés à ce propos. » Les traînards pouvaient encore rejoindre le gros de la troupe, comme l'ancien Premier ministre Nikolaï Ryjkov, placé naguère à la tête d'un des plus vastes « combinats » du génie militaire soviétique. Promu directeur d'une banque privée, il est censé avoir déclaré qu'il n'allait pas supporter plus longtemps l'humiliation d'être pauvre.

Ceux qui, à l'intérieur de la bureaucratie, avaient le droit d'autoriser, par leur signature, toutes sortes de transactions, d'achats ou de ventes, détenaient les clefs de ce transfert de richesses. Lors du Congrès fondateur de la Russie démocratique, en octobre 1990, il devint de notoriété publique, pour la première fois, que sous prétexte de privatisation, les membres de la nomenklatura saisissaient les fonds et les biens de l'Etat ou du parti pour leur plus grand profit personnel. Ce processus souterrain, impossible à prouver, caché derrière le secret des banques, est largement protégé contre toute inspection. On ne peut jeter que de brefs regards sur le spectacle de ces fraudes presque inimaginables.

Parmi ceux qui furent prompts à se remplir les poches figurent les directeurs de l'industrie pétrolière. L'or noir fut détourné du circuit normal et transita par le marché noir pour se vendre sur le spot-market européen. Un homme tel que Krioutchov a fait allusion aux pertes injustifiées enregistrées par le marché pétrolier. Alors que 127 millions de tonnes avaient été vendues à bas prix en 1989, on n'exporta que 101 millions de tonnes en 1990, à un moment où les prix avaient augmenté, et les exportations tombèrent à 61 millions de tonnes en 1991. Le contraste entre ces chiffres révèle l'échelle de la fraude. En 1993, le *Sunday Times* devait révéler que les « barons du pétrole » étaient issus de la nomenklatura et plus spécialement du KGB. Avec un salaire officiel de 50 dollars par mois, il semble qu'ils aient pu s'offrir des maisons en Suisse.

Les autres industries liées à l'exploitation de gisements n'étaient pas en reste. On estime que les exportations illicites de minerais rares, vendus au profit de trafiquants privés, représentent le tiers ou même les deux tiers de toute la production soviétique dans ce secteur. L'Estonie qui n'avait pas de cuivre devint soudain l'un des principaux exportateurs mondiaux de ce métal. La planification centralisée avait fait fi de l'offre et de la demande réelles; il en résultait un écart entre les coûts théoriques et les prix mondiaux ce qui attira une horde de spéculateurs dont certains étaient liés aux hommes d'affaires occidentaux qui envahissaient l'URSS pour y faire fortune. Mieux encore, obsédés par leur lutte à mort contre le capitalisme, les autorités soviétiques avaient créé une variété de roubles, à usage interne ou pour le commerce extérieur, des billets que l'on pouvait transférer ou non mais parfois convertibles en or, une monnaie que l'on pouvait échanger contre des devises fortes à des taux variables. Des manipulations adroites permettaient de gagner des fortunes à ceux qui savaient profiter de ces anomalies.

En 1993, selon la presse russe, le KGB possédait les quatre cinquièmes des *joint ventures* – c'est-à-dire des entreprises créées en association entre des sociétés russes et des sociétés étrangères. Des fonds énormes avaient été envoyés à l'étranger par le KGB pour financer les divers partis communistes locaux. Depuis les années 1950, le PC français avait reçu 24 millions de dollars; le PC italien en avait obtenu 47 millions entre 1971 et 1987. En 1987, le PC français et le PC américain avaient encaissé chacun 2 millions de dollars. Le 5 juin 1990 le Comité central avait finalement autorisé la conclusion d'un accord avec la Libye pour un montant de 1,58 milliard de dollars; aux termes de ce contrat l'URSS fournissait à son client des moyens de communication, des réparations et des pièces détachées, ainsi que des armes et des munitions, le tout étant payable en pétrole.

Lors de mes entretiens avec Ivars Kezbers, le dernier secrétaire à l'idéologie du parti communiste letton, celui-ci me donna un tableau graphique des transactions qui échappaient aux transferts bancaires. « Un ambassadeur soviétique recevait par exemple une mallette contenant un million de dollars. Il invitait alors le premier secrétaire du parti communiste local ou le chef d'une organisation de gauche qui avait des projets intéressants. Il lui donnerait l'argent mais ils ne signeraient aucun papier à ce sujet. L'ambassadeur disait simplement que l'argent était destiné à des activités sur lesquelles les deux parties s'étaient mises d'accord. Il était admis que certains des destinataires étaient pauvres. S'ils décidaient d'envoyer leurs enfants passer l'été dans un camp de vacances des Pionniers ou voulaient employer l'argent à quelque autre usage, c'était leur affaire. »

On ne sait quelle était la nature des accords définitifs conclus par le KGB et ses agents, mais ses fonds, dont il ne rendait aucun compte, semblent avoir été mis en sécurité dans des banques à Düsseldorf, à Zurich ou au Danemark, et aussi, sans aucun doute, ailleurs. Les anciens officiers supérieurs du KGB possèdent désormais des villas sur la Riviera. La véritable structure du pouvoir est restée intacte, dans une large mesure, sous la forme d'un réseau formé par les « anciens ». Vladimir Moukousev était l'animateur des débats pour *Vzgliad*, une émission consacrée à des dialogues avec les téléspectateurs ; c'était le *talk-show* le plus populaire de la télévision soviétique. Quand il a démissionné en 1991, il a prononcé ces mots : « Personne ne peut devenir rédacteur en chef aujourd'hui s'il n'a pas fait carrière dans le KGB. »

L'Etat-parti lui-même a mis le comble au pillage de ses propres biens. En 1990, Krioutchov avait déclaré devant le Congrès soviétique que 12 millions de roubles avaient été exportés frauduleusement en Suisse. Il était très loin du compte. Une personnalité de la télévision soviétique, Vladimir Pozner, qui ne prend jamais de risques, a écrit avoir appris de sources généralement fiables que le parti avait secrètement transféré 200 milliards de roubles à l'étranger, au taux de 18 roubles pour 1 dollar. Le parti était réputé avoir 7 000 comptes à l'étranger. En 1990, trois Occidentaux douteux avaient offert de racheter 140 milliards de roubles pour des dollars. Cette somme équivalait au montant de toute la masse monétaire en circulation dans l'Union soviétique. Il semblait que cela n'avait aucun sens de se départir de devises fortes en échange de papier sans valeur, en pleine inflation. Pourtant la proposition a fait l'objet d'une enquête de Claire Sterling dans son livre *Crime Without Frontiers*. Elle raconte, entre autres choses, qu'un fonctionnaire russe de l'équipe chargée des délits graves, au bureau du procureur général, a révélé comment 100 000 faux comptes en roubles ont été utilisés pour exporter des roubles à travers le système bancaire. Elle met en relation cette tentative, destinée à vider le marché des roubles, avec une décision autrement inexplicable, prise par le Premier ministre d'alors, Valentin Pavlov, de démonétiser sans avertissement préalable tous les billets de 50 et de 100 roubles.

En avril et en mai 1991, l'Occident a reçu des exportations d'or soviétique, estimées à 1 000 ou 2 000 tonnes, selon les calculs. De nouveaux envois, effectués juste avant le coup du mois d'août, semblaient avoir fait l'objet d'un emballage hâtif. L'économiste Grigori Iavlinski a eu la tâche délicate d'annoncer, en septembre, que les réserves d'or soviétique étaient tombées à 240 tonnes. Les enquêteurs ont découvert des fuites de capitaux soviétiques organisées au profit de comptes ouverts dans près de quatre-vingts banques du monde entier, pour financer des investissements dans des hôtels, des immeubles et des entreprises. A Moscou, un inspecteur de police, le capitaine A.V. Iastrebov, appartenant au département des délits économiques, a accusé certains fonctionnaires d'avoir été complices de ce transfert d'or en Suisse. Il n'est pas vraisemblable que l'on en récupère la moindre partie ni que la vérité se fasse jour à ce sujet. Le journal *Izvestia* du 3 octobre 1991 remarquait amèrement que, depuis trois ans, le gouvernement avait, avec l'accord de Gorbatchev, fait diminuer les réserves d'or de 25 à 30 milliards de dollars. Dans tout pays normal, poursuivait l'article, le président et le Premier ministre auraient dû rendre des comptes pour ce « détournement fantastique ».

Aussi, même les gens qui prêtaient encore l'oreille à un Gorbatchev de plus en plus harcelé et irascible, dans ses appels à la perestroïka, et à un Boris Eltsine qui tentait de déborder son adversaire en plaidant pour sa propre version de la perestroïka, même ces gens-là pensaient dans leur for intérieur : « Advienne que pourra, je dois penser à mon avenir avant tout. » Quelles que fussent leurs attitudes publiques, leurs récriminations mutuelles et leurs clameurs apocalyptiques, les « durs » et les réformateurs se hâtaient à l'unisson de prendre leurs dispositions, comme de bons pères de famille souscrivent des polices d'assurance dans les sociétés capitalistes.

Quelques jours avant le coup du mois d'août, le trésorier du parti, Nikolaï Kroutchina, fut découvert mort sur le pavé, au pied de la tour où se trouvait son appartement. Il avait soixante-deux ans et occupait son poste depuis 1983. Cet ancien protégé d'Andropov connaissait par le menu le portefeuille et les avoirs du parti, estimés à 5 ou 7,7 milliards de roubles, avec un revenu global de 2,7 milliards de roubles, outre ses 114 maisons d'édition, ses 81 imprimeries, ses hôtels, ses maisons de repos, ses usines et son parc de voitures. Il tenait la liste de ceux qui bénéficiaient de palaces et de villas avec des précisions sur ces avantages ; il possédait même les numéros des comptes secrets et disposait de la signature à cet égard. Six semaines plus tard, en octobre, son prédécesseur, Gueorgui Pavlov, fut également retrouvé mort sur le pavé au pied de la tour où il avait son appartement. Quelques jours après, Dmitri Lissovolik périssait en tombant d'une fenêtre d'un douzième étage ; c'était le fonctionnaire du Comité central chargé de transmettre des fonds aux partis étrangers. Peut-être avaient-ils dénoncé ces fraudes colossales ou avaient-ils été surpris en train de les commettre. Peut-être avaient-ils sauté. Peut-être les avait-on poussés.

La bataille épique que se livraient les deux titans, au sommet de la pyramide, revêtait une importance considérable, car son issue déterminerait en grande partie le choix de la personne qui disposerait désormais de la signature et pourrait ainsi autoriser la répartition de la richesse. Mais, dans un autre sens, étant donné que le facteur essentiel était l'absence de lois, tout était de la comédie et la joute se déroulait pour la frime, du moins dans ce domaine. La nomenklatura, l'élite, la mafia, les chefs d'entreprise de tous poils qui avaient agi jusque-là subrepticement, comprirent non sans raison qu'ils avaient une occasion unique d'obtenir des titres de propriété sur les biens dont ils avaient bénéficié auparavant sans pouvoir les léguer en toute légitimité à leurs descendants. Le communisme les avait faits ce qu'ils étaient, une classe dirigeante de prédateurs sans scrupules, élevés dans la conviction que la fraude et la malfaisance étaient les instruments des intérêts de classes. Une fois hors de la portée d'un mécanisme politique qui tournait désormais à vide, ils dépouillèrent le cadavre de l'Union soviétique, comme leurs prédécesseurs l'avaient fait pour la Russie tsariste.

35

« Initiatives »

Un diplomate de carrière, Aleksandr Bessmertnik, succéda à Chevardnadzé comme ministre des Affaires étrangères, encore que pour six mois seulement. Cet homme essentiellement dévoué à Gorbatchev se trompa dans son jugement sur le coup d'Etat du mois d'août, ce qui eut pour résultat de faire asseoir le ministère entre les deux chaises. Cette erreur lui coûta sa carrière. Elégant dans ses manières, bien intentionné et habile à s'exprimer dans la langue anglaise, il dirige aujourd'hui un « trust de cerveaux » à Moscou.

La politique étrangère avait toujours été mise en œuvre à grand renfort de discours et s'était manifestée par des « initiatives ». Les discours de politique étrangère de Gorbatchev étaient écrits par le ministère ; c'est là qu'était né le slogan sur la « maison commune européenne ». Les brouillons des discours étaient présentés à Anatoli Tcherniaïev, qui « excellait à en modifier le style pour les adapter au langage de Gorbatchev ». Une « initiative » supposait que l'on avait choisi un domaine où entamer une épreuve de force ; on poussait alors aussi loin que possible pour voir ce que l'on pourrait en tirer dans le cas où un pays étranger préférerait l'apaisement à la résistance. « Utilisez d'abord la force, puis élaborez une politique. » C'était une façon un peu spéciale de résumer le contenu d'une politique étrangère mais celle-ci se révélait souvent efficace, au moins grâce au simple effet de surprise. Pendant plusieurs décennies, la notion de lutte des classes avait fourni la théorie de base qui inspirait cette politique. Une guerre juste était un conflit dont on pouvait tirer avantage pour ce que l'on considérait comme les intérêts du prolétariat soviétique. Accepter l'idée de ne pas faire la guerre du tout aurait entraîné la condamnation de toutes les agressions militaires perpétrées par l'Union soviétique contre les autres nations hors de l'empire. Bessmertnik avait assisté à toutes les conférences au sommet organisées sous l'autorité de Gorbatchev. « A la réunion de Genève, en 1985, nous avons déclaré pour la première fois qu'il ne devrait pas y avoir de guerre nucléaire car nul n'en sortirait vainqueur. Aujourd'hui cela ressemble à un lieu commun mais, à l'époque, c'était d'une grande nouveauté! Jusqu'alors, les deux camps avaient eu leurs conceptions stratégiques quant à la façon d'avoir le dessus au cours d'une guerre nucléaire. A Malte, les deux dirigeants ont fini par convenir du fait que des changements fondamentaux étaient en cours et que, dans des circonstances aussi difficiles, ils devaient essayer de se comporter en associés. » En fait, le traité « Start I », sur la réduction des armements stratégiques, et l'accord sur les armes conventionnelles aboutirent plus ou moins à une sorte de match nul. Selon Bessmertnik, les militaires soupçonnaient le ministère des Affaires étrangères de trahir les intérêts soviétiques. Il fait un amusant récit de la façon dont on cherchait à circonvenir les experts militaires pour influencer Iazov et les autres officiers du rang le plus élevé, en profitant de leur ignorance des détails techniques pour obtenir d'eux des concessions.

Gorbatchev a-t-il perdu une partie de son prestige à cause de la façon dont il a permis la réunification de l'Allemagne?

« C'est une triste histoire. Avec l'unification de l'Allemagne, il avait franchi le Rubicon en ce qui concernait la population soviétique. On peut en dire autant de Chevardnadzé. Ce qu'ils ont fait, ils l'ont fait merveilleusement. Il m'incombait ensuite de veiller à la ratification du traité avec l'Allemagne. Le parlement et l'opinion publique y étaient très hostiles. Il fallait leur prouver que nous n'avions pas d'autre possibilité. Je pris la parole devant le parlement à huis clos, car je sentais qu'en séance publique cela tournerait à la catastrophe. Gorbatchev voulait que l'Allemagne de l'Est reste en dehors de l'OTAN. Les Occidentaux avaient pris une position si vigoureuse là-dessus qu'il ne put obtenir gain de cause; ils n'acceptaient aucune des idées que nous proposions pour nous faciliter les choses. L'armée et la génération qui avait connu la guerre en étaient très irritées. »

D'après ce que vous en dites, la marge de manœuvre de Gorbatchev semble avoir été assez réduite.

« C'était irrémédiablement un cas de *force majeure* et, dans cette situation, un dirigeant est plus facilement entraîné à commettre une erreur. En théorie, Gorbatchev aurait pu jouer sa partie différemment. Si ce n'avait été à cause de sa vision du monde, à cause de sa rencontre avec Bush à Malte, et naturellement à cause de la situation intérieure, il aurait pu céder aux pressions des militaires ou des autres, et déclencher une crise à l'échelle européenne. Mais il était sincère quand il refusait l'usage de la force. D'aucuns ne lui faisaient pas confiance là-dessus, mais c'était pourtant le cas. Au meilleur sens du terme, c'était un pacifiste. Souvent, quand on envisageait le recours à la force, chez nous ou à l'étranger, il était toujours instinctivement prêt à voter contre, même si les circonstances justifiaient une intervention. C'est cela qui le différenciait de tous les secrétaires généraux précédents. »

Le 14 janvier 1991, au moment où il était appelé à prendre ses fonctions, le hasard fit que Bessmertnik passait par Londres. Il y avait acheté six ou sept journaux; on y voyait des photos de presse sur les bagarres de Vilnius et de Riga. « Le lendemain matin quand je suis allé voir Gorbatchev, je lui ai montré les journaux. Il a voulu les garder. Je lui ai dit : "J'accepte votre offre de me nommer ministre des Affaires étrangères mais si des choses comme ça doivent arriver, l'Union soviétique ne pourra pas avoir de politique étrangère." Quand nous avons abordé les événements de Vilnius, il a déclaré : Je ne le savais tout bonnement pas et cela me choque d'entendre dire que personne n'est responsable. Il y a *quelqu'un* qui l'est. » Ce quelqu'un ne pouvait être qu'un militaire ou un membre du KGB. Il pense que c'était « une étrange histoire au sujet de laquelle la vérité n'a pas encore été révélée. On dirait que tout le monde a décidé de l'oublier parce que d'autres événements l'ont occultée. Si l'opération avait réussi, je suis sûr que nombreux auraient été ceux qui l'auraient revendiquée ».

Au cours de la nuit du 16 janvier, alors qu'il était ministre depuis moins de vingt-quatre heures, le secrétaire d'Etat américain lui téléphona pour lui apprendre que l'assaut contre les forces irakiennes au Koweït allait commencer dans une heure. « Ce fut une nuit blanche au cours de laquelle Iazov et Gorbatchev m'ont convoqué au Kremlin. Loukianov a suggéré que je prenne la parole devant le parlement. J'ai fait remarquer que c'était le premier jour de la guerre, mais il a insisté et Gorbatchev lui a donné raison. J'ai fait comme on me le demandait et j'ai été pris à partie par les colonels qui prétendaient vouloir apprendre quand je cesserais de défendre les intérêts des Etats-Unis pour commencer à défendre ceux de l'Union soviétique. »

La disparition de l'Union soviétique découle en droite ligne, selon Bessmertnik, des affrontements internes dont on trouvait l'exemple dans le Nagorny-Karabakh comme à Tbilissi et à Vilnius. Ni Gorbatchev ni personne ne pouvait deviner que le destin irait se nicher dans un petit endroit troublé comme le Nagorny-Karabakh. Une fois que les autres républiques ont commencé à craindre d'être traitées avec une brutalité effrontée, comme Vilnius et Tbilissi, leurs relations avec le Centre se sont détériorées irrémédiablement. Le nationalisme s'est propagé comme un feu de forêt. Un Conseil de la Fédération a été mis sur pied avec mission de définir une nouvelle Union. Bessmertnik a participé à certaines de ses discussions. « Mon idée était que la politique étrangère devait relever des autorités fédérales; sans cela, il n'y aurait pas de fédération. Les républiques voulaient soustraire ce domaine à Moscou. C'était l'un des points d'achoppement. L'Ukraine, le Kazakhstan et l'Ouzbékistan étaient les principales républiques qui voulaient élargir encore leur part de responsabilité dans les prises de décisions en matière de politique étrangère. Je ne croyais pas qu'il serait judicieux d'aller aussi loin. »

Au début de 1991, nul ne pouvait encore imaginer qu'une Ukraine souveraine accéderait à l'indépendance.

« Non. Absolument pas. Même au cours des discussions du Conseil de la Fédération. Il semblait évident que l'Ukraine allait tenter sa chance d'obtenir davantage pour elle-même en tant que république, mais même les plus nationalistes des Ukrainiens n'allaient pas jusque-là. »

En organisant le référendum du 17 mars, Gorbatchev croyait avoir trouvé le moyen d'influer sur l'issue du processus de Novo-Ogarovo en se réclamant du soutien populaire. « Pour un temps, il fut à même de capitaliser les résultats du référendum mais ce potentiel se trouva dissipé très rapidement. La riposte de l'Ukraine consista à lui opposer son propre référendum en mettant aux voix sa déclaration d'indépendance. Le coup fut fatal. Les Etats baltes se seraient contentés, au début, d'obtenir un statut spécial à l'intérieur d'une future fédération au lieu de réclamer leur pleine indépendance. Mais nos dirigeants pensaient que l'évacuation des territoires de la Baltique marquerait le début d'une réaction en chaîne.

« Gorbatchev ne pouvait pas ignorer les *faits accomplis* qu'il avait lui-même provoqués. L'une de ses erreurs fut de ne pas reconnaître aussitôt l'importance de la Russie. Je me rappelle qu'il ne prêta guère attention à la tenue des élections présidentielles dans la Fédération russe. Il se demandait comment gérer la situation, comment présenter de meilleurs candidats à la présidence, des choses comme ça. Il baignait encore dans l'idée de la puissance de l'Union. Je dirais qu'il était "centré sur Moscou". Bien sûr, on respectait les républiques, mais pas beaucoup.

« Gorbatchev avait sous-estimé l'importance de l'accession de la Russie au rang de second foyer du pouvoir. Il était souvent aveuglé par l'antipathie que lui inspirait Eltsine. Quant à ce dernier, s'il voulait l'indépendance de la Russie, il lui fallait s'assurer du fait que les autres républiques suivraient le mouvement. Je ne crois pas que Boris Eltsine et les principaux autres groupes démocratiques aient pleinement mesuré les conséquences de leurs actes ; ils se préparaient à passer des années dans l'opposition au sein d'une future fédération qui comprendrait huit ou neuf républiques. Au sens politique de l'expression, ils n'étaient pas du tout prêts à prendre le pouvoir. Voilà donc un groupe passionné, intensément désireux de changer le système d'abord et la formule de l'Union ensuite, mais bien longtemps après. Un rebelle type, Eltsine, a été éjecté du pouvoir ; il se bat pour son compte, sans bien savoir ce qu'il doit faire ; à mon avis, il est plutôt désespéré. Il rencontre alors Sakharov et adopte les idées de celui-ci. Un homme qui possède l'instinct et les projets d'un chef s'unit au mouvement démocratique. Eltsine était sincère, j'en suis sûr ; il regrette certainement pour l'Union soviétique que les choses aient pris une telle tournure. Si Gorbatchev et nous tous avions mieux joué nos cartes face aux républiques, en leur donnant plus de liberté pour se développer comme elles l'entendaient, l'issue aurait pu être différente.

« La réforme n'avait pas été bien pensée. Gorbatchev dit qu'il avait un maître plan, mais ce n'était pas le cas. Ses idées initiales étaient très modestes. Il a entamé la réforme du parti au petit bonheur, en redorant l'image des dirigeants et en améliorant la conduite des affaires du PC de l'Union soviétique. Et même ainsi, c'était assez pour précipiter les événements que personne ne pouvait plus maîtriser. Avec ou sans coup d'Etat, il fallait que Gorbatchev prenne des mesures draconiennes dans le domaine économique. Il voulait réformer la politique, puis réformer l'économie, puis réformer l'Union, entreprendre d'immenses efforts quant à la maîtrise des armements; le tout supposait simultanément de vastes modifications des bases psychologiques et idéologiques de l'URSS... C'en était trop pour la société et celle-ci s'effondra. Etant donné que le système ne pouvait s'incliner devant la réalité et plier, il cassa. Survint le coup d'Etat; le pouvoir était à ramasser dans la rue et Boris Eltsine n'eut plus qu'à se baisser. »

36
« Qui ment, je ne sais pas »

Le visage d'Aleksandr Iakovlev pourrait avoir été taillé dans du bois, tant il est sévère. Ses yeux sombres, profondément enfoncés, sont dénués d'expression. Pendant les premières minutes de notre entretien il n'a cessé de soupirer que le KGB était « un Etat dans l'Etat », expression galvaudée mais justifiée. Pourquoi a-t-il fait ce qu'il a fait? A-t-il compris qu'il creusait la tombe de l'Etat-parti? « La perestroïka était la seule voie qui permettait d'aller du bolchevisme vers l'avenir. » Un point c'est tout. « Jamais d'excuses, jamais d'explications » est une devise qui semble avoir été inventée pour lui.

Il aime pourtant faire le récit de quelque incident, dans le plus grand détail ; qui a téléphoné et quand, pour proposer quoi, et ce qu'il en est résulté. Il a participé aux événements, répète-t-il mais ne sait pas encore toute la vérité. Ses histoires s'achèvent souvent par ces mots : « Et qui ment, je ne saurais le dire. » Quand il parcourait le Kremlin avec sa jambe raide, suite à sa blessure de guerre, quand il siégeait au Politburo, il devait avoir une présence redoutable. Si rigidement sûr de lui-même et pourtant renfermé, il ressemble au fantôme d'un vieux communiste stéréotypé plus qu'à un réformateur soucieux de se frayer en tâtonnant un chemin vers le futur.

Tant de temps passé à rédiger et rerédiger des articles, des programmes et des discours, tant de sous-entendus et d'ambitions muettes, tant de jongleries avec les commissions, une dépense si énorme d'énergie dans un cercle si restreint, pour en arriver à voir se recroqueviller, au-dehors, l'autorité exercée sur une planète dangereuse tandis que les ordres et décrets dont les termes étaient si soigneusement pesés au petit matin ne représentaient plus rien que des feuillets en attente dans un parapheur !

Il connaît par cœur toutes les intrigues de chaque plénum du Comité central, chaque congrès du parti, chaque réunion du Politburo. Il s'est vu confier les enquêtes les plus délicates des commissions spéciales, pas seulement celle qui concernait la signature du pacte germano-soviétique par Molotov et Ribbentrop, mais aussi l'assassinat de Kirov en 1934. Iakovlev est pratiquement convaincu que Staline a fait assassiner son rival mais, comme on trouve des contradictions dans les preuves, il a refusé de signer le rapport final de la commission.

Pour commencer par le commencement, dit-il, le tout premier plénum du Comité central dirigé par Gorbatchev en avril 1985 avait fait mention des réformes. Le plénum de janvier 1987 fut consacré à la «question des cadres du parti» – expression qui désignait la purge habituellement pratiquée pour faire remettre le pouvoir aux fidèles d'un nouveau secrétaire général.

«Il y avait un groupe de travail à Zavidova, installé dans une maison de campagne, aux abords de Moscou, avec une réserve de chasse pour les militaires. La coutume voulait que tous les rapports présentés au plénum par le parti fussent préparés à Zavidova par les trois ou quatre hommes responsables du premier brouillon dont le Politburo discutait ensuite avant que le texte soit lu en séance plénière. [Cette fois-là] quand la première version eut été rédigée, il apparut de toute évidence qu'elle appartenait au passé et qu'il fallait une nouvelle version sur le thème de la démocratisation. Le second brouillon traitait donc de la démocratisation du parti, y compris des élections, des droits de l'homme, de la liberté d'expression, avec une remise en cause de vieilles résolutions concernant les factions. Ce fut la première fois que la nomenklatura sentit venir le danger. A partir de ce moment-là, l'apparat, y compris les organes de la répression, commença de résister à la perestroïka.»

Qu'est-ce qui a poussé Gorbatchev à entamer la perestroïka?

«Il y croyait. Mais avant le plénum, et non pas juste après, il a senti la résistance et il a freiné un petit peu. On peut trouver heureux qu'il y ait eu, aux commandes, à ce moment-là, un homme capable de faire des compromis. La psychologie imposée par Lénine au parti supposait une lutte permanente et sans concession contre des ennemis situés à l'intérieur et à l'extérieur du PC. Gorbatchev a été le premier chef soviétique à introduire un élément de compromis dans sa politique. Ça, c'était positif. Mais, d'un autre côté, pendant le cours des événements il a perdu la haute main sur les compromis pour devenir la victime de ceux-ci. Telle fut la tragédie, activement exploitée par tous les acteurs en scène.»

Nul ne prenait jamais personne par surprise lors des réunions du Politburo. «Tout se passait en douceur, autour de la table. Il y avait une règle morale : si quelqu'un projetait de se prononcer contre un de ses collègues lors d'un plénum ou en d'autres circonstances, la règle voulait qu'il téléphone à l'autre, par avance, pour lui exprimer personnellement son désaccord. Amicalement, il lui conseillerait de ne pas donner suite au projet litigieux. L'adoption des demandes et des ordres, au Politburo, était caractérisée par l'absence de "messes basses" et de chuchotements dans le creux de l'oreille. » Mais les affrontements de Iakovlev et de Ligatchev n'étaient-ils pas courants lors des réunions du Politburo ? « Sur certaines questions, oui ; sur d'autres, non. Les relations personnelles avec Ligatchev étaient normales. Il ne se privait pas, lui aussi, d'aller chuchoter dans les oreilles des gens. » Eltsine était l'exception la plus ostensible qui confirmait cette règle dont il ne tenait aucun compte, pas plus qu'il ne se souciait des considérations sur lesquelles le principe s'appuyait. « Eltsine a dit qu'il s'était rendu au plénum d'octobre 1987 et que tout le monde l'y avait attaqué d'une façon à laquelle il ne s'attendait pas. On peut présenter cette affaire de bien des façons. Je ne pense pas que Boris Eltsine ait choisi le bon moment et l'endroit approprié pour faire connaître sa position. Il faut également, en l'occurrence, tenir compte des antécédents :

« En août 1987, Gorbatchev avait pris des vacances et Ligatchev présidait une réunion du Politburo. Eltsine était alors membre suppléant de cet organisme en même temps que premier secrétaire du parti de la ville de Moscou. Or l'un des points inscrits à l'ordre du jour était une proposition qu'il avait présentée ; il s'agissait d'introduire un règlement qui permettrait d'autoriser des rassemblements publics à Izmailovo, comme cela se fait à Hyde Park. Tout le monde attaqua le projet sous le prétexte que les rassemblements publics ne pouvaient pas être autorisés du tout. Eltsine se justifia en alléguant qu'il se contentait d'appliquer les instructions adoptées lors d'une réunion précédente du Politburo. Personne ne put s'en souvenir. Ou bien c'était lui qui mentait, ou bien c'était les autres membres du Politburo. Les assistants prétendirent tous que Boris Eltsine agissait sous le coup d'une impulsion. Pourquoi Eltsine ne me critique-t-il jamais mais me soutient dans ses livres ou ses discours ? Très simple. J'ai dit, ce jour-là, que ce n'était pas le moment de juger Eltsine lui-même, mais que sa proposition méritait d'être examinée, de faire l'objet d'un vote et d'être adoptée ou rejetée. Eltsine ne l'a jamais oublié. Il est très susceptible. Sur le coup de la déception, il écrivit à Gorbatchev après la séance. Ce dernier n'a montré la lettre à personne. Je ne savais rien là-dessus. Gorbatchev m'a dit qu'il avait appelé Eltsine pour lui proposer de réitérer sa proposition après les fêtes du 7 novembre. Il affirme que Boris Eltsine lui avait donné son accord.

« Vers le 29 octobre, Gorbatchev proposa que le plénum du Comité central approuve son discours officiel du 7 novembre, dans lequel il devait pour la première fois traiter Staline de criminel. Soudain, au cours de ce plénum, Eltsine fit un discours qui n'était pas prévu à l'ordre du jour, pour dire que la perestroïka avançait trop lentement et que Ligatchev la freinait. Après ça, ce fut la bagarre. Je pris la parole au cours de ce plénum. Tout d'abord, j'étais attristé de voir que Boris Eltsine avait gâché le 7 novembre de Gorbatchev. En deuxième lieu, je rappelai au perturbateur que son discours pouvait lui sembler démocratique mais qu'il était en réalité conservateur. Pourquoi ? Parce que c'était une provocation à l'égard des partisans de la ligne dure. Troisièmement, je dis que Boris Eltsine avait violé la règle du chuchotement à l'oreille. Il était tombé d'accord avec Gorbatchev pour reprendre la question après les fêtes du 7 novembre. Une fois, il m'est arrivé de demander à Eltsine pourquoi il avait violé cet accord – c'était en 1992 et il avait déjà été élu président – et il m'a répondu que cet accord n'avait jamais existé. Qui dit la vérité, qui ment? Je ne sais pas.

« A l'époque, Gorbatchev ne voulait pas renvoyer Eltsine mais la pression venue du Politburo était irrésistible. Pourquoi? Parce que tout le monde trouvait que la perestroïka allait trop vite, pas trop lentement. On chercha donc à éliminer Eltsine grâce à une campagne de calomnies et d'actions illégales. Gorbatchev proposa même de le nommer ambassadeur. Je voudrais souligner qu'en trois occasions, Eltsine demanda à être réhabilité. Dans un discours, prononcé devant le plénum d'octobre, il déclara qu'il avait fait une erreur, que ses camarades l'avaient mal compris, que s'il s'était exprimé en des termes insultants pour Gorbatchev, il demandait que l'on accepte ses excuses. Mais c'était un plénum d'idiots. Il y avait là une occasion de régler l'affaire une fois pour toutes. Peut-être chacun pensait-il que la scène avait été combinée d'avance avec Gorbatchev, je ne sais pas. A la Dix-neuvième conférence du Parti, il demanda une nouvelle fois sa réhabilitation politique. Il y eut encore une troisième occasion. Quand ses supplices eurent été rejetées par l'appareil du parti, il comprit qu'on ne lui pardonnerait jamais et il lança sa campagne en faveur de la démocratie.

« Il y eut des tentatives pour l'exclure, mais Gorbatchev prit sa défense et créa même une autre commission chargée d'examiner ses activités. Le président en était Medvedev. Ce dernier ne présenta jamais aucun rapport d'activité. A l'une des réunions du Politburo, Ligatchev et Ryjkov demandèrent quelles avaient été les conclusions de cette commission et Medvedev répondit que, jusqu'alors, on n'avait trouvé dans la conduite d'Eltsine aucune activité hostile au parti ou au programme constitutionnel. Ligatchev répliqua : "Vous cherchez mal." Medvedev dit à Eltsine en personne qu'il n'avait rien trouvé parce qu'il n'y avait rien à trouver. Petit à petit on en vint pourtant là quand ce fut Eltsine qui se trouva en mesure de créer des commissions contre chacun des autres. C'est ça l'astuce! Les forces démocratiques avaient cherché un chef pendant un certain temps et Boris Eltsine s'offrit à tenir ce rôle. C'était un bon choix. Eltsine a un caractère très décidé. »

Avez-vous trouvé Gorbatchev ouvert à vos conseils?

« Parfois oui, parfois non. Il écoutait quand il croyait mes conseils utiles pour lui-même. »

Savait-il où il allait, avait-il des vues à ce sujet?

« Pendant longtemps il a parlé de créer une société démocratique, une société de droit. Est-ce que cela constitue un programme ou non ? Tout dépend de la situation politique. »

Craignait-il un soulèvement des masses pendant les années de la perestroïka ?

« Le KGB lui mettait cette idée dans la tête jour après jour. Il ne comprenait pas que cette sorte d'information, venant du KGB et de l'armée, avait pour objet de l'inciter à se faire remplacer par les gens du Comité d'Etat [à céder la place aux conjurés du mois d'août]. Leur opposition à la perestroïka avait valeur de principe politique ferme. Mais, d'un autre côté, ils luttaient pour leur survie. »

A son avis les partisans de la ligne dure ont monté le putsch en trois temps : la publication de la lettre de Nina Andreïeva, la destruction du plan Chataline et finalement le coup du mois d'août. Iakovlev se trouvait au loin, en Mongolie, au moment de la publication de la lettre de Nina Andreïeva. « Il était impossible qu'une telle lettre ait été publiée sans l'appui du Politburo. Quand je suis rentré, j'ai dit à Gorbatchev que le contenu de la lettre équivalait à un programme pour les adversaires de la perestroïka. Il était d'accord avec moi. J'ai préparé un article politique pour y répondre et, deux jours plus tard, nous avons examiné la question au Politburo. La règle voulait que l'on dispose de quinze minutes pour parler. Chaque membre du Politburo a dit quelque chose contre la lettre d'Andreïeva. Une minute contre la lettre, quatorze minutes contre les forces démocratiques. Seul Ryjkov s'est prononcé de façon définitive contre la lettre. Tous les autres étaient partagés. Ligatchev a prononcé un discours de trois-quatre minutes pour ne rien dire. Il prétendait n'avoir vu la lettre que le jour de sa publication, mais ce n'était pas vrai. Il avait immédiatement réuni tous les rédacteurs en chef des journaux et les représentants des médias pour leur dire que c'était un bon exemple de la façon de lutter pour les principes communistes corrects. Après la réunion du Politburo nous avons publié ma réponse. Ligatchev n'a pas fait mine de démissionner – il ne serait jamais parti de son plein gré. Même au Vingt-huitième congrès du parti il a tenté de rester au pouvoir comme vice-secrétaire général. Il s'est proposé en ma présence pour succéder à Eltsine.

« Une fois passé l'automne de 1990, c'est-à-dire après tous les préparatifs des militaires et les tentatives faites pour briser la démocratie, les conservateurs et les revanchards ont tué le plan de 500 jours échafaudé par Chataline. Ce fut un putsch dans le domaine économique. En effet le vrai putsch a eu lieu en septembre 1990 et non en août 1991. Les durs l'ont emporté, ont écarté les réformateurs de l'administration du pays. Le Conseil présidentiel fut la dernière carte jouée par Gorbatchev pour introduire la démocratie; son véritable but était de contrecarrer le Politburo. Aussi le Politburo riposta-t-il en se substituant au Conseil présidentiel. Gorbatchev lâcha du terrain devant la détermination dont faisait preuve le Politburo, et le Conseil présidentiel commença à perdre du pouvoir. Le Politburo réussit à retrouver ses prérogatives, et cela sonna le glas de la politique menée par Gorbatchev. Après cette victoire, les durs crurent que la reconquête du pouvoir n'était plus qu'une question purement technique.

« Au plénum d'avril 1991, ils essayèrent de destituer Gorbatchev de son poste de secrétaire général. Mais ils se heurtèrent à une forte opposition de la part de soixante-douze membres du Comité central. Les durs commencèrent à redouter que se crée une faction à l'intérieur du parti. Ces soixante-douze personnes auraient pu entraîner dans leur sillage une forte proportion d'autres membres du parti. Après ce plénum d'avril, Gorbatchev a pris conscience que quelque chose tournait de travers dans sa politique, qu'il était en train de bâtir un édifice sur des fondations de sable. Le 18 avril je lui ai écrit une lettre, que j'ai l'intention de publier, pour l'avertir du danger réel d'un coup d'Etat. J'écrivais qu'il n'y avait pas de place pour Gorbatchev dans les rangs des durs, même physiquement, et qu'en ce qui concerne son accueil chez les réformateurs, le peu de charme qui opérait encore était en voie d'extinction. Gorbatchev a commencé à changer mais c'était trop tard. »

Le 28 mars 1991 eut lieu une répétition du coup d'Etat quand l'armée fut appelée à se déployer dans Moscou. Alertées par des rumeurs, près d'un quart de million de personnes se rassemblèrent sur la place Pouchkine puis à la Maison-Blanche, siège du Soviet suprême, donc symbole de la démocratie. Parmi les manifestants se trouvait le fils de Iakovlev, Anatoli, rédacteur en chef d'une revue de philosophie et admirateur de Bertrand Russell. Il était au premier rang d'un rempart humain dressé autour de la Maison-Blanche et, d'après ses dires, ceux qui avaient pris place quelques rangs derrière lui disposaient de fusils. Selon lui, il y avait du sang dans l'air et il ne s'explique pas comment le mouvement démocratique n'a pas été écrasé ce jour-là.

Aleksandr Iakovlev décrit une flopée d'appels téléphoniques échangés entre lui-même, Gorbatchev et Gavriil Popov, le maire de Moscou. Gorbatchev parvint à obtenir des informations en provenance du KGB selon lesquelles les manifestants avaient des armes et des échelles et des cordes pour donner l'assaut aux murs du Kremlin. Une provocation organisée par l'un des deux camps n'était que trop probable et quelqu'un aurait pu être tué. Dans ce cas, dit Gorbatchev à Iakovlev, les responsables seraient les organisateurs de la manifestation. « Je dis : Très bien, mais vous imaginez comment Moscou enterrera quiconque aura été tué ? Suffoqué par ma question il garda le silence pendant deux ou trois minutes. Il comprenait tout ce qu'impliquait ma remarque : en d'autres termes, le lendemain on assisterait à une insurrection populaire. » Il y eut de nouvelles conversations téléphoniques agitées entre Gorbatchev, Popov, Krioutchov et Iazov ; tout le monde voulait s'assurer du caractère pacifique de la manifestation. « Deux jours plus tard, l'armée et le KGB organisaient une manifestation des partisans de la ligne dure, communistes et anciens combattants, au même endroit, parce qu'ils savaient ce qui s'était passé en coulisses. Il y avait une pancarte où figurait un agrandissement photographique de mon portrait au centre d'une cible avec les mots : Cette fois nous ne te raterons pas. Bakatine découvrit que les pancartes et les slogans avaient été fabriqués dans les ateliers du KGB. »

Au mois d'août de cette année-là, Iakovlev lui-même avait été exclu du parti et se trouvait personnellement menacé. « J'imaginais qu'ils m'arrêteraient immédiatement mais je croyais qu'ils n'avaient pas l'intention de me tuer. Pourtant, il y avait dix-huit noms sur la liste des gens à abattre, y compris celui de Chevardnadzé et le mien. »

N'importe quel secrétaire général avant Gorbatchev aurait employé la force.

« Certainement. Mais il avait dans l'idée de ne pas utiliser ce moyen, même s'il y fut contraint parfois. Au Karabakh, à Sumgaït et ainsi de suite, il fallut employer la force pour maintenir l'ordre. Mais rien ne prouve encore que Gorbatchev ait pris la décision de le faire à Vilnius et à Riga, en 1991. Il peut y avoir eu une provocation. »

Est-ce que tout est venu du refus d'utiliser la force ?

« J'interpréterais les choses différemment. Il faut tenir compte d'un facteur, à savoir une volonté de compromis à tout prix. Les gens de son entourage, tout comme les durs, ont tiré parti, à leur profit, de son inclination vers les compromis. Sa mansuétude et la délicatesse de ses scrupules quant à l'usage de la force ont donné l'impression que si les durs recouraient eux-mêmes à la violence, il le leur pardonnerait. »

37

« Pris au piège »

C'est par un mois d'octobre fort neigeux que je suis allé voir Leonid Kravtchenko dans les bureaux d'une revue juridique spécialisée où il travaille désormais. Il y avait dix degrés au-dessous de zéro dans la rue, mais le bâtiment n'était pas chauffé. Les puissants tombent de plus haut que les autres! Cet homme corpulent et découragé était naguère chargé de veiller à ce que l'image de Gorbatchev soit bonne dans l'opinion. Aux yeux des réformateurs, il était l'un des fidèles que Gorbatchev avait élevés à de hautes fonctions puis manipulé à son profit. Kravtchenko estime qu'il n'aurait pu s'abstenir de faire son devoir de sorte que le limogeage et la honte qui lui ont été infligés pour toute récompense de sa conscience professionnelle ne peuvent être qu'injustes.

Au temps d'Andropov, il avait été le rédacteur en chef de *Troud*, le journal des syndicats, dont le tirage atteignait 19 millions d'exemplaires. Le courrier des lecteurs recevait 600 000 lettres par an dont la majorité contenaient des récriminations sur les conditions de vie. Il était évident pour Kravtchenko que la société soviétique en était réduite à un niveau pitoyable. En sept occasions, il avait été rappelé à l'ordre par le parti ou les instances syndicales. En août 1985, Iakovlev, nouveau chef du département idéologique du Comité central, l'avait nommé premier vice-président du service de la radiodiffusion d'Etat, Gosteleradio, chargé plus spécialement du centre de télévision d'Ostankino, dans la banlieue de Moscou. A cette époque-là, la télévision était extrêmement conservatrice, « avec une façon quasiment arabe de soutenir le régime. La principale émission d'actualité consistait surtout en citations des déclarations faites par les dirigeants, à l'appui de leur politique. On ne pouvait guère appeler cela du journalisme ». Il devint ensuite directeur général de Tass, l'agence de presse du parti, et finalement président de Gosteleradio pendant les derniers mois du gouvernement Gorbatchev. Comme titulaire de ce poste, il appartenait d'office au Comité central.

Moins d'un centième des programmes étaient diffusés en direct. La censure exigeait que tout soit préenregistré. Six mois après avoir pris ses fonctions, prétend Kravtchenko, un tiers des émissions se déroulaient en direct. Il avait profité de l'expérience acquise grâce au courrier des lecteurs de *Troud* pour introduire dans les programmes des commentaires et des analyses politiques. *Gros Plan sur la Perestroïka* était une émission de quinze minutes qu'il avait conçue avec Iakovlev après qu'ils en eurent longtemps rêvé tous deux. Le programme battait des records à l'audimètre parce qu'il examinait chaque fois, à la loupe, un problème social particulièrement aigu de l'actualité. Une autre émission était intitulée *Vzgliad*, c'était le principal journal télévisé – qu'il fut accusé par la suite d'avoir voulu supprimer. Il avait également lancé des programmes considérés comme des «ponts» entre les continents et diffusés simultanément en direct aux Etats-Unis et en URSS, avec la participation d'invités. «Au début, les Américains craignaient que le studio ait été bourré de propagandistes professionnels. Ils insistaient pour que les invités soient choisis parmi les passants, dans la rue ou dans des cafés, et ils les photographiaient pour être sûrs que les personnes présentes correspondaient vraiment à leur choix. Des propos très durs furent tenus au cours de ces émissions. Quand un assistant demanda pourquoi le mur de Berlin ne pouvait être abattu, je fus convoqué pour me faire taper sur les doigts. Les hommes politiques occidentaux s'exprimaient en direct; ce fut le cas, par exemple, de Franz-Josef Strauss et de Mme Thatcher qui en retira l'impression d'avoir balayé le sol en compagnie de trois journalistes russes au cours d'une émission. Nous avons entamé une série de conversations téléphoniques en direct à la télévision avec des ministres et des fonctionnaires. La population avait la possibilité de regarder en face, pour la première fois, ceux qui dirigeaient le pays.» A son avis, la télévision a joué «un rôle des plus importants quant à la conquête des nouveaux territoires ouverts grâce à la glasnost. Elle a exercé un effet colossal sur l'opinion publique. Les médias destinés aux masses ont politisé une population jusque-là passive».

Qui a pris la décision de faire téléviser les séances du Congrès des députés du peuple?

«En 1985, personne n'aurait pu imaginer cette possibilité. Mais au temps où la chose est arrivée, on avait déjà montré les congrès et les conférences du parti; il aurait paru étrange de ne pas en faire autant pour le Congrès des députés du peuple. Celui-ci siégeait depuis moins d'une heure quand il a décidé par un vote que ses débats seraient télévisés et Gorbatchev a approuvé cette décision.» La loi de 1990 sur la presse et les médias établissait la liberté d'expression de telle façon que toutes les tentatives de Gorbatchev et du Comité central pour mettre au pas les organes de presse étatisés se sont révélées inefficaces.

«Au début, Gorbatchev n'avait pas compris quelle était la puissance virtuelle de la télévision aussi refusait-il de laisser téléviser ses allées et venues ou ses discours. Je me suis arrangé pour le faire filmer secrètement et je lui ai montré les vidéocassettes pour le persuader d'en autoriser la divulgation. Ses prestations ont fait de lui un homme politique d'une espèce encore inconnue dans notre pays. »

N'aurait-il pas été plus sage de mener à bien la réforme avant de faire naître tant d'espoirs avec des mots ?

« C'est une excellente question. Vers 1988, je sentais déjà qu'il pourrait se révéler dangereux de jouer avec la glasnost. Elle risquait d'exploser entre les mains de n'importe qui, si l'on n'accordait pas une priorité absolue aux réformes économiques. Jusque-là, l'économie semblait se développer gentiment mais c'était au détriment des réserves du pays. Ryjkov admet aujourd'hui que nous avons fait une erreur en n'acceptant pas de réformer le système des prix à ce moment-là. On craignait que le peuple ne tolère pas la libération des prix, mais il aurait été plus facile d'y procéder alors que Gorbatchev bénéficiait encore d'une certaine crédibilité. Quand Ryjkov a augmenté le prix du pain de quelques kopecks, Eltsine et les réformateurs ont pu en profiter pour dire qu'ils se coucheraient sur les rails des trains plutôt que d'accepter cette augmentation. Aujourd'hui les prix ont centuplé et personne n'a menacé de se coucher sur les voies ferrées. »

Tass, l'agence de presse du parti, recevait des dépêches de ses correspondants dispersés dans plus de cent vingt pays et possédait également son propre réseau à l'intérieur du pays avec des collaborateurs implantés dans tous les médias soviétiques locaux. Une grande partie de cette information relevait du service de renseignement et ne pouvait guère être publiée. « Je fournissais à Gorbatchev une grande quantité d'informations privées concernant Eltsine, Ligatchev et les agissements de l'opposition. Personne d'autre n'avait accès à ces renseignements et il m'en était très reconnaissant. Ainsi, en ma qualité de directeur général de Tass, j'ai pu écrire à l'intention de Gorbatchev un rapport important sur la Yougoslavie. J'y établissais un parallèle entre la situation de ce pays et la nôtre pour conclure que si nous ne prenions pas des mesures à temps, nous connaîtrions le même sort. Il sous-estima carrément la possibilité d'un conflit interne. »

Chaque semaine, la coutume voulait que les directeurs généraux de Tass et de Novosti – l'autre agence de presse, celle qui desservait le KGB – soient convoqués au secrétariat du Comité central pour y recevoir des instructions. « Au cours de ces séances, Gorbatchev avait pris l'habitude de me téléphoner délibérément pour me dire : Pourquoi gaspiller votre temps en réunions du Comité central ? Vous devriez être en train de vous occuper à diriger une station de télévision. En bon adhérent du parti qui reçoit un ordre du secrétaire général, j'ai cessé d'assister aux réunions.

« Au cours de la dernière année de son gouvernement, nous nous téléphonions plusieurs fois par jour. Je sentais que mon devoir le plus absolu était de l'informer de tout ce que je savais. Il lui arrivait de ne pouvoir en prendre connaissance, étant donné le peu de temps dont il disposait et c'était dommage. En plusieurs occasions j'ai souligné à son intention que le sort ultime d'un homme politique dépend de sa politique intérieure et non pas des succès qu'il engrange dans les affaires internationales. Je le lui ai répété peu de temps avant qu'il reçoive son prix Nobel. Il fut assez sensé pour ne pas aller chercher le prix lui-même ; cela aurait paru honteux étant donné l'état de détresse dans lequel se trouvait le pays. Ce fut la première fois, je pense, qu'il a pris conscience d'avoir perdu trop de temps à serrer des mains et à échanger des tapes dans le dos avec des personnalités internationales. Manifestement il était tentant d'aller à l'étranger où les gens l'attendaient pour le recevoir à bras ouverts.

« J'ai très bien connu Gorbatchev, personnellement. Je pense qu'il était psychologiquement l'otage de sa popularité internationale. Il ne pouvait jamais condescendre à traiter les durs problèmes économiques qui l'attendaient dans son pays. A tous les coups, quand la réforme économique piétinait, il se précipitait à une nouvelle réunion internationale pour le maintien de la paix ce qui flattait son ego une fois de plus. Ryjkov a eu des torts dans ce domaine en l'encourageant à temporiser.

« Son affrontement avec Boris Eltsine a revêtu un caractère hautement personnel ; ce fut une épreuve pénible, voire un calvaire pour lui. Il craignait de plus en plus que Boris Eltsine veuille prendre sa revanche. Au cours de leur lutte pour la suprématie, les deux hommes ont foulé aux pieds toutes les règles du combat politique en poursuivant leurs objectifs personnels au détriment de l'intérêt de l'Etat. Gorbatchev aurait pu utiliser trois planches de salut : le parti dont il avait terriblement besoin ; le parlement qui grâce à la virtuosité généralement manifestée par Loukianov dans son rôle de président demeurait une force conservatrice ; et la radiotélévision sur laquelle il croyait pouvoir compter. Il y avait pourtant plusieurs chaînes d'opposition assez virulentes à la télévision de Leningrad et de Moscou ; Gorbatchev se tournait souvent vers moi pour me dire : Pourquoi ne pouvez-vous mettre de l'ordre dans votre maison et créer une chaîne favorable au régime ?

« Le parti se mettait de plus en plus souvent en travers de sa route ce qui, parfois, le poussait à réagir très brutalement. A trois reprises il a menacé de démissionner. Il se faisait du souci au sujet des réunions du Comité central tant et si bien qu'il en avait des migraines à l'avance. Il était incapable de combattre efficacement l'instinct de conservation hautement développé au sein du parti ; aussi au lieu d'exploiter cet élément à son avantage personnel, il entreprit d'ôter le pouvoir au PC.

« Quand Eltsine voulait faire une apparition à la télévision, il m'écrivait pour me demander de lui accorder spécifiquement un certain temps d'antenne. Cela entraînait toujours des bagarres. On était obligés d'informer Gorbatchev et la première réaction de celui-ci était qu'il ne fallait rien accorder du tout à son rival, sous aucun prétexte. Si Eltsine demandait une heure, Gorbatchev disait : "Donnez-lui dix minutes, pas plus." Chaque fois que Boris Eltsine faisait son apparition sur les écrans, c'était un jour noir pour Gorbatchev. Cela paraissait puéril ; c'était comme si deux petits garçons se battaient pour la domination de la bande, mais chez Gorbatchev il s'agissait d'une peur instinctive : il craignait de voir Eltsine acquérir une autorité sur le peuple, une emprise qui menacerait la propre survie du secrétaire général.

«Eltsine se mit à demander l'ouverture d'un nouveau réseau de télévision pour la Russie, autrement dit pour son usage personnel, à peu de chose près. Gorbatchev refusa. Des gens comme Mikhaïl Poltoranine et Khasboulatov commencèrent à me harceler sous prétexte qu'en présence de nombreux témoins Gorbatchev avait promis un réseau séparé pour la Russie. Je fis traîner les choses mais après avoir temporisé le plus possible je dus créer le réseau le 13 mai 1991, cinq jours seulement avant les élections présidentielles en Russie. Il s'avéra que cette télévision russe servait à merveille les vues de l'opposition et procurait un support médiatique à Boris Eltsine qu'elle canonisait. Gorbatchev se retourna alors contre moi pour me dire : "Comment osez-vous aider mes adversaires de cette façon ?" Je lui ai répondu que je n'avais pas l'intention de servir de pion dans ce jeu politique et lui ai asséné : "Vous vous débrouillez tout seul à votre niveau politique avec vos adversaires politiques."»

Quelle idée Gorbatchev se faisait-il de la démocratie ?

«Au début, il avait des notions très personnelles et très subjectives sur la question. Il ressentait cette sorte de satisfaction que connaît un artiste exécutant quand il se tenait pour l'homme qui avait mis en train les réformes et la démocratisation du pays et quand il récoltait les applaudissements correspondants. Au cours de la seconde phase, la plus importante, il a commencé à comprendre qu'il y avait un effet de boomerang ; qu'il avait lancé la glasnost et la démocratie mais qu'elles allaient lui revenir en pleine figure. Grâce à la liberté d'expression, il était désormais l'objet de critiques quotidiennes. Comme c'était un enfant de la période stalinienne, sa réaction instinctive était de recouvrer la maîtrise des forces qu'il avait libérées et de leur imposer sa domination. Mais au lieu de rétablir la censure par la violence, il se mit à chercher des gens comme moi, à qui il pouvait se fier, pour imposer leur autorité aux médias, à sa place.»

Avez-vous exercé une censure ?

«En certaines occasions, notamment à propos du conflit dans les Etats baltes. Gorbatchev insistait pour maintenir une certaine ligne politique générale. J'étais obligé d'empêcher la diffusion de certaines choses. Il me fallait assumer la responsabilité de cette mesure. Aux yeux du public, je devais passer pour le mauvais garçon. Je ne me serais pas conduit en bon professionnel si j'avais expliqué que j'obéissais aux ordres de Gorbatchev. Celui-ci avait déjà senti que j'étais déçu par lui et que je n'aimais pas ce qu'il me faisait faire. Mais il se fiait à moi et me respectait. Il m'emmenait avec lui comme membre de sa délégation partout où il allait, à Londres pour la réunion du G7, au Japon et en Corée. A ce moment-là, je voulais démissionner. J'étais soumis à d'énormes pressions de tous les côtés. Raïssa avait l'habitude de dire : "Nous ne pouvons pas vous laisser démissionner, nous parlons de vous tous les jours dans la famille." Je ne pouvais m'empêcher d'en être flatté et je n'avais pas assez de tempérament pour me sortir de ce que je savais être un piège politique. Je n'ai pas quitté assez vite le bateau qui coulait. »

Selon Kravtchenko, Gorbatchev a gardé la maîtrise du processus politique jusque vers la fin de 1990. En dépit de tout, le parti, l'armée et le KGB le soutenaient encore. Ses manœuvres machiavéliques habituelles l'avaient maintenu en bonne posture jusqu'aux élections directes qu'il avait si habilement réussi à éviter. Mais il était pris au piège des forces qu'il avait créées. Pour l'essentiel « il s'était révélé incapable d'agir avec décision. Seulement des tas de paroles. La création du Conseil présidentiel lui avait fourni une bonne excuse pour donner une sorte de pouvoir ou un rôle de consultants à de vieux copains, ce qui avait fini par semer la confusion entre les différents niveaux de l'Etat, parce que ce conseil était coiffé par le Conseil de la Fédération, lequel était lui-même coiffé, en théorie tout au moins, par le pouvoir exécutif, c'est-à-dire par le gouvernement. Tous étaient toujours en train de se consulter et de donner des avis mais il n'y avait personne pour prendre une décision. Gorbatchev a dissous le Conseil présidentiel à la fin de l'année afin de satisfaire certains de ses partisans qui n'aimaient pas cet organisme. Ses propres amis étaient devenus plus dangereux pour lui que l'opposition ».

L'indécision de Gorbatchev parvint à son comble au moment où il dut choisir entre la formation d'une sorte de confédération des diverses républiques ou le maintien de l'Union soviétique, pour désespérées que les mesures à prendre eussent été. Les amis de Gorbatchev choisirent pour lui. « L'action qu'ils ont tentée a été mal conçue. Ils auraient dû s'en tenir à la procédure parlementaire, notamment parce que Loukianov était assez habile pour l'orchestrer. Il ne fallait surtout pas faire ce qu'ils ont fait, agir dans la rue avec des tanks. Les gens disent aujourd'hui qu'ils ont trahi Gorbatchev mais je crois qu'ils tentaient de courir à son secours. Une bonne année avant le putsch, Krioutchov avait dénoncé une réunion à laquelle assistaient la plupart des présidents des républiques soviétiques, lesquels étaient convenus entre eux de la façon dont ils découperaient l'Union quand ils se seraient débarrassés de Gorbatchev. Ce ne fut pas une surprise pour Gorbatchev de voir que l'on essayait de se débarrasser de lui. »

Le sort de Kravtchenko a été pénible. Il avait été invité à une conférence Est-Ouest consacrée aux problèmes du journalisme et cela devait se passer à Edimbourg, au moment du coup d'Etat ; il aurait donc eu une chance de s'en tirer. Malheureusement Gorbatchev lui avait téléphoné pour lui interdire de se rendre à Edimbourg parce qu'il voulait une retransmission de cinq heures en direct lors de la signature officielle du nouveau traité d'Union, le 20 août. « J'ai téléphoné à son chef du personnel, Valeri Boldine, pour lui dire que cela serait terriblement ennuyeux et que je voulais imaginer quelque chose de plus vivant. Il fut convenu que Gorbatchev rentrerait de Foros, en Crimée, dans la soirée du 19 août pour étudier l'émission que je projetais. Je suppose que Boldine avait connaissance des préparatifs entamés en vue du coup d'Etat, mais il n'en a pas soufflé mot.

« Pour moi, tout a commencé pendant la nuit du 18 au 19. J'étais dans ma datcha, en dehors de la ville. Une voiture du KGB est venue me chercher à 1 h 30 et m'a emmené tout droit au Comité central. A 5 heures, Oleg Chenine, dans ses fonctions de nouveau secrétaire général, m'a tendu un certain nombre de documents à faire lire devant les micros de la radio et les caméras de la télévision ; c'était à propos du coup d'Etat. Des quantités de gens s'en sont pris à moi pour avoir retransmis ces instructions mais je n'avais pas le droit de les corriger ni d'y changer une seule virgule. A 6 heures toutes les stations de la télévision et de la radio étaient encerclées par les tanks et le KGB s'était emparé de tout. Je n'ai pu me rendre à Ostankino que sous bonne escorte, entouré d'officiers du KGB et de parachutistes. »

Conformément aux traditions soviétiques, *Le Lac des cygnes* fut retransmis deux fois dans la journée. « Les gens ont pensé que les cygnes étaient censés représenter les putschistes accourus pour sauver la patrie. » En fait, le ballet avait été programmé une seconde fois au profit des travailleurs de nuit, dit-il, et cela bloquait un temps d'antenne qui aurait dû être consacré à soutenir le coup d'Etat. « Il ne faut pas sous-estimer le nombre de ceux qui se sont précipités à la station pour exprimer sur les ondes leur satisfaction devant ce qui s'était passé. L'émission la plus intéressante de la journée fut la fameuse conférence de presse de Ianaïev au cours de laquelle la caméra a montré en gros plan le tremblement de ses mains. Involontairement il avait miné ainsi sa propre position. Il était désormais évident que ces hommes n'avaient pas confiance dans leur propre succès. »

Le lendemain, la télévision a retransmis les réactions de l'étranger. Elles étaient évidemment enthousiastes de la part des clients de l'Union soviétique, comme Saddam Hussein, Yasser Arafat et Fidel Castro. Parmi les dirigeants des pays démocratiques, seul le président Mitterrand salua le coup d'Etat. « Tout se passait sous les yeux des gens de Krioutchov qui ne cessaient de me critiquer parce que je n'en faisais pas assez. J'ai tenté de persuader des personnalités comme Bessmertnik et Loukianov de me donner des interviews mais aucun d'eux n'était disposé à le faire. Je crois que pendant les quelques jours suivants la télévision adopta une attitude assez ambiguë.

« J'ai eu un dernier contact personnel avec Gorbatchev. Le soir du 21, il m'a téléphoné le texte d'une annonce destinée à la nation. Il me demandait de la lire en personne. J'ai chargé un journaliste de le faire. Une semaine plus tard, j'ai reçu deux décrets présidentiels, l'un de Gorbatchev, l'autre de Boris Eltsine, qui me relevaient de mes fonctions. Eltsine ne m'ayant pas nommé, en sa qualité de président de la Russie, il n'avait pas le droit de prendre un tel décret. Gorbatchev était devenu comme un petit chien et faisait tout ce que Boris Eltsine lui disait de faire. Il signait tous les bouts de papier qu'on lui mettait sous le nez. Au cours de cette dernière conversation téléphonique, Gorbatchev avait dit qu'à son retour à Moscou il réglerait mes problèmes mais il ne l'a jamais fait. Et c'est la raison pour laquelle vous me trouvez dans ce petit bureau. »

38

Le Comité d'État et le coup

Novo-Ogarovo est un domaine qui appartenait à un industriel russe avant la Révolution. Il est situé dans un coude de la Moskova. Khrouchtchev est l'un des dirigeants communistes qui ont vécu dans ce manoir en pierre, de style gothique. De telles reliques font regretter de façon désespérante le tour qu'a pris l'Histoire. Une équipe de spécialistes s'est réunie en ce lieu vers le début de 1991 pour rédiger un nouveau traité qui définirait la Constitution de l'Union soviétique dans l'avenir. L'affaire en question concernait les rapports entre le pouvoir central soviétique et les républiques. On pouvait exprimer cela sous d'autres formes. Par exemple, étant donné que le parti avait laissé les Etats satellites reprendre leur liberté sans coup férir, comment pourrait-il dans un dernier sursaut manifester la volonté et la force de se cramponner à des conquêtes plus anciennes ? La Russie avait-elle encore le droit de maintenir les républiques non russes dans un état de sujétion ? Gorbatchev pourrait-il utiliser le filin soviétique pour ligoter Eltsine qui voulait se mettre en valeur sur le dos de la Russie ?

Au moment où les spécialistes réunis à Novo-Ogarovo recevaient leurs instructions, Gorbatchev devait faire face à la réalité et admettre que le pouvoir central n'était pratiquement plus capable de faire sentir sa puissance habituelle en aucune façon. Tout ce que l'on pouvait faire se ramenait déjà à une action d'arrière-garde. L'Arménie et l'Azerbaïdjan s'étaient certes tournés vers Moscou pour régler leur conflit sur le Nagorny-Karabakh, mais c'était seulement, pour chacun, dans l'espoir d'obtenir un arbitrage défavorable à l'adversaire. Ayant proclamé leur indépendance en bonne et due forme et pleinement conscientes du fait qu'elles pourraient succomber une fois encore à l'usage de la force pure et simple, les républiques baltes ne se considéraient plus comme parties de l'Union soviétique. La Géorgie se repliait sur elle-même au moment où la lutte pour le pouvoir opposait Chevardnadzé, désormais évincé du gouvernement central, à un ancien dissident Zviad Gamsakhourdia. Ce dernier avait été élu président en 1990 lors des élections organisées dans la république, en même temps que celles dont Eltsine était sorti président de la Russie. Les séparatistes étaient en train de prendre le dessus en Moldavie. Seuls l'Ukraine, la Biélorussie, le Kazakhstan et quelques autres républiques musulmanes pouvaient encore servir les desseins de Gorbatchev.

Pour lui, la suprématie du pouvoir central soviétique était à la fois un article de foi et un héritage. Mais cinq années de purges, de critiques et d'épreuves avaient sapé le parti qui était jusque-là l'instrument d'une dictature sur laquelle tous les secrétaires généraux antérieurs avaient compté pour garantir la suprématie de la direction centrale. Il y avait là une contradiction dans laquelle Gorbatchev s'était fourré lui-même. Ayant mis son pouvoir et son autorité en miettes avec une apparente désinvolture, il n'avait pratiquement plus désormais aucun moyen de faire respecter ses vues à l'occasion d'une crise où seule la force aurait pu se révéler efficace. Tout en se plaignant bruyamment de voir les républiques échapper à toute emprise, il ne pouvait les en empêcher militairement mais se contentait de vaticiner en soutenant que la décentralisation déboucherait obligatoirement sur la désintégration et l'anarchie.

Gorbatchev se plaît à affirmer qu'il avait prévu la catastrophe, mais il avançait résolument vers l'avenir en laissant le parti englué dans le passé. Cela sonne comme un «je vous l'avais bien dit» inventé après coup; une telle explication a posteriori le place dans une posture agréablement libérale, voire dans une noble lumière. Incapable d'imposer dorénavant sa volonté absolue en tant que secrétaire général, il espérait indubitablement pouvoir retomber sur ses pieds en assumant l'autre fonction qu'il s'était préparée, celle de président de l'Union. Il avait manifestement pris modèle sur les Etats-Unis. Suivant en cela l'exemple américain, il se voyait déjà dans le rôle du Président, commandant en chef des forces armées, maître de l'arsenal nucléaire, responsable de la politique étrangère et du budget, au sein d'un système intégré dont les composantes essentielles seraient la législation et l'impôt. A l'image des cinquante Etats de l'Union, en Amérique, les républiques soviétiques auraient des droits et des pouvoirs spécifiques mais limités. Où tracer ces limites, tel devait être le sujet des discussions à Novo-Ogarovo.

Habile en sa quête d'Utopie, Gorbatchev avait même conçu un autre organisme, le Conseil de la Fédération. Il en serait le président. Les quinze chefs des autres républiques en seraient membres de droit. Son rôle serait-il consultatif ou s'agirait-il d'une innovation constitutionnelle? Ses rapports avec le Soviet suprême restaient à définir. Gorbatchev semble avoir pensé en créant ce Conseil qu'il avait inventé quelque instance suprême où il aurait le dernier mot. On avait l'impression également que peu lui importait de faire signer par les républiques soviétiques un traité de fédération ou de confédération. Il laissait même planer la possibilité d'un raffinement supplémentaire : les républiques pourraient être indépendantes encore que confédérées. Comme avec l'unification de l'Allemagne et la perte des satellites, ce flou était l'expression de son désespoir plus que d'un esprit créateur. Il ne tint pas non plus pour une condamnation le fait que six présidents de républiques aient boudé son Conseil tout neuf. Tout document, à peu près n'importe quel texte, ferait l'affaire s'il portait assez de signatures présidentielles pour perpétuer le pouvoir central soviétique sous un aspect ou une forme quelconque. Si un répit lui permettait de consolider l'édifice, il pourrait rameuter les républiques défaillantes comme autant de brebis égarées.

Le 23 avril, à Novo-Ogarovo, neuf présidents de républiques soviétiques s'engagèrent à respecter le principe d'un traité d'Union ; des élections auraient lieu six mois après que ce traité serait devenu définitif, afin de pourvoir tous les postes relevant de l'Union. La première réunion destinée à mettre au point les détails pratiques eut lieu le 23 mai. Pendant les deux mois suivants, le pouvoir central et les républiques se disputèrent sur le partage des dépouilles. Les républiques autonomes, notamment le Tatarstan, la Bachkirie et la Iakoutie, présentèrent elles aussi leurs demandes d'indépendance dans une deuxième vague de désintégration.

Eltsine, qui était déjà la principale figure politique du moment, admit que le pouvoir central soviétique continuerait à diriger la politique étrangère, la défense et l'élaboration du budget ; il emporta l'assentiment des autres présidents présents. Tout en ayant l'air de se ranger aux vœux de Gorbatchev, Eltsine temporisait en manifestant presque quotidiennement sa mauvaise grâce. En sa qualité de président de la Russie, il prenait des mesures hostiles qui avaient pour effet de rendre superflu le pouvoir central ; par exemple, il fixa des limites aux sommes que la Russie devait verser à l'Union ; il interdit l'existence de cellules du parti dans les unités de l'armée et du KGB cantonnées en Russie ; enfin, il reconnut l'indépendance de la Lituanie.

Pour acrimonieuses et pleines de rancunes personnelles qu'aient été les conversations de Novo-Ogarovo, elles présupposaient un partage du pouvoir ; il en alla de même quant aux équivalents soviétiques des Tables rondes organisées dans les anciens pays satellites. On ne pouvait concevoir aucune autre solution pacifique de la « guerre des lois ». Représentant le parti, Gorbatchev était dans la même situation que les premiers secrétaires dans les pays satellites, contraints de céder aux demandes, désormais irrésistibles, de l'opposition. Comme eux, il devait se contenter d'espérer que le parti – voire sa propre personne – conserverait le pouvoir, dissimulé derrière un mélange de concessions et d'expressions verbales faussement démocratiques. Il y avait pourtant une différence cruciale entre les pourparlers de Novo-Ogarovo et les autres Tables rondes. Délibérément privés de tout soutien militaire soviétique, les premiers secrétaires des pays satellites n'avaient pas le choix : il leur fallait négocier un abandon du pouvoir que consommeraient des élections générales. Gorbatchev pouvait parler en son propre nom quand il disait vouloir renoncer à l'usage de la force et consentir à des élections mais il ne pouvait garantir la passivité de l'armée soviétique. Il y avait là un facteur inconnu. Les soldats pourraient obéir aux ordres ou ne pas obéir. Ils seraient les juges de l'épreuve de force. Il leur incomberait de choisir avec un soin extrême les gagnants et les perdants. Les réunions, les pourparlers et tout ce qui pourrait passer pour un petit brin de procédure constitutionnelle n'offraient pas à l'armée un prétexte pour intervenir en politique. D'où la volonté manifestée par Gorbatchev de tant accorder en échange de simples signatures.

Maints professionnels, dans l'armée et le KGB, tenaient les réformes de Gorbatchev pour des actes de reddition sans conditions. La perte des satellites et des bases situées en Allemagne de l'Est, tout particulièrement, de même que les nombreux traités sur la limitation des armements semblaient être autant d'automutilations. La cession de pouvoirs aux républiques soviétiques, par l'autorité centrale, menaçait l'existence même de l'Armée rouge. Les conscrits se dérobaient déjà à l'appel annuel sous les drapeaux pour s'enrôler dans des unités embryonnaires au sein de leurs propres républiques nationales. Si ces dernières devaient avoir chacune leur propre armée, où l'Armée rouge trouverait-elle ses effectifs ? Sans un budget soviétique centralisé, les dépenses militaires ne pourraient que diminuer, peut-être s'évanouir. Le complexe militaro-industriel lui-même pourrait éclater. Parmi les députés membres du Soviet suprême il y avait un certain nombre d'officiers supérieurs qui se mirent à faire entendre leur mécontentement dans cette enceinte, de même qu'ils signaient des déclarations menaçantes dans la presse. L'une d'elles, datée du 23 juillet, s'intitulait : « L'incendie est déjà en train de raser la maison. » Quelle qu'ait pu être l'issue des pourparlers de Novo-Ogarovo, pendant les six mois qui conduisirent au coup d'Etat, Gorbatchev et Eltsine se donnèrent, l'un et l'autre, beaucoup de mal pour faire la tournée des popotes et autres installations militaires, flattant officiers et soldats, les accablant de promesses et leur prédisant un heureux avenir en échange de leur loyalisme. Une même division d'élite reçut successivement la visite des deux rivaux en moins de vingt-quatre heures.

Des rumeurs de coup d'Etat circulaient de toutes parts après la démission spectaculaire de Chevardnadzé. La presse soulevait ouvertement cette idée. Les citoyens, familiarisés avec leur propre système, savaient qu'il allait se produire un choc car seul un affrontement de ce genre permettrait une redistribution décisive du pouvoir. La tension et la peur s'abattirent sur toute la société. Le 17 juin, le Premier ministre Pavlov demanda au Soviet suprême un élargissement de ses pouvoirs. Le ministre de la Défense, le maréchal Iazov, le ministre de l'Intérieur, Boriss Pougo, et Krioutchkov lui apportèrent tous leur soutien. Si sa demande avait été satisfaite, Pavlov aurait usurpé les prérogatives présidentielles de Gorbatchev. Celui-ci conseilla aux députés de ne pas se conduire de façon « hystérique ».

Nul ne sait exactement à quel moment les conspirateurs se réunirent soit pour exprimer leur désarroi soit pour préparer leur coup. Selon Boldine, chef du personnel de Gorbatchev et rallié par la suite au complot, le secrétaire général soupçonna le pire, un certain samedi de l'été 1990, en découvrant que Bakatine, Iakovlev, et le chef de l'état-major, le général Mikhaïl Moiseïev, étaient tous absents sous prétexte de promenades en forêt. « Il y avait quelques autres généraux avec eux, également; manifestement ils préparaient quelque chose ». Selon Boldine, l'hystérie était du côté de Gorbatchev et résultait de son indécision chronique.

Même à ce haut niveau, le plus élevé de tous, rien n'échappait à la surveillance du KGB. Les téléphones étaient placés sur tables d'écoute, le courrier était intercepté, les voitures étaient suivies à titre habituel. Lors des pourparlers de Novo-Ogarovo, Eltsine se comporta comme si ses conversations privées étaient surveillées, ce qui était sans aucun doute le cas. Vers la fin de 1990, Krioutchkov fut surpris en train de semer la panique en disant que l'Union soviétique était dans une situation de détresse, que les Occidentaux la minaient par tous les artifices possibles et que la réaction de Gorbatchev, devant cette situation, n'était pas « adéquate ». Soit pour prendre ses précautions, soit pour apaiser les durs, Gorbatchev donna pour instructions à ses proches conseillers de tout préparer pour proclamer l'état d'urgence.

Krioutchkov avait pour mission d'avertir Gorbatchev de toutes les intrigues. Son visage orné de lunettes était dénué de toute expression qui aurait pu révéler l'homme qu'il était au-dedans de lui. Il était intelligent, grand voyageur, et il avait la réputation d'avoir beaucoup lu. Vladimir Krioutchkov possédait aussi l'expérience qui lui permettrait d'être l'âme du coup d'Etat. Il était né en 1924. Comme troisième secrétaire à l'ambassade soviétique de Budapest, il avait participé à l'écrasement du soulèvement hongrois. Andropov, ambassadeur à cette époque, avait emmené Krioutchkov avec lui quand il avait été promu aux plus hautes fonctions. Nommé chef du KGB en 1988, il était devenu membre titulaire du Politburo dès l'année suivante.

Un ordre secret, émanant de lui et daté de la même année, déclare que l'une des tâches les plus importantes du KGB est de prévenir et d'écarter toute opposition politique au parti. Le KGB doit y parvenir en plaçant ses propres hommes dans le nouveau Congrès des députés du peuple issu des dernières élections. Lors du scrutin du printemps 1990, 2 756 agents du KGB auraient été élus tant à l'échelon des républiques que dans les instances locales, dit-on.

Boriss Pougo, lui-même général du KGB et tout dévoué à l'Union soviétique, ne pouvait plus espérer faire carrière dans sa Lettonie natale, désormais aux mains d'un Front populaire. De son côté, le maréchal Iazov, vieux militaire jusqu'au bout des ongles, estimait que le loyalisme envers le parti équivalait au patriotisme. A eux trois, Krioutchkov, Pougo et Iazov contrôlaient toutes les forces armées soviétiques. S'ils agissaient de concert, toute opposition armée à leur encontre aurait le caractère d'une simple rébellion. Pour que le coup puisse se dérouler sans encombre ils avaient enrôlé dans leurs rangs un certain nombre de personnalités : le général Valentin Varennikov, commandant des forces terrestres ; Oleg Baklanov, principal représentant du complexe militaro-industriel ; Oleg Chenine, pour parler au nom du Politburo et du parti, ainsi que le Premier ministre Pavlov. D'autres, comme le vice-président Ianaïev par exemple, étaient des figures de proue. Vers la fin de juillet, les spécialistes et les présidents rassemblés à Novo-Ogarovo s'étaient mis d'accord sur un projet de traité, à force de généralisations et de radoucissements, au point que le texte n'avait plus aucune signification. Les détails techniques étaient encore moins précis, si possible, qu'en avril. Leonid Kravtchouk, le président ukrainien, se joignit dès lors à ceux qui refusaient de signer. Plusieurs présidents des républiques autonomes s'abstinrent également faute d'avoir obtenu des garanties quant à leur indépendance. Seuls huit des quinze présidents s'engagèrent à ratifier formellement le traité. Loukianov objecta pour sa part que le parlement n'avait pas été consulté. C'était là un curieux procédé au sein de l'Etat-parti. Mais le résultat final fut, comme toujours lors d'une telle épreuve, qu'à force de laisser planer l'ambiguïté et de s'illusionner sur l'acceptation de zones d'ombre dont l'examen était remis à plus tard, les personnalités les plus importantes s'offrirent le luxe de quitter les lieux en proclamant qu'elles avaient obtenu ce qu'elles voulaient.

Le coup d'Etat présente encore aujourd'hui quatre aspects mystérieux.

Le premier d'entre eux concerne le fait que Gorbatchev et sa famille sont partis pour quinze jours de vacances à compter du 4 août. Au lieu de rester à Moscou pour distribuer des amabilités aux partisans du traité ou pour exercer des pressions sur Eltsine, Kravtchouk et les hésitants, Gorbatchev s'en fut bien loin de là, dans la résidence présidentielle de Foros, au bord de la mer, en Crimée. Une conduite aussi inconséquente peut donner à penser qu'il abandonnait délibérément le terrain aux autres.

Le deuxième tient au fait que les conspirateurs étaient des hommes de Gorbatchev. Il avait lui-même mis en place Krioutchkov au poste de Tchebrikov, personnalité d'un tempérament calme et loyaliste, probablement incapable de le trahir. Il avait évincé Ryjkov au profit de Pavlov. Il avait introduit Pougo dans les sphères du pouvoir. Son instinct de conservation était-il venu à lui faire défaut? Peu disposé à épargner Gorbatchev, Eltsine devait manifestement en tirer les conclusions évidentes à propos de celui-ci. «Vous ne pouvez lui pardonner ses responsabilités dans le complot. Qui a confié leurs fonctions à ces hommes? C'est lui.»

Les principaux conjurés se réunirent juste au moment où Gorbatchev décollait. Tous affirmèrent par la suite que la conspiration avait pour but d'empêcher la ratification du nouveau traité d'Union, prévue pour deux semaines plus tard. Quand ils furent traînés devant la justice, en 1993, ils affirmèrent de surcroît qu'ils avaient agi avec la conviction de satisfaire les vœux de Gorbatchev.

Il y a un troisième mystère et celui-ci est trop profond pour que l'on puisse jamais l'éclaircir. Gorbatchev agissait souvent de façon oblique et s'exprimait à la manière d'un oracle ; il s'y entendait pour hocher le menton et multiplier les sous-entendus. En annonçant la possibilité de décréter l'état d'urgence il peut avoir levé le sourcil ou fait un geste du bras qui impliquait plus de choses qu'il ne voulait en dire. Peut-être avait-il parlé avec hauteur des devoirs à remplir ; peut-être a-t-il fait comprendre aux conspirateurs, comme il l'avait indiqué à Mladenov et Krenz, qu'il était averti de leurs projets, se réjouirait de leur succès mais les désavouerait en cas d'échec. Comme rien n'a été écrit, tout peut avoir été mal interprété. C'est sa parole contre la leur.

Lors de son procès, le maréchal Iazov devait dire au procureur que, le samedi 17, Krioutchkov les avait appelés à se réunir « à un endroit de Moscou situé au bout de la Leninski Prospekt, à gauche près du poste de police, là où il y a une route ». Mais le travail sérieux avait eu lieu dans le bureau de Pavlov. C'est là qu'ils avaient formé un Comité d'État, à leur propre guise. Loukianov arriva sur ces entrefaites. Il avait été en congé lui aussi. Pour lui, le choix était trop difficile à faire sur le moment. Le Comité d'Etat avait besoin de lui pour coller une feuille de vigne légaliste sur l'opération mais chacun était certain que l'on n'aurait pas longtemps besoin du Soviet suprême dont il était le président. Loukianov refusa de se rallier sur-le-champ mais s'en tira par des contorsions : il rendrait publique une déclaration contre le traité à venir. C'est ce qu'il fit en termes juridiques et fleuris.

Le soir du 18, certains des comploteurs, triés sur le volet, se présentèrent à Foros porteurs d'un ultimatum. Gorbatchev devait ou bien les soutenir ou bien s'effacer, au moins pour un temps. De son propre aveu, comme le confirment des témoins, notamment Tchernïaïev, Gorbatchev réagit avec courage. Les conjurés n'avaient pas une stature suffisante. Ils s'étaient lancés dans une aventure condamnée d'avance qui conduirait probablement à une effusion de sang. Privé de téléphone, réduit aux informations que lui fournissait un vieux poste de radio déniché dans le grenier, et mis au secret par des gardiens amicaux, Gorbatchev devait rester aux arrêts à domicile pendant soixante-douze heures. L'effet produit en lui par cette expérience pouvait se lire clairement sur son visage et sur celui de Raïssa quand ils rentrèrent enfin à Moscou.

Le pays avait appris l'existence du Comité d'Etat aux petites heures de la matinée du 19. A l'aube, les tanks occupaient les points stratégiques de Moscou. L'état d'urgence fut alors déclaré « en vue de surmonter la profonde crise multilatérale, les affrontements politiques, inter-ethniques et civils, le chaos et l'anarchie qui menaçaient la vie et la sécurité des citoyens de l'Union soviétique, la souveraineté, l'intégrité territoriale, la liberté et l'indépendance de notre mère-patrie». Gorbatchev était déclaré malade et remplacé par Ianaïev.

Eltsine séjournait alors dans sa datcha d'Arkhangelskoïe. En voiture, il lui fallait une petite heure pour se rendre à la Maison-Blanche, siège du Soviet suprême. Sa fille le réveilla pour lui apprendre la nouvelle qu'elle venait d'entendre à la télévision. Il semble avoir compris instantanément que le moment était venu d'agir ou de périr. Sa femme et sa fille, dit-il, ne firent pas entendre un pleur. Silaïev et Khasboulatov se trouvaient chez lui où il les avait invités à résider quelque temps. Sur le chemin du retour à Leningrad (qui retrouverait bientôt son ancien nom de Saint-Pétersbourg) le maire Anatoli Sobtchak appela précipitamment et conclut l'entretien téléphonique par cette tragique exclamation «Que Dieu nous vienne en aide!» Eltsine enfila un gilet pare-balles avant de prendre la route avec ses amis. Par des chemins différents et non sans dépasser des véhicules militaires, ils se rendirent à la Maison-Blanche. C'est là qu'il allait demeurer, assiégé et enfermé de façon plus spectaculaire encore que Gorbatchev.

Dans les bois autour de sa datcha, ce matin-là, se dissimulait une escouade chargée de l'arrêter; c'est ce que révèle Eltsine dans son livre *Le Point de vue du Kremlin.* Toujours selon Eltsine, le chef du groupe buvait de la vodka en attendant «l'ordre de nous arrêter ou de nous détruire». Une fois que l'épreuve de force aurait atteint sa phase finale et que le recours à la violence aurait été patent et déclaré, l'arrestation ou la destruction serait devenue impérative. Après être sorti vainqueur, en fin de compte, à Novo-Ogarovo, Eltsine était devenu plus dangereux pour le Comité d'Etat que Gorbatchev, grand perdant de la rencontre en définitive.

Pourquoi le Comité d'Etat n'entama-t-il pas sa tentative de putsch en arrêtant Eltsine au milieu de la nuit, c'est le quatrième mystère qui reste à résoudre. Krioutchkov savait mieux que personne combien il fallait éviter tous scrupules dans les entreprises illégales comme celle-là. Le dernier communiste à avoir manigancé un coup de ce genre était le général Jaruzelski et il l'avait mené à bien avec rapidité, dans le plus pur style stalinien. C'est donc en qualité d'expert qu'il émit le commentaire suivant à propos de ces nouveaux conjurés: «Comment expliquer l'extraordinaire amateurisme de leur façon de procéder? Je ne peux leur trouver aucune excuse logique.»

A l'intérieur de la Maison-Blanche une ligne téléphonique assurait encore la liaison avec le monde extérieur. Cela montrait d'autant mieux le manque de rigueur du Comité d'Etat. Eltsine fut ainsi en mesure de mobiliser des soutiens dans le monde entier. Des manifestants se rassemblèrent autour du bâtiment où ils érigèrent des barricades de fortune.

Ils n'étaient probablement pas plus de vingt mille bien que d'aucuns évaluent leur nombre à cent mille et davantage. Trois d'entre eux furent tués lors d'un unique incident mortel. Il est généralement admis, même par Eltsine, qu'il aurait été relativement aisé de donner l'assaut. Dans l'attente de l'attaque, un assistant de celui-ci, Sergueï Stankevitch, avait averti les soldats en position : « Vous serez maudits. » Il semblait admettre par là sa propre faiblesse et l'absence de moyens de défense solides.

Des troupes avaient également pénétré dans Leningrad et dans les trois capitales des Etats baltes. A Riga, le général Kouzmine s'était déclaré gouverneur de la Baltique. Les aiguillages de chemin de fer, les postes frontière, les émetteurs de la télévision et le siège du Conseil des ministres à Riga étaient tous occupés. Deux manifestants furent tués raides et plusieurs autres furent blessés à Riga. Plusieurs présidents, notamment dans les républiques musulmanes, proclamèrent leur soutien au Comité d'Etat. Soixante-dix pour cent des dirigeants régionaux du parti en firent autant.

On peut trouver un précédent à ce coup dans le complot du 20 juillet 1944 contre Hitler. En faisant exploser une bombe au quartier général, Stauffenberg avait cru qu'il avait atteint son objectif et tué le Führer. Informés de la nouvelle, maints généraux – certains en des lieux aussi éloignés que Paris et Bruxelles – devaient décider sur-le-champ s'il leur fallait se joindre aux conjurés ou les trahir. Ceux qui firent un mauvais choix le payèrent de leur vie. Les généraux soviétiques et les commandants d'unité se trouvaient maintenant dans une situation également pressante. Krioutchkov et Iazov leur donnaient des ordres. Obéir pourrait équivaloir à un arrêt de mort. Mais désobéir aussi. La prudence enjoignait à chacun de protéger ses enjeux.

Eltsine en donne une illustration frappante. L'une des unités qu'il avait visitées, au moment où il battait le rappel de ses partisans avant le coup, était une division de parachutistes placée sous le commandement du général Pavel Gratchev. Cet homme avait produit sur lui une impression favorable. L'un des premiers appels lancés par Eltsine de sa datcha d'Arkhangelskoïe, en ce matin du 19 août, fut donc adressé à Gratchev à qui il demanda son aide. « Gratchev fut troublé, il y eut un long silence et je pouvais l'entendre respirer difficilement à l'autre bout de la ligne. Finalement, il a dit que pour lui, en tant qu'officier, il lui était difficile de désobéir à un ordre. Je lui ai fait comprendre que je ne voulais pas l'exposer à une attaque. » Alors que Gratchev soupirait dans le récepteur, conclut Eltsine « il ne décidait pas seulement de son sort mais aussi du mien. Et du sort de millions de personnes. C'est ainsi que vont les choses ». Avec une résignation philosophique à propos de ce qui est en effet un jeu inévitable et mortel, le ton de Boris Eltsine rendait parfaitement justice à ces épreuves de force. En récompense, Gratchev est devenu, par la suite, ministre de la Défense.

Pendant le déroulement du coup d'Etat, Pavlov eut une crise cardiaque et se fit hospitaliser. Ianaïev était toujours plus ou moins ivre en permanence. Le général Varennikov s'envola pour Kiev, apparemment en vue d'enjôler Kravtchouk. Pougo, Iazov et Krioutchkov siégeaient au Kremlin où ils convoquaient les officiers supérieurs qui soupiraient comme Gratchev pour mieux gagner du temps, semble-t-il. Les choses ne pouvaient rester plus longtemps en suspens. Quand l'absence de ralliements significatifs contrebalança les manifestations d'obéissance téléphoniques, le coup échoua. Mettant leurs têtes à couper, dans l'après-midi du 19, Krioutchkov, Iazov et deux autres s'envolèrent pour Foros où ils furent arrêtés sur l'ordre de Boris Eltsine. Iazov était le seul qui avait l'air contrit : ce qui s'est passé «déshonore les forces armées». Apparemment, il déclara à sa propre épouse qu'il était un vieil idiot. Dans sa déclaration liminaire, lors de son procès, Krioutchkov, au contraire, regretta de n'avoir pu déposer Gorbatchev pour sauver l'URSS de la domination étrangère et du «totalitarisme» de Boris Eltsine. Quant à Loukianov, lancé sur sa propre extravagance, il s'envola lui aussi pour Foros, le 21, sur un autre avion, et fut arrêté quelques jours plus tard.

En l'absence persistante de documents ou de preuves concluantes, chacun doit interpréter ces événements de son mieux. Les faits avérés sont rares. Boriss Pougo est censé avoir tué son épouse puis s'être tiré une balle. Mais d'aucuns se demandent s'il n'a pas été assassiné. Le maréchal Akhromeïev, bien que peu impliqué dans le coup d'Etat, s'est également donné la mort. En février 1994, le parlement a amnistié les conspirateurs. Seul le général Varennikov a insisté pour être jugé sous prétexte de vouloir impliquer Gorbatchev. Devant la Cour suprême en juillet de cette même année il n'a cessé d'appeler Gorbatchev «l'accusé» devant l'intéressé lui-même. Celui-ci, présent comme témoin et rendu furieux, a nié avec emphase avoir encouragé les conjurés.

Les manifestations de paranoïa et l'expression de théories diverses sur les complots sont les enfants bâtards de toutes ces épreuves de force. Le bon sens est la seule boussole qui puisse nous guider à travers les marécages de tous ces mystères. A Riga j'ai interrogé Janis Vagris. C'est un homme prosaïque par tempérament, rompu aux procédés du parti pour y avoir travaillé toute sa vie. Vagris était en mesure d'observer le coup à partir d'une position privilégiée, tout en restant à l'extérieur de celui-ci. Au plus haut niveau de l'*apparat* du vieux parti soviétique, presque tout le monde dit la même chose que lui.

Le 4 mai, pendant les pourparlers de Novo-Ogarovo, la Lettonie avait finalement suivi la Lituanie et proclamé son indépendance avec une réserve, toutefois, à savoir qu'il y aurait une période de transition au cours de laquelle elle collaborerait avec les autorités centrales dans tout domaine qui n'affectait pas sa souveraineté. Par réaction, trois jours plus tard, le parti letton se divisa et Vagris, qui en était premier secrétaire, fut déposé en faveur d'Alfreds Rubiks – lequel soutint passionnément le coup et fut emprisonné pour cette raison. Mais Vagris était resté membre élu du Soviet suprême à Moscou et représentant de la Lettonie au sein du Présidium. Un vieux de la vieille comme lui ne peut s'habituer à désigner le Soviet suprême par sa nouvelle appellation de « Congrès des députés du peuple ». Selon lui, « l'Union soviétique était désormais un pays étranger. Il n'était plus acceptable pour Gorbounovs, président du Soviet suprême letton, d'aller à Moscou comme représentant de la Lettonie. Il décida conjointement avec le Soviet suprême letton que je garderais mon siège au Présidium pour remplir une mission d'information. Comme il ne me restait rien à faire ici, j'avais l'habitude de prendre l'avion pour Moscou le lundi matin et de revenir le vendredi soir. Un vendredi, donc, j'étais rentré normalement et le coup avait eu lieu le lundi suivant, 19 août. Ayant entendu la nouvelle à la radio, je suis resté à Riga ».

Un télégramme de Loukianov lui parvint alors pour annoncer que le Présidium du Soviet suprême se réunirait le 21. « En fait, il n'y avait pas de session du Soviet suprême en cours. Et Gorbatchev était en vacances. Mais Gorbounovs disait que mon devoir était d'y aller. Aussi suis-je parti le mardi. A Moscou l'ambiance était très chaude. Je logeais dans notre ambassade, pas à l'hôtel. Normalement, pour aller au Présidium, je prenais le métro. Le trajet se limitait à deux stations. Je descendais à l'hôtel Moskva, traversais la place Rouge et continuais tout droit vers le Kremlin. Pourtant, cette fois-là, le secrétariat du Soviet suprême me fit savoir par téléphone que je ne devais pas prendre le même chemin mais commander une voiture comme cela était autorisé et entrer au Kremlin par la porte opposée. La voiture arriva. Je suis arrivé au Kremlin qui était plein de tanks et de soldats en uniformes de la DCA. Ma première pensée fut que je pourrais sans doute y entrer mais que personne ne serait capable de me dire si j'aurais jamais la possibilité d'en sortir. La foule massée sur la place Rouge interdisait tout espoir d'utiliser cette issue.

« La séance du Soviet suprême était censée commencer à quinze heures et l'on nous remit une liasse de documents y compris l'ordre du jour, comme si le Présidium avait décidé par avance de soutenir le Comité d'État, de sorte qu'il nous restait seulement à y souscrire. Loukianov n'était pas là. On nous fit savoir qu'il était parti consulter Gorbatchev à Foros. Avant son départ il avait donné pour instructions de ne prendre aucune décision, de reporter le débat au lendemain et d'attendre son retour. La séance fut présidée par Laptev. On évoqua le fait qu'il y avait déjà eu trois morts à Moscou et deux à Riga. Il fallut regarder en face le sérieux de la situation. En dépit de la demande de Loukianov quant à l'ajournement de toute décision, le Présidium résolut de ne pas soutenir le Comité d'Etat et de demander une réunion immédiate du Soviet suprême.

« La session commença, en réalité, après le retour de Gorbatchev. Quand il expliqua comment il s'était trouvé coupé de tout et avait enregistré sur une bande vidéo ce qui s'était passé, et comment il avait trouvé un vieux poste de radio sous les toits, je ne me sentis pas convaincu. Dans un tel lieu, aucun équipement de ce genre ne pouvait normalement être oublié sur place ni passer inaperçu. C'était de la comédie, comme l'ont dit les membres du Comité d'Etat. Gorbatchev doit avoir été pleinement averti de ce qui allait arriver. Plus tard, il a lui-même dit qu'ils étaient allés en Crimée pour y concocter une histoire mais qu'il n'y était pour rien et les avait tout bonnement envoyés promener. Comment concevoir qu'ils aient pu aller chez lui pour lui proposer ça et qu'il se soit contenté de les envoyer promener ? En tant que président il lui était impossible d'agir ainsi. Loukianov a donné une interview pour expliquer comment tout avait été préparé d'avance et à mon avis, telle est la version véridique de l'histoire. Ils y sont allés pour lui proposer le coup d'Etat parce qu'ils ne voulaient pas signer le nouveau traité d'Union. La réponse de Gorbatchev a été caractéristique, à savoir que si l'affaire tournait bien il leur apporterait son soutien, mais que si elle tournait mal il les rendrait responsables de tout. Ceux qui ont pris l'avion pour Foros sont accusés d'avoir voulu s'emparer du pouvoir mais, de toute évidence, ils avaient déjà tout le pouvoir qu'ils pouvaient désirer dans les positions clefs qu'ils occupaient. »

39
« Une petite conversation amicale »

Valentin Pavlov devait comparaître une fois encore devant un tribunal, un peu plus tard dans la journée, aussi mon entretien avec lui se déroulat-il très tôt dans la matinée. Il était sorti de prison depuis peu. Des avocats, dans de grosses voitures noires, se rassemblaient sur le parking situé devant l'immeuble d'appartements où il vivait. C'était une des meilleures résidences de la nomenklatura. Pavlov, « l'abominable Pavlov » comme l'avait appelé Eltsine, ne semblait pas du tout nerveux. Toujours joufflu et souriant il paraissait jeune pour son âge. Appelé par téléphone, il discuta devant moi une affaire immobilière concernant une propriété située dans le centre de Moscou, pour en contester avec pondération le prix du mètre carré en dollars.

Avant de devenir Premier ministre, il avait été ministre des Finances et se considérait comme un technicien. Inutile de dire que les avis diffèrent beaucoup sur ses capacités et comprennent une masse de contradictions. Si l'Union soviétique s'est effondrée, ce n'est pas faute de ressources, insiste-t-il. Les ressources disponibles étaient tout à fait suffisantes pour les niveaux de productivité et la production économique prévus dans un avenir illimité.

« La seule raison pour laquelle il y avait un semblant d'insuffisance tenait à un accroissement de la demande qui pesait sur la production ; cela s'explique parce que l'on voulait élever le niveau de vie ou favoriser l'innovation technologique. Prenez le secteur du pétrole ou du gaz naturel. Les ressources nécessaires à l'exploration et à l'extraction existaient bien. Avant le mois d'août 1990, cinq milliards et demi de roubles avaient été alloués à cet effet. Au taux de change en vigueur, cela équivalait à huit milliards de dollars. Il y avait des plans très avancés concernant la construction d'un pipe-line de large diamètre pour relier le nord à la partie européenne de la Russie. »

Si les ressources étaient suffisantes, pourquoi l'économie s'était-elle désintégrée en 1989, ce qui avait entraîné la présentation de plans d'urgence comme celui de Chataline et d'énormes déficits budgétaires ?

« La réponse est que l'économie soviétique se trouvait divisée en deux parties. La première consistait à satisfaire les besoins immédiats des êtres humains en matière de nourriture, de vêtements, de biens de consommation durables et ainsi de suite. La seconde partie était liée plus ou moins directement à la production de ce qui servait à satisfaire ces besoins, les machines-outils, la technologie, les biens immobiliers. Comme il n'y avait pas de propriété privée, le transfert des ressources entre le secteur lié à la consommation et le secteur de la production se trouvait bloqué. Les intérêts directs des individus ou des groupes d'individus étaient rattachés au secteur de la consommation. Qu'on le veuille ou non, cela limitait toute stimulation de la partie productive de l'économie. »

Dans l'exercice de ses fonctions, Pavlov s'est toujours conduit en communiste traditionnel ; il n'a voulu assouplir la planification ou le contrôle des prix qu'avec réticence. Il continue d'exprimer ses ambitions et de décrire ses luttes personnelles dans un vocabulaire abstrait qui est celui du parti. Nul ne discutait le besoin de progresser vers une économie mixte, dit-il maintenant, mais les opinions divergeaient fondamentalement sur la façon de s'y prendre. « J'étais et je suis encore, par nature, fondamentalement opposé à toutes les formes de révolutions violentes. Je préfère les méthodes évolutionnistes. Vous devez préparer les innovations avant de démanteler ce qui existe déjà. Telle était la base de ma vigoureuse opposition au plan de 500 jours de Chataline et à tout autre plan économique de même ordre. »

A l'époque où vous êtes devenu Premier ministre, en janvier 1991, l'économie et, à vrai dire, la vie politique semblaient avoir échappé à toute maîtrise.

« Oui, c'est très près de la vérité. Ma façon de décrire la chose est la suivante : les forces séparatistes et certains éléments du pouvoir central, y compris Gorbatchev, avaient acquis une trop grande puissance. Gorbatchev avait cultivé ces forces trop jalousement pendant longtemps sans se rendre compte qu'elles échappaient à son autorité. Il a découvert alors, avec une énorme surprise, qu'il ne dirigeait plus ces forces séparatistes mais qu'elles le dirigeaient. Un phénomène pratique qui l'a réveillé en sursaut fut la vague de grèves qui frappa l'industrie et débuta au milieu de l'année 1990 par le mouvement des mineurs de charbon. Ce fut un épisode très destructeur pour l'économie. Deux semaines après que j'étais devenu Premier ministre, il y avait une grève presque générale des mineurs. Pendant plus de deux mois le travail allait cesser dans près des deux tiers des mines. Vous pouvez imaginer quelles auraient été les conséquences si nous avions pris des mesures décisives pour passer à l'économie de marché et libérer les prix à ce moment-là. »

Pourquoi avoir choisi ce moment-là pour procéder à votre réforme monétaire ?

« J'avais pensé depuis longtemps que la réforme monétaire était essentielle. Elle avait été en préparation depuis 1985 environ. J'en étais le principal architecte et j'avais l'occasion de l'introduire en ma qualité de ministre des Finances. Mais pour des raisons pratiques je n'ai pas pu parachever sa préparation avant de devenir Premier ministre. Du point de vue de la hausse des prix, une réforme monétaire était nécessaire pour arrêter l'explosion soudaine d'une hyperinflation. Il était crucial pour moi de supprimer l'excédent de la masse monétaire qui flottait alors dans le pays. » En procédant à un échange obligatoire des vieux billets contre des billets neufs, tout en gelant les dépôts et les avoirs, explique-t-il, il pouvait retirer 25 milliards de roubles de la circulation. « Ajoutez-y 12 milliards que les gens détenaient si illégalement qu'ils ne pouvaient envisager de les échanger, cela représente au total un tiers de la masse monétaire. En retirant ainsi cette masse de la circulation, j'étais en mesure de libérer à peu près un tiers des prix sur le marché de la consommation dès le 2 avril. En combinant cette diminution de la masse monétaire et la libération subséquente des prix, au moins dans certaines limites, j'ai pu limiter l'inflation à 1 pour cent pendant les six mois suivants. »

Des gens bien placés en ont profité pour amasser des fortunes personnelles. On peut en voir un exemple dans la disparition des réserves d'or. Des ressources et des sommes considérables ont été détournées sur une échelle énorme.

« Dès que Iavlinski a eu accès à cette information sur l'or, il s'est mis à la crier sur les toits. Je le soupçonne d'avoir voulu assurer sa popularité à bon compte. En fait, presque personne, à part moi, ne savait précisément combien il y avait d'or dans les réserves. Je n'en ai même pas informé Gorbatchev. Je ne me fiais pas à lui non plus. Manifestement, il y a eu des fuites de capitaux. Cela vaut la peine de rappeler que les gens coupables de ces évasions de roubles à l'étranger me savaient conscient de leurs agissements. Ils savaient également que leurs portes de sortie seraient vite verrouillées. Je savais exactement qui je devais convoquer dans mon bureau pour une petite conversation amicale afin de les convaincre de rendre l'argent. Il s'agissait de sommes considérables, cela n'est pas un secret ; et il n'y a pas de secret non plus sur les moyens utilisés. Les ressources en capitaux filaient à l'étranger, les principales exportations de notre pays étaient l'or, le pétrole, le bois, etc. Il vous suffit de regarder qui était responsable de ces secteurs d'exportation. »

Pourquoi avez-vous demandé des pouvoirs spéciaux au Soviet suprême, le 17 juin ?

« Il s'était produit une curieuse situation au sein du pouvoir. Il y avait un conflit d'intérêts entre l'exécutif et le législatif. Le président s'était lui-même placé à la tête de l'exécutif au lieu de rester chef de l'Etat. Cela signifiait qu'il n'y avait plus de véritable pouvoir exécutif dans le pays. Ce qui aurait dû être l'exécutif était devenu le siège d'orateurs très talentueux au lieu de rester l'apanage de politiciens vraiment expérimentés. Dans ce contexte on peut dire de Gorbatchev qu'il se comportait en acteur plein de talent, dans la mesure où il pouvait jouer son rôle de façon à donner l'impression convaincante de comprendre des choses dont il n'avait pas la moindre notion. Il n'y avait donc plus ni pouvoir exécutif ni pouvoir législatif. Dans ce contexte de chaos et d'affrontement nous avions besoin, plus que jamais, d'un exécutif fort.

«Même si le Soviet suprême avait siégé vingt-quatre heures sur vingt-quatre, jour après jour, pour élaborer une base législative sur laquelle édifier la nouvelle économie que nous étions censés introduire, cela n'aurait pas pris moins de cinq ans. La base appropriée n'a jamais été instaurée. L'idée d'imposer des réformes économiques à partir du haut était vouée à l'échec depuis le début. Si nous avions attendu que les lois nécessaires soient introduites progressivement pour modifier l'économie en fonction de ces lois, nous aurions découvert que les gens fonctionnaient à la même vitesse que la base législative prenait place. C'est pourquoi j'étais et je suis d'avis qu'il faut donner à l'exécutif certains pouvoirs législatifs pendant une période de transition. Les décisions pratiques adoptées par l'exécutif doivent devenir la base des lois. Une fois adoptées ces lois peuvent commencer à jouer le rôle de normes permanentes.»

Votre demande de pouvoirs spéciaux était-elle liée à la formation du Comité d'Etat?

«Il y avait cinq points. Le droit de prendre certaines initiatives législatives. Le droit d'organiser à travers le KGB et la police une unité nationale spéciale destinée à lutter contre le crime organisé. La création d'un corps fédéral d'inspecteurs fiscaux. La création d'un système bancaire unifié. Le droit pour les ministres de prendre des décisions immédiates concernant la maîtrise de l'économie, par exemple dans le cas où les réformes auraient un impact qui ne correspondrait pas à la législation existante. Je laisse à d'autres le soin de juger si ces demandes avaient un rapport avec les événements du mois d'août.»

J'ai mentionné la présence des avocats et des voitures noires rassemblés au pied de l'édifice, mais il a esquivé toutes les questions relatives au coup d'Etat. Je lui ai demandé quand il s'était joint au Comité d'Etat pour ne recevoir qu'une réponse fort peu crédible : «Pas avant la mi-août, le 18.» Il avait déjà déclaré au procureur que, ce jour-là, au Kremlin, «la plupart des personnes présentes n'avaient pas compris de quoi il s'agissait dans tout ça. Des mesures d'urgence avaient déjà été discutées auparavant». Tout ce qu'il voulut bien ajouter fut : «Déjà en 1990, nous avions eu des discussions avec Gorbatchev sur l'établissement d'un comité gouvernemental d'urgence. Gorbatchev était depuis longtemps conscient du vacuum qui existait au sein du pouvoir et de l'impossibilité de prendre des mesures vraiment concrètes. »

40

Le président de l'assemblée

Le coup d'Etat et la détention ont fait prendre un coup de vieux à Anatoli Loukianov; les cheveux qui lui restaient sont devenus blancs. En prison, il a écrit deux volumes de poésie qu'il a publiés. Pour sûr, ce ne sont pas de très bons vers, mais il se distingue intellectuellement des autres conjurés. Corpulent et plein d'assurance, il s'exprime de façon emphatique. Les épreuves de force épuisantes auxquelles il a consacré sa vie professionnelle lui ont conféré une personnalité rugueuse, brutale. Ses yeux bruns révèlent un sens de l'humour mais il n'est pas douteux qu'il se prend pour une victime. Quand il se défait de sa panoplie de vieil-homme-politique, il se montre indiscutablement furieux et frustré. Il ne manque jamais de rappeler que bien longtemps avant l'arrivée de Gorbatchev, il a travaillé avec Molotov, Khrouchtchev, Brejnev, Kossyguine, Andropov et Tchernenko. Il prend plaisir à énoncer cette liste. Dans la conversation, il laisse tomber quelques répliques de choix, dignes d'être citées par un journaliste, qu'il a récoltées au cours de ses rencontres avec des personnalités comme le général de Gaulle ou Harry Hopkins, le douteux conseiller de Roosevelt que l'on a parfois soupçonné d'être plus qu'un compagnon de route pour les communistes. En prison, dit-il, il a reçu quatre cent mille lettres y compris des missives amicales de Margaret Thatcher et de John Major.

Dans ses fonctions de président du Congrès des députés du peuple, il a manifesté son expérience intime de toutes les formes de chicanes et de pressions, légales et illégales. C'était une légende vivante aux temps où il coupait le micro aux députés qui ne lui plaisaient pas et faisait miroiter, devant ceux qu'il voulait cajoler, quelque faveur, comme la possibilité d'acheter une voiture à un prix imbattable. « Je ne me considère pas comme un professionnel de la politique mais comme un homme de loi. » Cette phrase toute faite permet d'imaginer ce qu'il pense de la loi et de la politique. « Le rôle du président, au Congrès des députés du peuple russe, est très loin de celui que joue le Speaker dans les procédures parlementaires britanniques. Ma fonction de président exigeait que je me livre à certains jeux et manipulations avec les députés; il fallait essayer de former des blocs parmi eux; les rallier à certaines idées; plaisanter avec eux. Le président est vraiment le principal moteur de la coopération et de l'établissement de liens mutuels entre les diverses factions. J'avais lieu de rencontrer Sakharov plus fréquemment que les membres de la faction communiste. Je me rappelle une conversation que j'ai eue à Oxford avec des soviétologues incapables de comprendre pourquoi j'avais besoin, en tant que président du congrès, de me livrer à ce genre de manipulations parlementaires.»

Parmi les amis de Gorbatchev, au temps où celui-ci était étudiant, figurait un certain Andreï Loukianov, que l'historien soviétique Roy Medvedev a confondu avec Anatoli. Il en est résulté que l'on a beaucoup trop insisté sur l'existence de liens précoces entre les deux hommes politiques. «J'avais deux ans d'avance sur lui à l'université, mais nous vivions dans la même résidence d'étudiants. C'est pourquoi j'avais un peu connu Gorbatchev et sa future femme. C'était en 1950. Quand il était arrivé à Moscou, il avait déjà eu la médaille du travail rouge, pour ses activités agricoles, quand il avait aidé son père à faire la moisson. Il était très actif au Komsomol, très dévoué à l'idéologie marxiste, c'est-à-dire à sa version stalinienne d'alors. Quand Staline est mort, Gorbatchev en a été très affecté, comme s'il avait reçu un choc personnel. Dans ses études, il était assez bon mais pas exceptionnel; c'était l'exemple typique d'un étudiant de son temps, qui avait des activités politiques dans le Komsomol. C'était le genre de jeune enthousiaste désireux de tout casser sans réfléchir à ce que l'on mettrait à la place.»

Puis Gorbatchev repartit pour Stavropol tandis que Loukianov préparait son doctorat à l'université de Moscou et devenait chef de sa section du Komsomol. En 1977, Brejnev promulguait une nouvelle Constitution qui impliquait des changements de personnes. Loukianov fut élevé au rang de chef du secrétariat du Soviet suprême, chargé de l'appareil d'un parlement prétendument réinventé. Cette même année, Gorbatchev fut élu député au Soviet suprême et, à partir de là, les deux hommes se trouvèrent «plus ou moins constamment en contact». Pour Loukianov, son poste au Soviet suprême n'était pas une simple sinécure, dit-il, car les commissions permanentes siégeaient toute l'année et mettaient à l'étude des textes législatifs.

«En ma présence, Gorbatchev n'a jamais parlé de grands changements dans le pays avant 1985. Au contraire, il semblait, à toutes fins utiles et à tous égards, entièrement dévoué au socialisme soviétique sous sa forme spécifique. C'était un collègue très loyal de Brejnev, Andropov et même de Tchernenko. Si l'on examine ses discours et ses rapports officiels à tous les congrès successifs, le Vingt-sixième, le Vingt-septième, le Vingt-huitième, et à la Dix-neuvième conférence, nous le voyons affirmer avec insistance que la perestroïka est une modernisation et un approfondissement du socialisme, pas la destruction de celui-ci. C'est la seule façon dont on peut comprendre la perestroïka. A aucun stade, il n'y a pas eu le moindre doute quant au fait que nous étions sur la voie d'un perfectionnement du socialisme. Quand Gorbatchev est devenu secrétaire général en 1985, j'ai travaillé avec lui à la préparation du rapport destiné au plénum du comité central, prévu pour le mois d'avril, où fut lancée toute l'affaire de la perestroïka. Nous proposions d'accélérer l'introduction d'une nouvelle technologie. Nous avions un slogan : "Davantage de démocratie, davantage de socialisme."»

Lui et Boris Eltsine avaient bénéficié de promotions parallèles. «En 1985, nous vivions dans la même maison; nous nous connaissions extrêmement bien. L'un et l'autre, nous étions secrétaires du Comité central; la seule différence entre nous était que je me trouvais chargé des questions juridiques alors que lui s'occupait de la construction et du bâtiment. Quand, en 1986, Eltsine est devenu chef du comité du parti pour la ville de Moscou, il fut nommé simultanément membre suppléant du Politburo. Je l'ai suivi un peu plus tard, en 1988, quand j'ai été nommé premier adjoint de Gorbatchev. Eltsine, Ligatchev et des gens comme moi soutenaient la perestroïka. Tous les camarades y compris Gorbatchev travaillaient avec l'impression d'œuvrer pour l'amélioration et le renouvellement du socialisme. Si Gorbatchev avait annoncé qu'il préparait une nouvelle sorte de société, tout à fait inconnue, il se serait retrouvé complètement seul. La seule personne qui serait peut-être restée à ses côtés était Iakovlev. Son cas est tout à fait différent. Dès 1985 j'avais de grandes discussions avec lui à propos du soutien qu'il apportait à certaines idées dont il avait pris connaissance au Canada, notamment l'existence d'une pluralité de partis, l'achat et la vente de terrains, la propriété privée. A cette époque-là, Gorbatchev n'avait pas de temps à accorder aux idées de Iakovlev.

«Nous avons tous à l'esprit l'image de Gorbatchev sous l'aspect d'un garçon de la campagne, venu de Stavropol, et qui abandonne progressivement l'idée de moderniser le socialisme pour se livrer entre les mains d'autorités universitaires supérieures, Iakovlev d'abord, puis Chataline, Aganbegyan, Abalkine, Petrakov, qui ont tous exercé une influence intellectuelle sur lui à diverses reprises. Sans beaucoup d'idées profondes de sa part à lui, ni sur ce qu'il faisait ni sur la façon dont tout cela allait finir, il errait de l'un à l'autre. Plus il errait et plus il se trouvait isolé. La vieille garde du parti, des hommes comme Gromyko, Vladimir Dolgikh et Mikhaïl Solomentsev ont été les premiers à l'abandonner. Puis ce fut le tour des collègues de 1985, Ligatchev et Ryjkov. Quand leur désir d'entraîner Gorbatchev avec eux eut été déçu, des gens comme Iakovlev et Chevardnadzé ont créé leur propre mouvement pour une réforme démocratique et se sont écartés à leur tour. Les derniers de tous furent ceux qui, pour avoir cru jusqu'au dernier moment qu'il était dans le vrai, y avaient collaboré fidèlement avec lui, Krioutchkov, Iazov, Baklanov, Chenine et moi-même. »

Certes, sous les apparences d'un simple démarchage, d'aucuns pouvaient procéder à de vastes opérations de propagande personnelle, mais il y avait aussi de véritables batailles et de périlleux exercices au-dessus des abîmes qui préparaient l'affrontement fratricide dont la mise en œuvre intervint en août 1991. Les souvenirs qui couvaient en Loukianov obligèrent celui-ci à se lancer dans la bagarre. Dans le souci tactique de détruire la base de la puissance de Ligatchev, Gorbatchev avait liquidé le secrétariat du Comité central sans se soucier de perdre ainsi toute autorité sur le parti. C'était une trahison. Puis vint le tour de Ryjkov. Une fois encore, on mit en pièces une institution pour abattre l'homme qui en avait fait la base de sa puissance. « Prenons l'exemple d'une seule nuit entre toutes, celle du 16 au 17 novembre, au cours de laquelle Gorbatchev a décidé de se séparer de Ryjkov. Il m'a téléphoné pour m'avertir de sa décision en fin de journée, le 16. Il a informé l'intéressé le lendemain matin à la première heure. Il procéda alors à la transformation du Conseil des ministres, promu au rang de Cabinet présidentiel, ce qui privait Ryjkov de son poste. Il n'y avait pas de place pour Ryjkov dans un cabinet de ce genre. J'ai répondu à Gorbatchev qu'il pouvait mettre Ryjkov à la porte le jour même mais que nous en verrions les conséquences dans six mois quand le Congrès sombrerait dans le chaos. N'oubliez pas, lui ai-je dit, que trois mois après la désintégration du Congrès, vous aurez perdu vous-même la présidence. Je ne me suis trompé que de trois jours dans mes calculs. Le 5 septembre le Congrès de l'Union a été dissous et le 8 décembre Gorbatchev n'était plus président. Je savais sur quelle base travaillait l'opposition. J'ai participé aux pourparlers de Novo-Ogarovo. Bien des choses que Boris Eltsine, Kravtchouk et Nazarbaïev ne voulaient pas dire à Gorbatchev directement, ils étaient tout disposés à me les dire à moi.

« Il nourrissait toujours l'illusion d'arriver à se débrouiller pour sauver sa peau et rester au pouvoir s'il se débarrassait de ceux que l'on tenait pour conservateurs. Brejnev et Andropov avaient compris que sans le soutien du parti, il n'y avait plus personne pour les défendre. Il est triste que le bon Dieu n'ait pas permis à un ancien fonctionnaire du Komsomol comme Gorbatchev de partager cette conviction. Il n'y avait rien de prémédité dans son attitude, et je ne crois pas qu'il ait eu de sombres intentions voire des vices de caractère, je ne souhaite pas non plus critiquer ses nombreuses qualités. Il s'est leurré en croyant que le pays et le peuple avaient besoin de lui, comme individu. Il n'a pas tenu compte du fait que s'il abandonnait le parti et le socialisme et ses fidèles camarades il finirait par se retrouver lui-même totalement superflu.

« Les extrémistes de gauche n'ont jamais eu besoin de lui sauf pour la passation des pouvoirs. Aussitôt qu'il est irrévocablement descendu de son cheval rouge pour enfourcher un cheval blanc ils se sont débarrassés de lui aussi brutalement qu'il avait lui-même envoyé promener Ligatchev et Ryjkov. Eltsine ne s'est déclaré favorable au capitalisme qu'en 1990. Ce qui s'est passé en août était prévisible ; c'était le résultat de cette évolution.

« Au temps où Eltsine a été expulsé du Politburo, en octobre 1987, j'avais dit à Gorbatchev qu'il était en train de fabriquer un monstre. Mais il n'a jamais écouté attentivement les remarques quand elles étaient incisives. »

Boris Eltsine n'a pu entrer dans la danse que grâce à la décision de la Dix-neuvième conférence de créer un nouveau Congrès des députés du peuple. Gorbatchev n'a-t-il pas compris que cela allait fournir à Boris Eltsine une nouvelle base de rechange grâce à laquelle il pourrait recruter une armée de partisans, tout en accroissant sa légitimité ?

« Il faut se rappeler qu'au moment où Eltsine a perdu son emploi il était encore un Monsieur Personne. Un technocrate, dogmatique dans ses vues. Il n'a pas beaucoup d'instruction. Gorbatchev l'avait offensé et c'était pour lui une raison suffisante. Mais il ne pouvait rien de son propre chef. Sa carrière politique a vraiment pris son essor quand les forces hostiles à Gorbatchev, aux Soviets et aux communistes ont pensé qu'il était un homme dont elles pouvaient se servir pour parvenir à leurs fins. Tout ce qui s'est produit par la suite résulte plus ou moins de la manipulation d'Eltsine par ces forces anticommunistes et procapitalistes. J'ai assisté au déroulement de ce processus. Sous mes yeux, le groupe inter-régional des députés s'est constitué au Congrès en élément antisocialiste. Au début, comme Sakharov me l'a dit lui-même, ils doutaient des capacités intellectuelles de Boris Eltsine. Peu à peu, Afanasiev, Sakharov, Zaslavski et les autres ont pensé qu'ils pourraient l'attirer dans leur camp pour en tirer parti.

« La presse soviétique et les divers auteurs ont fait porter par un seul homme – à savoir moi-même – la responsabilité d'une transformation qui a substitué le Congrès des députés du peuple au vieux Soviet suprême. Et c'est vrai. J'avais présenté l'idée à Gorbatchev et il y était favorable.

« Si la victoire électorale était échue à celui qui avait le plus de voix, les catégories sociales telles que les paysans, les ouvriers et les femmes auraient été exclues du Soviet suprême au profit de types dans le genre de Sergueï Stankevitch qui pouvaient manifestement l'emporter sur une institutrice dans une élection à la majorité des voix. Mais il fallait maintenir le caractère représentatif du nouvel organisme. Aussi le Congrès devait-il comprendre une combinaison de députés ; certains seraient élus sur un critère territorial, d'autres sur des listes établies par les syndicats, les kolkhozes, les régions autonomes, les organisations de femmes, etc. Quand les gens m'ont accusé d'avoir créé le monstre que le Congrès s'est avéré être, j'ai répondu en leur montrant du doigt des gens comme Popov, Sakharov ou Afanasiev qui avaient tous été choisis par des institutions universitaires et non pas élus à la majorité des voix. Si le Congrès n'avait pas existé ils n'auraient jamais accédé au pouvoir. »

On peut présenter la chose à l'envers : cela a facilité à Eltsine la possibilité de jouer la carte démocratique.

« Il a été l'instrument de l'ascension politique des extrémistes qui le soutenaient. Je n'étais pas idéaliste au point de croire que le Congrès serait une créature obéissante. J'espérais m'inspirer de la tradition russe des conseils ruraux provinciaux qui rassemblent habituellement plus de deux mille membres. J'avais compris qu'un groupe aussi nombreux n'était pas bien adapté à la préparation des lois ni aux minuties de la conduite d'un Etat, mais il sert à exprimer et à former l'opinion publique, dans une période de transition. Un corps représentatif de ce genre est une soupape d'échappement utile. »

Quand Gorbatchev a-t-il compris que Boris Eltsine représentait un danger pour lui ?

« Au début de 1990. En mars de cette année-là, il s'était fait nommer président afin de parer à la menace croissante que présentait pour lui Boris Eltsine. Même encore au mois de mai, il attaquait Eltsine au Congrès des députés du peuple, sans être conscient du fait que l'autre était sur le point de devenir un chef d'Etat; mais ce serait désormais le chef de la Russie. Eltsine avait été élu président du Soviet suprême de Russie par quatre voix de majorité seulement mais, à cette époque, j'avais dit carrément à Gorbatchev que la destruction de l'Union soviétique était en train de commencer. En fait la désintégration de l'Union soviétique avait commencé deux années auparavant avec l'affaire du Nagorny-Karabakh. Il y a plusieurs types de politiciens. Il y a certains joueurs d'échecs, en politique, qui préparent leurs mouvements avec dix ou quinze coups d'avance. D'autres ne préparent que trois ou quatre coups d'avance et s'en remettent pour le reste à leur intuition. Gorbatchev n'a jamais que trois coups d'avance. Il m'a souvent accusé de jouer de façon trop compliquée en calculant trop loin vers l'avant ou vers l'arrière. »

Loukianov s'est mis à critiquer les vues de Gorbatchev à l'extrême fin de 1989. Les nouvelles institutions avaient déclenché une nouvelle épreuve de force dans le même genre caractéristique de celles que l'on avait connues au bon vieux temps. « Quand Gorbatchev s'est mis à mijoter l'idée d'utiliser le vieux Soviet suprême pour créer une présidence, Ryjkov et moi avons pris position contre cette initiative au sein du Politburo. A mon avis, la fonction de président était profondément étrangère et inutile au système soviétique. Elle créait un courant d'autorité parallèle. Quand Gorbatchev est devenu président, je présidais moi-même le Congrès et cela a fait naître une distance et des conflits croissants entre nous, non pas entre nos personnes mais entre l'institution présidentielle et l'institution parlementaire. Le fossé n'a pas cessé de s'élargir.

Gorbatchev tentait en permanence de tourner le dos au parlement, de l'ignorer. Le conflit est parvenu à son point culminant au printemps de 1991, quand Gorbatchev a convié les présidents des républiques soviétiques aux pourparlers de Novo-Ogarovo en court-circuitant le pouvoir législatif.

« Gorbatchev essayait toujours de m'impliquer dans le processus de Novo-Ogarovo et j'assistais aux séances mais je n'étais pas autorisé à exprimer l'opinion du Congrès en ma qualité de président de cette assemblée. Si j'en étais venu à adopter la position de Gorbatchev j'aurais été écrasé au Congrès. Je ne pouvais exprimer l'opinion des parlementaires qu'en essayant de m'opposer aux diverses propositions présentées par les divers présidents, y compris Gorbatchev. Le traité d'Union proposé par Eltsine, Kravtchouk et Nazarbaïev, auquel Gorbatchev était prêt à apporter son concours, introduisait une confédération au lieu d'une fédération. Cela était directement contraire à la Constitution de même qu'au référendum par lequel les deux tiers des électeurs avaient manifesté qu'ils voulaient le maintien de l'Union. Sans parler de la volonté du Congrès.

« J'ai admis pour la première fois ouvertement qu'il s'était creusé un fossé entre Gorbatchev et moi lors du discours que j'ai prononcé devant le plénum, le 26 juillet 1991. Dans ce texte j'ai abordé trois points : nous ne pouvions pas tourner le dos à la modernisation du socialisme; nous ne pouvions rejeter la forme soviétique de l'administration de l'Etat; et nous n'avions pas le droit de transformer le pays en une confédération. Ma déclaration était si tranchante et si aiguisée que la *Pravda* a eu peur de la publier intégralement, aussi a-t-elle paru le surlendemain dans *Sovietskaïa Industriïa*. Le plénum du Comité central a accueilli mon intervention par des applaudissements enthousiastes. La seule personne présente à ne pas applaudir était le secrétaire général. Divers historiens ont tenté, depuis lors, de prouver que le plénum voulait se réserver la possibilité de me faire remplacer Gorbatchev à la tête du parti, mais ce n'était pas le cas. Loin d'aspirer à ce poste j'essayais au contraire de défendre les intérêts de Gorbatchev et de lui faire comprendre à temps qu'il s'engageait dans une voie erronée. Mais les contradictions étaient alors trop énormes pour être surmontées. Bien des gens m'ont dit que j'avais signé mon arrêt de mort en prononçant ce discours. »

Quand vous avez fait cette intervention, où en étaient les projets du Comité d'Etat ?

« Ce comité n'existait pas. »

Pas même entre vous ?

« Je n'étais pas membre du Comité. Il n'existait pas vraiment et ce que j'en sais, je l'ai appris par les procédures judiciaires entamées contre ses membres. L'idée de déclarer l'état d'urgence a commencé à se manifester dix jours après mon intervention. Le 3 août, Gorbatchev a évoqué lui-même devant le Cabinet le besoin de proclamer l'état d'urgence. J'étais personnellement en congé, hors de Moscou, près de Novgorod. Pour autant que je sache, quelques membres du Comité d'Etat s'étaient réunis aux environs du 6 août et avaient conclu entre eux qu'il était crucial de proclamer l'état d'urgence pour empêcher la ratification de l'accord de Novo-Ogarovo et sauver le pays. Ils étaient sincèrement convaincus d'agir dans l'intérêt de l'Union soviétique. A ce stade, il ne s'agissait que de discussions. C'était tous des gens qui appartenaient au cercle intime de Gorbatchev, très étroitement liés à lui. Le 18 août, certains d'entre eux sont allés le voir en Crimée pour obtenir de lui l'autorisation de proclamer l'état d'urgence. Etant donné le conflit qui l'opposait à Eltsine, ils se fiaient entièrement à lui pour approuver le projet.

« Je ne savais rien de leur voyage chez Gorbatchev. Je n'ai été convoqué à Moscou qu'après le retour de la délégation. Quand je suis rentré, le soir du 18 août, j'ai dit aux gens du Comité d'Etat, alors en voie de formation, que leur tentative était vouée à l'échec de prime abord. Leur confiance prolongée en Gorbatchev, leur indécision, leur volonté d'éviter à tout prix une effusion de sang étaient des éléments qui scellaient le sort de leur tentative. J'ai tenté de leur dire que les mesures dont ils prenaient l'initiative étaient extrêmement mal conçues et conduiraient inévitablement à la destruction du parti communiste, ce à quoi nous avons effectivement assisté. Le parti ne manquerait pas d'être impliqué dans le complot. »

En somme, nous avons ici un bon exemple de ce que les Soviétiques appelaient une provocation. Ceux qui étaient en faveur du projet de traité avaient induit en tentation leurs adversaires, ils les avaient presque mis au défi de pratiquer la politique du pire. Rien ne pouvait plus être réglé dans les antichambres. Toutes les possibilités avaient été épuisées à ce stade, les discours, les articles, les cabales devaient laisser la place aux tanks. Mais recourir aux blindés sans avoir la volonté de faire autant de victimes que l'exigerait la victoire était une attitude pire qu'inutile, purement théâtrale, pour les dirigeants, et bientôt néfaste. Là où il aurait été décisif d'employer la force, on se rendait grotesque en se contentant de la déployer. Il en résulta presque aussitôt un effet de boomerang contre le Comité d'Etat. Ses membres, incapables de calculer plus de trois coups à l'avance, pour reprendre l'image méprisante de Loukianov, s'étaient trouvés poussés à la faute qui les livra à leurs ennemis.

« Le complot allait profiter ensuite aux forces séparatistes qui souhaitaient détruire l'Union soviétique, en leur fournissant l'occasion de faire sécession sous prétexte que les autorités centrales avaient tenté de s'approprier tout le pouvoir. L'argument allait être utilisé pour justifier la destruction des forces armées et de la sécurité d'Etat accusées d'avoir trempé dans le complot. La population, elle, se montra indifférente. Pas une seule usine ne fit la grève dans la région de Moscou. Selon une estimation généreuse, quelque 20 000 personnes sur onze millions d'habitants se rassemblèrent autour de la Maison-Blanche. Une organisation se mit en grève à Moscou, ce fut la Bourse. Les agents de change et les spéculateurs formèrent une brigade d'une centaine de leurs membres pour la défense de la Maison-Blanche. Les hommes d'affaires qui accouraient envoyèrent de la nourriture et de la vodka aux défenseurs de la Maison-Blanche; pendant ce temps, à la Bourse, on assemblait avec des agrafes un drapeau tricolore de cent mètres de long qui fut promené dans les rues. Très peu de gens comprirent que c'était un pavillon commercial d'avant la révolution et pas du tout le drapeau russe. En réalité, ce dernier est noir, jaune et blanc. »

Comment le Comité d'Etat a-t-il réagi quand vous l'avez averti des conséquences de son action ?

« Ils ont dit : "Désolés, mais c'est trop tard. Nous avons déjà parlé à Gorbatchev et brûlé nos vaisseaux." Cela vous explique pourquoi j'ai pris une attitude prudente vis-à-vis du Congrès, pour tenter de maintenir son indépendance face au Comité d'Etat et à Boris Eltsine tout à la fois.

« Vous pouvez voir les événements d'août comme un coup à blanc tiré avec le pistolet du starter pour donner le départ au long bouleversement qui allait renverser par la violence nos structures sociales et nos institutions. Le type de capitalisme qui a été introduit à cette occasion n'est pas du genre à prendre racine en Russie. Nous avons affaire à une puissance eurasiatique, dotée de ses propres habitudes sociales, de ses attitudes envers la propriété et envers toutes les façons de faire. Nous avons atteint un plus haut degré de collectivisation et de prise de décision qu'en Chine ou en Inde. Quelle compensation pour la perte des droits de l'homme ? Ce n'est pas un secret que chaque individu avait pris l'habitude de se considérer comme une partie d'une entité nationale et étatique immense et puissante. Aujourd'hui cela se trouve brutalement ôté au citoyen soviétique. Tout parti politique qui pourra jouer sur ce sentiment arrivera à mobiliser un énorme soutien populaire. Vous pouvez voir la Russie en train de se balancer sur une mince corde raide, guettée par le fascisme d'un côté, par la guerre civile de l'autre. »

41

« Que faites-vous donc parmi eux ? »

Dans les annales des médias, il n'y a pas grand-chose, sinon rien, qui puisse se comparer à la conférence de presse convoquée au Kremlin dans la soirée du 19 août 1991. Devant le monde entier, stupéfait, les journalistes montrèrent à quel point manquait aux hommes du Comité d'Etat la volonté de mettre leurs menaces à exécution. Les caméras de la télévision s'attardèrent sur les mains de Ianaïev, tremblantes d'une peur incontrôlable pendant qu'il parlait. Le mépris des journalistes pour les soi-disant sauveurs de la patrie, présents sur l'estrade, devint évident. Parmi eux se trouvait une sorte de non-personne, désignée comme le président du syndicat des paysans, un certain Vasili Starodoubtsev. Dans le public se tenait Aleksandr Bovine, homme corpulent et jovial, connu comme l'un des principaux commentateurs politiques. Il avait une question à poser à Starodoubtsev : « Nous voyons bien pourquoi les autres sont là, mais que faites-vous donc parmi eux ? »

Pour rencontrer Starodoubtsev il m'a fallu quitter Moscou avant l'aube et rouler pendant quatre heures en voiture, au milieu de la campagne, dans la direction de Toula, jusqu'à Novomoskovskoïe. Pendant trente ans cet homme a été le président incontesté d'une ferme collective, le kolkhoze V.I. Lénine. Loin à l'écart se dresse le plus grand bâtiment de l'exploitation, le bloc central où se trouve son bureau. Une bouteille de cognac trône sur la table ; c'est de l'eau de feu que l'on ne doit pas boire mais se jeter d'un trait au fond de la gorge.

Pour Starodoubtsev, Gorbatchev n'avait été qu'un « fonctionnaire savonneux et carriériste ». A partir de 1989, dit-il, il a eu plusieurs entretiens de deux ou trois heures avec lui pour chercher à le persuader de remplacer « ces réformes à moitié spontanées par un programme approprié et surtout par une théorie appropriée du marché avec une base législative. J'avais l'habitude d'user de formules assez grossières pour m'adresser à Gorbatchev et il me rendait la pareille. Je suis désormais convaincu que Gorbatchev a trahi le pays. Le pire traître du mélodrame était Iakovlev qui avait depuis longtemps vendu le mot de passe aux Occidentaux. Cela ne sert à rien de cogner sur la tête de Gorbatchev. Il s'est toujours efforcé de contourner les problèmes ».

Ianaïev, poursuit-il, lui a téléphoné le matin du 19 et il s'est précipité au Kremlin dont il lui a fallu faire le tour pour rejoindre les autres. « Les gens du Comité d'Etat étaient tous membres du gouvernement, jusqu'à et y compris un homme comme le vice-président. Ma conscience ne me reproche rien. Je n'agissais que dans l'intérêt des travailleurs agricoles. Le Comité d'Etat aurait pu user de la force s'il avait voulu mais ce n'était pas le rôle qu'il s'était fixé. Il a proclamé l'état d'urgence sans utiliser la force. Il était tout à fait imprévisible que les prostituées, les homosexuels, les drogués et d'autres types du même genre défendraient la Maison-Blanche. Eltsine est un traître de premier ordre, lui aussi. A mon avis, Gorbatchev savait bien ce qui se passait. Comme c'est un personnage faible et hésitant, tout prêt à lâcher le morceau en toutes circonstances, il n'était pas disposé à prendre la responsabilité de la proclamation de l'état d'urgence. Si nous avions réussi il se serait joint à nous d'un bond. »

En regardant de l'autre côté de la table son visage sombre et patibulaire, aux yeux vifs et injectés de sang, en écoutant ses vantardises spécieuses, j'avais l'impression d'être entré de plain-pied dans les pages des *Ames mortes*, l'œuvre géniale de Gogol. C'en était presque hallucinant. Il aurait pu être l'un de ces nobles inimitables décrits par l'écrivain, l'un de ces filous du siècle dernier, défendant ses privilèges avec autant de mauvaise foi que d'ignorance sans se douter même qu'il se condamnait par son propre discours. Rien ne distinguait Starodoubtsev d'un propriétaire de serfs. Je lui demandai comment la période pendant laquelle Gorbatchev s'était trouvé au pouvoir avait affecté ses paysans. « Ils ont fait comme avant, ils ont semé et récolté. » Ils sont 1 500 et « un seul a exprimé le désir de se mettre à son compte ». Gogol n'a-t-il pas dit le dernier mot sur Gorbatchev et Eltsine ? « Pendant longtemps je n'ai pas pu y croire. Ivan Ivanovitch s'était querellé avec Ivan Nikiforitch ! Des hommes d'une telle valeur ! Après ça, à quoi peut-on se fier en ce bas-monde ? »

Je fus alors confié à deux intendants. Dans une salle à manger privée on nous régala de hors-d'œuvre froids – *zakouski* –, de poisson farci, de poulet, de vin italien. Cet étalage était censé servir les objectifs de la journée, à partir du principe qu'un estomac plein correspond à un esprit vide. Après cela on me fit faire en bonne compagnie un tour guidé de la propriété. Il y avait l'église qui servait apparemment à tout le village. Elle avait été détruite pendant la guerre parce que les Allemands avaient installé une mitrailleuse dans le clocher, puis reconstruite après les hostilités. Une cérémonie de baptême s'y déroulait pour quelque vingt ou trente enfants. Il y avait des nourrissons mais la plupart étaient de petits écoliers solennels, garçons et filles. Les parents les contemplaient avec embarras. Le prêtre était un jeune homme glabre, vêtu d'un bleu de travail délavé en nylon, d'un genre plus approprié à une épicerie ou à une quincaillerie. Le bas de son pantalon et ses chaussures étaient visibles et fort incongrus. Quelqu'un me murmura à l'oreille que jusqu'à une date très récente il avait travaillé pour les chemins de fer. Il n'était manifestement pas familiarisé avec l'ordre dans lequel devait se dérouler le service religieux, aussi demandait-il sans cesse à chacun de le regarder et de faire comme lui. Il exprimait aussi des excuses. Quand les membres du petit groupe se retournaient, les visages semblaient s'empourprer de plus en plus.

L'innocence et la confiance manifestes des assistants étaient profondément touchants. Je me suis dit qu'il y avait là aussi une image clef de la nouvelle Russie, où les Starodoubtsev de tous poils n'auraient plus leur place. Mais, sur le chemin du retour, il nous a fallu traverser un pont sur l'Oka, dont je n'avais pas observé les traits les plus saillants dans la pénombre et le vide du petit matin. Il y avait là une autre image clef. La grand-route se réduisait en ce point à deux voies étroites qui enjambaient un viaduc élevé. Une partie du béton avait craqué et plusieurs pans du tablier manquaient. Le reste était craquelé et menaçait ruine. Le tout semblait fort peu sûr. C'était le moins que l'on en pût dire. Le revêtement de la route, lui aussi érodé, laissait voir l'armature du béton, cassée et protubérante par endroits là où des pointes métalliques aiguës jaillissaient du sol. Plusieurs véhicules dont les pneus avaient été crevés au passage avaient besoin d'être réparés sur place là où ils s'étaient arrêtés et obstruaient le passage, de sorte que deux camions ou voitures ne pouvaient passer de front. Les conducteurs essayaient à tour de rôle de se frayer un chemin en roulant par-dessus les morceaux de chaussée, par la droite ou par la gauche, là où ils pouvaient s'ouvrir un chemin. Les uns contribuaient au pandémonium, les autres prenaient la chose avec résignation, tous subissaient la même misère. « Quel est le sens de ce mouvement terrifiant ? » demande un personnage prophétique des *Ames mortes*. « Russie où te précipites-tu ? Réponds. Elle ne donne pas de réponse. »

Épilogue

Les passations de pouvoir à l'intérieur du système soviétique avaient toujours, auparavant, été le fruit d'arrangements conclus entre un tout petit nombre d'hommes complotant de concert. Il y avait pourtant, de toute évidence, un précédent à l'affaire Gorbatchev : la façon dont Brejnev et ses collègues s'étaient débarrassés de l'indésirable Khrouchtchev. Mais, cette fois, la prise de pouvoir avait été effectuée par Eltsine à découvert. Debout sur un tank, devant la Maison-Blanche, il avait défié le Comité d'Etat au vu et au su de tous. Cela exigeait une bravoure ostentatoire. Se dressant au nom de la démocratie, il en avait appelé au peuple russe dans son ensemble et s'était engagé, au moins théoriquement, à organiser des élections telles que les députés seraient représentatifs et à constituer un parlement. En invoquant la liberté individuelle et les droits de l'homme, il avait poussé cette nouvelle logique jusqu'au bout. Mais la surprise fut que sa victoire sur Gorbatchev entraîna l'effondrement des deux éléments dont la combinaison avait fait la société comme elle l'était : le parti et l'Union soviétique.

Le parti avait conservé son emprise sur le pouvoir grâce à la dévotion que lui vouaient le KGB et l'armée, ces deux gardiens associés d'un Etat policier où régnait la police secrète. Pendant le coup du mois d'août, Eltsine avait été capable de rallier la plus grande partie du KGB et de l'armée en Russie. Il sortit donc vainqueur de cette grande épreuve de force gouvernementale. Mais les organisations chargées d'appliquer la volonté du parti se trouvaient désormais divisées de manière irrémédiable entre des loyalismes contradictoires. Faute d'avoir utilisé la force de façon décisive dans son propre intérêt, le parti avait perdu son monopole de gardien de l'ordre. C'était une répudiation complète de la doctrine marxiste et une attitude contraire à la véritable nature du parti.

Inversement, Gorbatchev ne pouvait plus compter sur le loyalisme du KGB et de l'armée. Ses alliés potentiels parmi les généraux et les officiers les plus durs, ceux qui se raccrochaient à l'idéologie soviétique, l'avaient ouvertement rejeté quand ils avaient décidé d'obéir à Krioutchkov et à Iazov. En outre, ils étaient désormais discrédités et des accusations de trahison se trouvaient suspendues au-dessus de leurs têtes, au moins pour les meneurs. Vers la fin du mois d'août, ceux qui devaient rejoindre Eltsine l'avaient fait, et ceux qui s'étaient compromis pour avoir soutenu le Comité d'Etat ou s'être trop étroitement liés à Gorbatchev avaient été expulsés de la vie publique. Les temps étaient en train de changer : les coupables recevaient des pensions de retraite au lieu de recevoir une balle dans la nuque au fond d'un cachot de la Loubianka, comme cela avait été le cas pour tant de généraux issus de l'armée ou du KGB, avant eux.

A son retour de Crimée, Gorbatchev déclara qu'il avait l'impression de se trouver dans un autre pays tant le paysage politique avait changé en si peu de temps, après que le parti eut renoncé à appliquer sa volonté. Il aurait pu se faire conduire tout droit à la Maison-Blanche pour faire alliance avec Eltsine, il aurait pu tenter de promouvoir de nouveaux généraux dans l'armée et le KGB tout en veillant à les éloigner de son rival. Au contraire, il se retira dans le Kremlin et ne perdit aucune occasion d'affirmer qu'il était, plus que jamais, un communiste convaincu, désireux de revitaliser le parti pour le préparer à faire de grandes choses à l'avenir. Ses promesses comme ses menaces n'étaient plus que des mots vides sans aucun moyen d'application.

En remaniant le personnel, les commissions et les institutions, voire l'Etat-parti lui-même, pour les adapter au nouveau pouvoir qu'il venait de se tailler et pour manifester celui-ci, Eltsine paracheva ce qui avait été une joute remportée par carence de l'adversaire. Au Congrès, il enjoignit à Gorbatchev de faire connaître son point de vue en lisant à haute voix une feuille de papier ou en signant l'autre. Le sourire triomphant qu'il affichait contrastait avec l'air pincé de son rival vaincu. Ces affrontements au Congrès étaient retransmis en direct par la télévision. Le ton conciliant de Gorbatchev soulignait que son autorité s'était évanouie sans remède.

Pour tenter de sauver sa carrière, Gorbatchev abandonna son poste de secrétaire général, nationalisa les biens du parti et suspendit le Comité central. Cela finit d'éroder la petite base sur laquelle reposait ce qui lui restait de pouvoir et persuada son adversaire de marquer un point de plus. Eltsine transforma donc en ministères russes ce qui avait été les ministères soviétiques, procéda à la dissolution du Congrès soviétique pour faire place nette avant de créer un Congrès russe, et abolit l'administration centrale ; il interdit également le parti et prit l'habitude de traiter les communistes comme des criminels. Dans ses mémoires, il exulte quand il indique : « Gorbatchev fut extrêmement peiné par la décision de supprimer le parti. » Bientôt tout ce qui restait de l'autorité centrale ce fut Gorbatchev lui-même, désespérément cloué au Kremlin, et la conférence inachevée de Novo-Ogarovo.

Quand Eltsine parlait de « ce sentiment de peur qui vit dans chaque citoyen soviétique », il connaissait bien tout le poids de ses paroles. Dans son temps, il avait beaucoup contribué à répandre cette peur propre aux Soviétiques. « Il fera dresser des potences dans les rues », avait dit de lui un homme comme Ryjkov en évoquant le cas, évidemment, où il ferait cause commune avec Gorbatchev. Pour ce dernier, il était désormais un « néo-bolchevik » et parfois même « le tsar Boris ». Même l'un de ses nouveaux alliés, Sobtchak, pouvait dire qu'il avait longtemps tenu Eltsine pour « un sbire du parti comme les autres ». En effet, nul n'était plus que lui un pur produit du parti et de l'Union soviétique. D'échelon en échelon, il avait toujours été « l'homme idéal pour jouer le rôle du beau premier secrétaire », un fonctionnaire imbu de son autorité dans ses activités de gestionnaire, préoccupé d'étendre au maximum ses prérogatives et jouissant de son pouvoir pour le pouvoir.

Son destin étonnant fut d'utiliser contre le système tout ce que celui-ci recelait de très particulier en fait d'arbitraire et d'improvisation ; il élargit même précisément le recours à des méthodes auxquelles il prétendait mettre fin. Certes, en jetant bas l'Union soviétique, Eltsine regrettait manifestement la perte de puissance qui en résultait pour lui. Mais il n'y avait aucune solution de rechange. Après avoir obtenu lui-même le pouvoir absolu en feignant de pratiquer une politique d'indépendance et de démocratisation pour la Russie, il n'y avait plus lieu de refuser aux présidents des autres républiques membres le droit d'en faire autant. Une fois de plus, il y avait une contradiction entre les actes du chef et ses aspirations. La *vranyo* se mit à refleurir de plus belle.

Un Estonien, Rein Müllerson, était l'un des rares spécialistes du droit international en Union soviétique ; il dirigeait le département correspondant à l'Académie des sciences. Il avait fait partie de la commission Iakovlev qui avait enquêté sur le pacte germano-soviétique ; en mars 1991, il fut nommé vice-ministre des Affaires étrangères d'une Estonie encore rattachée de force à l'Union soviétique. A ce stade, il était devenu un adversaire des traités issus des pourparlers de Novo-Ogarovo, en alléguant que la souveraineté des républiques était incompatible avec l'existence d'une Union soviétique considérée comme un Etat souverain. Le coup d'Etat poussa la querelle jusqu'à son terme. Sans lui, dit-il, l'indépendance n'aurait été acquise qu'au prix de heurts violents, semblables à ceux dont on avait déjà eu l'exemple à Vilnius, à Tbilissi et ailleurs.

Le premier soin de Müllerson après le coup fut de rédiger la lettre du gouvernement estonien demandant l'admission du pays à l'ONU. A onze heures, le 24 août, il accompagna le président Rüütel et Indrek Toome, président de la commission des Affaires étrangères au parlement estonien, lors de leur rencontre avec le président Eltsine dans le bureau de celui-ci. « Eltsine convint du fait que la Russie devait reconnaître l'indépendance de l'Estonie, mais il n'y avait personne pour rédiger le texte. Il commença par proposer la signature d'un protocole entre le vice-ministre des Affaires étrangères de Russie et moi-même, concernant une reconnaissance mutuelle. Je répondis "Bien sûr, nous pouvons faire ça, mais c'est votre décret qui importe surtout aux Estoniens et à la communauté mondiale des Etats". A ce moment-là Eltsine était l'homme le plus puissant de l'Union soviétique et peut-être fut-il flatté. Quoi qu'il en soit, il accepta. Comme il n'y avait personne pour préparer le texte, je passai tout bonnement dans la pièce voisine et l'écrivis. Rüütel et Eltsine s'absentèrent pour assister aux obsèques des trois jeunes gens qui avaient été tués pendant le coup. A leur retour, mon texte avait été dactylographié, il était prêt et Eltsine y apposa sa signature. Dans des circonstances normales, une chose pareille aurait été inimaginable.»

Dans un bref laps de temps les autres républiques proclamèrent également leur indépendance avec une telle hâte qu'elles adoptèrent le texte estonien tel qu'il était. Dans le cas du Turkménistan, le nom de la république balte subsista même par erreur. Selon une tactique empruntée à Gorbatchev on organisa des référendums de ratification et naturellement ils révélèrent que le «oui» rassemblait partout plus de 90 pour cent des voix. La dernière république à organiser un référendum fut l'Ukraine qui vota le 1er décembre. Cette fois, ce fut le coup de grâce. L'Ukraine ne le cède qu'à la Russie pour l'importance des ressources et de la population. Une semaine plus tard, Eltsine, Leonid Kravtchouk et Stanislas Chouchkevitch, respectivement présidents de la Russie, de l'Ukraine et de la Biélorussie, se rencontrèrent dans un chalet forestier, près de Minsk, pour signer une déclaration selon laquelle une Communauté d'Etats indépendants avait remplacé l'Union soviétique. D'autres anciennes républiques soviétiques pourraient se joindre aux trois républiques slaves si elles le souhaitaient. C'était une adroite conclusion apportée aux pourparlers de Novo-Ogarovo. Désormais caduque, la «guerre des lois» avait rempli son office et pouvait expirer en douceur.

Dans les pays satellites, les partis communistes d'Europe orientale étaient arrivés à un partage du pouvoir avec l'opposition. En Union soviétique, le pouvoir fut au contraire redistribué selon les nationalités. Le processus ne pouvait être qu'incomplet et imparfait; les anciens chefs du parti restaient en fonctions, se rebaptisant eux-mêmes démocrates et constitutionnalistes sans la moindre vergogne. Quelques semaines après que Leonid Kravtchouk eut soudain abandonné sa peau d'apparatchik du parti pour renaître sous la forme d'un président nationaliste tout neuf, un journaliste lui lança ce reproche : «Vous étiez tous les fils de Gorbatchev et vous l'avez tué!» A quoi Kravtchouk répondit que Gorbatchev n'avait pas été capable de prévenir le chaos et la désintégration «et c'est là qu'il a fauté». De la même voix, il insinua avec suavité : «J'aimerais lire un jour que Kravtchouk a été l'un de ceux qui ont fait le plus pour briser l'empire et que l'Ukraine a joué un rôle énorme là-dedans.»

Privé d'une entité dont il pourrait être le président, Gorbatchev démissionna le 25 décembre. Ce même jour, le dernier acte officiel de l'Union soviétique fut de restaurer ses relations diplomatiques avec Israël. A Jérusalem, dans un bâtiment connu sous le nom de Centre russe, le drapeau frappé de la faucille et du marteau fut hissé puis amené pour la dernière fois avant que la reconnaissance officielle lui soit retirée. Il y a quelque chose de symbolique dans cet acte : comme une volonté de réparation exprimée sur un lit de mort, pour les longs tourments infligés à Israël par l'URSS, des abus qui semblaient venir tout droit des préjugés et des pogromes tsaristes.

Les Etats-Unis et leurs alliés européens avaient pratiqué ouvertement une politique de résistance armée à l'Union soviétique mais les efforts persistants effectués pour trouver le moyen de négocier et de collaborer avec elle avaient entamé leur résolution. Maints Occidentaux, sinon la plupart d'entre eux, avaient été amenés à penser que le collectivisme soviétique pouvait avoir des défauts mais était à de nombreux égards supérieur à leur propre individualisme. La destruction du communisme par le recours à une guerre générale ne pouvait, en tout cas, jamais être envisagée sérieusement à l'âge nucléaire. Une révolution dans l'Etat-parti n'avait pas la moindre chance de se produire. La politique inhumaine et la terreur pratiquées par les Soviétiques avaient fini par être considérées comme des réalités de la vie internationale auxquelles on ne pouvait mais. Certes, l'Union soviétique avait été incapable d'édifier une économie aussi productive que celle du monde capitaliste mais elle avait réussi à s'imposer par la force brutale et la volonté de puissance. Les dirigeants soviétiques jusqu'à Gorbatchev, y compris celui-ci, suscitaient de tous côtés un curieux mélange de ressentiment et de déférence. Cela confirmait le statut de superpuissance attribué à l'URSS. L'Union soviétique aurait pu poursuivre sans entraves son chemin ardu.

La vulnérabilité du système se trouvait à l'intérieur de celui-ci. Son talon d'Achille était le jeu des factions contre lequel Lénine l'avait mis en garde. Par une série de décrets hautement imprévisibles et excessivement irréalistes, convoyés dans le parti par les moyens arbitraires habituels, Gorbatchev a créé des conditions exceptionnellement favorables à une lutte de factions, à un combat qui ne pouvait se régler d'emblée à huis clos. Une foule de gens de plus en plus nombreux pouvaient l'observer puis y participer. Une fois révélé au grand jour, l'affrontement se mua en une épreuve de force qui paralysa complètement le parti. Seule la répression par les armes aurait pu y mettre des bornes puis un terme. Mais au moment où l'on utilisa la force, pendant le coup d'Etat du mois d'août, un processus politique qui avait pris suffisamment d'ampleur rejetait le totalitarisme et libérait l'Union soviétique de la Guerre froide, en même temps que le reste du monde, comme par accident.

Un Occident fasciné, presque médusé, applaudissait Gorbatchev et ses mesures en arguant du fait que désormais l'Union soviétique pouvait vraiment être prise pour ce qu'elle valait, intériorisée et acceptée comme un Etat normal. Ces applaudissements furent la contribution involontaire de l'Occident à la chute de l'homme et du système qu'il incarnait. Par une ironie du sort qui donne toute sa portée au phénomène des « compagnons de route » – tout en l'inversant – ceux qui se réjouissaient de croire au perfectionnement du communisme par les soins de Gorbatchev se firent en réalité les complices de ses fossoyeurs. Alors qu'il se refusait à alimenter la force du parti en Europe orientale, Gorbatchev n'avait pas interdit la lutte des factions dont il avait personnellement permis l'essor et qui finit par l'engloutir lui-même avec tout ce qui lui était cher. Par son indécision ou par la bonté de son caractère, il transforma la volonté du parti en anachronisme. En dernière analyse, le PC ne pouvait jamais se plier à la loi. Ceux qui se font une haute idée de la nature humaine tiendront Gorbatchev pour un personnage d'importance historique durable. Ceux qui ont des vues moins optimistes sur l'homme l'expédieront comme un benêt.

Le remarquable succès de Boris Eltsine a été de courte durée. La nouvelle Russie indépendante était supposée se conduire en société et en Etat respectueux de la loi. Il était bien plus facile de se fixer des objectifs louables comme la démocratie et la privatisation, que d'y parvenir dans la pratique. La dissolution du parti a privé l'Etat de toute la machinerie indispensable à un gouvernement et à une administration. Les chefs du parti avaient imposé leur volonté par un réseau parallèle de voies qui reliaient l'exécutif, le législatif et le judiciaire. Eltsine, pour sa part, est devenu l'exécutif. Son vice-président Aleksandr Routskoï, héros très décoré de la campagne d'Afghanistan, l'a soutenu pendant le coup, à la Maison-Blanche. Le Congrès issu du parti communiste est un parlement-croupion hérité du passé soviétique; le président de la Chambre, Rouslan Khasboulatov est tchétchène, donc musulman; il a lié lui aussi son sort à celui d'Eltsine dans les mêmes circonstances. Les représentants de la loi, le procureur général, les juges et en vérité toutes les forces de police n'ont pas d'objectifs à atteindre depuis qu'ils ne reçoivent plus les instructions du parti. Sauf dans le cas improbable où ils seraient évincés par quelque force supérieure irrésistible, les membres de la vieille nomenklatura peuvent se contenter de camper sur leurs anciennes positions et d'en tirer le plus possible. Dans le naufrage, la mêlée pour le pouvoir ne connaît pas de freins. Ce qui compte c'est encore et toujours la personnalité plus que les principes.

La grande tradition historique russe ne faisait guère de place à des notions telles que la représentativité, la responsabilité, les droits contractuels ou l'égalité devant la loi; en outre, l'Etat-parti soviétique les avait naturellement bannies comme hostiles au communisme. Pour l'ensemble de la population, les valeurs et les comportements inhérents à ces notions étaient inédits et étrangers. On ne trouvait en Russie aucun des fondements institutionnels nécessaires à la protection de l'individu, considéré comme un citoyen, un propriétaire, un consommateur, un acheteur ou un vendeur. Le sens civique, la soumission volontaire à la loi, le simple sentiment de solidarité avec autrui et les bonnes manières avaient été autant de handicaps pour chacun au temps du communisme. Aussi la violence, le cynisme, le carriérisme ne sont-ils que trop habituels dans le pays. Comme il n'y a même plus la discipline sociale du parti, pour barbare et primitive qu'elle ait été, rien ne permet de tracer les limites entre la liberté et la licence.

La vie se déroulait naguère encore dans un laboratoire où se trouvaient réunies, pour ainsi dire, les conditions nécessaires aux épreuves de force destinées à montrer où se tenait le vrai pouvoir. Du haut en bas de l'échelle, les Russes se lancent donc aujourd'hui dans des entreprises où l'on ne peut distinguer aisément ce qui relève du banditisme et de l'anarchie. Tout ambitieux tente sa chance dans son désir de richesse et de pouvoir, quelle que soit la condition sociale dans laquelle il se trouve. Quasiment du soir au matin, les rues se sont mises à grouiller de chasseurs de trésors et de trafiquants d'une part; d'êtres miséreux et démunis, d'autre part – des gens qui, pour une raison ou une autre, se trouvaient sans défense à un moment où les circonstances invitaient constamment les plus forts et les moins scrupuleux à se servir. Le genre de commerce capitaliste qui sévit évoque les canailleries dénoncées jadis par Karamzine et remises au goût du jour. La corruption pratiquée par les communistes s'est instantanément transformée en une corruption générale. Soudain ont fleuri des marchés où tout est à vendre, pas seulement la musique pop et les images pornographiques mais les icônes des églises, les œuvres des musées, les armes, les usines, les actions, les bons de privatisation, comme dans une fantasmagorique ruée vers l'or.

On évalue à quelque cinq mille le nombre des bandes de criminels qui opèrent en Russie. Seules les arrêtent les manifestations d'une violence supérieure, de la part d'un autre gang. Les opérations de racket, mises en place par des «protecteurs», et les vols à main armée sont monnaie courante. Les gangsters se lancent mutuellement des grenades à main et échangent des coups de feu dans les lieux publics. Des centaines de milliers de voitures volées en Europe occidentale circulent librement dans toute la Russie. La contrebande des devises et de la drogue, le pillage des ressources naturelles, auxquels se livrent les Russes et leurs complices, commencent à préoccuper toutes les forces de police dans le monde. Les criminels franchissent pratiquement à volonté les frontières de la Finlande, de la Pologne, de la Turquie et même de la Chine. Les prostituées russes détiennent la vedette dans les Etats du Golfe qu'elles privilégient entre tous. Les profiteurs aux valises remplies d'argent liquide s'activent en Occident où ils spéculent et achètent des biens immobiliers. Chypre est devenue la principale base navale à travers laquelle deux mille entreprises et une douzaine de banques russes font transiter des capitaux énormes. Des courriers chargés de transporter du plutonium 239 et autres matériaux destinés à la fabrication d'armements ont été interceptés en Occident. Les policiers se sont mués en rançonneurs : il est fréquent d'être arrêté pour quelque raison fictive par un policier qui demande à recevoir cinquante dollars sur-le-champ. Et son collègue chargé de le surveiller exige ses cinquante dollars lui aussi. Les milices privées qui gardent les bureaux et les usines sont généralement formées par d'anciens agents du KGB, toujours prêts à utiliser les grands moyens pour protéger les intérêts de leurs employeurs et faire du tort aux concurrents. Les investisseurs ou les clients des entreprises et des banques sont victimes de simples escroqueries ou de fraudes informatiques compliquées contre lesquelles nul ne peut guère se défendre.

Selon Eltsine, 2 milliards de dollars manquaient à la balance commerciale russe en 1992; quarante pour cent des hommes d'affaires et deux tiers des entreprises commerciales sont impliqués dans des affaires de pots-de-vin ou de transactions illicites. Encore a-t-il sous-estimé largement ces chiffres pour ne pas semer la panique mais il a conclu véridiquement : « La corruption au sein du gouvernement corrode littéralement les structures de l'Etat. » De source occidentale, on estime qu'un peu plus de la moitié des 86 milliards de dollars envoyés par les pays de l'Ouest à la Russie sous une forme ou une autre ont fini par être illégalement reversés sur des comptes privés dans des banques occidentales. Autrement dit, il a été mésusé de tout l'argent arraché par les cajoleries de Gorbatchev en échange de la réunification de l'Allemagne. Faute de mécanismes appropriés qui auraient injecté cet argent à des fins productives dans une économie encore entièrement exposée à toutes les vicissitudes, les capitaux occidentaux n'alimentent que la corruption.

Une justice poétique se satisfait peut-être de savoir Eltsine dans une situation aussi noire que celle de Gorbatchev. Théoriquement doté de pouvoirs qui en font un chef absolu, il n'a pratiquement aucun moyen d'imposer sa volonté au-delà des limites de son bureau ou de sa ligne téléphonique. Pendant les dix-huit mois qui ont suivi le coup il s'est trouvé aux prises à un affrontement avec le parlement russe dans la mesure où chacun cherchait à usurper les pouvoirs de l'autre. A la manière de Gorbatchev, Eltsine a manœuvré, il s'est débarrassé de ses conseillers les plus critiqués par ses adversaires, il a multiplié les câlineries, cherché à se concilier les gens, tenté d'exercer dans la réalité son autorité nominale. En vain. Khasboulatov y a vu l'occasion de lancer son propre défi au sommet. Routskoï en a fait autant, après avoir noué une alliance douteuse avec le précédent dans le seul but de l'emporter sur Eltsine. Et le procureur général, Valentin Stepankov, ne s'en est pas privé non plus, en utilisant la documentation rassemblée par lui au cours de son enquête officielle sur les conjurés du Comité d'Etat, pour publier un livre intitulé *Le Complot du Kremlin*. « Le monde civilisé n'a jamais vu la justice tournée en une telle dérision », commentait le journal *Izvestia*. Eltsine ne pouvait même pas maintenir Krioutchkov et Iazov derrière les barreaux. Valeri Zorkine, chef du tribunal constitutionnel, se sert de ses fonctions pour attaquer Eltsine et menace même de le faire destituer en fin de compte.

Il y a des épreuves de force généralisées entre des personnalités diverses au nom des institutions qu'elles sont censées incarner. Ces affrontements ont culminé le 21 septembre 1993 quand Eltsine a dissous le Congrès et appelé à un nouveau scrutin organisé selon une loi électorale remaniée, destinée à garantir que les membres sortants ne pourraient retrouver leur siège. C'était une «ruse puérile» pour éliminer Khasboulatov et Routskoï. Comme Eltsine l'avait fait avant eux en 1991, ils se barricadèrent dans la Maison-Blanche et appelèrent le peuple à leur secours.

Dans ses mémoires, Eltsine se demande s'il n'y avait pas une malicieuse ironie du sort là-dedans. En refusant d'utiliser la force, il se serait condamné à l'impuissance et à l'échec, comme cela avait été le cas pour Gorbatchev. Aussi donna-t-il l'ordre aux tanks d'ouvrir le feu sur la Maison-Blanche où, naguère, il avait mené à bien sa propre résistance. Le bâtiment fut rapidement éventré et incendié. Comme des prisonniers qui se rendent, Routskoï et Khasboulatov traversèrent la fumée, les mains en l'air, pour être vivement expédiés en prison. «D'un point de vue formaliste, le président était en train de violer la Constitution, écrit Eltsine en insistant assez lourdement sur sa personne et son action. Il prenait des mesures antidémocratiques et dissolvait le parlement – tout cela dans le but d'établir la démocratie et le règne du droit dans le pays. Le parlement défendait la Constitution pour renverser un président légalement élu et établir un régime totalement soviétique. Comment nous étions-nous trouvés dans un tel pétrin?»

Bien que réformé et doté d'une nouvelle appellation, le KGB n'est toujours pas responsable devant la loi. Cette fois, Eltsine a eu le plus grand mal à convaincre le KGB et l'armée d'agir contre ses rivaux. Même le fidèle général Gratchev, désormais ministre de la Défense, tergiversa. Et tout cela, pour pas grand-chose. Le nouveau Congrès amnistia les conjurés de cette dernière vague. Alexeï Kazannik, le procureur général qui avait remplacé Stepankov, trop porté sur les commérages, fit une déclaration aux termes de laquelle Khasboulatov et Routskoï s'étaient rendus coupables des actes les plus honteux et avaient même les mains tachées de sang. Cependant, en une phrase qu'il avait concoctée de manière à se tirer d'affaire, il ajoutait: «Je dois être fidèle à la lettre et à l'esprit de la loi.» Affirmant ensuite qu'il n'avait pas le pouvoir de suspendre une amnistie votée par le Congrès, il démissionnait de ses fonctions. Sortis de prison, comme les membres du Comité d'Etat avant eux, Khasboulatov et Routskoï ont juré de poursuivre la lutte contre Eltsine. Tout, même un coup d'Etat, est négociable.

En usant de la force, Eltsine a montré qu'il n'avait pas le choix et qu'il lui fallait obéir à la logique de l'absolutisme tout en brouillant ses traces grâce à l'habituel *vranyo*. Dans cet esprit, comme n'importe quel despote russe, il a envoyé ses troupes sous un prétexte ou sous un autre au Nagorny-Karabakh, en Moldavie, en Géorgie et au Tadjikistan. De même, il invoque la présence de Russes en Ukraine et dans les colonies russes de la Baltique pour exercer des pressions sur des gouvernements supposés indépendants. Averti par le sort de Gorbatchev et par celui qu'a connu l'Union soviétique, il peut prévoir que la Fédération russe est susceptible de se disloquer à son tour, après une nouvelle vague de déclarations d'indépendance. Impossible de laisser le droit à l'autodétermination des peuples non russes aller aussi loin et c'est l'attitude qu'il a prise vis-à-vis des Tchétchènes. Ces derniers sont des musulmans du Caucase, héritiers d'une longue tradition de résistance héroïque à l'hégémonie russe, qu'elle soit tsariste ou staliniste. Le statut de « république soviétique autonome » leur avait été imposé mais, après 1991, bien des Tchétchènes ont vu l'occasion de convertir cette fiction juridique en un véritable Etat-nation, bien à eux. Ni la loi ni l'application régulière de la procédure juridique n'ont alors prévalu. Eltsine a répondu en envahissant la république, en rasant sa capitale, Groznyï, en massacrant des milliers de personnes et en transformant la population en hordes de réfugiés. A l'exception peut-être de Gorbatchev, les précédents occupants du Kremlin l'auraient approuvé. Le discours aujourd'hui en vogue, à propos de la démocratie et d'une Russie « civilisée », se trouve ici vidé de sa substance. D'autres peuples, tentés de suivre l'exemple des Tchétchènes, ont été ainsi avertis du fait que leurs relations avec la Russie restent soumises à des épreuves de force. Les anciennes républiques soviétiques comme les Etats baltes et l'Ukraine que l'on désigne maintenant, par une expression menaçante, comme « l'étranger proche », voire les pays satellites désormais libérés, souffrent encore de maintes faiblesses politiques, comme la Russie, et ils sont exposés à se voir convaincus ou contraints de réintégrer la sphère d'influence reconstituée, sinon l'empire.

En dépit de ses prétentions marxistes, le communisme n'était pas intrinsèquement différent du despotisme russe traditionnel. Il en a été une version particulièrement vicieuse et destructrice. Quelque nationalisme extrémiste pourrait en projeter une nouvelle incarnation dans l'avenir. Un dictateur militaire pourrait en faire autant. Inversement s'il se constitue une société fondée sur le droit, il faudra un Speranski moderne pour écrire une Constitution qui comprenne les freins et les contrepoids nécessaires et surtout une véritable séparation des pouvoirs. Pire encore, ce réformateur devra en outre imaginer des moyens pacifiques pour faire respecter la constitutionnalité. Au train où vont les choses, cela n'est pas encore pour demain. La civilisation et la nation russes sont suspendues à l'établissement du règne de la loi dans l'avenir. Jusqu'alors, l'héritage communiste survivra et continuera de narguer la mort du parti.

INDEX

Aare, Juhan : 190-191.
Abalkine, Leonid : 30, 126, 446, 504.
Abel, Genevieve : 182.
Abkhazes (populations) : 13.
Achar (Front populaire au Kirghizistan) : 175.
Achkhabad : 170.
Acte final : *voir* Helsinki
Aczél, Gyorgy : 271, 275-276.
Adamec, Ladislav : 384, 385-388, 392, 404.
Adazi, kolkhoze (Lettonie) : 215.
Adenauer, Konrad : 25, 94, 290, 309.
Adilet (Front populaire au Kazakhstan) : 175.
Afanasiev, Iouri : dans les cercles d'influence moscovites, 30.
– sur l'indifférence de la population, 40.
– effondrement du communisme, 46.
– manifestations populaires, 109.
– sort des pays baltes fixé par le pacte germano-soviétique, 122.
– réunion du parti communiste de la ville de Moscou, 446.
– Kalougine, 456.
– Eltsine, 506.
Afghanistan : invasion (1979), 27, 33, 135, 174.
– offensives soviétiques, 108.
– aide soviétique, 147.
Afrique : mouvements d'indépendance, 33.
– politique soviétique, 147-148.
Aftomatika-Nauka-Tekhnicka : 73.
Aganbegyan, Abel : 30, 126, 131, 504.
agit-prop : 279, 301.
Agzybirlik (Front populaire au Turkménistan) : 175.
Akhromeïev, maréchal Sergueï : 188, 191, 494.
Aktcharine, Marat : *L'Odyssée rouge*, 49-50.
Albanie : création, 87.
alcool, consommation d' : 103-104.
Alepino (village) : 162.
Alexander, Tania : *Une enfance estonienne*, 181.
Aliev, Haidar : 174.
Alknis, colonel Viktor : 451.
Allemagne : relations avec la Russie, 11-12
– réunification, 12, 94-95, 136, 138-140, 150, 153, 158-159, 259, 294-295, 321-322, 324-325, 338-348, 466, 522.
– invasion de l'Union soviétique, 52.
– efforts soviétiques pour la détacher du bloc occidental, 94-95.
– appartenance à l'OTAN, 322, 336, 343, 346-347, 350, 354, 440, 466.
– *voir aussi* RDA, RFA
Allemagne de l'Est (République démocratique allemande : *voir* RDA
Allemagne de l'Ouest (république fédérale d'Allemagne) : *voir* RFA
Allemands de la Volga : 162.
Allenbach, Institut : 291.
Alma-Ata : 170.

Alpha Delta (unité militaire) : 215, 226.
Alpha (forces spéciales) : 23.
Althusser, Louis : 96.
Amalrik, Andrei : *L'URSS survivra-t-elle en 1984 ?* 34.
Ames, Aldrich : 149.
Amin, Hafizoullah : 33.
Amou-Daria, fleuve : 79.
ANC (Congrès national africain) : 33.
Andrei, Stefan : 26.
Andreïeva, Nina : 116, 124, 450, 474.
Andronic, Octavian : 420-421.
Andropov, Iouri : chef du KGB, 24.
– répression en Hongrie, 270, 489.
– qualités, 282.
– désignation de Kotchemasov, 331.
– Gorbatchev au KGB, 503.
– subordination au parti, 505.
Angola : 33, 140.
Anichtchev, Vladimir : 174.
Antall, József : 273.
Antis (groupe lituanien) : 225-226.
août 1991 (complot) : 474-475, 488-496, 500-501, 508-510.
Arafat, Yasser : 33, 294, 483.
Aragon, Louis : 96.
Aral, mer d' : 79, 170.
Arbatov, Gueorgui : 109.
archives : ouverture en Russie, 121.
Argumenti y Fakti : 105-106.
Arjakas, Küllo : 194.
Arkhangelsk : 44.
Armée rouge : démantèlement de l'URSS, 488.
armements, contrôle des : 153-154.
– *voir aussi* dépenses militaires
Arménie : indépendance, 13.
– Nagorny-Karabakh, 163-166, 176, 485.
– massacres, 165, 178.
armes : fabrication, 129.
– ventes, 459.
Aron, Raymond : 97.
Art et Littérature (revue biélorusse) : 20.
article six : *voir* URSS (Constitution)
Ash, Timothy Garton : 339.
Asie centrale : régime russe et mouvements nationalistes, 170-179.
Aslund, Anders : *Le Combat de Gorbatchev pour la réforme économique*, 132.
Association des anciens prisonniers politiques roumains : 88.
Association Ferenc Münnich : 283.
Astrauskas, Vytautas : 223.
Atanasev, Georgi : 360, 371-373.
Atgimimas, journal lituanien : 185.
Atmoda, journal letton : 185, 209.
Autriche : ouverture des frontières hongroises, 274, 333.

Axen, Hermann : 292.
Azerbaïdjan : indépendance, 12.
– conditions de vie, 49.
– trafic du caviar, 73.
– Nagorny-Karabakh, 163-166, 176, 438, 485.
Azéris : 176.

Bachkirie : 487.
Bachkortistan : 13.
Bahr, Egon : 339-340.
Bakatine, Vadim : 437, 447-449, 452.
Baker, James : 139, 145, 152, 212, 368, 467.
Baklanov, Oleg : 490, 505.
Bakou : 136, 173.
– vie culturelle, 173.
Balev, Milko : 359.
Balkars (populations) : 161.
baltes, républiques : indépendance par rapport à l'URSS, 12, 27, 151, 166-167, 175, 184, 232-234, 259, 444, 467, 481-482.
– résistance au régime soviétique, 52, 181, 184-188.
– trafics, 73.
– présence russe, 87.
– termes du pacte germano-soviétique, 120-123, 125, 166, 182, 185, 205, 223.
– occupation soviétique, 136, 182.
– blocus organisé par Gorbatchev, 119.
– point de vue américain, 151-153.
– atrocités commises par les nazis, 181-182.
– déportation des populations, 182-184.
– Fronts populaires, 184-185.
– troupes soviétiques, 202-203.
– visites de Chebarchine, 439.
– citoyens russes dans les, 524.
– *voir aussi* chaque Etat individuellement (Estonie, Lettonie, Lituanie)
Banac, Ivo : *Eastern Europe in Revolution* (volume dirigé par) 412.
banque d'Etat : 126.
Barabinsk : 48-49.
Barons, Kristianis : 166.
Barron, John : 23.
Basanavicius, Jonas : 166.
Basmatchis, rebelles musulmans : 52.
Baumgarten, général Klaus-Dieter : 307-308.
Bechler, Margaret : 93.
Becker, Jillian : 65.
Belene, camp bulgare sur une île du Danube : 88, 358-359.
Belitchie (camp de Kolyma) : 21.
Benes, Edouard : 88.
Bénin : 33.
Benz, Wolfgang : 25.
Beran, cardinal Joseph : 92.
Berceau (le), magasin réservé à la nomenklatura : 82.
Berecz, János : 271, 278-282, 387.
– *Contre-révolution en Hongrie* : 278.

Bereich Kommerzielle Koordinierung (« Ko-Ko ») : 292-293.
Beria, Lavrenti Pavlovitch : 76-77.
Beriozov, Vladimir : 223.
Berklavs, Edvards : 205, 216.
Berlin : accord des quatre puissances, 319-320.
Berlin, mur de : construction, 93, 141.
– chute (1989), 151, 298, 307, 318-319, 324-325, 335, 340-341.
– effondrement du rideau de fer, 285.
– doctrine et symbole de la division, 287.
Berlin-Est : siège de la Stasi, 286-287.
– visites de Gorbatchev, 306-307.
– endettement, 351.
Berline, directeur du département des télégraphes : 74.
Besançon, Alain : 34, 454, 457.
Besimenski, Lev : 120-121.
Bessarabie : 163, 406.
Bessmertnik, Aleksandr : 465-468, 483.
Bethell, Nicholas : 25.
Biélorussie : indépendance, 12.
– collectivisation, 51.
Biermann, Wolf : 243.
Bihari, Mihály : 270.
Bikivnya (forêt près de Kiev) : 20.
Bilák, Vasil : 382, 385, 387, 390, 401.
Billington, James : 105.
Birlik (« Unité » – Front populaire en Ouzbékistan) : 175, 177-179.
Blandinia, Ana : 410.
Bloch, Ernst : 72.
Bobu, Emil : 26, 413-417.
Bogomolov, Oleg : 30, 127.
Boikova, L. : 171.
Boldine, Valeri : avancement grâce à Gorbatchev, 101.
– archives du parti, 121.
– coup d'Etat contre Gorbatchev, 483, 489.
Bolet, Pilar : 20.
Bondarenko, Aleksandr : 231.
Bonner Generalanzeiger (journal) : 344.
Bonner, Elena (Mme Andreï Sakharov) : 18.
Borisevicius, évêque Vincentas : 92.
Boudberg, baronne Moura : 181.
Boukhara : 170.
Boukharine, Nikolaï Ivanovitch : 78.
Boukhtarma, centrale électrique de : 52.
Boukovski, Vladimir : mode de vie soviétique, 37.
– exil, 51, 54, 242.
– diagnostic sur l'effondrement de l'URSS, 54-55.
– atmosphère de défiance généralisée, 68.
– corruption en Union soviétique, 72.
– observations de, 106.
Bouriates (populations) : 12.
Bouriates, soulèvement des populations (1929) : 52.

Bourse de marchandises ukraino-sibérienne : 459.
Bourse de Moscou : 510.
Boutougytchag (Sibérie) : 19.
Boutovo, cimetière clandestin de : 19.
Bovine, Aleksandr : 511.
Brandt, docteur H. : 93.
Brandt, Willy : 94, 135, 290, 339, 349.
Brasov (Roumanie) : 410.
Brazauskas, Algirdas : carrière, 167, 200.
– indépendance de la Lituanie, 185, 187, 230, 448.
– menace militaire soviétique, 186.
– président de la Lituanie, 221.
– siège au Congrès des députés du peuple, 226.
– Sajoudis, 228, 232.
– appui apporté par Paleckis, 232.
– convoqué à Moscou par Gorbatchev, 233.
Brecht, Bertolt : 96.
Brejnev, Leonid Ilitch : communisme international, 32.
– invasion de l'Afghanistan, 33.
– plaisanteries anticommunistes, 47.
– trafics, 73.
– cadeaux reçus par, 73.
– communisme dans les pays étrangers, 86.
– expansion soviétique, 98.
– marxisme, 109.
– détente, 134.
– doctrine, 135, 141.
– problème des nationalités, 164.
– centralisation, 226.
– Krioutchov, 282.
– Honecker, 290.
– annexion de la Bulgarie, 357.
– menaces adressées à la Tchécoslovaquie, 381.
– sanctions prises contre Dubcek, 383.
– Gorbatchev sous le régime de, 503.
– subordination au parti, 505.
– limogeage de Khrouchtchev, 429.
Bresis, Vilnis : 213.
Brigades rouges : 288.
Brodsky, Joseph : 51.
Brovikov, V.V. : 234.
Brucan, Silviu : 411-413, 415-416, 418, 426, 432-434.
– *La Génération gâchée*, 411, 425.
Bruszt, László : 273.
Bucarest : 409, 413-416.
budgets : déficits et réforme économique, 126, 130.
Bulgarie : au temps de la monarchie, 87.
– communistes en, 87.
– répression après la guerre, 87-88, 357-359.
– procès truqués, 91.
– rappel historique, 356-358.
– sous la domination soviétique, 357.
– changements en faveur de l'indépendance et de la démocratie, 359-379.
– Table ronde, 362-363, 369-370, 374, 376.

– dette extérieure, 370.
– invasion de la Tchécoslovaquie, 382.
Bureau politique (Politburo) : privilèges, 76.
– membres, 77-78.
– archives, 121.
– propositions économiques, 132.
– autorité, 218.
– républiques baltes, 217.
– attitude à l'égard de Gorbatchev, 218, 474-475.
– règles et procédures, 448, 471-472.
– opposition à Eltsine, 472.
– débat à propos de la lettre d'Andreïeva, 474.
– et la présidence, 507-508.
Bush, George : rencontre de Malte avec Gorbatchev, 151, 295.
– mouvement d'indépendance balte, 188.
– rencontre avec Mme Prunskiené, 235.
– réunification allemande, 259, 324.
– respect des frontières européennes, 295.
– politique d'autodétermination menée par Gorbatchev, 277, 344.
– relations avec Gorbatchev, 346.

Caciulata (Roumanie) : 88.
Calfa, Marián : 386, 388-389, 391, 395-397.
Cambodge : 33.
campagne pour le désarmement nucléaire : 97-98.
camps de prisonniers et cimetières clandestins (*goulag*) : 18-20, 48-49.
– résistance dans les, 52-54.
cannibalisme : 21.
Caramitru, Ion : 417-420, 424.
Carnogursky, Ján : 384, 386, 389.
Carter, Jimmy : sur l'invasion de l'Afghanistan, 33.
Castro, Fidel : 97.
Catherine II (la Grande), tsarine : 60.
CDU (parti chrétien-démocrate) : 298.
Ceausescu, Elena : 407, 412-414, 416-417, 427.
– exécution de, 435.
Ceausescu, Ilie : 418, 426.
Ceausescu, Nicolae : ingérence soviétique, 169.
– pénurie économique, 243.
– exécution de, 245, 416, 426-430, 433-435.
– recours à la force, 263.
– présence aux cérémonies est-allemandes, 294.
– à la réunion du Comité politique consultatif du Pacte de Varsovie, 374.
– passé de, 406-408.
– régime despotique, 406-410.
– antipathie pour Gorbatchev, 411.
– renversement de, 411-421, 423-426, 430-434, 442.
– attitude à l'égard de l'armée roumaine, 427-429.
Ceausescu, Nicu : 407-408, 416-417, 419.

Ceausescu, Zoia : 407, 416-417, 425.
Cekuolis, Algimantas : 188.
censure : 78, 104-105.
Cepaitis, Vergilijus : 222, 228.
Cepicka, Alexey : 380.
Chakhnazarov, Gyorgi : 30, 101, 353, 389.
Chalamov, Varlam : 183.
   – *Contes de la Kolyma*, 53.
Charenkova, Svetlana : 366.
Charte 77 (Tchécoslovaquie) : 242-243, 383, 385, 387, 394.
Chataline, Stanislas : 452, 504.
   – plan (1990), 131-132, 444, 474-475, 498.
Chebarchine, général Leonid : 436-440.
Cheloudko, Alexeï : 365.
Chenine, Oleg : 483, 504-505.
Chevardnadzé, Edouard : disparition de son père, 18.
   – désignation par Gorbatchev, 101.
   – condamnation du pacte germano-soviétique, 122-123.
   – ministre des Affaires étrangères, 137-147.
   – carrière, 137-138, 139-140, 141-142.
   – rencontre avec George Shultz, 141.
   – favorable à la démocratisation, 142-143.
   – relations avec Gorbatchev, 143, 146-147.
   – annulation de la notion de lutte des classes, 144.
   – négociations sur les armements, 145, 152-153.
   – attitude envers les pays en voie de développement, 148.
   – opinion de Baker sur, 153.
   – réunification allemande, 153, 294-295, 337, 340, 347-348, 466.
   – Valyas, 199.
   – Kezbers, 213.
   – indépendance de la Lituanie, 233.
   – visite de Gorbatchev en Pologne, 247.
   – sécession des pays satellites, 259-260.
   – chute de la RDA, 325, 337, 345-346, 353.
   – Kotchemasov, 333.
   – autodétermination des Etats, 343.
   – absence de base de pouvoir, 350.
   – opposition à l'usage de la force, 354.
   – améliorations apportées par la perestroïka, 377.
   – démission du poste de ministre des Affaires étrangères, 452.
   – sur une liste d'hommes à abattre, 476.
   – conflit géorgien, 485-486.
   – réforme démocratique, 504-505.
Chevtchenko, Arkadi : 67, 134, 349-350.
Cheysson, Claude : 241.
Chiites (population) : 172.
Childs, David : 291.
Chili, communisme au : 33.
Chine : réforme structurelle, 82.
Chmelyev, Nikolaï : 30.
Chontea, Christina : 422.
Chostakovitch, Dimitri : 40.

Chostakovski, Viatcheslav : 446-447.
Chouchkevitch, Stanislas : 518.
Chouvaches (populations) : 12.
Christov, Emil : 361.
Chtchelokov, Nikolaï : 74.
Chypre : 521.
CIA (Central Intelligence Agency) : surestimation des taux de croissance soviétiques, 128.
   – chute de l'URSS, 149, 438.
Cierna-nad-Tisou (Tchécoslovaquie) : 381.
classeurs spéciaux du Politburo : 94.
Clemens, Hans : 25.
clergé, persécutions du : 91-92.
Club en faveur de la Perestroïka et de la Glasnost (Bulgarie) : 359-361, 365-366.
coexistence pacifique : 134.
Cogito Ergo Sum (documentaire estonien) : 183.
collaboration avec l'ennemi : 95-99, 239-240.
collectivisation (1929) des paysans russes : 51-52, 91.
Coman, Ioan : 429.
Comecon (Council for Mutual Economic Assistance – Conseil d'assistance économique mutuelle) : 33-34.
Comité central : organisation et position constitutionnelle, 63-64.
   – privilèges, 75.
   – composition et désignation des membres, 77-78.
   – planification, 82-83.
   – département international, 140-141, 146, 350, 353-354, 436.
   – réaction envers Gorbatchev, 145-146, 471-472, 508.
   – question des nationalités, 164.
   – républiques baltes, 217.
   – dissolution par Gorbatchev, 326, 505.
   – pouvoirs du, 446.
   – sous Gorbatchev, 450, 471.
   – perestroïka, 504.
Comité de Citoyens (Pologne) : 247-248, 267.
comité de crise au Kremlin pour régler la question allemande : 353.
Comité d'Etat (membres du complot d'août 1991) : 474, 491, 493, 495, 500, 508-512.
Comité national d'écologistes pour la défense de Ruse (Bulgarie) : 364.
commission chargée de porter un jugement sur le pacte germano-soviétique de 1939 : 122-123, 125, 194, 198, 205, 470-471, 517.
communisme : édifice idéologique, 11.
   – activités internationales, 32-34.
   – effondrement, 46-48, 508-509, 515-516.
   – résistance aux réformes, 46-48.
   – nombre d'adhérents en Europe de l'Est, 87.
   – usage de la violence, 136, 441-442.
   – nationalismes, 151-152.
compagnons de route : 95.

complexe militaro-industriel : 129.
complot des Blouses blanches (médecins) en 1953 : 53.
conférences du parti communiste russe : 19ᵉ (1988), 107, 115, 117, 138, 143, 146, 190, 193, 274-275, 473, 503-504.
Conférence pour la Sécurité et la Coopération en Europe : 359.
Confrérie de la forêt (républiques baltes) : 52.
Congo (République populaire du) : 33.
Congrès de l'Estonie : 194-197.
Congrès des députés du peuple : fondation par Gorbatchev, 46, 57, 115, 117, 126-128, 506-507.
— composition et élection, 117-118, 127-128, 248.
— commission sur le pacte germano-soviétique, 121-123.
— représentants des pays baltes, 191, 209-210, 226, 229-230.
— Fronts populaires visant à sa destruction, 209-210.
— indépendance des républiques baltes, 236.
— structure adoptée dans chaque république, 443-444.
— absence d'opposition au sein du, 446.
— transmission télévisée des débats, 478-479.
— dissolution, 505.
— Loukianov favorable au, 506.
Congrès du parti communiste russe : 20ᵉ (1956), 107.
— 27ᵉ (1986), 107, 125, 503-504.
— 28ᵉ (1990), 107, 125, 139, 474, 503-504.
Congrès russe : 516, 523.
Congrès russe des députés du peuple : 446.
Congrès soviétique : dissolution, 516.
Conquest, Robert : 18.
Conseil consultatif (Pologne) : 249, 264.
Conseil d'Etat (russe) : 191.
Conseil de la Fédération : 389-390, 486-487.
Conseil des ministres : 82, 420.
Conseil des religions : 45.
Conseil présidentiel (URSS) : création, 442, 448-449, 474, 505.
— abolition par Gorbatchev, 452.
Conseil présidentiel (des républiques) : 237.
Constitution soviétique : *voir* URSS.
contrôle des prix : 479, 498-499.
Cornea, Doina : 410.
corruption : 70-76, 453-460.
— dénoncée par Gorbatchev, 102.
coup d'Etat manqué d'août 1991, voir août 1991 (complot)
Crampton, R.J. : *Précis d'histoire de la Bulgarie moderne*, 88, 360.
Crimée : rattachement à l'Ukraine, 163.
— Gorbatchev en, 483, 490, 495.
criminalité : 49-50, 500, 520-522.
crises pétrolières (années 1970) : 243.

Cruise, missiles de croisière : 135, 300.
Cuba : soutien soviétique, 27.
— évasions de, 288.
Cunhal, Alvaro : 262-263.
Curticeanu, Silviu : 422.
Custine, Astolphe L.L., marquis de : 60-61, 161.

Dachitchev, Viatcheslav : 141.
Dahlem, Franz : 93.
Dascalescu, Constantin : 413, 422.
Daugava, fleuve de Lettonie : 208.
Davis, Angela : 382.
démontage des cloches d'église : 162.
Dennis, Mike : 291.
dépenses militaires : 129-131, 153-156.
Dertinger, George : 93.
despotisme, en Russie : 59-62, 75.
détente : divergences Est-Ouest à propos de la, 134.
détournement de la propriété socialiste : 72-73, 453-454.
Deux-Plus-Quatre, traité des : 322, 330, 340, 347.
Dickel, général Friedrich : 316.
dictature du prolétariat, dogme de la : 22.
Dide, Nicolae : 421-423.
Diderot, Denis : 43.
Diena, voir *Tiesa*
Dimitrov, Georgi : 357.
Dinca, Constantin : 422.
Dinescu, Mircea : 418.
dissidents : activités, 37, 46-48.
— soutenus par l'intelligentsia, 46.
— révolte des, 51-54.
Djadjev, Ivan : 365.
djaghataï, langue (ou turc oriental) : 172.
Djilas, Milovan : 246.
— *La Nouvelle Classe*, 66.
Djourov, général Dobri : 360, 363, 371-373, 375.
Dobrinine, Anatoli : 142.
Dolgikh, Vladimir : 504.
Dönhoff, Gräfin Marion : 289.
Donskoï, monastère de : 19.
Douchanbe : 50, 170.
Doudinskaïa, K.A. : 19.
Drazská, Mme : 387-388, 390.
Dresde : troubles à, 327.
droits civiques et droits de l'homme : 114.
Dubcek, Alexandre : 232, 380-383, 389, 393-394.
Dzerjinski (division de forces spéciales) : 23.
Dzerjinski, Félix : enlèvement de la statue de, 36.

Easterman, Max : 171.

Eberlein, Hugo : 312.
Eberlein, Werner : 312-314.
Eco-Forum mondial : 359.
Eco-Glasnost, groupe (Bulgarie) : 359-360.
écologie : et pollution, 79.
Eglise orthodoxe : statut sous le régime soviétique, 162.
Eglises : *voir* religions
Eisenhower, Dwight D. : 97.
Eisert, Hans : 93.
élections du 25 mars 1989 (Congrès des députés du peuple) : 117.
Eltsine, Boris : arrestation de son père, 18.
— effondrement du communisme, 46.
— goût du pouvoir, 46, 119, 218.
— organisations du parti, 63.
— nommé au Politburo par Gorbatchev, 101, 112.
— enfance et carrière, 111, 504.
— relations avec Gorbatchev, 111-115, 119, 127-128, 132, 146, 186, 260, 445, 449-450, 468, 472-473, 480-481, 484, 486, 505-507.
— limogeage en 1986, 112-113.
— 19e conférence du parti, 115-146.
— élection au Congrès des députés du peuple, 117, 127-128, 444, 446-447.
— manœuvres, 118.
— nationalisme russe, 167.
— mouvement d'indépendance letton, 210-211.
— nettoyage des rues de Moscou, 213.
— embargo pétrolier sur la Lituanie, 220.
— question balte, 230.
— appui apporté par Jelev, 369.
— création de la Russie démocratique, 443.
— approbation du plan Chataline, 444.
— accès à la présidence, 444, 446-447.
— vote pour le maintien de l'article 6 (de la Constitution soviétique), 444.
— démocratisation de la Russie, 445-446, 473, 506-507.
— adversaire des pouvoirs du parti, 445.
— élu président du Soviet suprême, 449, 507.
— enquête demandée par Gorbatchev sur le passé de, 449-450.
— dans la lutte pour le pouvoir, 452, 457, 463, 468-469, 505-506.
— Fédération russe, 468.
— infraction aux règles du Politburo, 471-473.
— augmentation des prix du pain, 479.
— apparitions à la télévision, 480-481.
— destitution de Kravtchenko, 484.
— centralisme soviétique, 487.
— avances faites à l'Armée rouge, 488.
— surveillé par le KGB, 489.
— complot d'août 1991, 490, 492-493.
— critiques adressées à Pavlov, 497.
— relations avec Loukianov. 503-506.
— soutien apporté à la perestroïka, 504.
— conversion au capitalisme, 506.
— expulsé du Politburo, 506.
— menaçant pour Gorbatchev, 507.
— Traité de l'Union proposé par, 508.
— accusé de trahison, 512.

— influence et succès de, 515-517, 520.
— indépendance des républiques, 518-519.
— problèmes administratifs, 520-523.
— trafic économique, 522.
— *Jusqu'au bout!*, 18, 111.
— *Le Point de vue du Kremlin*, 492.
Eluard, Paul : 96.
Encounter : 291.
entrepreneurs : 453-464.
Eppelmann, pasteur Rainer : 340-341.
Erdmann, général Franz : 306.
Erk (Volonté), mouvement ouzbek : 178.
essais nucléaires, 171.
Estonie : révoltes contre le régime soviétique, 52, 166, 184-186, 188-199.
— annexion partielle par l'URSS, 162-163.
— sous le régime soviétique, 180-181, 190-191.
— déportations des populations, 183-184.
— suppression de la langue, 184.
— proclamation de l'indépendance (1990), 190.
— Front populaire, 190-194.
— violence, 190-191.
— Constitution, 197.
— exportations de cuivre, 461.
— souveraineté garantie, 517-518.
— demande d'admission à l'ONU, 518.
Etats-Unis d'Amérique : voir USA
Ethiopie : 33, 140.
— plan soviétique de dix ans, 83.
eurocommunisme : 98.
Europe de l'Est : régimes et appareils communistes, 85-91.
— répression des communistes après la guerre, 88-94.
— émigration des ressortissants, 91.
— persécutions religieuses, 91-92.
— dettes envers l'Occident, 243-244.
— échanges commerciaux avec l'URSS, 243.

Faline, Valentin : adversaire de l'indépendance des pays baltes, 122.
— critique le mémorandum de Dachitchev sur la réunification allemande, 141.
— dans l'entourage de Ligatchev, 212.
— collaboration de Paleckis, 231-232.
— renseignements donnés à Gorbatchev, 247.
— rencontre avec Gaus, 339.
— chute de la RDA, 345-346.
— carrière, 349-350.
— partisan de la ligne dure, 350-353.
— en RDA avec Gorbatchev, 352-353.
— subjugué par Gorbatchev, 355.
Fédération de Russie (CEI : Communauté des Etats indépendants) : absence du parti communiste, 443-444.
Felfe, Heinz : 25.
Ferghana, vallée du (Ouzbékistan) : 136, 178.
Feshbach, Murray (voir Friendly, Alfred) : 79.
Filon, colonel Gerhard : 308.
Financial Times : 39.

Index 533

Finlande : annexion partielle par l'URSS, 163.
finlandisation : 137.
Fiodorov, Boris : 452.
Fischer, Oskar : 274.
Fock, Jenö : 270.
Fojtík, Jan : 280, 386-387, 399, 403.
fondamentalisme islamique : 174-176.
— *voir aussi* musulmans
Fondation pour la recherche des cimetières clandestins : 19.
Foros (Crimée) : 483, 490, 494, 496.
Forum civique (Tchécoslovaquie) : 385-386, 388, 392-393, 394, 402-403.
Foucault, Michel : 96.
France : 95-97.
fraudes : *voir* trafics
Freie Deutsche Jugend (RDA — Jeunesses allemandes libres, l'équivalent du Komsomol) : 314.
Friedberg, Maurice : *Comment les choses se passaient à Odessa,* 71.
Friendly, Alfred, et Fesbach, Murray : *Ecocide in the USSR,* 79.
Front de Salut national (Roumanie) : 415-416, 419, 422-426, 432, 434.
Front populaire démocratique (Roumanie) : 406, 416.
Fronts populaires : dans les républiques soviétiques, 56, 125, 165, 167, 175-176, 184-185, 190-193, 196, 200-207, 214, 438, 489.
— et Tables rondes, 244.
Frounze (nom soviétique de Pichpek) : *voir* Pichpek
Führer, pasteur Christian : 299-300.

Gagaouzes (organisation moldave) : 168.
Gaidar, Iegor : 126.
Gajauskias, Balys : 222.
Galbraith, John Kenneth : 99.
Gamsakhourdia, Zviad : 486.
Gáspár, Sándor : 270.
Gates, Robert : 212.
Gauck, pasteur Joachim : 309-310.
Gauckbehörde (Berlin-Est) : 309.
Gaulle, Charles de : 418.
Gaus, Günter : 338-339.
Gdansk : émeutes de 1970 contre le régime soviétique, 52.
— grèves des chantiers navals, 251-252.
Geitandjiev, Stefan : 364.
Genève, rencontre de (1985) : 155, 465-466.
Genscher, Hans-Dietrich : 325, 340, 342-345, 355.
Géorgie : indépendance, 12.
— soulèvement de 1924, 52.
— corruption et trafics, 73, 137-138.
— Front populaire, 209, 438.
— conflit en, 485-486.
— envoi de troupes par Eltsine, 523.
Gerasimov, Gennadi : 316, 383.
Geremek, Bronislaw : 253-256, 260, 262.
Gheorghiu-Dej, Gheorghe : 88.
Ghermanesti (Roumanie) : 410.
Gide, André : 96.
Gierek, Edward : 240.
Giergovo (Roumanie) : 364.
Ginsburg, Alexandre : 66.
Ginzburg, Evgenia : *Dans la tourmente,* 21.
glasnost (transparence) : 16-17, 50, 57, 105, 121.
Godmanis, Ivars : 211.
Gogol, Nicolaï, *Les Ames mortes,* 512-513.
Golitsine, Gueorgui : 58.
Goma, Paul : 243.
Gomulka, Stanislas : 200, 381.
Gomulka, Wladyslaw : emprisonnement, 91.
— artisan du communisme en Pologne, 240.
Gorbatchev, Mikhaïl Sergueïevitch : ascension, 14-16, 45, 99, 100-101.
— convictions communistes, 15-16.
— réformes, 16-17, 24, 40, 46, 55-57, 100, 102-110, 113-114, 213, 277, 303-305, 351, 437, 469, 471.
— dénonciation de Staline, 17.
— KGB, 23-24.
— effondrement de l'URSS, 26-27, 438-439, 448.
— comportement, 30.
— au défilé du 1er mai, 35.
— fondation du Congrès des députés du peuple, 46, 57, 115, 126-128, 505-506.
— critiqué par Boukovski, 55-57.
— avis de Zotaïev sur, 83-84.
— communisme mondial, 86-87.
— désignation et purges de fonctionnaires, 100-102.
— corruption, 102-103, 455-456, 457.
— accident de Tchernobyl, 108.
— relations avec Eltsine, 111-114, 119, 127-128, 132, 445, 449-450, 468-469, 472-473, 479-480, 484-485, 506, 509.
— popularité et stature internationales, 118-119, 135, 150, 169, 479-480, 519-520.
— pacte germano-soviétique de 1939, 121-122.
— dégoût pour les documents, 121.
— démantèlement du parti communiste soviétique, 126-127, 325-326, 442-444, 449-450, 505.
— politiques et réformes économiques, 126-132.
— attitude sur la propriété privée, 129-131.
— rejet du plan Chataline, 132.
— rencontre au sommet avec Reagan, 135.
— écarte l'usage de la force, 136-137, 141, 146, 217, 448-449, 466-467, 475-476.
— relations avec Chevardnadzé, 142-144.
— hostilité du Comité central, 145-146.
— politique étrangère, 148, 342-343, 466-467.
— soutien apporté par les Américains, 150-153.

– réunification allemande, 150, 158-159, 268, 321-322, 336, 341-343, 345-348, 466.
– rencontre de Malte avec Bush, 151-152, 277, 295, 386, 466.
– relations avec Bush, 347.
– politique de défense, 155-156.
– relations avec Thatcher, 156-159.
– infériorité technologique des Soviétiques, 156.
– question des nationalités, 163-167, 169, 232.
– introduction de la démocratie, 169, 191, 445-449, 473-474, 481.
– fondamentalisme islamique, 174.
– républiques d'Asie centrale, 175-179.
– républiques baltes, 183-189, 190-197, 198-201, 204, 207-211, 213-219, 222-223, 228, 232-238, 259-260.
– critiques lancées contre Rüütel, 198-199.
– Valyas, 199.
– langage évasif, 210.
– avertissement donné à Ivans, 210-211.
– Kezbers, 213.
– en Lituanie, 222, 229-230.
– responsabilité dans le massacre de Tbilissi, 231.
– accusé de mensonge, 235.
– relations avec Landsbergis, 237-238.
– opinion sur Jaruzelski, 242.
– Tables rondes, 244.
– visites en Pologne, 247, 260.
– rencontre avec Rakowski, 258.
– sécession des pays satellites, 259.
– massacre de Katyn, 260-261.
– rencontre avec Orzetchowski, 260.
– rencontre avec Mazowiecki, 268.
– indépendance de la Pologne, 268.
– indépendance de la Hongrie, 277, 281.
– relations avec Honecker, 291-292, 294-295, 332, 352.
– chute de la RDA, 294-297, 303-304, 313-314, 316, 319-320, 324-325, 328-334, 336-337, 339, 352-354.
– visite de l'Allemagne de l'Est, 294-297, 306, 312-314, 316, 322-323, 334, 352.
– réflexion sur la vie qui punit les retardataires, 312, 334, 353.
– présence à la 11e conférence du parti SED, 316.
– Krenz, 319-320, 321-322, 325.
– Allemagne réunifiée dans le cadre de l'OTAN, 322, 336, 343, 346, 466.
– rencontre avec Kohl, 322, 330, 337.
– renonciation au communisme, 326-327.
– citoyen d'honneur de Berlin, 326-327.
– Modrow, 329, 336, 341.
– politique vis-à-vis des pays satellites, 332, 344-345.
– rendu responsable des échecs enregistrés en Russie, 334.
– Kotchemasov, 334.
– crédits accordés par l'Allemagne de l'Ouest, 347.
– opinion de Faline sur, 351.
– mémorandum de Faline, 350-351.
– hypothèse d'une braderie de l'Allemagne, 355.

– Bulgarie, 360-361, 365, 371-374, 378.
– voyage en Tchécoslovaquie, 383, 401.
– rencontre avec Adamec, 386, 396.
– démocratisation de la Tchécoslovaquie, 389, 392-393, 396-397, 400-401, 403-405.
– voyage de Calfa, 397.
– opinion de Jakes, 400-402, 403-404.
– Ceausescu, 410-411.
– complot Krioutchov, 436.
– opinion de Chebarchine, 438-440.
– autorité et pouvoir, 441-446.
– rôle en tant que secrétaire général, 447-449.
– centralisme soviétique, 449.
– lutte pour le pouvoir, 450-452, 468-469, 500-501, 504-510, 519-520.
– vente des réserves d'or soviétiques, 463.
– guerre du Golfe, 467.
– mésestimation de l'importance de la Fédération russe, 468-469.
– réunions du Comité central, 470-471.
– compromis, 471, 476.
– le Politburo hostile aux réformes, 474-475.
– coup d'Etat d'août 1991, 474.
– manifestation à Moscou, 476.
– apparitions à la télévision, 478-481.
– craintes vis-à-vis du parti communiste, 479-480.
– appui de Kravtchenko, 479-481.
– prix Nobel de la Paix, 480.
– indécision, 482, 489-496.
– vacances de 1991 en Crimée, 483, 490, 494-495.
– président de l'Union, 486, 506-508.
– avances faites à l'Armée rouge, 488.
– perturbations dans l'industrie, 498.
– Loukianov, 503-510.
– carrière politique, 503-504.
– étudiant, 503.
– sous-estimation du parti communiste, 505.
– Eltsine considéré comme un danger, 507.
– accusé de trahison, 511-512.
– passation du pouvoir à Eltsine, 515-517.
– démission, 518.
– *Avant-Mémoires*, 378.
– *Perestroïka*, 164.
Gorbatchev, Raïssa : mémoires, 100.
– réaction de son mari devant les critiques dont elle est l'objet, 213.
– Mme Krenz, 323.
– voyage à Bucarest, 411.
– élogieuse pour Kravtchenko, 482.
– coup d'Etat d'août 1991, 491.
Gorbounovs, Anatolijs : exploitation des Fronts populaires, 185.
– obstruction à l'indépendance lettone, 188.
– rencontre avec Gorbatchev, 198-199.
– président du Conseil suprême letton, 207, 213, 237, 495.
– déclaration d'indépendance de la Lettonie, 210-211.
– qualités, 221.
Gorki, Maxime : 181.
Gosplan : 64-65, 82-83.
Gosteleradio : 45, 477.

Gottwald, Klement : 86, 380, 391.
Goulag : *voir* camps de prisonniers
Gouranov, Goran : 365.
Gourtovoi, Mikhaïl : 460.
Grande Terreur : 18.
Gratchev, général Pavel : 493, 523.
Grèce : enlèvement d'enfants, 88.
Greene, Graham : 96, 199.
grèves (URSS) : 498.
Grichine, général : 214.
Grigorenko, général Petro : 53, 72, 98, 162.
Gromyko, Andreï : protecteur de Gorbatchev, 15, 105.
– sur les relations internationales en Europe de l'Est, 33.
– soutiens apportés à l'OLP, 33.
– Chevtchenko, 67, 349.
– promotion attribuée par Gorbatchev, 100.
– Faline, 350.
– démission, 504.
Gros Plan sur la Perestroïka, émission de télévision soviétique : 478.
Gross, Jan T. : 248.
Grosz, Károly : 272-276, 282-283.
Grotewohl, Otto : 87.
Groupe d'Helsinki pour la défense des droits de l'homme : 45.
Groupe fondateur de la (Lituanie) : 228-229.
Groupe interrégional des députés : 506.
Groustchkov, général : 393.
GRU (service de renseignement de l'Armée soviétique) : 436.
Grusík, Dr : 393.
Guerre des étoiles (Strategic Defense Initiative – SDI – Initiative de défense stratégique) : 108, 135, 140, 145, 153-155.
Guerre du Golfe (1991) : 467.
Guerre froide : 94, 135-136, 147, 350.
Guerre nucléaire : craintes soviétiques, 94-95.
Günther, professeur Hans : 25.
Guse, général Stefan : 413, 415, 422-424, 428-429.

Hager, Kurt : 292.
Hamilton, sénateur Lee : 152.
Hammarskjöld, Dag : 78.
Hankiss, Elémer : 271.
Haraszti, Miklós : *La Prison de velours*, 271.
Harich, Wolfgang : 93.
Harnisch, Hanno : 301, 302-303.
Havasi, Ferenc : 270.
Havel, Václav : emprisonnement, 242.
– dissident, 383-384.
– arrestation, 384, 387, 389.
– Forum civique, 385.
– effondrement du parti communiste tchécoslovaque, 385-386, 404.
– élu président, 386.
– s'envole pour Moscou, 390.
– Urbánek, 392.
– peu connu en dehors de Prague, 394.
– rencontre avec Adamec, 396.
– négociation avec Calfa, 396.
Hay, Julius : 95.
Hegenbart, Rudolf : 384, 385, 389, 397-400.
Heilmann, major : 302.
Helsinki, Acte final d' (1975 – Conférence sur la Sécurité et la Coopération en Europe – CSCE) : 98, 135, 242, 290.
Helsinki, traité d' : 140.
Hempel, évêque Johannes : 300.
Herger, Wolfgang : 314-316.
Héritage (mouvement populaire estonien) : 192.
Herrmann, Joachim : 292.
Herrnstadt, Rudolf : 93.
Hingley, Ronald : *The Russian Mind*, 40.
Hint, Johannes : 183.
Hitler, Adolf : Pétain, 95.
– pacte germano-soviétique de 1939, 120.
– complot de juillet 1944 contre, 493.
Hoffmann, général Heinz : 341.
Hoffman, Pavel : 403.
« Homo sovieticus » : 36-38, 41.
Honecker, Erich : procès, 26, 327, 435.
– Acte final d'Helsinki, 98.
– hostile à la réunification allemande, 141.
– mouvement Solidarité, 241.
– incapable de s'adapter, 265, 291-292, 315-316, 332-333.
– indépendance de la Hongrie, 274, 285.
– opinion de Leonhardt sur, 289.
– passé et carrière, 290-291.
– Gorbatchev, 291-292, 294, 304, 312, 328, 333-334, 352-353, 405, 439.
– corruption, 292-294.
– destitution, 295-297, 317-318, 323, 328, 334, 391.
– répression, 296.
– chute de la RDA, 297-298, 308-309, 316, 333, 443.
– manifestations en Allemagne de l'Est, 302-303.
– Mittag, 446.
– tentative de limogeage à son égard, 312.
– manœuvre pour évincer ses rivaux, 314-315.
– écarte l'usage de la force, 315-316.
– qualités, 331-332.
– relations avec Kotchemasov, 332.
– hostile à la perestroïka et au révisionnisme, 332, 352.
– critique l'ouverture des frontières hongroises, 333.
– méfiant à l'égard de Faline, 350.
– voyage à Magnitogorsk, 352.
– à la réunion du Comité politique consultatif du Pacte de Varsovie, 374.
Honecker, Margot : 290, 296, 353.
Hongrie : insurrection et invasion (1956), 27, 219, 440.

- création après la Première Guerre mondiale, 87.
- communistes en, 87, 270-272.
- répression, 87-88.
- dettes, 243.
- régime oligarchique, 270-271.
- fin du communisme, 273.
- étapes vers l'indépendance, 272-285.
- émigration des Allemands de l'Est en, 273-274, 283-285, 333.
- ouverture des frontières, 274, 283, 333.
- invasion de la Tchécoslovaquie (1968), 382.
- ethnie hongroise en Roumanie, 406, 429.
- Transylvanie, 406.

Hopkins, Harry : 502.
Horácek, Michal : 392.
Horáková, Milada : 88.
Horn, Gyula : 274-275, 279, 284-285.
Horstmann, Freddy : 89.
Horstmann, Lali : *Plus rien sur quoi pleurer*, 89.
Horváth, général István : 275-276, 281-285.
Hough, Jerry : 128.
Hoxha, Mme Enver : 26.
Hrabal, Bohumil : 383.
Humanité, L' (quotidien du PC français) : 114.
Husák, Gustáv : 382-383, 386, 398, 401, 403, 439.
Hussein, Saddam : 483.
HVA (Hauptverwaltung Aufklärung – Direction générale des renseignements en RDA) : 287, 310.

Iakir, Piotr : 182-183.
Iakoutes, révolte des populations (1928) : 52.
Iakoutie : 13, 487.
Iakovlev, Aleksandr : avancement fourni par Gorbatchev, 101, 116.
- fondation du Congrès des députés du peuple, 115.
- article d'Andreïeva, 116, 124-125.
- personnalité énigmatique et style, 116, 118, 125.
- dirige la commission chargée d'enquêter sur le pacte germano-soviétique de 1939, 122-123, 125, 194, 198, 205, 470-471, 517.
- formation des Fronts populaires, 125, 167.
- échange de poste avec Medvedev, 124.
- rang et pouvoir, 124-125.
- dirige le groupe du Comité central sur la réforme économique, 126.
- soutient le plan Chataline, 131.
- politique étrangère, 148.
- indépendance des républiques baltes, 187, 191, 200, 210, 214, 217, 232-233, 237-238.
- Kezbers, 213.
- voyage à Vilnius, 232-233.
- au Congrès du parti communiste portugais, 262-263.
- rencontre avec Pozsgay, 277.
- Kotchemasov, 333.

- rencontre avec Gaus, 339.
- avenir de la RDA, 353.
- améliorations apportées par la perestroïka, 377, 389.
- opinion de Chebarchine sur, 438.
- destruction de la paysannerie, 451-452.
- destitué par Gorbatchev, 452, 476.
- campagne anticorruption de Kalougine, 457.
- témoignage sur la lutte pour le pouvoir, 470-476.
- apparence et comportement, 470-471.
- sur la liste des hommes à abattre, 476.
- place Kravtchenko à la tête de Gosteleradio, 477.
- coup d'Etat contre Gorbatchev, 489.
- réforme démocratique, 504.
- soutient la réforme, 504.
- accusé de trahison, 512.

Iakovlev, Anatoli : 475.
Iampol, Iouri : 190-191.
Ianaïev, Gennadi : 393, 442, 490, 494, 512.
Ianev, Alexandre : 37.
Iastrebov, capitaine de police A.V. : 463.
Iavlinski, Grigori : 131, 452, 463, 499.
Iazov, maréchal Dimitri : hostile à la condamnation du pacte germano-soviétique de 1939, 122.
- réclame la fermeture du mur de Berlin, 141.
- face à Thatcher, 158.
- violence en Ouzbékistan, 178-179.
- sécession de la Lituanie, 233-234.
- débat sur l'avenir de l'Allemagne, 353.
- coup de téléphone donné par Gorbatchev, 439.
- usage de la force, 451.
- politique étrangère, 467.
- manifestation à Moscou, 475-476.
- soutient Pavlov pour lui donner des pouvoirs élargis, 488.
- complot d'août 1991, 489-491, 493, 494.
- procès, 491.
- abandonne Gorbatchev, 504-505, 515-516.
- libéré, 522.

Iliescu, Ion : 318-319, 408, 416, 421-426, 429-434.
IME, acronyme qui signifie « auto-gouvernement » (Estonie) : 192.
impérialisme : 85.
Indra, Alois : 382, 385, 399, 403.
industrie pétrolière : et privatisation, 461.
Informatia, journal du PC roumain : 420.
Ingouches (populations) : 161.
Ingriens (populations) : 12.
Initiative de défense stratégique (SDI), *voir* « Guerre des étoiles »
Institut kazakh des radiations à Semipalatinsk : 171.
intelligentsia occidentale : sympathies prosoviétiques, 96-97.
Interfronts (Intermouvement) : 188, 194, 206, 229.

Intourist (rapports sur les étrangers) : 44.
Ionita, général Ion : 428.
iouridivi (individu jouant l'idiot) : 41.
Iovtchev, Mintcho : 372.
Irak : invasion du Koweït, 467.
Israël : infiltration de la défense soviétique en Syrie, 27.
— relations diplomatiques avec la Russie, 518-519.
Issyk-Koul, lac : 170.
Italie : collaboration avec les nazis, 95.
Ivanitski, général : 459.
Ivans, Dainis : 185, 204, 208-212.
Izmailovo : 472.
Izvestia : sur les victimes de la terreur au temps de Staline, 18.
— article d'Andreïeva, 450.
— exportation illégales d'or, 463.

Jakes, Milos : Grosz, 280.
— présence aux cérémonies commémorant l'anniversaire de la création de l'Allemagne de l'Est, 294, 391.
— dirige les purges après la période Dubcek, 383.
— chute de Husák, 384.
— mouvement de libération tchèque, 385, 398-401.
— démission, 385.
— Gorbatchev, 387, 399-400, 404.
— impopularité, 389.
— effondrement du parti communiste tchèque, 392, 397-405.
— Stepán, 393.
— usage de la force, 396.
— diabolisation de Hegenbart, 397.
jardins privés (suppression des) : 102-103.
Jaruzelski, général Wojciech : présidence, 98-99, 130, 241-242, 249-250, 261, 268.
— proclamation de l'état d'urgence et de la loi martiale en 1981, 241-242, 249, 257, 263-264, 280, 403.
— réformes, 247-248, 258, 264-265, 268.
— accepte le nationalisme, 248.
— cède la présidence à Walesa, 248, 253, 255, 266.
— défaite du communisme, 254-255, 257, 266.
— élections au Sénat, 256-257.
— remplacement envisagé par les Russes, 260.
— absence d'esprit de revanche de la part de ses adversaires, 262.
— apparence et comportement, 263.
— relations avec Gorbatchev, 264-265.
— présence aux cérémonies est-allemandes, 294.
— Dubcek, 381.
— illusions idéologiques, 381.
Jdanov, Andreï Alexandrovitch : 126.
Jean-Paul II (pape) : 27, 181.
Jelev, Jeliou : 359-367, 368-369.
— *Fascisme*, 368.

Jiu, vallée du (Roumanie) : 410.
John, Otto : 25.
Joukov, maréchal : 77.
journalistes : *voir* presse et journalistes
Juifs : statut en URSS, 162.
— assassinés dans les républiques baltes, 182, 231.
— en Lituanie, 231.
— en Roumanie, 409.
Juozaitis, Arvydas : 227-230.
Jurkans, Janis : 207-208.

Käbine, Johannes : 199.
Kaczynski, Jaroslaw : 251-253.
Kádár, János : 150, 240, 269-272, 274, 276-279, 282, 381-383.
Kaganovitch, Lazar : 77-78.
Kaliningrad (ancienne Prusse-Orientale) : 12.
Kalitnikovski, cimetière de : 19.
Kallijärv : 181.
Kalmouks (populations) : 172.
Kalniete, Sandra : 205, 208.
Kalougine, général Oleg : 455-457.
Kania, Stanislaw : 240.
Kapek, Antonin : 382, 385, 388, 398, 403-404.
Karácsony (assistant de Kovács) : 269.
Karaganda (camps du goulag) : 171.
Karakatchanov, Aleksandr : 366.
Karakoum, sables noirs du : 170.
Karamzine, Nikolaï : 59-60, 458-459, 521.
Karbusicky, Vladimir : 383.
Karimov, Islam : 178-179, 187.
Karmal, Babrak : 33.
Kárpáti, général Ferenc : 275-276.
Katyn, massacre de : 25, 121, 247, 260-261.
Kauls, Alberts : 174-175.
Kaunas (Lituanie) : 225-227.
Kauspedas, Algirdas : 224-227.
Kazakhs, révolte des (1930) : 52.
kazakhs, Union des écrivains : 175.
Kazakhstan : indépendance, 12, 486.
— résidents russes au, 163.
— massacres et évasions, 171-172.
— régime soviétique, 173-175.
— exige une plus grande participation aux décisions de politique étrangère, 467-468.
Kazannik, Alexeï : 523.
Kebitch, Viatcheslav : 459.
Kelam, Tunne : 195-197.
Kessler, général Heinz : 292, 305, 307, 327, 341.
Kezbers, Ivars : 206, 212-214.
KGB : organisation et pouvoir, 23-24.
— fonctionnaires laissés impunis, 25.
— visiteurs étrangers, 27.
— privilèges, 44-45.
— surveillance de Natalia Perova, 44.
— activités de Iouri Mitiounov pour le compte du, 44-46.

- Fronts populaires, 56.
- Etat-parti, 64-65, 75-76.
- campagnes contre les spéculateurs, 71.
- représentants en Europe de l'Est, 90-91.
- soutien donné à la perestroïka, 107-108.
- archives, 121.
- Eglise orthodoxe, 162.
- troubles dans les pays baltes, 189, 195, 197, 206, 208-210, 227, 439.
- en Tchécoslovaquie, 389.
- usage de la force, 439.
- responsabilité, 447.
- entreprises privatisées du, 461.
- conspiration contre Gorbatchev, 474, 483, 489-490.
- manifestation à Moscou, 475-476.
- sous Eltsine, 523.

Khanine, Gregori : 128.
Khasboulatov, Rouslan : 444, 481, 520, 523.
Khiva : 171.
Khmers rouges : 33.
Khomeyni, ayatollah : 174.
Khrouchtchev, Nikita Sergheïevitch : sur les victimes de la terreur, 18.
- cannibalisme, 21.
- coups tapés avec sa chaussure pendant une séance de l'ONU, 40.
- contrôle du pouvoir judiciaire, 64.
- à propos des « provocations », 69.
- sur le vol généralisé, 72-73.
- bras de fer avec Beria, 76.
- injures lancées à Hammarskjöld, 78.
- menaces proférées contre l'Occident, 86.
- rencontre avec Eisenhower, 97.
- au 20ᵉ congrès du parti, 107.
- inquiétude devant les mouvements nationalistes, 203.
- à Novo-Ogarovo, 485.
- limogé par Brejnev, 515.

Kiev, visites de Bush : 151.
Kim Il-Sung : 408.
Kincl, Frantisek : 399.
Kirghizistan : indépendance, 12.
- fraudes sur la viande, 73.
- rattachement de la région ouzbek d'Osh, 163.
- expulsions du, 172.
- mouvements musulmans, 176, 178.

Kiritchenko, A.I. : 21.
Kirov, Sergueï : assassinat de, 76, 181-182, 471.
Kirsten, Krystyna : 68.
Kissinger, Henry : 200.
Kiszczak, général Czesław : 248-251, 257-258, 262, 265-267.
Klaipeda : 181.
Klaus, Václav : 386.
Klausens, Arnolds : 219.
Kleiber, Günther : 293.
Klempert, Iosif Lvovitch : 72-73.
Kligman, Gail : *Eastern Europe in Revolution*, 412.

Klugmann, Jeffrey : *The new Soviet Elite*, 72.
Klusak, Miláy : 403-404.
Knötzsch, Dieter : 18-19, 112, 445.
Kocáb, Michal : 392.
Koestler, Arthur : 97.
Kohl, Helmut : stratégie soviétique en matière de défense, 94-95.
- réunification allemande, 158, 259, 321-322, 336, 338-340, 347-348.
- rencontre avec Mme Prunskiené, 235.
- victoire remportée aux élections de 1990, 243.
- manifestation de Leipzig, 306.
- programme en dix points, 321, 340, 343-344.
- rend visite à Gorbatchev, 322, 330, 336.
- ouverture du mur de Berlin, 340.
- relations avec Genscher, 342.
- politique d'autodétermination prônée par Gorbatchev, 344.
- relations avec Gorbatchev, 354.
- crédits octroyés à Gorbatchev, 355.

Kohout, Pavel : 383.
« KoKo », *voir* Bereich Kommerzielle Koordinierung
Kolder, Drahomír : 382.
Kolpachevo, dans la province sibérienne de Tomsk : 20.
Komárek, Valtr : 389.
Komintern : 357.
Kommunarka, village collectif : fosse commune. 19.
Kommunist (revue) : 108-109.
Komsomol, inscription au : 65.
Komsomolskaïa Pravda : 455.
Kornai, János : 457.
Korotitch, Vitali : 212, 456.
Kortelainen, général Karl : 186.
Koryaguine, Anatoli : 39.
Kosolapov, Richard : 108-110.
Kostenko, colonel Anatoli : 459.
Kostov, Traitcho : 91, 357, 370.
Kotchemasov, Viatcheslav : 331-337.
koulaks, anéantissement des : 22.
Kounaïev, Dinmoukhamad : 174.
Kouzmine, général Fiodor : 188, 202, 212, 214, 217, 493.
Kovács, commandant : 269.
Kowalski, Ryszard : 242.
Koweït : attaqué par l'Irak, 467.
Krassó, György : 269-270, 283.
Kravtchenko, Leonid : 452, 477-484.
Kravtchouk, Leonid : 167, 221, 490, 494, 505, 508, 518.
Krenz, Egon : Acte final d'Helsinki, 99.
- dirigeant du parti, 98, 259.
- négociation avec les Hongrois, 285.
- visite de Gorbatchev en Allemagne de l'Est, 295.
- conspire contre Honecker, 297, 312.

- démission, 298, 326, 329.
- usage de la force, 309, 334-335.
- soutenu par Herger, 314-315.
- hostile à une répression violente, 315.
- dissolution de la RDA, 317, 322-326.
- hostilité de Modrow, 318, 329.
- Gorbatchev, 319-320, 322, 325-327.
- voyage à Moscou, 321, 329-330.
- passé et carrière, 322.
- destitution d'Honecker, 334.
- ouverture du mur de Berlin, 340-341.

Kreuzwald, Friedrich : 166.
Krioutchkov, Vladimir : président du KGB, 24, 439.
- procès, 25-26.
- hostile à l'indépendance de la Lituanie, 233.
- voyage de Gorbatchev en Pologne, 247.
- en Hongrie, 270.
- ami de Horváth, 282.
- complot d'août 1991, 436.
- accuse l'Occident de conspirer contre l'URSS, 452.
- pertes sur le pétrole, 461.
- manifestation de Moscou, 475.
- carrière et passé, 489.
- soutient Pavlov, 488.
- abandonne Gorbatchev, 504-505, 515.
- libéré de prison, 522.

Krist, Gustav : 171-172.
Krolikowski, Werner : 26.
Kroutchina, Nikolaï : 463.
Kulcsar, Kálmán : 274-276.
Kulin, Ferenc : 283.
Kurdes : en Arménie, 166.
Kuroń, Jacek : 242, 246, 249, 258, 262, 266.
Kvitzinski, Iouli : 350.
Kwasniewski, Aleksandr : 249, 256, 262.

Landovsky, Pavel : 387.
Landsbergis, Vytautas : 185-189, 198, 210, 221, 224, 226-230, 233, 235-238.
Lange, Bernd-Lutz : 301, 304.
langues : statut en URSS, 161, 162-163, 169.
Laos : 33.
Laptev, Ivan : 450, 495.
Lasky, Melvin : 291.
Latsis, Otto : 124-127.
Latynina, Alla : 46-48.
Lauristine, Marjou : 191-193, 231.
Laval, Pierre : 263.
Legnica (Pologne) : 240.
Leipzig, manifestations à (1989) : 300-306, 317-318, 327-328, 335.
Lénárt, Jozef : 387.
Lénine, Vladimir Ilitch : suppression des koulaks, 22.
- révolution de 1917, 61-62.
- usage de la terreur, 62.
- sur le factionnalisme, 113.
- idéologie, 142.
- sur la Russie considérée comme la « prison des nations », 126.
- reconnaît l'indépendance estonienne, 190.
- sur le succès d'un système de productivité plus élevée, 379.

Leonhard, Wolfgang : 89-90.
Leonhardt, Rudolf Walter : 289.
Lettonie : procès des dirigeants communistes, 26.
- révoltes contre le régime soviétique, 52, 163, 184-186, 188-189.
- citoyens russes en, 163.
- annexion partielle par l'URSS, 163.
- déportation des populations, 183.
- déclaration de souveraineté (1989), 202.
- mouvement d'indépendance, 202-215, 494.
- Front populaire, 202-209, 214, 489-490.
- violence, 202-203.
- proclamation d'indépendance (1990), 208.

Lettre des Six, envoyée à Radio Free Europe (Roumanie) : 411-412.
Levin, Bernard : 34.
Liatchenko, général : 73.
Libertatea (journal roumain) : 421.
Liberté d'expression (loi de 1990 sur la presse et les médias) : 478.
Libye : 461-462.
Liebknecht, Karl : 300.
Liepaja : 181.
Ligatchev, Iegor : terreur soviétique, 18.
- fosses communes au bord du fleuve Ob, 20.
- évite les rendez-vous, 29.
- foi dans le socialisme, 56.
- conflit avec un général, 75.
- sur les sessions du Politburo, 78.
- promu par Gorbatchev, 101.
- appui donné à Gorbatchev, 105.
- fait obstacle à la perestroïka, 112.
- relations avec Gorbatchev, 115, 125.
- article d'Andreïeva, 116, 124.
- manœuvres, 118.
- hostile à la condamnation du pacte germano-soviétique de 1939, 122.
- position et pouvoirs, 124.
- mises en garde à propos de la réunification de l'Allemagne, 138-139, 141.
- adversaire de Chevardnadzé, 144.
- séparatisme dans les républiques, 187.
- indépendance de l'Estonie, 191.
- Kezbers, 212.
- représente la ligne dure au Politburo, 218, 232.
- adversaire de l'indépendance lituanienne, 232-234.
- refuse de discuter du massacre de Katyn, 260.
- insurrection hongroise, 270.
- voyage en RDA, 331.
- crédits occidentaux accordés à l'URSS, 347.
- Eltsine, 472-473.
- soutient la perestroïka, 504.

Likhatchev, Dimitri : 18.
Lilov, Aleksandr : 359, 363, 373.
Lisauskas, Stasys : 223.
Lissovolik, Dmitri : 464.

Liste nationale (Pologne) : 248-249.
Literaturnaïa Gazeta : 66, 102.
Lituanie : mouvement d'indépendance, 52, 166-167, 184-189, 220-238.
  – persécutions religieuses, 91-92.
  – Front populaire, 175.
  – antisémitisme, 182, 231.
  – déportation des populations, 183.
  – blocus ordonné par Gorbatchev, 188.
  – dirigeants du parti, 197.
  – déclaration d'indépendance (1990), 210, 226, 229.
  – rôle parlementaire pour le parti communiste, 218.
  – embargo sur le pétrole et blocus, 220.
  – tradition d'absolutisme, 221.
  – violence, 226-227, 229-230, 238.
  – reconnaissance de l'indépendance par Eltsine, 487.
logement, conditions de : 43, 48, 115.
loi contre les revenus non obtenus par le travail (1986) : 102.
loi sur les entreprises étatiques (1988) : 130.
Lorenc, général Alojz : 389, 393-394.
Lorenz, Siegfried : 314-315, 317.
Lörincz, général Kálmán : 275.
Loukanov, Andreï : 359-363, 366, 368-370, 370-374.
Loukanova, Lily (fille de Traitcho Kostov) : 370.
Loukianov, Anatoli : promu par Gorbatchev, 101.
  – fondation du Congrès des députés du peuple, 115.
  – manœuvres, 118.
  – commission sur le pacte germano-soviétique de 1939, 123, 205.
  – indépendance de la Lituanie, 237.
  – guerre du Golfe, 467.
  – président du Congrès des députés du peuple, 480-482, 502-503.
  – complot d'août 1991, 483-484, 490-491, 494-496, 502.
  – personnalité et comportement, 502.
  – emprisonnement, 502.
  – carrière, 503.
  – relations avec Gorbatchev, 503-504, 507-508.
Lovetch (camp bulgare) : 358.
Löwenthal, Fritz : *News from Soviet Germany*, 89, 293.
Luca, Vasile : 87.
Lucinstchi, Petrou : 167-169.
Lukacs, György : 96.
lutte des classes : et politique étrangère soviétique, 138, 143.
Luxemburg, Rosa : 300.

MacGahern, J.A. : 60.
« mafia soviétique » : 455-458.

Magdebourg, manifestations populaires à : 313.
Magnitogorsk : 352-353.
maison commune européenne : 137, 292, 313, 324, 465.
Maison-Blanche (Moscou) : prise d'assaut de la, 492, 510, 512.
  – Eltsine attaque avec des tanks, 523.
Maizière, Lothar de : 340, 345.
Major, John : 502.
Maldonis, Alfonsas : 232.
Maleev, Atanas : 359.
Maleev, Hristo : 359.
Malichev, Viatcheslav : 78.
Malte, conférence de (1989) : 151-152, 259, 277, 295, 386, 466.
Manescu, Manea : 26, 413-417.
Manifeste communiste : 130.
Maniu, Iuliu : 88.
Manolev, Petar : 359.
marchandages financiers : post-privatisation, 461-464.
Marcuse, Herbert : 96.
Markov, Georgi : 67, 243, 358, 455.
Martchenko, Anatoli : *Mon témoignage*, 52.
Martemyanov, Ivan Mikhaïlovitch : 19.
Marx, Karl : et la question des nationalités, 161-162.
marxisme-léninisme : 142.
Masaryk, Jan : 77.
Maslioukov, Iouri : sur le déficit budgétaire : 126-127.
Masur, professeur Kurt : 300-304.
Matern, Hermann : 292-293.
Maxwell, Robert : 410.
Mazilu, Dimitru : 415, 419, 432, 434.
Mazowiecki, Tadeusz : 248, 252-254, 258-259, 267-268.
McCarthy, Mary : 97.
Medalinskas, Alvydas : 225.
Medvedev, Roy : 503.
Medvedev, Vadim : condamne le pacte germano-soviétique de 1939, 122.
  – échange de poste avec Iakovlev, 124.
  – indépendance des républiques baltes, 217.
  – au congrès du parti communiste portugais, 262-263.
  – enquête sur Eltsine, 473.
Meier, Dr Kurt : 301, 304.
Mekilova, Polina : 21.
Melville, Herman : *Bartleby*, 51.
Mengistu, colonel Haile Mariam : 83.
mensonge : 59-61.
Merkur, Paul : 93.
Merkys, Antanas : 182.
Michnik, Adam : participation à la création du mouvement Solidarité, 240.
  – détention, 242.
  – pourparlers de la Table ronde, 249, 257, 262.

– Jaruzelski, 258, 266-267.
Mickiewicz, Adam : 28.
Mielke, Erich : procès, 26.
– accuse Krenz de trahison, 285.
– personnalité, 286-287.
– finances et compte secret, 292-293.
– voyage de Gorbatchev en Allemagne de l'Est, 296-297.
– usage de la force, 305.
– Herger, 314.
– rôle dans la dissolution de la RDA, 318, 324.
– Chebarchine, 438-439.
Mihaïlov, Evgueneï : 361-362.
Mihailovic, colonel Dragoljub : 88.
Mikolajczyk, Stanislaw : 87-88.
Milea, général Vasile : 413, 415, 418, 420, 424-426, 428-429.
milice populaire (Tchécoslovaquie) : 384-385, 392-393, 399-400, 402.
milice ouvrière (Hongrie) : 271, 275, 278, 280.
Militaru, général Nicolae : 408, 415, 418, 426-432.
Mills, C. Wright : 97.
Miltchakov, Aleksandr : 19.
Minarík (espion tchécoslovaque) : 389.
Mindszenty, cardinal Jósef : 92.
MINL, mouvement pour l'indépendance nationale lettone : 203-204.
Miodowicz, Alfred : 252, 262-263.
Misioukonis, Marianas : 223.
Mitiounov, Iouri : 44.
Mitkine, Nikolaï : 223, 228, 232.
Mittag, Günter : 291-295, 311-312, 316, 322, 352.
Mitterrand, François : voyages en Europe de l'Est, 150.
– hostile à la réunification allemande, 159, 324.
– Mme Prunskiené, 235.
– voyage à Berlin (1990), 337.
– voyage en Bulgarie (1989), 365.
– salue le coup d'État contre Gorbatchev, 483.
Mjavanadze, Tamara : 74.
Mjavandze, Vasili : 74, 138.
Mladenov, Petar : 359-363, 367, 371-372, 374-378, 491.
Mlynár, Zdenek : 382.
Modrow, Hans : procès, 26.
– sommet du Pacte de Varsovie, 259.
– successeur possible d'Honecker, 295.
– Premier ministre de l'Allemagne de l'Est, 298, 310, 318-320, 328, 335-336.
– siège au Politburo, 318.
– dossiers disparus de la Stasi, 318.
– voyage à Moscou pour voir Gorbatchev, 321, 329, 336, 341, 343.
– pouvoir arraché au parti, 326.
– passé et carrière, 327.
– chute de la RDA, 327-329.
– propose une confédération avec l'Allemagne de l'Ouest, 336.

– désire garder l'Allemagne réunifiée en dehors de l'OTAN, 336.
– rencontre avec Iakovlev, 339.
– remplacé par de Maizière, 340.
– perestroïka, 345.
– réformes, 344-345.
Mohorita, Vasil : 387-388, 391.
Moiseïev, général Mikhaïl : 489.
Moldavie : indépendance, 12.
– incorporation à l'URSS, 163, 166-167, 406, 408.
– colons russes, 132-133.
– langue, 169.
– séparatistes en, 486.
– envoi des troupes par Eltsine, 523.
Molotov, Viatcheslav M. : 77, 123.
– voir aussi pacte Ribbentrop-Molotov
Mordves (populations) : 12.
Moscou : conditions de vie, 30-32.
– pénuries, 445.
– manifestations, 451, 475.
Mouhammad Yousouf, Mouhammad Sadiq : 175.
Moukousev, Vladimir : 462.
Mouszatov, Valeri : 270.
mouvements pacifiques : 55, 97.
– en Allemagne de l'Est (Prières pour la Paix), 299-304, 315-316, 327-328.
Mozambique : 33, 147.
Muggeridge, Malcolm : 32.
Müller, Fritz : 292.
Müller, Gerd : 293.
Müllerson, Rein : 517.
Münnich, Ferenc : 283.
mur de Berlin (mur de la honte) : voir Berlin-Est
Mussolini, Benito : 95.
musulmans : suppression des traditions, 163, 171-175.
– régime traditionnel et organisation sociale, 172-174, 177.
– mouvements nationalistes, 174-177.

Nabokov, Vladimir : 51.
Nagorny-Karabakh : 13, 136, 163, 165-166, 176, 438, 467, 476, 485, 507, 523.
Nagy, évêque Gyula : 409.
Nagy, Imre : 87, 269-270, 273, 277, 283.
Nahaylo, Bohdan et Swoboda, Victor : Soviet Desunion, 171.
Naqchbandiyya (société soufie d'Asie centrale) : 173.
nationalités, question des : 161-169.
Nazarbaïev, Noursoultan : 505, 508.
nazisme et nazis : dirigeants jugés et punis, 24-25.
– recrutés par l'Allemagne de l'Est, 25.
– rôle des collaborateurs, 95-96.
Németh, Károly : 270.

Németh, Miklós : 273-277, 284.
Nemirovskaïa, Olga : 19.
NEP (nouvelle politique économique) : remise en vigueur par Gorbatchev, 55-57.
Népszabadság (journal du PC hongrois) : 278.
Neruda, Pablo : 96.
Neue Forum (Allemagne de l'Est) : 295-296, 298, 304, 309, 313, 328.
Neues Deutschland (quotidien du PC est-allemand) : 141, 316.
Neumann, Alfred : 317.
New York Times : critique des mouvements baltes antisoviétiques, 193.
Nicaragua : aide financière soviétique, 27.
– communisme au, 33.
Nicolceoiu, Ion : 422.
Nixon, Richard : 246.
Nizaïev, Souparmourad : 174.
nomenklatura : statut et privilèges, 66-68, 108, 137-138, 228, 453-456, 458.
– secret entourant la, 78.
– purge opérée par Gorbatchev, 100-101, 116-117, 108-109.
– en Allemagne de l'Est, 292-293.
noms de lieux : changements, 35-36.
Nougis, Oulo : 198.
Noureïev, Rudolf : 51.
nouvelle politique économique, *voir* NEP.
Novák, Miroslav : 384, 399-400, 402.
Nove, Alec : 457.
Novo-Ogarovo, près de Moscou : 449, 468, 485-490, 494, 505, 508-509, 516-518.
Novomoskovskoïe : 426.
Novosti, agence de presse : 349, 479.
Novotcherkassk (émeutes de 1962) : 52.
Novotny, Antonin : 380.
Novyï Mir (revue) : 102-103.
Nozirev, général Daniil : 455.
Nuremberg, tribunal de : 24-25.
Nyers, Reszö : 270, 273, 277.
Nyírö, András : 270.

O'Casey, Sean : 96.
Ob, fleuve : massacre de masse, 20.
Oberdorfer, Don : 151.
Observateur balte, journal : 231.
Obzina, Jaromir : 395-397.
Odessa : approvisionnement en eau, 14.
Ogonyok (magazine) : 19, 456.
OLP, Organisation de libération de la Palestine : 33.
OMON (unité spécialisée) : 23, 197, 211-212, 373.
Onyszkiewicz, Janusz : 249-251, 262.
Opletal, Jan : 384.
or : ventes des réserves d', 463, 499.

Organisation du traité de Varsovie : fondation, 34.
– dernière réunion, 151.
– indépendance hongroise, 277.
– désintégration, 326.
Orwell, George : 32, 97, 447.
– *1984*, 36.
Orzechowski, Marian : 260-262.
Osh (région d'Ouzbékistan) : 163, 178.
Ostpolitik : 98, 290-291, 339, 341-342.
Ostyaks (populations) : 12.
OTAN : retrait de la France, 97.
– opinion de Gorbatchev, 151.
– Allemagne réunifiée dans le cadre de l', 322, 336, 343, 346-347, 350, 354, 440, 466.
– main tendue aux forces du Pacte de Varsovie, 346.
Oudmourtes (populations) : 12.
Ousbaliev, Tourdakun : 174.
Ousmanov, Anwar : 178.
Oustinov, maréchal Dimitri : 141.
ouzbek, langue : 177-178.
Ouzbékistan : indépendance, 12, 136.
– rattachement de Samarkand, 163.
– mouvements musulmans, 175, 178.
– régime soviétique, 174.
– revendique le droit de participer à la politique étrangère, 468.
Ouzgen (Kirghizistan) : 178-179.
Ozolas, Romualdas : 221, 225, 228.

Pacepa, Ion : 407, 427-428.
pacte Ribbentrop-Molotov (1939), pacte germano-soviétique : 120-123, 125, 166, 182, 185, 205, 223, 260, 350, 517.
Palach, Jan : 383.
Paleckis, Justas : 231-234.
Palme, Olaf : 300.
Palms, professeur Viktor : 186, 192-193
Palous, Martin : 387-388.
Panda (émission de télévision) : 190-191.
Papp, évêque László : 409, 412.
Parek, Lagle : 183.
parti communiste autrichien : fonds reçus du SED, 294.
parti communiste estonien : 20e congrès (1990), 199.
parti communiste polonais : épuré par Staline, 87.
– défaite au cours des élections nationales, 248, 263.
– négociations de la Table ronde, 250, 253-254.
parti communiste portugais : 262.
parti communiste russe : effondrement, 12, 55-56.
– rôle dans le système étatique, 63-65, 50-51, 75, 79-80.

Index 543

- dans la Constitution soviétique, 63.
- démantelé par Gorbatchev, 125-127, 326, 442-443, 450, 504-505.
- nationalisme en Asie centrale, 178.

Parti de la nuit (Lituanie) : 224.
parti socialiste bulgare : 363.
passeport interne : 70.
Patocka, Jan : 383.
Päts, Konstantin : 182.
Pauker, Anna : 87.
Pavlov, général : 261.
Pavlov, Gueorgui : 463-464.
Pavlov, Valentin : 126, 452, 463, 488-490, 494, 497-501.
Pavlovski, Ivan Grigorevitch : 454.
Pein, Emil : 176.
Pensons-y (émission de télévision estonienne) : 192.
pénuries et difficultés d'approvisionnements : 14, 65, 70.
perestroïka (restructuration) : 16-17, 46, 50, 107-108, 122, 126, 135-137, 471.
- accueil aux Etats-Unis, 150.

Perle, Richard : 153-156.
Perova, Natalia : 43.
Pershing 2 (fusées) : 135.
Pétain, maréchal Philippe : 72.
Peters, Janis : 204, 206.
Petkevicius, Vytautas : 221.
Petkov, Nikola : 88.
Petrakov, Nikolaï : 101, 109, 130-133.
Philby, Kim : 96.
Pichpek (ville baptisée Frounze sous le régime soviétique) : 49.
Pieck, Wilhelm : 88.
Pipes, Richard : 34-35.
Pisariev, Sergueï : 53.
Pitra, Frantiseck : 403.
Piyaseva, Larisa : 130.
plan Marshall : 87.
Plans quinquennaux : 14, 64, 129.
Programme démocratique (URSS) : 445-447.
Programme marxiste d'union : 281-282.
Plioutch, Leonid : 53.
Podkrepa (syndicat libre bulgare) : 359, 361-362, 367.
police secrète : agents de la terreur, 22.
- dans les pays satellites, 90, 243.
- en Pologne, 251.
- en Hongrie, 275.

Politburo : *voir* Bureau politique
Polityka (journal du PC polonais) : 257.
pollution (écologique) : 79.
Pologne : rébellion contre le régime soviétique, 52, 240.
- présence russe, 87.
- refuse la collectivisation, 91.
- étapes vers l'indépendance, 240-268.

- état d'urgence et loi martiale (1981), 241-242, 249, 257.
- dettes et emprunts contractés auprès des pays occidentaux, 243, 246.
- Table ronde, 244, 248-258, 262, 266-268.
- voyages de Gorbatchev, 247, 261.
- élections, 248, 254-255, 262, 266, 277.
- police secrète, 251.
- élections sénatoriales, 256, 262.
- invasion de la Tchécoslovaquie, 382.
- *voir aussi* Solidarité

Polozkov, Ivan : 444, 449.
Poltoranine, Mikhaïl : 481.
Pommert, Jochen : 301-303.
Ponomarev, Boris : 33.
Popieluszko, Père Jerzy : 242.
Popov, Dimitar : 363, 506.
Popov, Gavriil : 475.
Porat, Dina : 182.
Portougalov, Nikolaï : 339, 350.
Portugal : communisme au, 33.
Possad, Sergueïev : 36.
Postelnicu, général Tudor : 26, 413, 416, 422, 428.
« Potemkine, village » : 60.
Potopov, I.A. : 14.
pots-de-vin : 70-72, 457-461.
Potsdam, conférence de : 87.
Pougo, Boriss : ignorance de sa langue natale, 184.
- premier secrétaire letton, 184, 207.
- adversaire de l'indépendance lettone, 202, 205.
- patron du KGB, 203.
- opposé à l'usage de la force, 207.
- manifestations populaires en Lettonie, 211.
- convoqué par Gorbatchev à Moscou, 213.
- remplacé par Vagris, 216.
- propose Klausens pour diriger le parti, 219.
- coup d'Etat contre Gorbatchev, 488-489, 494.
- décès, 494.

Poulatov, Abdoulrahman : 175, 179.
Powell, Charles : 156-158.
Pozner, Vladimir : 462.
Pozsgay, Imre : 271-277, 279-282, 298.
Pravda (quotidien soviétique) : 108, 165, 508.
Pravets (Bulgarie) : 358.
presse et journalistes : réformes de Gorbatchev, 104-106, 114-115.
Prilouka, près de Kiev : 53.
Printemps de Prague (Tchécoslovaquie, 1968) : 380.
pripiska (falsification des statistiques) : 54.
privatisation : 458-464.
procès truqués : en Europe de l'Est, 91-93.
procureur général : rôle constitutionnel, 64.
Programme en dix points (de Kohl) : 321, 340, 343-344.

Programme marxiste d'Union : 281-282.
Progrès (agence de traduction) : 44.
Prokhanov, Aleksandr : 451.
Prokofiev, Iouri : 449-450.
PRON, Conseil consultatif (Pologne) : 249, 264.
Prunskiené, Mme Kazimiera (« Shatria ») : 188, 222, 226, 230, 235, 237.
Przybylski, Peter : 292.

Rachidov, Charif : 73-74, 79, 174.
rackets et racketeurs : 70, 72-74.
Rackwitz, Ingolf : 300-301.
Radevski, Hristo : 365.
Radio Free Europe : 401, 411-412, 426.
Radio Liberty : 46.
Rady, Martyn : *La Roumanie dans la tourmente*, 88.
Rajk, László : 91.
Rakosi, Mátyás : 87.
Rakowski, Mieczyslaw : 247, 249, 251-252, 257-259, 265-266.
Rapallo, traité de (1922) : 355.
Rasoulov, Jaber : 174.
Rastakhiz (Front populaire au Tadjikistan) : 175.
Ratouchinskaïa, Irina : 25, 183.
RDA (République démocratique allemande, Allemagne de l'Est) : recrutement d'anciens nazis, 24-25, 88-89.
– procès des dirigeants communistes, 25-26.
– communistes en, 87, 327.
– dans l'orbite soviétique, 88-89.
– répression après la guerre, 88-93.
– évasions et émigration, 91, 288, 333, 341, 345.
– manifestations favorables à la réunification, 151.
– troupes soviétiques, 150.
– réussite économique, 243.
– indépendance hongroise, 273-276.
– migration en Hongrie, 273-274.
– tableau descriptif, 286.
– rôle subversif, 287-289
– image en Occident, 289-292.
– reconnaissance internationale, 290.
– corruption, 292-294.
– voyages de Gorbatchev, 294-297, 306, 313, 316, 322-323, 334, 352-353.
– étapes de la dissolution et de l'effondrement, 294-298, 311-330.
– puissance militaire, 296.
– répression, 296-298.
– élections (1990), 298, 340.
– « Prières pour la Paix » et autres manifestations, 299-306, 315-319, 328.
– emprunts et crédits, 311-312.
– planification et commerce, 311-312.
– Table ronde, 326-330.
– Ostpolitik, 339.

– invasion de la Tchécoslovaquie (1968), 382.
Reagan, Ronald : effondrement de l'URSS, 26.
– l'URSS considérée comme l'« Empire du mal », 99.
– Guerre des étoiles, 108.
– rencontres au sommet avec Gorbatchev, 135.
– haine du communisme, 149.
– soutien à Gorbatchev, 150.
– renommée, 152.
– hostile aux armes nucléaires, 156.
– discussions avec Gorbatchev, 157.
– sur l'absence de légitimité du régime soviétique, 156.
– Mme Thatcher, 158.
Réforme monétaire : 498-499.
religion : contrôle de l'Etat, 30.
– persécutions, 91-92.
Remnick, David : 19, 71.
républiques baltes : *voir* baltes, républiques
Respirons (film bulgare sur l'écologie) : 364.
Respublika, journal lituanien : 230-232.
révolution d'Octobre 1917 : 61-62.
révolution mondiale : 85.
Reykjavik, conférence de (en Islande) : Gorbatchev à la, 108, 155.
Reykowski, Janusz : 255-257.
RFA (république fédérale d'Allemagne, Allemagne de l'Ouest) : guerre des missiles, 135.
– frontières hongroises, 284-285.
– rachète des Allemands de l'Est, 288.
– apaisements donnés à l'Allemagne de l'Est, 289.
– confédération proposée par Modrow, 336.
– réunification avec l'Allemagne de l'Est, 338-340.
– évasions de la RDA, 341-342.
– crédits accordés à Gorbatchev, 347, 355, 522.
– *voir aussi* Allemagne
rideau de fer : 93, 274, 285.
Riga : répression soviétique à, 136-137, 202-203, 215-217, 467, 476.
– apparence, 181.
– quartier général de l'armée soviétique, 202.
– troubles à, 212, 216-217.
– complot d'août 1991, 493.
Ristlaan, Rein : 191.
Robulescu, Dan : 422.
Roder, lieutenant-colonel Dr Horst : 308.
Rodionov, général Vladimir : 231, 459.
Roko Marsas (Marche rock, Lituanie) : 224-225.
Roman, Petre : 415, 418, 422, 424-427, 432.
Roman, Valter : 87, 425.
Ronnas, P. : 409.
Rosen, rabbin Moshe : 409.
Rostropovitch, Mstislav : exil, 51.
Roukh, Front populaire en Ukraine : 167, 206.
Roumanie : Moldaves, 13.
– procès des dirigeants communistes, 26.
– au temps de la monarchie, 87.
– communistes en, 87, 406.

Index

– répression après la guerre, 88.
– retard pour réclamer l'indépendance, 151.
– politique nationaliste soviétique, 169.
– dettes, 243.
– aperçu historique, 406-407.
– conditions économiques et sociales, 408-411.
– voyage de Gorbatchev, 411.
– révolte populaire, 411-423, 428, 431-432.
– rôle de l'armée dans la révolution, 415, 418-420, 427-430, 432-434.
– pertes en vie humaine, 416.
Routskoï, Aleksandr : 520, 522-523.
Rozanov, V.V. : 26.
Roubiks, Alfreds : 26, 206, 212, 215-217, 219.
Ruml, Jirí : 389-391, 393.
Ruse (Bulgarie) : 364.
Russie : identité nationale, 11.
– relations avec l'Allemagne, 11.
– conditions de vie et contacts entre individus, 28-32.
– changement des noms de lieux, 35.
– en tant que république de l'Union soviétique, 161, 468.
– relation avec l'Union soviétique, 433-434.
– élections présidentielles, 468.
Russie démocratique : formation par Eltsine, 443.
– privatisations, 460.
Ruthénie : 163.
Rüütel, Arnold : 194, 196-199, 221, 237, 517.
Ryjkov, Nikolaï : sur les échecs de la production, 14.
– nommé au Politburo par Gorbatchev, 101.
– directeur du groupe du Conseil des ministres chargé de la réforme économique, 126.
– troubles dans les pays baltes, 198-199, 210, 233, 237.
– destitution par Gorbatchev, 452, 490, 505.
– entreprise privée, 460.
– lettre d'Andreïeva, 474.
– Eltsine, 473, 517.
– réforme des prix, 479.
– favorables aux voyages à l'étranger de Gorbatchev, 479-480.
– hostile à la nomination du président par le Politburo, 507.

Sacher, Richard : 390.
Saint-Nicolas, église (Leipzig) : 299-304.
Sajoudis, Front populaire en Lituanie : 175, 185, 189, 210, 221-222, 223-230, 232, 235.
Sakalauskas, Vytaustas : 222-224.
Sakhaline, îles (prises au Japon) : 166.
Sakharov, Andreï : Elena Bonner (son épouse), 18.
– effondrement du communisme, 46.
– conflit entre Joukov et Malichev, 78.
– observations, 106.
– campagnes pour le respect des droits civiques, 114, 117.
– Iakovlev, 116.

– décès, 119.
– admiré par Chebarchine, 438.
– influence sur Eltsine, 468.
– rencontre Loukianov, 503.
– opinion sur Eltsine, 506.
– *Moscou et au-delà*, 119.
Salih, Mouhammad : 175, 178.
SALT I : 98.
Samarkand : 163, 170.
Samuelson, Paul : 99.
sandiniste (Front), au Nicaragua : 33.
Sartre, Jean-Paul : 96.
Satter, David : 39.
Saul, Bruno : 191.
Savisaar, Edgar : 185, 192-193, 196-198, 209.
Schabowski, Günter : chute de la RDA, 291, 294, 298, 306, 314-318, 324.
– passé et carrière, 316.
– *Das Politbüro*, 316.
Schalck-Golodkowski, Aleksandr : 292.
Schirdewan, Karl : 93.
Schirmer, capitaine zur See : 307-308.
Schmalfuss, Klaus : 301-302.
Schmidt, Helmut : 149, 241.
Schönherr, Albrecht, évêque de Berlin : 92.
Schumann, Horst : 301.
Schürer, Gerhard : 92.
Schwanitz, général Wolfgang : 310.
SDI (Strategic Defence Initiative) : *voir* Guerre des étoiles
Seconde Guerre mondiale : point de vue soviétique, 86.
secrétaires généraux : statuts et pouvoirs, 75.
– archives, 121.
Section chargée de la prévention du détournement de la propriété socialiste : 72.
Securitate (police secrète roumaine) : 90, 408, 412, 414, 416-419, 427, 429-433.
SED (parti communiste est-allemand) : 92, 289, 294.
– conférences du parti : 11ᵉ (1986), 316.
– 12ᵉ (1990), 315.
Seidel, Manfred : 293.
Sein, Hagi : 192.
Sejm (parlement polonais) : 248.
Sejna, Jan : *Nous vous enterrerons*, 92, 380.
Seliounine, Vassili : 128.
Semipalatinsk : 171.
Sepetys, Lionginas : 228-229.
Shatria, *voir* Prunskiené, Mme K.
Shultz, George : 141, 145.
Siauliai (Lituanie) : 181.
Silaïev, Ivan : 444.
Simecka, Milan : 383.
Simeonov, Petko : 359, 362, 363-368.
Simis, Konstantin : 38, 74.
Sindermann, Horst : 317.

Sistematizare, programme politique roumain dit de systématisation : 409, 412.
Siwicki, général Florian : 250, 262, 265-267.
Skapars, Janis : 204.
Skravena, camp bulgare : 358.
Skrounda (Lettonie) : 202.
Skvorecky, Josef : 383.
Sladkevicius, cardinal Vincentas : 92.
Slánsky, Rudolf : 88, 91.
Slavski, Iefim : 75.
Slipyi, cardinal Josif (Eglise uniate d'Ukraine) : 91.
Slovaquie : stalinisée, 382.
Smeral, Bohumil : 390.
Smetona, Antanas : 182, 220-221, 231.
Smíd, Martyn : 385, 387, 394.
Smith, Gordon B. : 66.
Smith, Hedrick : *The Russians,* 38.
Smolar, Alexandre : 242.
Snagov (commune de Roumanie) : 410.
Sobtchak, Anatoli : 230, 442, 492, 517.
sociaux-démocrates suédois : 209.
Société du Souvenir : 17-18, 19.
Société pour la promotion de l'athéisme : 162.
Sofia : 356, 359-361, 369.
 – siège du parti incendié, 362-363.
Solidarité, mouvement (Pologne) : répression, 135, 242.
 – nombre d'adhérents, 240.
 – légalisation, 248, 266.
 – objectifs, 248.
 – succès remporté aux élections, 248, 273.
 – négociations et accords passés pendant la Table ronde, 252-258.
 – partis embryonnaires, 254.
 – appareil, 263.
 – grèves, 265.
 – mouvement tchèque, 387.
Solikamsk (camp d'internement) : 183.
Soljenitsyne, Alexandre : discours adressé aux dirigeants soviétiques, 34.
 – survie de l'URSS, 35.
 – Russes réduits en esclavage par l'Etat, 37.
 – exil, 51, 242.
 – obsession du secret en URSS, 77.
 – déportés de la Baltique, 183.
 – admiré par Chebarchine, 438.
 – *L'Archipel du goulag*, 52, 363.
Solodovnikov, Vassili : 147.
Solomentsev, Mikhaïl : 504.
Soloukhine, Vladimir : 162.
Solovky, îles de : célèbre camp du cercle arctique, 18.
Sommer, Theo : 289-291.
Songaila, Ringaudas : 184, 223, 228, 232.
Sonnenfeldt, doctrine dite de : 98.
Sontag, Susan : 97.
Souleïmenov, Oljas : 175.
Soumgaït (Arménie) : 165, 178.

Souslov, Mikhaïl : 140.
Sovetskaïa Industriïa, revue : 508.
Sovetskaïa Rossiïa, journal soviétique : 188.
Soviet suprême : position constitutionnelle, 63-64, 443.
 – réclame des comptes à Gorbatchev, 450.
 – complot d'août 1991, 494-496.
 – pouvoirs supplémentaires réclamés par Pavlov, 499-501.
 – transformé en Congrès des députés du peuple, 506.
spéculateurs : 70-71.
Speranski, Mikhaïl : 60, 77, 524.
Spiegel, Der (magazine ouest-allemand) : 338.
spravka, mot qui désignait les certificats et papiers divers nécessaires aux déplacements : 71.
Springer, Axel : 288.
SS-18, missile balistique soviétique : 153.
SS-20, missile balistique soviétique : 135.
Staline, Joseph Vissarionovitch : dénoncé par Gorbatchev, 17.
 – politique de la terreur, 17-23, 66.
 – complot des « Blouses blanches », 53.
 – refuse l'égalité, 66.
 – usage de « provocations », 69.
 – assassinat de Trotski, 76.
 – révolutions en Europe après la guerre, 87-88.
 – pacte germano-soviétique de 1939, 120.
 – politique de génocide, 161-162.
 – rencontre Wells, 181.
 – opinion de Faline, 350-351.
 – purges après la guerre, 357.
 – décès, 503.
Stanculescu, Victor : 408, 413-415, 426-430, 433-435.
Stanistchev, Dimitar : 372.
Stankevicius, Ceslovas : 226.
Stankevitch, Sergueï : 30, 493, 506.
Staravoïtova, Galina : 30.
Starkov, Vladimir : 105-106.
Starodoubtsev, Vasili : 511.
Start I, traité : 466.
Stasi (police secrète en Allemagne de l'Est) : procès, 26.
 – en tant qu'agence du KGB, 90.
 – siège à Berlin, 286.
 – organisation et archives, 286-287, 309-310.
 – manifestation de Leipzig, 304-305.
 – chute du mur de Berlin, 307-309.
 – pouvoirs, 315.
 – réformes proposées, 345.
statistiques : tenues secrètes par les Soviétiques, 78.
 – falsifiées, 82-83.
statues, suppression et profanation des : 36.
Stauffenberg, comte Claus von : 493.
StB (Service de sécurité tchécoslovaque) : 387-390.
Steel, Ronald : 152.

Stelmachowski, professeur Andrzej : 251-252.
Stepán, Miroslav : 385, 388, 393-395, 396, 398-399, 402.
Stepankov, Valentin, *Le Complot du Kremlin* : 522.
Stepinac, cardinal Aloysius : 92.
Steponavicius, évêque Julijonas : 92.
Sterling, Claire : *Crime Without Frontiers,* 462.
Stern (magazine ouest-allemand) : 294.
Stoph, Willi : 26, 292, 297, 324, 328-329, 334.
Strategic Defence Initiative (SDI) : *voir* Guerre des étoiles
Strauss, Franz-Josef : 288, 478.
Streletz, général Fritz : 307, 316, 327.
Strougal, Lubomír : 387, 398, 401, 403-404.
Sunday Times : 461.
Sunnites (populations) : 172.
Surkau, lieutenant-colonel Jürgen : 306-308.
Svestka, Oldrich : 382.
Swidlicki, Andrzej : 242.
syndicats de créateurs : dans les républiques baltes, 193, 199, 205.
Syr-Daria, fleuve : 79.
Stroïanov, Dimitar : 360.
Syrie : 27.
Szürös, Mátyás : 273, 276-277.

Taagepera, Rein : 182.
Tables rondes : 244, 298, 309.
– en Pologne, 244, 248-250, 250-258, 262, 266-268.
– en Hongrie, 273, 275-277.
– en Allemagne de l'Est, 326, 328-330.
– en Bulgarie, 362-363, 369, 374.
– en Tchécoslovaquie, 388, 394, 396.
Tachkent : 170, 178.
Tachlenko, général : 393.
Tadjikistan : indépendance, 12.
– question de la nationalité, 168.
– mouvements musulmans, 176-177.
– troubles, 438.
– envoi des troupes par Eltsine, 523.
Tagesschau (programme de la télévision ouest-allemande) : 302.
Tallin (Estonie) : 181, 183, 190, 193, 202.
Tamás, Gáspár Miklós : 283.
Taniouk, Leonid : 20.
Tarasenko, Sergueï : 141-143, 145-146.
Tartou (Estonie) : 190.
– Université de, 192.
Tass, agence de presse : 477, 479.
Tatars de Crimée : 161.
Tatarstan : 13.
Tatchiev, Dr Badma : 172.
Taylor, A.J.P. : 96.
Tbilissi : opposition aux Soviétiques, 52, 136.
– violence, 209, 216, 230, 467, 517.

Tcheboksari : 49.
Tchebrikov, Viktor : nommé au Politburo par Gorbatchev, 101, 107.
– approuve la perestroïka, 107.
– hostile à la condamnation du pacte germano-soviétique de 1939, 122.
– usage de la force, 141.
– combat pour la réforme, 451.
– campagne de Kalougine contre la corruption, 456.
– remplacement décidé par Gorbatchev, 490.
Tchétchènes (populations) : 161, 524.
Tchécoslovaquie : processus de « lustration » (purification), 26.
– invasion en 1968, 15, 32-33, 382, 440.
– création, 86.
– nombre d'adhérents au parti communiste, 87.
– répression, 87-88, 383.
– persécutions religieuses, 92.
– indépendance hongroise, 276.
– aperçu historique, 314-315.
– dissidents, 383-384.
– ingérence soviétique, 383.
– initiatives prises en faveur de l'indépendance et de la démocratie, 384-405.
– désintégration du parti communiste, 385-386, 388-389, 390-391, 394-395, 402-404.
– Table ronde, 388, 394, 396.
– *voir aussi* Charte 77
Tchernenko, Konstantin : 15, 157, 218, 503.
Tchernïaïev, Anatoli : 101, 144, 344, 353, 465, 409.
Tchernobyl, accident nucléaire (1986) : 108.
Tchervenkov, Voulko : 357, 361.
Tchétchénie : 13.
Tchoubais, Igor : 456.
Tchouna (colonie en Sibérie) : 49.
Tchourbanov, Iouri : 453-454.
Tchouvaches (populations) : 12.
Téhéran, conférence de (1943) : 87.
télévision : en URSS, 477-481.
Teltschik, Horst : 158, 336, 344-348, 350.
– *Tag* (journal intime), 344.
Temirtaou (Kazakhstan) : émeute de 1959, 52.
Terreur blanche (Hongrie) : 280, 283.
terreur, politique soviétique de la : 17-23.
Thatcher, Mme Margaret (Lady) : haine du communisme, 149.
– opinion sur Charles Powell, 156.
– relations avec Gorbatchev, 156-159.
– voyages en URSS, 157-158.
– rencontre Mme Prunskiené, 235.
– adversaire de la réunification allemande, 259, 324-325, 337.
– apparition à la télévision soviétique, 478.
– écrit à Loukianov en prison, 502.
Théâtre de la Lanterne Magique (Prague) : 385, 388, 394.
Thom, Françoise : 103.
Tiananmen, massacre de la place (Pékin) : 315.
Tiebel, Erwin : 25.

Tiesa, quotidien du PC lituanien (aujourd'hui intitulé *Diesa*) : 225-226.
Time Magazine : 135.
Timisoara (Roumanie) : 412-415, 419, 423, 425, 429.
Times : 34.
Timochev, colonel Valentin : 45.
Tiraspol (Moldavie) : 163.
Tirgoviste (Roumanie) : 416, 433-435.
Tisch, Harry : 26, 293, 318, 322.
Tiso, père Josef : 92.
titres et décorations : 65.
Todd, Emmanuel : 34.
Togliatti, Palmiro : 36.
Tokarïev, Dimitri : 25.
Tökes, pasteur László : 412, 423.
Tökes, Rudolf : 88.
Tolpeznikov, Vilen : 210.
Tomásek, cardinal Frantisek : 383.
Tomkus, Vitas : 230.
Toome, Indrek : 517.
Toompea (colline à Tallin) : 190, 194, 202.
traité de l'Union (1991) : 490-491, 496, 508-509.
Transylvanie : 406.
Trentchev, Konstantin : 359.
Trifonov, Ivaylo : 364, 367.
Trotski, Léon : 54.
 – assassinat, 76.
Troud, journal soviétique des syndicats : 477.
Trybuna Ludu, journal du PC polonais : 262.
Tsipko, Aleksandre : 451.
Turcs : en Bulgarie, 360, 366, 368, 372.
Turkménistan : indépendance, 12, 518.
 – massacres des populations turkmènes, 178.
 – mouvements musulmans, 175.
Turnock, David : 409.

Uhl, Petr : 385.
Ukraine : mouvement d'indépendance, 12, 468, 486.
 – désarmement nucléaire, 13.
 – fosses communes et cimetières clandestins, 20.
 – collectivisation, 51-52.
 – résistance au régime soviétique, 51-52.
 – persécutions religieuses, 91-92.
 – opinion de Bush sur l'indépendance de, 151-152.
 – statut au sein de l'Union soviétique, 161.
 – annexion de provinces ukrainiennes par les Soviétiques, 163.
 – Front populaire, 167, 206.
 – désir de participer aux décisions en matière de politique étrangère, 467-468.
 – référendum, 518.
 – citoyens russes, 524.
Ulbricht, Walter : marionnette des Soviétiques, 87.
 – sur l'apparition de la démocratie, 89-90.
 – mur de Berlin, 93.
 – remplacé par Honecker, 290.
 – condamne la Tchécoslovaquie de Dubcek, 381.
Ulmanis, Karlis : 182.
Union des Ecrivains ouzbeks : 175.
Communauté des Etats indépendants : création, 518.
Union des Forces démocratiques (Bulgarie) : 366-369.
Union soviétique : *voir* URSS
Urban, Jerzy : 257.
Urbánek, Karel : 211, 385, 392.
Urbánek, Zdenék : 387.
Urbsys, Jouzas : 182.
URSS : chute et dissolution, 11, 437-438, 448-449, 507, 509, 515-519.
 – puissance militaire, 11.
 – planification centralisée, 13-16, 65, 81-83.
 – santé publique, 14.
 – méfiance à l'égard des étrangers, 27-28.
 – système moral, 37-40, 48.
 – dissensions et révoltes, 51-54.
 – exilés, 51.
 – Constitution, 63, 161, 164, 244, 442, 444, 446-449, 451, 485.
 – Etat-parti, 64-65, 76, 79-80, 161, 441, 520.
 – privilèges, 66-68, 82.
 – conduite des affaires internationales, 85-87.
 – occupation et exploitation des pays satellites de l'Europe de l'Est, 86-88.
 – sympathisants occidentaux, 96-97.
 – réussite économique, 128-129, 497-498, 519.
 – niveau de vie, 128-129.
 – course aux armements avec les Etats-Unis, 134-135, 153-156.
 – politique étrangère, 134-138, 465-467.
 – politique menée vis-à-vis des nationalités et de leurs langues, 161-165, 438.
 – annexions territoriales, 163.
 – échanges commerciaux avec les pays de l'Europe de l'Est, 243.
 – crédits obtenus de l'Allemagne de l'Ouest, 347, 355.
 – invasion de la Tchécoslovaquie, 382.
 – rupture avec la Chine, 408.
 – système de renseignement, 436-437.
 – perte des pays satellites, 441, 486-488.
 – lutte pour le pouvoir, 442-444.
 – centralisme, 447-448, 467-469, 485-488.
 – puissance, 519.
USA : hostilité manifestée par la France, 96-97.
 – course aux armements, 134-135, 140, 153.
 – effondrement de l'URSS, 150-152, 437-438.
 – blocus de la Lituanie, 188-189.
 – réunification allemande, 355.
Ustí (organisation tchèque) : 392.

Václávik, général Milán : 391, 395-397, 399.
Vaculík, Ludvík : 383, 387.

Vagris, Janis : 185, 212-219, 494-495.
Vaino, Karl : 184, 190-193, 197.
Vaksberg, Arkadi : 66.
Valyas, Vaino : 185, 193, 200.
Varennikov, général Valentin : 490, 494.
Vasek, colonel : 92.
Vassiliev, Nikola : 365.
Ventspils : 181.
Verdery, Katherine, *Eastern Europe in Revolution* : 412.
Verdet, Ilie : 423-424, 432-434.
Verdet, Reghina (née Ceausescu) : 423.
Vichnevskaïa, Galina : 20-21, 68.
Viêt-nam : aide financière soviétique, 27.
 – communisme au, 33.
Vilnius : répression soviétique et violence, 136, 203, 215-216, 221, 236, 238, 449, 467, 476, 517.
 – rattachée à la Lituanie, 163.
 – vie culturelle, 181.
 – Gorbatchev à, 149.
 – visite de Iakovlev, 232.
Vitaliev, Vitali : 454.
 – *Correspondant spécial*, 454.
Vitebsk, cathédrale détruite : 162.
Vlad, général Iulian : 26, 413, 416, 422-424, 428, 432.
vodka, consommation de : 103.
Vogel, Wolfgang : 284.
Voican-Voiculescu, Gelu : 422, 427, 430-432.
Voinea, général Gheorghe : 422-423, 426, 428.
Voïnovitch, Vladimir : 51.
Voix de l'Amérique : 401.
Volkov, Solomon : *Témoignage, les mémoires de Dimitri Chostakovitch* : 40.
Volksarmee (Allemagne de l'Est) : 296.
Volkspolizei (Vopo, Allemagne de l'Est) : 296.
Volkszeitung, Die (journal du PC Est-allemand) : 304.
Voltaire, François Marie Arouet : 60, 95.
Vorochilov, Kliment : 76-77.
Voslenski, Mikhaïl : *La Nomenklatura*, 66.
Voulfsons, Mavriks : 205, 216, 227.
vranyo (art de dissimuler la vérité) : 40-41, 85.
Vychinski, Andreï : 406.
Vykypel, général Karel : 323.
Vzgliad (émission de télévision) : 462, 478.

Wahidov, Erkine : 175.
Waldheim (camp d'internement en Allemagne de l'Est) : 93.
Walesa, Lech : création du mouvement Solidarité, 240.
 – arrestation, 242.
 – Comité des citoyens, 248.
 – élection à la présidence, 248, 253.
 – débat avec Miodowicz, 252, 262.
 – élections polonaises, 254-255.
 – critiqué par Rakowski, 257.
 – prix Nobel de la Paix, 257.
 – sous-estime l'influence de Solidarité, 258.
 – conseillé par Mazowiecki, 267.
Warnke, Paul : 95.
Wat, Alexander : 97.
Webb, Beatrice et Sidney : 164.
Weber, Hermann : 89.
Wehner, Herbert : 288.
Wells, H.G. : 181-182.
Wendland, Peter : 329.
Wiles, Peter : 34.
Winiecki, Jan : 457.
Wolf, général Markus : 26, 287, 295, 297, 310, 318.
Wollweber, Ernst : 93.
World Eco-Forum : 359.
Wötzel, Roland : 301-302.
Wyszynski, cardinal Stefan (primat de Pologne) : 92.

Yalta, conférence de (1994) : 86-87, 151.
Yigitaliev, Sadiqjan : 174.
Yougoslavie : création, 87.
 – persécutions religieuses, 92.
 – Kravtchenko, 479.

Zagladine, Vadim : 101.
Zaikov, Lev : 446, 449.
Zaisser, Wilhelm : 93.
Zalite, Mara : 184.
Zarionok (fonctionnaire biélorusse) : 395-360.
Zaslavski, Tatiana : 78-79.
Zavidova (demeure, dans la banlieue de Moscou) : 471.
Zd'ár (Tchécoslovaquie) : 397-398.
Zeit, Die (quotidien ouest-allemand) : 289.
Zeman, Rudolf : 389.
Zemtsov, Ilya : 458.
Ziedonis, Imants : 180.
Zifcák (« Ruzicka », agent de la police tchécoslovaque) : 390.
Zimmermann, pasteur Peter : 301, 304.
Zinoviev, Alexandre : 37-38, 69.
 – *Katastroïka*, 105.
Zivkov, Todor (« Oncle Tosho ») : jugé et condamné, 26.
 – durée de règne, 240.
 – opinion de Jaruzelski sur, 265.
 – présence aux cérémonies d'anniversaire de la RDA, 294.
 – régime, 357-361, 370-371.
 – destitution, 359-361, 366, 368, 371-377, 424, 435.
 – critiqué, 364-365.
 – Gorbatchev refuse son soutien à, 372, 439.

– départ à la retraite demandé par ses adversaires, 375-376.
– condamnation de la Tchécoslovaquie, 381.
Zivkov, Vladimir : 359.
Zivkova, Liudmilla : 359.

ZOMO, brigade anti-émeutes polonaise : 251.
Zorkine, Valeri : 522.
Zotaïev, Gennadi : 81-83.
Zoubiets, juge : 25.

TABLE

Carte de l'ancien bloc et empire soviétique 2

Préface 9
Introduction 11

1. « Personne n'était heureux » 43
2. « J'aimerais mieux pas » 51
3. « Des ruses puériles » 59
4. Main basse sur les dépouilles 63
5. L'homme autorisé à sortir 81
6. « Demain le monde entier » 85
7. « Ça ne peut pas continuer comme ça » 100
8. Des élections 111
9. Le pacte germano-soviétique de 1939 120
10. Les premières étapes de la réforme 124
11. La guerre, comme forme de la lutte des classes 134
12. « Un homme avec qui on peut traiter » 149
13. National dans la forme 160
14. L'héritage musulman 170
15. Les républiques baltes 180
16. Le désir de la majorité des Estoniens 190
17. « Vous avez tué la Lettonie soviétique » 202
18. « Le communisme avait pourri de l'intérieur » 220
19. Solidarnosc et le général 239
20. La Table ronde 246
21. Le rideau de fer s'ouvre 269
22. « Celui qui agit trop tard sera puni » 286
23. Foyers d'incendie 299
24. Les petits frères 311
25. Götterdämmerung (le crépuscule des dieux) 321

26.	Le dernier ambassadeur	331
27.	La réunification allemande	338
28.	« Il n'y avait aucun véritable homme d'État »	349
29.	« Appelons les tanks »	356
30.	Un forum civique	380
31.	« Nous nous étions imposés »	406
32.	« Une absence de volonté politique »	436
33.	Le rôle dirigeant	441
34.	Mafias de tous les pays unissez-vous !	453
35.	« Initiatives »	465
36.	« Qui ment, je ne sais pas »	470
37.	« Pris au piège »	477
38.	Le Comité d'État et le coup	485
39.	« Une petite conversation amicale »	497
40.	Le président de l'assemblée	502
41.	« Que faites-vous donc parmi eux ? »	511

Épilogue 515

Index 525

*Achevé d'imprimer le 12 septembre 1996
sur presse CAMERON,
dans les ateliers de Bussière Camedan Imprimeries
à Saint-Amand-Montrond (Cher)
pour le compte des éditions Grasset
61, rue des Saints-Pères, 75006 Paris*

N° d'Édition : 10091. N° d'Impression : 4/783.
Dépôt légal : septembre 1996.

Imprimé en France

ISBN 2-246-51271-9